CIDADE E IMPÉRIO

Título original:
Cidade e Império.
Dinâmicas Coloniais e Reconfigurações Pós-Coloniais

© os autores dos textos e Edições 70 (ver págs. 7-8)

Capa de FBA

Depósito Legal n.º 366328/13

Biblioteca Nacional de Portugal – Catalogação na Publicação

CIDADE E IMPÉRIO

Cidade e Império. Dinâmicas Coloniais e Reconfigurações
Pós-Coloniais/ org. Nuno Domingos, Elsa Peralta-
- (História & sociedade ; 12)
ISBN 978-972-44-1768-4

I - DOMINGOS, Nuno, 1976-
II - PERALTA, Elsa

CDU 94(469-44)"19"
325
316

Paginação:
MA

Impressão e acabamento:
PENTAEDRO, LDA.
para
EDIÇÕES 70, LDA.

Outubro de 2013

Direitos reservados para todos os países de Língua Portuguesa
por Edições 70

EDIÇÕES 70, uma chancela de Edições Almedina, S.A.
Avenida Fontes Pereira de Melo, 31 – 3.º C – 1050-117 Lisboa / Portugal
e-mail: geral@edicoes70.pt

www.edicoes70.pt

Esta obra está protegida pela lei. Não pode ser reproduzida,
no todo ou em parte, qualquer que seja o modo utilizado,
incluindo fotocópia e xerocópia, sem prévia autorização do Editor.
Qualquer transgressão à lei dos Direitos de Autor será passível
de procedimento judicial.

CIDADE E IMPÉRIO
DINÂMICAS COLONIAIS
E RECONFIGURAÇÕES PÓS-COLONIAIS

NUNO DOMINGOS E ELSA PERALTA
ORGS.

70

Índice

INTRODUÇÃO

A Cidade e o Colonial
Nuno Domingos/Elsa Peralta.................... IX

PARTE I
CIDADES COLONIAIS: TRABALHO, TERRITÓRIO E ESTADO

Cidades em Angola: construções coloniais e reinvenções africanas
Isabel Castro Henriques/Miguel Pais Vieira............. 7

A desigualdade como legado da cidade colonial: racismo e reprodução de mão-de-obra em Lourenço Marques
Nuno Domingos................................. 59

Cidades coloniais: fomento ou controlo?
Diogo Ramada Curto/Bernardo Pinto Da Cruz........... 113

Poder e a paisagem social em mudança na Mueda, Moçambique
Harry G. West.................................. 167

PARTE II
REPRESENTAÇÕES DO IMPÉRIO: DISCURSOS METROPOLITANOS, CIRCULAÇÕES E MEMÓRIAS

As ruínas das cidades: história e cultura material do Império Português da Índia (1850-1900)
Filipa Lowndes Vicente............................ 227

Lisboa, capital do império. Trânsitos, afiliações, transnacionalismos
  Manuela Ribeiro Sanches............................ 279

«A juventude pode ser alegre sem ser irreverente». O concurso *Yé-yé* de 1966-67 e o luso-tropicalismo banal
  Marcos Cardão................................... 319

A composição de um complexo de memória: O caso de Belém, Lisboa
  Elsa Peralta...................................... 361

PARTE III
DESDOBRAMENTOS PÓS-COLONIAIS: CONTINUIDADES E RUTURAS

A barraca pós-colonial: materialidade, memória e afeto na arquitetura informal
  Eduardo Ascensão................................ 415

«Fomos conhecer um tal de Arroios»: Construção de um lugar na imigração brasileira em Lisboa
  Simone Frangella................................ 463

Um lugar estrutural? Legados coloniais e migrações globais numa rua em Lisboa
  José Mapril...................................... 503

A colónia, a metrópole e o que veio depois dela: para uma história da construção política do trabalho doméstico em Portugal
  Nuno Dias....................................... 525

Lisboa redescobre-se. A governança da diversidade cultural na cidade pós-colonial. A *Scenescape* da Mouraria
  Nuno Oliveira................................... 557

NOTAS BIOGRÁFICAS 603

ÍNDICE REMISSIVO 609

ÍNDICE GEOGRÁFICO............................. 619

ÍNDICE ONOMÁSTICO 625

A Cidade e o Colonial

Este livro analisa o modo como as sociedades coloniais do antigo Império português se constituíram, tomando as cidades como unidades de investigação. Um dos seus principais argumentos diz respeito à força dos mecanismos da reprodução social e política. Ou seja, a inércia de muitos hábitos e de várias estratégias de dominação concretizou-se não só num conjunto de espaços e temporalidades diferentes, mas acabou por extravasar o tempo colonial e chegar até à atualidade. Neste sentido, a cidade configura-se como um objeto de investigação a partir do qual é possível colocar uma série de problemas acerca da constituição de sociedades coloniais – incluindo nelas as suas metrópoles ou capitais – e da maneira como os seus princípios de organização se reproduzem em contextos pós-coloniais.

O caso português é passível de interpretação no contexto de processos sociais largos que caracterizam tanto o período colonial, como o pós-colonial. Não o entendemos, desta forma, como uma exceção. O discurso da excecionalidade suportou uma ideologia estatal, apoiada por teorias académicas que acabaram por permanecer. Hoje, em Portugal, em práticas quotidianas, na cultura popular, em políticas institucionais, em livros de história, nos museus, na produção ideológica mas também na própria geografia das cidades, esse passado é ainda visível e continua a servir de grelha de conhecimento na mediação das relações sociais, na materialidade e na imaginação dos entendimentos comuns produzidos sobre o «outro».

O estudo do urbano permite identificar o modo como a dinâmica de urbanização colonial e pós-colonial no espaço português se integra num conjunto de tendências estruturais que acompanha a formação de uma economia globalizada, de um sistema-mundial, percetível no quadro do funcionamento de uma divisão internacional do trabalho e da produção, em lógicas de estratificação social. Nas cidade, tais tendências ganham uma tradução espacial evidente e que, no universo colonial, foram caraterizadas por poderosos processos de racialização e categorização que instituíram formas de cidadania desiguais. É na cidade que a ordem espacial dos projetos e imaginações imperiais é concretizada. E são as cidades dos impérios e das metrópoles que operam como centros de poder e conexão da intrincada rede de relações e de trocas que está na base do sistema-mundial vigente, também ele criado pelo colonialismo. As cidades coloniais constituem-se como centros de administração e de poder colonial e como locais de fluxo de bens e de serviços. São importantes locais de transferência da cultura imperial e capitalista moderna para novos espaços, muito contribuindo para a reprodução de ordens ideológicas, económicas e culturais e de controlo de populações. Não obstante, tal como noutros contextos, o urbano colonial e pós-colonial governado por Portugal foi e é também um espaço de criação de autonomias, de projetos e resistências, de circulação de pessoas, hábitos, ideias, de apropriação e adoção de práticas e representações.

É este mundo urbano complexo que os textos deste livro, adotando olhares e perspetivas distintas, procuram descrever. Nesta dinâmica, o colonial impõe-se como uma relação de poder, dominado por princípios de exploração económica, apresentando uma cultura própria, assente em formas de dominação prática e simbólica que engendraram sociedades profundamente desiguais, mas onde indivíduos e grupos se apropriaram de recursos, promoveram sociabilidades, reinventaram formas de vida e aspiraram a outras. Assim, este livro trata de dinâmicas presentes nos espaços urbanos do Império português e o modo como estes se estendem por intermédio de práticas e representações, para lá da fronteira cronológica do Império. Assumindo esta unidade de análise, que permite localizar um objeto e problematizá-lo, o caso imperial português oferece um exemplo da constituição de uma sociedade colonial urbana e da sua projeção pós-colonial.

O quadro colonial português, não criando uma excecionalidade, garantiu a este processo comum especificidades e um ritmo próprio de evolução. Tal dinâmica é observável na própria organização urbana, no edificado, na transmissão de hábitos, costumes e crenças. Mas também no nível do desenvolvimento económico, na capacidade do Estado em regular a urbanização, nas ações políticas de governo – no último período colonial, muito influenciadas pelo quadro de evolução do fascismo português – e ainda numa certa tradução simbólica e identitária que se torna operativa em diversos quadros de relação contemporânea, como alguns dos capítulos neste volume procuram identificar. A constituição de sociedades urbanas coloniais no contexto da expansão portuguesa estabelece-se como índice evidente da própria estrutura do poder colonial e da sua evolução. A sua análise, noutro sentido, cria um *corpus* que permite a comparação com outros casos. O mesmo sucede com as múltiplas faces da experiência pós-colonial, desde a integração das populações imigrantes até às políticas oficiais de memória imperial, passando pela sua representação nos formatos da cultura popular.

Este tipo de análise processual possibilitou-nos pensar para lá das fronteiras de uma história política definida nacionalmente, mas sem excluir da análise os momentos de mudança impostos por uma narrativa nacional. Assim sendo, interessava perceber as lógicas de continuidade das relações de poder entre o colonial e o pós-colonial, colocando em evidência o seu lado estrutural, inscrito, no tempo longo, sob a forma de um sistema de organização das relações de poder que vivem tanto nas instituições como nos corpos e nas representações. Por fim, a territorialização urbana destas relações oferece um espaço de análise para interpretar o modo como as lógicas de organização social se manifestam no quotidiano. A uma escala de análise mais reduzida interessava compreender as estratégias e intenções dos indivíduos que, se reforçavam a reprodução de relações de poder, também as ajudavam a transformar.

O espaço urbano do Império português

As cidades coloniais foram investigadas pela sua singularidade. Berço de uma nova organização, o espaço urbano proporcionou um laboratório experimental com questionamentos próprios, que atravessaram as ciências sociais e que se institucionalizaram em universidades, departamentos e publicações. A pesquisa sobre cidades coloniais em África acabou por conquistar um espaço próprio, indiscutivelmente ligado à própria evolução do colonialismo e depois dos estudos pós-coloniais.

A mesma investigação sobre cidades coloniais foi integrada nas histórias da expansão europeia, a partir do século xv. Neste quadro, o etnocentrismo da análise conduziu a uma marginalização do passado não europeu de muitas destas cidades, impondo uma cronologia restrita, iniciada com a chegada europeia e que se prolongava na descrição das ações dos europeus, das suas edificações, do seu urbanismo e arquitectura. O caso português não foi uma exceção. Nenhum outro continente terá sofrido tanto do esquecimento histórico do seu passado como a África. A recuperação do estudo das cidades africanas pré-coloniais revelou a sua história rica e complexa, como é notado neste volume pelos textos de Isabel Castro Henriques e Miguel Pais Vieira e de Harry G. West[1]. Tal demonstração vincava

---

[1] Elia M'Bokolo, *L'Afrique Noire. Histoire et Civilisation*, 2 vols. (Paris: Hatier, 1992); Catherine Coquery-Vidrovitch, *Histoire des Villes d'Afrique Noire. Des Origines à la Colonisation* (Paris: Albin Michel, 1993); Bill Freund, *The African City. A History* (Cambridge: Cambridge University Press, 2007).

ainda mais o significado da transformação urbana decorrente da chegada do colonizador europeu[2].

---

[2] Existe uma tradição bem estabelecida de investigação da cidade colonial no contexto da formação histórica do imperialismo. Desde os primeiros estudos coloniais, como o trabalho Orde Browne, *The African Labourer* (Oxforf: Oxford University Press, International African Institute, 1933), passando pelo estudo sobre o Copperbelt de J. Merle Davies (org.), *Modern Industry and the African* (London: Macmillan, 1933), e pelos clássicos do Rhodes Livingstone Institute e da Universidade de Manchester, sob a figura tutelar de Max Gluckman: Max Gluckman, «An Analysis of a Social Situation in Modern Zululand», *Bantu Studies*, vol. 14, n.º 1 (1940); Godfrey Wilson, *An Essay on the Economics of Detribalization in Northern Rhodesia* (Livingstone: Rhodes-Livingstone Papers, números 5-6, 1941-42); J. C. Mitchell, *The Kalela Dance* (Manchester: Manchester University Press, 1956); *idem*, *Social Networks in Urban Situations: Analysis of Personal Relationships in Central African Towns* (Manchester: Institute for Social Research University of Zambia, Manchester University Press, 1969); A. L. Epstein, *Politics in an Urban African Community* (Manchester: Manchester University Press, 1958); Philip Mayer, *Townsmen or Tribesmen: Conservatism and the Process of Urbanization in a South African City* (Cape Town: Oxford University Press, 1961); Bruce Kapferer, *The Population of a Zambian Municipal Township* (Lusaka: Institute for Social Research, 1966). Neste período é também indispensável referir o trabalho de Georges Balandier, *Sociologies des Brazzavilles Noires* (Paris: Armand Colin, 1965). Mais recentemente há um conjunto de obras que interessará enumerar de um leque cada vez maior de referências de onde se destacará a obra da historiadora Catherine Coquery-Vidrovitch, «The Process of Urbanization in Africa: From de Origins to the Beginning of Independence», *African Studies Review*, vol. 34, n.º 1 (1991), pp. 1-98. De salientar também os trabalhos de Charles Van Onselen, *Chibaro: African Mine Labour in Southern Rodhesia 1900-1933* (London: Pluto Press, 1980), D. Simon, «Third World Colonial Cities in Context», *Progress in Human Geography*, vol. 8, n.º 4 (1984), pp. 493-514, R. Ross e G. Telkamp (orgs.), *Colonial Cities: Essays on Urbanism in a Colonial Context* (Doddrecht: Martinus Nijhoff, 1985), N. Alsayyad (org.), *Forms of Dominance: On the Architecture and Urbanism of the Colonial Enterprise* (Aldershot: Avebury, 1992); Anthony King, *Urbanism, Colonialism and the World-Economy* (London and New York: Routledge, 1990); *idem*, *Colonial Urban Development: Culture, Social Power and Environment* (London: Routledge and Kegan Paul [1976] 1992). Em 1989 Michel Cahen organizou um volume sobre a realidade urbana na África lusófona: Michel Cahen (org.), *Bourgs et Villes en Afrique Lusophone* (Paris: Harmattan, 1989).

Não é de estranhar que parte substancial da bibliografia sobre as cidades coloniais tivesse sido produzida pelas próprias potências imperiais. Tal realidade reforçou-se a partir do momento em que as potências europeias, nomeadamente na transição para o século XX, passaram a um regime de ocupação efetiva. Aos poderes coloniais interessava não apenas criar uma história glorificadora dos seus territórios e organizar inventários de legados materiais, mas também produzir um conhecimento útil à administração e à exploração do território e dos recursos, onde se incluíam as populações. Sobre estas interessava perceber as formas de vida, as hierarquias dos seus sistemas políticos, sociais e religiosos, fundamentais em modelos de administração indireta, identificar a disponibilidade da população para o trabalho, o que produziam e como o faziam, as suas crenças, o modo como se associavam. Este interesse instrumental evoluiu com o tempo, requerendo permanentemente novos saberes, métodos e técnicas, à medida que outros modelos de conhecimento se iam revelando obsoletos. A procura constante de novo conhecimento esteve na base do desenvolvimento de inúmeros campos científicos, motivados pelo investimento estatal e privado([3]). Oportunidades profissionais foram criadas, investigações prosseguidas, foram propostas novas teorias e construídos modelos interpretativos. No quadro de campos científicos muito dependentes do campo de poder, a ciência serviu para justificar a supremacia europeia, legitimando o atraso civilizacional das populações colonizadas e garantindo um caráter científico a conceções eurocêntricas e racistas sobre outros povos. Mas a necessidade de criar um conhecimento mais preciso sobre estes territórios conduziu também à acumulação de informação que hoje se revela indispensável para fazer a sua história. No âmbito das ciências sociais, as investigações coloniais sobre o mundo urbano tiveram uma influência significativa sobre a história de diversas disciplinas, como a antropologia e mesmo

---

([3]) Frederick Cooper e Randall Packard (orgs.), *International Development and the Social Sciences* (Berkeley: University of California Press, 1997).

a sociologia([4]). No caso colonial português, como se refere no capítulo de Nuno Domingos, os estudos urbanos de teor antropológico e sociológico tardaram([5]). O primeiro trabalho desta

---

([4]) Georges Steinmetz (org.), *Sociology and Empire: The Imperial Entanglements of a Discipline* (Durham, N.C.: Duke University Press, 2013). Os trabalhos dos antropólogos do Rhodes Livingstone Institute e da Universidade de Manchester, muito influenciados pela sociologia urbana, tornaram-se clássicos da análise antropológica do mundo urbano. A herança da tradição de onde provieram autores como Max Gluckman, J. Clyde Mitchell, A. L. Epstein, Bruce Kapferer é ainda hoje muito discutida, no quadro de trabalhos mais vastos sobre a relação da antropologia com os impérios. A este propósito veja-se: Talal Asad, *Anthropology and the Colonial Encounter* (London: Ithaca Press, 1973); Ulf Hannerz, «The View from the Copperbelt», *Exploring the City: Inquiries toward an Urban Anthropology* (New York: Columbia University Press, 1980), pp. 119-162; Adam Kuper, *Anthropology and Anthropologists: The Modern British School* (London: Routledge, 1996); James Ferguson, «Anthropology and its Evil Twin: 'Development' in the Constitution of a Discipline», in Frederick Cooper e Randall Packard (orgs.), *International Development and the Social Sciences: Essays on the History and Politics of Knowledge* (Berkeley: University of California Press, 1997), pp. 150-175; Lyn Schumaker, *Africanizing Anthropology: Fieldwork, Networks, and the Making of Cultural Knowledge in Central Africa* (Durham, N.C.: Duke University Press, 2001).

([5]) Sobre as ciências sociais e a história em contexto colonial português, veja-se Ricardo Roque, *Antropologia e Império: Fonseca Cardoso e a Expedição à Índia em 1895*, prefácio de Diogo Ramada Curto (Lisboa : Imprensa de Ciências Sociais, 2001); Diogo Ramada Curto, «O atraso historiográfico português», in Charles Boxer, *Opera Minora*, vol. III – *Historiografia / Historiography* (Lisboa: Fundação Oriente, 2002), pp. VII-LXXXVII; Rui Mateus Pereira, *Conhecer para Dominar. O Desenvolvimento do Conhecimento Antropológico na Política Colonial Portuguesa em Moçambique, 1926-1959*, dissertação de Doutoramento em Antropologia, especialidade de Antropologia Cultural e Social (Lisboa: FCSH-UNL, 2005); Miguel Jerónimo, *Almas Negras e Corpos Brancos* (Lisboa: Imprensa de Ciências Sociais, 2010); Frederico Ágoas, «Estado, universidade e ciências sociais: A introdução da sociologia da Escola Superior Colonial (1952-1972)», in Miguel Jerónimo (org.), *O Império Colonial em Questão* (Lisboa: Edições 70, 2012), pp. 317-348; Cláudia Castelo, «Ciência, Estado e Desenvolvimento no Colonialismo Português Tardio», in Miguel Jerónimo (org.), *O Império Colonial em Questão* (Lisboa: Edições 70, 2012), pp. 349-388.

natureza realizado sobre uma cidade tão importante como Lourenço Marques esteve a cargo de uma antropóloga sul-africana em 1956([6]).

As grandes cidades africanas distinguiam-se de uma tradição de inscrição urbana do colonialismo português([7]). Em África, esta foi marcada pela proeminência de um edificado militar, quase sempre costeiro, base de proteção para pequenos povoados, que sobreviviam de um comércio que pouco penetrava no interior dos territórios, mas que se constituíam como núcleos de trocas globais que incluíam o tráfico de escravos, dinâmica profundamente transformadora da demografia tanto dos territórios fornecedores, como daqueles que recebiam estes trabalhadores, dentro e fora do Império português([8]). Ao lado dos fortes militares e de outros edifícios de proteção impuseram-se também nestes frágeis cenários urbanos as construções religiosas, nomeadamente as igrejas – não fosse o catolicismo o veículo infraestrutural indispensável ao avanço imperial português. Muitas cidades coloniais cresceram à volta destes núcleos de organização social. Desde as cidades indianas, até às brasileiras, pelo Império português a matriz de um colonialismo nacional, efetivo, mas progressivamente ultrapassado pela força de metrópoles mais desenvolvidas, foi-se impondo sobre o território. A indpendência do Brasil, em 1822, tornou o continente africano objeto de uma colonização mais efetiva, que apenas se veio

---

([6]) Hilary Flegg, *Age Structrure in Urban Africans in Lourenço Marques*, tese de doutoramento apresentada à Universidade de Witwatersrand (Joanesburgo: Witwatersrand University, 1961).

([7]) José Mattoso (org.) *Património de Origem Portuguesa no Mundo*, vol. 1 (Lisboa: Fundação Gulbenkian, 2012)

([8]) Michel Cahen (org.) *Bourgs et Villes*...; José Manuel Fernandes, «A Cultura das Formas: Urbanismo, Arquitectura, Artes», in Francisco Bethencourt e Kirtu Chaudhuri (orgs.), *História da Expansão Portuguesa*, vol. 4 (Lisboa: Temas e Debates, 2000) pp. 444-485; *idem*, «Arquitectura e Urbanismos no Espaço Ultramarino Português», in *idem*, vol. 5 (Lisboa: Temas e Debates, 2000), pp. 334-383; Isabel Castro Henriques, *Território e Identidade: A Construção da Angola Colonial (1872-1926)* (Lisboa: Cadernos Clio, 2004).

a sentir mais próximo do final do século XIX, no contexto da viragem europeia para África. Se, numa primeira fase, persistiu uma ocupação urbana mais típica, mais tarde, nomeadamente na transição para o século XX, começaram a erguer-se espaços urbanos, com populações maiores e infraestruturas diversas([9]).

As pesquisas coloniais urbanas situavam-se nestas grandes cidades africanas. Eram centros com um largo número de colonos, com múltiplas atividades económicas e milhares de trabalhadores, lugares de possível subversão que necessitavam de ser controlados. Num período de «modernização colonial» mas também de tensão política e militar era necessário conhecer melhor estas cidades, para dominar de modo mais lato as lógicas do ordenamento do território e da integração social, fosse por meios modernos de gestão, ou pela violência sobre as populações, como nos revela o texto de Diogo Ramada Curto e Bernardo Pinto da Cruz([10]).

Quando, na sequência do 25 de Abril de 1974, golpe militar revolucionário diretamente relacionado com a evolução das guerras em África, se iniciou um processo de descolonização, a herança da experiência colonial urbana em cidades como Lourenço Marques e Luanda parecia provar, no quadro do colonialismo efetivo de Novecentos, a ausência de uma excecionalidade

---

([9]) José Manuel Fernandes, «Arquitectura e Urbanismo na África Subsaariana: uma leitura», in José Mattoso (org.) *Património de Origem Portuguesa no Mundo, África, Mar Vermelho, Golfo Pérsico*, Filipe Themudo Barata (coord.) (Lisboa: Fundação Gulbenkian, 2012), pp. 214-216.

([10]) Estas eram as preocupações que motivaram a renovação de uma ciência colonial também focada nos centros urbanos. Note-se a este propósito as seguintes obras paradigmáticas: António Rita-Ferreira, *Os Africanos de Lourenço Marques* (Lourenço Marques: Separata das Memórias do Instituto de Investigação Científica de Moçambique, 1967-1968); Amadeu Castilho Soares, *Política de Bem-estar Rural em Angola* (Lisboa: Junta de Investigações do Ultramar, «Estudos de Ciências Políticas e Sociais», n.º 49, 1961), pp. 173-174, José de Sousa Bettencourt, «Subsídio para o Estudo Sociológico da População de Luanda», *Boletim do Instituto de Investigação Científica de Angola*, 2 (1), 1965, pp. 83-130.

colonial lusa, apesar das mudanças sentidas na década de sessenta. A desigualdade social racializada inscrita na organização do espaço e a discriminação que a tornava operativa no quotidiano, institucionalizada mas também efetiva no quadro das interações, eram aspetos que descreviam bem esse legado. Estes processos decorreram da organização de um sistema social que lidou mal com a urbanização dos africanos. Estes foram até muito tarde considerados, na sua esmagadora maioria, em Angola, Moçambique e na Guiné, como «indígenas»; concebidos como povos culturalmente atrasados, imersos nos seus costumes, não elegíveis para uma cidadania europeia, já de si limitada desde 1926 (e de modo mais efetivo desde 1933 com a institucionalização do Estado Novo) pela emergência em Portugal de um regime de tipo fascista. O regime do indigenato, que durou até 1961, enquadrou de modo significativo esta dinâmica, que enunciava uma conceção estatal, jurídica, legislativa e política da sociedade colonial, e que enquadrava um colonialismo económico fundado na exploração de mão-de-obra africana barata, dentro e fora dos territórios administrados pelos portugueses, e na extração fiscal([11]). Esta lógica de discriminação, apesar do enquadramento distinto, não era estranha à realidade urbana de outros territórios africanos sob domínio português, onde a estratificação social apresentava também linhas de fratura radicais([12]). Noutro sentido, o fim do indigenato não

---

([11]) Valentim Alexandre, *Origens do Colonialismo Português Moderno* (Lisboa: Sá da Costa: 1979); Gervase Clarence-Smith, *The Third Portuguese Empire (1825-1975): A Study in Economic Imperialism* (Manchester: Manchester University Press, 1985); Francisco Bethencourt e Kirtu Chaudhuri (orgs.) *História da Expansão Portuguesa*, vols. IV-V (Lisboa: Temas e Debates, 2000); Omar Ribeiro Thomaz, *Ecos do Atlântico Sul: Representações sobre o Terceiro Império Português* (Rio de Janeiro: UFRJ, Fapesp, 2002); Isabel Castro Henriques, *Os Pilares da Diferença. Relações Portugal-África, Século XV-XX* (Casal de Cambra: Caleidoscópio, 2004); Miguel Jerónimo (org.), *O Império Colonial em Questão* (Lisboa: Edições 70, 2012).

([12]) João Estevão, «Peuplemen et Phénomènes d'Urbanisation au Cap-Vert pendant la Période Colonial, 1462-1940», in Michel Cahen (org.) *Bourgs et Villes...* pp. 42-59; Joel Frederico da Silveira, «La Spatialisation

fez cessar uma discriminação inscrita na ordem social, que não dependia tanto de molduras jurídicas, mas de hábitos sedimentados nos corpos e onde o fenótipo nunca deixou de assinalar um estatuto urbano, dir-se-ia uma cidadania inferiorizada. A racialização da estrutura social dependia de contrastes e, nesse sentido, relacionava-se com os espaços onde se verificava uma presença maior de colonos de origem europeia([13]). Nos contextos de forte colonização branca, casos de Luanda, Nova Lisboa (Huambo), Lourenço Marques (Maputo) ou Beira, as linhas de racialização da estrutura social eram mais notórias([14]). Surgiram então cidades divididas, «cidades duplas», mas interdependentes, onde um centro europeu, de «cimento», se separava de uma grande e precária periferia africana, construída segundo outras lógicas e com diferentes materiais, técnicas e recriações. Sendo o mundo urbano complexo, nos seus trânsi-

---

d'un Rapport Colonial: Bissau, 1900-1960», in Michel Cahen (org.), *Bourgs et Villes...* pp. 75-97; Augusto Nascimento, *Poderes e Quotidiano nas Roças de S. Tomé e Príncipe de finais de Oitocentos a meados de Novecentos* (S. Tomé: SPI, 2002).

([13]) Cláudia Castelo, *Passagens para África, O Povoamento de Angola e Moçambique com naturais da Metrópole (1920-1974)* (Porto: Afrontamento, 2007).

([14]) Isabel Castro Henriques «A Sociedade Colonial em África. Ideologias, Hierarquias, Quotidianos», in Francisco Bettencourt e Kirti Chaudhuri (orgs.) *A História da Expansão Portuguesa*, vol. 5 (Lisboa: Círculo dos Leitores, 1999), pp. 216- 274. Sobre este processo em distintos contextos coloniais ver, neste volume, textos de Isabel Castro Henriques e Nuno Domingos. Ver também Adelino Torres, «Le Processus d'Urbanisation de l'Angola pendant la Période Coloniale, 1940-1970», in Michel Cahen (org.) *Bourgs et Villes...* pp. 98-117; Jeanne Marie Penvenne, *African Workers and Colonial Racism. Mozambican Strategies and Struggles in Lourenço Marques, 1877--1962* (Londres: James Currey, 1995); Valdemir Zamparoni, *Entre Narros e Mulungos: Colonialismo e Paisagem Social em Lourenço Marques, c.1890 c.1940*. Dissertação de doutoramento (São Paulo: Faculdade de Letras e Ciências Humanas da Universidade de São Paulo, 1998); Maria da Conceição Neto, *In Town and Out of Town: A Social History of Huambo (Angola), 1902-1961*, Dissertação de Doutoramento (London: School of Oriental and African Studies/University of London, 2012); Maria Manuela da Fonte, *Urbanismo e Arquitectura em Angola* (Lisboa: Caldeidoscópio, 2013).

tos e trocas, esta divisão foi sempre matricial. O mundo dos colonos, com as suas práticas de sociabilidade e de lazer, encontrava-se também estratificado, tal como o «universo africano», onde preponderavam líderes associativos e notáveis locais, muitos deles mestiços e assimilados. Estas camadas sociais tomaram posições de maior destaque em núcleos urbanos mais pequenos, com uma população colona menor e onde a mistura racial se desenvolveu com maior efetividade, nomeadamente antes do sistema colonial se impor de modo mais persuasivo. Estas camadas africanas, cuja ambiguidade social foi traduzida numa permanente ambiguidade existencial, eram um fiel da balança político: ou promoviam o integracionismo imperial ou, em circunstâncias específicas, constituíam-se como uma ameaça à estabilidade do sistema. A sua integração urbana foi, neste sentido, habitada por uma tensão permanente, tão típica das pequenas burguesias. Mas, para além da sua vida política, estes indivíduos foram mediadores urbanos por excelência, transmissores de hábitos, práticas e costumes desde os centros para as periferias, mas igualmente no sentido inverso. Nestas cidades coloniais viviam ainda muitos outros grupos, identificáveis pela sua origem geográfica, religiosa, étnica([15]). Todos estes indivíduos e grupos se relacionaram na cidade com uma organização social específica que os colocou em contacto, conflitual mas também necessariamente cooperativo, com outros grupos. Este contacto transformou estes habitantes da cidade, abalou convicções e práticas, apesar das urbes coloniais terem sido também um lugar da reprodução identitária, realizada, agora, sob bases distintas e quase sempre ao serviço de uma estratégia de sobrevivência prática: conseguir uma casa, um emprego, uma rede de proteção, um conforto existencial.

Enquanto centros de atividades que excedem em muito a geografia da cidade, as urbes coloniais foram eixos de relações com outros centros urbanos. A este propósito, a falta de exce-

---

([15]) Valdemir Zamparoni, «Monhés, Baneanes, Chunas e Afro-maometanos. Colonialismo e Racismo em Lourenço Marques, Moçambique, 1890-1940», *Lusotopie*, VII (2000), pp. 191-222.

cionalidade do colonialismo português revelava-se também pela relação de dependência destes «espaços coloniais soberanos» com elementos exteriores, que participavam igualmente dos inúmeros projetos proporcionados pelo colonialismo. Note-se, por exemplo, que uma cidade tão importante como a Beira, em Moçambique, cresceu durante o século XX e até 1942 sob a gestão de uma companhia majestática. A influência política de outras potências coloniais, bem como de organizações internacionais, sobre o rumo do colonialismo português, a presença de inúmeros estrangeiros no quadro de decisão institucional económica e política e a influência dos quadros económicos e políticos regionais revelam que o colonialismo era um projeto global. As redes urbanas africanas, as que ligavam, por exemplo, Moçambique e Angola à África do Sul, à Rodésia ou ao Congo, criaram autonomias próprias que reproduziam o ritmo do colonialismo internacional, no fluxo de mercadorias, trabalhadores e capital. A força de cidades como Lourenço Marques ou Luanda só pode ser interpretada em contextos de troca imperial mais vasta. Noutro sentido, porém, estas mesmas relações produziram contatos e trocas relativamente autónomos da razão imperial: hábitos, consumos, credos, conceções do mundo, aspirações foram criados no âmbito destas redes urbanas regionais. Resultado de uma modernidade urbana, esta cultura da cidade projetou-se para lá dos limites da vida do Império. As cidades coloniais portuguesas foram assim eixos de passagem de práticas e consumos tendencialmente globais, ou em circulação regional, que os Estados coloniais facilitavam ou procuravam controlar com maior ou menor sucesso.

No último período do colonialismo português em África, a ação do Estado Novo garantiu algumas especificidades à ação colonizadora. Para além de ter estendido a duração do tempo colonial, preservando a durabilidade de estruturas de oportunidades e de negócios, o efeito do enquadramento político sobre a organização social atrofiou o desenvolvimento de um espaço público urbano, bem como bloqueou e atrasou fenómenos de associação e participação que, na segunda metade do

século XX, conduziram em muitos casos à descolonização([16]).
O regime de vigilância urbana, acentuado pelo início da guerra colonial, apesar de travada fora das grandes cidades, afetou-as consideravelmente. Por exemplo, a presença maciça da polícia política no contexto urbano foi um dos mais evidentes focos de coerção política e de perseguição de qualquer foco de dissidência([17]). A cultura do medo e da arbitrariedade, tão sentida nas relações de trabalho, caraterizou também o processo de urbanização, apesar das mudanças existentes após o fim do indigenato([18]).

Neste último período de domínio português continua a jogar-se, em grande medida, a avaliação da herança colonial portuguesa. As mudanças efetivas ficaram sempre aquém, no entanto, da representação criada pela propaganda colonial. Esta representação da mudança e da reforma, que acaba por se projetar sobre o passado, tornou-se numa narrativa poderosa que, por diversos motivos, se continua a reproduzir.

Na Metrópole

O colonialismo não implicou apenas a construção de uma estrutura social e espacial urbana nos territórios coloniais. Existiu também um movimento reverso([19]). A experiência imperial trouxe uma configuração imagética diferenciada para as cidades

---

([16]) Christine Messiant, «Luanda, 1945-1961: colonisés, société coloniale et engagement nationaliste», in Michel Cahen (org.) *Bourgs et villes...* pp.125-199; Frederick Cooper, *Decolonization and African society: The labor question in French and British Africa* (Cambridge: Cambridge University Press, 1996); *idem, Africa since 1940: The past of the present* (Cambridge: Cambridge University Press, 2002).

([17]) Dalila Cabrita Mateus, *A PIDE/DGS na Guerra Colonial, 1961-1974* (Lisboa: Terramar, 2004).

([18]) Cláudia Castelo, Omar Ribeiro Thomaz, Sebastião Nascimento, Teresa Cruz e Silva (orgs.), *Os outros da colonização* (Lisboa: Imprensa de Ciências Sociais, 2012).

([19]) Anthony King, *Urbanism, Colonialism...*

imperiais, tanto com a importação de maneirismos exóticos para a arquitetura das cidades imperiais, como com a edificação de uma monumentalidade enaltecendo a dignidade da capital imperial. Mas, mais importante do que isso, a própria existência da capital imperial resulta dos novos arranjos espaciais e materiais produzidos pelo Império. O uso de territórios periféricos para a produção primária e para a extração de recursos necessitou do crescimento de centros urbanos industriais e comerciais, nos quais se assistiu à emergência de novas classes industriais urbanas[20]. A importância das conexões ao longo dos impérios, como nota neste volume Filipa Lowndes Vicente, remete para o imperativo de se fazer uma história articulada da metrópole e das colónias, das relações de poder que existem entre vários pólos e dos circuitos de produção, distribuição e consumo que os atravessam, para realçar que tanto os dominantes como os subjugados são agentes de uma mesma trajetória histórica[21]. Noutro sentido, a divisão entre metrópole e Império é também posta em causa por uma posição teórica explicitamente anticolonial, levando ao reconhecimento das várias formas pelas quais a «Europa» foi criada pelo colonialismo[22]. Mais: coloca em evidência tanto os sistemas racializados de governo imperial, quanto o seu objetivo de construção de sujeitos racializados, como revela neste livro o capítulo de Manuela

---

[20] John Rex, *Race, Colonialism and the City* (London: Routledge, 1973).

[21] Eric Wolf, *Europe and the People without History* (Berkeley: University of California Press, 1982); Sidney Mintz, *Sweetness and Power: The Place of Sugar in Modern History* (New York: Viking, 1985); Bernard S. Cohn, *Colonialism and its forms of Knowledge: the British in India* (Princeton: Princeton University Press, 1996).

[22] Franz Fanon, *Les Dammés de la Terre*, prefácio de Jean-Paul Sartre (Paris: Éditions Maspero, 1961), edição inglesa, *The Wretched of the Earth*, trad. Constance Farrington (Londres, Nova Iorque: Grove Weidenfeld, 1963); Edward W. Said, «Reconsiderando a Teoria Itinerante», in Manuela Ribeiro Sanches (org.), *Deslocalizar a 'Europa'. Antropologia, Arte, Literatura e História na Pós-Colonialidade* (Lisboa: Livros Cotovia, 2005), pp. 25-42; Ver também Manuela Ribeiro Sanches, «Lisboa, capital do império. Trânsitos, Afiliações, Transnacionalimos» neste livro.

Ribeiro Sanches([23]). A relação entre Império e metrópole releva também a importância das representações sobre o Império na formação de identidades nacionais dos centros de poder imperial europeus. Tais representações foram veiculadas através de todo um aparato cultural de disseminação de imaginações imperiais na esfera metropolitana, o qual inclui museus, políticas de preservação do património, recurso a celebrações públicas e uso de formas de expressão como a música ou a literatura, para efeitos de propaganda([24]).

Também em Portugal a questão imperial é um campo privilegiado de afirmação da identidade nacional, sobretudo desde finais de Oitocentos e com maior intensidade durante o Estado Novo([25]). A realidade do Império no terreno era então desco-

---

([23]) Laura Tabili, 'We ask for British Justice': Workers and Racial Difference in Late Imperial Britain (Ithaca: Cornell University Press, 1994); Mrinalini Sinha, Colonial masculinity: The 'Manly Englishman' and the 'Effeminate Bengali' in the Late Nineteenth Century (Manchester: Manchester University Press, 1995); Antoinette Burton, At the Heart of the Empire: Indians and the Colonial Encounter in Late-Victorian Britain (Berkeley: University of California Press, 1998); Catherine Hall et al, Defining the Victorian Nation: Class, Race, Gender and the British Reform Act of 1867 (Cambridge: Cambridge University Press, 2000); Philippa Levine, Prostitution, Race, and Politics: Policing Venereal Disease in the British Empire (London: Routledge, 2003); Kathleen Wilson, The Island Race: Englishness, Empire and Gender in the Eighteenth Century (London: Routledge, 2003).

([24]) John MacKenzie, Propaganda and Empire: The Manipulation of British Public Opinion (1880-1960) (Manchester: Manchester University Press, 1984); John MacKenzie (org.) Imperialism and Popular Culture (Manchester: Manchester University Press, 1986); Felix Driver and David Gilbert (orgs.) Imperial Cities: Landscape, Display and Identity (Manchester: Manchester University Press, 1999); Stuart Ward (org.), British Culture and the end of Empire (Manchester: Manchester University Press, 2001); Bill Schwarz (org.), West Indian Intellectuals in Britain (Manchester: Manchester University Press, 2003).

([25]) Francisco Bethencourt e Diogo Ramada Curto (orgs.), A Memória da Nação (Lisboa: Livraria Sá da Costa Editora, 1991); José Mattoso, A Identidade Nacional (Lisboa: Gradiva Publicações, 1998); Francisco Bethencourt, «A Memória da Expansão», in Francisco Bethencourt e Kirti Chaudhuri (orgs.), História da Expansão Portuguesa, vol. 5 (Lisboa: Círculo dos Leito-

nhecida para a maior parte das pessoas, numa altura em que as correntes de emigração ainda não se dirigiam para África e a presença de populações coloniais na metrópole era escassa – apesar de ser possível identificar um passado africano da capital portuguesa, o qual marcou a vida de alguns dos seus bairros([26]). No entanto, é notório que o Império colonial foi «santificado» como elemento central da identidade da nação, sobretudo a partir da generalização da ideia de decadência e de progresso que caracterizou a historiografia portuguesa do século XIX, bem como da disseminação de toda uma mitologia nacional-imperialista por parte das elites republicanas([27]). Demasiado distante da realidade concreta da vida quotidiana da metrópole, foi no plano dos símbolos e da imagética discursiva que o Império se deu a conhecer – desvelando-se através de uma autêntica pedagogia nacional cuja definição era, no entanto, motivada por pressões de política externa e por disputas por hegemonias imperiais([28]). Durante o Estado Novo, a atenção crescente à ideia da «missão histórica da nação portuguesa», missão marcada pelo ideal cristão e pela vocação colonial, o Império adquire uma dimensão ontológica na arquitetura simbólica da nação, resultante no desenvolvimento de uma «Mística Imperial» que acompanhou, no plano dos símbolos, o desenvolvimento de uma política colonial nacionalista, integracionista e

---

res, 1999), pp. 442-480; Luís Cunha, *A Nação nas Malhas da sua Identidade: O Estado Novo e a Construção da Identidade Nacional* (Porto: Afrontamento, 2001); José Manuel Sobral, «O Norte, o Sul, a Raça, a Nação – Representações da Identidade Nacional Portuguesa (Séculos XIX-XX)», *Análise Social*, vol. XXXIX (171) (2004), pp. 255-284; José Neves e Bruno Peixe Dias (orgs.) *Como se Faz um Povo* (Lisboa: Tinta-da-China, 2010).

  ([26]) Isabel Castro Henriques, *A Herança Africana em Portugal* (Lisboa: CTT Correios de Portugal, 2009).

  ([27]) Yves Léonard, «O Império Colonial Salazarista», in Francisco Bethencourt e Kirti Chaudhuri (orgs.), *História da Expansão Portuguesa*, vol. 5 (Lisboa: Círculo dos Leitores, 1999), pp. 10-30, p. 28; Maria Isabel João, «Comemorações e Mitos da Expansão», in Francisco Bethencourt e Kirti Chaudhuri (orgs.), *História da Expansão Portuguesa*, vol. 4 (Lisboa: Círculo dos Leitores, 1999), pp. 403-424.

  ([28]) Yves Léonard, «O Império Colonial Salazarista»... p. 21.

centralizadora(²⁹). Toda esta imaginação estava expressa no designado *Acto Colonial*, em que as colónias portuguesas passam a ser designadas «Império colonial português»(³⁰).

No quadro oficial, uma abordagem, assente no culto dos heróis e na ideia de uma progressão histórica linear desde a fundação da nacionalidade até ao Império marítimo, celebrado como um dos grandes feitos da humanidade, permeia os programas de ensino, a propaganda de Estado, as exposições e os congressos científicos e toda a demais produção cultural oficial(³¹). Tal como noutros centros de poder imperiais, releva-se o papel desempenhado pelas práticas espaciais de nomeação e mapeamento na construção do imaginário espacial do Império na metrópole(³²). Centenas de mapas foram elaborados e divulgados, disseminando na metrópole, sobretudo através do aparelho escolar, a imagem da extensão geográfica do Império, bem como das suas localizações, dos seus povos e das suas paisagens(³³). As «geografias imaginativas» do Império são também ficcionadas no coração da metrópole imperial através de exposições públicas, como foi o caso mais expressivo da Exposição do Mundo Português, realizada em Lisboa em 1940(³⁴). Os marcadores de uma versão da identidade nacional altamente seletiva, de feição imperial e efabulatória, enaltecendo as quimeras empreendidas pelos navegadores de Quinhentos e o

---

(²⁹) *Ibidem*, pp. 24-30.

(³⁰) Decreto n.º 18 570, *Diário do Governo*, 8 de Julho de 1930.

(³¹) David Corkill e José C. Almeida, «Commemoration and Propaganda in Salazar's Portugal: The *Mundo Português* Exposition of 1940», *Journal of Contemporary History*, vol. 44, n.º 3 (2009), pp. 381-399.

(³²) John Brian Harley, «Maps, Knowledge and Power», in D. Cosgrove e S. Daniels (orgs.), *The Iconography of Landscape* (Cambridge: Cambridge University Press, 1988); Edward Said, «Representing the Colonized: Anthropology's Interlocutors», *Critical Inquiry*, vol. 15, n.º 2 (1989), pp. 205-225; John Brian Harley, «Deconstructing the Map», in T. J. Barnes e J. S. Duncan (orgs.), *Writing Worlds: Discourse, Text and Metaphor in the Representation of Landscape* (London and New York: Routledge, 1992).

(³³) H. Heriberto Cairo, «'Portugal is not a Small Country': Maps and Propaganda in the Salazar Regime», *Geopolitics*, 11 (2006), p. 376.

(³⁴) Edward Said, *Orientalism* (Nova Iorque: Vintage, 1979).

Império do Oriente, imprimem-se na paisagem urbana de Lisboa, como demonstra o capítulo de Elsa Peralta. Ruas são nomeadas a partir de navegadores e protagonistas da expansão marítima ou de locais abrangidos pelo primeiro Império português, forjando uma representação da nação assente na ideia de Portugal como país dos «descobrimentos». As marcas do Império na geografia da cidade são também identificáveis nos inúmeros palácios, palacetes, jardins e mansões construídos por uma elite económica portuguesa formada a partir de atividades coloniais, que vão desde o tráfico de escravos à cultura forçada do algodão moçambicano, muito associada ao florescimento da indústria têxtil na metrópole[35]. Através da construção do espaço ou de uma arquitetura monumental de feição modernista, ou através das marcas na geografia da cidade deixadas pelos privados enriquecidos à custa dos negócios coloniais, o Império adquiriu uma feição material no quotidiano urbano, permeando o imaginário coletivo nacional e sustentando as aceções do senso comum sobre o passado imperial português, até aos dias de hoje.

No seio da comunidade imaginada nacional, o «outro» africano, «indígena» no quadro do sistema de administração colonial, é concebido como o objeto do desígnio civilizador e cristão da expansão portuguesa. Da «influência moral» exercida pelos portugueses dependeria o seu «aperfeiçoamento» e da sua «educação» resultaria o «cumprimento progressivo dos seus deveres morais e legais de trabalho»[36]. Em exposições e congressos coloniais oficiais, mas também na cultura popular, na literatura,

---

[35] José Augusto França, «África em Lisboa. Nota Introdutória», In José Manuel Fernandes (org.), *Arquitectura e Urbanismo de Matriz Portuguesa* (Lisboa: Caleidoscópio/Universidade Autónoma, 2011), pp. 11-14; Ann Pitcher: *Politics in the Portuguese Empire: The State, Industry and Cotton, 1926--1974* (Oxford: Oxford University Press, 1993; Carlos Fortuna, *O Fio da Meada: O Algodão de Moçambique, Portugal e a Economia-mundo, 1860-1960* (Porto: Afrontamento, 1993); Allen Isaacman, *Cotton is the Mother of Poverty: Peasants, Work, and Rural Struggle in Colonial Mozambique, 1938-1961* (Portsmouth, N. H.: Heinemann, 1997).

[36] *Acto Colonial*, título II: «Indígenas».

na pintura, no cinema e de forma muito expressiva nas figurações que acompanhavam a comercialização de vários produtos coloniais, como o café ou o cacau, encontra-se uma representação do africano fortemente racializada, embrutecida e infantil, a requerer a atenção civilizadora do colonizador[37]. Num momento em que a migração portuguesa para Angola e Moçambique era ainda escassa, tal como era reduzido o contacto de metropolitanos com africanos, estas representações revelam-se um poderoso meio de formatação do senso comum, tanto em relação a esse «outro» africano, quanto aos territórios por ele habitados[38].

Após a II Guerra Mundial, num contexto marcado por pressões políticas independentistas tuteladas pela recém-criada Organização das Nações Unidas, e também pelo desenvolvimento das economias das colónias resultante do reforço dos setores privados coloniais, a ideia do desígnio civilizador do colonialismo português ganha outros contornos[39]. Na metrópole, com ressonâncias nos territórios coloniais, agora efetivamente povoados com contingentes crescentes de populações metropolitanas, um novo discurso sobre a identidade nacional, e sobre o «outro» colonizado, dissemina-se pela esfera pública[40]. Tendo como pano de fundo as mudanças ideológi-

---

[37] José Ramos Tinhorão, *Os Negros em Portugal* (Lisboa: Caminho, 1997); Luís Cunha, «A Imagem do Negro na Banda Desenhada do Estado Novo». Relatório de aula teórico-prática (Braga: Universidade do Minho, 1994); Rosa Cabecinhas e Luís Cunha, «Colonialismo, Identidade Nacional e Representações do 'Negro'», *Estudos do Século XX*, 3 (2003), pp. 157-184; Patrícia Ferraz de Matos, «Imagens de África? Filmes e Documentários Portugueses relativos às antigas Colónias Africanas (primeira metade do século XX)», *Actas do V Congresso de Estudos Africanos no Mundo Ibérico* (Covilhã: CES, 2006); Isabel Castro Henriques, *A Herança Africana*...

[38] Cláudia Castelo, «Migração Ultramarina: Contradições e Constrangimentos», *Ler História*, 56 (2009), pp. 69-82, p. 75.

[39] Cláudia Castelo «'Um segundo Brasil ou um terceiro Portugal', Políticas de Colonização Branca em África (c.1920-1974)», *Travessias* (2004), pp. 155-180.

[40] Cláudia Castelo, «O Outro no Labirinto Imperial: Orientalismo e Luso-tropicalismo», in Renato Miguel do Carmo e Ruy Llera Blanes

cas no sistema colonial europeu e a procura de mecanismos de legitimação para a política colonial portuguesa, o luso-tropicalismo vem reforçar, no plano internacional, a imagem de um Portugal pluricontinental, uma nação «una e indivisível», autora histórica de uma colonização exemplar, marcada pela miscigenação, pela fusão cultural e pela ausência do preconceito racista([41]). A aproximação às ideias de Freyre vem desta forma facilitar uma revisão das noções prevalecentes sobre contato racial marcadas por ideias de hierarquia e um afastamento em relação às conceções explicitamente rácicas que caracterizaram os fascismos europeus([42]). De acordo com a nova grelha interpretativa, o «outro» africano, negro, era uma criação do «génio colonizador» dos portugueses.

Também os importantes fluxos migratórios gerados pelo colonialismo português, primeiro em larga escala para o Brasil e depois, no pós-II Guerra Mundial, para as colónias africanas, geraram redes de circulação, económica e demográfica, entre metrópole e colónias. Com importantes impactos na economia do país, estas redes de circulação favorecem também apropriações metropolitanas de práticas de consumo e de conceções do mundo emanadas a partir do contexto colonial, vulgarizadas, por exemplo, através da alimentação e do consumo de produtos coloniais([43]). Reproduzido através de formas de cultura pública

---

(orgs.), *A Globalização no Divã* (Lisboa: Tinta da China, 2008), pp. 295--315.

([41]) Cláudia Castelo, *O Modo Português de Estar no Mundo': O Luso--tropicalismo e a Ideologia Colonial Portuguesa (1933-1961)* (Porto: Edições Afrontamento, 1999); Diogo Ramada Curto, «A Historiografia do Império Português na Década de 1960: Formas de Institucionalização e Projeções», *História da Historiografia* (Universidade Federal de Ouro Preto), n.º 10 (2012), pp. 111-123.

([42]) Valentim Alexandre, «O Império e a Ideia de Raça (séculos XIX e XX)», in Jorge Vala (org.), *Novos Racismos: Perspectivas Comparativas* (Oeiras: Celta, 1999), pp. 133-144; José Manuel Sobral, «O Norte, o Sul, a Raça, a Nação...; Patrícia Ferraz de Matos, *As Côres do Império: Representações Raciais no Império Colonial Português* (Lisboa: Imprensa de Ciências Sociais, 2006).

([43]) Cláudia Castelo, «Migração Ultramarina... p. 70; Akhil Gupta, «Movimentações Globais das Colheitas desde a 'era das descobertas' e

ou através de práticas do quotidiano([44]) – concretizadas em experiências de cidadania, em sexualidades consagradas, em hábitos culinários, ou em narrativas históricas –, o Império constituiu-se num aspeto central das identidades metropolitanas e da consciência de raça, ainda que interligado com outras filiações identitárias, nomeadamente as regionais, as rurais, as urbanas ou as de classe([45]). Como mostra o capítulo de Marcos Cardão, o Império converteu-se em dimensão de um «nacionalismo banal» que, embora possa não motivar posicionamentos políticos explícitos, se encontra inscrito nas práticas quotidianas e nas formas de conhecimento sobre a experiência histórica – também imperial – da nação metropolitana, ainda que com esferas de influência e graus de internalização certamente desiguais([46]).

É no contexto metropolitano, ou atravessado por este, que são produzidos os entendimentos sobre o «outro», as formas de conhecimento colonial, os discursos sobre a identidade nacional incorporando a sua dimensão imperial. As sucessivas re--narrativizações operadas nesta esfera tornam evidente o caráter contingente das formulações imperiais e coloniais. As ideologias imperiais que ressoam na metrópole são pautadas por diferentes graus de negociação política entre metrópole e Império e também entre impérios. Tal como são pautadas pela influência exercida pelas idiossincrasias daqueles que, por vezes falando a partir da periferia colonial, informam as representações colo-

---

Transformações das Culturas Gastronómicas», in Manuela Ribeiro Sanches, *Portugal não é um País Pequeno: Contar o ´Império´ na Pós-colonialidade* (Lisboa: Cotovia, 2006), pp. 193-214.

([44]) Catherine Hall e Sonya Rose, *At Home with Empire: Metropolitan Culture and the Imperial World* (Cambridge: Cambridge University Press, 2006), p. 22.

([45]) Linda Colley, «Britishness and Otherness: an Argument», *Journal of British Studies*, 31 (4), (1992), pp. 309-29; Andrew Thompson, *The Empire Strikes Back? The Impact of Imperialism on Britain from the Mid-Nineteenth Century* (Harlow: Pearson, 2005).

([46]) Michael Billig, *Banal Nationalism* (London: Sage Publications, 1995).

niais criadas na metrópole[47]. A incorporação destas idiossincrasias revela que este é um campo repleto de ambiguidades, correndo a par com versões políticas autorizadas e relativamente estáveis sobre o nós e sobre o «outro»[48]. Através de discursos ideológicos, mas também de circulações, de práticas quotidianas, consumos coloniais e de estruturas económicas, Império e metrópole são atravessados por conexões de vária ordem frequentemente identificáveis para além do domínio formal do colonialismo.

O Pós-colonial

As sociedades coloniais exerceram um impacto de longa duração nas práticas e identidades dos centros imperiais e esta conexão reflete-se na paisagem europeia pós-colonial. A assunção comum de que a descolonização e o fim do Império foram recebidos com indiferença nos antigos centros imperiais europeus deve ser reanalisada, tomando em consideração a permanência nas ex-metrópoles de processos que foram hegemónicos no contexto imperial[49]. Os passados coloniais continuam pre-

---

[47] João de Pina Cabral, «Galvão na Terra dos Canibais: a Constituição Emocional do Poder Colonial», *Novos Estudos*, 57 (2000), pp. 124-140; Harry G. West, «Invertendo a Bossa do Camelo. Jorge Dias, a sua Mulher, o seu Intérprete e eu», in Manuela Ribeiro Sanches, *Portugal não é um País Pequeno...* pp. 141-190; Ricardo Roque, «Colonialidade equívoca: Fonseca Cardoso e as origens da antropologia colonial portuguesa», in Manuela Ribeiro Sanches (org.), *Portugal não é um País Pequeno...* pp. 83-112.

[48] Cristiana Bastos, «The Inverted Mirror: Dreams of Imperial Glory and Tales of Subalternity from the Medical School of Goa», *Etnográfica*, vol. 6, n.º 1 (2002), pp. 59-76; Cristiana Bastos, «Goa em 1942: A Retórica do Império e as Ambiguidades do Nacionalismo», in Manuela Ribeiro Sanches, *Portugal não é um País Pequeno...* pp. 229-248.

[49] Stephen Howe, *Ireland and Empire: Colonial Legacies in Irish History and Culture* (Oxford: Oxford University Press, 2000); Stephen Howe, «Internal Decolonization? British Politics since Thatcher as Postcolonial Trauma», *Twentieth-Century British History*, 14 (2003), pp. 286-304; Graham Macphee e Prem Poddar (orgs.) *Empire and After: Englishness in Postcolo-*

sentes nos contextos pós-coloniais de várias formas, as quais podem ser encontradas quer na cultura pública, quer em lugares inesperados do quotidiano e na esfera do mundano, mostrando que os entendimentos comuns em relação ao Império, no período pós-descolonizações, se articulam com uma grande variedade de canais e instituições[50].

Os passados imperiais podem ser interpretados no contexto de uma cultura nostálgica em relação ao Império, expressa tanto em investimentos patrimoniais feitos sobre os seus vestígios materiais, quanto na recuperação e na reprodução de imagens coloniais na cultura popular (na alimentação, nos livros escolares, na publicidade)[51]. Subsistem também na persistência de uma «mentalidade colonial» em tempos pós-coloniais, que tem na base visões parcelares mundanas e que serve, também, de instrumento às políticas criadas a partir de anteriores sistemas de governação, como é o caso da *Commonwealth*[52]. Mas a persistência dos passados imperiais no presente pode ser entrevista de outras formas. As relações de poder e de diferença estabelecidas pelos imperialismos europeus modernos são muitas vezes reativadas nas cidades europeias contemporâneas, condicio-

---

nial Perspective, (Oxford and New York: Berghahn Books, 2007); Benoit de L'Etoile, «The Past as it Lives: an Anthropology of Colonial Legacies», *Social Anthropology*, vol. 16, n.º 3 (2008), pp. 267-279.

[50] Stuart Ward, *British culture...*; Bill Schwarz, «Claudia Jones and the *West Indian Gazette*: Reflections on the Emergence of Post-colonial Britain», *Twentieth-Century British History*, n.º 14 (2003), pp. 264-285.

[51] Robert Aldrich, *Vestiges of the Colonial Empire in France* (Houndmills: Palgrave, 2004); Rachel Langford, «Photography, Belgian Colonialism and Hergé's Tintin au Congo», *The Journal of Romance Studies*, vol. 8, n.º 1 (2008), pp. 77-89; Wolfgang Struck, «Reenacting Colonialism: Germany and its Former Colonies in Recent TV Productions», in Volker Langbehnm (org.), *German Colonialism, Visual Culture, and Modern Memory* (Londres e Nova Iorque: Routledge, 2010), pp. 260-276; Pascal Blanchard e Sandrine Lemaire et al., *Culture Post-coloniale 1961-2006: Traces et Mémoires Coloniales en France* (Paris: Éditions Autrement 2011).

[52] Prem Poddar, Rajeev S. Patke e Lars Jensen (orgs.), *A Historical Companion to Postcolonial Literatures – Continental Europe and its Empires* (Edimburgo: Edinburgh University Press, 2011).

nando estatutos económicos, divisões de classe e políticas raciais. Nestas cidades, as migrações pós-coloniais produzem comunidades de diáspora de acordo com sistemas de poder prevalecentes, que adquirem uma dimensão espacial e são habitados por tensões sociais e interraciais culturalizadas[53].
Muitos dos caminhos criados no tempo colonial desembocaram na Lisboa pós-colonial. Por intermédio destes itinerários chegaram os antigos colonos, chamados pejorativamente «retornados»; chegaram também antigos sujeitos imperiais que agora se transformaram em imigrantes[54]. Depois de cinquenta anos de ditadura e mais de uma década de guerras coloniais, o fim do colonialismo português trouxe finalmente para o seio da antiga metrópole a dimensão real desse outro Portugal efabulado durante décadas pela propaganda do regime. Com uma população rural muito significativa e com grandes taxas de analfabetismo, foi com o fim do colonialismo que muitos portugueses tiveram contato com esses «outros», negros, mestiços, indianos, que habitavam os territórios retratados nos manuais escolares. A sua integração dependeu de vários fatores, entre os quais se destaca a origem de classe, não poucas vezes associada ao tom da cor da pele. Elites africanas, escolarizadas, integraram-se na vida urbana de forma diferente de uma imigração dirigida a setores laborais, como o serviço doméstico ou a construção civil, para onde foram os primeiros contingentes de tra-

---

[53] John Rex e Sally Tomlinson, *Colonial Immigrants in a British City: A Class Analysis* (Londres e Nova Iorque: Routledge, 1979); Paul Gilroy, *There Ain't no Black in the Union Jack: The Cultural Politics of Race and Nation* (Londres: Hutchinson, 1987); Bill Schwarz, «'The Only White Man in there': The Re-racialisation of England, 1956-1968», *Race & Class*, vol. 38, n.º 1 (1996), pp. 65-78; Pascal Blanchard e Sandrine Lemaire et al., *La Fracture Coloniale: La Société Française au Prisme de l Héritage Colonial* (Paris: Editions La Découverte, 2005); Adbedmalek Sayad, *L'Immigration ou les Paradoxes de l'Altérité*, 2 vols. (Paris: Éditions Raisons d'Agir, 2006).

[54] Rui Pena Pires, *Os Retornados: um Estudo Sociográfico* (Lisboa: Instituto de Estudos para o Desenvolvimento, 1987).

balhadores cabo-verdianos, ainda no início da década de 70[55]. A maior afluência dos agora imigrantes das ex-colónias ocorre, porém, após o 25 de Abril. Estes imigrantes estabelecem-se nos subúrbios de Lisboa, em habitações ilegais e bairros de autoconstrução, alterando subitamente a morfologia social e racial da cidade[56].

Como em outras ex-metrópoles, também em Portugal as relações de dominação e exploração estabelecidas sob o colonialismo determinaram a natureza de migrações pós-independências: ou seja, quem se estabeleceu na cidade contemporânea, como essas pessoas foram integradas no mercado de trabalho, e em que condições vivem? Se a língua se tornou num mecanismo de aproximação, de um recurso operativo no quotidiano, é verdade que as diferenças nacionais, as características fenotípicas, o grau de educação e a pertença de classe recriaram na antiga metrópole situações de discriminação[57]. Dados recentes indicam que dos 417 042 imigrantes registados pelo Serviço de Estrangeiros e Fronteiras em 2012, uma importante percentagem, quase metade, é originária de países de língua oficial portuguesa (25,3% brasileiros, 10,3% cabo-verdianos, 4,9% angolanos, 4,3% guineenses, e 2,5% são-tomenses)[58]. A mesma fonte confirma a forte presença urbana da imigração, em particular na cidade de Lisboa, com quase metade dos imigrantes em Portugal (181.901), a que se segue Faro (62 624) e Setúbal (44 197). A representação desta população por idades revela também que são as gerações laboralmente ativas que estão presentes de forma esmagadora no país. Grande parte destes imigrantes habita geografias racializadas e espacialmente segregadas de desvantagem social no seio da cidade global. No entanto,

---

[55] Fernando Luís Machado, «Etnicidade em Portugal. Contrastes e Politização», *Sociologia Problemas e Práticas*, 12 (1992) pp. 123-136.

[56] Jorge Macaísta Malheiros, *Imigrantes na Região de Lisboa. Os Anos da Mudança* (Lisboa: Colibri, 1997).

[57] Bruno Dias e Nuno Dias (orgs.), *Racismo e Imigração em Portugal* (Lisboa: Edições 70 / Le Monde Diplomatique, 2012).

[58] Serviço de Estrangeiros e Fronteiras, «Relatório de Imigração, Fronteiras e Asilo» (2012), citado pelo jornal *Público*, 25/6/2012, p. 6.

são eles que alteraram a organização social da cidade, com as suas construções e memórias, como é revelado no capítulo de Eduardo Ascensão sobre os bairros de autoconstrução da periferia de Lisboa.

A assunção da existência de uma cidadania lusófona, assente na criação da Comunidade dos Países de Língua Portuguesa (CPLP) em 1992, poucos efeitos terá ainda hoje face aos direitos concedidos pelo Estado português ao imigrante, ou face à lógica muitas vezes perversa que acompanha a sua integração no mercado de trabalho, como fica evidente no capítulo de Nuno Dias[59]. Tal situação denota as tensões e ambivalências que caracterizam a relação entre a população portuguesa branca e a população portuguesa oriunda das ex-colónias e seus descendentes. A persistência do mito luso-tropicalista previne um olhar mais crítico sobre as situações de marginalidade social em que vivem frequentemente os migrantes das ex-colónias, ou sobre a persistência de formas de racismo subtis que condicionam as relações sociais[60]. Sob a representação do imigrante lusófono pesa um modelo assimilacionista com ecos provenientes do passado colonial. Este veicula a ideia de um hibridismo cultural, caracterizado por uma convivialidade pacífica com a diferença racial e cultural.

Mas a replicação nas cidades pós-coloniais de formas de organização social que foram típicas do sistema colonial urbano não ocorre de modo linear. Se nas cidades coloniais em África aqueles que mais sofriam com o sistema discriminatório e explorador se apropriaram das possibilidades conferidas pelo mundo

---

[59] Michel Cahen, «Des Caravelles pour le Futur? Discours Politique et Idéologie dans l' Institutionnalisation de la Communauté des Pays de Langue Portugaise», *Lusotopie* (1997), pp. 391-433; Alfredo Margarido, *A Lusofonia e os Lusófonos: Novos Mitos Portugueses* (Lisboa, Edições Universidade Lusófona, 2001); Luís Cunha, «Lusofonia e Identidade Nacional: Narrativa e Sedução», in N. B. Bastos (org.), *Língua Portuguesa: Lusofonia, Memória e Diversidade Cultural* (São Paulo: EDUC, 2008), pp. 43-55.

[60] Jorge Vala, Rodrigo Brito e Diniz Lopes, *Expressões dos Racismos em Portugal* (Lisboa: Imprensa de Ciências Sociais, 1999); Jorge Vala (org.), *Novos Racismos: Perspectivas Comparativas* (Oeiras: Celta, 1999).

urbano, nas cidades pós-coloniais as formas de poder são também contestadas e apropriadas. Nem sempre assumindo a forma de etnicidades politizadas ou de movimentos reivindicativos, as diferentes diásporas têm conseguido negociar posicionamentos simbólicos e vantagens sociais no espaço da cidade, recorrendo a representações imperiais previamente estabelecidas[61]. Tal sugere que as políticas de identidade e diferença estabelecidas sob o colonialismo e negociadas através de várias formações pós-coloniais não são apenas «praticadas» em cenários sociais particulares. Como propõe Doreen Massey, o espaço faz parte de uma geografia de poder e de significado em constante mudança, em que o material e o ideológico são mutuamente constitutivos[62]. Nestas geografias, as categorias de «nós» e «outro», aqui e lá, passado e presente e local e global solicitam-se reciprocamente através do espaço da cidade[63]. É, aliás, o que sucede no capítulo de Simone Frangella sobre a imigração brasileira em Arroios.

É também através do espaço da cidade que se desenham novas políticas da identidade, engendrando reatualizações das ideias de raça, classe e comunidade sobre ideologias imperiais prevalecentes. A persistência das ideologias e práticas imperiais é evidente tanto na territorialização do espaço da cidade, como nos atuais processos de renovação e desenvolvimento urbanos, como fica demonstrado no capítulo de Nuno Oliveira sobre o estabelecimento de formas globalizadas de expressão da diferença cultural, na cidade de Lisboa. Processos de gentrificação, desenvolvimentos urbanos, intervenções patrimoniais, característicos, por um lado, do consumo pós-moderno, e por outro, de várias nostalgias pós-imperiais que alimentam uma indústria que toma por base uma cultura histórica patrimonializada[64].

---

[61] Fernando Luís Machado, «Etnicidade em ...

[62] Doreen Massey, *Space, Place and Gender* (Minneapolis: University of Minnesota Press, 1994).

[63] Jane Jacobs, *Edge of Empire: Postcolonialism and the City* (London and New York: Routledge, 1996).

[64] Ian Baucom, *Out of Place: Englishness, Empire and the Locations of Identity* (Princeton: Princeton University Press, 1999).

Na cidade global, atravessada por múltiplos fluxos migratórios e afetada por constantes processos de mudança, as sucessivas idealizações do passado imperial podem ser entendidas como tentativas de homogeneizar a nação, traduzindo as experiências desestruturantes de raça, etnicidade e classe à luz de ideias como multiculturalismo ou diálogo intercultural que, por sua vez, funcionam frequentemente como marcadores da diferença no mercado global das cidades[65].

Também nos espaços de comemoração da capital portuguesa continuam a reproduzir-se os velhos mitos imperiais, sobretudo aqueles associados às primeiras viagens de descoberta e expansão e ao esplendor do Império marítimo português. Em sucessivas narrativas operadas no espaço da cidade, do Mosteiro dos Jerónimos ao Padrão dos Descobrimentos ou à Expo'98, os mitos fundacionais da nação recompõem-se para se acomodarem ao posicionamento simbólico do país numa Europa moderna, multicultural e cosmopolita. No mesmo sentido, a imagem de um imperialismo sem colónias, pioneiro e ecuménico, adequa-se a linguagens globalizantes e a operações de *branding* da portugalidade, ligadas ao turismo, ao comércio e aos desígnios da chamada diplomacia económica, facilitando, no plano simbólico, as importantes trocas comerciais entre Portugal e os antigos territórios coloniais ou a nova vaga de emigração de portugueses para Angola ocorrida nos últimos anos.

Esta é, porém, uma imagem feita de muitos fragmentos. Ao lado de uma nostalgia pós-imperial, muito presente nos registos literários ou na produção televisiva, que deixa transparecer uma noção de perda, de melancolia ou de ressentimento em relação ao passado imperial, perfila-se uma outra, de caráter festivo, muito presente na produção artística e musical «lusófona»[66]. Por um lado, os traumas deixados pela guerra colonial e pela

---

[65] Paul Gilroy, *Postcolonial Melancholia* (Nova Iorque: Columbia University Press, 2005).

[66] Isabel Ferreira Gould, «Decanting the Past: Africa, Colonialism, and the new Portuguese Novel», *Luso-Brazilian Review*, vol. 45, n.º 1 (2008), pp. 182-197; Isabel Ferreira Gould, «A Daughter's Unsettling Auto/bio-

experiência do retorno invadem crescentemente a esfera pública nacional, reclamando uma atenção para as fraturas deixadas pelo colonialismo português[67]. Por outro, as situações de subalternidade social e de segregação racial herdadas do colonialismo são obliteradas através de processos de estetização da diferença, produzidos tanto pelos sujeitos metropolitanos como por aqueles oriundos das ex-colónias e seus descendentes. Posições de trabalho desqualificadas, imobilidade social, precariedade habitacional, são algumas das consequências estruturais que acompanham esta obliteração. É também sobre este processo que se debruça o texto de José Mapril.

A reconstituição de uma retórica sobre o passado imperial português é, portanto, composta por uma história e por uma geografia colonial específicas, por imperialismos contemporâneos e por um sem fim de possibilidades pós-coloniais. A interrogação das diferentes formas pelas quais o passado colonial se projeta na contemporaneidade passa pela reconstrução destes múltiplos itinerários. É fundamental questionar as permanências desse passado no presente e as consequências que daí resultam no que toca ao relacionamento com os sujeitos que passaram pela experiência colonial, sejam estes imigrantes de antigas colónias portuguesas, «retornados», ou ex-combatentes. Esta análise deve incluir a interpretação dos múltiplos e complexos trânsitos entre colonizador e colonizado, e também entre ex-colonizador e ex-colonizado[68]. Tal pressupõe considerar simultaneamente as questões da classificação racial e da miscigenação, da imigração, da lusofonia, da cidadania e da exclusão[69]. Neste contexto, interessa destacar o modo como

---

graphy of Colonialism and Uprooting: A Conversation with Isabela Figueiredo», *Ellipsis* 8 (2010), pp. 133-145.

[67] Luís Quintais, *As Guerras Coloniais Portuguesas e a Invenção da História* (Lisboa: Imprensa de Ciências Sociais, 2000).

[68] Cristiana Bastos, Miguel Vale de Almeida e Bela Feldman-Bianco (orgs.), *Trânsitos Coloniais: Diálogos Críticos Luso-brasileiros* (Lisboa: Imprensa de Ciências Sociais, 2002).

[69] Miguel Vale de Almeida, «'Longing for Oneself': Hybridism and Miscegenation in Colonial and Postcolonial Portugal», *Etnográfica*, vol. 6,

se processou a transição do país para a democracia e o concomitante processo de descolonização, o posicionamento periférico de Portugal na União Europeia, o lugar dos imigrantes (oriundos das ex-colónias e de outras proveniências) dentro do espaço nacional[70]. Mas, mais importante, deve questionar a condição de indivíduos e grupos, a permanência de lógicas de organização social, de relações de poder assentes em poderosos mecanismos de classificação e de categorização herdados do período colonial e que operam hoje, muitas vezes, por intermédio de categorias que eufemizam esse poder e ocultam a sua génese. Tal pressupõe a indagação das formas pelas quais essas categorias são apreendidas, vividas e praticadas, por aqueles que fazem uso dessas representações em tempos pós-coloniais.

Os capítulos

O conjunto de capítulos aqui apresentado resultou de um longo processo de discussão entre autores que partilham temas de investigação, mas também perspetivas comuns sobre esses temas. Provenientes de diferentes tradições disciplinares dentro das ciências sociais, os autores trataram os seus objetos a partir das suas referências e metodologias, o que torna este volume particularmente diverso. As leituras cruzadas entre os autores, bem como os pareceres críticos dos vários *referees* anónimos, como sempre acontece na coleção História & Sociedade, muito contribuíram para a construção deste livro.

Parte destes capítulos trata do período colonial, focando, na maioria dos casos, a presença portuguesa em África no século XX. É o que sucede nos capítulos de Isabel Castro Henriques e Miguel Pais Vieira, sobre as cidades angolanas, de Nuno Domin-

---

n.º 1 (2002), pp. 181-200; Rosa Cabecinhas, *Racismo e Etnicidade em Portugal: Uma Análise Psicossociológica da Homogeneização das Minorias*, Tese de doutoramento (Braga: Universidade do Minho, 2002).

[70] Manuela Ribeiro Sanches, *Portugal não é um País Pequeno: Contar o 'Império' na Pós-colonialidade* (Lisboa: Cotovia, 2006).

gos, sobre Lourenço Marques, de Diogo Ramada Curto e Bernardo Pinto Cruz em relação à ação política sobre o território e as populações que se seguiu aos acontecimentos no Norte de Angola que desencadearam a guerra colonial em 1961, e de Harry G. West sobre o processo de ordenação do território e das populações no Norte de Moçambique. Neste último caso, a sua análise estende-se desde o período pré-colonial até à atualidade.

O texto de Isabel Castro Henriques e Miguel Pais Vieira, debruçando-se sobre o «facto urbano colonial em Angola», apresenta também uma análise de tempo longo, onde a caracterização da emergência de cidades coloniais nesta colónia portuguesa é antecedida pela análise das «cidades africanas». Estes núcleos urbanos eram espaços diversos, com organizações próprias que introduziam ruturas na própria morfologia das sociedades locais, enquanto meios de inovação, troca, invenção técnica e de ajustamento funcional a dinâmicas estruturais que evoluíram com o tempo. A presença colonial transformou, em escalas diferentes, a estrutura destas cidades africanas, impondo novos métodos de organização e de funcionalidade, adaptados aos interesses do colonizador, e que implicaram um controlo e uma segregação sobre as populações locais. A história das cidades angolanas é a expressão de um processo de domínio colonial, representado na materialidade do espaço urbano e dos seus edifícios, mas também na organização social, permeável aos ritmos da história económica e política. Recorrendo a elementos fotográficos para reforçar o seu argumento, os autores demonstram como a forma urbana se constituiu num terreno privilegiado do político e das lutas pela imaginação de uma sociedade. Neste quadro, as populações locais também foram, mesmo durante o período de domínio colonial, construtoras das suas cidades, que habitaram e transformaram.

Em «A desigualdade como legado da cidade colonial: racismo e reprodução de mão-de-obra em Lourenço Marques», Nuno Domingos parte do exemplo da capital de Moçambique para interpretar o modo como o campo do poder colonial, num período de modernização económica, procurou lidar com o «problema» da população que se acumulava nos subúrbios da cidade. Participando criativamente na construção destas cidades, estas populações viam as suas vidas condicionadas pela ação colonial sobre a organização urbana. Num período de forte propaganda, assinalado pelo fim do indigenato, mais do que cidadãos imperiais integrados num todo cultural partilhado, os habitantes do subúrbio continuavam a ser fundamentalmente concebidos enquanto mão-de-obra. Os projetos de modernização procuravam «racionalizar» esta força laboral, tornando-a não apenas mais eficaz e estável, mas também envolvendo-a de um modo mais orgânico com a economia monetária, ao estimular, por exemplo, os seus hábitos de consumo. A verdade é que os dados empíricos produzidos pela própria ciência colonial sobre a população da cidade revelavam a continuação de um sistema de reprodução barata de uma mão-de-obra que vivia em condições muito precárias, o que afetava os seus hábitos e a sua forma de ver o mundo. A questão da mão-de-obra, num quadro definido pela racionalização da produtividade e pela questão da integração social, continua assim a definir a cronologia do colonialismo português.

Diogo Ramada Curto e Bernardo Pinto Cruz, em «Cidades coloniais: fomento ou controlo?», recorrem a um estudo de caso sobre o realojamento de populações na cidade de Carmona (Uíge) para mergulharem em profundidade no exercício da ação colonial, revelando as dinâmicas estruturais que condicionam agentes, instituições e as contradições entre as políticas no terreno e a retórica de propaganda promovida pelo próprio regime. Utilizando um conjunto de fontes precisas, os autores concentram-se na reação portuguesa aos levantamentos no Norte de Angola em 1961 que irão dar início à guerra colonial. Dos relatórios políticos e administrativos, emerge uma conceção estatal das populações locais, a qual decorre não apenas de uma representação mas de uma prática concreta. Enuncia-se assim a lógica de um exercício político que junta a coerção e a violência a técnicas de urbanização, de reordenamento do território e de povoamento. Este sistema de dominação – localizado a um nível infraestrutural e bem localizado – era motivado pelo interesse na gestão política e social, pela permanência de práticas de segregação e de cooptação de estruturas políticas tradicionais, mas também pela necessidade de manter o fornecimento de mão-de-obra às populações de colonos e de responder aos grandes interesses económicos locais.

O texto de Harry G. West trata também das questões do povoamento e do ordenamento do território, embora apresente uma cronologia mais extensa. Focando o caso de Mueda, no Norte de Moçambique, cuja história está também indelevelmente associada à violência colonial, o autor traça uma interpretação histórica das formas de territorialização do poder desde o período anterior à presença portuguesa até ao momento pós-colonial. Apresentando uma perspetiva que parte da inquirição etnográfica das populações que viveram estes processos, embora recorrendo também a outras fontes, Harry G. West oferece-nos um olhar sobre a dinâmica de territorialização do poder a «partir de baixo». Fala-nos da relação das populações com o poder tradicional, com as suas estruturas práticas e simbólicas, sujeitas também a evoluções, e o modo como foram transformadas pela chegada do colonizador, do Estado colonial que cobrava impostos, da empresa que beneficiava do trabalho forçado. Foca também os planos coloniais de povoamento e de deslocação ordenada das populações. No período pós-colonial, a alegria da libertação do jugo do colonizador não libertou as populações do norte de Moçambique de lógicas de dominação perenes. Os habitantes de Mueda, condicionados por estas relações de poder, são representados aqui enquanto os construtores da realidade em que vivem e em relação à qual vão reagindo.

O texto de Filipa Lowndes Vicente fala-nos sobre o que sobrou das antigas cidades da Índia portuguesa no final do século XIX («As ruínas das cidades: história e cultura material do Império português da Índia [1850-1900]»). O olhar de Gerson da Cunha, historiador goês, estabelecido em Bombaim, cria um lugar único a partir de onde se produz uma representação sobre o Império, ou melhor, sobre as suas ruínas. A procura de uma materialidade, a utilização de um método científico moderno, afim das melhores práticas europeias, a seleção das fontes, os usos da fotografia, serviam um olhar indiscutivelmente afetado por uma condição social e cultural. Desse olhar, que procurava recuperar o passado português enquanto objeto perdido no meio da força da ciência britânica e da sua narrativa histórica imperial, acaba por fixar uma presença colonial baseada em edifícios religiosos, militares e administrativos que na altura jaziam abandonados. Se a ruína permitia construir um discurso historiográfico sobre a experiência imperial portuguesa na Índia, ela era também sinal de um passado que, pelo olhar do historiador, não deixou muito mais do que ruínas.

No final do século XIX, quando Gerson da Cunha procurava relatar esse passado português, o projeto imperial deixara ainda algumas possessões na Índia, mas virara-se definitivamente para África. É sobre alguns dos filhos mais ilustres dessa África governada pelos portugueses que escreve Manuela Ribeiro Sanches em «Lisboa, capital do Império. Trânsitos, afiliações, transnacionalismos». Foi em Lisboa que, a partir da década de 40, um grupo de estudantes das colónias africanas se juntou. O espaço criado pelo Estado Novo para formar elites coloniais, a Casa dos Estudantes do Império (1944-1965), foi para estudantes, tais como Mário Pinto de Andrade, Alda Espírito Santo, Eduardo Mondlane, Agostinho Neto, Noémia de Souza e Amílcar Cabral, o local de maturação de um conjunto de ideias sobre a condição dos seus territórios e populações. A Lisboa triste do salazarismo surgia para estes jovens como uma zona de contacto, um espaço moderno de leituras e de partilhas. A geografia da cidade ficou marcada por um conjunto de percursos africanos, de encontros políticos, consumos literários e trocas teóricas que circulavam por cidades europeias e através de mediadores privilegiados que davam forma a imaginações e aspirações, por vezes conflituais: a negritude, o pan-africanismo, o marxismo, o nacionalismo. No coração do Império colonial português, mau grado as diferenças que os separavam – a origem, a cor da pele, a classe social – os estudantes discutiram o futuro do continente africano, que dispensava tanto a soberania portuguesa, como a dos outros Impérios coloniais.

O projeto da Casa dos Estudantes do Império não era o único que revelava as tensões e contradições inerentes às políticas de dominação colonial. É sobre estes processos pouco lineares que escreve Marcos Cardão («'A juventude pode ser alegre sem ser irreverente'. O Concurso Yé-Yé de 1966-67 e o luso--tropicalismo banal») ao debruçar-se sobre um concurso de música popular moderna organizado pelo Movimento Nacional Feminino. Esta instituição revelou-se, durante a guerra colonial, como um dos apoios mais efetivos à propaganda do regime de Salazar. O que Marcos Cardão trata neste livro é do modo como o Estado Novo procurou penetrar em formas de cultura popular emergente para construir um conjunto de consensos acerca da unidade nacional e imperial, suscitando formas de luso-tropicalismo banal. Para isso aproximou-se de práticas que se revelavam populares junto da «juventude», categoria cujo crescimento recente se sustentava no aumento da escolaridade em Portugal. A juventude tornara-se assim num «problema social e político» que convinha controlar. Encontravam-se sobretudo nestas condições os filhos e filhas das classes médias ou das pequenas burguesias em ascensão, que tinham tempo e disponibilidade para, ainda fora do mundo do trabalho, consumir os produtos culturais fomentados pelos meios de comunicação de massa, pelo disco, pela rádio e pela televisão. Muitos jovens encontraram nestes embriões de subculturas juvenis meios de expressão de aspirações de consumo e a possibilidade de romper com um conjunto de convenções sociais. A cultura popular urbana, não apenas em Lisboa mas nas grandes cidades coloniais, surgiu então com um espaço particular de luta, o que alarga necessariamente o âmbito dos estudos sobre o campo político.

A finalizar esta segunda parte, Elsa Peralta apresenta-nos um estudo de caso sobre o modo como uma zona particular da cidade, Belém, se transformou numa «paisagem cultural» que explícita e implicitamente transmite um conjunto de noções e sensações sobre a história de Portugal, em especial sobre o período colonial. Em «A composição de um complexo de memória: O caso de Belém, Lisboa» a autora percorre o tempo de construção de um lugar de memória oficial, composto por um conjunto de edifícios e espaços cujas funções, administrativa, científica, religiosa, comemorativa, turística concorrem para a criação de uma conceção glorificada da história de Portugal e nomeadamente do chamado período dos «descobrimentos». Apesar de atravessar diferentes tempos políticos, das suas construções e espaços expressarem interesses distintos, servidos por técnicas, estéticas e lógicas próprias, parece subsistir em Belém, até aos dias de hoje, uma narrativa dominante sobre a história de Portugal. Neste lugar de composição de um complexo de memória, parecem não existir meios de contestar e discutir uma versão oficial da história portuguesa, glorificada, que hoje se manifesta sobretudo como modo de atração turística. Através deste percurso empírico, a autora explora as complexidades inerentes aos processos de composição das memórias públicas nacionais, caraterizados pela conformação de diferentes temáticas e temporalidades numa narrativa coerente e unívoca, pela constante re-narrativização dos sentidos atribuídos ao passado conforme as circunstâncias de cada momento e pela inscrição mnemónica no espaço por via da sua representação material.

Na terceira parte deste livro situamo-nos na Lisboa contemporânea. Depois do fim do Império português em África, em 1975, o legado do poder colonial português não desapareceu da capital do país. A grande maioria dos antigos sujeitos do Império africano, que na Guiné, em Angola e Moçambique foi até 1961 considerada indígena, transformou-se em população estrangeira, potencialmente imigrante. A alteração de estatuto, vincada pela mudança da lei da nacionalidade em 1975, ao se abandonar o critério do solo para se adotar o critério do sangue, não deixa de ser significativo ([71]). A presença destes imigrantes, até hoje, distingue as vivências na cidade de Lisboa e suscita um conjunto de interrogações sobre as ruturas e continuidades que atravessaram esta transição. Um dos objetivos fundamentais deste livro foi perceber de que forma um conjunto de sistemas de classificação simbólicos, base de categorizações de poder que justificavam quadros de relações profundamente

---

([71]) Em 2006 esta lei sofreu uma alteração e adotou-se um estatuto misto.

desiguais, desde logo a já referida oposição entre o indígena e o civilizado, se reformulam no tempo, em especial durante a transição que marcou o fim do Império africano. Um tal procedimento obriga a pensar o colonial não só como resultado de uma relação cultural, mas sobretudo como uma relação de poder.

É no no contexto urbano, como o de Lisboa, que as relações sociais que envolvem imigrantes das antigas colónias portuguesas em África são enquadradas por políticas institucionais, práticas laborais e sistemas de interação quotidianos que reproduzem categorizações e representações, fortemente racializadas, e reforçam a existência de continuidades com a situação colonial. É de notar que a força dos mecanismos de reprodução em causa é extensiva a outros grupos, caso dos brasileiros provenientes de uma onda de imigração mais recente. Neste quadro, as populações imigrantes procuram adaptar-se e conquistar o seu lugar na cidade, que constroem com os saberes que acumularam e que expressam no modo como imprimem uma marca própria à cidade. É disso que Eduardo Ascensão nos fala em «A barraca pós-colonial: materialidade, memória e afeto na arquitetura informal». Neste capítulo somos confrontados com as micronarrativas de vida dos habitantes do bairro da Quinta da Serra nos arredores de Lisboa. O autor centra-se nos processos de construção do bairro, mais concretamente no conhecimento implicado nas técnicas e estéticas que envolvem a autoconstrução de habitações, no âmbito do que é designado por arquitetura informal. Nesta autoconstrução estão impressas as vidas de quem constrói e de quem habita, as suas memórias, os conhecimentos e as imagens que produzem do espaço habitacional, bem como as funções que lhe atribuem. Enfrentando condições de marginalização severas, visíveis na sua relação com o Estado, estes habitantes constroem também a cidade. Muitos deles atravessaram a experiência colonial e sentiram, depois, já na antiga metrópole, a manutenção de formas de dominação e invisibilidade.

O modo como a população brasileira instalada no bairro de Arroios transformou este lugar central de Lisboa foi um dos interesses que guiaram a investigação de Simone Frangella em «'Fomos conhecer um tal de Arroios': construção de um lugar na imigração brasileira em Lisboa». A maior comunidade imigrante em Portugal encontrou neste espaço um conjunto de condições de habitabilidade que se ajustaram às suas redes e recursos, bem como à sua disponibilidade para ocupar determinados lugares no mercado laboral. A investigação sobre estes imigrantes brasileiros permitiu à autora recuperar a história de um bairro «invisível», sem uma característica histórica ou turística que o torne suficientemente distintivo para lhe proporcionar uma identidade vincada. Um parque imobiliário em decadência e uma população envelhecida tornaram-se condições imprescindíveis para a chegada dos imigrantes. As suas lojas, locais de entretenimento, de culto religioso, bem como a sua presença nas ruas e no quotidiano transformaram a vida deste espaço lisboeta. O quadro de representações que historicamente ajuda a construir imagens sobre a população imigrante como também acerca da população portuguesa constituí-se como elemento fundamental de avaliação desta integração urbana. Estas representações tornam por vezes as interações mais simples, como se as ações se ajustassem a uma expectativa de comportamento pré-codificado. Isto sucede, por exemplo, em contextos laborais, onde se espera dos brasileiros a reprodução de um comportamento alegre e convivial. Em muitas ocasiões, no entanto, são momentos de recuperação de um conjunto de estereótipos que invocam velhas imagens coloniais e que se tornam operativos como parte de um processo de categorização do «outro». Muitos brasileiros sentiram a força destas categorizações, quando procuraram encontrar casas, no decorrer das suas experiências de trabalho e nas suas interações quotidianas.

A adaptação das populações imigrantes a lugares urbanos específicos e determinados mercados de trabalho, com os quais passam a ser identificados, é o tema principal do texto de José Mapril, «Um lugar estrutural? Legados coloniais e migrações globais numa rua em Lisboa». Partindo da sua própria investigação no Martim Moniz, o autor sugere que o trânsito migratório das antigas colónias portuguesas criou um lugar estrutural particular, conotado com posições de trabalho desqualificadas e com determinadas esferas da oferta comercial. Bairros degradados do centro de Lisboa, historicamente habitados por populações pobres, entre as quais se encontravam minorias e contingentes migratórios, tornaram-se nos espaços de acolhimento destes novos migrantes. Foi aí que desenvolveram redes e atividades. Para muitos isto significava retomar conhecimentos e experiências adquiridas no âmbito do quotidiano nas cidades coloniais da África portuguesa. Este lugar, inicialmente ocupado por indivíduos com uma experiência no contexto do colonialismo português, proporcionou as condições ideais para que, mais tarde, outras populações imigrantes em trânsito o viessem a ocupar. A recomposição populacional da rua do Bem Formoso, na Mouraria, oferece uma base empírica ao argumento do autor. É impossível pensar este lugar estrutural sem analisar as condições do mercado habitacional na cidade de Lisboa e o modo como o Estado e os interesses imobiliários atuam para configurar a morfologia de um espaço. Esta análise permite reforçar o interesse em tomar as relações coloniais como relações de poder com características discerníveis no período pós--colonial e em diferentes contextos. Tais relações reproduzem-se por intermédio de dinâmicas de construção de diferenças, que apresentam um lógica estrutural na sociedade portuguesa, e traduzidas em categorias de dominação simbólica, como todas aquelas que reificavam processos de racialização de grupos e populações.

O texto de Nuno Dias retoma a ideia de lugar estrutural. Em «A colónia, a metrópole e o que veio depois dela: para uma história da construção política do trabalho doméstico em Portugal», o autor sugere a existência de uma homologia de classe na posição estrutural do trabalho doméstico em três contextos urbanos diferentes. Assumindo que estes três momentos estão sujeitos a processos simbólicos próprios de constituição da alteridade, Nuno Dias prefere salientar os mecanismos de exploração de classe próprios da condição do trabalho doméstico. Estes não implicam apenas uma condição material desqualificada, mas uma subordinação prática e simbólica particular. Se entre as formas de exploração do trabalho doméstico nas grandes cidades da África imperial portuguesa, as migrações de «criadas» do campo para a cidade no Portugal do pós II Guerra Mundial e a condição das empregadas domésticas imigrantes na atualidade subsistem processos de diferenciação distintos, entre estes momentos persistem práticas comprovam uma forte homologia estrutural. Ao defender este ponto de vista, o autor procura chamar a atenção para os benefícios interpretativos inerentes à utilização do conceito de classe em perspetiva comparada, e em contextos históricos distintos. Tal operação permite perceber continuidades em processos de dominação económica que tendem a ser ocultados pela hegemonia de uma história política, presente por exemplo na polarização entre o colonial e o pós-colonial, ou mesmo nas interpretações que tendem a não articular os processos de racialização e de construção da alteridade com a posição económica.

Por fim, Nuno Oliveira debruça-se sobre o processo de governança da diversidade cultural, associado à mercantilização da ideia de mistura cultural ou interculturalidade na capital portuguesa. Em «Lisboa redescobre-se. A governança da diversidade cultural na cidade pós-colonial. A *Scenescape* da Mouraria», o autor encontra nos planos de reabilitação urbana no bairro da Mouraria semelhanças com processos que ocorreram noutras cidades europeias. Nestes contextos, a ideia de uma interculturalidade mercadorizável, ou seja, convertível em recurso económico e simbólico, serviu planos de reconversão urbana e social, surgindo como uma dimensão específica dos projetos das chamadas «cidades criativas». A atração de novos grupos sociais para bairros que, apresentando uma centralidade, têm uma história recente de degradação, passa também pela disseminação de uma ideia de espaço e convivialidade quotidiana baseada numa conceção de convívio cultural e de encontro de culturas, mais especificamente de uma «vantagem da diversidade» propensa a fomentar estilos de vida e consumos pós-modernos. Nuno Oliveira argumenta que este «étnico permitido» acaba por ocultar as condições reais de marginalização e discriminação em que vivem grande parte destas populações.

Mais do que isso, ao acrescentarem valor económico e simbólico ao espaço urbano, estas imagens multiculturais desencadeiam um processo de renovação que em muitos casos afasta desses mesmos bairros as populações mais empobrecidas, sejam ou não de origem imigrante. Para o autor, a criação de uma ideia turística e imobiliária de uma Lisboa multicultural e harmónica, cimento de um consenso social, convoca velhas noções presentes na propaganda colonial, firmadas na mitologia luso-tropical e que, com a força inerente aos processos de reprodução, se reatualizam em tempos pós-coloniais.

NUNO DOMINGOS
ELSA PERALTA

PARTE I

Cidades Coloniais: Trabalho, Território e Estado

Na primeira parte deste livro centramo-nos na realidade de cidades africanas que fizeram parte do império português, mas também nas dinâmicas mais latas de povoamento e territorialização impostas pelo regime colonial. O interesse em interpretar o urbano colonial não podia, no entanto, ocultar a realidade que precede a presença do colonizador ou que, sendo simultânea à sua ação sobre o território e sobre a organização das populações, se manteve em grande medida autónoma de uma transformação social mais estruturante, imposta pelo sistema colonial ao mundo urbano. Neste sentido, referimo-nos às cidades africanas antes de tratarmos das cidades coloniais; falamos dos seus modelos, tradições e organização social, dos seus modos de fazer e do modo como todas estas práticas e hábitos se relacionaram depois com um colonialismo mais efetivo, que por vezes os destruiu, mas que na maior parte das vezes os transformou, condicionando-os mas também gerando reações, adaptações e negociações. Os subúrbios das grandes cidades africanas sob domínio português, como Lourenço Marques ou Luanda, «produzidos» pela dinâmica colonial, foram também lugares que instituíram normas e relacionamentos próprios e onde se construiu cidade, a partir de inúmeras apropriações.

A imposição de um sistema urbano distinto, dependente de funções precisas, definidas pelos objetivos maiores da conquista colonial, criou, porém, uma sociedade distinta. A segregação habitacional, espelho espacial de um sistema colonial institucionalmente discriminatório, a gestão da mobilidade, o acondicionamento da mão de obra, foram elementos de organização das sociedades coloniais urbanas. Estes elementos articularam-se com algumas das características que definem o «urbano» enquanto espaço de coerção, mas também enquanto fomentador de autonomias, oportunidades, trocas e de circulação de conhecimentos. No quadro do império português, com diferenças que interessa assinalar, de colónia para colónia, de cidade para cidade, o mundo urbano foi um espaço onde ficaram impressas as estruturas de um domínio colonial. Foram uma expressão inequívoca de um colonialismo mais vasto, mas assinalado por particularidades, níveis de desenvolvimento económico, de organização laboral, de organização do Estado. É destas características que pretendemos aqui falar.

Nas cidades coloniais, nomeadamente no século XX, ensaiaram-se métodos de organização social que, no quadro de lutas por vezes complexas e pouco lineares, foram atualizados, de acordo com a capacidade do colonialismo em ordenar o território social, de aplicar novas técnicas e reformular procedimentos antigos. No quadro do império português, prosseguindo com algum atraso uma tendência verificável em outros contextos coloniais, acentuou-se no último período de soberania sobre os territórios africanos a intenção do poder ordenar de modo mais «racional» o território. O investimento económico público e privado, mas também o particular esforço de guerra que Portugal realizou a partir de 1961, e que se prolongaria até 1974, exigia novas formas de enquadramento. Neste período «desenvolvimentista», a discussão dos métodos mais «modernos» de organização social, decorrentes nomeadamente de um projeto mais sustentado de penetração infraestrutural do Estado, no sentido proposto por Michael Mann([1]), coexistiu com a manutenção de formas de violência sobre as populações. Estas foram condicionadas nos seus movimentos, reinstaladas no território, coagidas a colaborar e a trabalhar. Não era apenas a violência que parecia assinalar os limites dos projetos de modernização.

([1]) Michael Mann, «The autonomous power of the state: its origins, mechanisms and results», *European Journal od Sociology/Archives Européennes de Sociologie*, vol. 25, n.º 2 (1984), pp. 185-213.

O recurso à cooptação de hierarquias locais de acordo com as categorizações reificadas e por vezes criadas pelo «indigenato», revelavam não apenas a manutenção de antigas técnicas de regulação, como mesmo a sua intensificação. Estas práticas marcaram uma fase da presença colonial portuguesa que ainda hoje é representada como um período efectivo de reformas e aberturas políticas, de tradução concreta de um modelo singular de colonizar, assente numa troca e num encontro. Os artigos desta primeira parte procuram também reequacionar este período, pensando-o a partir de pressupostos diferentes.

Por fim, importava considerar que as estruturas de poder, apesar das transformações quanto aos modos do seu exercício, à sua escala e função, apresentam continuidades que ultrapassam as fronteiras da história política. Se o poder colonial procurou negociar e cooptar estruturas de poder precedentes, a herança do Império, presente em hábitos e instituições, em sistemas laborais e estatais, não deixou de permanecer nos territórios depois independentes. Esta continuidade ocorria, porém, num quadro de cidadania e enquadramento político muito distinto, que formalmente habilitava os cidadãos e que lhes inspiraram inúmeras expectativas quanto ao modo como poderiam construir o seu futuro. Mantiveram-se tanto por ação das novas estruturas nacionais mas sobretudo pela contínua influência de diversas instâncias externas. As vidas das populações sujeitas a diferentes estruturas de dominação enunciam estas permanências. Nas cidades dos novos países independentes, mas também no que resta dos seus territórios, permanecem relações de poder «modernas» fundadas no período colonial e pelo colonialismo.

Cidades em Angola:
construções coloniais e reinvenções africanas

ISABEL CASTRO HENRIQUES
MIGUEL PAIS VIEIRA

De entre os diferentes níveis de organização espacial, a cidade ocupa certamente um lugar privilegiado, já que constitui o objeto socializado mais complexo. Definir e hierarquizar as condições que explicam os processos de urbanização no mundo continuam a ser hoje questões polémicas, que decorrem não só da ambiguidade das noções utilizadas e das perspetivas teóricas baseadas no modelo euro-ocidental, mas também da extrema diversidade que caracteriza as organizações urbanas dos indivíduos. Verifica-se porém um amplo reconhecimento da importância das cidades na modernização do mundo. Ponto de convergência e de confluência de diferentes humanidades, de redes de circulação multidireccionadas, de uma imensa variedade de ideias, valores, comportamentos mas também técnicas, ofícios e profissões, formas sociais e económicas, as cidades constituem o lugar da importação e da elaboração, da síntese e da inovação, assim como o centro de irradiação e de banalização dos saberes e das práticas modernas, permitindo a dinamização dos espaços envolventes.

Lugar da liberdade, onde se geram as condições para que o homem se liberte das formas opressivas da tradição, dos códigos familiares e culturais, das normas políticas e religiosas e dos estatutos quase imutáveis que marcam o espaço rural, a cidade colonial construída numa perspetiva de dominação foi certamente o lugar da desigualdade, uma das estruturas mais repressivas, discriminatórias e eficazes do colonialismo europeu em África. É certo que o facto urbano moderno, que engloba urbanismos, arquiteturas, naturezas organizadas, redes de circulação, se manifesta no território angolano como resultado da consolidação do sistema colonial português e da história das relações coloniais luso-angolanas do século XX. Mas, se a cidade deve ser encarada como o espaço preferencial onde se definem as formas de dominação colonial e os meios e os métodos da sua aplicação, ela é também o centro da inovação social, económica, técnica, do alargamento das redes relacionais e das relações civilizacionais([1]).

O paradoxo que aparentemente emerge no quadro da cidade colonial resulta desta dupla realidade: por um lado, o urbanismo colonial segrega e organiza a dominação sobre os homens e sobre os territórios africanos; por outro, introduz formas novas de vivência e de pensamento que suscitam naturalmente a adesão dos africanos que procuram a cidade. Escrever e contar, produzir mercadorias, construir casas e outras infra-estruturas, conhecer e difundir novas técnicas, novas formas de organização do espaço, sistemas mais eficazes de circulação e estruturas sociais centradas no indivíduo e não no parentesco, constituem novidades e conhecimentos adquiridos pelos africanos ao longo do período colonial, que se revelaram indispensáveis à construção dos novos Estados independentes. Mais do que proceder à análise das estruturas urbanas coloniais em Angola e às formas de adesão dos africanos às propostas arquitetónicas europeias, este estudo pretende pôr em evidência a invenção de uma arquitetura africana do século XX que, se integra as propostas do colonizador, mais eficazes do ponto de vista técnico, assenta nas matrizes angolanas mais adaptadas aos ecossistemas locais e aos valores e opções civilizacionais das sociedades africanas contemporâneas.

([1]) Ver Isabel Castro Henriques «O facto urbano colonial: dominação e conhecimento», in José Manuel Fernandes, Maria de Lurdes Janeiro e Manuela Fonte (orgs.), *Angola no século XX. Cidades, Território, Arquitecturas. 1925-1975* (Lisboa: 2010), pp. 5-9.

IMAGEM 1. **Uma casa angolana: invenção, sabedoria, identidade**

A arquitetura das habitações, marcada pela diversidade, não resulta apenas de objetivos funcionais, mas respeita também os modelos simbólicos e sagrados que caracterizam as identidades dos homens. A tecnicidade e a criatividade africanas visíveis na arte da tecelagem e do manuseamento das canas ou do colmo, nas paredes pintadas e nas inscrições pictóricas figurativas ou codificadas, assim como na organização e na utilização dos materiais existentes, não podem desligar-se nem do espaço, nem da história, nem da religião, nem dos mitos que estruturam a vida das populações(*).

1. A africanidade dos espaços e a constante integração da novidade

As sociedades africanas criaram, muito antes da presença europeia e já depois desta se ter manifestado, sistemas sociais complexos, onde podemos incluir formas políticas, religiosas,

---

(*) Fotografia de José Redinha, *Etnias e culturas de Angola* (Coimbra: Edição da Associação das Universidades de Língua Portuguesa, 2009. Edição original, Luanda: Instituto de Investigação Científica de Angola, 1975), p. 210.

económicas, comerciais diversas, estruturas urbanas e de circulação terrestre, mas também aproveitando e gerindo os caminhos fluviais que, se permitiram a produção e a circulação das mercadorias, autorizaram sobretudo a formação de redes, caracterizadas pela complementaridade. Ao contrário de ideias ainda correntes que atribuem às populações africanas uma fatal ausência de saberes, o carácter dinâmico das suas escolhas, refletindo sempre o interesse pelo facto novo, põe em evidência a sua recusa do isolamento, procurando antes a convergência, graças à qual foi sempre possível a invenção e o conhecimento.

É neste quadro de complementaridade e de relações múltiplas que se compreendem as mudanças que marcaram a história urbana em África. De uma maneira geral, as cidades africanas caracterizavam-se, em primeiro lugar pela articulação estreita dos interesses políticos e religiosos; mas, obrigada a organizar as questões económicas, sobretudo a subsistência, a cidade africana estabeleceu redes de aliança política, mas também comercial, de maneira a manter a independência e a supremacia regional.

Esta realidade secular africana constitui a matriz dos territórios que, a partir dos finais do século XIX, virão a ser ocupados e colonizados pelas potências europeias, que procedem então à estruturação de sistemas de dominação destinados a eliminar as autonomias africanas. A Angola colonial – região marcada até aos finais de Oitocentos por uma rede de Estados e de unidades políticas independentes e pela presença portuguesa instalada sobretudo no litoral atlântico – emerge da guerra e da implantação violenta de estruturas coloniais organizadas por Portugal, destinadas a assegurar a exploração do território, das populações e das riquezas africanas([2]).

A construção do território colonial angolano caracterizou-se por uma rutura no sistema de organização africana dos espaços e das relações inter-populações, baseado em dinâmicas de

---

([2]) Ver Isabel Castro Henriques, *Território e identidade. A construção da Angola colonial (c. 1872- c.1926)*. (Lisboa: Centro de História da Universidade de Lisboa, 2004).

complementaridade centradas na secular atividade comercial africana, que integrava igualmente as trocas com os portugueses. Podemos no entanto dar-nos conta que o comércio do século XX não pode deixar de ser analisado numa perspetiva de continuidade no que respeita aos comportamentos e às práticas comerciais portuguesas em Angola. Se o comércio português colonial impõe teoricamente uma nova lógica de organização comercial, evoluindo num território agora controlado pelos portugueses e definido por fronteiras coloniais, assenta ela nas redes já existentes dos comércios africano e afro-português do século XIX, que tinham iniciado o processo de modernização das sociedades africanas. O comércio colonial e os seus agentes utilizam os sistemas oitocentistas de organização das trocas para assegurar o seu domínio, constituindo simultaneamente um instrumento eficaz de destruição das estruturas africanas e o elemento estruturante do novo espaço colonial. Se o comércio organiza o espaço, suscitando a construção de caminhos, de estradas, de caminho-de-ferro, as cidades constituem os polos dinamizadores do novo território e os lugares de chegada e de partida das rotas comerciais e das vias de circulação de homens e de mercadorias, o mesmo é dizer, de ideias, de saberes, de informações, de valores e de comportamentos([3]).

Podemos dizer que a criação do facto urbano colonial representa também um processo de continuidade: nas vésperas da dominação colonial, a urbanização africana tinha já preparado as bases da sua transformação numa teia de cidades modernas que o colonizador soube reconhecer, ocupar e desenvolver. Se algumas pequenas cidades (ou grandes aldeias) emergem no interior do território, são elas orientadas pelo reconhecimento da existência de uma anterior dinâmica africana ou afro--portuguesa, como redes comerciais ou instalações/povoações comerciais africanas e afro-portuguesas. Trata-se de regiões

---

  ([3]) Esta questão foi estudada por Isabel Castro Henriques «L'urbanisation commerciale en Angola au XIXe siècle», (1996), in Isabel Castro Henriques, *Os pilares da diferença. Relações Portugal-África. Séculos XV-XX*. (Lisboa: Edições Caleidoscópio/CHUL, 2004b), pp. 415-431.

IMAGEM 2. **A rua principal de Malanje em finais do século XIX**

Fotografada por Sertório de Aguiar, membro da expedição chefiada por Henrique de Carvalho, esta rua da cidade de Malanje, onde os materiais africanos se combinam com estruturas arquitetónicas europeias – portas, janelas, telhados de duas águas, terraços e degrau –, põe em evidência a emergência de uma povoação comercial, depois cidade, onde os portugueses procuraram instalar núcleos comerciais durante a segunda metade do século XIX. Repare-se na presença de uma guarita que deixa supor a existência de uma força militar. A organização deste espaço urbano recuperou uma instalação africana que aí se fixou para beneficiar das vias comerciais que se dirigiam para o rio Kwango, evitando assim, primeiro, o controlo secular do reino de Kasanje, e, depois, as perturbações políticas verificadas na mesma região entre 1850 e 1862, por onde tradicionalmente seguia o comércio do interior.(*)

demograficamente mais relevantes e/ou de lugares de reconhecida importância política africana ou afro-portuguesa (como os presídios, por exemplo) e/ou de sítios onde tradicionalmente se cruzavam rotas comerciais ou se constituíam feiras, mercados ou outros locais de trocas africanas ou afro-portuguesas. Por outras palavras, a criação do urbano colonial resulta das estra-

---

(*) Henrique Augusto Dias de Carvalho, *Ethnographia e História tradicional dos povos da Lunda* (Lisboa: Imprensa Nacional, 1890), p.269.

tégias coloniais destinadas ao controlo do espaço, à mobilização dos homens, à exploração das terras, constituindo a cidade o núcleo central da mudança imposta pelo colonizador, onde se concentram os poderes coloniais, se organizam as ações destinadas a fazer cumprir os projetos coloniais e se gerem as estruturas indispensáveis à dominação colonial.

Lugares da novidade, as cidades não podiam deixar de atrair as populações instaladas nas suas aldeias ancestrais; aqui, como em qualquer outra parte do mundo, o urbano foi alimentado pelo êxodo rural. Os atores deste movimento eram, na sua maioria, homens que vinham sem família, esta constituindo um obstáculo a uma fácil circulação, instalação e sobrevivência na cidade.

Procurando trabalho e salário, muitas vezes destinado totalmente ao pagamento dos impostos coloniais a que estavam sujeitas as populações africanas da colónia, alguns destes homens, os mais audaciosos, ansiavam também por se libertar das imposições familiares, políticas, e religiosas exigidas nas suas aldeias, ao mesmo tempo que a cidade lhes assegurava promoção social, outras relações e novos conhecimentos técnicos e culturais. Se esta instalação masculina assumia por vezes um carácter precário e provisório, era ela também definitiva, o que não impedia a manutenção de laços fortes e contínuos com a família e a aldeia longínqua. Em ambos os casos, embora numa graduação diferente, estes homens contactavam com a novidade urbana, dando-se conta da natureza «cosmopolita» destes lugares de relação e de autonomia privilegiados, onde a troca de ideias, a aprendizagem e a difusão dos saberes, a possibilidade de desenvolvimento de projetos variados e inovadores estava ao seu alcance, modificando lenta mas definitivamente a sua maneira de ver e de estar no mundo.

O constante vai-e-vem entre a cidade e o interior permitiu--lhes levar consigo ideias e ensinamentos que, desta forma, chegaram às aldeias, atingindo outras populações, que por sua vez viriam igualmente procurar a rede urbana. A mudança estava em curso: a adesão das populações, não à dominação colonial, mas ao fenómeno urbano introduzido pelos portugueses, constituiu um elemento central da estratégia africana de combate às políticas coloniais. Apropriando-se das ferramentas da dominação, os africanos puderam competir com o colonizador. O fosso entre as armas técnicas e teóricas do colonizador e as armas do colonizado atenuou-se, este último passando a dispor progressivamente de competências e de conhecimentos que o autorizavam a gerir de forma mais eficaz a sua dependência.

2. **As cidades do colonizador: conceções, projetos e construções urbanas**

As propostas de novos modelos de organização do espaço urbano, a legislação, os regulamentos municipais e a sua aplicação prática quotidiana, conduziram a significativas alterações nos relacionamentos tradicionais entre populações. A organização administrativa e as opções tomadas no planeamento do território, no início do século XX, refletiram a estrutura de dominação política; o desenho do espaço urbano e também o desenho das tipologias habitacionais, os sistemas construtivos e os materiais usados procuraram modelos de dominação, ao mesmo tempo que permitiram uma integração útil e controlada. Os resultados construídos traduziram as dificuldades sofridas e as formas de relacionamento encontradas para a sua ultrapassagem.

De um processo de formação e organização do território, a partir do modelo económico desenvolvido na segunda metade do século XIX, podemos identificar assentamentos urbanos desenhados e fortalecidos pelo comércio a longa distância, anterior e depois, frequentemente, autónomo dos europeus. Daí se partiu para as cidades partilhadas, espaços identificados de fundação europeia construídos, alguns, sobre pré-existências africanas. Estas cidades irão constituir o núcleo físico da política de organização e de desenvolvimento económico do país, estabelecidas, primeiro no litoral, distribuídas ao longo da costa, e mais tarde, no interior, quando a ocupação administrativa obrigou a essa progressão.

2.1. Ocupação portuguesa e estruturas urbanas

Luanda, fundada em 1576 pelo primeiro capitão donatário e Benguela em 1617 durante a época filipina, foram as principais cidades de um território indefinido, desconhecido e, na perspetiva portuguesa, vazio de formações políticas africanas e sem fronteiras, que viria a transformar-se na colónia de Angola, no início do século XX. Capitais de duas regiões administrativas, durante algum tempo autónomas, tiveram o tráfico transatlântico de escravos como principal atividade económica até ao fim da primeira metade do século XIX, reconvertendo depois a sua atividade comercial na exportação das mercadorias «legítimas», matérias-primas em particular, que alimentavam as economias europeias contribuindo para o desenvolvimento industrial.

É neste contexto de transição do comércio de escravos para o comércio legítimo, que Malanje, fundada em 1852, desempenha um lugar relevante nas exportações de Luanda([4]). Ponto de apoio para os caminhos comerciais que se dirigiam para a Lunda e para o Katanga, onde abundavam mercadorias atrativas como o marfim, a cera, o cobre, Malanje viria a ser mais tarde a cidade do café([5]), tornando-se o primeiro centro urbano do interior a utilizar as linhas de caminho-de-ferro para assegurar o desenvolvimento de uma atividade económica constante([6]).

Da ocupação do litoral, para sul, viria a surgir primeiro a cidade de Namibe (Mossamedes) em 1840, resultado de uma colonização pesqueira virada para a exploração das riquezas marinhas da região; depois, o Lobito em 1842, dependente de Benguela, que tal como a Catumbela, emergiu em consequên-

---

([4]) Ver Isabel Castro Henriques, *Percursos da modernidade em Angola. Dinâmicas comerciais e transformações sociais no século XIX* (Lisboa: Instituto de Investigação Científica Tropical, 1997).

([5]) Ver Walter Marques, *Problemas do desenvolvimento económico de Angola*. (Luanda: Junta de Desenvolvimento Industrial, 1965) e Egídio Sousa Santos, *A cidade de Malanje na história de Angola (Dos finais do século XIX até 1975)* (Luanda: Editorial Nzila, 2006).

([6]) Ver *Estatística dos caminhos de ferro das colónias portuguesas*. (Lisboa, 1917).

cia das alterações de localização da velha cidade do século XVII, assegurando uma atividade económica complementar indispensável à economia da capital do antigo Reino de Benguela.

Seguiu-se o interior do país, a região dos planaltos, com a criação das colónias agrícolas da região da Huíla, Lubango (Sá

IMAGEM 3. **O interior sul: a cidade do Lubango (Sá da Bandeira)**

A região da Huíla foi objeto de um conjunto de medidas de colonização, nos anos finais do século XVIII, dirigidas pelo governador Sousa Coutinho com a fundação de um conjunto de pequenos aldeamentos(*). A região teve um desenvolvimento económico descontínuo, retomado em 1885 com a fundação da cidade do Lubango (Sá da Bandeira). Na imagem, datada da segunda década do século XX, são visíveis as casas de alvenaria, rebocadas e pintadas, com cobertura em telha cerâmica dispostas ao longo da única rua, eixo central organizador da cidade(**).

(*) Carlos Alberto Medeiros, *A colonização das terras altas da Huíla (Angola). Estudo de geografia humana* (Lisboa: Centro de Estudos Geográficos da Universidade de Lisboa, 1976).

(**) Fotografia de Veloso de Castro, *Fotografias realizadas durante as Campanhas de 1902-1906 e 1907-1919* (Lisboa: Arquivo Histórico Militar – AHM).

da Bandeira), em 1885, e do Huambo (Nova Lisboa) em 1912. Cuíto (Silva Porto), construída sobre o comércio sertanejo([7]) constitui mais um espaço urbano a acrescentar a uma lista interminável de pequenas cidades, apoiadas na construção e na atividade económica gerada pelo Caminho de Ferro de Benguela.

IMAGEM 4. **A vila do Dondo, no rio Kwanza**

Conhecida pela sua importância comercial secular no quadro do comércio africano a longa distância, a vila do Dondo não podia deixar de ser recuperada pelos portugueses para o desenvolvimento do comércio que, durante séculos e em torno da mercadoria-escravo, procuraram levar a cabo na região do Kwanza(*). Nesta fotografia, o autor, integrado na expedição de Henrique de Carvalho, quis pôr em evidência a harmonia da perspectiva onde um velho imbondeiro contrasta com jovens acácias, plantadas de maneira regular. A acácia, um dos símbolos urbanos do Grande Oriente, leva-nos a pensar que a Municipalidade era então gerida por maçons luso-angolanos. Registe-se a existência de passeios, enquanto sinal do urbanismo moderno(**).

([7]) Ver Maria Emília Madeira Santos, *Nos caminhos de África*. Angola no século XIX. (Lisboa: Instituto de Investigação Científica Tropical, 1998).

(*) Rosa Cruz e Silva, «As feiras do Ndongo. A outra vertente do comércio no século XVII», *Actas do Seminário – Encontro de povos e culturas de Angola* (Luanda e Lisboa: CNCDP, 1995), pp. 405-422.

(**) Fotografia de Veloso de Castro, *Fotografias realizadas...*

O desenho e a conceção do espaço nas principais cidades, lugares partilhados entre um grupo dirigente europeu e uma maioria africana, foram sempre estruturas desequilibradas, no peso demográfico e no poder de intervenção dos dois grupos populacionais([8]). A meio do século XX, a população europeia nesta região de África não representava mais do que 1% do conjunto total dos seus habitantes. Na África Ocidental Francesa, a população europeia era inferior a 0.5% e no Congo Belga era cerca de 0,7%. Nestes números, estava ainda englobado um grupo flutuante de funcionários deslocados, a exercer tarefas administrativas e militares, a maioria deles disponíveis para regressar a *casa* no fim dos tempos de serviço.

Em Angola, a presença da população portuguesa era um pouco mais elevada, cerca de 2% da população total, mas não significativamente diferente da encontrada nos territórios vizinhos. O aumento constante das «passagens para África» entre os anos de 1930 e a independência do país foi resultado de uma política de ocupação branca intensiva, cuja primeira atividade estava direcionada para a agricultura. Mesmo se um número significativo de colonos, «escondido» pelas autoridades, regressava por inadaptação, ao fim de pouco tempo, mostrando uma taxa de insucesso elevada e um desequilíbrio apreciável entre a realidade e a propaganda oficial([9]), o processo de branquização do território tornou-se essencial para a consolidação da dominação colonial: não só garantia a organização da sociedade colonial permitindo a hierarquização dos homens em três níveis distintos (colonos, assimilados e indígenas), como definia as suas tarefas e a sua integração na nova realidade sob dominação portuguesa. Deve ainda acrescentar-se a violência do processo

---

([8]) Saliente-se a natureza redutora das análises que não têm em conta a falsa homogeneidade do grupo dirigente, isto é, dos «brancos», que na estrutura social da colónia foram sempre objecto de uma rigorosa diferenciação pelo poder colonial. Sublinhe-se também a heterogeneidade não só étnica mas social dos grupos e dos homens africanos.

([9]) Cláudia Castelo, *Passagens para África. O Povoamento de Angola e Moçambique com naturais da metrópole (1920-1974)* (Porto: Afrontamento, 2007).

IMAGEM 5. **Luanda: os marcadores da modernidade**

Duas fotografias da cidade de Luanda datadas da segunda década do século XX. *A modernidade urbana introduzida pelos portugueses, simbolizada nas casas sobradadas, nas ruas pavimentadas, na iluminação pública, nos passeios e na natureza arrumada que apenas permite algumas árvores, aceita os europeus e as suas conquistas do progresso e expulsa os africanos para uma periferia «desarrumada» e controlada pelo poder colonial(*).*

(*) Fotografia de Veloso de Castro, *Fotografias realizadas...*

IMAGEM 6. **A casa do colono abastado**

Casa de grande dimensão, construída em taipa, com cobertura em colmo. A identificação europeia pode ser confirmada pelas janelas de grandes dimensões, sem vidraças, com portadas em madeira; e também pelo arranjo exterior de um pátio não coberto, enquadrado por uma vegetação abundante mas organizada. Registe-se o mobiliário europeu que permite o conforto, o descanso, a conversa entre os portugueses...em pose para o fotógrafo(*).

de branquização que pretendia, sobretudo nos espaços urbanos, impor normas, comportamentos, valores e práticas aos africanos, procurando retirar-lhes qualquer forma de autonomia existencial.

Se no início do século XX, a construção das habitações urbanas é com frequência de modelo misto – encontramos casas ocupadas por portugueses, construídas em adobe ou alvenaria de pedra, com cobertura em colmo, por vezes sobrepondo-se a uma primeira cobertura em chapa metálica zincada –, a consolidação do sistema colonial e a presença de uma população branca, cada vez mais exigente, nas grandes cidades, vão remeter esse tipo de construção para os núcleos urbanos e povoações

---

(*) Fotografia de Veloso de Castro, *Fotografias realizadas...*

do interior, caracterizando-se a cidade, cada vez mais, pela presença de uma arquitetura europeia.

Os dados estatísticos existentes relativos às atividades profissionais desempenhadas pelos europeus nas colónias dão conta de uma colonização fundamentalmente urbana em funções dependentes do aparelho do Estado, caracterizada pela presença de funcionários da administração, em sentido estrito, mas também de professores, médicos, engenheiros, missionários, militares ou polícias, todos assalariados do Estado colonial.

Os censos, feitos regularmente a partir de 1940, contrariam a imagem de um imenso território povoado com «casais brancos», reprodução do norte rural português. O número dos povoados e, principalmente, o peso económico da atividade que neles se desenvolvia não correspondiam aos resultados antecipados([10]). Exemplo desta situação é o das operações de colonização dirigidas pela Companhia dos Caminhos de Ferro de Benguela([11]), nos terrenos que através da concessão lhe tinham sido atribuídos, que não permitem falar de um número significativo de colonos brancos envolvidos, nem de um investimento de valores elevados no campo da produção. É pois sobretudo para uma população urbana que se efetuam as primeiras operações de planeamento e construção em larga escala, de habitação em tipologias repetitivas, identificadas no início da Primeira República. Este período correspondeu a uma tentativa de modernização das estruturas do país, iniciada nos primeiros anos do século e desenvolvida por Norton de Matos.

As medidas políticas tomadas durante estes anos para o desenvolvimento de Angola assentaram num modelo de planeamento para o território e de urbanização dos assentamentos.

([10]) Orlando Ribeiro, *A Colonização de Angola e o seu fracasso* (Lisboa: Imprensa Nacional, 1981). Ver também o estudo de Isabel Castro Henriques, «Comércio e organização do espaço (c. 1870-1950)», *Actas da III Reunião Internacional de História de África – A África e a instalação do sistema colonial, 1885-1930* (Lisboa: Instituto de Investigação Científica Tropical, 2000, pp. 71-90.

([11]) Companhia do Caminho de Ferro de Benguela, *Uma experiência de colonização em Angola*. Relatórios publicados entre 1937 e 1949, Lisboa.

IMAGEM 7. **Casa-tipo para colonos do Caminho de Ferro de Benguela**

Planta básica e representação naïf *de uma casa-tipo destinada aos colonos do Caminho de Ferro de Benguela, reproduzida no* Relatório do Segundo Ano de Actividade de Uma Experiência de Colonização em Angola. Lisboa, 1938. *É um modelo adaptado da casa-pátio, pouco usada nas regiões africanas exteriores à influência islâmica, a que foi acrescentado o desenho tradicional da varanda térrea/alpendre frontal*(*).

A intenção de ocupar todo o espaço do território, primeiro pela submissão dos focos de contestação e pela organização de campanhas de pacificação, depois, pelo estabelecimento de uma rede administrativa e pela implementação de medidas que promovessem um modelo de integração das populações na economia da colónia, incluiu planos de urbanização, regras de normalização para a construção de casas, projetos tipo para a

---

(*) Planta reproduzida no *Relatório do segundo ano de actividade de Uma experiência de colonização em Angola* (Lisboa, 1938).

IMAGEM 8. **Casas de colonos**

Casas em alvenaria rebocada e pintada, com cobertura de quatro águas em telha cerâmica. São visíveis nestas imagens as áreas de terreno agricultado na lógica civilizacional europeia – paisagem organizada – e o cuidado colocado nos espaços de proximidade das construções. O terraço em frente da casa, os canteiros e o espaço exterior tratado põem em evidência a vontade de reproduzir a casa deixada na aldeia portuguesa(*).

(*) Fotografia de Veloso de Castro, *Fotografias realizadas...*

construção dos postos administrativos e casas-tipo para alojar funcionários do governo. A construção da habitação torna-se cada vez mais orientada por um processo diferenciador baseado na rutura racial – os «brancos» e os «pretos» –, mas depois, também, no quadro dos portugueses (onde se encontram cada vez mais mestiços), o estatuto social (agentes da administração, colonos, assimilados), a localização espacial (cidades, povoações, aldeias, mato), as funções e tarefas políticas, religiosas, militares, comerciais, produtivas desempenhadas.

2.2. A modernidade de Norton de Matos

Em abril de 1913, foi publicado um diploma legislativo estabelecendo o ordenamento administrativo do território, através da divisão geográfica em circunscrições. Este texto descrevia as funções dos membros civis e militares da administração provincial republicana, a regulamentação do trabalho local, a administração da justiça e o policiamento, a autonomia das autoridades locais e a cobrança dos impostos. Incluía ainda, nas inúmeras regras e normas de conduta dadas aos administradores, as indicações para o planeamento e projeto dos assentamentos habitacionais, obrigando-os, diretamente ou através da responsabilização dos sobas, a promover a

> limpeza, conservação e alinhamento das estradas ... fazendo o seu traçado e ensinando aos indígenas a maneira de as alinhar e de plantar o arvoredo destinado a assombreá-las ... esforçando-se por chamar para as proximidades dessas estradas e caminhos as aldeias e habitações indígenas ... mandar fazer plantações de madeiras próprias para construções ... fiscalizar as construções a fazer nas povoações, europeias ou indígenas, para que sejam convenientemente alinhadas e obedeçam às prescrições legais tendo principalmente em vista a higiene pública e particular([12]).

([12]) *Regulamento das circunscrições administrativas da Província de Angola*, Portaria n.º 375 de 17 de abril de 1913.

IMAGEM 9. **Aldeamentos para os trabalhadores africanos**

Aldeamentos com as construções alinhadas, construídas em taipa e, na última imagem, barreadas e pintadas. É visível (na segunda fotografia) o sistema de ventilação superior nas empenas junto à linha de cumeeira. As casas têm uma única abertura, a porta de entrada, e estão implantadas em espaços limpos de vegetação, usados pelos seus habitantes para se sentarem. Estes aldeamentos são a reprodução das instruções dadas para a construção de casa no Regulamento das Circunscrições, considerada o modelo perfeito dos valores civilizacionais europeus, aqui expressos com uma forte componente militar([*]).

([*]) Fotografia de Veloso de Castro, *Fotografias realizadas...*

Estas regras e normas de procedimento contidas na legislação administrativa geral, pormenorizando a execução dos trabalhos e obras de arquitetura, denunciam uma vontade reformadora (e voluntarista) que deveria conduzir a uma nova realidade através do desenvolvimento acelerado das comunidades muito para além das posturas municipais das cidades identificadas como sendo as principais.

A regulamentação do imposto de cubata, medida administrativa incluída na legislação produzida nos anos do primeiro governo Norton de Matos, veio também contribuir para o controlo dos aldeamentos. A medida fiscal sobre todas as casas habitadas por africanos, imposto criado em 1906, é uma contribuição direta destinada «a cobrir ou diminuir os encargos do Estado, resultantes da necessidade de policiamento e desenvolvimento das regiões ocupadas» e forma de obtenção de meios para o financiamento do aparelho administrativo; é também defendida como uma taxa de civilização, por «obrigar o indígena ao trabalho» forma civilizacional elevada, permitindo-lhe também obter os recursos necessários ao seu pagamento[13]. Com diferentes fundamentações, ao longo das atualizações a que foi sujeita, esta legislação fiscal manteve a casa construída como objeto identificador para o qual remete a sua designação. O imposto, cuja regulamentação inicial previa o pagamento em dinheiro, géneros ou gado foi, durante o primeiro período de governação de Norton de Matos, reformulado para que o pagamento em dinheiro se tornasse a regra contribuindo para o desenvolvimento da monetarização da economia do país. Da organização e forma de pagamento do imposto constava o arrolamento anual das casas a tributar, tarefa que deveria incluir a execução de elementos gráficos da sua localização em cada aldeia; a ausência dos elementos gráficos de localização das cubatas em cada aldeamento e de localização dos aldeamentos no território era motivo para impedir o pagamento dos percentuais devidos a cada cobrador do imposto.

---

[13] *Regulamento das circunscrições administrativas da Província de Angola*, Portaria n.º 375 de 17 de abril de 1913.

IMAGEM 10. **Instrumentos coloniais de controlo do colonizado:
a administração e os militares**

Postos administrativos e instalações militares, onde se associavam os agentes da administração, militares e missionários, foram instrumentos poderosos da dominação colonial, ocupando o espaço e controlando os homens africanos em todas as suas atividades coletivas e quotidianas(*).

(*) Fotografia de Veloso de Castro, *Fotografias realizadas...*

IMAGEM 11. **A eficácia do controlo colonial: comércio, impostos e culturas obrigatórias**

O controlo das populações foi também organizado através da presença dos comerciantes e dos colonos-comerciantes, cuja instalação no interior da colónia devia assegurar não só o processo de branquização do território, mas também o controlo dos colonizados, transmitindo-lhes os valores, os comportamentos e as tarefas da civilização. Se estas construções constituem uma espécie de postos civilizadores que parecem ter sucedido às «estações civilizadoras» dos finais do século XIX, foram elas também lugares de trocas culturais e de saberes que os africanos souberam integrar nas suas práticas quotidianas. Registe-se, na última fotografia, uma cena que permite pensar tratar-se da pesagem de produções indígenas, como o café por exemplo, que serviam para o pagamento do imposto devido pelos africanos ao colonizador(*).

(*) Fotografia de Veloso de Castro, *Fotografias realizadas...*

Em agosto de 1912(¹⁴) é publicada a legislação referente à fundação da cidade do Huambo, logo acompanhada das normas que proíbem a construção de habitações de carácter indígena, no interior da nova povoação(¹⁵). Em maio desse ano fora publicado no *Boletim Oficial* o Regulamento de salubridade das edificações urbanas, e em outubro, foi experimentada uma solução higienista de cubatas em Camoma, circunscrição de Ambaca, depois de um surto da doença do sono. O governo colonial ordenou

> ao médico, como chefe da povoação, para proceder à construção provisória de cubatas de pau a pique, barreadas por dentro e por fora e cobertas de capim ... proceder aos alinhamentos necessários e plano geral das construções definitivas destinadas a recolher os indivíduos doentes. As construções obedecerão a dois tipos: umas destinadas a receber uma só pessoa terão dois compartimentos, outras, destinadas a receber duas pessoas, terá três compartimentos...deverão estar afastadas umas das outras à distância de 10 metros, e a largura dos arruamentos deverá ser de 20 metros ... a altura das paredes deve ser uniforme e não deve ser inferior a 3 metros...(¹⁶).

As medidas legislativas para a urbanização do país, continuaram, em 1914, com a publicação de uma portaria que obrigava, de novo sob o argumento higienista, ao agrupamento das populações africanas procurando impedir a existência de assentamentos habitacionais com menos de sessenta casas.

Até 1924, as iniciativas de modernização do país vão suceder-se a um ritmo intenso. A reorganização da direção provincial de obras públicas incluía agora no orçamento anual da província uma listagem com a programação das obras previstas para execução em cada distrito. Nestes anos, são publicados os códigos de posturas de muitas cidades, contendo, com maior ou

---

(¹⁴) Portaria n.º 1040 de 10 de agosto de 1912 previa a criação de uma povoação de segunda ordem denominada Cidade do Huambo.

(¹⁵) Portaria n.º 1086 de 24 de agosto de 1912 proibia as construções de carácter indígena na futura (sic) Cidade do Huambo.

(¹⁶) Portaria n.º 1224 de 1 de novembro de 1914.

IMAGEM 12. **Habitações destinadas aos funcionários coloniais**

As duas primeiras fotografias datadas do início do século XX põem em evidência o recurso a habitações prefabricadas para a resolução de problemas habitacionais. Usadas no alojamento de operários europeus e africanos em obras de grande dimensão (as obras dos caminhos-de-ferro e de construção dos portos de Luanda e do Lobito) tornaram-se no período de governação de Norton de Matos uma solução expedita para a questão do alojamento(*). A terceira imagem representa um modelo perfeito de adaptação da maison à la portugaise *citada em textos de viagens do século XVII e XVIII(**). A varanda em torno de toda a casa, a cobertura de duas águas, composta, para produzir sombra sobre as paredes e as aberturas; o embasamento da construção que estabelece, neste caso complementado com um varandim, o espaço de exterior de receção aos visitantes, são elementos de forte caracterização de uma apropriação africana feita muitas vezes através das famílias mistas(***).*

(*) Norton de Matos, *A Província de Angola* (Porto: Edição de Maranus, 1926).

(**) De La Courbe, *Premier voyage du Sieur De La Courbe fait à la Coste d'Afrique en 1685.* Jean Baptiste Labat, *Nouvelle Relation de l'Afrique Occidentale* (Paris: Edição de Guillaume Cavelier, 1728).

(***) Fotografia de Veloso de Castro, *Fotografias realizadas...*

menor desenvolvimento, as normas a seguir e os materiais a utilizar na construção de habitações. As formas de repressão do uso de materiais tradicionais, nos núcleos centrais das cidades, repetem-se em todos estes códigos de posturas. No ano de 1920 são constituídas as comissões de avaliação sanitária de construções e habitações urbanas, com atribuições fiscalizadoras e de policiamento do estado das casas; também as comissões de melhoramentos organizadas em muitos municípios, por vezes substituindo-se aos executivos, tendo a seu cargo a construção de habitações (para repor as casas tradicionais que são demolidas) vão contribuir, através do tratamento dos espaços urbanos, para atrair as populações às cidades. É durante a governação de Norton de Matos que se inicia a construção de casas para os funcionários públicos, cujo direito a habitação gratuita fora reconhecido. Também nestes anos se utilizaram construções pré-fabricadas para habitação; são referidas, em legislação fiscal de dezembro de 1915, as taxas que devem ser pagas por «construções de ferro, de madeira ou mistas, destinadas para habitação, usos industriais ou agrícolas, montadas ou desmontadas, nacionais ou estrangeiras»([17]). Sabemos da utilização de construções em madeira para habitação nos estabelecimentos militares e no alojamento dos operários das obras do caminho-de--ferro e temos, também, notícia de uma encomenda feita pelo governo-geral, em Inglaterra, no ano de 1923, de 133 casas pré--fabricadas de madeira, para funcionários do governo([18]).

2.3. *Urbanismo e arquitetura*

As políticas propostas nas organizações internacionais após o fim da Segunda Guerra Mundial vão obrigar as autoridades portuguesas a alterações legislativas e a medidas administrativas que, de alguma forma, procuram contrariar as movimentações

---

([17]) Tabela de Taxas de Licença Municipais.
([18]) A existência de casas pré-fabricadas de madeira volta a ser referenciada em 1928 nas pautas de importação, e em 1930, no porto de Luanda.

pressentidas no delinear de caminhos para a independência dos territórios. A definição desta nova política, que continha uma imagem muito visível mas sem qualquer significado real ([19]), procura alterar, de uma forma mais elaborada, um conjunto de situações do quotidiano das cidades. A administração colonial toma medidas destinadas a contrariar a influência de grupos emergentes de contestação, em Angola e em Moçambique. Por um lado, o Estado colonial visa uma maior integração de africanos na sociedade europeia, modelo de referência para o desenvolvimento, implementando medidas de sedução e atração da população urbana negra; estas medidas que continham uma parte não negligenciável de proteção profissional e progresso material, vão coexistir com a adoção de normas de repressão administrativa e com um aumento das ações de policiamento sobre quaisquer atividades suspeitas de simpatia política pelo caminho da independência. Por outro lado, a chegada de cada vez mais europeus vai aumentar a divulgação, entre a população branca nascida ou a viver em África há muitos anos, das ideias([20]) apologistas de um desenvolvimento político autónomo.

O exemplo sul-africano, a administração fictícia do território namibiano e as Rodésias independentes contribuíram para a construção de cenários destinados a assegurar a perpetuação da dominação ocidental. É neste quadro teórico que surgem as políticas que propõem a divisão do continente, em Norte de África para o Islão, África Central negra e Sul de África branca([21]). A alteração do modelo de desenvolvimento, necessária para alcançar os objetivos pretendidos, vai permitir a abertura da economia do país aos capitais estrangeiros, a instalação de mais empresas e o consequente desenvolvimento das cidades.

([19]) Refira-se a renomeação de todos os organismos governamentais substituindo a palavra Colónia por Província Ultramarina.

([20]) Fernando Tavares Pimenta, *Angola, os brancos e a independência* (Porto: Afrontamento, 2008).

([21]) Ver Franco Nogueira, *Diálogos interditos. A política externa portuguesa e a guerra de África* (Lisboa: Intervenção, 1979) e também António Almeida Santos, *Quase memórias* (Lisboa: Casa das Letras, 2006).

IMAGEM 13. **Projeto para uma *Native Township***

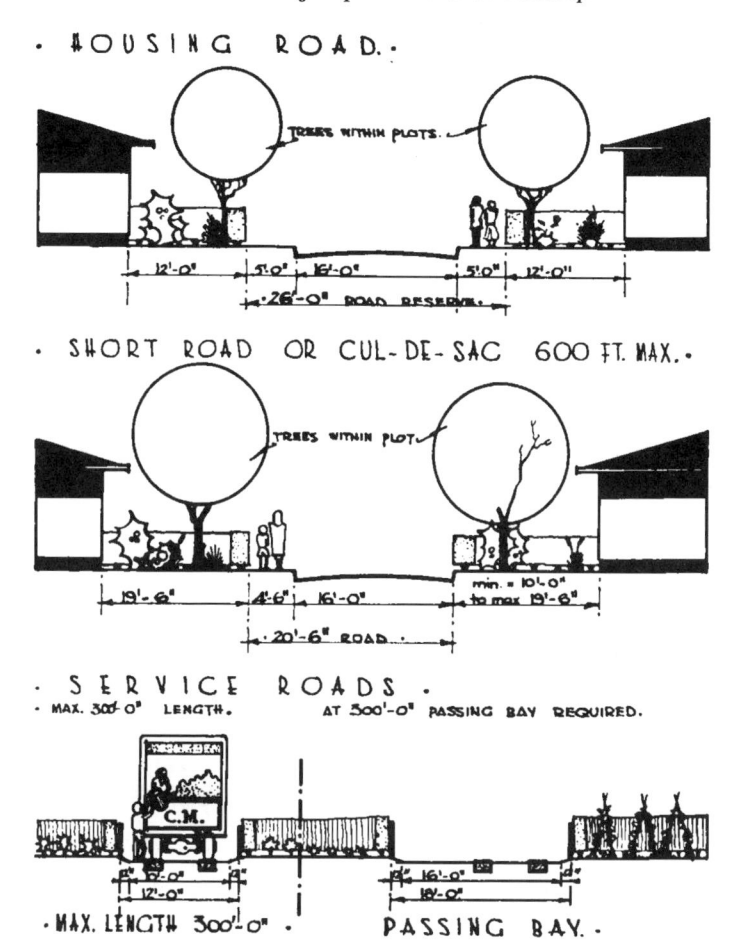

Construída nos anos de 1940, este modelo habitacional destinava-se ao alojamento dos trabalhadores necessários ao forte desenvolvimento do sector industrial da economia sul-africana. A construção de grande número de alojamentos para operários implicou a procura de soluções construtivas industrializadas e não impediu a discussão e a adoção de standards *mínimos de qualidade*(*).

(*) Desenhos recolhidos em D. M. Calderwood, *Native housing in South Africa* (Johannesburg: Witwatersrand University, 1953), p. 77.

IMAGEM 14. **O modelo sul-africano da** *Native House*

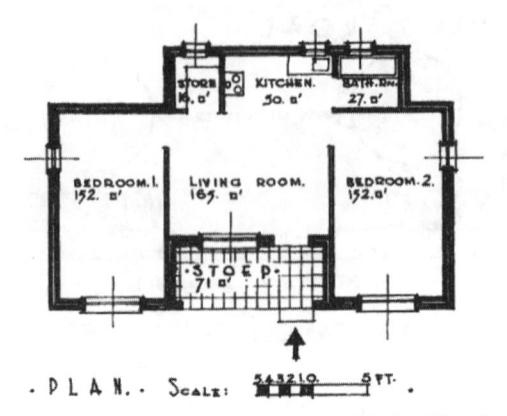

Type plan built in Orlando Native Housing Scheme, Johannesburg.

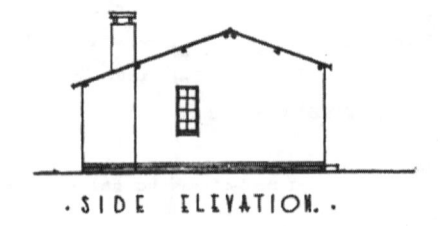

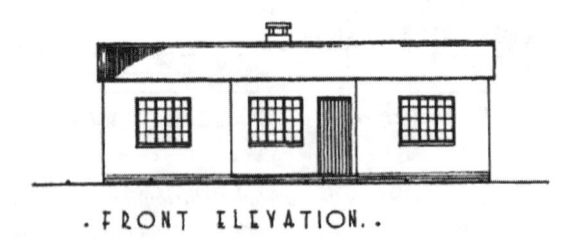

· SIDE ELEVATION ·

· FRONT ELEVATION ·

Habitação-tipo datada do início dos anos de 1940 com áreas de construção generosas. Um alpendre, uma sala, dois quartos, cozinha, arrumo e banho com um total de 766,5 sq.ft. (71.2 m²)(*).

(*) Desenhos recolhidos em D. M. Calderwood, *Native housing...* p. 18.

Apesar das alterações legislativas, a modernização das estruturas económicas efetuou-se de forma muito contida e a aparente prosperidade económica das zonas urbanas assentou, fundamentalmente, no consumo e no comércio de produtos importados por parte dos grupos que usufruíam de salários elevados, compensados com ajudas de custo de deslocação: funcionalismo público, militares instalados nas cidades e quadros técnicos de uma indústria nascente mas residual. Neste sector, é a construção de edifícios e a indústria de produção de materiais associados, aquele que vai obter maior desenvolvimento nos anos que se seguem até à independência.

Criado em 1944, no Ministério das Colónias, em Lisboa, o Gabinete de Urbanização Colonial com o objetivo de preparar a execução de planos de regulamentação do crescimento das cidades e dos aglomerados habitacionais, este organismo chefiado por um engenheiro vai dirigir, à distância, o movimento acelerado de urbanização do território, até 1956, ano em que é constituída a Comissão Provincial de Urbanização de Angola e as Secções de Urbanização de Luanda, Uíge (Carmona), Malanje, Benguela, Huambo (Nova Lisboa) e Lubango (Sá da Bandeira). É esta estrutura que, em conjunto com os incipientes serviços técnicos municipais, vai elaborar os projetos das operações de construção habitacional. Nos anos seguintes, serão constituídos ou reorganizados diferentes organismos para responder ao que se considerava serem diferentes problemas urbanos que exigiam soluções específicas.

Em janeiro de 1947 é aprovado pela Câmara Municipal de Luanda um crédito especial para a construção de casas económicas; em 1948 é regulamentada a classificação, distribuição e utilização (sucessivamente corrigida e alterada) das casas do Estado pelos funcionários civis; é publicado o regulamento de funcionamento dos bairros indígenas; é isenta de taxas, a importação de cimento; em 1950, é isenta de imposto de sisa a construção de casas em regime cooperativo; é regulamentado o arrendamento de habitações urbanas; são constituídos o Fundo das Casas Económicas e o Fundo dos Bairros Operários (para europeus); é criada a Brigada de Construção de Casas do Estado e a Comissão Administrativa dos Bairros Indígenas; em julho de 1951 são criadas, em vários municípios, comissões estéticas; em maio de 1954 é publicado o Regulamento do Colonato Agrícola de Cela, instituição dotada de um grau de autonomia apreciável. Estes organismos possuíam orçamentos próprios e regulamentos internos diferentes, tendo produzido normas arquitetónicas e urbanísticas ditadas pela vontade dos engenheiros que as dirigiram e dos arquitetos que nelas trabalharam, o que se veio a traduzir na elaboração de uma amálgama de regras que dificilmente contribuía para a qualidade do projeto.

Os trabalhos executados, primeiro em Lisboa, no Gabinete de Urbanização Colonial, longe da realidade local, e depois, por esta incontável listagem de estruturas individualizadas, caracterizam-se por escolhas formais, replicadas da Metrópole, usando materiais e soluções construtivas pouco capazes de combater a agressividade do clima, traduzindo de modo inequívoco as opções do colonizador. A existência de muitas organizações locais, com grau de autonomia apreciável, não vai permitir, nem proporcionar, a discussão sobre «as funções e exigências de áreas da habitação»([22]), capaz de hierarquizar os problemas, estudar metodologias de trabalho, racionalizar as soluções propostas e observar os resultados construídos, incentivando a disciplina normativa e a responsabilização pelos resultados.

Durante o XXI Congresso da Federação Internacional da Habitação e Urbanismo realizado em Lisboa, em 1952, as normas para projetos de habitação são expostas num texto destinado a fixar as regras consideradas necessárias ao alojamento de dois grupos distintos de cidadãos: os brancos e os pretos. Os brancos, rurais, deveriam receber casas dotadas de condições superiores às que normalmente dispunham no continente, projetadas segundo os princípios tradicionais da «arquitetura

---

([22]) Funções e exigências de áreas da habitação é um conceito que tem origem na discussão sobre o estabelecimento de áreas mínimas para habitação. Em Portugal, esta questão foi objecto de um estudo de Nuno Portas, *Funções e exigências de áreas da habitação* (Lisboa: Laboratório Nacional de Engenharia Civil, 1969).

modesta»; para outros profissionais previam-se outras soluções, urbanas, traduzidas em edifícios construídos em altura, de forma a dotar as cidades de uma imagem cosmopolita. Um segundo grupo populacional, o dos africanos, deveria ser contemplado com alojamentos desenvolvidos em unidades residenciais autónomas, projetadas para uma população que variava entre os 5 mil e os 15 mil habitantes.

Tratava-se assim, de definir e aplicar uma política de alojamento em toda a província,

> já iniciada e que será perseguida de acordo com os princípios mais modernos do urbanismo, assentava na ideia de que, para preservar a sua própria comodidade, a comunidade africana fosse separada da sociedade mais avançada, que é a sociedade europeia, onde dificilmente pode ser admitida a coabitação com indivíduos de costumes e princípios exóticos ([23]).

Depois de garantir que a proximidade das unidades residenciais indígenas não constituía qualquer ameaça higiénica, terminava com o alerta de que o seu planeamento «deveria evitar trazer prejuízo ao futuro desenvolvimento dos núcleos urbanos europeus». A opção distintiva está transcrita nos projetos das moradias, na dimensão diferenciada das áreas, na existência de instalações sanitárias associadas a cada casa ou situados no limite posterior do logradouro, nos materiais usados ou nas preocupações com orientação solar «não tão importante assim para a habitação indígena... visto que se trata de um indivíduo adaptado ao meio tropical» ([24]).

Quatro anos antes, em 1948, num trabalho escolar destinado à obtenção do diploma de arquiteto, fora apresentada nas Belas Artes, no Porto, uma proposta para a construção de uma unidade residencial em Luanda, assente sobre a mesma diferenciação. As soluções propostas para as áreas administrativas da nova

---

([23]) João António de Aguiar, *L'Habitation dans les pays tropicaux* (Lisboa: Fédération Internationale de l'Habitation et de l'Urbanisme, 1952), p. 18 (II Parte).

([24]) *Ibidem.*

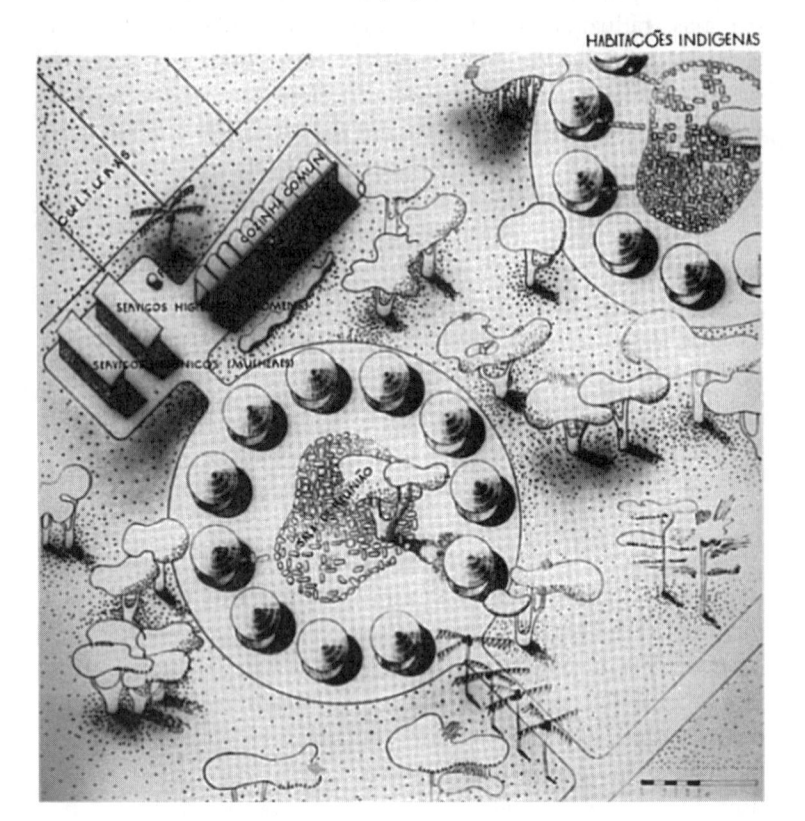

IMAGEM 15. **Luanda: projeto de cidade-satélite**

Projeto para as áreas indígenas de uma nova cidade satélite de Luanda. A justificação para a separação explícita dos grupos populacionais é recolhida do urbanismo belga no Congo(*), *e está de acordo com o que seria defendido pela linha oficial do Gabinete de Urbanização Colonial e desenvolvido pouco depois nos textos do* XXI Congresso da Federação Internacional da Habitação e do Urbanismo, *realizado em Lisboa em 1952, sob o tema da «Habitação nos Países Tropicais»*(**).

(*) R. Schoentjes, «L'Architecture au Congo Belge», *L'Époque. Architecture, Art, Technique*, n.º 8, 4ème série (1937), pp. 493-503.

(**) Imagem recolhida em Vasco Vieira da Costa, *Luanda. Plano para a cidade satélite n.º 3, CODA (1948)* (Porto: ESBAP, 1984), p. 129.

cidade e para as zonas habitadas por europeus recebem de Le Corbusier e dos modernistas brasileiros a sabedoria para uma perfeita integração geográfica. São de cuidado desenho modernista, percetível na proposta da cidade branca ou no projeto para o edifício do Centro Cívico, contrastando com as habitações para os africanos, modelo desenvolvido em pequenos agrupamentos de dez/doze construções de forma cilíndrica e cobertura cónica, dispostas em volta de um imbondeiro, espaço a que se chama «sala de reunião». Encontramos depois, afastadas das «casas indígenas, algumas construções complementares, uma cozinha coletiva e os serviços higiénicos», separados por sexos. O uso de soluções arquitetónicas ancoradas nos valores etnográficos foi aqui intencionalmente utilizado e representou uma violenta forma de subjugação dos africanos, pelo impedimento do acesso ao conhecimento e à modernidade.

2.4. *Militância profissional e jovens arquitetos*

Em 1959 realizou-se o mais interessante dos planos de urbanização das novas cidades em Luau (Teixeira de Sousa). Tratava-se agora, da aplicação não descriminada e no interior do país, dos ensinamentos urbanísticos da última fase dos CIAM ([25]). A cidade, último local urbano ([26]) antes da fronteira com a região mineira do Katanga, no Congo Belga, devia a sua fundação ao Caminho de Ferro de Benguela e aos estaleiros de apoio que ali foram construídos para a execução de todo o troço final da obra. O plano procurava integrar as pré-existências, datadas da chegada da construção ao rio Luau, em agosto de 1928. Elaborado após a realização dos inquéritos de campo ([27]), este estudo previa um tempo de desenvolvimento de 25 anos e uma população limite de 3500 habitantes. O desenho seguia a regra de

---

([25]) CIAM. Congressos Internacionais da Arquitectura Moderna.
([26]) Luau, ao km 1345, dois quilómetros antes da fronteira.
([27]) Francisco Silva Dias, *Memórias descritivas do plano de urbanização de Teixeira de Sousa* (Luanda: Textos dactilografados, 1959).

ocupação tangencial, usada numa parte significativa das cidades do caminho-de-ferro (inclusive no Huambo) onde era claramente visível a construção da cidade, na totalidade ou na sua parte mais significativa, de um dos lados da linha do caminho-de-ferro, reservando o outro lado, para aos armazéns de mercadorias, os materiais de manutenção e as oficinas da própria Companhia. A matriz reticulada original foi trabalhada com a inclusão de espaços hierarquizados, organizadores das funções

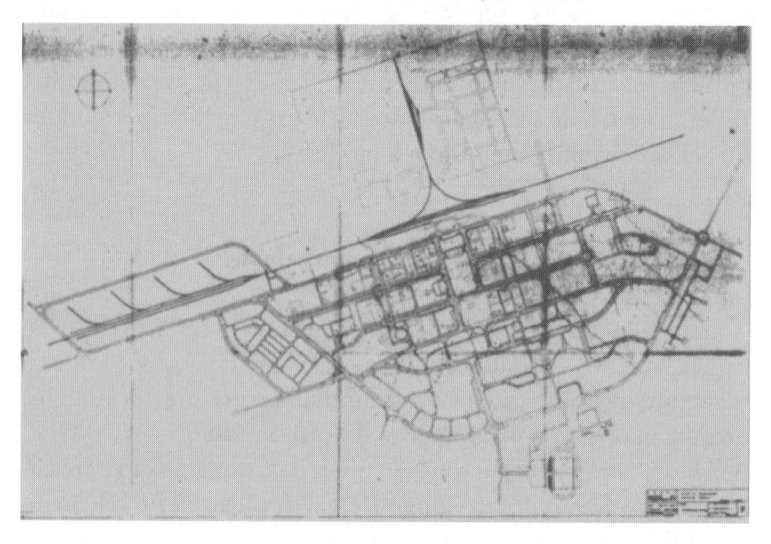

IMAGEM 16. **Plano de Urbanização do Luau**

As zonas habitacionais foram projetadas para conter moradias individuais ou outras soluções mais económicas de banda contínua, com uma possível utilização do r/c para comércio e o primeiro andar para a habitação; os espaços verdes intercalados contrariaram o modelo de quarteirão integralmente construído. As casas-tipo, de custo controlado, construídas para populações de baixos recursos, na proximidade reservada para uma indústria praticamente inexistente, são um exemplo notável de aplicação da arquitetura da casa mínima(*) à cultura africana e ao clima da região, próximas das growing houses *quenianas projetadas por Ernst May em 1956, modelos perfeitos de casa pátio evolutiva.*

(*) Ernst May et al, *Die wohnung für das existenzminimum* (Frankfurt am Main: CIAM, 1930).

do urbanismo moderno: habitação, trabalho, comércio, recreio e circulação. A praça central, local dos edifícios públicos e da igreja era também o local da estação de caminho-de-ferro, porta para o fio condutor que ligava a cidade à economia do país. Luau manteve-se como um exemplo contido de intervenção urbanística, pelo uso que foi feito da integração do existente e pela aplicação de instrumentos simples de organização civilizada do espaço.

Imagem 17. **Um novo modelo de habitação para os africanos**

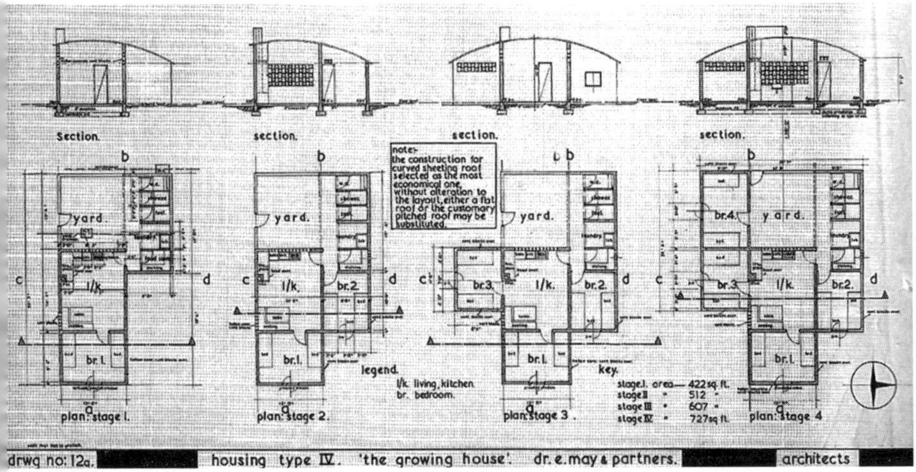

Os projetos desenvolvidos por Ernst May, durante a sua vida em África, para a construção de habitações de custo controlado foram sempre devedores da sua experiência, primeiro em Frankfurt e depois na União Soviética. A explícita componente industrial não o impediu de projetar alojamentos de cuidado desenho arquitetónico. Para além das growing houses *para o Tanganica, inteligentes modelos de construção evolutiva, projetou para o Quénia blocos habitacionais com vários pisos, soluções urbanas de clara linguagem africana, longe dos modelos paternalistas, ancorados na etnografia, propostos para os aldeamentos indígenas*(*).

(*) s/a?, «Flats in Nairobi», *The Architects' Journal*, January 8 (1953), pp. 38 e 39.

A intervenção cívica no fim dos anos de 1950, em Luanda, teve na revista *Cultura*, publicada entre 1957 e 1960, um lugar privilegiado para a discussão da arquitetura e da questão do alojamento. Num longo artigo publicado no segundo número da revista ([28]), António Veloso equaciona o problema de falta de habitações, sem as composições decorativas, comuns na legislação sobre a matéria e em todos os relatórios e textos, de quem decidia emitir opinião sobre a disciplina; usando a linguagem macia a que a polícia política condicionava a imprensa, reproduz as respostas de alguns profissionais ([29]) à pergunta sobre as dificuldades de alojamento das populações citadinas. As opiniões, com maior ou menor ênfase, sublinham a importância das políticas públicas habitacionais, considerado um problema grave e sempre com duas vertentes distintas: existiam problemas de alojamento na cidade e existiam problemas de alojamento das populações africanas, «um capítulo à parte do problema habitacional». Veloso começa por afirmar que a falta de habitação é um problema de todos os governos e que esta não é mais do que uma contribuição para se associar ao que a imprensa de Angola já discute; acrescenta depois que se trata de «habitações destinadas a alojar as populações e a proporcionar-lhes uma casa com um mínimo de conforto, indispensável à vida humana», terminologia que, neste tempo já não se aplicava (não era necessário explicar a sua necessidade) às populações brancas urbanas; era pois às populações africanas que o autor se referia esclarecendo, de forma clara, que não se tratava de construir bairros de casas económicas mas sim de construir casas para todos.

Os intervenientes na questão do alojamento, em Angola – decisores políticos, técnicos, a enorme massa intermédia de burocratas – representavam bem o ambiente generalizado de coexistência entre dois modelos aparentemente contraditórios: a dependência perante o governo central (a dependência direta

---

([28]) António Veloso, «O Problema da habitação em Luanda. É preciso construir casas para todos...», *Cultura*, n.º 2/3, Ano 1.º, (1958), pp. 1, 11 e 12.

([29]) Representando os Serviços de Saúde, as Cooperativas de Habitação e as populações africanas no Conselho da Província.

IMAGEM 18. *Cultura*

«*Preparativos*». *Título da fotografia de capa do último número (?) da* Revista Cultura, *publicado em novembro de 1960, três meses antes do início da luta armada em Angola.*

para os funcionários públicos e a dependência de uma situação económica privilegiada para os restantes) e a autonomia, ostensivamente celebrada por quem considerava que a distância geográfica era um argumento para a independência (branca). Esta autonomia assentava na objetiva diferenciação racial, visível nos projetos elaborados para o planeamento urbano e para a construção habitacional: espaços diferentes e tipologias habitacionais distintas, para as comunidades africanas e europeias. Os autores dos exemplos que contrariaram esta atuação foram afastados dos seus lugares profissionais e perseguidos politicamente; o seu tempo de intervenção foi reduzido e pagaram preços elevados pela correção das suas atuações.

IMAGEM 19. **Os modelos industrializados de alojamentos para trabalhadores**

A partir dos anos de 1960 foram edificados vários bairros, em Luanda, destinados a alojar trabalhadores europeus e africanos assimilados. Estas construções, de forte caracterização industrial no desenho urbano e nas tipologias, assumiram sempre um carácter exclusivo; destinavam-se aos «civilizados» e contrastaram, por ausência de termo de comparação, com qualquer operação de construção para os indígenas. A habitação para aqueles que chegavam do interior, fugidos da guerra, procurando emprego fora do «contrato» agrícola ou a possibilidade de acesso ao ensino para os seus filhos era a vida nos musseques em casas de autoconstrução, com recurso aos materiais disponíveis. A primeira imagem mostra uma adaptação de um modelo de construção em fusos cerâmicos, usados no Continente pela Junta de Colonização Interna, em Pegões, nos anos de 1950, e da qual não conhecemos mais desenvolvimento em Angola, para além do conjunto representado; as duas imagens seguintes mostram dois bairros da cidade, de habitação de custo controlado, construídos na década de sessenta(*).

(*) Fotografias recolhidas em José de Sousa Bettencourt, «Subsídio para o estudo sociológico da população de Luanda», *Boletim do Instituto de Investigação Científica de Angola* (Luanda: Instituto de Investigação Científica de Angola, 1965), pp. 83-130.

3. Uma nova arquitetura angolana

A integração dos modelos trazidos pelos europeus no sistema civilizacional africano foi um longo processo de paciente maturação, consequência simultaneamente das políticas do colonizador e das escolhas, dos interesses e das estratégias das populações colonizadas. O resultado construído deste processo não pôde deixar de estar ligado às disponibilidades locais no que respeita aos materiais de construção, à condição social e material do seu proprietário e à transferência de saberes, muitas vezes objetivamente dificultada pelo colonizador, tendo como imagem de referência mais segura, não a casa europeia, mas o modelo (antigo) da casa adaptada, pelo europeu, ao clima tropical.

3.1 *Diferenciação social branca e recuperação técnica africana*

Trata-se de uma construção sobre-elevada do solo que permite uma ventilação franca destinada a eliminar quaisquer humidades ascensionais de níveis freáticos significativos. Estas casas apresentam um alpendre no piso térreo, por vezes em todo o perímetro da construção, espaço coberto de dimensão generosa, lugar de receção aos amigos e de convívio descontraído, capaz de sombrear as paredes e todas as aberturas da casa. Na segunda metade do século XIX estas construções usam, por vezes, elementos estruturais auxiliares, perfis e vigas metálicas([30]) na execução das varandas superiores ou nas escadas centrais dos edifícios administrativos([31]).

Nos modelos construídos, conhecidos pelas descrições de viagens ou pelas imagens, a partir da divulgação da fotografia, descobrimos por regra a disponibilidade para as novidades e o desejo de progressão técnica. A aproximação aos modelos (for-

---

([30]) Ver «Relação de ferramentas e de objectos enviados para África», onde encontramos colunas de ferro fundido, *Annaes do Conselho Ultramarino*, junho de 1859.

([31]) Ver o modelo-tipo para os edifícios das Câmaras Municipais, como é o caso de Luanda ou Malanje.

IMAGEM 20. **A Casa Grande**

Exemplo de Casa Grande para família europeia, com todas as marcas da maison à la portugaise, *construída no norte de Angola, provavelmente nos últimos anos do século* XIX. *Possui aberturas envidraçadas, aqui executadas com dimensões generosas e apresenta cobertura de quatro águas executada em chapa zincada*(*).

mais e técnicos) usados pelos europeus e feita sobre a *maison à la portugaise* terá sido, por sua vez, uma adaptação tropical, da casa popular rural portuguesa. Nas construções africanas, a recusa do uso – tanto quanto as circunstâncias o permitiam – de coberturas em colmo ou em qualquer outro material vegetal, constituiu uma prática constante das populações que viam estes materiais como símbolos de uma não modernidade que se pretendia afastar, utilizando em sua substituição telhas cerâmicas, indústria antiga([32]) ou a partir do século XIX as chapas zincadas.

(*) Fotografia de Veloso de Castro, *Fotografias realizadas...*

([32]) Valentim Alexandre refere a «antiquíssima produção de cal, telha e tijolo para a construção» (Valentim Alexandre, «O projecto colonial português e a partilha de África», in Joel Serrão e António de Oliveira Marques, (orgs.), *O Império africano, 1825-1890 – A Nova História da Expansão Portuguesa* (Lisboa: Editorial Estampa, X, 1998), p. 355. Também Paiva Couceiro faz alusão à «produção de cal, telha e tijolo, já antiga na província, [que] tem motivo para alargar-se» (Henrique Paiva Couceiro, *Angola:*

Este último material era facilmente reutilizável e, consequentemente, capaz de garantir a mobilidade da casa (ou parte dela) e a continuidade a um investimento de valor significativo.

As habitações populares eram construídas em madeira, com alvenaria de pedra ordinária, em taipa, em blocos de adobe e depois também em tijolo cerâmico, conforme as disponibilidades locais, mas sempre que possível rebocadas (barreadas) e pintadas. Dos modelos mais elaborados aos modelos mais populares encontramos sempre soluções para a resolução das questões construtivas; para o sombreamento das paredes e das aberturas, para a ventilação superior ou para impedir as humidades ascensionais, por vezes resolvidas com recurso a materiais importados, outras de forma simples e ingénua.

Os levantamentos executados sobre a arquitetura popular([33]) e as habitações portuguesas primitivas([34]) mostram os modelos, as tecnologias e até, em algumas situações, os mesmos materiais que encontramos nas construções africanas. Assim, a identificação de traços distintivos, nas tipologias arquitetónicas ou nas tecnologias usadas na construção são, muito mais, uma consequência do local (a geografia e o clima), daquilo que se tem (os meios materiais e os materiais de construção) e do que se sabe fazer (o domínio das tecnologias)([35]) do que um valor cultural enraizado.

Dois Annos de Governo. Junho 1907-Junho 1909. História e comentários (Lisboa: Edição de A Nacional, 1910), pp. 62-63).

([33]) Ver Sindicato Nacional dos Arquitectos. *Arquitectura popular em Portugal* (Lisboa, 1961).

([34]) Ernesto Veiga de Oliveira, et al., *Construções primitivas em Portugal* (Lisboa: Instituto de Alta Cultura, 1969).

([35]) É antiga e longa a listagem de referências às dificuldades colocadas na transmissão de sabedoria na área da construção: entre Diogo Gomes em *Relações do descobrimento da Guiné*, 1508 e João de Andrade Corvo, *Estudos sobre as Províncias Ultramarinas*, Volume 4, (Lisboa: Edição da Academia Real das Sciencias, 1883-87), encontramos inúmeras referências a esta situação. Andrade Corvo cita uma Carta do Rei do Congo a Dom Manuel: «O telheiro nunca quis fazer telha nem tijolos...nossos criados nunca quiseram ensinar, mas antes, se iam ver para aprender, lhes davam tanta pancada até que fugiam». João de Andrade Corvo, *Estudos sobre...*, pp. 156-157.

IMAGEM 21. **A Casa do colono branco «africanizado»**

Brancos com famílias africanas cuja atividade se centra geralmente no comércio constituem o exemplo mais significativo da «mestiçagem» cultural. A apropriação dos modelos arquitetónicos é feita através das unidades familiares mistas que procurando responder às exigências culturais de cada elemento, realizam a «fusão habitacional», criando a inovação no contexto da habitação(*).

(*) Fotografias de Veloso de Castro, *Fotografias realizadas...* que mostram uma casa barreada e pintada com alpendre e o pormenor do espaço de receção.

IMAGEM 22. **Aprendizagem e transferência de conhecimentos**

As construções destas estruturas, em obras dirigidas, destinam-se a edifícios de apoio comercial ou militar aos aldeamentos. As fotografias que se preparam, percetíveis na primeira imagem, mostram um modelo construtivo rudimentar de pilares e vigas, em madeira, que será completado com a construção das coberturas e das paredes/paramentos verticais(*).

Fotografias de Veloso de Castro, *Fotografias realizadas...*

IMAGEM 23. O processo de construção de uma casa africana

Este conjunto de seis imagens pretende mostrar o modelo de construção popular nos musseques da cidade e da Ilha de Luanda (como é o caso), nas suas diferentes fases. Esta construção está ancorada nos modelos tradicionais usando materiais de baixo custo para uma solução étnica, aos quais se procura acrescentar a tecnologia disponível visível nas fotografias, através das ferramentas de trabalho e de simples indicações de sabedoria empírica(*).

(*) Fotografias de José Cortez, «A Habitação dos Axiluanda», *Estudos Etnográficos* (Luanda: Instituto de Investigação Científica de Angola, 1960), pp. 145-176.

3.2 A diversidade da nova arquitetura angolana rural e urbana

Em 1940 a inventariação das construções da colónia de Angola, conduzida conjuntamente com o censo geral da população, para as principais cidades e vilas (o estudo resumo inclui um conjunto alargado de 75 locais com características urbanas) identificou diferentes grupos de habitações conforme os sistemas construtivos e os materiais utilizados; construções em alvenaria de pedra, construções de adobe, construções de madeira e um quarto grupo onde estavam incluídos todos os diferentes subtipos de cubatas desde os modelos mais simples em cobertura parede, executados em colmo, até aos modelos mais elaborados de pau a pique, barreados interior e exteriormente, e por vezes pintados. Uma primeira leitura dá-nos uma concentração clara de edifícios de alvenaria na cidade de Luanda, com valores significativos para as cidades de Huambo (Nova Lisboa) Lobito, Benguela, Malanje, Cuíto (Silva Porto), Lubango (Sá da Bandeira) e Namibe (Mossamedes), Luena (Luso) e Sumbe (Novo Redondo). As construções em adobe apresentavam valores para o conjunto das principais cidades, muito próximos do número total das casas de alvenaria de pedra, com especial incidência em Benguela. O quarto grupo, de construções «primitivas», representava a grande maioria das casas construídas em todas as localidades, rodeando os centros das cidades e em alguns casos ocupando-os, com exceção dos casos das comunidades de específica colonização branca, como os colonatos, e da cidade do Huambo «protegida», desde a sua fundação, das construções tradicionais. A casa abrigo, na sua conceção popular, traduzia uma vida familiar organizada no exterior, resultado da importância que as instituições comunitárias tradicionais e a família alargada possuíam nas sociedades rurais africanas; também a mobilidade constituía um elemento característico ([36])

([36]) As autoridades portuguesas também praticaram a mudança de local de alguns núcleos urbanos. Benguela foi o caso mais importante mas não o único. Em 1946, a povoação de Lau, no concelho de Malanje, foi mudada no seu conjunto, sem alteração de nome, para um local a dois quilómetros de distância.

IMAGEM 24. **Modelos rurais africanos reinventados**

Casas populares construídas em ambiente rural com as tecnologias tradicionais. Trata-se em todos os casos, de adaptações pontuais, visíveis nas coberturas de duas águas, nas janelas, na pintura exterior, na sobre elevação do pavimento térreo e na varanda / alpendre sobre as aberturas. A inserção destes elementos na construção pretende resolver, de forma expedita, os problemas da geografia e do clima locais(*).

(*) As duas primeiras fotografias são de Veloso de Castro, *Fotografias realizadas...* e a última é de M. P. Vieira, 1985.

herdado das periódicas mudanças de local que a aldeias, no seu conjunto, praticavam, de modo a satisfazer as suas necessidades de subsistência – a agricultura itinerante –, mas também destinada a alargar as redes de troca, ou ainda em função de imperativos políticos, religiosos ou sociais.

A casa africana na sua conceção urbana, do interior ou do litoral põe em evidência a simpatia dos africanos pela existência de logradouro e pelo uso de materiais que pudessem ser reutilizados, como acontece na casa construída nos musseques. Tal situação não pode deixar de ser compreendida numa perspetiva africana de adesão à novidade que não excluía o respeito exigido pelas tradições. Trata-se pois de uma arquitetura que permitindo as manifestações culturais dos africanos, não os impedia de renovar e de mudar, integrando modelos e formas que consideravam mais eficazes ou simplesmente mais cómodos para viverem, num movimento generalizado que de forma alguma se reduziu às colónias portuguesas([37]).

3.3 *A arquitetura das grandes cidades*

Nos trinta anos seguintes a indústria da construção vai concentrar o seu trabalho no uso do betão armado, tecnologia entretanto vulgarizada, recorrendo à pedra e ao tijolo cerâmico depois para a execução das alvenarias; os dados inventariados registam cerca de 8080 edifícios em 1940, 18347 em 1950 e 62175 em 1960. As construções com uso de adobe apresentam um pequeno aumento nos anos de 1940 a 1950, passando de 12438 para 15864, para logo a seguir a tecnologia ser abandonada e se iniciar a demolição de muitas casas construídas com este material. A construção de casas em madeira, pré-fabricadas

---

([37]) «La ville prend une tournure européenne... cette tendance des indigènes à construire à l'européenne doit être encouragée», *Archives Nationales du Sénégal*. Relatório datado de 1899 sobre a construção em Conakry. Odile Goerg, *Pouvoir colonial, municipalités et espaces urbains. Conakry – Freetown des années 1880-1914* (Paris: L'Harmattan, 1997).

IMAGEM 25. **A reinvenção africana da urbanidade**

Construções reinventadas pelos africanos urbanos, onde é visível a apropriação de modelos formais marcados por um gosto excessivo do elemento decorativo. Trata-se de moradias familiares, a primeira no Damba e a segunda em Cabinda(*).

(*) Fotografias de José Redinha. «Angola», in Fernando de Castro Pires de Lima (org.), *A Arte popular em Portugal. Ilhas adjacentes e Ultramar*, 2.º volume (Lisboa: Verbo, 1970), pp. 224-441, p. 312 e José Redinha, *Etnias e Culturas...* p. 168.

ou executadas no local, por serem de rápida e fácil execução, vão ser utilizadas para alojar europeus e africanos, em todas as situações consideradas de carácter provisório, desde as obras nos portos de Luanda ou do Lobito, à construção das linhas do caminho-de-ferro ([38]). Os valores mais significativos encontrados nos recenseamentos das habitações construídas em madeira correspondem, por isso, à cidade de Luanda e aos distritos de Huambo e da Huíla, atravessados pela construção das linhas de caminho-de-ferro de Benguela e de Moçâmedes, com valores residuais em quase todo o restante território. Estávamos, já, longe das soluções de construção pré-fabricada, preconizadas por Norton de Matos para o alojamento, em escala significativa, dos funcionários governamentais. A análise cuidada, por localidade, dos materiais e das tecnologias usadas nas edificações construídas entre os anos de 1930 e 1960, cruzada com os dados existentes sobre as atividades profissionais dos habitantes (informação existente no censo de 1940 substituída pelo grau de escolaridade nos censos seguintes) pode ajudar a compreender algumas diferenças arquitetónicas nas tipologias habitacionais de cada região. Estas características tinham, contudo, pouco significado; é sob a pressão da mudança acelerada, consequência da chegada às cidades de novas populações, que os modelos habitacionais se desenvolvem. Os valores quantitativos habitacionais encontrados nos últimos censos, quer para a organização urbana dos espaços, quer para a construção popular nos musseques, há muito tinham ultrapassado qualquer forma de afirmação etnográfica.

A integração da modernidade urbana foi lenta e complexa, pondo em evidência a dificuldade de circulação do conhecimento técnico, a ausência de condições materiais e a constante adoção de medidas do colonizador que propunham uma separação hierarquizada das populações, filtrando rigidamente os acessos em função da cor e do estatuto social, consequência de uma política colonial ancorada na menorização intelectual dos

---

([38]) David Buchan (org.), *George Pauling. The chronicles of a contractor* (London: Constable, 1926).

IMAGEM 26. **A recuperação africana dos espaços públicos**

Estas fotografias de Luanda, datadas da primeira metade do século XX, sublinham a constante ocupação da cidade pelos africanos, que a utilizam como lugar de relações sociais e comerciais, segundo uma cultura permanentemente renovada. A rua pavimentada(*) fotografada por Veloso de Castro, (1907--1918), é transformada em espaço de convívio, enquanto o mercado do peixe(**), numa imagem de Bettencourt (1960), dá conta do movimento das feiras africanas, cujo dinamismo é o resultado de uma atividade comercial secular das mulheres de África.

(*) Fotografia de Veloso de Castro, *Fotografias realizadas...*
(**) Fotografia de José de Sousa Bettencourt, *Subsídio para o Estudo Sociológico da População de Luanda*. Foi publicado no Boletim do Instituto de Investigação Científica de Angola. Luanda 2 (1): 83/130, 1965. A fotografia está referenciada no fim do artigo, na Lista dos Quadros, Gráficos e Fotografias (página 126) com a designação: Fotografia 23, Est. XIII.

homens e das mulheres africanos. Mas uma nova arquitetura pode emergir no quadro das condições impostas pelos espaços africanos aos europeus, levados a participar numa reinvenção urbana, na criação de uma novidade arquitetónica angolana, onde se cruzaram modelos, conceções, formas, materiais, técnicas europeias e africanas, destinada ao consumo habitacional de Angola e das suas populações contemporâneas.

A desigualdade como legado da cidade colonial: racismo e reprodução de mão-de-obra em Lourenço Marques

NUNO DOMINGOS

Desde o final do século XIX, em Lourenço Marques, capital da colónia portuguesa de Moçambique em 1898, dezenas de milhares de indivíduos, quase todos provenientes do mundo rural, foram separados social e geograficamente por um sistema de segregação social e racial que lhes recusava direitos e explorava a sua força de trabalho. Nos últimos anos de domínio português em Moçambique, as transformações no campo de poder colonial, nomeadamente a dinâmica de modernização económica incentivada pelo estado e pelo grande capital privado, renovaram os debates acerca desta população que se acumulava na periferia da capital e sobre qual deveria ser o seu enquadramento social. Tratava-se, mais precisamente, de discutir a lógica de reprodução da mão-de-obra africana, no sentido de a tornar mais produtiva e ajustada aos projetos de desenvolvimento colonial que marcaram a década de sessenta e até às independências. Esta preocupação revelava a permanência da questão do trabalho como eixo primordial do projeto imperial e princípio de definição de um campo colonial português. A gestão da mão-de-obra foi a base de construção de retóricas e representações sobre o espaço e as populações e de definição de políticas. Revelou-se também um universo de lutas e conflitos de interesse, por vezes ocultos sob o manto discursivo oficial, a respeito da forma mais adequada de explorar este recurso.

A permanência e renovação dos debates acerca das questões do trabalho e da integração social, no sentido mais lato, gerida agora por um Estado mais moderno e mais conhecedor da população que governava, ajuda a definir uma cronologia dos interesses coloniais e oferece uma determinada representação do império. Neste último período, a centralidade do trabalho foi marginalizada pela imposição de uma narrativa da mudança política construída pelo próprio regime e assente num conjunto de alterações jurídicas, institucionais e discursivas, nomeadamente o fim do sistema de indigenato em 1961, que revelavam a pretensa evolução de uma experiência colonial única, mais justa e plurirracial. A denúncia da hipocrisia destas políticas, desmascaradas como meros artifícios em resposta às pressões internacionais, não deixa de concentrar a análise do processo colonial no quadro político e diplomático. Desta forma acaba também por enfraquecer a causalidade entre estas mudanças práticas e simbólicas e os novos projetos económicos da época. Todo este processo ocorreu no contexto do ajustamento do «espaço português» a um sistema económico internacional. Criaram-se novas oportunidades de investimento que se articularam, de forma mais ou menos conflitual, com um velho sistema de organização social. A modernização, no contexto do que Adelino Torres chamou de «novo pacto colonial»([1]), foi um veículo de diversos projetos e apropriado por práticas e retóricas distintas, o que tornou por vezes pouco linear a dinâmica desenvolvimentista.

Centros administrativos, comerciais e industriais, reservatórios de mão-de-obra e lugares de concentração do consumo, espaços de associação e circulação de ideias, as grandes cidades coloniais portuguesas em África foram um laboratório destas lutas pela transformação económica e social. A experiência urbana de Lourenço Marques permite interpretar a relação desta dinâmica modernizadora com a estrutura de poder colonial e de que forma, neste período de transição, se interveio no processo de integração social e de reprodução da mão-de-obra. As distintas estratégias do poder colonial limitaram as possibilidades de vida dos habitantes da grande periferia

---

([1]) Adelino Torres, «Pacto colonial e industrialização de Angola (anos 60-70)», *Análise Social*, vol. XIX (77-78-79), 3.º, 4.º 5.º (1983), pp. 1101--1119.

urbana, mas não anularam o seu papel na construção da cidade(²).

I. Visões desenvolvimentistas: os «africanos» enquanto «atraso económico»

Na capital de Moçambique, algumas das condições de enquadramento da experiência urbana foram descritas na obra *Os Africanos de Lourenço Marques* do antropólogo António Rita-Ferreira, publicada em 1968(³). Quando este funcionário colonial, passados poucos anos sobre a lei que determinou o fim do regime de indigenato, publicou o seu vasto trabalho sobre a população dos subúrbios da cidade, não foi a enunciação das estratégias dos novos habitantes da cidade ou a interpretação da sua particular cultura urbana a conduzir a investigação,

---

(²) A propósito do efeito da proletarização sobre a «agência» dos trabalhadores moçambicanos veja-se Bridget O'Laughlin, «Proletarianisation, Agency and Changing Rural Livelihoods: Forced Labour and Resistance in Colonial Mozambique», *Journal of Southern African Studies*, vol. 28, N.º 3 (2002), p. 513.

(³) António Rita-Ferreira, *Os Africanos de Lourenço Marques* (Lourenço Marques: Separata das Memórias do Instituto de Investigação Científica de Moçambique, 1967-1968). Este trabalho beneficiou de outros trabalhos empíricos realizados na capital de Moçambique, nomeadamente *Promoção Social em Moçambique* (Lisboa: Junta de Investigações do Ultramar, Estudos de Ciências Políticas e Sociais, N.º 71, Centro de Estudos de Serviço Social e de Desenvolvimento Comunitário, junto do Instituto Superior de Ciências Sociais e Política Ultramarina, 1964). Coordenado por Rita-Ferreira, este trabalho procura perceber as condições de passagem de uma economia de subsistência para uma economia de mercado. Nessa obra calculava-se em 3,5% da população aqueles, especialmente africanos que se vão aglomerando, em condições deficientes, na periferia dos centros populacionais mais importantes (p. 22). Outra obra de carácter empírico publicada também em 1964, realizada por uma equipa de assistentes sociais do Instituto de Educação e Serviço Social, foi o *Inquérito Habitacional realizado no Bairro da Munhuana* (Lisboa: Junta de Investigações do Ultramar, Estudos de Ciências Políticas e Sociais, Centro de Estudos de Serviço Social e de Desenvolvimento Comunitário, junto do ISCSPU, N.º 72, 1964).

embora o texto inclua observações sobre o processo de adaptação destas populações ao novo meio. Logo no primeiro parágrafo o autor nomeia o contexto e os termos de um problema de investigação que, na esteira de uma análise funcionalista, identificara «um desequilíbrio», propondo-se contribuir para a sua resolução. O desequilíbrio representado pela posição social desta força de trabalho denunciava a instabilidade da modernização colonial portuguesa. Vivia-se em África, «depois da última Grande Guerra» uma «nítida aceleração da atividade económica e do desenvolvimento industrial e, concomitantemente, da proliferação urbana»([4]). Tal situação gerou «problemas humanos» nos «territórios ditos subdesenvolvidos» e consequentemente um «redobrado interesse das autoridades responsáveis pela formulação de políticas aptas a resolver tais problemas»([5]).

Segundo a definição de Rita-Ferreira, estes «africanos» eram os habitantes de «raça negra» dos subúrbios da capital de Moçambique, a chamada «cidade de caniço», material de construção de grande parte das casas da periferia. Até 1961 a maioria desta população havia sido designada por «indígena». Construída em 1903, a estrada da Circunvalação separava o «caniço» da «cidade de cimento», centro do poder português na região. No centro, vivia quase toda a população colona, desde a sua elite nacional e internacional, nos bairros da Polana, Ponta Vermelha e Sommerschield, até, em bairros de transição como o Alto Maé, as populações brancas mais pobres, diversos grupos de indianos, chineses e alguns dos poucos beneficiários, sobretudo mestiços, do sistema de assimilação português([6]). Em Lourenço Marques, parte dos indivíduos que completavam a

---

([4]) Rita-Ferreira, *Os Africanos...*, p. 95.

([5]) *Ibidem*.

([6]) Sobre a estratificação espacial em Lourenço Marques na primeira fase da construção urbana moderna ver Valdemir Zamparoni, *Entre Narros e Mulungos: colonialismo e paisagem social em Lourenço Marques, c. 1890. c 1940*, tese apresentada para a obtenção de grau de doutor em História Social junta da Faculdade de Filosofia (São Paulo: Faculdade de Letras e Ciências Humanas da Universidade de São Paulo, 1998).

mão-de-obra suburbana, muitos deles afetados pela experiência do trabalho forçado, realizado para o Estado, para interesses económicos privados e mesmo para particulares, participava nas atividades da própria cidade [7]. Outra parcela significativa navegava entre a periferia da cidade e os complexos mineiros da África do Sul, alugada pelo Estado colonial a empresas de engajamento sul-africanas, ou procurando a passagem por vias ilegais. Fora aliás a industrialização sul-africana, carente de mão--de-obra barata e de espaços de exportação de mercadorias, que projetara o grande crescimento de Lourenço Marques desde o último quartel do século XIX. Plataforma funcional por onde se escoava para os mercados europeus um conjunto de matérias--primas coloniais, a cidade era o eixo de uma «economia de trânsito e de emigração», subsidiária da precoce modernização vizinha [8]. Em Moçambique, as velhas cidades costeiras do centro e do norte haviam cedido o poder face a um sul empurrado pelo desenvolvimento regional da África austral. Apesar de se ter mantido muito dependente dos ciclos económicos da África do Sul, o sistema urbano de Lourenço Marques transformou-se após a Segunda Grande Guerra. Este período caracterizou-se pelo grande crescimento da população colona, pelo abrandamento do condicionamento industrial em que se baseara o «pacto colonial» [9], pela aplicação de projetos estatais de pla-

---

[7] Sobre a experiência do trabalho forçado, vulgo «chibalo», em Lourenço Marques ver os trabalhos de Jeanne Marie Penvenne, «'Here Everyone Walked with Fear: The Mozambican Labor System and the Workers of Lourenco Marques, 1945-1962», in Frederick Cooper (org.) *Struggle for the City* (Berkeley: Sage, 1983), pp. 131-166. Idem, *Trabalhadores de Lourenço Marques (1870-1974)* (Maputo: Arquivo Histórico de Moçambique, 1993); Idem, *African Workers and colonial racism. Mozambican Strategies and Struggles in Lourenço Marques, 1877-1962* (London: James Currey, 1995).

[8] Joana Pereira Leite, *La fomation de l'économie coloniale au Mozambique. Pacte colonial et industrialisation. Du colonialisme portugais aux réseaux informels de sujétion marchande. 1930-74*. Thèse Doctorat EHESS (Paris: EHESS, 1989), pp. 56-71.

[9] Aprovado a 8/7/1930 (decreto n.º 18.570) definia a relação de Portugal com as suas colónias.

nificação económica – os Planos de Fomento Económico iniciados em 1953 ([10]) – e por um aumento do investimento privado nacional e internacional. No final da década de sessenta, segundo os números de Rita-Ferreira, habitavam em Lourenço Marques cerca de 200 mil africanos ([11]). Entre 1940 e 1950 o contingente aumentara 1200 indivíduos por ano, e 6500 todos os anos na década seguinte. Após o fim do indigenato, o incremento da mobilidade recrudesceu o volume de entradas ([12]). Noutras grandes cidades da África colonial portuguesa, caso de Luanda, o cenário não era diferente ([13]).

A representação de um progresso

As retóricas modernizadoras, como as subjacentes ao trabalho de Rita-Ferreira, legitimadas por uma forte racionalidade técnica apoiada na produção de conhecimento e na razão enunciada por teorias económicas, nem sempre uniformes nem unânimes nas suas receitas ([14]), prometiam a transformação das relações sociais no sentido do progresso, atenuando os desequilíbrios

---

([10]) Victor Pereira, «A economia do Império e os Planos de Fomento», in Miguel Bandeira Jerónimo (org.) *O Império Colonial em Questão* (Lisboa: Edições 70, 2011), pp. 251-285.

([11]) Rita-Ferreira, *Os Africanos...* p. 225.

([12]) Em 1968, apenas 21% dos entrevistados por Rita-Ferreira haviam nascido em Lourenço Marques. *Ibidem*, p. 226.

([13]) A capital de Angola, que em 1930 tinha 50588 habitantes, passou em 1950 para 141647 e chegou aos 224540 em 1960. Este crescimento deveu-se ao aumento da população colona mas também ao grande êxodo rural rumo aos subúrbios da cidade, também designados por «musseques». Do contingente populacional em 1960, a estatística oficial assinalava 24,7% de europeus, 69,2% de africanos e 6,1% de euro-africanos. José de Sousa Bettencourt, «Subsídio para o Estudo Sociológico da população de Luanda», *Boletim do Instituto de Investigação Científica de Angola*, 2 (1) (1965), pp. 83-130 (p. 93).

([14]) No contexto do que Frederick Cooper designou por «subcampo da economia do desenvolvimento», Frederick Cooper, «Development, Modernization, and the Social Sciences in the Era of Decolonization: the

existentes(¹⁵). Desta forma, suportaram a criação de uma representação de um futuro próximo. O atraso dos países subdesenvolvidos e em vias de desenvolvimento podia ser ultrapassado por intermédio de uma gestão mais moderna e científica da produtividade; isso seria alcançado por intermédio de uma fórmula, com diversos matizes, onde o investimento estatal planificado assumia a criação das condições necessárias – desde as infraestruturas até à formação escolar da mão-de-obra – para o desenvolvimento posterior, acionado pelo sector privado. De acordo com uma conceção económica que ordenava as nações numa escala evolutiva, tanto Portugal como as suas colónias se encontravam «atrasados», apesar de a metrópole não pertencer ao «terceiro mundo», categoria internacional emergente na qual se inseriam agora os ainda territórios coloniais.

Desta perspetiva, o êxodo em direção a cidades como Lourenço Marques denunciava o embrião do caminho para o desenvolvimento. As sociedades ocidentais mais avançadas, adiantava Rita-Ferreira, haviam ultrapassado o dualismo estrutural típico das fases do arranque modernizador. Esta interpretação reproduzia uma linguagem desenvolvimentista, reconhecida, por exemplo, no conhecido trabalho de W. W. Rostow sobre as etapas do crescimento económico(¹⁶). No entanto, prevalecia em Moçambique uma estrutura social profundamente dualista, que bloqueava o desenvolvimento(¹⁷). Conviviam no país, de acordo com Rita-Ferreira, uma sociedade rural, atrasada, arcaica e africana, onde vivia a larga maioria da população, quase sempre dependente de uma economia de subsistência, e um emergente

---

Examples of British and French Africa», *Revue d'histoire des sciences humaines* (Les sciences sociales en situation coloniale), vol. 10 (2004), p. 27.

(¹⁵) Sobre o conceito de desenvolvimento ver Frederick Cooper and Randall Packard (orgs.), *International Development and the Social. Sciences* (Berkeley: University of California Press, 1997).

(¹⁶) W.W. Rostow, *The Stages of Economic Growth: A Non-Communist Manifesto* (Cambridge: Cambridge University Press, 1960).

(¹⁷) Sobre a identificação do dualismo social na metrópole portuguesa destaque-se o conhecido trabalho de Adérito Sedas Nunes, «Portugal, sociedade dualista em evolução», *Análise Social*, n.º 7-8 (1964), pp. 407-462.

mundo urbano, conotado com uma civilização avançada, moderna, tecnologicamente evoluída e europeia[18].

*

Respondendo à necessidade das instituições coloniais aprofundarem o conhecimento sobre a mão-de-obra africana do subúrbio da cidade, o trabalho de António Rita-Ferreira desenvolveu uma representação desta população, consentânea com os novos objectivos modernizadores. Ao fazê-lo, acrescentava elementos à história colonial de Lourenço Marques. Distinguia-se este relato de outros, focados nas conquistas da gesta portuguesa e na ação dos europeus em terreno desconhecido. Sobre a capital de Moçambique, os textos de Alexandre Lobato, fonte rara de informação, exemplificavam a focagem da história local na ação dos portugueses, objeto enunciado nas suas várias obras, e especialmente visível na introdução à *História do Presídio de Lourenço Marques*:

> Logicamente, o estudo da História de Lourenço Marques devia começar pelo descobrimento, continuar pelas viagens anuais de resgate e episódios dramáticos de naufrágios, prosseguir com a história dos estrangeiros e tentativas nacionais para se evitar a perda da baía, focar de modo especial os holandeses e austríacos e entrar então na história propriamente portuguesa de ocupação definitiva[19].

---

[18] Rita-Ferreira, *Os Africanos...*, pp. 101-108.

[19] Alexandre Lobato, *História* do *Presídio de Lourenço Marques*, I 1782--1786 (Lisboa: Estudos Moçambicanos, 1949), p. XI. Não por acaso, o título de outros dos seus livros sobre Lourenço Marques reproduz a expressão local para a «cidade dos brancos», Xilunguíne. Alexandre Lobato, *Lourenço Marques, Xilunguíne. Biografia da Cidade* (Lisboa: Agência-Geral do Ultramar, 1970). Já antes, em *História da Fundação de Lourenço Marques*, afirmava o autor: «A história do que tem sido a vida dos portugueses em Moçambique é um aspecto apenas do grande drama secular da raça, que não quis viver encurralada nas quatros paredes da Metrópole e se espalhou por todo o mundo em grande aventura». Alexandre Lobato, *História da Fundação de Lourenço Marques* (Lisboa: Edições da Revista Lusitânia, 1948), p. XI.

Longe deste eixo discursivo, *Os Africanos de Lourenço Marques* aproximava-se mais das obras sobre gestão colonial, discutindo sob outros moldes, menos épicos, retóricos e legislativos, mais empíricos e sociológicos, a velha questão do aproveitamento da mão-de-obra africana[20]. Os termos em que se discutia a integração do trabalhador africano numa economia moderna obrigavam a uma determinada promoção histórica das populações periféricas, compostas agora por sujeitos «urbanos», economicamente assimiláveis. Típico dos projetos desenvolvimentistas, este «universalismo» relativizava os discursos da assimilação cultural[21]. O êxito da planificação moderna media-se significativamente pela capacidade dos regimes coloniais regularem o processo de integração de novos trabalhadores num mercado de trabalho urbano, mais complexo e idealmente «racionalizado».

Marcada pelo crescimento na década de sessenta das indústrias dirigidas ao mercado interno, a situação colonial em Lourenço Marques instava a uma maior intervenção sobre o processo de integração social, de modo a «melhorar» a qualidade da mão-de-obra. Assim, a desejável modelação do espaço social urbano onde viviam estes trabalhadores, organizada pelo Estado, ambicionava tornar mais previsíveis as suas ações, tanto enquanto agentes puramente económicos, que produzem e consomem, mas também na qualidade de agentes sociais e políticos. Em tempos de descolonização africana, e, depois de 1961, de uma guerra colonial que chegaria a Moçambique em 1964, importava controlar o processo de proletarização, retirando à condição proletária o seu potencial perturbador. Integração económica e integração social encontravam-se assim intrinsecamente ligadas. Tomando os africanos enquanto objeto privilegiado de

---

[20] Trabalhos como os de Joaquim Silva Cunha, *O sistema português de política indígena: subsídios para o seu estudo* (Coimbra: Coimbra Editores, 1953) incluíam-se neste universo de discussão da questão indígena. Neste caso, tratava-se, sobretudo, de uma defesa jurídica da gestão laboral nas colónias portuguesas.

[21] Frederick Cooper, «Development, Modernization...», p. 25.

análise, embora encarando-os como um «desequilíbrio», posição que assinalava o advento de uma outra relação entre o poder e o conhecimento, Rita-Ferreira criava a sua própria descrição de Lourenço Marques perto do final da década de sessenta.

Um conhecimento tardio sobre a cidade

Portugal tardou a produzir esta representação da mão de obra africana das cidades, descrita como um desequilíbrio produtivo, face a uma produção hegemónica e propagandística que insistia nas imagens do consenso cultural. Se, noutros contextos coloniais, desde os anos trinta que os Estados patrocinaram investigações em antropologia e sociologia urbanas, preocupadas em estudar o fenómeno de reestruturação social designado comummente por processo de «destribalização» [22], no espaço colonial português a pesquisa urbana encontrava-se pouco avançada. Isto, apesar das preocupações suscitadas em esferas da administração colonial, pelo menos desde os anos quarenta, com a realidade dos contingentes agrupados nas periferias das cidades. Excluídos por decreto e por repressão institucional do mundo dos «civilizados», estes indivíduos afastavam-se progres-

---

[22] Em 1956, segundo a análise da obra *Social Implications of Industrialization and Urbanization in Africa South of the Sahara*, coordenada por Darryl Forde (London: International African Institute, 1956), resultado da conferência sobre questões urbanas em África organizada pela Unesco e o *International African Institute* dois anos antes em Abidjan, entre a completa lista de trabalhos sobre questões urbanas, não havia referência a estudos sobre as colónias portuguesas. Daryl Forde, autor da revisão bibliográfica, aponta o trabalho de Orde Browne, *The African Labourer* (Oxford: Oxford University Press, International African Institute, 1933), e o estudo sobre o Copperbelt de J. Merle Davies (org), *Modern Industry and the African* (London: Macmillan, 1933) como os primeiros a olhar de forma mais sistemática a questão urbana em África. Forde, *Social Implications...*, p. 12. A mesma ausência sentiu-se, em 1967, no estado da arte dos estudos urbanos em África realizado por Epstein, «Urban Communities in Africa», in Max Gluckman (org.), *Closed Systems and Open Minds: the limits of naivety in social anthropology* (Chicago: Aldine, Publishing Company, 1967).

sivamente de uma representação relativamente imóvel do «indígena», modelados que estavam pelo mundo urbano, pela troca económica moderna, sujeitos a novos hábitos e ideias, algumas delas perturbadoras([23]). Realidades pouco conhecidas, os núcleos urbanos tornaram-se a partir da década de cinquenta áreas de maior interesse para as instituições estatais de produção científica portuguesa, chegando mesmo a ser objeto de uma missão específica: a Missão para o Estudo da Atracão das Grandes Cidades e do Bem-Estar Rural, liderada por Sampaio d'Orey. Esta missão ocupava-se do estudo da estabilidade social em grandes aglomerados urbanos sujeitos ao efeito de uma economia de mercado bem como à circulação pouco controlada de ideias e formas de associação potencialmente perigosas. A missão, que cessaria funções em 1959, funcionava no âmbito dos trabalhos do Centro de Estudos Políticos e Sociais (CEPS), fundado em

---

([23]) Marcelo Caetano, ministro das colónias em 1944 e futuro presidente do Conselho depois da morte de Salazar, manifestou em 1941 ao Conselho do Império Colonial a urgência em enquadrar os novos aglomerados indígenas, camada de «semi-assimilados» acumulados nas periferias das cidades africanas resultantes do contacto com o sistema colonial. Referência à intervenção de Marcelo Caetano, então comissário da Mocidade Portuguesa. Joaquim da Silva Cunha, «O Enquadramento Social dos Indígenas Destribalizados», *Revista do Gabinete de Estudos Corporativos*, n.ºs 5 e 6, janeiro-junho, Lisboa, (1952), pp. 26-27. Em 1952 Silva Cunha, ministro do Ultramar entre 1965 e 1973, assumiu que a legislação portuguesa não se encontrava preparada para enfrentar as consequências da «destribalização», a adaptação da troca feita em moeda, a ideia de lucro, o sistema salarial e as inevitáveis atitudes individualistas, realidades que podiam desencadear inúmeras subversões. *Ibidem*. O próprio Silva Cunha tratou de estudar a lógica de diversos movimentos subversivos. *Idem, Movimentos Associativos na África Portuguesa* (Lisboa: Ministério do Ultramar, Junta de Investigações do Ultramar, 1956) e *Idem, Aspectos dos Movimentos Associativos na África Negra (Angola)*, vol. II (Lisboa: Junta de Investigações do Ultramar, 1959). Em 1960, o ministro do Ultramar, Adriano Moreira, elegeu as cidades como uma das zonas de intervenção prioritária das políticas de ação social, uma área onde, afirmava o próprio, Portugal praticamente não possuía qualquer tipo de enquadramento. Adriano Moreira, «Problemas sociais no ultramar», *Estudos Ultramarinos*, vol. 10, n.º 4 (1960), p. 45-68.

1956 por Adriano Moreira(²⁴). O CEPS foi uma plataforma privilegiada de integração do pensamento colonial português nas problemáticas de gestão social e económica, desenho institucional do ajustamento, gerido por instâncias internacionais, entre um campo de produção científica e um campo do poder alargado(²⁵). Neste contexto, impunham-se, pelo modo como condicionavam a formulação de políticas, as instituições que zelavam pela ordem colonial e agregavam as potências colonizadoras, tais como o Conselho Científico Africano (CSA), fundado em 1949 e a Comissão de Cooperação Técnica em África ao Sul do Sara (CCTA), fundada em 1950 (pertenciam a ambas o Reino Unido, a França, a Bélgica, Portugal, a África do Sul e a Rodésia) ou o mais antigo *International African Institute* (1926); mas também outras grandes instituições de definição de políticas globais, sob a hegemonia económica norte-americana do pós-guerra, como o Fundo Monetário Internacional (FMI), o Banco Mundial (BM)(²⁶), a Organização para a Cooperação e Desenvolvimento Económico (OCDE) e as várias comissões e

---

(²⁴) Sendo as outras a Missão para o Estudo dos Movimentos Associativos Africanos, liderada por Joaquim Silva Cunha, a Missão de Estudos das Minorias Étnicas do Ultramar Português, dirigida por Jorge Dias, a Missão para o Estudo da Missionologia Africana, criada em 1959 e a Missão de Estudo do Rendimento Nacional do Ultramar Português, dirigida por Vasco Fortuna. Parte das funções da Missão para o Estudo da Atracão das Grandes Cidades e do Bem-Estar Rural foram, depois do seu cancelamento em 1959, transferidas para o Centro de Estudos de Serviço Social e de Desenvolvimento Comunitário», dependente do ISCSPU. Ver Rui Mateus Pereira, *Conhecer para Dominar, O desenvolvimento do Conhecimento Antropológico na Política Colonial Portuguesa em Moçambique, 1926-1959*, Dissertação de Doutoramento em Antropologia, especialidade de antropologia Cultural e Social (Lisboa: UNL, FCSH, 2005), p. 400.

(²⁵) A organização da Conferência Inter-Africana de Ciências Humanas por estas duas organizações irmanadas em 1955 em Bukavu, no Congo Belga, ao atribuir às ciências sociais um lugar destacado na gestão do fenómeno colonial, terá inspirado a criação do Centro de Estudos Políticos e Sociais no ano seguinte. Rui Pereira, *Conhecer...*, pp. 326-327.

(²⁶) Ver Martha Finnemore, «Redefining Development at the World Bank», in Frederick Cooper, Randall Packard (orgs.), *International Develop-*

grupos de trabalhos das Nações Unidas, de onde se destacava a Organização Internacional do Trabalho (OIT). Como demonstrado pelo caso já analisado da relação de Portugal com a OIT, a ação destas organizações condicionou as políticas coloniais em diversas escalas de ação[27].

Multiplicaram-se no pós-guerra comunidades de discussão e investigação que incentivaram programas, encontros, conferências e publicações, promoveram métodos e técnicas de pesquisa cujos resultados deveriam enquadrar a execução de planos e políticas[28]. Estas comunidades epistémicas encontraram no estudo do crescente mundo urbano em África um terreno privilegiado para explorar[29]. Não era no entanto linear o percurso entre o programa de desenvolvimento gizado por instâncias multilaterais e o trabalho no terreno que o deveria suportar. Tal itinerário científico encontrava-se condicionado pelas políticas dos grandes centros nacionais ou imperiais, pelas lógicas das instituições e suas estruturas diversas, pela autonomia rela-

---

ment and the Social Sciences (Berkeley: University of California Press, 1997), pp. 203-227.

[27] Maria Rodrigues revela a dinâmica do choque entre as políticas de internacionalização de normas de gestão laboral e social no quadro da OIT («internacionalização» do espaço jurídico sócio laboral»), a partir da imposição progressiva de convenções internacionais, e as posições do regime do Estado Novo. No que respeita ao espaço colonial, a relação portuguesa com a OIT revela precisamente o modo como a pressão internacional ajudou a reconfigurar as posições dentro do campo colonial português, obrigando a negociações e cedências diversas, mas também as estratégias retóricas de ocultação. Maria Fernandes Rodrigues, *Portugal e a Organização Internacional do trabalho (1933-1974)*, Dissertação de Doutoramento em Sociologia (Coimbra: Faculdade de Economia da Universidade de Coimbra, 2011). Ver também, Miguel Bandeira Jerónimo, José Pedro Monteiro, «Das 'dificuldades de levar os indígenas a trabalhar': o 'sistema' de trabalho nativo no império colonial português», in Miguel Bandeira Jerónimo (org.) *O Império Colonial em Questão* (Lisboa: Ed 70, 2012), pp. 159-222.

[28] Frederick Cooper, Randall Packard (orgs.), *International Development and the Social Sciences* (Berkeley: University of California Press, 1997).

[29] Como o provavam obras como o referido *Social Implications of Industrialization and Urbanization in Africa South of the Sahara*.

tiva dos núcleos de investigação locais, como por exemplo os centros de investigação nas colónias portuguesas, casos dos Institutos de Investigação de Angola e Moçambique, criados em 1955([30]), e, enfim, pela própria sensibilidade do investigador. Em 1961, no *Boletim do Instituto de Investigação Científica de Moçambique*, Pegado e Silva, diplomado do curso de Altos Estudos Ultramarinos e membro do Instituto, publicou um estudo sobre as investigações de sociologia urbana na África a sul do Saara([31]). Do pioneirismo sul-africano nos anos trinta, até à explosão do pós-guerra, onde se destacavam nomes como Georges Balandier e Clyde Mitchel, os estudos urbanos, como confirmaram as conclusões da conferência organizada pela Unesco e pelo *International African Institute* em 1954 em Abidjan, procuravam estudar «o grau de aculturação processada nas cidades», processo que devia ser facilitado pela «estabilização das respetivas populações»([32]). Para alcançar este objetivo, realizavam-se inquéritos que estudavam os aspetos demográficos, a estrutura familiar, a profissão, a habitação, as origens da população, a situação linguística e cultural, a formação de grupos e associações, as relações sociais([33]). Acompanhando o espírito destes trabalhos, Pegado e Silva repetiu o mantra das teorias modernizadoras: a destribalização, resultante da atração da «massa indígena atrasada» pelas grandes urbes, só seria «benéfica em caso de estabilização na cidade, com a consequente acultura-

---

([30]) De acordo com o seu promotor, o Ministro do Ultramar Sarmento Rodrigues, que já antes organizara o Centro de Estudos da Guiné, caberia a estes centros formar indivíduos tecnicamente úteis à gestão do espaço colonial. Recrutando sobretudo investigadores já instalados no terreno, estes institutos promoveram um escol de investigação local. Ver Cláudia Castelo, *«Ciência, Estado e desenvolvimento no colonialismo português tardio»*, in Miguel Jerónimo (org.), O *Império Colonial em Questão* (Lisboa: Edições 70, 2012), pp. 349-387.

([31]) J. R. Pegado e Silva, «Panorama das Investigações efectuadas, até 1961, sobre Sociologia Urbana em África ao Sul do Sara», *Boletim do Instituto de Investigação Científica de Moçambique*, vol. 2, n.º 2 (1961), pp. 391-397.

([32]) *Ibidem*, p. 392.

([33]) *Ibidem*, p. 393.

ção.» Do elenco de estudos urbanos nas principais regiões a sul do Saara comprovava-se o atraso português, nomeadamente a incapacidade de organizar uma estrutura institucional, como a que existia, por exemplo, na África do Sul[34]. Em Angola haviam-se realizado até à data quatro inquéritos, todos em Luanda[35]. Sobre Lourenço Marques nada existia, a não ser a investigação académica da socióloga sul-africana Hilary Flegg[36]. Caberia então a António Rita-Ferreira procurar preencher esta lacuna, desenvolvendo uma pesquisa que adotava a estrutura típica destas investigações urbanas.

No âmbito das ciências coloniais, os estudos antropométricos fomentados pela antropologia física, que procuravam avaliar a robustez dos africanos para o trabalho manual[37], respondiam deficientemente aos desafios da moderna produtividade e à necessidade de qualificação da mão-de-obra: tanto à urgência em estabilizar uma classe trabalhadora urbana, respeitável, educada e empreendedora, como em modernizar a produção da enorme população rural, dirigindo-a para os mercados. Rita-Ferreira, que acompanhou os trabalhos de antropologia física nas campanhas de Rodrigues Júnior, cedo se notabilizou pela abertura a outras perspetivas. Funcionário colonial desde 1942 em Moçambique, alcançou o cargo de chefe-de-posto em

---

[34] Onde funcionavam, só na vizinha Joanesburgo, o South African Institute of Race Relations e o National Institute for Personnel Research.

[35] Referia-se aos trabalhos de Castilho Soares, Maria da Conceição Tavares Lourenço e Silva, Ilídio do Amaral e do Padre José Bettencourt.

[36] Hilarry Flegg, *Age Structrure in Urban Africans in Lourenço Marques*. Tese de Doutoramento apresentada à Universidade de Witwatersrand. julho de 1961 (Joanesburgo: University of Witwatersrand, 1961).

[37] Estes estudos foram realizados por antropólogos provenientes da Escola do Porto, onde pontificava António Mendes Correia, durante muito tempo presidente da Junta de Investigações do Ultramar. Ver Frederico Ágoas, «Estado, universidade e ciências sociais: um programa de pesquisa», in Miguel Jerónimo (org.), O *Império Colonial em Questão* (Lisboa: Edições 70, 2012), pp. 338-339.

1947([38]). Autodidata, destacou-se pela qualidade dos vários relatórios que produziu ao longo da carreira administrativa, como foi reconhecido por Jorge Dias([39]). No seu percurso pelo funcionalismo colonial iria passar por instituições implicadas no esforço de modernização do sistema português, em institutos, comissões, promovendo inquéritos, participando nos trabalhos de instituições internacionais, estimulando polémicas científicas, como a que travou com Marvin Harris sobre as razões da emigração moçambicana para a África do Sul([40]). Este percurso cimentara-se por intermédio de um profundo conhecimento do terreno e também pelo domínio de uma bibliografia

---

([38]) Sobre a biografia de António Rita-Ferreira ver Rui Mateus Pereira, *Conhecer para Dominar...* pp. 367-384.

([39]) *Ibidem.*

([40]) Foi funcionário no Instituto do Trabalho e Previdência Social de Moçambique, desde 1963, e dos Serviços no Centro de Informação e Turismo, desde 1971. Participou em 1960 no grupo de trabalho criado para o cumprimento do inquérito recebido da Comissão Económica para a África (Serviços e Bem-Estar Social); em 1961, no grupo de trabalho para a revisão da legislação sobre assistência sanitária; em 1964, na Comissão de Planeamento Regional do Sul; em 1965, na Comissão Consultiva do Serviço Extra-Escolar. Fez ainda parte, como vogal, de diversas comissões criadas no contexto da aplicação dos Planos de Fomento Económicos, os grandes eixos da modernização colonial (1953-1958, 1959-1964, 1965--1967, 1968-1973): de 1962 a 1964 na Comissão de Estudos de Planos de Fomento; em 1966, na Comissão Técnica de Planeamento e Integração Económica, e em 1972, nos grupos «Demografia» e «Mão-de-obra» (IV Plano de Fomento). Ficou também conhecido pelas polémicas com Marvin Harris a propósito da questão da emigração moçambicana, na revista do International African Institute. Marvin Harris, «Labour Emigration among the Moçambique Thonga: Cultural and Political Factors», *Africa: Journal of the International African Institute,* Vol. 29, No. 1 (Jan. 1959), pp. 50-66. A. Rita-Ferreira, «Labour Emigration among the Moçambique Thonga: Comments on a Study by Marvin Harris», *Africa: Journal of the International African Institute,* Vol. 30, N.º 2 (Apr. 1960), pp.141-152. Marvin Harris, «Labour Emigration among the Moçambique Thonga: A Reply to Sr. Rita-Ferreira», *Africa: Journal of the International African Institute,* Vol. 30, No. 3 (Jul. 1960), pp. 243-245.

internacional[41]. Responsável pela secção de Etnografia, Etnologia e Sociologia, foi no âmbito da sua associação, em 1959, ao Instituto de Investigação Científica de Moçambique, que examinou com maior profundidade a realidade urbana. A sua monografia sobre Lourenço Marques inspirara-se nos estudos sobre urbanismo colonial apresentados no encontro do Conselho Científico para o Sul do Saara realizado pela CCTA em Nairobi 1959. Ambicionava, segundo o autor, proporcionar uma base científica, ainda inexistente na colónia portuguesa da África oriental, para atacar um problema premente[42].

Do interesse económico

Desde 1969 o trabalho de Rita-Ferreira foi parcialmente transcrito, em pequenos textos, no *Boletim da Associação Industrial de Moçambique* (AIM) [43]. O facto é relevante para interpretar a sua lógica de circulação e para a definição da sua comunidade de leitores privilegiada. Fundada em 1961[44], a AIM reunia os grandes interesses do capital industrial na colónia, parte substancial dos quais ligados à transformação de produtos

---

[41] Na bibliografia de *Os Africanos de Lourenço Marques* encontramos referências a obras fundamentais dos estudos urbanos em África, tais como Georges Balandier, *Sociologie des Brazzavilles Noires* (Paris: Armand Colin, 1955), P. C. W. Gutkind, «The African Urban mileu: a force in rapid change, Civilizations», vol. 12 (2) (1962), pp. 167-196, A. W. Southall e P. C. W. Gutkind, *Townmen in the Making: Kampala and its suburbs* (Kampla: East African Institute of Social Research, 1957), Horace Miner (org.) *The City in Modern Africa* (Londres: Pall Mall Press, 1967), mas também referências do pensamento desenvolvimentista como Milton Santos, *A Cidade nos Países Subdesenvolvidos* (Rio de Janeiro: Civilização Brasileira, 1965), Charles Kindleberger, *Desenvolvimento Económico* (Lisboa: Livraria Clássica Editora, 1960). Para uma biografia detalhada de Rita-Ferreira ver http://www.antoniorita-ferreira.com/pt/biografia-detalhada (acedido a 24/10/2012).

[42] António Rita-Ferreira, *Os Africanos...* p. 96.

[43] Que a partir de 1968 se passaria a chamar *Indústria de Moçambique*.

[44] Mais concretamente a 27/10/61. Estatutos aprovados pela portaria 18614 de 8/4/65.

agrícolas e à sua exportação, tendência ainda dominante no sector industrial em Moçambique, apesar da progressiva relevância das indústrias dependentes do desenvolvimento de um mercado interno de consumo.

Como o Gabinete de Estudos Técnicos da AIM, que produziu pesquisas próprias, e o seu Centro de Documentação, o *Boletim* respondia à intenção da Associação em proporcionar aos decisores económicos informação especializada para tomarem decisões mais «racionais». As atividades da AIM prosseguiam o esforço de instituições metropolitanas, tanto privadas, desde logo a Associação Industrial Portuguesa, da qual a AIM era membro, como atuando na esfera estatal, caso do Instituto Nacional de Investigação Industrial (INII). Esse esforço traduzia-se também nas instituições coloniais que estendiam ao terreno os planos de modernização, como a Comissão Técnica de Planeamento e Integração Económica de Moçambique. Funcionando em redes de relações, apesar da partilha de interesses não evitar lógicas conflituais específicas – por exemplo, entre as esferas de decisão metropolitanas e os interesses situados nos espaços estatais e empresariais nas colónias, ou entre os sectores que beneficiaram do protecionismo do pacto colonial face àqueles que defendiam uma liberalização dos mercados – estas instituições envolveram-se na formulação dos Planos de Fomento Económico procurando gizar estratégias de transformação gradual de uma economia de subsistência numa economia de mercado. No Boletim da AIM abundavam notícias sobre as políticas das grandes instituições desenvolvimentistas internacionais, em especial o Banco Mundial[45], o FMI, a OCDE e os diversos órgãos das Nações Unidas, nomeadamente aqueles preocupa-

---

[45] No quadro da ajuda internacional ao desenvolvimento destacava-se a acção do Banco Mundial, que em 1961 criou a Associação Internacional para o Desenvolvimento, e do FMI, que emprestava sobretudo para ajudar os países a pagar a dívida contraída. Em 1964, são criadas as Conferências das Nações Unidas sobre o Comércio e o Desenvolvimento (UNCTAD) e é fundado o Banco Africano de Desenvolvimento; em1966 decorrem os simpósios regionais industriais da ONU e dá-se a fusão dos Fundos Especiais das Nações Unidas e do Programa Ampliado de Assis-

dos com a ajuda ao desenvolvimento. Perroux, Myrdal, Galbraith, Pereira de Moura, Rogério Fernandes e Xavier Pintado encontravam-se entre os autores publicados e citados pelo *Boletim*: as grandes referências nacionais e internacionais do planeamento económico.

Depois da hegemonia alcançada na década de cinquenta, no período seguinte os produtos de exportação perderam peso na economia moçambicana, nomeadamente os que se haviam estabelecido como a base da relação económica entre metrópole e colónia na sequência do pacto colonial da década de trinta: o algodão e o açúcar[46]. A diversificação da produção, sustentada em produtos dirigidos a outros mercados externos, como as oleaginosas, o chá, o sisal e o caju, que assinalava a internacionalização da economia e a sua maior dependência, ia sendo acompanhada pela produção dirigida para o mercado interno, muito concentrada nas grandes cidades, nomeadamente em Lourenço Marques. Inúmeras atividades industriais beneficiaram da concentração da população urbana. Se em 1950 a cidade possuía 4,1% dos estabelecimentos industriais do território, em 1973 esse número subira para 36,8%[47]. Parcela importante destes estabelecimentos dedicava-se à produção alimentar, mas também se notava o desenvolvimento da indústria de metal, do papel, têxtil, química, de madeiras, de equipamento de transporte e de artigos de escritório[48]. Lourenço Marques possuía ainda uma refinaria de petróleo. Em zonas periféricas, casos da Matola e da Machava, mas também junto aos principais eixos viários dos subúrbios, agrupavam-se as indús-

---

tência Técnica da ONU sobre o título de Programa de Desenvolvimento da ONU.

[46] Joana Pereira Leite, «Mozambique 1937-1970. Bilan De L'Évolution de L'Économie D'Exportation: quelques reflexions sur la nature du 'pacte colonial'», *Estudos de Economia*, Vol. XIII, N.º 4, Jul-Set. (1993), pp. 387-410.

[47] Maria Clara Mendes, *Maputo antes da Independência. Geografia de uma cidade colonial* (Lisboa; Instituto de Investigação Científica Tropical, 1985), p. 247.

[48] *Ibidem*.

trias que requeriam mais espaço e mão-de-obra([49]). Esta redefinição da geografia industrial da capital de Moçambique tornava mais urgente intervir sobre o espaço urbano bem como sobre a sua população, a mão-de-obra empregue nestas indústrias e da especialização da qual estas dependiam.

Os diagnósticos económicos traçados pela AIM sobre o território eram críticos em relação à predominância em Moçambique de uma agricultura de subsistência escassamente produtiva, à diminuta estrutura exportadora, fundada na transformação de meia dúzia de produtos agrícolas e empresarialmente muito concentrada e dependente dos preços instáveis dos mercados internacionais. Lamentavam os sucessivos défices da balança comercial([50]), decorrentes da necessidade de investimento em tecnologia importada, a penúria do mercado interno e a ausência de uma rede de transportes eficiente. À parte destas características a economia moçambicana carecia de recursos humanos, tanto a nível das chefias e da sua gestão, a que faltava conhecimento e espírito empreendedor, como dos escalões mais baixos, onde a mão-de-obra, nomeadamente a africana, se encontrava muito pouco preparada([51]).

*

Baseado no caso de Lourenço Marques, Rita-Ferreira traçou um quadro do atraso moçambicano que, em grande medida, se encontrava em linha com algumas das preocupações formuladas na publicação da AIM. Cidade onde podiam despontar as

---

([49]) *Ibidem*, pp. 254-275.

([50]) Parcídio Costa, «Evolução e perspetivas das exportações de Moçambique», *Indústria de Moçambique*, vol. 6, n.º 3 (1973), pp. 69-76.

([51]) Entre os textos de diagnóstico na Indústria de Moçambique, destacam-se os do seu director: Parcídio Costa, «Reflexões sobre o problema da formação, Produtividade e trabalho», *Indústria de Moçambique*, n.º 3 (1968), p. 111; *Idem*, «Para uma estratégia integrada do desenvolvimento em Moçambique», *Indústria de Moçambique* n.º 1 (1971), p. 26; *Idem*, «A Indústria de Moçambique no limiar da década de 70», *Indústria de Moçambique* n.º 7 (1971), p. 201.

condições do progresso, a capital confrontava-se com os obstáculos que tipicamente bloqueavam os projetos de modernização. Concentrando o investimento industrial em Moçambique (segundo dados de 1966 50% do valor de produção da indústria transformadora e 32.15% do número de operários moçambicanos),([52]) a capital estava longe de apresentar o perfil de outras grandes urbes africanas, como por exemplo as da África do Sul. Do contacto da mão-de-obra com as indústrias dos países vizinhos dependia de modo significativo o processo de proletarização e assalariamento local, já que dos 825 000 assalariados identificados no censo de 1960 em Moçambique, 290 000 trabalhavam fora da colónia([53]).

A prevalência de trabalhadores dos serviços domésticos e pessoais([54]) e de outras atividades ditas informais, a conservação

---

([52]) *Ibidem*, p. 126.

([53]) António Rita-Ferreira, «Distribuição Ocupacional da População Africana de Lourenço Marques», *Indústria de Moçambique*, vol. 2, n.º 6 (1969), p. 200. Os assalariados em Moçambique seriam 31,6% da força de trabalho, 20,4% contando-se apenas com os que exerciam dentro do território. A média da África do Norte era de 33,2% de assalariados enquanto percentagem da força de trabalho, na África Oriental de 15,4%, na África Central de 15,2%, na África do Sul de 63,3% e na África Ocidental 6,1%. *Ibidem*, p. 281. A emigração explicava por que razão o grau de assalariamento em Moçambique se encontrava acima da média das regiões da África a Sul do Sara. António Rita-Ferrreira, «O emprego assalariado em Moçambique», *Indústria de Moçambique*, vol. 3, n.º 8 (1970), p. 281. Atendo à estrutura deste mercado, e em comparação com outros países da zona, a percentagem de emprego assalariado no sector público era muito baixa (14% no total, 21% contando com os assalariados emigrados) *Ibidem*, p. 283.

([54]) Dos 405 000 assalariados não agrícolas a trabalhar em Moçambique, 125 000 estavam na indústria e 280 000 nos serviços. António Rita--Ferreira, «O emprego assalariado ... p. 282. Em Lourenço Marques, dos 130 000 africanos ativos (havia 30 000 (23 000 homens e 7 000 mulheres que eram serviçais, preceptores, criados de quarto) na categoria de «serviços pessoais». Existiriam ainda 27 500 domésticas, ocupadas com a agricultura, a coleta e o pequeno comércio. Acrescentavam-se 19 500 trabalhadores nas «indústrias transformadoras» (12500 homens), 12 000 no «Comércio, bancos, seguros e operações s/imóveis» (7000 homens) e 11 000 tanto nas obras públicas como nos «Transportes, armazenagens

de práticas agrícolas na periferia e mesmo nas franjas urbanas, e, sobretudo, a contínua emigração para a África do Sul precaviam os aspetos mais perigosos do processo de proletarização das «massas africanas», ao evitar situações de desemprego crónicas. Mas a incapacidade em desenvolver o sector secundário e uma divisão do trabalho mais moderna travava o aparecimento de uma classe intermédia africana. Permitindo ajustamentos nas necessidades de mão-de-obra, a constante oscilação desta força de trabalho entre a cidade e os complexos industriais dos países vizinhos([55]) e entre a grande cidade e o mundo rural periférico, sugeria uma modernização deficiente: obstava «à formação de mão-de-obra especializada e de uma estrutura económica moderna», perpetuando «hábitos de instabilidade, de absentismo, de baixa produtividade o que por sua vez tornam difíceis aumentos substanciais de salários» e o crescimento do consumo interno; desincentivava a modernização agrícola e pecuária; conduzia a «desequilíbrios na estrutura social e demográfica, como vinha sucedendo a sul do rio Save (dando origem a um elevado número de viúvas, de polígamos e homens solteiros). A correção deste desequilíbrio económico exigia a prossecução de medidas justificadas pela técnica, mas que se revelavam também como prescrições morais: as ausências prolongadas e «demasiadamente repetidas fomentavam a desagregação da vida familiar e a irresponsabilidade dos chefes de família» na educação dos filhos; o relaxamento dos costumes criava permissividades, relações mais «versáteis» entre os sexos, prostituição, concubinagem temporária, muitas mulheres celibatá-

---

e comunicações». António Rita-Ferreira, «Distribuição Ocupacional..., p. 200. Segundo Maria Clara Mendes, em 1970, 0,88% da população ativa de Lourenço Marques trabalhava no sector primário, 23,2% no secundário, e 76% no terciário. Maria Clara Mendes, *Maputo antes da Independência. Geografia de uma cidade colonial* (Lisboa: Instituto de Investigação Científica Tropical, 1985), p. 333.

([55]) Lourenço Marques teria, segundo números do autor, 15 a 16% de trabalhadores migratórios. António Rita-Ferreira, «A oscilação do trabalhador africano entre o meio rural e o meio urbano», *Indústria de Moçambique*, vol. 2. n.º 3 (1969), p. 98.

rias com proles numerosas»(⁵⁶). Associava-se a tais situações uma perda de interesse por aquilo que o antropólogo considerava serem pilares da integração social: o país natal, a comunidade e a família(⁵⁷).

O problema da mão-de-obra

Da qualificação da mão-de-obra dependia, como foi diversas vezes repetido pelos interesses modernizadores, a necessária transformação da estrutura produtiva. Nos poucos estudos locais sobre o tema, os empresários queixavam-se da «baixa produtividade dos operários africanos»(⁵⁸). Em entrevistas concedidas a Rita-Ferreira, os patrões de Lourenço Marques repetiram o lamento. Baseado nessas entrevistas, o antropólogo concluía que, apesar de apto a absorver conhecimentos à medida que se familiarizava com a língua portuguesa e com as «exigências e os padrões da civilização tecnológica», o «africano» revelava inaptidões várias(⁵⁹). Lidava melhor, por exemplo, com equipamento mais simples e com operações monótonas do que com procedimentos mais complexos, que acarretassem operações inéditas. Nesta perspetiva desenvolvimentista os operários africanos revelavam-se pouco flexíveis e polivalentes. Protestavam os patrões contra a indisciplina, a irresponsabilidade, os hábitos de absentismo, a falta de pontualidade, a instabilidade no emprego, o desinteresse pelo trabalho distribuído e a reduzida consciência profissional(⁶⁰).

Ao analisar a situação, Rita Ferreira ajudava a compor uma certa narrativa desenvolvimentista, argumentando que a herança

---

(⁵⁶) *Ibidem*, p. 97.
(⁵⁷) *Ibidem*, pp. 96-99.
(⁵⁸) Inquérito n.º 1, 28/10/66, *Indústria de Moçambique*, n.º 39 (1966), p. 92.
(⁵⁹) António Rita-Ferreira, «Algumas observações sobre a eficiência Profissional do Africano», *Indústria de Moçambique*, Vol. 2, n.º 10 (1969), p. 343.
(⁶⁰) *Ibidem*, pp. 342-344.

histórica das sociedades africanas contrariava as necessidades da economia moderna. A braços com fomes recorrentes e doenças tropicais as instituições sociais da cultura tradicional não ofereciam um ambiente propício ao

> desenvolvimento daquelas atitudes de espírito que em qualquer economia moderna, são inseparáveis da eficiência, desse modo se levantando obstáculos à formação de uma personalidade semelhante à exigida pela civilização ocidental, com a sua procura incessante e obsessiva de poder, riqueza, prestígio e segurança [61].

Sobre a eficiência laboral pesavam, no entanto, fatores como a alimentação da mãe e da criança, a diversidade do ambiente material durante o crescimento, o afeto e o cuidado nos primeiros anos de vida, o grau de inteligência e cultura dos pais e a educação escolar [62]. Cabia ao Estado e às empresas, reformulando a história africana, valorizar a mão-de-obra de acordo com as necessidades particulares dos empregadores, distintas, por exemplo, do meio urbano para o meio rural. Partindo do pressuposto de que as deficiências do operário africano eram corrigíveis, seria preciso no entanto gerir a assimilação à civilização moderna e criar um novo trabalhador, mais produtivo. Tal desiderato não seria alcançado sem a eliminação do desequilíbrio presente tanto no processo de integração social urbano como na organização da «sociedade da empresa» onde não havia formação e seleção profissional e os contramestres e capatazes se revelavam impacientes com o pessoal subalterno [63]. Para que as políticas de «promoção social» das populações, como estas iniciativas eufemisticamente então se designavam, fossem bem-sucedidas, importava conhecer melhor as características desta força de trabalho.

---

[61] *Ibidem*, p. 342.
[62] *Ibidem*.
[63] *Ibidem*, p. 344.

A utilidade do trabalho de Rita-Ferreira sobre *Os Africanos de Lourenço Marques* declarava-se no contexto desta equação económica. As preocupações produtivistas, a que se juntava uma inquietação propriamente política com a provável subversão urbana, possibilitavam enunciar os bloqueios à modernização, muitos deles com origem na ação económica do Estado. Estas lutas pela gestão da organização social da cidade ajudam a interpretar o sentido da evolução do campo colonial e o modo como os planos gizados no pós-guerra se incrustaram na vida das populações urbanas antes e depois do fim do indigenato.

II. Os bloqueios à reprodução eficiente da mão-de-obra e a génese do atraso.

O mercado de trabalho

Uma das barreiras mais preocupantes ao avanço dos projetos modernizadores encontrava-se na organização do mercado de trabalho em Lourenço Marques. Se as mudanças legislativas que acompanharam o fim do indigenato, essenciais para reformular a política internacional e diplomática do colonialismo português, procuravam também dar resposta aos anseios de reforma laboral, o seu alcance, para parcela dos interesses desenvolvimentistas, havia ficado aquém do esperado.

Aprovado em 1962, o Código do Trabalho Rural[64], que, de acordo com as políticas pós-indigenato não estabelecia qualquer distinção «cultural» e «étnica» entre trabalhadores, destinava-se a enquadrar os «trabalhadores economicamente débeis». Designações que nomeavam a posição dos indivíduos no sistema económico substituíam as classificações culturalistas e racialistas, evitando-se, contudo, a linguagem politizável das classes. No grupo dos «economicamente débeis» estavam os trabalha-

---

[64] Decretos n.ºs 44 309 e 44 310 de 27/4/62.

dores tidos como rurais([65]) mas também todos aqueles que, ocupando atividades diversas, não eram especializados, reduzindo-se a sua laboração «à simples prestação de mão-de-obra». Esta última categoria incluía muitos dos trabalhadores que habitavam as periferias das cidades; estes trabalhadores, mais aqueles ocupados com o «serviço doméstico» e os envolvidos em «relações de trabalho estabelecidas entre o dador de trabalho e as pessoas de sua família», ambos não abrangidos pelo Código, constituíam larga percentagem da população trabalhadora urbana, na sua enorme maioria africana([66]).

O Código de Trabalho Rural estabelecia ainda a diferença primordial entre trabalhadores efetivos e eventuais. Os últimos eram os «contratados ao dia, à semana ou ao mês, sem carácter de continuidade e que tenham a sua residência habitual nas proximidades do local de trabalho». Ao pôr fim à linguagem da distinção racial, a transformação do aparato jurídico reclassificara as categorias sociais. Emergia agora o contraste entre o trabalhador qualificado, efetivo, sindicalizado, quase sempre branco, e o trabalhador «economicamente débil», eventual e desqualificado, quase sempre negro([67]). Proporcionando uma

---

([65]) Segundo o artigo 3.º do Código os «trabalhadores manuais sem ofício definido ocupados em atividades ligadas à exploração agrícola da terra e recolha dos produtos ou destinadas a tornar possível ou a assegurar aquela exploração».

([66]) Os trabalhadores dos serviços domésticos ficaram desde 1966 sob a alçada de um regulamento próprio, uma tentativa de regular uma atividade muito dependente de relações informais. Regulamento dos empregados domésticos. Diploma legislativo n.º 2702, de 30/5/66.

([67]) António Rita-Ferreira, «Estudo sobre a evolução, em Moçambique, da mão-de-obra e das remunerações, no sector privado, de 1950 a 1970», *Indústria de Moçambique*, vol. 6, n.º 5 (1973), p. 139. Em Maio de 1973 o editorial da *Indústria de Moçambique* considerava o Código do Trabalho «um instrumento jurídico progressivo e suficientemente elástico para que nele se tenham podido inscrever políticas de mão-de-obra adaptadas aos tempos e às realidades sociológicas, e até, para que tenha sido chamado a cobrir domínios que estão para além do quadro de relações jurídicas que no seu espírito se pretendia abranger», mas considerava a lei de 1959 desactualizada pela «rápida evolução das relações sociológicas do traba-

outra representação da sociedade, o desaparecimento dos «indígenas» e a emergência do «trabalhador», assinalara-se pela criação do Instituto do Trabalho Previdência e Ação Social e pela extinção da Direção dos Serviços dos Negócios Indígenas([68]).

A AIM queixar-se-ia frequentemente da pouca maleabilidade do sistema que resultou deste enquadramento laboral, dado que as mudanças não respondiam, ainda assim, às necessidades de flexibilidade empresarial. Procurando definir melhor a natureza do corporativismo colonial, o Regime Jurídico das Relações de Trabalho, aprovado em 1956, mas ainda ativo depois do fim do indigenato([69]), ocupava-se do enquadramento sindical dos trabalhadores europeus([70]). A questão das profissões onde coexistiam trabalhadores indígenas e não indígenas levantara na altura problemas, mas, como concluía o preâmbulo da lei, embora o trabalho fosse uma forma de integração social do indígena, «sem artifícios violentos», a prioridade era a «fixação dos trabalhadores nacionais europeus». Para efeitos de controlo social, este corporativismo segregado permitira a formação de associações profissionais para indígenas, abrangendo, ainda assim, poucos trabalhadores([71]).

A situação real do trabalhador africano contrariava a expectativa de estabilização laboral. No lugar da nomeação de uma distinção racial, surgia uma nomeação económica, que eufemi-

---

lho». O diploma legislativo n.º 57/71 alterou algumas das suas disposições «Isto não era, no entanto, suficiente: «é preciso um «regime tão amplo e maleável que contemple a diversidade e o dinamismo da realidade sociológica subjacente, sem zonas de clivagem ao nível da empresa...», *Indústria de Moçambique*, n.º 5 (1973), p. 127.

([68]) Pelo decreto n.º 44111 de 21/12/61.

([69]) Diploma legislativo n.º 1595, 28/4/56.

([70]) Ver Michel Cahen, «Salazarisme, fascisme et colonialisme: problèmes d'interprétation en sciences sociales, ou le sébastianisme de l'exception». Instituto Superior de Economia e Gestão – CEsA Documentos de Trabalho n.º 47-1997.

([71]) Casos da Associação dos Negociantes indígenas, dos Carpinteiros, dos Lavadores, dos Barbeiros, dos Sapateiros, dos Pintores, dos Criados de Mesa e dos Alfaiates.

zava a continuação do racismo, mas que ainda não era flexível e diferenciadora o suficiente, nomeadamente para alguns patrões da indústria. Era crucial que as leis do trabalho permitissem responder às necessidades de uma divisão do trabalho mais desenvolvida, o que implicaria uma complexificação da estrutura social e a criação de classes intermédias consumidoras. A carência de um corporativismo mais abrangente e moderno acentuava os problemas já identificados, decorrentes da precariedade, do receio do trabalhador da continuação das práticas de trabalho forçado[72] e do enorme fosso remuneratório entre «sindicalizados» e «rurais»[73], produtor de um dualismo que o Estado, advogava Rita-Ferreira, devia combater com políticas de ação social[74].

Os consumos

Esta situação laboral dos trabalhadores do subúrbio da capital reduzia a possibilidade de fomentar um necessário mercado interno, que precisava do consumidor africano. A inserção laboral e urbana dos habitantes da periferia de Lourenço Marques limitava o desenvolvimento de estilos de vida urbanos, caracterizados por hábitos e consumos abrangentes. Dimensão existencial, o consumo possuía um valor económico na equação produtiva[75]: através dele avaliava-se o grau da integração do trabalhador «na economia monetária e nos valores da civilização técnica»[76]. Em Lourenço Marques, a exiguidade dos orçamentos familiares, bem como a carência de métodos de gestão

---

[72] Rita-Ferreira, *Os Africanos...* p. 365.
[73] *Ibidem*, p. 331.
[74] *Ibidem*, p. 332.
[75] António Rita-Ferreira, «Padrões de Consumo entre os Africanos de Lourenço Marques», *Indústria de Moçambique*, vol. 2,n.º 9 (1969), p. 318.
[76] «Há indubitável interesse em apurar como o citadino africano distribui o poder de compra que recentemente adquiriu e em determinar quais os factores sociais, quer tradicionais quer modernos, que o influenciam na maneira como despende os réditos auferidos». *Ibidem*.

orçamental atrasavam a necessária familiarização dos trabalhadores africanos com a economia monetária. Fornecedores de bens de primeira necessidade, os cantineiros eram os principais beneficiários da circulação do dinheiro desta população[77]. Os orçamentos dos habitantes do subúrbio esgotavam-se praticamente com a alimentação: 60 a 75% do total (nos países desenvolvidos a percentagem era de 30%)[78]. Na segunda quinzena do mês já as situações de carência alimentar se multiplicavam para muitos. De acordo com os dados publicados em *Os Africanos de Lourenço Marques*, 76% dos inquiridos comiam apenas duas refeições por dia, e 11% apenas uma; 83% dos inquiridos consideraram não se alimentar suficientemente; só 3% consumiam pelo menos um quilo de carne por semana[79]. Este problema de privação alimentar já havia sido identificado por um inquérito de 1959 ao mesmo universo populacional. Mulheres e crianças constituíam o grupo mais fragilizado: apresentavam fraco consumo de proteínas, cálcio, ferro e fósforo e das vitaminas A, B e C[80]. Do consumo de milho, mapira, mandioca e batata-doce, cultivados em pequenas lavras, as machambas, ou recebidos, via camioneta, do interior rural, por intermédio de ativas redes familiares, dependia uma alimentação desequilibrada[81], responsável pela fraca atividade psicomotora e o cansaço do trabalhador africano[82]. O Estado de subnutrição dos habitantes do subúrbio e as suas precárias condições de habitabilidade acrescentavam-se ao inventário de características que obstavam à formação de uma força de trabalho estável e produtiva.

---

[77] O trabalho de Valdemir Zamparoni sobre Lourenço Marques tem inúmeras referências ao universo das cantinas. Zamparoni, *Entre Narros* ...

[78] António Rita-Ferreira, «Padrões de Consumo...», p. 320. Existiriam, segundo cálculos de Rita-Ferreira, 310 cantinas nos subúrbios. *Ibidem*.

[79] António Rita-Ferreira, *Os Africanos...* p. 429.

[80] *Ibidem*, p. 430.

[81] *Ibidem*, p. 428.

[82] *Ibidem*, p. 353.

Após os gastos com alimentação, o remanescente orçamental encaminhava-se para a renda da habitação (20 a 25%)[83], a iluminação e os combustíveis para acender fogueiras. Em grande proporção, a exígua poupança destinava-se à construção de casas. Embora esta população urbana se constituísse enquanto consumidora, as condições para uma «aprendizagem do consumo» eram desfavoráveis. Beneficiados por salários mais elevados, os habitantes do subúrbio, na opinião de Rita-Ferreira, provavelmente continuariam a gastar fração significativa do seu orçamento em bens alimentares, mas de melhor qualidade, como aqueles que faziam parte dos hábitos dos europeus: carne, peixe, chá, cerveja, conservas, leite condensado[84]. Tal informação era hipoteticamente útil para indústrias alimentares fornecedoras dos centros urbanos, que poderiam prosperar com o alargamento do mercado interno, decorrente tanto do crescimento da população colona, como da entrada da população africana na economia monetária.

A existência urbana

O ambiente urbano nos subúrbios de Lourenço Marques contribuía significativamente para a «deficiente» integração social dos trabalhadores africanos e para a sua débil estabilização. Ali, no subúrbio, dizia Rita-Ferreira, promoviam-se valores morais e códigos de conduta pouco ajustáveis à atitude exigida pelas relações profissionais típicas de uma economia moderna e do comportamento de uma classe trabalhadora respeitável: «muitos dos africanos urbanizados vivem em ambientes de transição e marginalidade, até mesmo de imoralidade e desagregação, ambientes onde se verifica completa carência de novos valores de substituição»[85]. Desde novembro de 1969, em vários artigos em a *Indústria de Moçambique*, transcrições integrais do

---

[83] António Rita-Ferreira, «Padrões de Consumo...», p. 321.
[84] *Ibidem.*
[85] *Ibidem*, p. 344.

seu livro, Rita-Ferreira dedicou-se ao problema habitacional[86], elemento determinante na explicação da instabilidade desta população e da sua improdutividade. Em primeiro lugar tratou das questões da propriedade e da administração. A gestão da propriedade dos terrenos onde vivia esta mão--de-obra fomentava uma precariedade geral[87]. Ocupando propriedades privadas, os habitantes do subúrbio viam-se na contingência de iminentes despejos. Diversos projetos de construção, públicos e privados[88], e a lógica de um mercado de arrendamento ao qual não podiam fugir, redundaram em deslocações frequentes. No decurso das entrevistas realizadas para a elaboração de *Os Africanos de Lourenço Marques*, muitos indivíduos confessaram ao autor ser esta insegurança habitacional um dos aspetos mais terríveis da sua existência quotidiana, já bem dentro da década de sessenta[89]. Tal insegurança foi historicamente incentivada e construída.

Os processos de afastamento dos africanos do centro da cidade, nomeadamente desde o final do século XIX, foram acompanhados por legislação sobre o direito de propriedade. Um decreto de 1890 retirara aos africanos direitos sobre a propriedade perfeita. Em 1897, o governo de Mouzinho de Albuquerque obrigou os proprietários a comprovar por escrito a sua titularidade dos terrenos e a edificar nesses espaços num prazo de seis meses. O regulamento para a concessão de terrenos do Estado, aprovado em 1919 e em vigor até 1961, concedia aos

---

[86] António Rita-Ferreira, «O Problema Habitacional dos Africanos de Lourenço Marques», *Indústria de Moçambique*, vol. 2, n.º 11 (1969), pp. 365-400.

[87] Que o autor vai tratar nos dois artigos seguintes António Rita--Ferreira, «O Problema Habitacional dos Africanos de Lourenço Marques (II)», *Indústria de Moçambique*, vol. 2, n.º 12 (1969), pp. 419-422 e *Idem*, «O Problema Habitacional dos Africanos de Lourenço Marques (III)», *Indústria de Moçambique*, vol. 3, n.º 3 (1970), pp. 85-87.

[88] Já na década de sessenta, o crescimento da «cidade de cimento» em direcção às zonas industriais da Matola e da Machava desencadeou uma vaga de despejos. António Rita-Ferreira, *Os Africanos...* p. 191.

[89] *Ibidem*, pp. 192-195.

indígenas a possibilidade de habitarem em reservas: ocupavam, mas não possuíam a propriedade dos terrenos. A possibilidade de os indígenas se tornarem proprietários foi estipulada pela Lei Orgânica do Ultramar de 1953 e pelo estatuto do indígena de 1954; teriam de optar pelo direito comum e o seu pedido ser autorizado por um juiz. Burocraticamente complexo, este processo manteve a situação quase inalterada. Restava aos habitantes do subúrbio arrendar as casas onde viviam, negócio que o Estado colonial deixou aos privados. Este mercado de arrendamento criou zonas diferenciadas nos subúrbios, separando aqueles com maiores posses, que viviam perto da fronteira com a «cidade de cimento», dos menos privilegiados, progressivamente afastados para a periferia.

A inexistência de um enquadramento jurídico que gerisse as relações de propriedade e arrendamento deixava a população numa inconstância permanente. Tal situação piorava com a exclusão destes indivíduos de esferas institucionais de resolução de problemas administrativos, jurídicos ou laborais. No espaço do subúrbio, os habitantes, não tendo direito a uma administração equivalente à dos europeus, foram geridos, até 1961, por autoridades administrativas tradicionais, agrupadas em quatro regedorias hereditárias: São José (que incluía as áreas de São José, Chamanculo e Malanga), Munhuana (que juntava Munhuana e Zixaxa), Fumo (que incluía Fumo, Polana, Mavalane, Chitimela e Infulene) e Malhangalene (que juntava Malhangalene, Mafalala e Lagoas). Cabia a estas autoridades a gestão corrente, informar a administração sobre problemas locais, resolver casos de direito privado, identificar indivíduos procurados([90]), permitir a construção de abrigos provisórios e de casas de habitação no subúrbio – e recebendo quantias dos interessados para facilitar a tarefa([91]). Era também sob o escopo desta administração indireta proporcionada pelas autoridades

---

([90]) Rita-Ferreira, *Os Africanos...* p. 159.

([91]) Pancho Guedes, «Os Caniços de Moçambique», in Pancho Guedes, *Os Manifestos, Ensaios, Falas, Publicações* (Lisboa: Ordem dos Arquitetos, 2007), pp. 66-73.

tradicionais e pelo direito consuetudinário que se dirimiam os conflitos no subúrbio. A lei consuetudinária não previa, no entanto, um conjunto de situações decorrentes da vida na cidade colonial: contenciosos sobre direitos de propriedade, sobre rendas, questões de direito laboral, ou direito da família. À margem da ineficiente lei tradicional, e mesmo contra as suas disposições, os habitantes do subúrbio recorriam a outras instâncias, aquelas que existiam, para defender os seus direitos; floresceu assim, um «mercado da magia», composto por práticas consideradas como superstições irracionais pelo discurso da assimilação colonial, e repleto de profissionais que respondiam aos anseios materiais e espirituais das populações. A estrutura de poder tradicional, que de acordo com certas perspetivas modernizadoras, como as transmitidas por Rita-Ferreira, adiava uma integração social mais moderna e eficaz, não desapareceu com o fim do indigenato; o Estado colonial continuou a recorrer a uma rede de relações clientelares, apesar da divisão administrativa de 1969 em Lourenço Marques[92] não o reconhecer[93]. Formalmente integrados no direito comum, também em 1969, os ocupantes do subúrbio de Lourenço Marques, na prática, não se encontravam na sua maioria cadastrados e recenseados[94]. Carentes de recursos educativos, financeiros e burocráticos para aceder à justiça, continuavam à parte.

Outras características da situação suburbana reforçavam a incerteza permanente da vida quotidiana, já perto do final da década de sessenta. Parte substancial do subúrbio localizava-se em zonas sujeitas a inundações regulares; construções de caniço, as casas foram pasto favorável a incêndios[95]. Ao perigo suscitado por estas e outras catástrofes, como por exemplo as deslocações de terras, juntava-se o temor provocado por diversos fenó-

---

[92] Portaria n.º 21724 de 25/1/69.
[93] Rita-Ferreira, *Os Africanos...* pp. 159-163.
[94] Em 1968 apenas 35 000 recenseados para 165 000 flutuantes. *Ibidem*, p. 295.
[95] Entre 1964 e 1968, desapareceram 206 casas na sequência de incêndios em edifícios não cobertos por seguro. *Ibidem*, p. 197.

menos sociais, como o crime e a delinquência, sensíveis entre a população mais jovem([96]). Roubos, espancamentos e linchamentos ocorriam com alguma frequência. Quando havia roubos e outros crimes, quando eram despejados – ou, dado ausente da narrativa de Rita-Ferreira, quando o Estado e as empresas privadas os coagiam a trabalhar – os «africanos de Lourenço Marques» não contavam com os tribunais para protestar; o drama das catástrofes naturais era enfrentado pela população, não havia sistema de escoamento de águas, nem corpo de intervenção eficiente para combater os habituais incêndios([97]); a ausência de policiamento e iluminação pública facilitava roubos e outros crimes, combatidos pela justiça popular. Causados pela falta de saneamento, pela acumulação de lixo e a profusão de animais perigosos, os problemas graves de higiene, bem como a escassez de alimentos, contribuíam para o alastramento de diversas doenças, nomeadamente respiratórias e infeciosas([98]). As taxas de mortalidade ilustravam o quadro de sobrevivência. Haviam morrido no ano de 1964 sete vezes mais africanos do que europeus([99]).

*

Retomando os princípios da análise funcionalista dominante à época, Rita-Ferreira concluía que faltavam no subúrbio de Lourenço Marques fatores de estabilização que substituíssem o controlo exercido «pela família e pela tribo» ([100]): «Sabendo que

---

([96]) Estimava-se que 80 a 90% dos processos de prevenção criminal presentes nos tribunais de menores envolviam jovens africanos. *Ibidem*, p. 275.

([97]) *Ibidem*, p. 434.

([98]) A grande incidência de tumores hepáticos no subúrbio fundamentou a formação, em 1956, de uma Brigada de Tumores Malignos. O grupo de estudo identificou um fungo que contaminava os alimentos e se propagava em ambientes pouco higiénicos, atingindo sobretudo indivíduos com dietas fracas em proteínas. Rita-Ferreira, *Os Africanos*... pp. 431-432.

([99]) *Ibidem*, p. 433.

([100]) *Ibidem*, p. 269.

apenas serão tolerados pela economia monetária enquanto puderem vender o seu trabalho, continuam a ver na tribo, na família e na exploração da terra os únicos esteios com que poderão contar quando se virem rejeitados pelos empregadores» ([101]).
Preponderante nestes espaços suburbanos, o tradicional mecanismo de integração «natural» pressupunha uma certa economia da dádiva fundada no parentesco. As obrigações inerentes a esta economia da troca (assistir a rituais familiares, casamentos, batizados, funerais, prestar ajuda a doentes, a menores, ajudar na construção de uma casa) provocavam altas taxas de absentismo laboral e de incumprimento de horários. Sem a contribuição da agricultura, da coleta e do apoio da família que habitava no campo não possuíam rendimento suficiente para sustentar o seu agregado. Nesta situação, continuavam a depender das relações tradicionais, dos seus hábitos, rotinas e obrigações, pouco adaptáveis à economia moderna. Explicava-se assim o regresso dos velhos à sua terra e o desejo de 43,2% dos inquiridos em voltar para o campo ([102]).

O cenário traçado não era o mais adequado aos esforços de requalificação da mão-de-obra. A correção de tal conjuntura, combatendo-se os perigos de uma situação de anomia social tão propícia a levantamentos sociais e políticos, estava identificada pelo diagnóstico modernizador. A degenerescência de uma rede de apoio informal instava à criação de um enquadramento que permitisse aos trabalhadores estabilizar a sua família nuclear e cortar os laços com uma estrutura de segurança social assente na família extensa, assegurava Rita-Ferreira, que os habitantes da periferia usufruíssem de salários mais estáveis, pudessem aceder à propriedade imobiliária, à segurança no emprego e no desemprego, à proteção em casos de doença, velhice e invalidez e a condições de habitação ajustadas.

([101]) *Ibidem*, p. 339
([102]) *Ibidem*, pp. 98-99.

A culturalização da pobreza

Neste período modernizador o luso-tropicalismo de Gilberto Freyre impunha-se enquanto representação oficial do império e das suas gentes. Lourenço Marques foi também representada à luz dos princípios luso-tropicais, visíveis, por exemplo, nas súmulas patrocinadas pela Agência Geral do Ultramar([103]). Os princípios enunciados por esta representação hegemónica do excecionalismo português, fundado na sedimentação histórica de uma experiência cultural (de um «encontro», de uma «troca») projetada numa organização social plurirracial, teriam de ser levados em conta pelos diagnósticos desenvolvimentistas. Assim, a projeção do futuro moderno, baseado num conhecimento empírico revelador e até, potencialmente, subversivo, devia articular-se com os mitos fundadores da soberania colonial: a elevação económica e social dos habitantes do subúrbio responderia então a mais uma etapa do velho integracionismo cultural português. Tal articulação não era simples.

Em *Os Africanos de Lourenço* Marques, a possibilidade crítica inerente à descrição da existência humana nos subúrbios diluía-se em interpretações que atribuíram o isolamento das periferias africanas a um comunitarismo resultante de uma «ecologia cultural». Genericamente subjugada pelos relatos épicos da história do colonizador, a história africana voltava a ser representada enquanto fatalidade, mas agora no quadro da cronologia da modernização, responsável última pelo subdesenvolvimento que a evolução dos métodos de gestão colonial procurariam agora emendar. Mesmo quando possuíam condições económicas para sair do seu mundo suburbano, argumentava Rita-Ferreira, os suburbanos optavam por permanecer na sua área de segurança: «tantos africanos evoluídos e bem remunerados» não trocavam «o á-vontade, o convívio e o prestígio de que gozam nos subúrbios, pelas restrições, a impessoalidade e o

---

([103]) Por exemplo, Rodrigues Júnior, *Moçambique. Terra de Portugal* (Lisboa: Agência-geral do Ultramar, 1965); Oliveira Boléo, *Monografia de Moçambique* (Lisboa: Agência-Geral do Ultramar, 1971).

anonimato que sentiriam nos grandes e modernos prédios de apartamentos»([104]). Resultava esta separação, neste discurso, de uma reação particular à modernidade urbana que contrariava a lógica do sistema de assimilação cultural português. A culturalização da pobreza promovida por esta representação oferecia uma imagem distorcida da integração urbana dos habitantes do subúrbio. Estes adoptaram novos hábitos e atividades, participando em movimentos associativos, desenvolvendo aspirações modernas sobre o seu futuro próximo. O receio dos efeitos da destribalização e da proletarização desreguladas provava que o próprio Estado era obrigado a conceber estes indivíduos como atores sociais ativos, longe desta conceção de resistência cultural característica de «tribos urbanas»([105]). À lógica segregadora do sistema colonial, que criou uma estrutura de classes dividida por uma linha racial, uma dupla estrutura com os seus sistemas estatutários próprios, se devia a circunstância de, apesar dos riscos inerentes à precariedade existencial dos bairros suburbanos, estes serem preferíveis ao tormento porque passavam estes habitantes de Lourenço Marques no contexto do «cimento». Aqui, as condições de constituição de uma ordem da interação, no sentido de Goffman([106]) inferiorizavam-nos de forma sistemática. Princípio de concretização de uma representação atualizada e moderna do mundo colonial, o fim do indigenato deu lugar a um indigenato informal.

([104]) Rita-Ferreira, *Os Africanos*... p. 180. No citado debate que tivera com Marvin Harris no *Journal of the International African Institute* sobre a emigração moçambicana e as políticas laborais, Rita-Ferreira usara uma semelhante argumentação culturalista para justificar as deslocações populacionais.

([105]) Em grande medida como Harry West notou na contradição entre a antropologia de Jorge Dias sobre os macondes e os relatórios secretos que fazia para o governo colonial sobre esses mesmo grupo de indivíduos. Harry G West, «Invertendo a bossa do camelo. Jorge Dias, a sua mulher, o seu intérprete e eu», in Manuela Ribeiro Sanches (org.), *Portugal não é um país pequeno* (Lisboa: Cotovia, 2006), pp. 141-192.

([106]) Erving Goffman, «A Ordem da Interacção», in *Os Momentos e os Seus Homens* (Lisboa: Relógio D'Água, 1999), pp. 190-235.

No quadro de produção de uma pesquisa motivada pela necessidade de melhorar o aproveitamento da mão-de-obra suburbana, *Os Africanos de Lourenço Marques* acaba por enunciar a resistência, no final dos anos sessenta, de um modelo de dominação sob o qual se erguera a moderna Lourenço Marques([107]) e que nem o fim do indigenato, nem o incremento económico pareciam ter alterado em alguns dos seus aspetos fundamentais. No último período da presença portuguesa, com o aumento da população e a pressão para os salários se manterem baixos, nomeadamente em certas actividades, foram incrementados modelos de relação laboral servil([108]). O discurso modernizador não constatava que a precarização da condição dos trabalhadores africanos se encontrou na base da edificação do campo colonial português. Foi, também, uma dimensão fundamental das estratégias de reprodução do seu poder, igualmente suportado por uma estrutura de repressão e vigilância que coartou internamente possibilidades de resistência organizada. À superfície, os discursos modernizadores renovavam a vocação civilizadora do colonialismo, agora moderno, promotor de políticas sociais de valorização humana. Actualizava-se assim, sob o domínio da técnica das ciências sociais, a pretensa tendência natural dos portugueses integrarem os seus súbditos coloniais.

([107]) Descrito ao pormenor por Valdemir Zamparoni, *Entre Narros e Mulungos...*

([108]) Segundo Jeanne Marie Penvenne, em 1904 os serviços domésticos constituíam 1/6 da força de trabalho africana voluntária e em 1933 1/3. Em 1940, metade do trabalho urbano registado pertencia ao serviço doméstico. O número de trabalhadores domésticos cresceu de 9 500 em 1940, para 14000 em 1950 para mais de 20000 em 1960. Em 1949 em média cada casa tinha 1.8 empregados. A classe média tinha pelo menos três, um cozinheiro, um mainato e um ou dois criados Jeanne Marie Penvenne, *African Workers...* pp. 142-143.

III. Uma ordem colonial urbana

Uma cidade segregada

A análise dos métodos de gestão da cidade de Lourenço Marques ajuda a tornar visível o modo como o sistema colonial enquadrou a população do subúrbio desde o início da construção da moderna Lourenço Marques e em especial depois do período do indigenato. A história das políticas urbanas na capital de Moçambique representa um caso particular de observação deste processo, tanto no que respeita ao enquadramento explícito de uma reprodução laboral segregacionista, como às ambiguidades e contradições inerentes ao período desenvolvimentista. Nesta época, reconfigurou-se, mais simbolicamente do que na prática, um sistema de dominação.

Até à década de cinquenta, as intervenções e planificações urbanas em Lourenço Marques revelam o intuito do Estado institucionalizar uma separação racial projetada sobre a cidade desde o final do século XIX, ajustando-a à evolução das estratégias de reprodução da mão-de-obra africana. O Plano Araújo que, no princípio do século XX, estabeleceu a partir das técnicas da engenharia militar a matriz fundamental de crescimento da cidade, já previa a edificação de bairros indígenas. Obrigando a inscrições obrigatórias no Comissariado da Polícia e à posse de um bilhete de identidade, a portaria de 1913 (n.º 1198), que regulava a mobilidade indígena em Lourenço Marques, determinava que o dinheiro arrecadado servisse para a construção de bairros indígenas e que a Câmara tomasse essa responsabilidade. A experiência próxima dos *compounds* sul-africanos inspirava os planos na capital de Moçambique. Em 1916, uma comissão organizada pela Câmara do Comércio e pela Administração do Concelho do Porto e Caminhos de Ferro([109]) dirigiu-se a Durban para avaliar a experiência municipal de habitação e o regime alimentar dos trabalhadores, no sentido de aplicar sistema semelhante aos 4000 indígenas que laboravam

---

([109]) Liderada pelo presidente da Câmara, Guilherme Azevedo, e por Augusto da Lima Vida, presidente da Câmara do Comércio.

no porto de Lourenço Marques([110]). Entre 1918 e 1921, na zona de Xipamanine, ergueu-se um bairro social; composto por apenas 33 casas, e com rendas caras para a maioria da população, foi ocupado por membros da pequena burguesia negra e mulata([111]). João Albasini visitou o bairro em 1921 e traçou um quadro negativo: o bairro não tinha água, luz, carecia de saneamento e arruamentos e havia apenas uma fossa([112]). Embora o Regulamento de Polícia para os Serviçais e Trabalhadores Indígenas, aprovado em 1922, forçasse os africanos, depois de identificados, a instalarem-se em pousadas([113]), a verba destinada à construção destas instalações, reunida num Fundo financiado pelas inscrições obrigatórias dos africanos chegados à cidade, acabou desviada para os serviços de fiscalização do trabalho indígena([114]). Coube ao grande investimento privado que

---

([110]) O jornalista e fundador do Grémio Africano de Lourenço Marques e dos jornais *O Africano* e *O Brado Africano*, João Albasini, analisou no seu jornal o relatório desta Comissão em Durban. Nos quatro *compounds*, situados perto do local de trabalho, viviam 6000 indígenas, que dormiam em tarimbas colocadas em compartimentos onde cabiam de 30 a 70 indivíduos. Os mais evoluídos possuíam um espaço à parte. Havia casas de banho, duche e retrete. Os trabalhadores pagavam pela habitação e também pela comida, oferecida em casas de pasto. As mulheres tinham os seus próprios espaços. Ao município cabia controlar as casas de pasto, a alimentação e a bebida (oferecendo cerveja, pouco alcoólica), e também os esquemas de contratação e os salários. João Albasini concordava com esta racionalização do trabalho; lamentava apenas que a solução sul-africana para o controlo do álcool tivesse sido rejeitada pela Comissão. *O Africano*, 13/5/16, p. 1.

([111]) Zamparoni, *Entre Narros...* p. 318.

([112]) «Bairros Indígenas», *O Brado Africano*, 4/6/21, p. 1. O bairro indígena de Xipamanine visitado por João Albasini foi mais tarde, nas páginas de *O Brado Africano*, considerado um exemplo da imposição de um modelo de segregação transvaliano. *O Brado Africano* 22/2/1936, p. 1.

([113]) Com a excepção dos empregados do Estado, empregados domésticos, do comércio e dos escritórios, capatazes e com a instrução primária. Rita-Ferreira, *Os Africanos...* p. 198.

([114]) Portaria n.º 331 de 4 de dezembro. *Ibidem*. Zamparoni sugere que a pressão dos cantineiros, que queriam vender no subúrbio os seus produtos, entre os quais o vinho colonial, foi uma das razões que bloqueou a organização de compounds públicos. Zamparoni, *Entre Narros...* p. 314.

explorava as deslocações dos trabalhadores para a África do Sul, designadamente a Witwatersrand Native Labor Association (WNLA), os Caminhos-de-ferro e a empresa inglesa Delagoa Bay[115] a manutenção de *compounds* provisórios nos arredores da cidade, onde os trabalhadores ficavam alojados em condições deploráveis[116]. Na sua linguagem cautelosa, o discurso do decreto-lei de 1938 que regulamentava a construção de novos bairros indígenas[117] sugeria o interesse em separar populações sob o pretexto da adaptação controlada ao espaço urbano. Inaugurado em 1942, o Bairro indígena da Munhuana, com 362 casas, 240 das quais com apenas uma assoalhada[118], mimetizava os *compounds* da vizinha África do Sul, onde o Chefe da Repartição Técnica de Obras Públicas de Lourenço Marques se deslocou por várias vezes durante a fase de planeamento do bairro[119].

A lógica inerente aos projetos da Repartição Técnica da Câmara de Lourenço Marques permaneceu nos planos de crescimento da cidade elaborados pelo Gabinete de Urbanização Colonial[120] no princípio da década de cinquenta. Em 1947, foi proposto ao arquiteto João Aguiar realizar um projeto de urbanização, conhecido depois por Plano Aguiar (1952-1955),

---

[115] Que havia organizado o abastecimento de água e de eletricidade na cidade, e geria os telefones e elétricos.

[116] Zamparoni, *Entre Narros...* p. 315. No final dos anos trinta, o Estado colonial remeteu outra vez para a Câmara a gestão de um Fundo para a construção de casas para indígenas. *Ibidem*, p. 320.

[117] Decreto n.º 616 de 16/11/38.

[118] *O Brado Africano*, 20/7/40.

[119] Arquivo Histórico de Moçambique, DSAC, Administração, Caixa 134, Bairro Indígena. AHM, DSAC, Administração, Fundo Administração Civil. Assuntos Municipais e dos seus organismos autónomos. Câmara Municipal de Lourenço Marques – 1937-1938, Caixa 134, Bairro Indígena, Carta da Secção Provincial da Administração Civil da Província do Sul do Save sobre a dissolução da Comissão para a Construção de Pousadas e Bairros Indígenas, 30/12/40.

[120] Fundado em 1944, o Gabinete de Urbanização Colonial passou a chamar-se em 1951 Gabinete de Urbanização do Ultramar e extinguiu-se em 1957, quando passou para a Direcção dos Serviços de Urbanismo e Habitação do Ministério do Ultramar.

onde se propôs a construção de bairros indígenas separados da «cidade de cimento» por área intermédia ajardinada([121]), no modelo então dominante da «cidade-jardim».
Estes bairros deviam, porém, estar perto da cidade, dado ser necessário manter a proximidade da mão-de-obra. João Aguiar, líder do Gabinete de Urbanização Colonial, tomou neste período a responsabilidade pela elaboração dos Planos de Urbanização de inúmeras cidades da África colonial portuguesa. Desta forma, o ordenamento do território presente nestes projetos vincava a distinção fundamental entre os espaços dos europeus e os dos indígenas, embora concebesse uma diferenciação mais fina([122]). Aguiar defendia a discriminação étnica entre a população indígena e, no contexto da população europeia, distinguia os diversos tipos de europeus, desde os funcionários coloniais aos colonos mais pobres, a quem chamava, aliás, trabalhadores-colonos([123]). Neste período, em Lourenço Marques, as ideias presentes nos grandes projetos de gestão das cidades, mas também na gestão corrente do município, acentuavam o visível *apartheid* urbano([124]), reforçado pelo crescimento da população branca e pela presença regular de turistas sul-africanos, a quem era oferecida uma sociedade próxima da que estavam a construir no seu território. O regime de segregação não podia prejudicar, no entanto o fornecimento à cidade de uma mão-de-obra estável e regular. Isto levou João Aguiar a rejeitar planos de edificação de cidades satélites para indígenas, que os deixava, face ao défice da rede de transportes, longe dos centros da atividade económica.

([121]) João de Sousa Morais, *Maputo* (Lisboa: Livros Horizonte, 2001), p. 161.

([122]) João António de Aguiar, *L'Habitation dans les pays tropicaux* (Lisboa, Federation Internationale de l'Habitation et de l'urbanisme – XXº Congrès –, 1952).

([123]) *Ibidem* p. 23.

([124]) Que Brigitte Lacharte designou por apartheid *laisser faire* antiassimilacionista, não explicitamente tribalizado, como na vizinha África do Sul. Brigitte Lacharte, *Enjeaux urbains au Mozambique, de Lourenço Marques à Maputo* (Paris: Karthala, 2000), p. 51.

Novos urbanismos

Sentiram-se pouco no quotidiano de Lourenço Marques os planos urbanísticos que procuraram, a partir do final dos anos cinquenta, ajustar-se às lógicas modernizadoras da proletarização controlada. Como resumira em 1955 o poeta e jornalista moçambicano José Craveirinha, os habitantes dos bairros da Munhuana, Xipamanine, Chamanculo, núcleos urbanos da periferia de Lourenço Marques, enfrentaram eles próprios a crise da habitação [125]. Neste período, dominava a nova retórica do humanismo colonial português, exprimida de forma mais consolidada na lei de 1961 que criou as Juntas de Povoamento [126] ainda no magistério de Adriano Moreira no Ministério do Ultramar. A lei propunha «promover ou estimular quaisquer iniciativas tendentes a reforçar os laços de solidariedade e convívio entre as diferentes classes ou conjuntos sociais ou étnicos, particularmente através de manifestações desportivas, folclóricas, ou culturais em geral, campos de trabalho juvenis, autoconstrução de habitações, etc.» [127]. Apesar do desaparecimento da linguagem da segregação racial, o domínio sobre a forma urbana continuava a afirmar-se, no entanto, como uma ferramenta de estabilização da mão-de-obra.

Quando, em 1958, foi criado o Fundo para a Construção de Casas Destinadas à População Indígena, os planos de urbanização já procuravam adequar-se aos interesses das políticas de integração social dos trabalhadores africanos. A sua inoperância, no entanto, perturbou pouco a perene lógica de discriminação urbana. Em 1961, no jornal *Notícias*, José Craveirinha protestou contra um urbanismo que ia contra a integração do

---

[125] *O Brado Africano* 5/2/55, p. 1.

[126] Ver Cláudia Castelo, *Passagens para África: o povoamento de Angola e Moçambique com naturais da metrópole* (Porto: Afrontamento, 2007) pp. 154-162

[127] As Juntas de Povoamento foram reguladas pelo decreto 43 895 de 6 de setembro de 1961. O Plano de Urbanização dos Bairros Populares de Bissau, na Guiné, foi um dos primeiros exemplos deste planeamento urbano moderno.

indígena([128]). Segundo ele, a política de promoção de bairros que «representam focos de estabilidade de formas culturais intrinsecamente tribais», só era atenuada pela presença não planeada de colonos pobres:

> É realidade incontestável que as precárias habitações do chamado 'bairro de caniço e lata' dos subúrbios de Lourenço Marques não são fenómeno insocial de exotismo local mas particularismo universal dos grandes aglomerados populacionais, nem estes bairros de que falamos destinados apenas a residentes africanos por neles habitarem muitas famílias metropolitanas...([129]).

Em 1962, o Fundo deu lugar à Junta dos Bairros e Casas Populares. No ano seguinte, um engenheiro civil e um arquiteto viajaram a Joanesburgo para contactos com o Bantu Affairs Department da Câmara de Joanesburgo e com o Bantu Resetlement Board depois de um pedido do Governo-Geral de Moçambique([130]). Justificava-se a visita enquanto «estudo das características funcionais, materiais usados e métodos de construção», que seria útil para a aplicação na periferia de Lourenço Marques. Coordenada pela Direção dos Serviços de Urbanismo e Habitação do Ministério do Ultramar, e visando aplicar a ideia de povoamento plurirracial([131]), este estudo não parece ter tido qualquer tradução prática.

Depois do fim do indigenato, os africanos continuavam, na sua grande maioria, a viver à parte, na companhia de alguns brancos pobres, trabalhadores remetidos para o subúrbio. Em 1963, no jornal *A Tribuna*, o arquiteto Pancho Guedes falava,

---

([128]) *Notícias*, 26/8/61.

([129]) *Ibidem.*

([130]) Carta do Cônsul-Geral na África do Sul em 31/8/63, a informar o Governador-Geral informando que as autoridades sul-africanas autorizam a vinda de Manuel Ferreira dos Santos, engenheiro civil e do arquitecto Fernando Martins de Sousa a Joanesburgo para visitar vários bairros indígenas. A Carta foi precedida de um pedido do Governo Geral, a 27/7/63 informando que as razões da visita.

([131]) José de Sousa Morais, *Maputo...* p. 173.

num artigo intitulado «A Cidade Doente», do drama do «cinto do caniço» que delimitava uma «outra cidade aonde vive mais gente que toda a gente da Cidade – é a cidade dos pobres, dos serventes e dos criados» ([132]) que viviam longe do centro sem condições de higiene em casas precárias e insalubres onde as crianças passavam fome. De seguida, criticou o modo como engordara a «cidade de cimento», a falta de planificação e a proliferação de negócios imobiliários, propondo então a criação de um plano de construção que visava aproximar as duas cidades e alcançar «uma genuína integração social – ou serão os 'pretos' só para estar nas cozinhas e nas receções?» ([133])

*

Génese destes projetos urbanísticos, os objetivos de gestão social vieram ao encontro do interesse específico de inúmeros profissionais, que beneficiaram de uma estrutura de oportunidades: altos funcionários estatais, engenheiros, arquitetos, urbanistas, empresários. Foi neste quadro, aliás, que os projetos modernizadores ajudaram a redefinir alguns campos de especialidade, influenciando a sua história e contribuindo para a persistência de uma narrativa internalista mais preocupada com a produção do campo específico do que com a relação mais larga com um campo de poder e com os objetivos daqueles que mais o influenciavam ([134]). Obras definidoras do papel do urbanismo em contexto colonial durante a década de sessenta, como

---

([132]) Pancho Guedes, «A Cidade Doente», *A Tribuna*, 9/6/73, pp. 6-7.
([133]) *Ibidem*.
([134]) O que é evidente em grande parte das obras publicadas sobre arquitetura colonial, p. ex. Ana Vaz Milheiro, *Nos Trópicos sem Le Corbusier, Arquitetura Luso-africana no Estado Novo* (Lisboa: Relógio D'Água, 2012). José Manuel Fernandes, *Arquitetura e Urbanismo na África Portuguesa* (Casal de Cambra: Caleidoscópio, 2005), José Manuel Fernandes, *Geração Africana. Arquitetura e Cidades em Angola e Moçambique*, 1925-1975 (Lisboa: Livros Horizonte, 2002), Ana Magalhães, Inês Gonçalves, *Moderno Tropical. Arquitectura em Angola e Moçambique* (Lisboa: Tinta da China, 2009).

Problemas Essenciais do Urbanismo do Ultramar (1962)([135]), do arquiteto Mário de Oliveira, revelam como uma linguagem formal, ela própria sujeita a inúmeros filtros (estéticos, ideológicos), se ajustava aos objetivos de criar uma força de trabalho mais eficiente. Assumindo a inspiração no que chamou o «reformismo humanista de Adriano Moreira», Mário de Oliveira, membro da Direção dos Serviços de Urbanismo e Habitação do Ministério do Ultramar, procurou explicar de que forma a técnica podia reforçar a natural tendência portuguesa para a mistura, evitar a «rebelião das massas», garantir um «processo de 'massificação' adequado»([136]) e contribuir para estabilizar a força de trabalho, ajustando a habitação dos trabalhadores à localização das indústrias([137]).

Em Lourenço Marques, a organização em 1964 do Gabinete de Urbanização da Câmara Municipal, em articulação com o Ministério do Ultramar, procurou centralizar a produção de programas e projetos, atualizando o já antigo Plano Aguiar. Novos estudos urbanos surgiram, depois de elaborado o Plano Regulador de Ocupação do Solo de Lourenço Marques, em 1966([138]). No entanto, após a construção do bairro indígena da Munhuana em 1942, nada mais se fizera além de um bloco de quatro pisos no mesmo local, dois blocos (32 moradias) no bairro da Malhangalene e 400 casas nas zonas industriais da Matola e da Machava. Em *Os Africanos de Lourenço Marques*, António Rita-Ferreira considerou este esforço muito insuficiente, atendendo ao ritmo do crescimento da população([139]). O subúrbio permanecia praticamente intocado pelos desígnios da nova

---

([135]) Mário de Oliveira, *Problemas Essenciais do Urbanismo no Ultramar (estruturas urbanas de integração e conveniência)* (Lisboa: Agência-Geral do Ultramar, 1962).

([136]) *Ibidem*, p. 20.

([137]) *Ibidem*, p. 8.

([138]) Nomeadamente o Estudo de Urbanização de Fernando Mesquita, em 1965, e o Plano Regulador de Ocupação do Solo nos Arredores de Lourenço Marques, de 1966.

([139]) Rita-Ferreira, *Os Africanos...* p. 203. O III Plano de Fomento previa que Lourenço Marques precisava de mais 35 000 fogos apesar de

política urbana e as grandes empresas continuavam a manter *compounds* onde se alojavam milhares de trabalhadores.

Na dependência direta do Governo-Geral, surgiu em 1969 o Gabinete de Urbanização e Habitação da Região de Lourenço Marques. Novos estudos técnicos foram então elaborados[140]. Baseado nos resultados dos inquéritos preliminares realizados pelo Governo-Geral no «caniço», o decreto-lei que criou este Gabinete responsabilizava o novo órgão pela realização de «vastas operações de renovação urbana», com o «objetivo essencial de melhorar as condições das populações interessadas e dotá-las do equipamento coletivo necessário, evitando, quanto possível, deslocações substanciais dos atuais habitantes». Importava instalar todos os que vinham anualmente trabalhar para Lourenço Marques, atraídos pela «forte polarização exercida pela cidade, pelo complexo portuário-ferroviário e pelos centros industriais dos concelhos limítrofes de Lourenço Marques». Isto implicava a construção de novas «unidades estruturais urbanas», que servissem eficientemente os núcleos da atividade produtiva, e onde viveriam várias categorias da população sem «segregações sociais inconvenientes»[141]. Da responsabilidade do engenheiro Mário de Azevedo, o novo Plano de Urbanização, apenas aprovado pela Câmara de Lourenço Marques no final de 1972 (29/11)[142], procurava concretizar os objetivos preconizados. Neste Plano já se fazia sentir a preocupação de integração mais eficiente da cidade periférica, numa convergência entre preocupações sociais e as teorias modernas do urbanismo de vizinhança[143]. O «Caniço» era agora promovido a «zona de habitação tradi-

---

projetar apenas a construção de 6700 fogos em terrenos a expropriar. *Ibidem*, p. 205.

[140] Maria Clara Mendes, *Maputo*.... p. 419.

[141] Decreto-Lei n.º 48860, 22/2/69).

[142] Mário Azevedo, *O Plano Director de Urbanização de Lourenço Marques* (Lourenço Marques: Separata do Boletim n.º 7 da Câmara Municipal de Lourenço Marques, 1969).

[143] José de Sousa Morais, *Maputo...* p. 172. Neste período encontrava-se à frente do Gabinete de Urbanização de Lourenço Marques o arquiteto José Bruschy, que permaneceu no quadro entre 1967 e 1973.

cional», onde ficavam as habitações precárias, «espontâneas», «não disciplinadas» e onde vivia a população «economicamente débil» (144).

Ainda em 1969, uma equipa de trabalho de técnicos da metrópole, chefiada pelo sociólogo José Carlos Bizarro Mercier Marques, graduado do Instituto Superior de Ciências Sociais e Políticas Ultramarinas, membro do Gabinete de Urbanização e Habitação de Lourenço Marques, elaborou em três meses um plano de reconversão urbana da cidade. Havia urgência em atuar: «A situação de 75% da população da cidade é grave, serão entre 250000 e 300000 pessoas» (145). «Por razões de segurança, sanitárias, sociais e, sobretudo, políticas» importava «fazer desaparecer, tão rapidamente quanto possível, a chamada zona do «caniço»»; no seu contexto atual conduz pois, naturalmente, à ideia que, o primeiro que haveria a fazer seria a urbanização imediata de toda a área da cidade ocupada por palhotas, casas de madeira e zinco e outras construções precárias e a construção na referida zona de habitações decentes reunindo o mínimo de condições hoje consideradas indispensáveis ao alojamento de qualquer ser humano» (146). Este plano implicaria expropriações imediatas, a construção de duas cidades satélites, inspiradas por modelos franceses de habitação integrada (147), servidas por transportes, onde se juntaria parte substancial da população trabalhadora africana, a «menos evoluída». Os mais «débeis» ficariam afastados da cintura da capital, circunstância impor-

---

(144) Na linguagem do Plano: «o conjunto de implantações de habitação humana, espontânea ou não disciplinada, em materiais precários, ou de tipos construtivos tradicionais, transpostos da vida rural e comunitária indígena para o contexto urbano em que procuram inserir-se.» Mário Azevedo, *O Plano...*, p. 19.

(145) *Ibidem*, p. 9.

(146) Arquivo Histórico de Moçambique. Pasta U/9.ª – obras Públicas e Transportes. Gabinete de Urbanização 1969-1973. Informação ao Governador Geral do Director do Gabinete de Urbanização. Rogério da Canha e Sá, 17/12/69.

(147) *Idem*, p. 16.

tante do ponto de vista político e económico[148]. Grande parte da construção destes novos bairros e da sua posterior comercialização ficaria a cargo da iniciativa privada.

Para avançar, o projeto dependia da realização de um inquérito aos habitantes do «caniço». Nestes projetos não se descartava a colaboração das «autoridades tradicionais», a quem cabia criar a sensação de que os suburbanos não estavam a ser forçados, «mas sim de estarem escolhendo por si próprios a solução mais do seu gosto e que lhes é mais conveniente»[149]. Permanecia operativa assim a herança prática do indigenato. Aos «economicamente débeis» cumpria aplicar «esquemas de promoção social» para facilitar a adaptação dos «menos evoluídos às novas condições de vida que lhes são oferecidas». Estes esquemas de promoção social incluíam a organização da «ocupação dos tempos livres», de atividades desportivas e culturais, a promoção da mulher, a formação profissional, com a organização de cursos técnicos para pedreiros, carpinteiros, pintores, estucadores, marceneiros, canalizadores, eletricistas, sapateiros. Para enquadrar esta classe trabalhadora respeitável, convocava-se as instituições religiosas e de voluntariado, organizações como a obra de promoção da mulher, e contava-se com o trabalho de sociólogos e assistentes sociais[150].

Nem todas as perspetivas modernizadoras propunham uma solução tão radical para o «caniço». Baseando-se no trabalho de vários autores e no relatório apresentado à III Conferência Regional Africana realizada em Acra, Rita-Ferreira rejeitava o processo de expropriação do subúrbio e de construção de moradias pelo Estado[151]. Perante a impossibilidade de construir ao ritmo do crescimento populacional, o Estado devia ocupar-se das «indispensáveis deslocações e expropriações»; evitava a des-

---

[148] *Idem*, p. 13.
[149] *Idem*, p. 30.
[150] *Idem*, pp. 28-29.
[151] António Rita-Ferreira, «O Problema Habitacional dos Africanos de Lourenço Marques», *Indústria de Moçambique*, vol. 3, n.º 5 (1970), pp. 176-178.

trução do espírito comunitário, avançava com os parcelamentos, os arruamentos a construção de infraestruturas básicas, o fornecimento de serviços essenciais e o estabelecimento de normas mínimas de higiene e segurança; cuidava da assistência às moradias mais sólidas e da concessão simplificada de créditos([152]). Aos proprietários das parcelas caberia a construção, utilizando as suas técnicas e métodos. Rejeitava-se assim a edificação de bairros operários longe das cidades([153]). Tal solução era, porém, menos atrativa para um conjunto de profissionais e de empresários, na expectativa de beneficiar do investimento estatal.

A diversidade de soluções no contexto das políticas modernizadoras enunciava-se nas lutas, a diversas escalas e em diferentes campos de atividades, que atravessaram o campo do poder colonial e o subcampo da economia do desenvolvimento. No princípio dos anos setenta, o Plano de Beneficiação da Área Suburbana de Lourenço Marques ambicionava intervir sobre o subúrbio. Este urbanismo, política e economicamente instrumental, foi também veículo de projetos de emancipação e de tentativa de superação das prevalecentes lógicas segregadoras. No quadro destas últimas perspetivas desenvolvimentistas, que serviam em alguns casos ideias de reformismo político, a integração económica e a proletarização do trabalhador africano, controlada pelo Estado, conduziriam à melhoria das condições de vida das populações locais.

*

Na sua *Monografia de Moçambique*, publicada em 1971 pela Agência-Geral do Ultramar, Oliveira Boléo descrevia Lourenço Marques com as seguintes palavras:

> É uma linda cidade-praia com largas avenidas, muito arborizadas, com belos jardins, hotéis, teatros e cinemas, museus, monumentos, miradouros, praça de touros, piscinas, campos

---

([152]) *Ibidem*, p. 177.
([153]) *Ibidem*, p. 178.

de variados jogos, hipódromo, bibliotecas e arquivos, aeroporto internacional, enfim, uma cidade moderna, cosmopolita, cruzando-se nas ruas negros, brancos, amarelos, pardos, mistos, sempre visitada por inúmeros estrangeiros ... São exemplares os serviços de saúde pública, assistência e rede escolar[154].

Um ano antes desta publicação subsistiam no subúrbio de Lourenço Marques pousadas temporárias onde viviam pelo menos 5000 trabalhadores contratados das áreas rurais[155], o que reafirmava a instabilidade que caracterizava a inserção laboral da mão-de-obra africana. Baseado em dados recolhidos em 1973, o trabalho da geógrafa Maria Clara Mendes sobre a capital de Moçambique mostrava que apenas as obrigações de mobilidade laboral conduziam os trabalhadores africanos do subúrbio a pisar o terreno «perigoso» do «cimento». Por sua vez, a maior parte dos negros e mestiços que trabalhavam no centro comercial da cidade desempenhavam os cargos de contínuos e moços de recados[156]. A estrutura racial colocava as aspirações de mobilidade dos negros nos bairros de transição mas quase nunca para além do «caniço». As mobilidades residenciais, comerciais e de lazer em Lourenço Marques desenhavam duas comunidades, heterogéneas no seu interior, mas com relações sociais muito confinadas. Trazendo um equilíbrio maior entre homens e mulheres de origem europeia, o crescimento da população colona resultou numa diminuição do número de filhos mistos. A separação social manteve-se operativa, apesar das repercussões práticas de um conjunto de dinâmicas que distinguiram o chamado período do «colonialismo tardio» em Lourenço Marques[157]. O desenvolvimento da divisão social do

---

[154] Oliveira Boléo, *Monografia de...*, pp. 161-162.
[155] *Indústria de Moçambique*, n.º 7 (1970), p. 98.
[156] Maria Clara Mendes, *Maputo...* p. 141.
[157] Ver a este propósito das transformações no período do «colonialismo tardio» em Moçambique, Cláudia Castelo, Omar Ribeiro Thomaz, Sebastião Nascimento, Teresa Cruz e Silva (orgs.) *Os outros da colonização* (Lisboa: Imprensa de Ciências Sociais, 2012).

trabalho, que produziu novas necessidades de mobilidade, o crescimento do Estado burocrático, a proliferação de trocas económicas e a circulação de hábitos, objetos e práticas de consumo, forçaram contactos e sociabilidades([158]), explicando em grande medida fenómenos que normalmente são apenas atribuídos aos efeitos diretos do reformismo político.

Conclusão

Compreendido pelos planificadores enquanto elemento da equação da produtividade e da paz social a ser corrigido, o «atraso local» em Lourenço Marques inscrevia-se no terreno sob a forma de relações sociais concretas, na vida de indivíduos e populações que transportavam nos seus corpos as condições existenciais predominantes no sistema colonial português, que moldavam as suas rotinas e as formas de verem o mundo. Remetidos aos subúrbios da cidade, em condições de enorme precariedade, ergueram casas e ruas, organizaram mercados, instituíram redes e associações, desenvolveram alianças, hábitos e rotinas e uma cultura urbana criativa, apropriando-se e recriando a partir das suas tradições e experiências acumuladas, bem como das suas legítimas aspirações e desejos. Nestas condições, os habitantes dos subúrbios de Lourenço Marques procuraram fabricar a sua vida. As visões desenvolvimentistas não concediam uma interpretação do modo como os habitantes da cidade contribuíram para a construir e como lutaram por ela. Esta outra representação da cidade, a partir dos seus habitantes, ausente deste texto, surgirá como uma poderosa contra narrativa aos discursos dominantes.

Mas a ação destes habitantes, a possibilidade de desenvolverem as suas vidas no subúrbio da cidade, encontrava-se condicionada pela estrutura do campo do poder colonial. Neste espaço de lutas e de relações, mesmo depois do fim do indige-

---

([158]) Nuno Domingos, *Futebol e Colonialismo. Corpo e Cultura Popular em Moçambique* (Lisboa: Imprensa de Ciências Sociais, 2012).

nato, o problema do aproveitamento da mão-de-obra e a questão da integração social num sentido mais lato, continuavam a moldar políticas e interesses. A reconstituição de uma cronologia da última fase do poder colonial português em Moçambique corre o risco, no entanto, de ceder a um conjunto de representações da mudança histórica que identificam o reformismo político presente na transição para a década de sessenta, assinalada pelo fim do indigenato em 1961, como um motor fundamental da transformação social. Isto independentemente das intenções atribuídas a esse reformismo, humanista, de acordo com as premissas luso tropicais promovidas pelo próprio regime, ou instrumental, no quadro da reação portuguesa a pressões internacionais e no contexto da guerra. Esta outra representação do processo histórico produz um efeito de ocultação da relação destes regimes de causalidade com os projetos de reconfiguração do trabalho africano, num quadro económico marcado pelas políticas modernizadoras, pela integração internacional do espaço económico português e pelo aumento do investimento industrial, nomeadamente por parte dos grandes grupos económicos nacionais.

Mas como o provavam os estudos empíricos que suportavam os planos desenvolvimentistas, tal como *Os Africanos de Lourenço Marques* do antropólogo António Rita-Ferreira, diversos obstáculos se juntavam para adiar a concretização de um progresso desejado, fundado no crescimento dos mercados e na estabilização da mão-de-obra africana. A incapacidade de «modernizar» as relações de trabalho enunciava a resistência de um modelo de dominação antigo, herdeiro do trabalho forçado, apoiado num regime racializado de reprodução barata da força laboral e numa integração urbana instável. Na capital de Moçambique, os focos de industrialização urbana, base do crescimento de um mercado interno, não transformaram uma estrutura laboral fortemente baseada nos serviços domésticos e em relações servis e ainda muito dependente da emigração para a África do Sul. Notaram-se pouco, então, os planos estatais de promoção de um sistema de desproletarização organizada, assente num Estado social minimamente efetivo. Mantinha-se assim um regime de desproletarização informal, operativo no modo como se juntava à repressão política para regular o quotidiano, mas que, por outro lado, se revelava pouco ajustado à internacionalização dos mercados. A reconfiguração de categorias económicas e sociais, observada de modo paradigmático na transmutação do «indígena» em «trabalhador economicamente débil», ocultava a prevalecente racialização da estrutura social. Dentro do campo colonial português muitos interesses continuavam a beneficiar deste «atraso moçambicano» e deste modelo de reprodução da mão-de-obra, vigiada por um sistema de coerção generalizado que dificultava as possibilidades de resistência laboral e remetia para o mundo da informalidade, das relações pessoais e clientelares, para os poderes não escrutinados, todo um conjunto de práticas abusivas.

Cidades coloniais: fomento ou controlo?

DIOGO RAMADA CURTO
BERNARDO PINTO DA CRUZ

Nos primeiros dias de Novembro de 1961, a PIDE remeteu duas informações secretas ao Ministério do Ultramar. Tais documentos descreviam, em parte, o progresso das operações militares no Norte de Angola, desencadeadas como resposta aos levantamentos da União das Populações de Angola (UPA), iniciados a 14 e 15 de Março do mesmo ano. Mas as reformas liberalizantes que tinham sido postas em prática, decorrentes da remodelação ministerial de Abril desse mesmo ano, colocavam, no centro da agenda política, a questão de se saber como recuperar as populações – ditas «indígenas», até à revogação do Estatuto dos Indígenas da Guiné, Angola e Moçambique, em inícios de Setembro de 1961 – dando prioridade à atuação das forças militares e dos agentes administrativos locais. As informações em causa dão igualmente conta das reações das populações brancas e das elites administrativas frente ao inesperado regresso de um grande número de indígenas que havia abandonado antigos povoados e sanzalas, antes e durante a insurreição de Março. No fundo, o que instigou a polícia política a remeter para Lisboa uma composição ideográfica deste género não foi tanto dar a conhecer os avanços militares na região, mas muito mais o inesperado retorno daqueles que – por motivos de adesão à revolta, medo ou por efeito dos bombardeamentos da aviação portuguesa – acabaram por se esconder «nas matas». Ou seja, o problema que se punha aos agentes era o de saber como poderiam ser governadas as populações que pareciam querer ser reintegradas na ordem colonial.

A primeira informação, embora revele as novas preocupações da polícia política, presta maior atenção à fragmentação do aparelho insurrecional da UPA(¹). A falta de mantimentos, vestuário e medicamentos, segundo as fontes militares, constituíam fortes indícios da bem-sucedida política de aterrorização no antigo Congo Português. Ainda assim, os agentes da PIDE não encontravam razões de monta para festejar uma vitória. Mostravam-se cautelosos, quanto à estabilização da região, pelo menos em relação a dois aspetos: o primeiro dizia respeito à facilidade de recrutamento de novos «elementos subversivos» e de aprovisionamento na fronteira com o ex-Congo Belga; o segundo relacionava-se com a ação psicológica de endoutrinação que se continuava a verificar nos Distritos do Zaire e do Uíge. Apesar da desarticulação operacional da UPA, registavam-se ainda alguns «ataques terroristas» em diversas localidades, direcionados, na sua maioria, contra as patrulhas militares. E as emboscadas – que se assemelhavam cada vez mais às técnicas de guerrilha – punham em causa a possibilidade de restabelecer um clima de segurança permanente.

O regresso dos nativos foi, desde o início, interpretado como retorno «fictício»: porque aquela polícia desconhecia os verdadeiros motivos de tal retorno, seria necessário investigar cautelosamente as suas razões e deter os indivíduos considerados suspeitos. Na opinião da PIDE, o recrudescimento das atividades terroristas mantinha-se em aberto. A descrição pormenorizada desta possível nova estratégia inimiga só aparecerá no segundo relatório, dedicado exclusivamente a informar o Ministério do Ultramar das estatísticas relativas ao número de indígenas retornados, das operações em curso para deteção de infiltrados e das medidas destinadas a avaliar a natureza real ou fictícia do acontecimento(²).

O segundo relatório, dito secreto, começava por dar uma relação ordenada do número de indivíduos volvidos até dia 10

(¹) AHU/MU/GM/GNP/166/Pt.3, «Informação secreta nº 1.644--G.U. Situação na área de operações no Norte da Província de Angola (29/10 a 11/11/1961)».

(²) AHU/MU/GM/GNP/166/Pt.3, «Informação secreta nº 1680/61--G.U. O regresso das populações aborígenes ao Norte de Angola».

de Novembro e dos povoamentos na área de Carmona, fazendo corresponder, a cada localidade de refixação, uma frequência dos registos de retornados. No total, ter-se-ia verificado o regresso quase simultâneo de cerca de nove mil indivíduos pertencentes aos trinta povoados da região. De acordo com as estatísticas transcritas, as localidades de Quizucua, Quimucanda Quicalo e Gunga registaram o maior afluxo de retornados (3100), seguindo-se Quica, Polo, Henda, Cari e Hateus (3000). Regresso maciço e repentino. Mais do que se interessarem pelas razões deste súbito reencontro entre «população negra, mestiça e branca», os inspetores da PIDE analisaram a estatística até então elaborada pelos serviços administrativos. Alertaram, então, para o facto de os povoados não apresentarem ainda a totalidade de elementos anterior às fugas e para a manifesta ausência de indivíduos jovens, entre os 15 e os 20 anos, no seio das populações que haviam regressado.

Depois, o relator abordou os procedimentos de recenseamento a que foram sujeitos os milhares de indivíduos retornados. Num período máximo de 48 horas, foram acompanhados ao novo hospital de Carmona, à escola do Bairro Económico e aos armazéns de cerâmica, para serem fotografados, recenseados e assistidos medicamente. Depois, as autoridades administrativas, nomeadamente os funcionários da Administração Civil, passaram a cada recenseado uma carta de identificação, credenciada pelo Comandante Militar([3]). Ao recém-chegado, foi concedida a liberdade de voltar ao seu antigo povoado. Coletivamente, cada grupo organizou-se nos moldes mais propensos à reconstrução das habitações abandonadas, que tinham sido «na sua quase totalidade destruídas». A reedificação definitiva obe-

---

([3]) Este novo recenseamento aos ex-exilados, para o qual concorreram os serviços de registo civil, mereceria uma investigação. Desconhecemos, por exemplo, as operações destinadas a categorizar os indivíduos: foram somente classificados pela toponímia antiga da região, como transcreve a polícia política? A outorga da carta de identificação ao nativo reaplicava os princípios discriminatórios da antiga caderneta indígena ou espelhava já a revogação do Estatuto do Indigenato?

deceria a um plano de arruamento e do tipo de habitação previamente estabelecido, feito cumprir diariamente por patrulhas compostas de militares e civis. Ao que tudo indica, estes «novos» empreendimentos disciplinados – onde o planeamento urbano era inseparável da coerção militar – assemelhavam-se mais a uma reconstrução dos antigos povoados, do que a um levantamento de raiz com introdução de novos materiais e técnicas. Porém, a 4 de Novembro, chegaram de Luanda novas diretrizes.

Recorrendo ao argumento do carácter provisório do plano em marcha, o governador do Distrito de Uíge apresentou as novas intenções do Governo-Geral: as de mandar erguer imediatamente dois grandes aglomerados populacionais, daí em diante denominados Regedorias, de composição tribal mista. De modo a garantir um aspecto considerado «definitivo» às construções, chegariam a Carmona, dentro de dois dias, os materiais necessários à devida «consistência» dos futuros edifícios. Desta feita, no dia 6 de Novembro, reuniram-se no Palácio do Governo local as elites político-administrativas, militares, os sobas, em representação dos diferentes grupos de regressados, bem como um agrimensor, acompanhado de um arquiteto, técnico de obras públicas no concelho de Carmona. Segundo a informação secreta, encerrado o período de deliberações, teria ficado acordado, entre o capitão do Exército, os sobas e os dois técnicos, uma expedição aos territórios da vizinhança, no sentido de apurar, mediante votação das autoridades chamadas gentílicas, os melhores terrenos para as futuras Regedorias.

Nos dias seguintes, depois de escolhidos os locais onde se vieram a erguer os novos aglomerados – um em Quicalo, outro em Cunga –, os sobas mobilizaram os «povos» por eles representados. Os recém-retornados iniciaram os trabalhos de capinação e limpeza das terras, providenciaram a mão-de-obra necessária à construção de cerca de mil e quatrocentas habitações «de carácter definitivo», contando ainda com a edificação de uma Escola, Igreja, Posto Administrativo e Posto do Corpo de Voluntários. Este «pequeno núcleo de elementos» de voluntários exercia funções idênticas às da Guarda Nacional Republicana na metrópole, tendo o Governador-Geral já incumbido o

Capitão do Exército de tomar diligências para a instalação da corporação nos antigos povos de construção provisória, agora suspensa. Quanto aos planos de arruamento, o arquiteto de Carmona terá informado os agentes da PIDE que ainda se achavam por gizar, embora apontasse a necessidade da extensão da rede de eletrificação, com a energia produzida por intermédio do aproveitamento das águas, num sistema de roda hidráulica. Os testemunhos apurados pelo inspetor da polícia política referiam também que o futuro plano habitacional tinha em linha de conta a equidistância dos aglomerados em relação aos terrenos agrícolas anteriormente cultivados pelos diversos povos, que os conservam na sua posse. Mais acrescentava que o alinhamento das ruas deveria facilitar a concentração de cada povo num determinado local no interior do novo aglomerado populacional e, no geral, as duas Regedorias distavam no máximo 12 km da capital de Distrito, Carmona. As obras não durariam mais de quatro meses, sendo até provável a refixação das populações antes desse prazo. Todavia, a celeridade do processo dependia sobretudo da utilização «da mão-de-obra nativa em toda a sua extensão – capinagem, cerâmica (...) e edificação propriamente dita».

As duas últimas partes do relatório secreto chegado ao Gabinete dos Negócios Políticos do Ministério do Ultramar focavam os contornos em que se estabelecia o controlo social e as relações entre a população branca e as populações nativas regressadas. O inspetor da PIDE deu, então, conta de uma série de decisões que a elite administrativa local tomara em relação às práticas de registo obrigatórias: um certo número de representantes de cada povo reinstalado teria de se dirigir diariamente ao concelho de Carmona, onde a administração concelhia lhes comunicaria diretivas quotidianas e trataria de lhes facultar os documentos oficiais de que careciam os recenseados para obtenção de um mínimo de liberdade de comércio, na compra e venda de artigos, tais como sal e fósforos. Todo o trabalho de deteção de suspeitos de envolvimento em «atos terroristas» via--se facilitado, de acordo com a Subdelegação da PIDE no distrito, pela «predisposição» com que os interrogados respondiam aos inquéritos daquela polícia. Não só chegavam a confessar a sua participação pessoal nos ataques, como denunciavam prontamente os nomes e atividades de figuras de maior responsabilidade na propaganda «subversiva». No entender do relator, tal prontidão só seria justificada por duas razões: «ou por conformação ou porque estão persuadidos que virão a ser perdoados». Era de «pasmar», nas palavras do agente, que os rendidos, asseverados pelas autoridades militares de que «teriam de sofrer castigo», o aceitassem de boa vontade e com resignação. Mas se isto deveria ser da ordem de uma «verdade psicológica», na qual os recém-chegados incorriam de forma estratégica ou dissimulada, os factos negavam-no constantemente: não era raro assistir a reencontros amigáveis entre antigos trabalhadores e patrões ou à apresentação de queixas na Administração do Concelho contra «o branco tal que lhe roubou o café da sua lavra». E os agentes da PIDE não tinham outra explicação para tal espantoso retomar das antigas relações, quer com os empregadores europeus, quer com as práticas reiteradas para com as autoridades civis.

É precisamente das últimas relações que trata o final da informação secreta. Coligindo diversos testemunhos, não identificados, a polícia política reconhecia o resfriamento da cólera e sede de vingança da população branca do Uíge, que «se tem sabido conter à altura das circunstâncias». Isto estaria, de facto, a facilitar o trabalho das autoridades. Referiam-se os «ódios» e «motejos recalcados» dos brancos que sofreram perdas inestimáveis na sua propriedade e nas vidas «dos entes queridos»; mas não se apontavam as razões prováveis desta complacência. Num momento em que Carmona, «onde até à rendição não se via um preto», assistia a uma enchente dos nativos – cidade onde passaram a circular livremente, «sem ares de arrogância» –, não havia sequer indícios de moléstias entre ambas as partes. A informação termina em forma de conselho aos destinatários, com algumas reservas em relação às medidas liberalizantes que não respeitavam o racismo local: a calma aparente que ali se vivia não estava em condições de resistir à «colocação em lugares do Estado de funcionários pretos, antes que haja decorrido pelo menos uns seis meses ou mais». Por detrás deste juízo, encontrava-se a insistência de Luanda, nomeadamente dos serviços de Fazenda, para se preencherem vagas no concelho de Carmona, por intermédio da transferência de «funcionários de cor (...) e só o facto disso constar, deu ocasião a comentários insultuosos para o director daqueles serviços em Luanda e ameaças que poderão bem vir a ser consumadas se tal propósito se materializar» ([4]).

*

Como interpretar documentos desta natureza à luz da temática do urbanismo e do ordenamento coloniais? Antes de mais, eles fazem parte de uma série de informações secretas construídas a propósito das ações das forças militares portuguesas no processo de «pacificação» da região do Congo português. Neste sentido, trata-se de peças de informação que, se abordam questões de planeamento urbano, estas têm de ser lidas num contexto de desordem colonial e de resistência. Ao darem conta de um fenómeno localizado de morfologia social – o retorno maciço das populações nativas aos seus povoados de origem e às plantações do Uíge –, os documentos parecem ser um objeto da planificação urbanística simultaneamente a um nível micro e macro de análise. Isto porque o acontecimento que um dos relatórios qualifica de contingencial abriu uma oportunidade real para a reorganização dos fundamentos materiais do controlo colonial. Controlo esse para o qual concorreram, para além do poder político, os grupos locais de colonos europeus, as autoridades ditas tradicionais, com as suas diferentes formas de colaboração, mais ou menos veladas, e a elite militar. De igual modo, a remodelação ministerial em Lisboa, feita na sequência dos primeiros meses de guerra em Angola no primeiro trimestre de 1961, e a reforma legislativa subsequente, operada a partir do Ministério do Ultramar, também influíram nesse processo de controlo social.

([4]) AHU/MU/GM/GNP/166/Pt.3, *idem*, p. 6.

A revogação do Estatuto do Indigenato e a criação das Juntas Provinciais de Povoamento de Angola e Moçambique, em Setembro 1961 – as quais tinham em vista «a criação de comunidades multirraciais e a implantação no Ultramar de novas civilizações luso-tropicais» –, permitem pensar os acontecimentos no Norte de Angola do ponto de vista do processo das tomadas de decisão ao nível das cúpulas do Estado colonial([5]). Primeiro, porque há contiguidade temporal entre as reformas liberalizantes e a deslocação das populações (que deixam de ser categorizadas como indígenas, para passar a ser tidas como «populações aborígenes»), nas zonas batidas pelo exército e bombardeadas pela força aérea. A razia dos povoados territorialmente dispersos, numa política de terror e terra queimada, apesar de ter empurrado as forças da UPA para uma fuga em direção às serras da região setentrional e ao exílio para lá da

---

([5]) *Juntas Provinciais de Povoamento de Angola e Moçambique. Decreto n.º 43895, de 6 de Setembro de 1961* (Lisboa: Agência Geral do Ultramar, 1961). Estão ainda por determinar como foram postas em prática as medidas propostas por este diploma, que porventura reproduziam antigas práticas anteriores à abolição do Estatuto do Indigenato. De facto um dos pontos das juntas provinciais era o de «elaborar e manter actualizado inventário, quanto possível completo, com indicação de profissões e locais, das necessidades da província em mão-de-obra especializada, artesanato e quadros primários das diferentes artes e ofícios», *idem*, pp. 16-17. Para um inventário das medidas legislativas em que este mesmo diploma se insere, as quais têm o cunho claro da intervenção de Adriano Moreira, cf. João Baptista Nunes Pereira Neto, «Política de integração em Angola e Moçambique», *Estudos Ultramarinos* (1962), n.º 2 – *Política, economia e trabalho*, pp. 87-114, maxime 113-114; e também *Providências legislativas ministeriais tomadas em Angola de 20 a 28 de Outubro de 1961* (Lisboa: Agência Geral do Ultramar, 1961). Para um inventário bibliográfico (dos trabalhos de Adriano Moreira, Afonso Mendes, José de Albuquerque Sousa, Manuel Múrias, Marcello Caetano e Silva Cunha), sobretudo na década de cinquenta, relativos ao estatuto dos indígenas e abolição do trabalho forçado, segundo a Organização Internacional do Trabalho (Genebra, 21 de Junho de 1957, entrou em vigor nos territórios portugueses a 23 de Novembro de 1960) até ao «novo e arrojado Código de Trabalho Rural», publicado a 27 de Abril de 1962, cf. a sistematização apresentada por Júlio Evangelista, *A Queixa do Ghana e a conjura contra Portugal* (Lisboa: Tipografia Minerva, 1963), pp. 38, 40.

fronteira com o Congo, veio a traduzir-se numa vantagem estratégica para os portugueses. Com o retorno ao Distrito do Uíge, as populações nativas – cuja etnia a PIDE não se esforçou sequer por identificar – teriam de reconstruir os seus antigos povoados e organizar a produção agrícola para sustento próprio ou, então, voltar ao encargo do patronato branco. Toda essa gente, presumivelmente envolvida nas atividades ditas terroristas de Março, passava, à sua chegada, por uma rígida e bem planeada demonstração de disciplina. A urgência em fazer dela um objeto concreto do conhecimento estatal advinha do claro processo de militarização em que a região se viu envolvida. Como comunicou a Subdelegação da PIDE, a receção aos «pretos» era publicamente encenada, numa cerimónia que contava com a presença do Governador de Distrito,

> que profere sempre uma palestra e ante o qual, alguns povos, num gesto de submissão, vêm lançar a seus pés as armas de que são portadores, essencialmente canhangulos, actos a que têm assistido o Sr. Comandante Militar, Autoridade Administrativa, Delegados de Saúde, Delegado do Procurador da República, Comandante do Posto da PSP e PIDE, além de muitos curiosos que compareçam no respectivo local([6]).

A cerimónia pública da rendição, cujos bastidores somos incapazes de perscrutar, decorria exatamente em locais que predispunham ao convite da população branca: o campo de futebol e a Praça Montanha Pinto, «onde se junta a quase totalidade da população da cidade, branca, preta e mestiça». Os nativos estavam ainda sujeitos a outras palestras, estas já da parte do Exército. Nessas preleções, lançavam-se ameaças de castigo e garantias de que, no futuro, «justiça lhe[s] será feita, por quem de direito e na devida oportunidade». Esta promessa de uma justiça futura, que era uma garantia direcionada mais às populações brancas, talvez com o intuito de conter animosidades face ao reencontro com os africanos, deve ser enquadrada na mesma estrutura de mudança da atuação das autoridades distritais: quer

([6]) AHU/MU/GM/GNP/166/Pt.3, *ibidem*, p. 2.

no que as levou a suspender os primeiros trabalhos de edificação de povoados, quer na pressão oficial para que se procedesse à transferência de funcionários negros para os serviços administrativos de Carmona. A referida estrutura correspondia a uma ideologia apostada na assimilação, a qual surgira em resposta ao isolamento português na ordem internacional e se traduzia em políticas internas capazes de legitimar as possessões ultramarinas. Essa ideologia concretizava-se num regime de práticas, cujo paradigma legal se achava nas já referidas revogação do Estatuto do Indigenato, na criação das Juntas Provinciais de Povoamento, bem como na reforma ao Código do Trabalho, promulgada no ano seguinte, e no novo plano de Educação Rural para Angola. Contudo, o caso em apreço demonstra que executar, em tempo de guerra, medidas reconhecidas pelo seu cunho liberal obrigava a uma certa ambiguidade.

A ambiguidade estava, aliás, presente na referida rendição, que seguiu os seguintes termos: em primeiro lugar, a cerimónia correspondia ao contexto de reformas políticas, económicas e sociais lideradas pelo novo Ministro do Ultramar, Adriano Moreira. Dessas medidas, constava, precisamente, a reorganização das unidades administrativas que pretendiam enquadrar os antigos indígenas, ou seja, as Regedorias([7]). Visando uma maior regulação das relações entre colonos brancos e populações nativas, as Regedorias, enquadradas na criação de instituições des-

---

([7]) Ministério do Ultramar, *Organização das Regedorias nas Províncias Ultramarinas. Decreto n.º 43896, de 6 de Setembro de 1961* (Lisboa: Agência Geral do Ultramar, 1961). Está por fazer a análise do pensamento das relações do Estado colonial com as chefias e o direito dos africanos, do qual não estão ausentes questões de organização do trabalho, nem de representação politica das comunidades ou municípios, cf. a título de exemplo: Adriano Moreira, «Política de integração», *Estudos Ultramarinos*, n.º 4 (1961), pp. 7-21; J. A. Pereira Monteiro, «Considerações acerca da revogação do Estatuto do Indigenato», *idem*, pp. 23-40; João da Costa Freitas, «Conceito de indígena e regime de indigenato», *Estudos políticos e sociais*, vol. I, n.º 1 (1963), pp. 55-122; Narana Coissoró, «As instituições de direito costumeiro negro-africano», *Estudos políticos e sociais*, vol. II, n.º 1 (1964), pp. 79-97.

tinadas a promover práticas sistemáticas de colonização branca, prendiam-se com um segundo fator, também ele expresso na informação da polícia secreta: a representação das massas africanas na arena política. Embora simbolicamente separados, existiam dois fatores interligados no esquema de disciplina urbanística descrito pela PIDE. No plano prático, a evidência aponta para uma total indefinição do que é da ordem do fomento e do que é da ordem do controlo, já que são possíveis leituras complementares do mesmo objeto: por um lado, no entender da PIDE, os novos arruamentos e a organização das vizinhanças, ancorados nas estruturas ditas tribais, serviam a prossecução de objetivos militares no plano social. Visto que se tratava de um plano de recuperação psicológica, a compreensão do fenómeno da rendição tornava-se fundamental. Ela tanto poderia corresponder a um falso retorno, como a uma estratégia deliberada das forças anticoloniais para recriação de elos de cumplicidade no interior da comunidade portuguesa no Uíge e, bem assim, de penetração em terreno inimigo.

Há ainda a considerar os esforços dos colonos brancos na reocupação das suas fazendas e no controlo da produção de café, incluindo a atracão dos grupos de bacongos refugiados nas «serras» [8]. Porém, como demonstram os documentos em análise, o relacionamento entre os ex-indígenas e a população europeia tornara-se tópico de preocupações, sobretudo ao nível do resfriamento das explosões de rancor e vingança por parte desta última. O controlo pulsional da comunidade branca no Uíge parecia ser essencial para restaurar relações de mútua confiança, no interior de uma estratégia psicossocial que o Governador de Distrito passou a promover. A concessão de perdão aos «recuperados» saiu também reforçada da nova organização das regedorias, que não só permitiu um mais estreito reencontro com a área concelhia de Carmona, como também implicou uma nova redistribuição de terras aos africanos. Na realidade, tratava-se de redimensionar a propriedade agrícola dos ex-indí-

---

[8] Douglas Wheeler e René Pélissier, *História de Angola* (Lisboa: Tinta da China, 2011), pp. 266-267, 271.

genas, já que certas versões do levantamento da UPA na região do Congo português reconheciam a iniquidade da concessão de terras entre brancos e africanos durante o *boom* da exploração do café na década de 1950. Como veremos mais adiante, a partir do relatório de um inspetor colonial, era a concorrência económica entre dois tipos de produtores de café e o litígio em relação às formas de apropriação das terras que dividiam os colonos brancos dos indígenas «calcinhas» ([9]).

Estas medidas, que não corresponderam a uma reforma agrária em Angola, são normalmente entendidas como prelúdio da liberalização jurídica do mercado de trabalho na colónia, que só ocorreu um ano mais tarde, pelo menos no papel. Contudo, elas davam também resposta à institucionalização dos programas de colonização branca estatalmente orientados, com a criação das Juntas de Povoamento. Ou seja, a reorganização agrária e habitacional dos aglomerados nativos e a racionalização sistemática da emigração metropolitana para Angola serviram uma dupla fixação: de colonos brancos e de ex-indígenas em tempo de guerra. O paradoxo que tentamos aqui evidenciar reside na abertura de um espaço, contingencial é certo, para colocar em marcha o tão propalado luso-tropicalismo a nível local, num momento em que se acabava com o Estatuto do Indigenato. A revogação desta discriminação legal foi projetada, no discurso ideológico oficial, como a consequência natural do suposto processo assimilacionista típico da colonização portuguesa. Devido à destruição do artifício jurídico do «indigenato», o conceito de charneira entre *tribo* e *nação*, o de «destribalizado», perderá toda a razão de ser. Ora, a ação psicossocial de recuperação das populações, ao nível local, ilumina as contradições das políticas reformistas num regime conservador, porque revela o modo pelo qual aquela revogação não surtiu nenhum efeito progressista em termos políticos. Bem pelo contrário, o objetivo militar de pacificação regional atualizou os preceitos contidos nas teorias jurídicas e sociológicas de enquadramento social dos

---

([9]) Jeffrey Paige, *Agrarian Revolution* (Nova Iorque: The Free Press, 1975), pp. 237-242.

«destribalizados». Ora, este regime de práticas do assimilacionismo manteve-se e reforçou-se, num contexto de eliminação da oposição entre tribalismo e acesso à cidadania.

*

Uma hipótese interpretativa, que provavelmente é a que melhor dá conta do sentido dos factos, a começar pela própria rendição, consiste em pensar que o esgotamento de recursos e a estação chuvosa impuseram o retorno em massa dos que se tinham refugiado nas matas, nas serras ou transposto a fronteira para o Congo-Léopoldville, nos últimos meses. A verificação desta hipótese baseia-se na constatação de um retorno sustentado a médio prazo (desde Outubro de 1961) nas regiões orientais do antigo Distrito do Congo, isto é, no então Uíge, onde a pressão da UPA foi sendo relaxada. Esta hipótese parece sair validada pela comparação da exequibilidade da reforma das divisões administrativas num outro Distrito, o da Lunda.

Em 1963, no final do seu mandato como governador do vizinho Distrito da Lunda, onde se fazia sentir a presença da Companhia dos Diamantes, Artur João Cabral Carmona teceu perturbantes considerações a respeito das migrações e da destribalização[10]. No seu entender, as migrações faziam parte das causas do «enfraquecimento demográfico» da região[11]. Uma clara divisão da população por géneros levava à identificação da população masculina como sendo constituída ancestralmente por caçadores nómadas. A esta característica ancestral e quase natural somavam-se as permanentes migrações, tanto para os territórios vizinhos, como para as áreas limítrofes[12].

---

[10] AHU_MU_ISAU, A2.01.001/02.00009 – Governador Artur João Cabral Carmona, «Distrito da Lunda. Relatório do Governo 1961-1963».

[11] *Ibidem*, p. 113.

[12] Em relação ao estudo dos quiocos da Lunda, insistia-se, pela mesma época, nos seus movimentos nómadas, relacionados quer com actividades comerciais, quer com a transumância; o quioco, tido como andarilho, «também chamado o 'cigano de Angola' pela boca de alguns autores), quase nunca se despega em absoluto do meio tradicional, mesmo

Particularmente importante na Lunda teriam sido as migrações ocorridas durante o «tempo da borracha», ou seja, no período entre as duas grandes guerras. Assim, o

> trabalho excessivamente penoso para que se não dava a paga devida a qual conjugada com inferiores condições económicas oferecidas e dificuldade de colocação dos géneros de sua produção levaram o nativo, no seu espírito fatalista, a uma saída em massa para o então Congo Belga e para a Rodésia, por assim serem chamados por familiares (a fronteira política e convencional nunca coincidiu com a étnica) – e por ali encontraram melhores condições de vida([13]).

Por sua vez, muitos dos que tinham emigrado terão acabado por regressar em 1963, devido às fomes ocorridas na República do Congo([14]). Porventura mais importante, no suscitar das

---

que se trate de um destribalizado», Mesquitela Lima, «Alguns aspectos da cultura quioca», *Mensário Administrativo – Portugal (Angola)*, n.º 173-182 (Janeiro-Setembro 1962), pp. 3-15, *maxime* 8.

([13]) AHU_MU_ISAU, A2.01.001/02.00009 – Governador Artur João Cabral Carmona, «Distrito da Lunda. Relatório do Governo 1961-1963» pp. 113-114.

([14]) Para os que estavam preocupados com as questões da população e o seu decréscimo em Angola, era evidente que, na ausência de números fiáveis, a diminuição estava patente «nas quantidades maciças de indígenas portugueses que povoam as colónias vizinhas», Henrique Galvão e Carlos Selvagem, *Império Ultramarino Português. Monografia do Império*, vol. III – *Província Ultramarina de Angola* (Lisboa: Empresa Nacional de Publicidade, 1952), p. 211. Estimava-se que, em meados da década de 1950, cerca de «47% da população trabalhadora do Katanga e Léopoldville provinha do exterior; só na província de Léopoldville existiam 40.000 angolanos a trabalhar nas cidades portuárias, como criados domésticos e pequenos comerciantes; a magnitude de todos estes movimentos estava patente no crescimento rápido dos centros urbanos, pois entre 1939 e 1956 a população urbana foi de 1.017.889 para 2.937.108», U.S. Army, *Area Handbook of the Congo (Leopodville). Prepared by Foreign Areas Studies Division* (Washington, D.C.: The American University, 1962), p. 73. Números diferentes tinham sido sugeridos anteriormente: «Em Angola há igualmente uma importante emigração indígena, para o Congo Belga, Rodésia e Sudoeste Africano. Só para este último território deve ela andar à roda dos 10.000

migrações, foi a fuga à «Tchipala», ou seja, ao regime de contrato de trabalho imposto pela Companhia de Diamantes. Este último, que retirava o trabalhador da sua área de residência para o enquadrar segundo o método do «trabalho duro e disciplinado», era considerado demasiado longo (18 meses) e acompanhado de um salário muito baixo[15]. A última causa para a diminuição demográfica encontrava-se numa cadeia constituída por «deficiente nutrição e fome proteica, a determinar esterilização, reduzida natalidade e índice alto de mortalidade

---

trabalhadores, largamente superada pela emigração para o Congo Belga. Toda esta emigração se faz clandestinamente, pelo que se torna impossível apresentar números exactos ou mesmo aproximados a tal respeito. O que seguramente se pode afirmar é ser ela uma autêntica sangria na economia angolana, além de representar um perigo efectivo para a paz social, dadas as ideias que os indígenas regressados tantas vezes trazem consigo», Afonso Mendes, «A promoção das massas rurais indígenas», *Estudos Ultramarinos – Revista do Instituto Superior de Estudos Ultramarinos*, vol. VII – *Volume de Homenagem ao Professor Doutor António Augusto Esteves Mendes Corrêa* (1957--1958), p. 15. Já em 1948 havia a noção clara de como funcionava o fluxo migratório do Norte de Angola para o Congo Belga – no concelho da Damba «o número de indivíduos recenseados para pagamento do imposto indígena que era de 19336 em 1934, passou a ser de 7201 em 1943» – conforme referiu, mais tarde, Manuel Alfredo Morais Martins, «As migrações de indígenas nas Províncias Ultramarinas», *idem*, pp. 129-130. Havia, por isso, a consciência clara de que «As regiões do café no Distrito do Congo, apesar de necessitarem de muitos braços, poder-se-iam bastar a si próprias quanto a mão-de-obra indígena, se delas não saíssem durante o ano muitas centenas de trabalhadores, o que faz que os cafeicultores do Distrito sejam forçados a ir recrutar pessoal a distritos tão longínquos como os do Bié e da Huíla», José Paulo Paixão Barradas, «Especialização da mão-de--obra indígena», *Problemas das Economias Ultramarinas: comunicações e debates. I Congresso dos Economistas Portugueses*, 3.ª secção – *Mão-de-obra indígena* (Lisboa: Instituto Nacional de Estatística, 1955), p. 48, citado por António S. Labiza, «Alguns problemas da produção e mão-de-obra indígenas em Angola», *Estudos Ultramarinos* (1959), n.º 4, p. 108.

[15] AHU_MU_ISAU, A2.01.001/02.00009 – Governador Artur João Cabral Carmona, «Distrito da Lunda. Relatório do Governo 1961-1963», p. 114.

infantil»(¹⁶). Após as causas, vinham as consequências das migrações e dos contratos de trabalho excessivamente longos – ambos processos que mobilizavam os jovens robustos e os homens válidos, e que deixavam na sanzala as mulheres «afadigadas do trabalho» e os homens «menos válidos e fisicamente débeis»(¹⁷). As crianças que resultavam desta conjugação, onde preponderava a deficiente nutrição, eram «definhadas, muitas incapazes de vencer»(¹⁸). Frente a esta situação de exploração desenfreada do trabalho e das formas de resistência pela emigração, o autor do relatório mostrava otimismo em relação ao futuro e constatava uma «melhoria sensível no panorama físico-demográfico da população»(¹⁹). Pois, desde 1956, tinham-se multiplicado os instrumentos de regulação, os quais consistiram numa série de «campanhas agrícolas orientadas, de mercados nativos fiscalizados e acautelados pelos agentes de autoridade, melhores salários, regramento mais perfeito dos contingentes para 'contrato' de trabalho, [que] determinaram melhoria sensível no panorama físico-demográfico da população»(²⁰).

O governo das populações, nas suas ambições de controlo biológico e administração dos corpos, incluindo particular atenção ao definhamento e subnutrição, via nas migrações um problema, análogo ao da mão-de-obra. Neste âmbito, a intervenção reguladora, que competia ao governo político, tinha porventura como propósito contrabalançar uma situação de exploração atribuída à Companhia dos Diamantes. Mas existia uma segunda questão, também associada às migrações: a destribalização. Se os chefes dos «clans», numa reverência ao programa político

---

(¹⁶) *Ibidem.*

(¹⁷) Cf., a respeito do peso desigual das diferenças etárias e de género na migração laboral na Lunda, Henrique Lopes Guerra, «O regresso do lunda», in Idem, *A cubata solitária* (Sá da Bandeira: Colecção Imbondeiro, n.º 31, 1962), pp. 3-10.

(¹⁸) AHU_MU_ISAU, A2.01.001/02.00009 – Governador Artur João Cabral Carmona, «Distrito da Lunda. Relatório do Governo 1961-1963», pp. 114-115.

(¹⁹) *Ibidem*, p. 115.

(²⁰) *Ibidem.*

de «respeito pelos usos e costumes tradicionais», eram chamados a servir de coadjuvantes das autoridades administrativas,

> as condições económico-sociais e a tendência movediça das populações, falta de concentração, grupos tribais diferenciados, e tudo conjugado ainda a uma outra política – a de, a seguir à ocupação militar e revoltas havidas de sobas, enfraquecimento dos 'clans' – determinou uma pulverização – verdadeira inflação – do que se designam por 'autoridades nativas ou tradicionais', com a consequente quebra de importância, diminuição de prestígio para as mesmas e problema social a ter hoje especial acuidade que é o da dificuldade de reunião ou concentração e reordenamento que se procura([21]).

Ficava, assim, constatada a disjunção entre o projeto legal de transformar os sobas em colaboradores do Estado colonial, regedores, e as realidades impostas tanto pelas migrações, como pelas mudanças económicas (a começar pela formação de um mercado de trabalho) ou ainda pelas medidas de «pulverização e enfraquecimento dos clans» tomadas desde 1961:

> Se a dita pulverização e enfraquecimento dos 'clans' determinou quebra de prestígio, este fenómeno deriva ainda da discussão cada vez maior da autoridade do 'soba' por parte de todos aqueles que, por via do trabalho por conta alheia, vivem largos tempos em meios maiores e mais civilizados, contactando com europeus e elementos mais evoluídos – num caminho instintivo de destribalização – e que no regresso à sanzala, sucessiva e progressivamente, não reconhecem e impugnam capacidade alguma do 'seu' soba para o dirigir([22]).

Ora, o governador da Lunda defendia que, mau grado todas estas mudanças que punham em causa a autoridade do «chefe tribal», o «tribalismo» parecia perdurar associado ao «fetichismo»; logo, bem podia a administração portuguesa continuar

---

([21]) *Ibidem*, pp. 116-117.
([22]) *Ibidem*, pp. 117-118.

a aproveitar-se do «sistema tradicional», constituindo os sobas em «verdadeiros auxiliares da administração» e autorizando-os «através da Regedoria e Regedores» ([23]). Porém, tais intervenções destinadas a angariar colaboradores entre os sobas, do ponto de vista da ação política ou administrativa, só muito dificilmente poderia ir avante na Lunda. Ali, ao contrário do que acontecera no Uíge, a ausência de «populações batidas por acção da guerra» impedia que se pusessem em prática as novas prescrições relativas às Regedorias:

> É propósito da Administração Portuguesa, o aproveitamento do sistema tradicional, reforçando através da Regedoria e Regedores, a autoridade e as suas prerrogativas, encaminhando-os para verdadeiros Auxiliares da Administração, que é meta a atingir.
> Mas o que foi possível e relativamente fácil fazer no Distrito do Uíge no campo do reordenamento rural e constituição das Regedorias de certo desenvolvimento, não se diz por exemplo para a Lunda – e creio que a circunstância principal a atribuir está que nos Distritos do Norte da Província, facilitou o processamento o estar-se perante 'populações batidas' por acção da guerra([24]).

([23]) *Ibidem*, p. 118.
([24]) *Ibidem*, pp. 118-119. Acerca do significado da mesma ideia de populações batidas pela guerra, vale a pena registar o relatório de um outro inspector, quando informava, em inícios de Outubro de 1961, que a política indígena era «a parte mais melindrosa, tendo em conta os acontecimentos políticos ocorridos no decurso deste ano em Luanda e no Norte da Província». Segundo os relatórios secretos da Administração, depreendia-se «o estado de descontentamento que lavrava nos 'Muceques', assim como de agitadores que procuravam explorar aquela agitação». Era por demais notório o exemplo do que se tinha passado no Congo ex-Belga, com a criação da República do Congo. Segundo o administrador, proferiam-se, «quando se deparava ocasião para isso, certas frases atentórias para a nossa soberania». Na opinião do inspector, o que se tinha passado na região do Norte, o «descontentamento e princípios de rebeldia» tinham como causa o recurso generalizado «ao trabalho compelido e até em alguns casos gratuito, aos maus tratos dos particulares, aos roubos de terras de café, enfim, a injustiças de toda a ordem, tudo explorado por uma propa-

Na comparação do governador da Lunda, o sucesso das medidas tomadas no Uíge estava, pois, diretamente ligado ao facto de as populações terem sido sujeitas à violência da guerra. Nesta constatação comparativa, será impossível não incluir outras medidas, como as do reordenamento rural e planificação urbana, ensaiadas também no Uíge, nomeadamente em Carmona. Desta feita, a criação de um novo sistema de colaboradores – os sobas ou chefes tribais elevados à categoria de regedores, destinados a auxiliar o Estado colonial – só seria possível em condições que não existiam na Lunda. E da mesma forma que exprimia as suas reservas em relação às Regedorias, Cabral Carmona também mostrava o seu ceticismo ou, melhor, a sua resistência em relação à abolição do Estatuto do Indigenato:

> É pois conveniente – e perfilho o princípio – que, em matéria de Trabalho, se caminhe também com prudência. Não é possível encontrar que, ao primitivismo ainda há pouco tempo atribuído ao nativo e sociedade subdesenvolvida, passar, em *autêntico salto*, a julgá-lo como completamente apto a discernir as suas conveniências e seguir os métodos ocidentalizados do mercado de trabalho([25]).

---

ganda subversiva bem orientada». No caso mais específico que era dado a ver ao mesmo inspector, era «difícil de definir o estado de espírito das massas aborígenes de Luanda, visto que, depois de tantas mortes, prisões e repressões, aliás justificadas, têm medo de exteriorizar o pensamento, mormente no campo da política. No entanto, a verdade manda dizer que não podemos nem devemos confiar!» A «profunda reforma» criada pela abolição do estatuto do indigenato – «apesar de não ter sido ainda percebida pelos nativos e por grande parte da população branca, e de alguns dizerem que só foi publicada para satisfazer as Nações Unidas – deveria ser levada à prática», AHU/MU/ISAU, A2.49.004/53.00389 – Inspector Administrativo Vasco Teles da Gama. Luanda, 2.º bairro, 1961, p. 11-12.

([25]) AHU_MU_ISAU, A2.01.001/02.00009 – Governador Artur João Cabral Carmona, «Distrito da Lunda. Relatório do Governo 1961-1963»,, p. 129 (sublinhado no documento). Após inspecção terminada em Outubro de 1961 aos muceques de Luanda, Vasco Teles de Meneses referia-se à abolição do Estatuto do Indigenato no mesmo tom: «a verdade é que as leis do indigenato não eram más, mais depressa boas, mas foram as injustiças, as arbitrariedades e o desrespeito às leis, que deram origem à difícil

A informação secreta da PIDE a que aludimos na primeira parte revela de forma clara que os ex-indígenas, que eram ainda considerados nativos ou «pretos», se apresentaram numa pluralidade de entidades coletivas distintas, sob diferentes autoridades tradicionais. Ou seja, a informação dá a entender que o seu regresso foi feito de forma organizada nos quadros do costume tribal das relações de poder e, por isso mesmo, o seu deslocamento, após os acontecimentos de Março de 1961, não podia ser equiparado a um processo de destribalização. Ora, esta constatação levanta problemas à análise do documento na averiguação da validade dos factos que nele se descrevem. Um exemplo concreto está na descrição dessa forma coletiva dos nativos se apresentarem às autoridades portuguesas. As «autoridades gentílicas» são vistas como intermediários ou colaboradores nas relações entre o Estado colonial e as massas tribais. Mas como poderemos estar certos de que tal terá de facto ocorrido nesses moldes, quando as estatísticas oficiais, que o relatório também refere, demonstram uma desproporção entre o número de populações africanas residentes no distrito antes da sublevação, e o número que se «rendera» até à data? Mais. No caso concreto da nova planificação suburbana, os chefes tradicionais terão desempenhado um papel de relevo, nomeadamente no que toca à mobilidade dos grupos dispersos, comunicação com a administração portuguesa, deliberação no plano de assentamento populacional e na edificação de habitações. Nas entrelinhas, lê-se até que os sobas ou regedores colaboravam nas operações de coordenação e vigilância dos bairros das Regedorias, dada a sua nova composição mais concentrada e bem delimitada.

No reagrupamento de povoados em dois grandes aglomerados, a legitimidade tradicional saía provavelmente reforçada, quando, à unificação das gentes, se aliava a manutenção das antigas distinções de carácter étnico ou tribal. Nada de novo, portanto, quanto ao papel que essas autoridades, desde finais

---

crise que atravessamos», AHU_MU_ISAU, A2.49.004/53.00389 – Inspector Administrativo Vasco Teles da Gama. Luanda, 2.º bairro, 1961, p. 12.

do século XIX, vinham exercendo na máquina produtiva da economia colonial, enquanto peças-chave no recrutamento de trabalhadores involuntários. A questão é tanto mais delicada, quanto o que está em jogo é a categorização dos nove mil regressados das matas e o seu recenseamento. No gráfico estatístico do relatório enviado para Lisboa, os nativos são identificados de acordo com os antigos povoados a que pertenciam, para depois serem mobilizados, recrutados e fixados no seio do novo aglomerado no quadro dessa divisão prévia. Numa linha de continuidade com as práticas portuguesas na região do Congo, será de considerar a hipótese de construção forjada das autoridades tradicionais para o fim contingencial da «recuperação das populações». Nesse aspeto, o relatório do Governador da Lunda é bem elucidativo porque explica o impacto das condições materiais e culturais prévias nas políticas de criação e uso de autoridades gentílicas. Em suma, onde a destribalização não fora minada pela violência bélica (como parece ser o caso da Lunda), as autoridades tradicionais enquadradas pelo Estado colonial continuaram a gozar de fraca legitimidade popular. O reagrupamento forçado dos africanos tornava-se o fundamento material necessário para fazer funcionar aquilo que se supunha ser a política tradicional portuguesa.

*

A categoria de «destribalizados» tinha sido formulada numa perspetiva exclusivamente jurídica por Marcelo Caetano, em sede do então Conselho do Império Colonial, em 1941, quando da apreciação do «Projecto de Decreto sobre as bases essenciais do aldeamento indígena». Consideravam-se destribalizados todos os

> indivíduos que, sendo negros ou mestiços, adquiriram um verniz externo de civilização e se colocaram em rebeldia contra a disciplina tribal, repudiando as autoridades e os usos e costumes indígenas, mas sem terem assimilado concepções fundamentais da moral e da técnica do colonizador, pelo que,

não sendo em rigor indígenas, também seria inexacto considerá-los não indígenas (...) (²⁶).

Entre o indigenato e a cidadania portuguesa, Caetano propunha a edificação de uma categoria que inscrevesse aqueles indivíduos num limbo jurídico, onde deveriam ficar sujeitos às leis civis e comerciais ocidentais, mas política e criminalmente regidos pelo Estatuto do Indígena. Com rigor, em 1941 não se falava ainda de destribalizados, mas de «semi-assimilados». No entanto, este quadro jurídico sofreu nas duas décadas seguintes uma viragem sociológica, orientada para a investigação não tanto dos fundamentos jurídicos, mas das causas sociais que provocaram o aparecimento dessa classe e dos possíveis mecanismos do seu enquadramento(²⁷).

Um dos nomes associados a este ímpeto sociológico no estudo da «deserção das sociedades nativas tradicionais» é o de Amadeu Castilho Soares. Foi ele que veio a assumir a pasta da educação em Angola, no Governo do General Venâncio Deslandes, em 1961. Depois de breve passagem pelo Gabinete dos Negócios Políticos do Ministério do Ultramar(²⁸), ao assumir o cargo de Secretário Provincial do Governo-Geral de Angola,

---

(²⁶) Marcelo Caetano citado por Amadeu Castilho Soares, *Enquadramento social dos indígenas destribalizados*, sep. da *Revista Ultramar*, n.º 4 (1961), pp. 10-11.

(²⁷) Para uma arqueologia do conceito, em inglês: Godfrey Wilson, *An Essay on the Economics of Detribalization in Northern Rhodesia*, 2 vols. (Livingstone, Northern Rhodesia: Rhodes-Livingstone Institute, 1941-1942); M. J. B., Molohan, *Detribalization: a study of the areas of Tanganyika where detribalized persons are living, with recommendations as to the administrative and other measures required to meet the problems arising therein* (Dar es Salaam: Government Printer, 1957). Em francês, terá sido pioneira a obra do P. Pierre Charles, *Quelques aspects de l'organisation des indigènes déracinés résidant en territoire de Jadotville* (Antuérpia, 1936), citada por J. M. da Silva Cunha, «O enquadramento social dos indígenas destribalizados» *Revista do Gabinete de Estudos Ultramarinos*, n.º 5-6 (Janeiro-Junho 1952), pp. 12-30, *maxime* p. 25.

(²⁸) Onde exerce o cargo de Chefe de Secção. AHU/MU/GM/GNP/180/Pt1, Fichas de Relação Organizada nos termos do artigo 6.º do

Castilho Soares gizou um plano de reforma do Ensino para as áreas rurais daquela Província. Começou por reorganizar o espaço social rural e urbano, conforme conceções que tinha expresso desde, pelo menos, 1957. Insurgiu-se, antes de mais, contra as respostas meramente jurídicas que o Estado português tinha proposto para fazer face ao fenómeno «patológico» da destribalização. Embora associado a um processo de transculturação perigoso, porque ligado «ao pauperismo, à excessiva mobilidade, ao nomadismo, ao vagabundismo, roubo e prostituição», este fenómeno era tido como inerente aos sistemas de governação integracionistas[29]. Ora, para Soares, o Estatuto do Indigenato de 1954 e a legislação aplicável em matéria de administração dos bairros indígenas limitaram-se a fixar normas processuais para a conservação desses espaços habitacionais junto às áreas urbanizadas. Como veremos adiante, o denominado Bairro Indígena de Carmona era em 1959 recente e insignificante. O enquadramento social definido em termos meramente jurídicos não tomava em linha de conta o estudo da variação de intensidade da instabilidade dos destribalizados, correlacionada ao «grau de assimilação individual» da cultura portuguesa. Assim, projetos de controlo social de base legal careciam de eficiência, segundo o autor, visto não abarcarem a complexidade da realidade social: «A coacção jurídica pode lograr uma aparência de sociedade»[30]. Por sua vez, uma perspetiva sociológica, que tinha a vantagem de colocar o impacto da colonização ocidental no centro da sua análise, permitiria estudar novas formas de disciplina social nas áreas da educação, da estabilização agrícola e de uma maior participação dos movimentos associativos africanos.

Contra a adoção dos métodos de ensino ocidentais pelas sociedades africanas, Amadeu Castilho Soares defendeu que aqueles tendiam a produzir um desfasamento entre o que era

---

Decreto n.º 19478, de 18 de Março de 1931 para os anos de 1958 a Dezembro de 1963. Maio de 1960.

[29] Amadeu Castilho Soares, *Enquadramento social dos indígenas destribalizados*, sep. da *Revista Ultramar*, n.º 4 (1961), pp. 16-17.

[30] *Ibidem*, p. 13.

ministrado e os valores das comunidades ancestrais([31]). Esse desajustamento podia gerar conflitos, tanto mais quanto mais desfasado o conteúdo do ensino se achava em relação ao meio tribal([32]). Os conflitos de que nos fala Castilho Soares são da ordem do «desenraizamento», da destribalização, tida por efeito pernicioso da inculcação de um ensino ocidental com fito na aquisição da pura literacia, mesmo a mais elementar. A aliteração, desligada de uma aprendizagem das técnicas agrícola e pecuária, produzia, segundo o autor, vagas de «proletários intelectuais», «nómadas intelectuais», corrompidos pelo desejo – que a alfabetização pura neles inculcara – de rumarem às cidades, na esperança de se «acalcinharem». O «'acalcinhamento', na saborosa terminologia colonial» consistia na ambição das populações rurais africanas acederem aos postos da burocracia, com os seus «lazeres», a sua vagareza e repouso([33]).

Com estas palavras, Castilho Soares referia-se ao fenómeno das fugas ao trabalho agrícola que, na altura da publicação do seu artigo, tomava sérias proporções nas plantações de café do Uíge e de algodão em Malange. Nessa interpretação, a literacia dos indígenas contribuía para reforçar os preconceitos contra o trabalho agrícola, logo, favorecia o êxodo rural das massas populacionais destribalizadas. Note-se que, na obra de Castilho Soares, não se regista nenhuma atenção particular ao sistema de trabalho forçado que se vivia em Angola, nem à mobilidade e desenraizamento cultural que o mesmo implicava. Ao invés, a sua proposta de controlo social através das instituições apontava dissimuladamente esse sistema como um eventual incentivo ao africano que «ainda não evoluído será incapaz de compre-

---

([31]) Amadeu Castilho Soares, «Valorização dos indígenas através do Ensino das Missões», *Boletim Geral do Ultramar*, vol. XXXVII, n.º 429-430 (1961), pp. 400-404.

([32]) Há um claro paralelismo entre a identificação desses supostos «desajustamentos» e as teorias do impacto da privação relativa nas formas de acção colectiva revolucionária. A teoria da privação relativa foi sistematizada e operacionalizada por Ted Robert Gurr no seu estudo seminal *Why men rebel* (Princeton: Princeton University Press, 1970).

([33]) Amadeu Castilho Soares, «Valorização dos indígenas ... p. 403.

ender (...) conceitos abstractos como o dever, a honra, gosto pelo trabalho ou perspectivas de vantagens a longo prazo». Dada a ausência de racionalidade económica e social, a mobilização da vida psíquica, de molde a destruir os fatores de estagnação nativos, «a emotividade e inactividade africanas», e a passagem a um autocontrolo só poderiam ocorrer num equilíbrio entre móbeis pragmáticos, cordialidade e respeito por parte da população branca. Sem mais, segundo o autor[34].

A integração dos indígenas na sociedade civilizada, portuguesa e católica, passaria, pois, pela sua fixação nas áreas rurais, estancando os fluxos pendulares de «indivíduos instáveis». Os movimentos populacionais ou as migrações, associadas a um nível de civilização inferior de povos nómadas, deveriam dar lugar a uma sedentarização, capaz de fixar as populações para fomentar o seu desenvolvimento, mas sobretudo para a construção de dispositivos de controlo por parte do Estado colonial. Semelhantes preocupações já tinham sido formuladas pelo mesmo, ao graduar-se pelo Instituto Superior de Estudos Ultramarinos com uma dissertação publicada em 1958[35]. A tese que então escreveu resultara, em parte, da sua experiência como 1º assistente de Sampayo D'Orey, na Missão análoga da Junta de Investigações do Ultramar[36]. Colocando o estudo do urbanismo colonial ao serviço da resolução do problema urbano constituído pelo «grande número de indígenas destribalizados», o autor fez eco de outros estudos, quando apelou para a necessidade de fazer da sociologia rural a base dos planeamentos urbanísticos[37]. A sua premissa, que não abandonará na vida

---

[34] Idem, *Enquadramento social dos indígenas destribalizados*, sep. da *Revista Ultramar*, n.º 4 (1961), p. 14.

[35] Idem, *Política de bem estar rural em Angola: para um estudo de urbanismo* (Lisboa: Edição do Autor, 1958-1959).

[36] J. Sampayo D'Orey, António dos Santos Labisa, Amadeu Castilho Soares, *Missão para o estudo da atracção das grandes cidades e do bem-estar rural – relatório da campanha de 1957 em Angola*, IPAD/MU/166.

[37] Amadeu Castilho Soares, *Política de Bem-estar rural em Angola* (Lisboa: Junta de Investigações do Ultramar, «Estudos de Ciências Políticas e Sociais», n.º 49, 1961), pp. 173-174.

política, resumia-se à defesa de certas condições capazes de restringir uma assimilação radical, violenta, e demasiado rápida. Uma delas, já vimos, seria a adoção de um ensino rural «africanizado». A relevância que as missões católicas deteriam no novo sistema de ensino – que, desenhado para fixar as populações à terra, entrava em contradição com a defesa da mobilidade social, que Soares imputa ao sistema de governação colonial integracionista, por oposição à administração indireta, de matriz britânica – fazia parte de um programa político concebido para minar o controlo das missões protestantes nas regiões do interior de Angola ([38]). De qualquer forma, a atuação da força aérea portuguesa e os avanços do exército já haviam desestabilizado as redes missionárias batistas das zonas setentrionais ([39]). A este propósito, e chegando a citar Auguste Comte, o autor dedicou especial atenção às ações da igreja católica e grupos de recreio, cujas festas e solenidades religiosas promoveriam um «espírito de ordem e disciplina», criando obstáculos à livre expressão e refreando as pulsões ([40]).

Outra das condições para aligeirar o processo assimilador, bem refletida na ação psicossocial na guerra da independência, prendia-se com o fomento de uma classe intermédia de agricultores indígenas, que deveriam atuar em colaboração com a sociedade europeia ([41]). Apoiando-se na doutrina ultramarina de

---

([38]) Sobre as consequências políticas do enraizamento das redes missionárias protestantes em Angola e as suas contribuições para movimentos protonacionalistas cf. Didier Péclard, «Religion and Politics in Angola: The Church, the Colonial State and the emergence of Angolan Nationalism, 1940-1961», *Journal of Religion in África*, vol. 28, fasc. 2 (Maio, 1998), pp. 160-186

([39]) John Marcum, *The Angolan Revolution*, vol. I – *The Anatomy of an Explosion (1950-1962)* (Cambridge, Mass: The M.I.T. Press, 1969), pp. 149; Malyn Newitt, «Angola in Historical Context», in Patrick Chabal e Nuno Vidal (eds.), *Angola. The weight of history* (Nova Iorque: Columbia University Press, 2008), pp. 19-92, *maxime* p. 77.

([40]) Amadeu Castilho Soares, *Enquadramento social dos indígenas destribalizados*, sep. da *Revista Ultramar*, n.º 4 (1961), p. 18.

([41]) *Ibidem*, p. 12.

Adriano Moreira, Castilho Soares definia «classe intermédia» como um conjunto de indivíduos indígenas cuja «atitude mental» revelava a «assimilação do regime jurídico do colonizador, nos capítulos fundamentais da vida privada: propriedade, família e contratos e sucessões» ([42]). A formação de uma classe de agricultores, estável, em todo o território angolano seria a meta de uma campanha governamental de estabilização da agricultura itinerante. Todavia, esta experiência de enquadramento económico só seria durável, «com adequada intervenção educacional e assistencial». Para Castilho Soares, as experiências de colonatos indígenas, em Angola, tinham permitido apenas uma fixação dos nativos à terra, evitando a desintegração do habitat tradicional; ou seja, tais experiências iam num sentido político oposto ao desejável, numa sociedade que supostamente caminhava para a assimilação total. Por outro lado, a «autenticidade da população branca», europeia, com a sua característica amizade e tolerância, aliada aos projetos educativos e de assistência, contribuiria para conter «expressões de emancipação ilógicas», coerentes apenas com sistemas de administração indireta. Não era o caso de Portugal, onde isso só era provável por cegueira do Estado frente ao fenómeno patológico do «desajustamento» ou pela destruição dos valores de solidariedade e cordialidade da comunidade branca em Angola. A disciplinarização dos brancos, defendida por Castilho Soares no relatório da Missão para a atração das grandes cidades e do bem-estar rural, alargava-se também aos novos organismos oficiais incumbidos de institucionalizar a colonização agrícola branca.

Por esta altura, um dos projetos da Repartição de Povoamento e Assuntos Demográficos fazia eco das considerações de Castilho Soares, nomeadamente da necessidade de uma mais apurada seleção de colonos brancos, cujo estado de pauperismo, até então, facilitara uma aproximação da «vida do branco à vida do preto» ([43]). Outro paralelismo subjaz à engenharia social de

---

([42]) *Ibidem*, pp. 12-13.
([43]) [IPAD], MU/DGE/RPAD/1415/15845, [s.n], «Estudo sobre as possibilidades de Povoamento» em Angola: o soldado-colono».

manutenção de um equilíbrio entre áreas rurais e áreas urbanas, que podia ser conseguida por duas vias: fomentando, do lado do colonizador, novos incentivos para fixação no campo ou prevendo uma colonização por soldados, «livres de todas as aderências (...) família, casa, mobília e toda uma sobrecarga na organização para alimentar e manter elementos não produtivos»([44]). Este último projeto teria a virtude de evitar colonos do tipo «funcionários públicos», com base num programa de colonização que explorasse a situação militar na província ultramarina. O problema do «acalcinhamento» achava-se, pois, enraizado na sociedade colonial, afetando, contra as pretensões de «autenticidade branca», as classes materialmente mais débeis num sistema de governação altamente centralizado e burocrático.

Ao nível de atuação urbana, Castilho Soares dirigiu duras críticas às Comissões Administrativas dos Bairros Indígenas, criadas em 1948, por não preverem um imprescindível estreitamento das ligações entre planeamentos urbanísticos e dados populacionais([45]). Apesar de reiterar a necessidade de disciplinar também a sociedade europeia([46]), o dispositivo de controlo social que concebeu, sob a forma de proposta formal, direcionava-se para a gestão e regulação dos espaços habitacionais dos «nativos urbanos», o central e o periférico. A cidade, para Castilho Soares, era um «laboratório de transculturação», um microcosmos do que denominou «sociedades políticas integrais»([47]),

---

([44]) *Idem*, p. 8.

([45]) Diploma Legislativo nº2:097, de 17 de Novembro de 1948, vide, também, reforma subsequente, Diploma Legislativo n.º 2:799, de 2 de Janeiro de 1957, ao tempo do Governador-Geral de Angola, Sá Viana Rebelo.

([46]) Ideia já professada no Relatório da Campanha de 1957, bem condensada na expressão «preparemos os brancos se queremos ter pretos», D'Orey *et al.*, *idem*, «Introdução».

([47]) Amadeu Castilho Soares, «Sociedades políticas integrais», in *Colóquios de política ultramarina internacionalmente relevante*, pref. de Adriano Moreira (Lisboa: Junta de Investigações do Ultramar, «Estudos de Ciências Políticas e Sociais», n.º 7, 1958), pp. 211-271; Idem, «Povoamento e

«sociedades plurais como nações, isto é, (…) o cadinho onde se vertem e fundem os grupos multirraciais numa comunhão de modos de pensar, de querer e de agir, numa concretização de todos os esforços ascensionais» (⁴⁸).

Mas o planeamento urbano, beneficiando de um apurado conhecimento das características dos indivíduos que residiam ou pretendiam residir nas cidades, servia os interesses do inexorável processo de assimilação, ao travá-lo e retardá-lo:

> [com a] consciencialização sucessiva de que não podem continuar a viver com os mesmos hábitos de higiene que mantinham na sanzala; que têm de ser obedientes a uma forte disciplina; que têm agora maiores obrigações fiscais; que um serviço de identificação eficaz, a associação profissional e recreativa e um cuidadoso enquadramento social os privam do sentimento de liberdade incontrolada, que julgavam ter conseguido com o abandono dos hábitos tradicionais, serão o maior obstáculo ao desenquadramento dos indígenas, quiçá ao próprio avolumar da concentração nas cidades (⁴⁹).

No projeto de institucionalização de uma poderosa agência destinada a controlar a vida social indígena, o papel central ficava confinado à Secção de Identificação e Estatística, à qual se atribuía função de relevo no reconhecimento do estádio civilizacional (ou de assimilação) dos «nativos urbanos». A ela confiava-se a prerrogativa de regulação urbanística, afirmando a subordinação dos critérios formais-legais de adesão à cidadania, aos requisitos factuais, práticos, subjacentes a esse acesso, que era «o mais importante acima de tudo» (⁵⁰). Dedicando uma forte atenção à materialidade da assimilação, o autor concebia dois critérios, que podem ser mais propriamente considerados biopolíticos da gestão populacional: a duração da residência

---

justaposição de grupos humanos no ultramar», in *Colóquios sobre problemas de povoamento* (Lisboa: Junta de Investigações do Ultramar, «Estudos de Ciências Políticas e Sociais», vol. 33, 1960) pp. 81-104.

(⁴⁸) Idem, *Política de Bem-estar rural em Angola, op. cit.*, p. 177.
(⁴⁹) *Idem*, p. 180.
(⁵⁰) *Ibidem*, 193.

fora dos meios rurais e a estabilidade profissional ou familiar. Da aplicação destes critérios aos dados recolhidos pelos serviços estatísticos, surgiria um índice de *estabilização*, capaz de capturar a dimensão «real» da assimilação([51]). Para efeitos de planificação urbanística, identificar-se-ia o grupo – de estabilizados ou flutuantes – correspondente a cada indivíduo. Caso pertencesse ao grupo de nativos flutuantes (que é sempre, no entender de Castilho Soares, o mais numeroso), o indígena não-estabilizado, num constante movimento pendular entre a sanzala natal e a cidade, numa palavra, destribalizado, teria de se confinar às periferias suburbanas. E isto por inúmeras razões de ordem sanitária («o espectro terrível de repentina eclosão de epidemias que ameaça a população citadina»), económica (facilidade de acesso aos postos de trabalho industrial) e de segurança pública (dado que os eventos da ordem internacional vinham interferindo e corrompendo o paternalismo benigno das relações entre sociedades europeias e indígenas).

A obsessão de Castilho Soares com a problemática da estabilização, na defesa de uma política integracionista, lenta mas progressiva, compreendia a fusão no núcleo da cidade, através de uma verdadeira experiência transcultural, de todos aqueles cujos dados indiciassem uma estabilidade ou um qualquer tipo de enquadramento. Assim, enquadramento urbano e rural, estimulados ambos pelo Estado colonial, causariam uma diminuição da massa indígena urbana([52]). De notar que a abordagem

---

([51]) J. C. Mitchell, «Urbanisation, détribalisation et stabilisation en Afrique Méridionale: comment les definir et mésurer», in *Aspects sociaux de l'industrialisation et de l'urbanisation en Afrique au Sud du Sahara* (Paris: Unesco, 1956), pp. 741 e ss., citado por Amadeu Castilho, «Introdução a um estudo do urbanismo em Angola», *Estudos Ultramarinos* (1960), n.º 1, p. 139.

([52]) Amadeu Castilho Soares, *Política de Bem-estar...* pp. 189-200. Para o autor, na economia do pulsional, tanto na cidade como no campo, mais precisamente, a tribo e a comunidade ancestral constituem formas de retenção e controlo nem sempre de um ponto de vista intencional. O alto custo de alojamento e a rigidez das normas qualitativas de habitação urbana, afirma Castilho Soares, estão na origem da impossibilidade do

sociológica empreendida por Castilho Soares muito devia ao estudo de Silva Cunha sobre os movimentos associativos africanos([53]). Baseado neste último estudo, reconhecia que «a par dos movimentos associativos com fins mutualistas ou cooperativistas, têm surgido associações místico-religiosas de tipo profético ou messiânico». Expondo o impacto da civilização ocidental na transformação de movimentos de carácter essencialmente religioso em movimentos protonacionalistas, «rudimentares, mas vigorosos», Castilho Soares formulou um novo projeto de instrumentalização dos «fenómenos de super-tribalização», isto é, episódicas e efémeras unidades sincréticas em que os membros de uma mesma tribo originária se aglutinavam sob a autoridade dos seus chefes tradicionais([54]). Esta apropriação das autoridades tradicionais (ou, melhor, a sua fabricação pelas autoridades coloniais) levaria, no seu entender, ao desempenho associativo na ajuda ao desemprego, doença, funeral e, sobretudo, na manutenção da ordem pública([55]).

---

indígena conseguir construir a sua própria habitação. Ou seja, elas são as condições materiais que possibilitam a própria existência da figura do *destribalizado*. Ao debruçar-se sobre as causas do nascimento da marginalidade, delinquência e indisciplina social nos Estados Unidos, França e América Latina, Soares conclui que elas são efeito da ausência de uma forte acção social, institucionalizada, de um corpo de agentes sociais, de «sólida formação cristã e nacionalista e preparação sociológica elementar», que urgia disseminar em Angola, com um duplo papel de «auscultação da opinião pública e de prospecção atenta de todos os movimentos, necessidades e ideias que se vão gerando no seio dos grupos humanos», *ibidem*, p. 192.

([53]) Silva e Cunha, *Movimentos associativos na África Negra* (Lisboa: Junta de Investigações do Ultramar, 1956).

([54]) Amadeu Castilho Soares, *Enquadramento social* ... pp. 7-8, 15.

([55]) Seria profícuo mostrar as influências da doutrina do corporativismo estatal na política colonial portuguesa, especialmente, no capítulo da «política tradicional». No caso em apreço, combatia-se uma destribalização «instintiva», nas palavras do Governador da Lunda, com «fenómenos de super-tribalização» estatalmente induzidos, conforme se verifica no projeto de Castilho Soares.

*

Até aqui, reconstituímos como é que um Estado colonial recorreu – num contexto de guerra e numa situação de realojamento que obrigava ao planeamento urbano – à retórica da integração social, ao mesmo tempo que intensificou sistemas de controlo (militares e disciplinares) ou criou incentivos (constituídos por serviços modernizados e por orientações de fomento). Porém, uma vez exemplificado como é que operaram tais modos de atuação e os correspondentes discursos, será necessário continuar a compará-los com um outro universo de práticas administrativas destinadas ao controlo colonial. Como já ficou demonstrado, uma lógica de atuação que adotou a linguagem da assimilação (da integração e da miscigenação) impôs-se progressivamente a uma outra fundada na figura do indígena e das suas correspondentes tribos. Porém, este processo de substituição só por um artifício analítico pode ser reduzido a uma simples antinomia, pois existem múltiplas resistências e contaminações entre os universos e os projetos coloniais em confronto.

O extenso relatório do Inspetor Administrativo António do Nascimento Rodrigues sobre o Concelho do Uíge aponta para esse outro universo, provavelmente mais antigo e que, por isso mesmo, foi posto em causa pelas medidas tomadas desde o início da Guerra de Independência. A inspeção decorreu de 20 de Julho a 31 de Agosto de 1959, mas nos finais de Novembro desse mesmo ano já se falava de uma terceira inspeção. O teor do relatório terá suscitado algumas reações pontuais. Por exemplo, em Junho de 1960 e em Abril de 1961 – já depois de terem deflagrado os conflitos naquela zona produtora de café e na sequência do que era denunciado pelo inspetor – tomaram-se medidas destinadas a reforçar a assistência médica às populações indígenas. Contudo, a restruturação do Ministério do Ultramar e o fim da Inspeção dos Serviços Administrativos e dos Negócios Indígenas, em 1961, fizeram com que o relatório se tivesse perdido e ficado sem despacho superior. Tal como aconteceu com tanta informação produzida pelo Estado colonial, o conhecimento produzido não surtiu qualquer efeito, do ponto de vista do poder que lhe correspondia. Só em Março de 1963, «no decorrer dos trabalhos de organização do arquivo», é que se redescobriu o mesmo relatório, que veio finalmente a ser despachado pelo Ministro do Ultramar em Julho de 1963, que o mandou arquivar. Na informação fornecida a Silva Cunha, considerou-se – com um certo exagero – terem sido «tomadas as providências necessárias para correção das deficiências ou erros encontrados no funcionamento dos serviços, quando se realizou a inspecção». Ora, uma das principais «deficiências» que o relatório tinha posto a descoberto dizia respeito à questão da mão-de-obra. Já um ano decorrido desde a sua redação, em 1960, considerava o Governador do Concelho estar a reduzir a «mão de obra gratuita» em cerca de 10% todos os anos. Em relação à situação que se passava no Uíge, escreveu que «não é em dois anos que se modifica uma mentalidade de séculos», por isso, pareciam-lhe corretas as seguintes palavras do inspetor:

> na fase presente, antes o consideramos um trabalho orientado e disciplinado, primeiro degrau da ascensão ao trabalho voluntário e fórmula aceitável de evolução que não molestará o indígena no necessário período de transição entre o trabalho obrigatório e o livre enquanto, paralelamente, lhes formos desenvolvendo as condições materiais e sociais, em busca de nova mentalidade que se estimule e aperfeiçoe ante os benefícios da civilização[56].

O centramento na questão do trabalho, gratuito ou forçado, e a preocupação em levar à prática uma política indígena de colaboração eram, de facto, os principais tópicos de um outro universo de políticas coloniais. Mas será que um tal discurso, elaborado de forma recorrente, foi substituído por uma retórica da integração e da assimilação, inspirada nas ciências sociais, que se intensificou a partir da guerra aberta em inícios de 1961? Mesmo que uma resposta afirmativa a tal questão tenha de se conformar com muitas hesitações, o certo é que será possível

---

[56] AHU/MU/ISAU/A2.49.002.3900251.

analisar as principais características do relatório utilizando como guia os termos da questão.

António do Nascimento Rodrigues começou por descrever a cidade de Carmona, sede do Concelho do Uíge, capital do Distrito do Congo, situada a 320-350 quilómetros de Luanda, com evolução acentuada nos últimos anos, graças à florescência económica «que a conjuntura mundial do comércio do café vai fazendo declinar». O inspetor não hesitou em afirmar que todo o desenvolvimento urbano de Carmona se devia «ao bairrismo dos seus habitantes e ao emprego de capitais que a comercialização do café tem permitido»; e acrescentava «mas é natural que um período de receio, se não de estagnação, venha marcar o retraimento do emprego dos capitais em obras de valorização e noutros empreendimentos de carácter social». A cidade era, assim, descrita como estando no centro de um complexo agrícola baseado na monocultura. O indiscutível «desenvolvimento urbanístico» era visível nos 217 edifícios de particulares, de construção recente, a que se somavam cerca de 30 de carácter provisório. O Estado e outros organismos particulares somavam 39 edifícios de natureza pública, sendo a maioria destinada a residências de funcionários. Por sua vez, no «Bairro Indígena», iniciado no ano de 1957, contavam-se «18 casas definitivas». Outras marcas próprias da urbanização em curso encontravam-se nas ruas da cidade que eram asfaltadas, numa rede de água canalizada, energia elétrica permanente e rede telefónica, para além da existência de um hotel, três bares-restaurantes, um cinema «que não satisfaz», estação de rádio, aeroclube, piscina--parque com campos de jogos e tiro.

Do ponto de vista da história administrativa, Carmona correspondia à antiga vila de Uíge, que fora criada como posto militar cerca de 1916 ou 1917 e elevada à categoria de cidade em 1923, correspondendo por sua vez à extinta capitania-mor do Bembe. Na sua dependência, estavam os postos de Ambuíla, Bembe, Lucunga e Songo. Só no Bembe, em 1956, tinha sido criada uma Câmara Municipal; no Songo, em 1957, criou-se uma Junta Local; mas nenhum outro posto deste Concelho tinha autarquia local. A este respeito, o inspetor considerava que se deveria refletir sobre a criação dos respetivos concelhos municipais, uma vez que se poderiam colocar problemas a uma administração interessada no bem comum, sobretudo em matéria fiscal. Neste sentido, longe se estava do generalizado entusiasmo que veio a suscitar nos discursos oficiais, desde 1961, a difusão da ideia de que os municípios eram a peça essencial de uma suposta tradição política portuguesa.

A principal atividade económica do Concelho consistia na agricultura, com 388 fazendas de europeus, que exploravam sobretudo o café. A pecuária era considerada fraca. No ano anterior, as 15.100 toneladas de café tinham rendido 226.500 contos, competindo a Carmona cerca de metade, seguindo-se o Posto do Songo com cerca de 30%, Bembe com 13%, Ambuíla com 6,5%, Lucunga com 1,7%. Os outros rendimentos das fazendas pareciam ser residuais: coconote no valor de 240 contos e óleo de palma no de 252 contos. Tudo isto dizia respeito à produção das fazendas de europeus, uma vez que os dados estatísticos relativos à produção agrícola dos indígenas, em relação ao ano findo, tinham duas rubricas principais, num total de quase 170.000 contos: a produção de café, no valor de 120.000 contos, e a de mandioca, rondando os 37.000 contos([57]). Frente

---

([57]) Numa obra inglesa, ao serviço da propaganda do regime de Salazar e da Angola colonial, o autor escreveu a propósito do Uíge e do café: «For some years now coffee has headed the list of Angola's exports. Three-quarters of it is grown on the estates of white planters, and there has been a constant improvement in quality, for which the Coffee Export Board (Junta de Exportação do Café) is largely responsible. Native production in this part of Angola has not only improved in quality to such an extent that it can be sold at prices identical with those obtained by white planters, but has considerably increased in quantity. The Coffeee Export Board is responsible for two *colonatos*, of one of which, in the Loge valley, I shall speak later, and for an interesting experiment at Culo, where a village centre has been created for native planters who have an annual production figure of not less than a ton. The Board has built houses and storehouses of concrete with tiled roofs, and these are let to the planters, who pay off the cost in instalments which vary according to the profits they make» F. Clement C. Egerton, *Angola in Perspective: Endeavour and Achievement in Portuguese West Africa* (Londres: Routledge and Kegan Paul, 1957), p. 171.

a estes números, o inspetor comentava: a entrega quase em exclusivo dos «indígenas» à cultura do café fazia não só com que fossem escassas as suas reservas alimentares, «mesmo a um nível de sub-alimentação», como também houvesse impossibilidade de vender ao comércio local que, assim, se via obrigado a importar «de outras regiões a alimentação que lhes vende e aos agricultores para os seus trabalhadores indígenas». Pode, por isso, dizer-se que: a produção de café, com as possibilidades abertas por uma procura internacional, atraíra não só colonos europeus, mas também muitos africanos; o sistema de monocultura, ao mesmo tempo que se revelava extremamente exigente do ponto de vista da procura de mão-de-obra, anulara as culturas necessárias ao consumo local, impondo o recurso ao mercado, e fazendo subir os preços; enfim, a escassez de bens necessários não satisfazia sequer as populações ou os trabalhadores que viviam em níveis de reconhecida subalimentação.

Obras públicas, nomeadamente estradas necessárias para sustentar a comercialização do café, e a produção cafeeira das fazendas pareciam ser os dois principais sorvedouros de mão--de-obra. A competição gerada entre estes dois polos fazia com que as estradas fossem distribuídas às mulheres, uma vez que os homens eram captados pelas fazendas de particulares. As principais infraestruturas eram formadas por cerca de 1.000 quilómetros de estradas, sujeitas a intenso tráfego de camionagem, cuja reparação e conservação suscitou o seguinte comentário da parte do inspetor:

> Dada a falta daqueles grandes e indispensáveis auxílios [financeiros e de maquinaria], o sistema continua a pecar pelo emprego da mão de obra indígena nas estradas – como recurso milagroso – e com a agravante, certamente, de não se pagar, ou pagar mal, tal serviço que, ainda, não excluiu o emprego do braço da mulher, só a troco da alimentação, e cuja intromissão está sendo exigida e aceite, também, em alguns trabalhos nas granjas e na limpeza de povoações e cuja exclusão,

---

Conforme fica demonstrado nas páginas seguintes, tais colonatos eram colónias agrícolas e penais, *idem*, pp. 172-173.

pura e simples, é de aconselhar, tanto sob o ponto de vista nacional como internacional, se quisermos estar bem com a nossa consciência, cumprir os imperativos de humanidade e de fraternidade e não contribuirmos, de ânimo leve para que, na época que decorre, de intromissão de estranhos, na política ultramarina, nos continuem a atirar «algumas pedradas» que possam servir os inconfessáveis desígnios de uns tantos que, chegados no fim, se armam em paladinos da defesa das sacrificadas e oprimidas populações do continente africano, porque – para eles – os mais insignificantes pretextos preenchem todas as razões para o ataque.

É certo que existem determinações concludentes dos Governos Distritais, por imposição do Governo Geral, proibindo expressamente o trabalho gratuito dos homens e das mulheres, em serviços públicos; nós tomámos conhecimento, em busca e inspecção dos arquivos, dessas salutares proibições, pela correspondência oficial existente, mas, infelizmente, sem uma fiscalização rigorosa, assídua e permanente, das entidades responsáveis, o sistema não vem surtindo o desejado efeito.

Este sistema, condenável a todos os títulos, ainda se usa aqui ou além. Não só os Inspectores Administrativos que, na sua caminhada pelas terras do interior, o surpreendem a cada passo, mas são, por vezes, as próprias autoridades que, inquiridas sobre a maneira como se vêm executando diversos trabalhos, nas suas áreas, chegam ao ponto de nos confessarem tão reprovável hábito, justificando-o com a notória inconsciência de que não têm verbas que cheguem para manter em regular estado de trânsito as vias de comunicação, de que não têm, por outro lado, qualquer maquinaria a empregar nos trabalhos de reparação ou conservação das estradas, para dispensa do braço do homem, ou finalmente – o que é mais grave, ainda – que se socorrem do trabalho das mulheres porque já há falta de homens nas terras, por se enontrarem todos em regime de contrato, ao serviço das actividades particulares!

Esta razão não colhe e, muito principalmente, quando se lhe dá o título de gratuitidade.

Resolvam-se os problemas pela forma que se impõe, mas termine-se de vez com estes males que, infelizmente, já vêm do passado e que, hoje, nenhuma razão justifica, sob pena de estarmos atraiçoando a política indígena humana e fraterna, de que nos acreditámos arautos e os imperativos de ordem nacional que, confiadamente, assumimos no Ultramar e que, com a mesma consciência, temos de cumprir.

Calque-se de vez, também, o estímulo e a vaidade com que alguns funcionários administrativos se julgam possuídos de apresentarem em melhor estado do que outros, no tocante a vias de comunicação, as suas áreas, à custa daquele infame trabalho porque, assim procedendo, terão evitado um mal maior[58].

A questão da utilização de mão-de-obra gratuita para as estradas, enquanto ponto sensível da «política indígena», foi retomada na segunda parte do relatório relativa aos «Estado geral dos serviços»[59]. Neste caso, a principal questão que se punha dizia respeito aos «serviços de recenseamento», regulados por decreto de 1931, mas que não se efetuaram durante anos seguidos ou foram mal executados. A terceira parte do relatório dizia respeito a questões de contabilidade e finanças. E, na quarta parte, o inspetor descia à escala dos quatro postos administrativos. Enfim, as duas últimas partes diziam respeito, respetivamente, à política indígena e aos funcionários, com particular destaque para a informação pessoal acerca dos chefes de posto. Uma vez que tudo parecia girar em torno das relações de trabalho, concentremo-nos no modo como eram concebidas as «autoridades indígenas»:

> Como por toda a parte, também neste Concelho se constata um elevado número de autoridades indígenas: 42 regedores e 144 sobas ou sobetas, com predomínio dos da tribo 'Muxicongo', auxiliando os administrativos e superintendendo numa população que anda à roda de 81 mil almas.
> Além desta profusão de autoridades, bem significativa da falta de um comando único, a maioria delas não possui cultura

---

[58] AHU/MU/ISAU/A2.49.002.3900251: António do Nascimento Rodrigues, «Relatório da Inspecção ao Concelho do Uíje», pp. 17-18.

[59] *Idem*, p. 29. Em Luanda, a rubrica da «Política Indígena» tinha oscilações de relevo: no 1.º Bairro, «a politica Indígena a pouco se reduz. Já o mesmo não acontece com o 2.º Bairro Administrativo (S. Paulo), área onde se localizam todos os «Muceques», AHU_MU_ISAU, A2.01.002/016.00099 – Inspector Administrativo Vasco Teles da Gama. Luanda 1.º Bairro, 1961, p. 12.

ou crédito tradicional que as imponha às populações, pois, em regra, só o temor e respeito que sentem pelas autoridades brancas constituídas mantém o tradicional acatamento ao cumprimento das suas obrigações, quer em relação aos deveres para com o Estado quer para com a colectividade.

O seu elevado número, agora difícil de suprimir sem inconvenientes para a política indígena tradicional, dificulta os desejos do Governo em remunerar, condignamente, tais autoridades – como vêm pedindo, apesar de tanto neste sentido como na atribuição de outros benefícios, o Governo vir diligenciando como pode, para manter tais autoridades sob agrado, de alguma maneira as compensando das inúmeras canseiras a que vêm sendo sujeitas

A Inspecção, em harmonia com o programa que vem seguindo, contactou, directamente, com as autoridades gentílicas, na sede e nos Postos Administrativos. Com elas trocando impressões, inquirindo das suas necessidades, do estado de espírito e de concórdia entre as populações, nas suas relações com as autoridades administrativas e com o elemento europeu do Concelho.

Delas não colhemos impressões de receio ou de desagrado contra as autoridades ou contra o elemento europeu, ficámos convictos de reinar certa ordem e disciplina, aliadas a um espírito de confiança que as anima a integrarem-se na ordem social e política por nós desejada, com respeito pelos princípios básicos da nossa Administração, dentro dos essenciais atributos de civilização e humanidade, para bem do agregado humano que chefiam.

É certo que por toda a parte do Congo as populações vivem as suas horas de anseios e de aspirações, que desejam mais e melhor no capítulo de realizações e empreendimentos, em larga escala, que tragam mais benefícios directos às populações: anseiam melhores habitações, mais escolas, mais estabelecimentos sanitários e hospitalares, água, luz, etc[60].

Nascimento Rodrigues procedeu, depois, ao inventário dos diferentes pedidos e queixas dos sobas e colaboradores locais: as queixas eram relativas à baixa do preço do café, havia também pedidos de gratificações regulares, de armas, manifestação

---

[60] *Idem*, p. 166.

do desejo de ir conhecer Luanda, denúncias relativas às crianças que iam trabalhar na colheita do café, perdendo a época escolar, pedidos de escolas, etc. Porém, o principal problema consistia na questão do «sistema do trabalho indígena»:

> Sem dúvida que o sistema do trabalho indígena que, desde há muitos anos, se vem mantendo no Congo Português, onde os agricultores receberam e continuam a receber, de mãos dadas, os trabalhadores para as suas actividades, só é bem visto por esses agricultores, porque lhes poupa trabalhos e preocupações, ao mesmo tempo que lhes evita as enormes despesas da máquina de recrutamento.
> É detestado pelos indígenas, não desejado pelas autoridades e sujeito a críticas que, com facilidade, atravessam fronteiras internacionais, para justificarem inquirições e intromissões alheias nada de desejar.
> Infelizmente, os meios de que se vêm lançando mão, no sentido de se modificar tal situação, não resultam, visivelmente, e as autoridades administrativas, obrigatoriamente, são a 'máquina recrutadora' da mão de obra da multidão de 'pedintes' que quer gente e mais gente para as fazendas, para as indústrias e outras actividades[61].

O Concelho era deficitário de mão-de-obra, logo, dependia dos contingentes de mão-de-obra migrante. Em paralelo, muitos indígenas eram detentores de lavras ou agricultores por conta própria, o que, segundo o inspector, os retirava do mercado de trabalho e os punha em situação de competição com os agricultores europeus. Por parte dos colonos, considerava-se existir ainda uma vontade generalizada de viver sem o mínimo de esforço, logo, à custa do trabalho forçado. Todas estas razões acabadas de enunciar explicavam, no entender do inspector, não se ter, até então, «favorecido o encaminhar da 'massa indígena' para o trabalho voluntário, antes se criando e mantendo um clima de sujeição ao trabalho obrigatório e que contraria as elementares regras da oferta e da procura». Ou seja, aos agricultores europeus e indígenas bastava esperar que as autorida-

---

[61] *Idem*, pp. 168-169.

des lhes entregassem «contingentes de trabalhadores» ([62]). Neste mesmo âmbito, Nascimento Rodrigues sumariou os termos em que estavam as «relações entre indígenas e europeus e entre estes e as autoridades administrativas». Quanto às relações entre trabalhadores indígenas e patrões europeus, eram os «colonos modernos» os que menos cumpriam com as suas obrigações. Vivendo com dificuldades, «embora se não possa dizer que tais patrões cultivem o racismo, podemos no entanto dizer que, por falta de educação, muitos ainda não compreenderam as suas verdadeiras obrigações como colonizadores» ([63]).

Por outras palavras, a principal responsabilidade na criação de uma situação instável, de conflitualidade, era atribuída aos

---

([62]) *Idem*, p. 169. Repare-se que estas alegações não diferem da denúncia que, pela mesma época, era formulada pelo Presidente da República do Ghana, em 30 de Maio de 1961, sumariada deste modo por um português que lhe era adverso: «o Estado procede como agente de recrutamento e de repartição de mão-de-obra para um bando de colonos», Júlio Evangelista, *A Queixa do Ghana e a conjura contra Portugal* (Lisboa: Tipografia Minerva, 1963), p. 58.

([63]) AHU/MU/ISAU/A2.49.002.3900251: António do Nascimento Rodrigues, «Relatório da Inspecção ao Concelho do Uíje», p. 182. Existia, por estes mesmos anos, uma ideia generalizada acerca do grande potencial de racismo dos colonos recentes, provenientes de grupos sociais considerados mais modestos: «(...) deve aceitar-se um 'racismo' entre os portugueses de condição humilde, transplantados para África, ignorantes e boçais que, com inveja do preto e da sua ascenção social, proclamam, sem fundamento algum, a sua superioridade em relação aos aborígenes. Mas esta atitude foi, sempre, combatida e contrariada, não só pela grande massa da população, mas, também, pelas autoridades. Para o segundo aspecto do 'racismo' acima enunciado, a aparição em Angola de brancos de camadas sociais mais modestas e humildes do que as que se encontravam anteriormente, o sr. Governador Geral, coronel Horácio de Sá Viana Rebelo, numa rasgada actuação de politica social, de protecção ao indígena, tomou adequadas e enérgicas medidas, determinando a reserva de certos lugares do Estado, tradicionalmente desempenhadas por pretos, para esses mesmos pretos, impedindo o provimento nesses lugares de gente branca, ansiosa de emprego na cidade e tirando os lugares aos pretos», Fernando Falcão Machado, *Um problema de Angola*, sep. do jornal *Expansão* (Coimbra, s.d.), pp. 6-7

colonos modernos, fazendeiros, incapazes de compreender a sua missão civilizadora – era a eles que se associavam atitudes próximas do racismo, provavelmente devido às suas baixas origens sociais, seguramente por causa da «sua falta de educação» e da sua voracidade no esforço de descolar de situações de pobreza anteriores. Por sua vez, as questões quanto à posse das terras eram em geral determinadas pelas tentativas dos europeus em demarcar terras ocupadas pelos indígenas, devido ao abandono a que estavam votadas; embora fosse certo que neste caso o «indígena 'calcinhas'», quando pressentia que um europeu tinha procedido à demarcação, vinha-se queixar à Administração e alegar os seus pretensos direitos[64]. Haveria que ter, ainda, em conta os enganos dos comerciantes europeus que roubavam os indígenas, quer na cotação e pesagem do café, quer nas contas pelos créditos facultados durante o ano – situação que criava muitos litígios, que os funcionários procuravam resolver. Por último, o inspector considerava que não havia nada de anormal a registar nas relações entre os indígenas ou os europeus, por um lado, e as autoridades administrativas, por outro. Ou seja, os conflitos registados eram entre colonos e indígenas, cabendo às autoridades constituir-se em instância de regulação e de apelo[65].

---

[64] Em 1958, referindo-se ao antigo Congo português, o Major Hélio Esteves Felgas concluía do seguinte modo, a respeito das expropriações, num estilo onde se pressente um lado mais programático do que descritivo: «De notar que o Districto – como aliás Angola toda – não tem problemas rácicos. Pretos e brancos trabalham lado a lado sem atritos ou ódios. Uma política firme levada a cabo nos três últimos anos, e da qual nos orgulhamos, cortou cerce quaisquer veleidades de usurpação das lavras indígenas por alguns europeus moralmente pior dotados. Hoje há terra para todos no Congo e cada qual pode ganhar desde que trabalhe. A lavra indígena – que os organismos oficiais obrigam a estar bem tratada – faz limite com a Fazenda do Europeu e muitas delas são mesmo maiores e mais valiosas», *História do Congo Português* (Carmona: s.e., 1958), p. 198.

[65] AHU/MU/ISAU/A2.49.002.3900251: António do Nascimento Rodrigues, «Relatório da Inspecção ao Concelho do Uíje», p. 183.

*

Apresentámos acima quatro perspetivas autónomas e algo distintas sobre o fenómeno da urbanização na Angola colonial. Os relatórios da PIDE de Novembro de 1961 centravam-se nos efeitos sociais das deslocalizações causadas pelo avanço das forças militares portuguesas no Distrito do Uíge. A temática do urbanismo surge, neste caso, ligada à renovação da área suburbana de Carmona, capital desse Distrito, catalisada pelo retorno inesperado de milhares de africanos «das matas». Os relatórios fornecem um ângulo privilegiado sobre o ambiente militarizado no qual uma nova política habitacional foi colocada em marcha, mas também sobre as relações sociais que se entabularam entre as populações brancas europeias e os povos autóctones. Em segundo lugar, as considerações do Relatório do Governador do Distrito da Lunda, por seu lado, fornecem instrumentos para uma comparação mais sistemática das possibilidades e logros das medidas de ação psicossocial, especialmente, da criação de Regedorias e consequente reanimação da autoridade tradicional dos Regedores entre duas áreas administrativas – Uíge e Lunda. No cerne dessa dimensão comparativa encontramos a categoria dos destribalizados, indígenas semi-assimilados pela força de dois tipos de migração, uma laboral e involuntária, outra como resistência voluntária às regulações da empresa concessionária Diamang. Em terceiro lugar, a propósito da destribalização, excrescência patológica de uma má política assimilacionista, analisámos alguns fragmentos da obra de Amadeu Castilho Soares. Através deles, fica demonstrado como, no campo académico, a problemática da urbanização – longe de corresponder às necessidades de um processo de militarização – se achava, sobretudo, subordinada à construção de uma ideologia assimilacionista. Esta relação, em Castilho Soares, fez-se por duas vias: uma analítica, na qual o urbanismo colonial passou a ser descrito de modo sociológico, rompendo com a mera interpretação jurídica; e uma programática, pela qual o autor concebeu modelos organizacionais capazes de potenciar uma integração cultural mais lenta e menos disruptiva dos equilíbrios da sociedade colonial. Em quarto e último lugar, regressámos ao Uíge para analisar o relatório do Inspetor Nascimento Rodrigues, centrado na questão da mão-de-obra indígena, involuntária e migrante. A justaposição desta última fonte problematiza o uso da categoria dos destribalizados para fazer uma análise da nova política de urbanização. Em forma de conclusão, propomos três apreciações finais.

Em primeiro lugar, a tática do aldeamento foi uma resposta militarizada a um retorno inesperado de contingentes populacionais. Neste ponto, a informação da polícia política rompe com a intencionalidade dos órgãos centrais. Pelo menos no que concerne a Carmona e ao Distrito do Uíge, a situação concentracionária criada pelos novos aldeamentos exerceu-se sobre um conjunto de indivíduos cuja mentalidade o Estado colonial dificilmente compreendia. A reabilitação suburbana condicionou a interpretação da PIDE, que confundiu apego tradicional aos portugueses com efeitos das ações de guerrilha. Todavia, apesar do desconhecimento dos motivos reais para o retorno de tão grande número de refugiados, o carácter contingencial do fenómeno garantiu o «sucesso» do programa de realojamento. E onde hoje se pode ver um acontecimento baseado na necessidade de escapar à fome e à vulnerabilidade dos *raids* no norte de Angola, o Estado colonial via uma «adesão voluntária» ou um «retorno» expiatório([66]).

Em segundo lugar, em termos ideológicos gerais, a política de aldeamento acomodava-se bem aos preceitos do luso-tropicalismo fomentados ao mais alto nível do aparelho de Estado e na arena internacional([67]). Isto foi possível graças às leituras

---

([66]) Gerald Bender, «The limits of Counterinsurgency: an African Case», *Comparative Politics*, vol. 4, n.º 3 (Abril, 1972), pp. 331-360, *maxime* p. 339; J. P. Borges Coelho, «Da violência colonial ordenada à ordem pós-colonial violenta: sobre um legado das guerras coloniais nas ex-colónias portuguesas», *Lusotopie* (2003), pp. 175-193, *maxime* p. 180.

([67]) Está por fazer uma história dos projectos de aldeamento e de formação de colónias agrícolas, mas não será por acaso que aquele que se veio a tornar num dos mais acérrimos defensores do luso-tropicalismo foi também um dos maiores defensores da colónia agrícola ou, traduzindo,

ambíguas que o plano de «reconquista das populações» suscitou. A modernização das infraestruturas num quadro costumeiro e tribal, apesar da recente revogação da legislação especial sobre indígenas (mas não sobre as suas terras), constituía uma dimensão primordial das medidas de contrassubversão. Se a dita revogação abalou fortemente a convicção enraizada acerca do fenómeno da destribalização – porque a comprometeu, ao destruir o estádio jurídico do primitivismo tribal –, a verdade é que um outro decreto, do mesmo dia de 6 de Setembro de 1961, sancionou a esfera de autoridade dos regedores e apontou-lhes atribuições na reorganização das novas regedorias. Ou seja, na prática, continuava a ser possível falar de tribalismo, mas agora num plano de «vizinhança» com as populações brancas. Forjavam-se censos, eliminando a extensa categoria de indígenas, ao mesmo tempo que se forjavam comunidades de mútua compreensão e mútua defesa face aos «terroristas». A conquista militar das populações aproximou-se da ideologia assimilacionista também por prever uma solidariedade política no interior das próprias regedorias. O decreto que as criou aludia à organização política «de baixo», isto é, aos conselhos de «homens bons» que o regedor ou chefe de povoação deveria auscultar. Para mais, esta espécie de municipalismo acomodado ao estádio tribal permitia um tipo de representação das populações nos conselhos legislativos ou junto do Governador-Geral, por intermédio do poder de nomeação que as autoridades administrativas portuguesas detinham sobre os membros desses órgãos coletivos locais. O conceito de «vizinhança», que indicava um suposto respeito dos portugueses pelos sistemas político-sociais africanos, era polivalente no sentido de traduzir uma fórmula de osmose plurirracial, servindo os intentos dos serviços policiais e militares locais orientados para a criação de redes de informadores no seio dos aldeamentos. Até mesmo a proximidade geográfica das novas regedorias a Carmona enquadrava um

---

numa outra linguagem, do aldeamento como um mecanismo essencial de governação das populações coloniais, cf. Adriano Moreira, *O problema prisional do Ultramar* (Coimbra: Coimbra Editora, 1954).

fluxo permanente dos representantes dos povoados ao centro de governação civil, ao mercado local vigiado e controlado e aos serviços de recenseamento. Assim, uma maior proximidade, legitimada porventura numa longa tradição paternalista portuguesa, equivalia a maior vigilância por africanos, entre africanos, para «progresso dos africanos».

Aliás, a ideia de progresso económico e social andava associada a um esquema distinto de realojamento das populações insurretas: o reordenamento rural [68]. Já os aldeamentos estratégicos, situados em plenas zonas de combate com as guerrilhas, teriam por objetivo imediato estancar o apoio dos camponeses africanos aos grupos insurretos, garantir a segurança interna ou «autodefesa» e detetar infiltrados entre a população rural [69]. Seria inútil tentar identificar a que tipo de realojamento correspondia o caso de Carmona, já que a evidência empírica aponta para uma situação na qual convergiam incentivos múltiplos, todos eles com a finalidade de manter o campesinato na órbita de influência portuguesa. Mais interessante será reter a descrição das atitudes dos colonos brancos, que manifestavam irrupções de violência racial pouco reveladoras do «modo português de estar no mundo», perante tais formas de «reconquista das populações». Este facto revela bem que a alteração do *status quo* das relações económicas entre colonos portugueses e trabalhadores rurais africanos punha em causa os fundamentos ideológicos da doutrina da assimilação. Donde as injunções para o bom adestramento dos brancos se repercutirem tanto em terreno colonial, como no campo académico «ultramarino».

As perspetivas dos agentes no terreno sobre o fenómeno da urbanização acabavam por convergir numa visão sociológica de

---

[68] Sobre os três diferentes tipos de reagrupamento de populações angolanas entre 1961-1971 – reordenamento rural, aldeamentos estratégicos e colonatos de soldados, cf. Gerald Bender, *The limits of counterinsurgency*... p. 335.

[69] John P. Cahn, *Contra-insurreição em África, 1961-1974: O modo português de fazer a guerra* (São Pedro do Estoril: Ed. Atena, 1998), pp. 193, 208-210.

manutenção da ordem colonial, nomeadamente, nas elaborações doutrinais de Castilho Soares acerca da internalização na comunidade branca de um paradigma tradicional de contacto com o africano. Paradoxalmente, segundo a PIDE, terá sido o recrutamento de africanos como funcionários públicos que despoletou a maior onda de indignação portuguesa em Carmona e arredores. Como se a crítica ao fenómeno do «acalcinhamento» estivesse enraizada ao nível mais capilar do sistema colonial em Angola. Portanto, o sucesso do programa de aldeamento dependia da alocação de garantias aos colonos portugueses e não só de incentivos económico-sociais aos grupos africanos. Tratava-se de restituir uma normalidade militarizada na região do Norte, sem tocar diretamente numa reforma dos canais de representação política, como sucedia com a abertura da burocracia ultramarina a «funcionários de cor». Contudo, a destribalização, como nos mostra Castilho Soares, tinha implicações profundas no reordenamento das relações económicas rurais. Isto é, não dizia respeito apenas aos limites da incorporação centrípeta de uma elite africana. Combatê-la equivalia a especializar os camponeses numa agricultura sedentária, a prendê-los à terra. Eis a função de uma educação «moderna» e «africanizada». A assimilação foi tomada como processo evolutivo longo e moroso até tão tarde quanto 1961. De facto, as últimas estatísticas recolhidas em 1960 para o *Anuário Estatístico de Angola*, espelhavam uma realidade de assimilados extremamente diminuta face à massa angolana de indigenato([70]). Mas a existência de menos de 1% de assimilados nesta província ultramarina não mostrava, como afirmam alguns autores, o falhanço da política portuguesa de assimilação. Os estudos da repercussão de Castilho Soares, nas vésperas e durante a rebelião no Norte de Angola, apontam justamente para o imperativo de uma assimilação lenta, acomodada por um número de instituições capacitadas para impedir o fenómeno da destribalização. Perigosamente, a leitura deste autor induz a uma errónea interpretação de intencionalidade da atuação dos programas estatais.

([70]) Didier Péclard, «Religion and Politics in Angola... p. 175.

Na verdade, a sua obra constrói-se com base nos dados da destribalização, fenómeno urbano que nunca é contabilizado nas estatísticas oficiais. E o intuito de Castilho Soares era precisamente o de demonstrar a necessidade de quantificar para conhecer uma categoria populacional, simultaneamente, não-indígena e não-assimilada.

Por conseguinte, em terceiro e último lugar, importa refletir sobre o alcance económico e social deste tipo de organização rural. Estamos em crer que uma sociologia dos destribalizados, desde que aplicada aos movimentos migratórios para as grandes cidades coloniais, pode contribuir para o debate instalado acerca dos efeitos progressistas ou perniciosos das regedorias, enquanto produto de uma planificação urbana de contraofensiva nas regiões rurais e satélites dos chamados «concelhos». Este debate tem como pano de fundo a potencial desestabilização da estrutura social do campesinato angolano, tal como ela aparecia no período anterior à eclosão da guerra em 1961. Nas palavras de Gerald Bender,

> Os habitantes bakongo na região tinham tradicionalmente vivido em grupos relativamente numerosos e trabalhado como assalariados rurais no passado, factores que reduziram a severa disrupção dos padrões de vida que ocorreu noutras partes de Angola[71].

Porém um argumento desta natureza foi mais recentemente posto em causa por uma análise mais generalista que sublinha o efeito nefasto dos aldeamentos, que acabavam por «quebrar os laços com a terra, desde sempre fonte estruturante da coesão comunitária e recurso base da sua reprodução material e cultural, da sua sobrevivência»[72].

Ora, tanto o relatório do Inspetor Superior como do Governador da Lunda revelam que, à época, uma retórica antijurídica sobre o «destribalizado» foi construída sobre a figura do traba-

---

[71] Gerald Bender, «The limits of Counterinsurgency... pp. 339.
[72] J. P. Borges Coelho, «Da violência colonial... p. 179.

lho involuntário e migratório. Era a chamada «destribalização instintiva». Paradoxalmente, se as críticas ao «acalcinhamento» chegaram a suscitar uma geral apreciação crítica, aos mais variados níveis, o Estado colonial usou-a como ação psicológica; o mesmo acontecendo com os fenómenos de «super-tribalização» ou adestramento de Regedores e respetivas Regedorias. Existe, pois, uma tensão entre a crítica à destribalização e a constante necessidade de a recriar. É isto que importa considerar, já que a discussão sobre os efeitos dos aldeamentos nas relações entre cidade, mercado local e unidades rurais de produção do café (sejam plantações de grande escala ou pequenas-propriedades) suscita sempre a questão mais vasta das causas da rebelião de Março de 1961, mais especificamente: que tipo de camponeses angolanos eram mais propensos à revolta?

Plasmada na obra *Agrarian Revolution*, de Jeffrey Paige, a visão de que a pequena-propriedade cafeeira no Norte de Angola era uma realidade fictícia e periclitante afeta, ainda hoje, os modos de pensar uma política de aterrorização das populações, a qual surgia eivada de preceitos humanitários([73]). Esta abordagem tende a explicar a revolta do Norte de Angola em termos comunais e étnicos, considerando que o desenvolvimento de uma economia de exportação de café, na região, não destruiu a ligação relativamente constante dos trabalhadores rurais à terra, nomeadamente, os seus laços familiares tribais. Uma dependência reforçada por um quadro legal em que o Estatuto do Indigenato, o sistema de trabalho forçado e as regulações sobre a posse da terra pareciam convergir para obstruir uma mobilidade económica individual, cortando com qualquer tipo de segurança financeira. Seguindo a mesma linha argu-

---

([73]) Jeffrey Paige, *Agrarian Revolution*... pp. 258-261. Cf. Arne Disch, «Peasants and Revolts», *Theory and Society*, vol. 7, n.º 1-2 – *Special Double Issue on State and Revolution* (Jan.-Mar., 1979), pp. 243-252; Theda Skocpol, «Review: What Makes Peasants Revolutionaries?», *Comparative Politics*, vol. 14, n.º 3 (Abr., 1982), pp. 351-375; Leslie Anderson, Mitchell A. Seligson, «Reformism and Radicalism among Peasants: An Empirical Test of Paige's Agrarian Revolution», *American Journal of Political Science*, vol. 38, n.º 4 (Nov., 1994), pp. 944-972.

mentativa, o próprio sistema de contratação involuntária de contingentes de mão-de-obra para as plantações europeias, embora implicando elevados níveis de migração laboral, consolidou uma organização política coletiva baseada na solidariedade ancestral. O Estatuto do Indigenato, bem como o conceito legal de reservas nativas (o não reconhecimento de direitos individuais de propriedade) afetavam simultaneamente assalariados rurais e produtores africanos independentes. Todavia, estes últimos nunca constituíram uma classe com interesses económicos distintos da maioria da população indígena e, devido a isso, o Norte de Angola não podia ser descrito como um agregado de pequenos produtores. Neste ponto, os relatórios do Inspetor Nascimento Rodrigues e do Governador Artur Cabral Carmona lançam luz sobre os mecanismos causais não só da revolta de Março de 1961, mas do sucesso ou insucesso das novas planificações urbanas.

O relatório do inspetor Nascimento Rodrigues coloca a tónica da crispação social entre, por um lado, colonos modernos europeus e, por outro, fazendeiros «calcinhas», independentes, cuja contribuição para o volume de produção de café era comparada a cerca de metade da dos primeiros. Ora, o historiador inglês David Birmingham considera, justamente, que o *boom* da produção do café na década de 1950 favoreceu a iniciativa privada africana, muito embora coarctada não só pelo sistema legal português, mas informalmente pela atuação das redes de comerciantes europeus. Estes vieram sistematicamente a dominar o sector exportador, ao substituírem as autoridades oficiais no recrutamento de mão-de-obra, ao monopolizarem os esquemas de crédito rural, comprando terras e expropriando os africanos livres. Segundo o mesmo argumento, «a perda de terras e a redução de empreendedores livres a uma classe de trabalhadores assalariados» constituíam as causas fundamentais de ansiedade angolana([74]). Mais próxima do relatado pelo Ins-

---

([74]) David Birmingham, «A Question of Coffee: Black Enterprise in Angola», *Revue Canadienne des Études Africaines*, vol. 16, n.º 2 (1982), pp. 343-346.

petor da Administração Ultramarina, a abordagem de Birmingham acentua a decadência de um campesinato livre em competição direta com a classe europeia dominante por terras e mão-de-obra de baixo custo. Certo é que a adoção de uma destas perspetivas terá afetado o sucesso do programa de fomento inscrito na política militar de reagrupamento suburbano de Carmona. Para todos os efeitos, generalizou-se a crença de que o reagrupamento dos povos era uma oportunidade para administrar de forma eficaz um certo número de serviços públicos de bem-estar, desde a eletrificação às redes sanitárias. A própria rendição, repare-se, estava organizada de molde a permitir um contacto imediato dos refugiados com os serviços médicos portugueses. Mas isto não pode elidir o facto de tais reagrupamentos libertarem uma área considerável de terra para produção europeia, como veio a acontecer, e, muito provavelmente, constituírem reservas semi-urbanizadas de mão-de-obra angolana[75]. Há um paralelismo óbvio entre o peso das raízes comunais e étnicas na luta anticolonial e o problema dos «destribalizados», entendido do ponto de vista de uma semi-assimilação à cidade.

Contudo, uma análise mais centrada nos processos de mudança económica e social em curso, como a do Governador Cabral Carmona, põe em causa tal tipo de visões gerais, onde se projeta um tipo de entusiasmo progressista. O seu ceticismo nasce da comparação entre o sucesso do plano de reassentamento no Uíge e o seu insucesso na Lunda. Dada a similitude das condições de mobilidade ou, se se quiser, de «destribalização» em ambos os distritos, as operações militares e o seu impacto variável deveriam ser tomados em linha de conta. Como vimos, a variável da guerra foi uma determinante decisiva na eficácia da criação de elos de legitimidade tradicional, em novos

---

[75] Gerald Bender, «The limits of Counterinsurgency... p. 340. Sobre o conceito de «reservas nativas» e as funções que cumpria na contenção de trabalho migratório num domínio comunal, cf. Mahmood Mamdani, *Citizen and Subject: Contemporary Africa and the Legacy of Late Colonialism* (Princeton: Princeton University Press, 1996), pp. 138-182.

ambientes suburbanos. Existem obviamente limites a este tipo de comparação([76]). Da nossa parte, o debate deveria ser alargado às condições favoráveis ou desfavoráveis à aplicação da nova legislação colonial de 1961.

O que é certo é que a reorganização das relações entre espaço urbano e espaço rural, no distrito do Uíge, parecia recriar o suposto respeito pela tradição dos povos primitivos, num período crítico de abolição do indigenato e, bem assim, de acesso dos africanos a terras comunais. Localmente, essa reforma política pauta-se por uma continuidade na ação das autoridades administrativas, que fizeram uso de um já longo reportório de indução de «fenómenos de super-tribalização». E, para mais, o «acalcinhamento» foi visto como instrumento de pacificação da região, e não tanto como um mal. O poder político, contra as pretensões da comunidade branca no Uíge, fez do acesso a cargos da burocracia colonial um incentivo local para a recuperação psicossocial das populações.

A importância desta «nova política» – porque delimitada espacial e temporalmente como resposta a um fenómeno aparentemente incompreensível – está na sua dupla ligação tanto à política de ação psicológica, por um lado, como aos ventos reformistas provenientes de Lisboa, por outro. O mesmo raciocínio funciona na interpretação histórica da fundação de novos

---

([76]) Por mais similar que fosse o fenómeno da destribalização nas duas regiões, outros factores terão de ser estudados em sincronia, por exemplo, a presença de uma grande empresa concessionária (Companhia dos Diamantes) na Lunda e a sua ausência no Uíge (embora, também aqui, haveria que reconstituir como é que, ao lado dos produtores brancos e calcinhas, se organizavam as lógicas de concentração comercial por parte dos grandes grupos económicos, uma vez que a Tofa pertencia ao Grupo Espírito Santo). Seria talvez conveniente estender a comparação ao Distrito do Malange, mais especificamente, à região da Baixa de Cassange, reserva da Companhia do Algodão de Angola que aí exercia um forte poder administrativo e disciplinar. Claro que a eficácia do método comparativo não pode ser avaliada com base na multiplicação dos casos; porém, a comparação pela diferença pode depender da selecção de padrões que permitam revisitar a uma nova luz os termos analíticos directamente inspirados nos discursos da época.

aglomerados populacionais na Angola setentrional. Nas esclarecedoras palavras de um agente da PIDE:

> Foi talvez por este conjunto de circunstâncias e também para evitar o seu possível retorno às matas, que se tem estado a acarinhar as massas das populações nativas chegadas, por forma a levá-las àquilo que se pretender fazer, designadamente, a sua fixação em grandes aglomerados populacionais, quase que parlamentando com os dirigentes dessas populações[77].

O planeamento dos conglomerados habitacionais do Uíge, quer no seu desenho disciplinar, quer no processo de negociação imposto aos povos que regressaram, remete para um objeto de análise de difícil captação. Porquê? Precisamente porque o que estava em jogo nessa mesma atividade de planeamento dependia tanto de uma política de reassentamento, fixação e coerção física e normativa das populações africanas, como de uma política liberalizante de fomento, determinada por exigências internas e do foro internacional. Enfim, a reprodução, a partir de 1961, da ideologia luso-tropicalista de integração e assimilação parece ter necessitado de um regime de práticas urbanas capazes de fazer reviver a suposta primitividade africana. Mas nunca será demais lembrar que os movimentos e processos de urbanização, em Angola, como de um modo geral na África a Sul do Saará, são não só um fenómeno tardio, que adquiriu particular intensidade na década de 1950, como necessitam de ser vistos em correspondência geral com a independência dos novos Estados africanos[78].

---

[77] AHU/MU/GM/GNP/166/Pt.3, «Informação secreta nº 1680/ /61-G.U. O regresso das populações aborígenes ao Norte de Angola», p. 5.

[78] Catherine Coquery-Vidrovitch, *Histoire des villes d'Afrique noire: des orgines à la colonisation* (Paris: Albin Michel, 1993), p. 19 (onde se indica que a população urbana africana cresceu 69% entre 1950 e 1960).

Poder e a Paisagem Social em Mudança na Mueda, Moçambique

HARRY G. WEST

No planalto da Mueda, no norte de Moçambique, as dinâmicas de poder relacionam-se desde há muito com as configurações espaciais dos assentamentos humanos. No texto que se segue analiso esta relação desde do período anterior à conquista portuguesa, passando pelo período de domínio colonial até ao estabelecimento de aldeias comunais pelo partido Frelimo, ainda durante a Guerra e depois já no período do governo socialista após a independência. Neste percurso, procuro demonstrar como o colonialismo transformou e preservou antigas relações de poder, e como o regime socialista no Moçambique independente desafiou, mas também se baseou, na herança do colonialismo português[1].

Provocação e autoridade, dissidência e solidariedade

«Quando era jovem, tinha fama de arruaceiro», contou-nos Mandia.

---

[1] Este texto resulta de uma montagem realizada pelo autor de partes da sua etnografia *Kupilikula: O poder e o invisível em Mueda, Moçambique* (Lisboa: Imprensa de Ciências Sociais, 2009), publicada originalmente enquanto *Kupilikula: Governance and the invisible realm in Mozambique* (Chicago: University of Chicago Press, 2005). Agradecemos à Imprensa de Ciências Sociais a cedência destes excertos. A tradução é de Manuela Rocha e a revisão científica de João Vasconcelos.

Estávamos os dois sentados na varanda da casa do ancião, em Nimu, a aldeia onde Tissa([2]) crescera e onde o seu pai e o irmão mais novo ainda moravam. A reverência que Tissa demonstrava por Mandia ultrapassava o habitual respeito pelos anciãos, mas Mandia também não era um ancião comum. Era, disse-me Tissa com orgulho, um dos três únicos *vahumu*([3]) que ainda viviam entre os macondes da região do planalto([4]).

«Quando íamos dançar o *mapiko*([5]) nas aldeias vizinhas», prosseguiu o *humu*, «eu passava a vida a insultar as pessoas.»

Falava baixo, mantendo os braços e as mãos imóveis, junto ao corpo, em vez de gesticular, como a maioria dos homens de Mueda fazem enquanto falam.

«Se alguém insultava a minha *likola*([6]), eu partia para a guerra.»

O comportamento do *humu* era tão afável que me custava a acreditar nas suas palavras. Abordou esta contradição diretamente, quando voltou a falar. «Por fim, as pessoas da minha *likola* fartaram-se disso – cansaram-se de participar nas lutas que eu iniciava – e decidiram tornar-me *humu*. Dessa forma, pensaram elas, eu teria de me comportar de forma mais responsável e acabaria com essa coisa de andar por aí sempre a armar brigas.»

A carreira de Mandia materializava os paradoxos característicos do poder no planalto de Mueda, em gerações passadas. Os atos de *ushaka* (provocação) através dos quais ele demonstrava a sua coragem e audácia, e através dos quais conquistava o respeito como *nkukamanga* (provedor), às vezes geravam tensões no seio da sua matrilinhagem. Mandia tinha, por vezes, mais olhos do que barriga – a sua e a dos seus irmãos *vashitunguli*. Estes últimos digeriram as energias do jovem Mandia, inves-

---

([2]) Eusébio Tissa Kairo colaborou com o autor na pesquisa em que se baseia esta publicação.

([3]) Um humu (vahumu, pl.) é um árbitro de disputas e conselheiro ritual da matrilinhagem Makonde.

([4]) O planalto da Mueda, no norte de Moçambique.

([5]) Mapiko é uma dança com máscaras realizada em rituais de iniciação.

([6]) Matrilinhagem.

tindo-o como *humu*: incumbindo-o de equilibrar os apetites dos seus pares e servir a matrilinhagem como diplomata. Como ele nos explicou: «No passado, o *humu* agia como conselheiro. Quando as outras pessoas da *likola* não conseguiam resolver um conflito, o *humu* intervinha. Nas guerras entre matrilinhagens, os *vahumu* não eram molestados por nenhum dos contendores.»

Os *vahumu* não eram, todavia, as principais figuras de autoridade entre as populações do planalto no período pré-colonial. A sua existência era, de facto, exigida pela dinâmica complexa entre as povoações do planalto e as figuras de autoridade que as governavam: os *vanang'olo vene kaja* («chefes de povoação»; literalmente «anciãos administradores da povoação»: significando *vanang'olo* «anciãos»; *vene* «chefes», «administradores» ou «senhores»; e *kaja* «povoação»). Os chefes de povoação faziam remontar a sua autoridade aos antepassados fundadores das povoações que governavam, herdando destes parentes matrilaterais não só os títulos mas, muitas vezes, também os nomes. Os chefes falecidos eram recordados pelos seus sucessores em rituais de súplica aos antepassados, denominados *kulipudya*, durante os quais se pedia a intervenção benéfica dos defuntos nos assuntos dos vivos.

Uns chefes de povoação gozavam de maior prestígio do que outros. Se um *nang'olo mwene kaja* reivindicava ser descendente de um fundador que colonizara terras virgens, herdava deste fundador o estatuto de *nang'olo mwene shilambo* («chefe de território»; literalmente, «ancião administrador de terras»: significando *shilambo* «terras»). Os descendentes dos migrantes que tinham solicitado terras e relações amigáveis com os ocupantes prévios das regiões que colonizaram – como muitos foram obrigados a fazer devido à crescente densidade populacional no planalto ao longo do século XIX – reconheceram os seus anfitriões como chefes de território, exprimindo a sua dependência e gratidão perpétuas ao participarem nas cerimónias de *kulipudya* dos seus anfitriões([7]).

([7]) Beidelman descreve uma dinâmica semelhante entre os anfitriões-fundadores e os recém-chegados-hóspedes nos kagurus da Tanzânia. Tho-

A continuidade de uma povoação não estava de modo algum garantida no ambiente caótico e perigoso reinante no norte de Moçambique pré-colonial – moldado, como era, por secas e fomes episódicas, bem como pelos ataques e o tráfico de escravos endémicos. Entre as que pereceram, contava-se, por exemplo, a aldeia de Lishehe([8]). Quando, em 1991, procurei identificar os seus descendentes, a fim de descobrir se tinham sido transmitidos relatos da visita de O'Neill até à atualidade, descobri que o seu nome ainda era proferido em rituais de evocação dos antepassados na região, mas que Lishehe e o seu povo tinham sido vítimas de matrilinhagens mais poderosas e desaparecido completamente.

Tentando adiar uma tal catástrofe, os chefes de povoação (fundadores ou retardatários) e as suas populações (pequenas ou grandes) tinham muito a ganhar, no período pré-colonial, com a celebração de alianças com outros. Na altura da conquista portuguesa (cerca de 1917), as populações do planalto tinham começado a formar alianças, que chegavam a compreender dez ou doze matrilinhagens, reunidas sob a liderança de poderosos comandantes militares (que podiam ser ou não chefes de território) capazes de organizar e proteger caravanas que fossem à costa trocar borracha da Índia, goma copal, cera de abelhas e sésamo por tecidos, ferro e, sobretudo, armas, munições e pólvora([9]).

O ancião Lyulagwe, da aldeia de Litembo, fez-nos uma excelente descrição da povoação onde cresceu. Recordava que o *nang'olo mwene kaja*, Malapende, era muito temido na região centro e sul do planalto, e outros chefes de povoação das vizi-

---

mas Beidelman, *Moral imagination in Kaguru modes of thought* (Washington: Smithsonian Institution Press, 1993), p. 78

([8]) Lishehe foi o ancião que recebeu o primeiro visitante europeu no planalto da Mueda em 1882, o Cônsul britânico em Moçambique Henry O'Neill.

([9]) Alpers narra como o comércio caravaneiro levou igualmente à concentração de populações entre os yaos, no período pré-colonial. Edward Alpers, «Trade, state and society among the Yao in the Nineteenth Century», *Journal of African History*, vol. 10, 3 (1969), pp. 405-420.

nhanças foram obrigados a aliar-se a ele ou a combatê-lo como inimigo. Malapende, disse-nos Lyulagwe, integrou nas suas defesas as povoações dos *vanang'olo* menos poderosos que pediram a sua proteção. Outros anciãos fizeram-nos descrições semelhantes das povoações de poderosos comandantes militares das regiões que conheciam.

Apesar das alianças e aglomerações residenciais, a identidade da *likola* continuou a ser a base da organização social entre os habitantes do planalto até ao século XX [10]. As filhas da matrilinhagem podiam nunca viver na respetiva povoação, nascendo nas povoações dos seus pais e mudando-se para as dos maridos quando se casavam. Perpetuamente dispersas entre outras matrilinhagens, as mulheres continuavam, todavia, a personificar a identidade da sua *likola* alimentando as povoações das respetivas matrilinhagens com os seus filhos, os quais, ao atingirem a maioridade, passavam a residir junto de um *njomba* (tio matrilinear), que lhes facultava os meios necessários para casarem e constituírem família.

Como ancião principal, o *nang'olo mwene kaja* era considerado *njomba* da povoação inteira. O chefe bem-sucedido desempenhava muitos papéis. Se ele e a sua povoação tivessem condições para isso, organizava caravanas para negociar na costa e, nalguns casos, conduzia-as pessoalmente. Tinha direito aos bens adquiridos através do comércio e era responsável pela distribuição dos mesmos entre os seus seguidores, na medida do necessário. A povoação dependia das armas para se defender, mas também as usava, juntamente com outras mercadorias, como lobolo (dote das noivas), a fim de consolidar os casamentos dos jovens que nela passavam a residir. Assim, para garantir o poder da matrilinhagem, o chefe da povoação procurava equilibrar as necessidades da povoação em termos de armas e de jovens que as usassem. As relações de poder no seio das matrilinhagens e entre estas tomavam forma à medida que as armas passavam de

---

[10] Jorge Dias e Margot Schmidt Dias, *Os Macondes de Moçambique* (v. III): *Vida social e ritual* (Lisboa: Centro de Estudos de Antropologia Cultural, Junta de Investigações do Ultramar, 1970), pp. 11-116.

mão-em-mão. Os chefes poderosos figuravam no topo de uma hierarquia assente no comércio de armas, que subjugava os jovens aos seus tios matrilineares e as mulheres aos homens que negociavam os seus casamentos. Os homens relativamente mais jovens e menos poderosos pouco mais podiam fazer do que permitir que os homens relativamente mais velhos e poderosos se apropriassem da riqueza que produziam nos seus campos, que adquiriam na caça e que obtinham nas suas viagens de comércio ao litoral, e a redistribuíssem.

Não obstante as suas relações clientelares com os vizinhos mais poderosos, mesmo as matrilinhagens mais fracas usufruíam de uma considerável autonomia sobre os seus assuntos internos, exercendo o direito, por exemplo, de legar o mais básico dos recursos – a terra – aos membros mais jovens da *likola*. Isto acontecia mesmo que as terras tivessem sido inicialmente recebidas pelo fundador da povoação das mãos de um chefe de território pertencente a outra *likola*. Consequentemente, todos os chefes de povoação desempenhavam um papel, ainda que subtil, na distribuição das terras. Os direitos sobre as terras encaixavam uns nos outros, o que fazia com que quem concedesse terras a outrem mantivesse, indefinidamente, um direito residual sobre essas terras, mesmo que o beneficiário as cedesse a outra pessoa. Este princípio era aplicável às terras concedidas por um chefe de povoação a outros membros da matrilinhagem, à terra concedida por um homem adulto a um sobrinho, à terra concedida por um homem à sua esposa, ou às terras concedidas por uma mulher aos filhos, bem como às terras concedidas por um chefe de território aos migrantes que chegassem. Em qualquer destes contextos, porém, a terra concedida raramente era reclamada enquanto as relações sociais se mantivessem entre o doador e o donatário. As transações ou transferências de terras realizavam-se assim, a maioria das vezes, aos níveis mais baixos da hierarquia de direitos, o que significa que um membro da *likola* podia dar terra ao sobrinho, ou um homem à sua esposa, sem o envolvimento direto do chefe da povoação. Todavia, este último desempenhava um papel importante na resolução de litígios relativos à posse das terras entre os habitantes da povoação. Em concertação com os outros anciãos – cujo conselho se chamava *kupakanila* – testemunhava e preservava a memória histórica das transações e dos direitos à terra.

O papel desempenhado pelo chefe de povoação como árbitro social era tão complexo e essencial como qualquer outro. O ambiente perigoso em que a *likola* subsistia levava a que se valorizasse grandemente a audácia e a valentia. Os jovens conquistavam essa reputação através de atos de provocação (*ushaka*), tais como atacar uma povoação vizinha e capturar uma noiva sem ter de pagar uma arma por ela. Contudo, a agressão virava-se, por vezes, para o interior, gerando conflitos entre membros da mesma *likola*, ou até afrontas por parte dos «ambiciosos» (*washojo*) à autoridade do chefe de povoação. Tais ocorrências podiam causar o surgimento de facões e impelir um grupo a abandonar a povoação para criar outra a alguma distância([11]). A fragmentação da *likola* por esta via enfraquecia-a face às outras matrilinhagens e constituía uma ameaça grave à segurança de todos os seus membros.

Era tão difícil gerir as tensões no interior da *likola* que, na viragem do século XX, muitas matrilinhagens macondes tinham estabelecido uma nova instituição política para fazer face às consequências da fragmentação. Quer vivessem na mesma povoação quer não, os membros dessas matrilinhagens nomeavam um *humu*, que depois passava a não «pertencer» a nenhuma povoação específica, mas era respeitado pelos membros da *likola* residentes em qualquer das povoações da mesma([12]).

([11]) Sobre as dinâmicas de cisão noutros pontos da África colonial ou pré-colonial, ver Victor Turner, *Schism and continuity in an African Society: A study of Ndembu village life* (Oxford: Berg 1996 [1957]), Darryl Forde, «Witches and sorcerers in the supernatural economy of the Yako», *Journal of the Royal Anthropological Institute*, vol. 88 (2), (1958), pp. 165-178, Max Marwick, «The Sociology of sorcery in a central African tribe», in J. Middleton (org.) *Magic, witchcraft, and curing* (Austin: University of Texas Press, 1967), p. 114; Thomas Beidelman, *Moral imagination* ...p. 17 e Karen Fields, *Revival and rebellion in colonial Central Africa* (Portsmouth, NH: Heinemann, 1997).

([12]) Testemunhos orais indicam que a instituição do *humu* foi importada juntamente com cativos e refugiados das regiões de língua macua, a sul do planalto, por alturas da viragem do século, e que foi modificada

O *humu* Mandia descreveu-nos o papel do *humu* numa linguagem que enfatizava a sua criação entre os macondes do planalto como forma de reprimir os apetites excessivos, depredatórios: «A guerra não nos saciava; esta coisa de estarmos sempre a lutar não tinha fim, por isso precisávamos de uma pessoa que a aliviasse de vez em quando. Era isso que o *humu* fazia.»

Em questões materiais, o *humu* tinha menos privilégios do que o *nang'olo mwene kaja*. Estava impedido de viajar para além do território da *likola*, não podia cultivar os seus próprios campos, nem lhe era permitido acumular riqueza pessoal. Era obrigado a ficar quieto e calado, a maior parte do tempo, numa das povoações da sua *likola*. Embora as suas necessidades materiais básicas fossem satisfeitas pela *likola*, tinha a função de servir os outros e as suas condições de vida não eram mais confortáveis – provavelmente até o eram menos – do que as dos membros da sua *likola*. Considerava-se, contudo, que o *humu* personificava a solidariedade da *likola*. Através da deglutição de substâncias mágicas desconhecidas, no ritual da sua investidura, o *humu* interiorizava poderes superiores aos de qualquer membro individual da *likola*, conservando-os em segurança no interior do seu corpo – dentro do corpo da *likola*. Os seus conselhos nunca eram contestados pelos membros desta. Na verdade, os membros das outras matrilinhagens também se calavam perante os *vahumu*, que intervinham frequentemente em conflitos entre as *makola* ([13]). Os *vanang'olo vene kaja* e os *vahumu* uniam esfor-

---

de acordo com as necessidades das matrilinhagens macondes. Entre os macuas, o *nihumu* era uma espécie de chefe de povoação que representava a autoridade geográfica mais vasta de um *mwene*. Francisco Lerma Martinez, *O povo Macua e a sua cultura* (Lisboa: Instituto de Investigação Científica Tropical, 1989), p 69. As matrilinhagens macondes inverteram a hierarquia entre o [*nang'olo*] *mwene* [*kaja*] e o [*ni*]*humu*. Muitos dos anciãos que entrevistámos disseram que os primeiros *vahumu* que conheceram foram os primeiros a ser nomeados pelas respectivas matrilinhagens. Os três *vahumu* sobreviventes com quem trabalhámos em 1994 confirmaram que chegaram a existir trinta e seis *vahumu* entre os macondes do planalto.

([13]) Os primeiros *vahumu* do planalto maconde foram iniciados por homólogos macuas. Subsequentemente, os *vahumu* macondes pas-

ços para prevenir a fragmentação da *likola* e a dispersão da sua força.

Consumir o Trabalho e os seus Produtos

«O regulado([14]) nasceu com o imposto», disse-nos o idoso que entrevistávamos. «Antes da chegada dos portugueses não havia impostos, e antes dos impostos não havia régulos([15]) – só chefes de povoação».

«O chefe de povoação não ficava também com uma parte da riqueza do seu povo?» perguntei.

«Isso era diferente,» respondeu. «O chefe de povoação redistribuía os bens entre o seu povo. Cuidava do seu bem-estar. O régulo comia as pessoas. E os portugueses comiam o régulo.»

O mais extraordinário nestas palavras do ancião era o facto de *ele* próprio ter sido régulo no fim do período colonial.

«Eu fui o quarto Régulo Ndyankali,» dissera-nos ele. «O primeiro foi o filho de Makapela.»

«Como é que ele foi escolhido?» perguntara eu.

«Depois da derrota dos macondes em Nanenda([16]), os portugueses vieram a cada uma das zonas do planalto e perguntaram: 'Quem é o chefe?'. Nesta zona, Ndyankali descendia do fundador inicial. Era um *nang'olo mwene shilambo*. A terra pertencia aos seus antepassados, por isso foi identificado e deram-lhe uma bandeira para hastear no seu recinto. Outros *vanang'olo vene kaja* da zona – que até então prestavam obediência ao *nang'olo mwene shilambo* e aos seus antepassados – passaram a

---

saram a ser «treinados» por *vahumu* de outras matrilinhagens macondes, bem como, muitas vezes, por homólogos macuas. Ver Jorge Dias, Margot Schmidt Dias, *Os Macondes*... pp. 318-319.

([14]) Um regulado era um domínio geográfico da autoridade colonial que englobava os domínios de muitos chefes de povoação, antes autónomos.

([15]) Um régulo era o «chefe» de um regulado.

([16]) Batalha decisiva na conquista portuguesa do planalto da Mueda em 1917.

receber ordens dele. Era obrigado a cobrar impostos e a dar o dinheiro aos portugueses.»

«O senhor também cobrava esses impostos?» perguntei.

«Eu não tinha alternativa. Se não o fizesse, seria enviado para São Tomé para trabalhar nas roças de cana-de-açúcar.»

Ficámos em silêncio durante algum tempo e depois Ndyankali acrescentou: «Fui régulo até comprar um cartão de militante da FRELIMO. Disseram-me que, se não tivesse um cartão, seria morto pela FRELIMO, quando ela nos libertasse dos portugueses. Mas quando os portugueses descobriram que eu tinha o cartão, prenderam-me. Passei dez anos na prisão. Espancaram-me tanto que ceguei.»

Olhei com compaixão para o frágil e cego Ndyankali, que não podia retribuir o meu olhar. Nesse momento, este objeto de escárnio da história de Mueda parecia-me mais ser uma das suas vítimas.

«Os portugueses comeram-te, não foi?» perguntou Marcos.

«Sabes quem nos comeu realmente?» retorquiu ele.

Marcos e eu aguardámos que respondesse.

«Todos aqueles jovens que trabalhavam por dinheiro nas plantações do litoral e do Tanganhica – aqueles que acabaram por aderir à FRELIMO. Só se alimentavam a si próprios. Esqueceram-se dos seus antepassados.»

*

A história que Ndyankali nos contou sobre a escolha do seu antecessor para o posto de régulo foi apenas uma de muitas histórias que nos foram narradas sobre as consequências da conquista portuguesa. Como o exército português exigia que cada povoação identificasse um «chefe», os chefes de povoação macondes e as respetivas populações utilizaram várias estratégias face aos novos senhores. Muitos chefes de povoação limitaram--se a apresentar-se ao comando português. Outros recusaram qualquer contacto com os seus conquistadores. Por vezes, os anciãos rebeldes enviavam subalternos em seu lugar. Em alguns casos, anciãos rivais ou subalternos ambiciosos tomavam a iniciativa de se encontrarem com os portugueses, ao perceberem que a recusa dos seus *vanang'olo* em capitular atraía sobre eles a persistente cólera dos conquistadores. Em alguns casos, esses rivais ou subalternos, que poderiam nunca ter sido escolhidos como sucessores ou representantes, aproveitavam a oportunidade para usurpar o poder dos seus anciãos. Noutras circunstâncias ainda, em sarcásticas atitudes de rendição, os chefes de povoação enviavam os «idiotas da aldeia» para serem reconhecidos pelos portugueses.

Como Herman Nkumi e outros anciãos nos contaram, quando um «chefe» se apresentava ao comando português e acedia a colocar uma bandeira portuguesa no centro do seu recinto, a população da sua zona era autorizada a reconstruir as casas. Este chefe era, então, obrigado a fornecer pessoas da povoação para trabalharem para a coluna portuguesa na construção da estrada de aprovisionamento militar que atravessava o planalto.

Quando a Primeira Guerra Mundial terminou e as tropas portuguesas retiraram para os quartéis, a jurisdição sobre a região voltou a ser entregue à Companhia do Niassa([17]), que, pela primeira vez, ocupou efetivamente o planalto([18]). Os chefes dos vários postos que a Companhia do Niassa ali construiu depois da guerra trabalhavam com os chefes já identificados pelo exército português. Como os chefes de povoação eram demasiado numerosos para se poder tratar com eles diretamente, a Companhia exigiu às populações de zonas com determinada dimensão que nomeassem um «chefe» para as representar a todas. As zonas delimitadas pela Companhia não correspondiam ao território de uma povoação, nem sequer, na

---

([17]) Companhia que detinha a concessão majestática desta região.

([18]) O controlo português do planalto era frágil durante a guerra, sobretudo quando as incursões alemãs desencadeavam revoltas dos macondes. A Companhia do Niassa reconquistou o planalto em 1919 e 1920, sufocando revoltas dispersas. Carlos Serra (org.) *História de Moçambique*, vol. II (Maputo: Departamento de História, Universidade de Eduardo Mondlane, 1983), p. 118; René Pélissier, *História de Moçambique: formação e oposição 1854-1918*, Vol. 2 (Lisboa: Editorial Estampa, 1994), p. 416.

maioria dos casos, ao território associado a um determinado *nang'olo mwene shilambo*. Como não existiam «chefes» que exercessem o seu domínio à escala geográfica que convinha à Companhia do Niassa, foi necessário inventar essas chefias para corresponder às exigências da Companhia.

Esta última concedia o título de *capitão-mor*([19]) a cada um dos «chefes» alcandorados a posições de autoridade sobre os seus pares e exigia a estas figuras que a ajudassem na cobrança do imposto de palhota e no recrutamento de mão-de-obra para o trabalho forçado (denominado *chibalo* em Moçambique). Abaixo de cada *capitão-mor,* na hierarquia «administrativa» da companhia, esta reconhecia vários *wajiri*([20]). Na maioria dos casos, os chefes de povoação (ou os seus representantes, ou ainda aqueles que tinham usurpado os seus lugares) tornavam-se *wajiri*. Nessa qualidade, agiam como adjuntos dos respetivos capitães-mores, proporcionando à Companhia do Niassa uma estrutura administrativa que chegava a todas as povoações e lhe permitia obter receitas e mão-de-obra de todas as famílias residentes no planalto. Os anciãos diziam-nos, muitas vezes, que, através desta hierarquia, «a Companhia do Niassa *comia* os macondes.»

A Companhia do Niassa passou pelas mãos de várias empresas detentoras enquanto o seu direito de concessão vigorou, mas nunca mobilizou recursos financeiros suficientes para investir no desenvolvimento das infraestruturas da região. Em vez disso, alimentava-se dos habitantes desta([21]). Um visitante bri-

---

([19]) Capitão-mor é um termo militar inicialmente aplicado aos comandantes de fortes ou de forças expedicionárias nos territórios ultramarinos portugueses. Por ironia, foi aplicado às autoridades nativas no momento em que estas foram subordinadas a uma autoridade superior.

([20]) O termo *wajiri* é uma transliteração do termo kiswahili *wajili*, por seu turno derivado da palavra árabe *waziri*, que significa «ministro» ou «enviado».

([21]) Leroy Vail, «Mozambique's chartered Companies: The rule of the feeble», *Journal of African History*, vol. 17, 3 (1976), pp. 389-416; Barry Neil-Tomlinson, «The Nyassa chartered Company: 1891-1929», *Journal of African History*, vol. 18, 1 (1977), pp. 109-28.

tânico que nela viajou concluiu o seguinte acerca dos métodos usados pela companhia para obter o imposto de palhota e o trabalho *chibalo*: «no que respeita aos nativos, esta é uma terra de sangue e lágrimas, onde os maus-tratos mais brutais não constituem crime e um homicídio não passa de um ligeiro pecadilho»([22]).

Quando a concessão da Companhia do Niassa expirou, em 1929, a administração colonial portuguesa assumiu o controlo direto dos seus territórios, incluindo o planalto. Observou-se uma continuidade a nível local, com a transformação dos postos da companhia em postos administrativos coloniais e a passagem de muitos funcionários da companhia a funcionários do Estado([23]). À semelhança dos seus antecessores, os funcionários estatais continuaram a apoiar-se nos chefes locais como intermediários administrativos, designando-os agora como *autoridades gentílicas*([24]). Porém, a hierarquia estabelecida pela administração foi adaptada ao modelo aplicado às autoridades nativas de outras zonas da colónia; os capitães-mores foram, deste modo, agrupados e subordinados a um capitão-mor saído das suas fileiras, criando um terceiro nível administrativo de «chefes» denominados «régulos»([25]). Criaram-se trinta e um *regulados* (isto é, zonas controladas por régulos individuais) na região do planalto.

Embora esta hierarquia política em três níveis fosse claramente uma invenção colonial, refletia subtilmente as relações anteriores à conquista, como indicava a história de Ndyankali.

([22]) Em Leroy Vail, «Mozambique's chartered... p. 401.

([23]) Este facto pode ser comprovado comparando os registos de pessoal publicados no *Boletim da Companhia do Nyassa* com os dos *Anuários de Moçambique* do período colonial.

([24]) Os portugueses, curiosamente, adaptaram o termo «gentílica» para designar não os não judeus, mas sim os povos não cristãos «tribais», «pagãos».

([25]) O termo «régulo» significa «pequeno rei» ou «chefe nativo». Foi usado em todas as zonas de Moçambique para designar as autoridades gentílicas de nível superior, ao passo que os subordinados dos régulos eram designados por títulos que variavam consoante a região do país.

Um régulo era, muitas vezes, o *nang'olo mwene shilamno* da sua zona ou um poderoso chefe militar da época anterior à conquista (ou ainda um nomeado ou sucessor reconhecido de um destes cargos, ou mesmo um usurpador que todos sabiam ter-se apoderado do estatuto dessa figura). Os *capitães-mores* eram, geralmente, *vanang'olo vene kaja* (ou alguém por eles nomeado, ou um usurpador) de povoações que já eram relativamente grandes, ou que tinham sido fundadas numa época relativamente precoce da história da região. Os simples *wajiri* eram, normalmente, chefes (ou alguém por eles nomeado, ou um usurpador) de povoações relativamente pequenas, ou formadas em consequência de uma cisão recentemente ocorrida numa povoação maior [26].

Na gestão dos «assuntos indígenas», os administradores portugueses conferiam às autoridades gentílicas e aos seus subordinados poderes relativamente vastos no exercício da autoridade sobre os «indígenas», que não possuíam o estatuto de cidadãos e, por conseguinte, não estavam sujeitos à lei, nem eram por esta protegidos. Estas autoridades não só continuavam a supervisionar as relações sociais no reino visível – validando transações de terras, combinando casamentos, resolvendo litígios, etc. –, como também continuavam a supervisionar as relações no reino invisível. Enquanto os britânicos e os franceses proibiram, de um modo geral, as acusações, julgamentos e ordálios relativos à feitiçaria/bruxaria nos seus territórios africanos [27], os portu-

---

[26] Segundo Mitchell, a administração colonial em Nyassaland incorporava, do mesmo modo, «a organização indígena no seu âmbito». Clyde J. Mitchell, *The Yao village: A study in the social structure of a Malawian people* (Manchester: University Press, 1956), pp. 48-49.

[27] Lucy Mair, *Witchcraft* (New York: McGraw-Hill, 1969), p. 170; G. L. Chavunduka, M. Last, «African medical professions today», in M. Lastand G. L. Chavunduka (orgs.) *The professionalisation of African medicine* (Manchester: International African Institute, 1978), p. 14; Cyprian--F Fisiy e Michael J. Rowlands, «Sorcery and law in modern Cameroon» *Culture and History*, 6 (1989), pp. 63-84; Simeon Mesaki, «Witch-killing in Sukumaland», in R. G. Abrahams (org.) *Witchcraft in contemporary Tanzania* (Cambridge: University of Cambridge, 1994); Salomon Mombeshora

gueses demonstraram uma «tolerância» relativamente maior, e também mais confiança, nas instituições e práticas indígenas([28]).
A administração colonial de Moçambique aconselhou, efetivamente, os administradores a restringirem a influência dos *curandeiros*([29]) e aprovou leis que limitavam a prática legal da medicina a profissionais licenciados([30]), além de ordenar às autoridades gentílicas que se opusessem «à prática de bruxarias e adivinhações e muito especialmente das que representem violência contra as pessoas»([31]). Há notícia de que, nas décadas de 1920 e 1930, os administradores de algumas zonas de Moçambique puniam os praticantes de feitiçaria e/ou de curandeirismo com trabalho forçado, prisão, ou mesmo com a deportação para as ilhas de São Tomé e Príncipe, na África Ocidental([32]), mas

---

«Witches, witchcraft and the question of order: A view from a Bena village in the southern Highlands», R. G. Abrahams (org.) *Witchcraft in contemporary Tanzania* (Cambridge: University of Cambridge, 1994); Karen Fields, *Revival and ...* pp. 75-76.

([28]) Mair informou que os ndembus atravessavam a fronteira da Rodésia do Norte, administrada pelos britânicos, entrando em Angola, administrada pelos portugueses, quando queriam consultar adivinhos sobre casos de bruxaria. Lucy Mair, *Witchcraft ...* p. 39.

([29]) Ver Portaria n.º 292 de 17 de julho de 1911.

([30]) Ver Lei n.º 32.171 de 29 de julho de 1942.

([31]) E. Green, *Indigenous healers and the African state: Policy issues concerning African indigenous healers in Mozambique and Southern Africa* (New York: Pact Publications, 1996), p. 50; Peter Fry, «Cultures of difference: The aftermath of Portuguese and British colonial policies in Southern Africa», *Social Anthropology*, vol. 8 (2) (2000), pp. 117-143, p. 126; Alcinda Honwana, *Espíritos vivos, tradições modernas: Possessão de espíritos e reintegração social pós-guerra no sul de Moçambique* (Maputo: Promédia. 2002), p. 129. Ver Decreto-lei n.º 23.229 de 15 de novembro de 1933, citado em Lucas Langue Gulube, *Organização da rede sanitária colonial no sul do Save (1960-1974)* (Maputo: Promédia, 2003), p. 101.

([32]) Alcinda Honwana, *Espíritos vivos...* pp. 122-130; Paula Meneses, *'When there are no problems, we are healthy, no bad luck, nothing': towards an emancipatory understanding of health and medicine* (Coimbra: Centro de Estudos Sociais, Universidade de Coimbra, s.d.), p. 15.

essas medidas não eram amplamente adotadas[33]. Geralmente, os administradores permitiam «práticas indígenas» como estas, desde que não gerassem violência nem perturbassem os interesses coloniais[34]. «Transformar o comportamento religioso da população indígena» era uma missão deixada, em última análise, ao cuidado da Igreja Católica[35].

Apesar de muitas autoridades gentílicas serem também, de facto, chefes das respetivas povoações, e embora continuassem a exercer a autoridade de muitas formas costumeiras, as hierarquias administrativas impostas pela companhia e, posteriormente, pela administração colonial transformaram lentamente os papéis desempenhados por estes anciãos nas suas próprias matrilinhagens. O governo, tal como a companhia fizera antes dele, obtinha a mão-de-obra *chibalo* através das autoridades gentílicas, pondo normalmente os recrutados na região de Mueda a trabalhar na construção de estradas, uma tarefa localmente denominada como *mwangani*. Para oferecer um ambiente laboral atraente às empresas coloniais, grandes e pequenas, a administração recorria à estratégia habitual do imposto de palhota

---

[33] Meneses sugere que as autoridades coloniais permitiam, em última análise, a prática da «medicina tradicional» devido à escassez de médicos e enfermeiros coloniais. Paula Meneses, *Medicina tradicional, biodiversidade e conhecimentos rivais em Moçambique* (Coimbra: Centro de Estudos Sociais, Universidade de Coimbra, 2000), pp. 22-23

[34] Peter Fry, «Cultures of ... p. 126; Lucas Langue Gulube, *Organização da ...* p. 101. Ver em Edgar Nasi Pereira, *Mitos, feitiços e gente de Moçambique* (Lisboa: Caminho, 1998), pp. 485 e 167-177, a história de um administrador distrital da época colonial, em Mueda, a quem um homem – acusado de matar um parente acusado de feitiçaria – foi trazido pelas autoridades gentílicas para ser julgado. O administrador relata os pormenores do caso com vaga curiosidade, antes de referir como a morte do acusado através de contra-feitiços tornava irrelevante a decisão que ele tinha de tomar entre, por um lado, aplicar o código penal e considerar o acusado culpado de homicídio, ou, por outro lado, indultar o acusado devido a «circunstâncias atenuantes» resultantes de «convicções» sancionadas culturalmente.

[35] Peter Fry, «Cultures of...», p. 126; Alcinda Honwana, *Espíritos vivos...* p. 129.

e utilizava as autoridades gentílicas como cobradores de impostos. Para pagar o imposto, as famílias eram obrigadas a cultivar culturas comerciais como o amendoim, o sésamo, o caju, o óleo de rícino ou o arroz, para vender aos comerciantes locais[36] ou a fazer contratos de trabalho com empresas coloniais. Os régulos e os seus subordinados recebiam uma comissão por cada trabalhador que «forneciam» às explorações agrícolas e plantações regionais pertencentes a colonos privados[37].

Enquanto os portugueses consolidavam a autoridade dos régulos e dos seus adjuntos, os habitantes de Mueda sabiam que estas figuras tinham sido «comidas» pelo colonizador, que utilizava o governo indireto para se «alimentar» de toda a população do planalto. Como nos disse Ndyankali, cada régulo – vestido com um uniforme fornecido pela administração colonial – recebia ordens do administrador de posto português e transmitia-as a todos os seus capitães-mores, que, por sua vez, davam instruções aos seus *wajiri*. Se houvesse resistência às ordens dadas pelas autoridades gentílicas, estas enviavam os polícias nativos (chamados *cipaios*) para as fazer cumprir. Se o próprio régulo se recusasse a cooperar ou fosse incompetente, arriscava-se a ser sovado em público, exilado para as plantações de São Tomé ou morto pelos portugueses.

Embora aqueles que colaboravam com o regime colonial e com as empresas locais na cobrança de impostos e no fornecimento de mão-de-obra «comessem bem», a maioria dos que estavam sob o seu controlo administrativo «passava fome», de acordo com os testemunhos orais. Com tanta coisa em jogo, as

---

[36] Allen Isaacman, *Cotton is the mother of poverty: Peasants, work, and rural struggle in colonial Mozambique, 1938-1961* (Portsmouth, New Hampshire: Heinemann, 1996).

[37] Yussuf Adam e Anna Maria Gentili, «O movimento Liguilanilu no Planalto de Mueda 1957-1962», *Estudos Moçambicanos*, 4 (1983), pp. 41--75, p. 44; Maria Paula Meneses, Joaquim Fumo, Guilherme Mbilana e Conceição Gomes, «As autoridades tradicionais no contexto do pluralismo jurídico», in Boaventura de Sousa Santos e J. C. Trindade (orgs.), *Conflito e transformação social: uma paisagem das justiças em Moçambique* (Porto: Edições Afrontamento, 2003), p. 345.

crises de legitimação grassaram entre as autoridades gentílicas, ao longo de todo o período colonial, com os rivais a contestarem os direitos e a competência uns dos outros([38]). Os administradores de posto portugueses eram, por vezes, arrastados para estes conflitos e, na maior parte das vezes, tendiam a resolvê-los escolhendo o opositor que prometia ser mais obediente às exigências administrativas. Deste modo, as próprias autoridades gentílicas ocupavam uma posição frágil entre uma população que aparentemente representavam e uma administração que «autenticava» a sua «legitimidade» (através da distribuição de uniformes) e, ao mesmo tempo, lhes exigia que agissem em oposição aos interesses daqueles «em cujo nome falavam»([39]). As tensões e animosidades eram realçadas pelo facto de os régulos e capitães-mores exercerem a sua autoridade sobre populações residentes em povoações que, antes da conquista colonial, gozavam de autonomia([40]).

([38]) Uma das formas de litígio mais comuns na região do planalto era a seguinte: pouco depois da conquista, um chefe de povoação nomeava um subordinado para interagir com o regime colonial. O chefe de povoação aproveitava a oportunidade para consolidar a união do seu povo através da nomeação de um dos descendentes de uma mãe escrava, com fraca lealdade à matrilinhagem (que não era verdadeiramente sua). Contudo, quando o posto na hierarquia colonial se revelava lucrativo, o chefe de povoação (ou o seu herdeiro) procurava expulsar o nomeado (ou o seu herdeiro) questionando a linhagem de que ele descendia. Ver Jorge Dias e Margot Schmidt Dias, *Os Macondes*... p. 307.

([39]) Os antropólogos africanistas constataram, há muito, que a utilização das «autoridades nativas» pelas administrações coloniais colocava estas figuras em posições incómodas – «intercalares» – Max Gluckman, J. Clyde Mitchell e J. A. Barnes, «The Village Headman in British Central Africa», *Africa*, vol. 19, 2, (1949), pp. 89-106). Jeffrey Fadiman, *When we began there were witchmen: An oral history from Mount Kenya* (Berkeley: University of California Press, 1993) apresenta um relato fascinante deste dilema, tal como foi sentido pelos merus do Quénia.

([40]) Jorge Dias, Margot Schmidt Dias, *Os Macondes* ... p. 305, atribuem a diminuição do respeito popular pelas autoridades gentílicas ao facto de a autoridade não ser exercida ao nível do regulado, no período pré-colonial, mas ignoram o modo como a administração colonial também transformou a natureza da autoridade exercida por estas figuras.

A *pax lusitana* produziu outros efeitos, ainda mais profundos, na estrutura social e nas instituições de autoridade das matrilinhagens maconde. Como Ndyankali sugeriu nas conversas connosco, o domínio português afrouxou, de diversas maneiras, os vínculos de solidariedade da *likola* que unia os jovens aos anciãos da sua matrilinhagem. Em primeiro lugar, a administração colonial proibiu, na região, o comércio de armas de fogo, que era a forma de pagamento há muito usada pelas matrilinhagens para negociar os casamentos e regular as relações entre gerações. Simultaneamente, o domínio português eliminou a guerra entre matrilinhagens e, com ela, a dinâmica que tornara as armas essenciais para a defesa e a reprodução da povoação, erradicando, deste modo, os perigos que antes dissuadiam os subordinados de romperem com a autoridade do chefe de uma povoação e irem fundar outra nova([41]).

Mais ainda, apesar de os homens jovens continuarem a depender dos seus anciãos para acederem à terra, a época colonial ofereceu-lhes oportunidades de ganharem os bens necessários para pagar o lobolo e constituírem famílias independentes. Os jovens descobriram estas oportunidades, apesar de o regime laboral do colonialismo português ser desfavorável. Na verdade, as perspetivas de ganhar um salário em Moçambique eram, em geral, muito escassas. Os poucos colonos que operavam na região do planalto empregavam menos de cinquenta trabalhadores cada um([42]). Vieira e Baptista, que geria o Sindicato do Sisal de Mocímboa, pertencente a alemães (a que os macondes chamavam Mpanga), próximo do planalto, empregava um considerável número de trabalhadores, mas pagava-lhes uma ninharia([43]).

([41]) Ver também Jorge Dias, Margot Schmidt Dias, *Os Macondes* ... p. 308.

([42]) Yussuf Adam e Anna Maria Gentili, «O Movimento ... p. 45.

([43]) Os ex-trabalhadores do Mpanga com quem falámos recordavam que o cobertor, a camisa sem mangas e os calções que lhes eram dados pela Companhia tinham mais valor do que os salários que recebiam.

No entanto, os habitantes do planalto procuravam outras alternativas, fugindo através da fronteira do rio Rovuma para a colónia, agora britânica, do Tanganhica, onde as relações laborais eram consideravelmente mais favoráveis. Muitos emigrantes de Mueda encontravam emprego nas plantações de sisal (que chegavam a pagar um salário sessenta vezes superior ao que auferiam os trabalhadores das plantações de sisal moçambicanas) ([44]); e noutros lugares do Tanganhica([45]). Um recenseamento de 1984([46]) contabilizou 27 489 «mawia» (macondes moçambicanos) com mais de dezasseis anos de idade no território britânico – um valor substancial, tendo em conta que o recenseamento moçambicano de 1950 situava em 136 079 o número total de macondes moçambicanos e em apenas 48 120 o número dos que viviam no planalto de Mueda([47]).

As condições materiais eram de tal modo melhores no Tanganhica, que muitos migrantes por lá ficaram. O facto de passarem a residir permanentemente fora do planalto implicava uma desistência dos direitos à terra que lhes eram assegurados pelo facto de viverem entre os seus parentes, nas zonas de onde eram originários. A mudança de residência também os privava do acesso às redes sociais familiares, que os enquadravam solidariamente em eventos que iam desde a iniciação dos jovens até aos casamentos, as festividades (como a execução de música e a dança) e as simples conversas do dia-a-dia, para não falar da

---

([44]) Harry G. West, *Sorcery of construction and sorcery of Ruin: Power and ambivalence on the Mueda Plateau, Mozambique (1882-1994)* (Ph. D., University of Wisconsin, 1997), p. 106

([45]) Bertil Egerö, *Population Movement and the Colonial Economy of Tanzania* (Dar-es-Salam: Bureau of Resource Assessment and Land Use Planning, University of Dar-es-Salaam,1974); Edward Alpers, «'To seek a better life:' The implications of migration from Mozambique to Tanganyika for class formation and political behavior», *Canadian Journal of African Studies*, vol. 18 (2) (1984), pp. 367-388)

([46]) Citado em Alpers, «'To Seek a Better... p. 375.

([47]) Citado em Jorge Dias, *Os Macondes de Moçambique* (v. I): *Aspectos Históricos e Económicos* (Lisboa: Centro de Estudos de Antropologia Cultural; Junta de Investigações do Ultramar, 1964), pp. 16-17.

ajuda mútua em tempos de crise (por exemplo, empréstimos ou contribuições para as despesas do funeral de um familiar falecido). Embora uma apreciável minoria dos emigrantes permanecesse indefinidamente no Tanganhica, a maioria regressou, a seu tempo, ao planalto de Mueda – uns ao fim de uma temporada inferior a um ano e outros após mais de uma década ou duas. Os jovens solteiros regressavam frequentemente a casa ao fim de alguns anos, trazendo com eles a riqueza de que necessitavam para casar e constituir família([48]). Muitos atravessavam a fronteira repetidamente, alternando as temporadas de trabalho no exterior com prolongadas «visitas» à família. Por fim, os jovens também acabaram por encontrar trabalho remunerado no planalto, nas missões católicas que ali se estabeleceram no período colonial.

A riqueza daqueles que atingiram a maioridade no período colonial assumiu novas formas, como muitos recordavam ao conversarem connosco, décadas depois. Os trabalhadores que emigravam para o Tanganhica gastavam os seus salários na compra de produtos que não estavam disponíveis em Moçambique. Entre os artigos mais pretendidos figuravam as máquinas de costura, as bicicletas, os rádios, os sapatos, determinados tipos de tecidos e vestuário, e armas de fogo([49]). Segundo os antigos

---

([48]) Ver também Patrick Harries, *Work, culture, and identity: Migrant laborers in Mozambique and South Africa, c.1860-1910* (Portsmouth, NH: Heinemann, 1993) que sugere que a migração laboral há muito constitui, no sul de Moçambique, uma espécie de ritual de passagem para o estatuto de chefe de família economicamente independente.

([49]) Alguns destes bens, como as bicicletas e as máquinas de costura, em breve passaram a poder ser adquiridos nas lojas construídas no planalto por comerciantes indianos estabelecidos no litoral. Mesmo assim, os preços eram muito melhores no Tanganhica. Os testemunhos orais indicam que, em meados da década de 1940, por exemplo, um trabalhador emigrado no Tanganhica podia comprar uma bicicleta por 250 a 350 xelins. Em Moçambique, no mesmo período, uma bicicleta custava entre 1250 e 1500 escudos. Tendo em conta as taxas de câmbio (isto é, uma libra valia 100 escudos em 1946), o nível de preços era quase o mesmo, mas a qualidade das bicicletas disponíveis no Tanganhica era substancialmente superior, o que significa que as mais baratas que lá podiam ser compradas

trabalhadores migrantes e os antigos empregados de lojas com quem falámos, mesmo produtos básicos (incluindo tecidos, ferramentas, pratos, panelas, sabão, açúcar e sal) a que os habitantes de Mueda há muito tinham acesso, quer no litoral (através do comércio de caravanas anterior à conquista), quer no planalto (depois de os comerciantes indianos sedeados no litoral aí abrirem lojas), eram mais baratos e de melhor qualidade no Tanganhica. Os emigrantes aprenderam a comparar as marcas, tanto de bicicletas, rádios e canivetes como de panelas, encontrando sempre melhores preços do lado norte do rio Rovuma.

De acordo com alguns testemunhos orais, os migrantes que regressavam ao planalto de Mueda traziam muitas vezes consigo bicicletas, que podiam ser utilizadas nas deslocações entre povoações para visitar familiares ou reforçar os laços comerciais. Também traziam rádios que lhes permitiam acompanhar o que se passava no Tanganhica (e noutros lugares de África) através dos noticiários em swahili. Por vezes, regressavam com máquinas de costura, com as quais se podiam estabelecer como alfaiates na sua terra e obter rendimentos em numerário. Os migrantes que retornavam costumavam trazer consigo grandes sacos cheios de roupas novas e bonitas, compradas com as suas poupanças dos salários recebidos nas plantações. As pessoas que trabalharam nas missões católicas da região do planalto contaram-nos, anos mais tarde, que seguiam o exemplo dos migrantes laborais regressados, atravessando a fronteira, quando podiam, para comprar essas cobiçadas mercadorias com os seus salários.

Alguns destes jovens dispunham dos seus bens da mesma forma que os seus antepassados tinham disposto das armas de fogo, do ferro e do tecido que obtinham no comércio de caravanas no litoral, quando eram jovens, ou seja, entregavam-nos aos chefes das suas povoações ou aos seus *vanjomba* (tios matrilineares). «Os jovens esbanjariam essa riqueza,» disseram-nos,

---

eram comparáveis às mais caras adquiridas em Moçambique. As máquinas de costura custavam 300 xelins a norte do rio Rovuma e 3000 escudos a sul, apesar de serem de pior qualidade.

muitas vezes, os anciãos, refletindo sobre o tempo em que tinham sido jovens; «o chefe de povoação sabia utilizá-la convenientemente.»

Claro que os chefes de povoação também raramente poupavam aquilo que lhes era dado. Porém, esses anciãos, apesar de «comerem» as riquezas dos emigrantes que regressavam, também as utilizavam para «alimentar» as suas populações. Ao fazê-lo, aumentavam o seu capital simbólico e consolidavam a sua influência sobre a matrilinhagem. Os jovens que forneciam estes bens aos seus anciãos eram respeitosamente considerados como *wakukamalanga* (provedores), à semelhança do que há muito acontecia com os caçadores competentes. Recordando o seu regresso ao planalto com bens que entregou ao chefe da sua povoação, um homem com quem falámos comentou: «Nós éramos tratados como 'salvadores' da povoação». Esses atos acabavam por trazer benefícios palpáveis: os anciãos reservavam pedaços das suas próprias terras para esses jovens e asseguravam o pagamento do lobolo.

No entanto, este cenário não era universal nem historicamente durável. Muitos dos bens que os emigrantes regressados traziam consigo não eram fáceis de partilhar. As bicicletas, por exemplo, não podiam ser divididas, mas apenas emprestadas. Só pessoas com alguma formação sabiam utilizar uma máquina de costura de forma produtiva e o dinheiro que se podia ganhar com uma máquina dessas era fácil de ocultar: até os sacos de roupas escapavam frequentemente ao controlo redistributivo do chefe de povoação. Os padrões variaram de povoação para povoação e ao longo do tempo, mas a prática de repatriar a riqueza para o planalto tornou-se mais familiar, assumiu uma lógica própria, segundo contam as pessoas que se recordavam dessa época. Os jovens começaram a redistribuir, eles próprios, os bens que traziam consigo, oferecendo simples presentes aos seus familiares mais próximos e a outras pessoas cujas boas graças desejavam conquistar. E começaram a guardar a parte de leão. Alguns iniciaram até pequenos negócios – comprando produtos no Tanganhica e revendendo-os em Moçambique – para multiplicar a sua riqueza.

Uma vez que os jovens já podiam aceder diretamente aos bens necessários para pagarem as noivas e constituírem família, começaram a preocupar-se bastante menos em pôr «carne» nos pratos dos seus anciãos. Apesar de os anciãos da *likola* manterem o controlo sobre as terras, muitos homens jovens podiam satisfazer uma maior parcela das suas necessidades através de outras atividades inseridas na economia monetária. Além disso era, pela primeira vez, possível obter terras no planalto de Mueda mediante o pagamento de uma «renda» a proprietários não pertencentes à família. Os emigrantes laborais que regressavam e os empregados das missões revelaram-se, assim, capazes de se «alimentar a si próprios» em maior número e numa idade mais jovem do que acontecera com os seus anciãos. Quando alimentavam outras pessoas, cultivavam a sua própria clientela, em vez de procurarem captar as boas graças destes últimos.

Um homem chamado Lázaro Nkavandame consubstanciou esta nova geração de jovens empreendedores. Filho de um capitão-mor de nome Nkavandame, do regulado de Ndyankali, Lázaro trabalhou durante muitos anos como capataz nas plantações do Tanganhica, antes de se lançar no comércio transfronteiriço numa escala significativa. Nos finais da década de 1950, Lázaro criou várias «cooperativas» agrícolas na região de Mueda, cujos membros foram isentados pelos portugueses de outras formas de recrutamento de mão-de-obra. O êxito das cooperativas de Lázaro, tanto em termos de rendibilidade como de aumento do número de membros, pôs em causa o papel monopolístico das autoridades gentílicas como intermediárias no fornecimento local de mão-de-obra([50]). Não admira que o comportamento desses jovens fosse frequentemente considerado por esses anciãos como uma forma de «provocação» (*ushaka*) e/ou de «ambição» (*shojo*), que desafiava a autoridade legítima.

([50]) Allen Isaacman, «The Mozambique Cotton Cooperative: The creation of a grassroots alternative to forced commodity relations», *African Studies Review*, vol. 25, 2-3 (1982), pp. 5-25; Yussuf Adam e Anna Maria Gentili, «O Movimento...; Harry G. West, *Sorcery of construction*... pp. 128-137.

Gente da Noite

«Um dançarino de *mapiko* era respeitado, quando dançava noutra povoação,» contou Jacinto Omar a Marcos([51]) e a mim. O ancião comportava-se com uma dignidade tão natural que, apesar dos seus mais de sessenta anos, não era nada difícil imaginá-lo mascarado com o fato de dançarino *mapiko*, atraindo a atenção extasiada dos espectadores. «Era fácil fazer amigos», continuou. «Toda a gente me queria conhecer.»

Numa fase anterior da conversa, ficáramos a saber até que ponto Jacinto apreciara aquilo a que chamava «a vida da povoação», na sua juventude. «Havia um professor chamado Nolanda, enviado pelos missionários, que ensinava a ler e a escrever, na minha povoação, quando eu era rapaz,» contara-nos ele. «Estudei com ele durante dois anos, mas não fui para escola da missão. Gostava demasiado da vida da povoação.» O ancião sorriu. «Os meus amigos e eu estávamos mais interessados em caçar ratazanas do mato». O esforço por parecer envergonhado foi pouco convincente. «A minha irmã tentou continuar a ensinar-nos aquilo que estava a aprender, mas nós não estávamos interessados.»

A conversa fluía facilmente, enquanto o ancião nos contava «a história da sua vida», interrompido, de quando em vez, por uma pergunta de Marcos ou minha.

«Nunca fui ao Tanganhica,» disse-nos ele. «Fiquei em casa depois de ter casado.»

«Casou-se na igreja?» perguntei.

«Sim,» respondeu, «mas também paguei lobolo – uma *espera-pouco*»([52]).

«Onde é que você trabalhava?», perguntou Marcos.

«Aqui mesmo. Desbravava campos e cultivava-os. Pagava impostos – pelo menos até ao massacre. Depois disso, as pessoas recusaram-se a pagar.»

([51]) Marcos Agostinho Mandumbwe colaborou com o autor na investigação na qual se baseia este texto.

([52]) Uma arma carregada pelo cano.

A referência de Jacinto ao Massacre de Mueda – um acontecimento que precipitara a luta de Moçambique pela independência – conduziu-nos ao tema do seu envolvimento com o movimento nacionalista, que Jacinto também conhecera no contexto da vida da povoação. Como dançarino *mapiko*, contou-nos ele, era frequentemente convidado para dançar em povoações vizinhas. O segredo da identidade humana do *mapiko* não era o único que Jacinto ocultava. Aproveitava as suas viagens para trabalhar ao serviço da FRELIMO, a rede nacionalista clandestina a que aderira recentemente: «Utilizava essas ocasiões para conhecer pessoas e determinar quem era digno de confiança. Algumas pessoas já sabiam que eu era da FRELIMO, mas outras não sabiam. Eu falava uma linguagem especial, nessas alturas. Dizia a alguém que já conhecia sobre outra pessoa que eu tinha observado: 'Gostava que este homem fosse nosso amigo. Que tal é ele?› e o meu amigo podia dizer-me: 'Ele é fixe, é bom.' Então eu começava a falar com essa pessoa. Ao fim de três ou quatro conversas, eu dizia-lhe: 'Tenho uma coisa para te contar' e falava-lhe da FRELIMO. A maioria das pessoas dizia-me que aguardava, há muito tempo, que alguém as abordasse»([53]).

As palavras de Jacinto como porta-voz do movimento nacionalista teriam sido entendidas porque muitas pessoas da sua idade tinham, ao contrário dele, vivido e trabalhado no Tanganhica. Muitos destes jovens testemunharam em primeira mão o surgimento, o crescimento e o triunfo final do movimento que deu origem a uma Tanzânia independente. No fim do período colonial, muitos emigrantes macondes moçambicanos não só se filiaram na Federação do Trabalho do Tanganhica como

---

([53]) As danças *mapiko* há muito que constituíam um fórum de crítica subtilmente velada dos portugueses, através do uso de máscaras que caricaturavam administradores, donos de plantações ou funcionários da junta do algodão. As danças eram, assim, ambientes plenos de subversão. Edward Alpers «The role of culture in the liberation of Mozambique», *Ufahamu*, vol. 12, 3 (1983), pp.143-189, p. 149. Neste aspecto, as *mapiko* assemelhavam-se aos cultos *hauka* entre os songhay do Níger, descritos por Paul Stoller, *Fusion of the worlds: An ethnography of possession among the Songhay of Níger* (Chicago: University of Chicago Press, 1989), pp. 147-163.

também possuíam cartões de membros da Tanganyika African National Union (TANU) [União Nacional Africana do Tanganhica] [54]. Com o tempo, os jovens moçambicanos que viviam e trabalhavam a norte do rio Rovuma começaram a conceber um movimento semelhante na sua pátria moçambicana. No final da década de 1950, segundo testemunhos orais, os emigrantes de Mueda com simpatias protonacionalistas esforçavam-se por facilitar as ligações entre os muitos clubes de dança, equipas de futebol e associações funerárias dos migrantes macondes que trabalhavam nas plantações de sisal ou noutros lugares do Tanganhica [55]. Os seus esforços acabaram por levar à formação da Makonde African National Union (União Nacional Africana Maconde) (o nome inglês da organização e o seu acrónimo, MANU, refletiam a influência nesta exercida pela TANU), que posteriormente mudou o seu título para Mozambique African National Union [União Nacional Africana de Moçambique] (conservando a sigla MANU) [56].

A administração colonial portuguesa respondeu ao movimento protonacionalista do norte de Moçambique prendendo os representantes enviados para «o interior», através da fronteira, para fazer reivindicações relativas, nomeadamente, aos exíguos preços pagos aos produtores agrícolas do planalto de Mueda [57]. Em 16 de junho de 1960, uma multidão que se reu-

---

[54] Yussuf Adam e Anna Maria Gentili, «O Movimento ... pp. 66-67.

[55] Os dirigentes políticos moçambicanos seguiram o exemplo dos mobilizadores da TANU, que também recrutavam apoiantes entre os trabalhadores migrantes (John Iliffe, «The age of improvement and differentiation (1907-1945)», in I. N. Kimambo e A. J. Temu (orgs.), *A History of Tanzânia* (Nairobi: EastAfrican Publishing House, 1989), sobretudo membros de clubes de dança e outras organizações sociais destes trabalhadores. Terence Ranger, «The Movement of Ideas, 1850-1939», in *A History of Tanzania*...

[56] Ver em Harry G. West, *Sorcery of construction*... pp. 145-151, uma análise mais pormenorizada da história da MANU, incluindo citações da bibliografia pertinente.

[57] Na altura destas detenções, as muitas associações e organizações que acabaram por se juntar ainda não se tinham fundido para formar um grupo auto-denominado MANU; isso só aconteceria em 1961.

nira em frente do gabinete do administrador distrital em Mueda, para apoiar os dirigentes protonacionalistas detidos no seu interior, foi alvejada a tiro[58]. Em resultado desse acontecimento (que os nacionalistas viriam a denominar «o Massacre de Mueda»), os «mobilizadores» da MANU começaram a trabalhar clandestinamente em Mueda para alargar a base de apoio do movimento protonacionalista, emitindo cartões de membros semelhantes aos da TANU, que tantos migrantes já possuíam. Os mobilizadores da MANU aproveitaram as redes sociais existentes no planalto, procurando apoio, em primeiro lugar e sobretudo, entre as pessoas ligadas às missões católicas[59]. Rafael Mwakala, que na sua juventude foi recrutado pela MANU, contou-me: «Escolhiam as pessoas da missão porque éramos instruídos. Disseram-nos que... seríamos os futuros administradores de um Moçambique independente.»

Em 25 de junho de 1962, por ordem de Julius Nyerere (presidente da Tanzânia recém-independente) e de outros destacados dirigentes nacionalistas africanos, a MANU acedeu a fundir-se com outros dois partidos protonacionalistas – a União Democrática Nacional de Moçambique, ou UDENAMO, e a

---

[58] Este acontecimento também é analisado em pormenor em Harry G. West, *Sorcery of construction*... pp. 147-149; ver também em João Paulo Borges Coelho Coelho (org.), «Documento: O Estado colonial e o massacre de Mueda: Processo de Quibrite Divane e Faustino Vanombe», *Arquivo* (14) (1993), pp.129-54, documentos que transmitem a versão colonial destes acontecimentos, e num relato fornecido por Alberto Chipande, um sobrevivente do incidente e futuro dirigente da FRELIMO. Alberto Chipande «16 June 1960-1970: The massacre of Mueda», Mozambique Revolution, (Abril-Junho 1970), pp. 12-14.

[59] Segundo depoimentos orais prestados por antigos mobilizadores e clérigos das missões, os próprios padres de Monfort holandeses ofereciam, por vezes, apoio material aos mobilizadores e, mais tarde, aos guerrilheiros da FRELIMO. David Maxwell conta que, na Rodésia, os guerrilheiros do Exército Africano de Libertação Nacional (ZANLA) e do Exército Popular do Zimbabué (ZIPA) obtiveram um apoio semelhante de algumas missões, durante a luta nacionalista zimbabueana. David Maxwell, *Christians and chiefs in Zimbabwe: A social history of the Hwesa People* (Westport, Conn: Praeger, 1999), pp. 125-127

União Nacional Africana de Moçambique Independente, ou UNAMI) –, formando a Frente de Libertação de Moçambique, ou FRELIMO, sob a direção de Eduardo Mondlane, que se doutorara em Sociologia na América e tinha experiência de trabalho para o Departamento de Administração de Territórios das Nações Unidas.

Pouco tempo depois, começaram a surgir fissuras na Frente[60]. Líderes rivais lutavam por um lugar à mesa onde, segundo imaginavam, se repartiriam os cargos públicos de um Moçambique independente. Os antigos dirigentes dos três partidos que se fundiram para formar a FRELIMO depressa foram marginalizados na hierarquia do partido por novos líderes, muitos dos quais tinham estado recentemente a estudar na Europa. Algumas das disputas travavam-se literalmente em torno da comida, pois os marginalizados queixavam-se amargamente de que os novos dirigentes da FRELIMO viviam nos melhores hotéis e comiam nos melhores restaurantes de Dar es Salaam, ao passo que eles, que tinham trabalhado durante anos para lançar as bases do movimento, subsistiam com dificuldade[61]. Organizações rivais dirigidas por antigos membros descontentes da FRELIMO vieram a público contestar o comportamento elitista dos seus líderes, afirmando que a Frente pretendia utilizar os habitantes do norte de Moçambique como carne para canhão na sua guerra contra os portugueses. Os chefes destas organizações recém-criadas não conseguiram, todavia, atrair o apoio dos líderes nacionalistas africanos de outras regiões do continente. Além disso, não conquistaram um número substancial de seguidores

---

[60] A absorção da MANU e de outros partidos proto-nacionalistas pela FRELIMO, e as tensões e cisões concomitantes, são tratadas de forma mais pormenorizada em Ronald Chilcote (org.), *Emerging nationalism in Portuguese Africa: documents* (Stanford: Hoover Institution Press, 1972), pp. 470-475 e Walter Opello, «Pluralism and elite conflict in an independence movement: FRELIMO in the 1960s», *Journal of Southern African Studies*, vol. 2 (1), (1975), pp. 66-82; ver também Harry G. West, *Sorcery of construction* ... pp. 149-151.

[61] Ronald Chilcote (org.), *Emerging...* p. 472.

entre os moçambicanos «no interior», que tinham transferido a sua fidelidade para a FRELIMO.

No planalto de Mueda, a FRELIMO retomou o trabalho onde a MANU o deixara, adotando a sua rede clandestina de mobilizadores e recrutando novos membros através da emissão de cartões. As pessoas chamavam àqueles que as visitavam a coberto da noite – ainda, na sua maioria, jovens originários do planalto – *vashilo* (gente da noite).

Os mobilizadores da FRELIMO, incluindo o dançarino de *mapiko* Jacinto Omar, falavam aos habitantes do planalto numa linguagem que refletia a ideologia socialista revolucionária da Frente[62]. O colonialismo, afirmavam, era injusto porque permitia a exploração do homem pelo homem – quer dos africanos pelos europeus, quer dos africanos pelos africanos. Num Moçambique independente, afirmavam eles, os moçambicanos trabalhariam juntos de acordo com as suas capacidades e colheriam e consumiriam os frutos do seu trabalho de acordo com as suas necessidades[63].

Lucas Ng'avanga, que trabalhou na FRELIMO como mobilizador, explicou-nos os métodos adotados pelos *vashilo*: «Utilizávamos as redes de *likola* [matrilinhagem]. Encontrávamos alguém de confiança numa *likola* e pedíamos-lhe que contactasse a sua família. Ele descobria quem é que queria comprar cartões e nós fazíamos esses cartões. Quando na *likola* já havia um grande grupo de pessoas que os tinham, essa gente ia falar com os anciãos – os chefes de povoação, o *humu* e outros – e dizia [a cada um deles]: 'Nang'olo [ancião], temos de lhe dizer uma coisa, algo que deve saber. Esta FRELIMO de que temos ouvido falar – estão a falar muito a sério. Comprámos cartões. O senhor não tem um cartão e isso é perigoso'.»

---

[62] No decurso da nossa investigação, entrevistámos dezenas de homens e mulheres que trabalharam como mobilizadores da FRELIMO.

[63] David Lan narra como os guerrilheiros do ZANLA, no Zimbabué, «educavam os camponeses» de forma semelhante, na linguagem do socialismo revolucionário – embora com mais flexibilidade ideológica. David Land, *Guns and rain: Guerrillas and spirit mediums in Zimbabwe* (London: James Currey, 1985), pp. 127-128, p. 208.

Claro que possuir um cartão da FRELIMO também era perigoso. Albino Mwidumbi Mpelo, que vendia cartões da FRELIMO aos habitantes do regulado de Nkapoka, lembrava-se bem desse período:

> Nós tínhamos medo de contactar o régulo. Só falávamos com jovens – gente da nossa própria geração. O meu próprio pai desconhecia totalmente as minhas actividades. Abordávamos pessoas fora das nossas próprias famílias – às vezes estranhos –, mas tínhamo-los observado, por isso sabíamos o que sentiam no íntimo. Falávamos com eles sobre os males do colonialismo e como as coisas correriam melhor se fôssemos independentes. Eu tinha estado no Tanganhica e vira que as coisas eram boas lá. Dizíamos às pessoas que a FRELIMO nos podia libertar. Mas elas tinham medo do colonizador. O colonizador era tolerado *porque* era opressivo, *porque* era perigoso.

Em grande medida, o que tornava «o colonizador» tão perigoso era a rede de autoridades gentílicas com quem trabalhava. Os régulos e, em menor grau, os capitães-mores, tinham-se habituado a «comer bem» – tinham-se habituado ao poder e à riqueza que lhes eram proporcionados pelas suas funções de cobradores de impostos e recrutadores de mão-de-obra. Com o acordo tácito da administração colonial, muitos régulos chegavam até a utilizar trabalho *chibalo* nas suas próprias *machambas* (campos agrícolas) pessoais. Num Moçambique independente, imaginavam eles, tais privilégios estariam em risco. Para proteger os seus interesses, muitos régulos e os seus subordinados colaboravam estreitamente com a polícia secreta portuguesa (Polícia Internacional e de Defesa do Estado ou PIDE) para protegerem a sua posição privilegiada à mesa do festim colonial, denunciando os suspeitos de pertencerem à FRELIMO nas suas regiões. Outros patrulhavam as povoações do planalto com os portugueses, procurando provas de ligação à FRELIMO sob a forma de cartões de membros e registos. Mais de uma vez, os registos apreendidos levaram à prisão de muitos nacionalistas ou à sua fuga de Moçambique. De forma mais continuada, membros individuais da organização eram capturados e torturados até denunciarem os seus camaradas([64]).

Os operacionais da FRELIMO reconheciam, como mostra a supracitada declaração de Mpelo, que o medo era o cimento que mantinha o regime português unido a nível local. A chave do êxito, concluíram finalmente, consistia em transformar a dinâmica do medo – como pressupunham as palavras de Lucas Ng'avanga ao aludir veladamente aos perigos de se *não* possuir um cartão da FRELIMO. A FRELIMO ameaçava com a morte quem se recusasse a aderir à Frente. Um mobilizador disse-nos, com toda a naturalidade: «O meu trabalho era distribuir panfletos e cartas da FRELIMO aos que ainda não estavam connosco. As cartas diziam: 'Se continuares a colaborar com o colonizador, nós matamos-te'.» As casas dos detratores da FRELIMO mais influentes ou escutados eram queimadas. Segundo o mesmo mobilizador: «Isso funcionava com algumas pessoas. Outras tinham de ser mortas.»

Em finais de 1964 e inícios de 1965, a FRELIMO conseguiu afirmar-se mesmo junto das autoridades gentílicas. Os testemunhos orais indicam que a FRELIMO tratava cada régulo, capitão--mor ou *wajiri* de modo diferente, dependendo da sua atitude e do seu comportamento. Em muitos casos, procurava recrutar as autoridades gentílicas para a organização, umas vezes abordando-as diretamente, outras enviando membros da família simpatizantes da causa nacionalista para falar com elas. Noutros casos, tais estratégias eram consideradas pouco eficazes ou mesmo perigosas. Os régulos Naengo, Kavanga e Lidimo eram conhecidos na região do planalto pela sua hostilidade em relação à FRELIMO. Naengo, o régulo da região de Jacinto Omar, patrulhava as povoações da sua zona acompanhado de tropas governamentais, espancando e insultando as pessoas, e participando no incêndio das casas dos suspeitos de atividades nacio-

---

([64]) Ver Harry G. West, «Voices Twice Silenced: Betrayal and Mourning at Colonialism's End in Mozambique», *Anthropological Theory*, vol. 3 (3) (2003), pp. 339-361.

nalistas[65]. Acabou por pagar este comportamento com a vida, quando a sua própria família ajudou operacionais da FRELIMO a assassiná-lo. Kavanga andava com uma pistola que lhe tinha sido dada pelo administrador do distrito e chegou a matar dois operacionais da FRELIMO, quando, por acaso, estes montaram uma emboscada a um autocarro onde ele viajava, pouco depois de eclodirem as hostilidades. Em novembro de 1964, foi assassinado por um comandante de destacamento da FRELIMO, António Saide, que o visitou na sua própria casa disfarçado de régulo. O facto de Lidimo ter denunciado o próprio cunhado aos portugueses esteve na origem de uma tentativa de assassínio falhada por parte da FRELIMO, mas apesar desse malogro foi obrigado a residir durante toda a guerra sob a proteção do exército colonial, na cidade de Mueda[66]. Estes audaciosos ataques a poderosas figuras da autoridade local convenceram muita gente, incluindo outras autoridades gentílicas, de que a colaboração com os portugueses podia ser tão perigosa como a colaboração com a FRELIMO, ou mesmo mais perigosa do que esta[67].

Após o início da guerra, em setembro de 1964, sempre que possível, a FRELIMO reunia as populações nas proximidades das suas bases, nas terras baixas arborizadas situadas junto do planalto, ou no interior deste. A FRELIMO sugeria que, ali, os habitantes não só estariam mais a salvo das patrulhas portuguesas que vinham retaliar dos ataques da guerrilha, como também poderiam contribuir para a campanha nacionalista ajudando a alimentar os guerrilheiros.

---

[65] FRELIMO, «From Mozambique», *Mozambique Revolution*, June, 6-7 (1964), p. 6. Ver Harry G. West, *Sorcery of Construction*... p. 151.

[66] Norma J. Kriger apresenta relatos semelhantes dos ataques do ZANLA aos chefes, na Rodésia. Norma J. Kriger, *Zimbabwe's guerrilla war: peasant voices* (Cambridge; New York: Cambridge University Press, 1992), p. 104.

[67] Dos dezoito régulos da metade sul do planalto, oito acabaram por se pôr do lado da FRELIMO e um foi preso pelos portugueses. A FRELIMO matou três. Dois refugiaram-se junto dos portugueses. Três fugiram para a Tanzânia (não consegui obter quaisquer dados sobre o régulo remanescente). Ver Harry G. West, *Sorcery of construction*... pp. 164-168, p. 312.

Nos primeiros meses de 1965, povoações inteiras, e até regulados inteiros, foram deslocados em massa. Em alguns casos, foram acompanhados pelas autoridades gentílicas que antes os governavam. Nas «zonas libertadas» da FRELIMO, que seriam sua morada na década seguinte, estas populações reproduziam, com frequência, as configurações espaciais dos regulados onde tinham vivido antes; isto é, as pessoas anteriormente subordinadas a um determinado capitão-mor agrupavam-se e, dentro dessa área, os antigos habitantes de uma determinada povoação viviam muito próximos uns dos outros. Mas mesmo nos casos em que as autoridades gentílicas acompanharam o seu povo, não exerciam qualquer poder sobre este nas zonas libertadas. Pelo contrário, os chamados *vashilo* – os jovens, como Jacinto Omar, que tinham aderido à FRELIMO muito antes dos seus anciãos e que enfrentaram muitos riscos para mobilizar apoios para a incipiente organização – assumiam, geralmente, posições de autoridade nas estruturas políticas civis criadas pelos guerrilheiros.

A FRELIMO chamava agora a esses responsáveis «*chairmen*» (adotando o termo inglês da nomenclatura política dos movimentos do Tanganhica, entre os quais muitos militantes da FRELIMO adquiriram experiência política). As povoações anteriormente agrupadas sob a autoridade de um determinado capitão-mor ou de vários *wajiri* eram agora denominadas «*town branches*» e colocadas sob o controlo de um «*town branch chairman*». Este último trabalhava em coordenação com dois «comités»: um comité responsável pela recolha de alimentos para as populações refugiadas e para os guerrilheiros das bases próximas, e outro incumbido de resolver eventuais litígios que surgissem entre a população. Ambos os comités eram, geralmente, compostos por anciãos respeitados das povoações constituintes, incluindo chefes de povoação (alguns dos quais tinham sido régulos, capitães-mores ou *wajiri*). Dizia-se que o *town branch chairman* era «eleito» por estes comités, mas, na prática, era nomeado pela FRELIMO, sendo ele, e não os comités, quem exercia o poder máximo como intermediário de confiança entre a FRELIMO e a população que vivia na sua zona.

Também havia presidentes e comités a nível do «*local branch*», o qual abrangia, na maioria dos casos, populações que outrora viviam num único regulado[68]. Também neste caso, o presidente era sempre um dos jovens que trabalharam durante muito tempo como mobilizadores da FRELIMO (Jacinto Omar, por exemplo, foi presidente de uma secção local) e o ex-régulo, se exercia alguma função, era apenas como membro de um ou de ambos os comités. Acima das secções locais, a FRELIMO criou «*area branches*», secções de zona (correspondentes a um posto administrativo colonial) e estas estavam, por sua vez, subordinadas a uma secção regional, «*regional branch*» (correspondente a um distrito colonial inteiro, por exemplo, Cabo Delgado, Niassa, Tete)[69]. Estes níveis eram governados por um comissário e dois comités. A FRELIMO escolheu Lázaro Nkavandame – o homem empreendedor que tinha fundado cooperativas agrícolas bem-sucedidas em finais da década de 1950 – para comissário regional de Cabo Delgado e deu-lhe a responsabilidade de nomear e supervisionar os presidentes das secções de zona em Cabo Delgado.

As estruturas de autoridade da FRELIMO reproduziam as hierarquias geográficas estabelecidas no planalto pelo regime colonial – hierarquias que faziam pouco sentido histórico para a sua população. Mais ainda, os presidentes exerciam poderes surpreendentemente semelhantes aos das autoridades gentílicas. Os guerrilheiros confiaram aos presidentes a cobrança de impostos em géneros alimentícios e o recrutamento de pessoas que servissem a guerrilha como soldados, milicianos, carregadores, mensageiros e espiões. Neste sentido, os presidentes passaram a ser os administradores de um Moçambique independente – ou, pelo menos, das «zonas libertadas» da FRELIMO –,

---

[68] No fim da guerra, muitos regulados tinham-se dividido em mais de um domínio administrativo, a este nível, na hierarquia administrativa da FRELIMO.

[69] Na altura, as actuais províncias eram classificadas como distritos pelos portugueses.

tal como fora prometido aos recrutas da FRELIMO nos primeiros tempos da mobilização nacionalista.

Porém, noutros sentidos, a FRELIMO subvertia as hierarquias políticas existentes. Ao procurar canalizar todas as energias disponíveis para o apoio ao esforço da guerrilha, a Frente afrouxou os tradicionais constrangimentos impostos aos jovens pelos seus anciãos e às mulheres pelos homens([70]). Os objetivos dos guerrilheiros eram tão radicais nestes termos que muitos anciãos residentes nas zonas libertados, bem como vários presidentes da FRELIMO e até o comissário de Cabo Delgado, Lázaro Nkavandame, se lhes opunham abertamente([71]).

As tensões entre a direção da FRELIMO, sedeada na Tanzânia, e Lázaro Nkavandame e a sua rede de presidentes foram agravadas por outras preocupações de ordem prática e ideológica([72]). O êxito da luta da FRELIMO dependia não só de uma produção agrícola ininterrupta (para alimentar os guerrilheiros) nas zonas libertadas, mas também do transporte dos excedentes agrícolas através da fronteira, onde podiam ser trocados por bens de consumo básicos, necessários para assegurar alguma normalidade à vida das populações civis, de modo a

---

([70]) Allen Isaacman e Barbara Isaacman, «The role of women in the liberation of Mozambique», Ufahamu, vol. 13 (2-3) (1984), pp. 128--185. Harry G. West, «Girsl with Gun: Narrating the experience of war of Frelimo's 'female detachment'», Anthropological Quartely, vol. 73, (4), (2000), pp. 180-194.

([71]) Barry Munslow, *Mozambique: The revolution and it's origins* (London: Longman, 1983); Samora Machel, *in* Barry Munslow (org.) *An African revolutionary: Selected speeches and writings* (London: Zed Books Ltd, 1985), p. 53.

([72]) As tensões entre Nkavandame e outros dirigentes da FRELIMO são tratadas em pormenor em Walter Opello, «Pluralism and Elite ...; FRELIMO, *O Processo Revolucionário da Guerra Popular de Libertação*, org. D. d. T. I. d. FRELIMO. Vol. 1, Textos e Documentos da FRELIMO (Maputo: n.p., 1977); Barry Munslow, *Mozambique* ...; José Guilherme Negrão, *A produção e o comércio nas antigas zonas libertadas* (Maputo: Arquivo Histórico de Moçambique, 1984); Samora Machel, *An African*...; Luís de Brito, «Une relecture nécessaire: La genèse du Parti-État FRELIMO», *Politique Africaine*, 29, (1988), pp. 15-27, pp. 21-23. Ver uma análise mais detalhada em Harry G. West, *Sorcery of construction*..., pp. 174-177.

evitar o seu êxodo em massa. Os presidentes eram responsáveis por garantir que as pessoas continuavam a produzir excedentes comercializáveis de amendoins, castanha de caju, oleaginosas, borracha e cera, para serem levados para fora das zonas libertadas à cabeça de civis protegidos por escoltas de guerrilheiros. Nkavandame estava incumbido de assegurar que os agricultores civis podiam trocar os seus excedentes, nas lojas geridas pela FRELIMO no lado tanzaniano da fronteira, pelos produtos básicos de que necessitavam para sobreviver, tais como roupas, sabão, ferramentas, panelas, facas, fósforos e querosene. Também estava encarregado de supervisionar a armazenagem dos excedentes de milho, mandioca e sorgo produzidos no interior de Cabo Delgado, o transbordo destes excedentes, na medida do necessário, para outras zonas do interior, e a venda das existências em excesso (juntamente com culturas comerciais não consumíveis) no mercado tanzaniano, para angariar receitas destinadas a apoiar o esforço de guerra.

Nkavandame, todavia, geria as redes comerciais da FRELIMO da mesma forma que gerira as suas próprias empresas na época colonial, estabelecendo estruturas de trabalho em pirâmide e obtendo lucros para si próprio sempre que isso era possível[73]. Nkavandame, diziam muitos, «engordava» com a guerra. Quando as condições comerciais oferecidas nas «lojas de Lázaro» começaram a gerar descontentamento entre os moçambicanos do interior e os guerrilheiros ficavam por vezes sem provisões devido à diminuição da produção e do comércio[74], os comandantes militares da FRELIMO (muitos dos quais eram antigos clientes do movimento cooperativo de Nkavandame) ficaram cada vez mais inquietos e agitados[75].

---

[73] Samora Machel, *An African...* pp. 58-59; José Guilherme Negrão, *A produção...*, p. 19.

[74] José Guilherme Negrão, *A produção...* pp. 10, 19; Harry G. West, *Sorcery of construction...*

[75] FRELIMO, O Processo Revolucionário... p. 136; Barry Munslow, *Mozambique...*

Quando Eduardo Mondlane, o Presidente da FRELIMO, foi assassinado com uma carta-bomba, no dia 3 de fevereiro de 1969, em Dar es Salaam, Nkavandame foi apontado como suspeito. Apressou-se, por isso, a abandonar a FRELIMO e fugiu da Tanzânia, entregando-se aos portugueses num posto fronteiriço do rio Rovuma.

Na sequência destes acontecimentos, as estruturas políticas e militares da FRELIMO foram integradas, nos níveis mais elevados, sob uma única hierarquia de comando[76]. As estruturas a nível local também foram subtilmente transformadas. A maioria dos presidentes aos níveis das secções regionais e de zona fugira com Nkavandame, mas os presidentes aos níveis local e municipal permaneceram no interior. Jacinto Omar figurava entre estes últimos. Ele e o seu grupo foram obrigados a fazer um treino político-militar intensivo, durante seis meses, na principal base de retaguarda da FRELIMO, situada em Nachingwea, Tanzânia, onde foram instruídos na ideologia socialista e nos métodos de guerrilha da FRELIMO e consciencializados da sua subordinação à cadeia de comando militar[77]. Quando regressaram ao interior, passaram a ser denominados «secretários». Trabalhavam agora em coordenação com «conselhos» formados por delegados locais de vários departamentos da FRELIMO – por exemplo, Educação e Cultura, Saúde, Produção e Comércio. A nomenclatura das zonas que administravam também mudou de «*town branch*» e «*local branch*» para «círculo» e «localidade», respetivamente[78]. A FRELIMO afirmava que os conselhos e comités a estes níveis constituíam «instituições democráticas», mas na prática, a direção central da FRELIMO nomeava os membros dos conselhos a todos os níveis, e eram estes conselhos que agora nomeavam os membros dos comités[79].

---

[76] Barry Munslow, *Mozambique*...
[77] FRELIMO, O Processo Revolucionário... pp. 46-47.
[78] Ao mesmo tempo, as «secções de zona» tornaram-se «distritos» e as «secções regionais» tornaram-se «províncias».
[79] Ver em Machel uma declaração do papel de vanguarda do partido nas eleições. Samora Machel, *An African*... p. 19. Richard Gibson conclui

Reescrevendo a Paisagem

«Agora, sou *nang'olo mwene kaja* [chefe de povoação],» disse-nos Agostinho Simão Shishulu.

Estávamos sentados a conversar no pátio de Agostinho, no lado sul da aldeia de Matambalale.

«Mas a *kaja* já não existe,» disse eu. A construção da aldeia onde nos encontrávamos pusera fim às antigas povoações autónomas onde os seus habitantes residiam anteriormente – pelo menos eu assim supunha.

«A *kaja* ainda lá está,» retorquiu Agostinho, «nós é que já lá não vivemos.»

Agostinho, Tissa e eu tínhamos estado a conversar sobre a história da povoação onde Agostinho vivia antes de ter fugido com a família para as terras baixas, no início da guerra da independência. Quando manifestei surpresa por Agostinho ter residido, em adulto, na povoação da matrilinhagem *vashiala* de seu pai e não na da matrilinhagem *vailiu* de sua mãe, ele explicou-nos: «A maioria dos homens jovens da minha geração ficou nas povoações dos pais; só recorríamos às *likolas* das nossas mães quando tínhamos necessidades que nós próprios não conseguíamos satisfazer, ou que os nossos pais não podiam satisfazer.»

Eram esses os efeitos da emigração e dos empregos assalariados na estrutura social maconde. Agostinho não só permanecera na povoação do pai depois de atingir a maioridade, como acabara por ser escolhido para chefiar o grupo: «Mpapalola foi o fundador. Sucedeu-lhe o seu irmão mais novo, Dedi. Dedi foi substituído pelo filho da sua irmã, Namiva, que transmitiu a sua autoridade ao filho da irmã da sua mãe, Henriques Shishulu.»

Tissa observou que todos os antecessores de Agostinho eram *vashiala*, mas que ele era *vailiu*. Agostinho respondeu:

---

que as «autarquias virtuais dos guerrilheiros cresceram nas zonas controladas pela guerrilha no interior de Moçambique.» Richard Gibson, *African liberation movements: Contemporary struggles against white minority rule* (New York: Oxford University Press, 1972), p. 279.

O *nang'olo mwene kaja* sempre escolheu o seu sucessor. O que importa é que a pessoa escolhida tenha bom temperamento; deve ter ambições que sirvam a *likola* e não ambições que a destruam. No passado, o sucessor não podia ser um filho. Agora, [isso] acontece, às vezes, se a pessoa em quem a *likola* confia mais for um filho e não um sobrinho. Aconselhei-me com o sobrinho de Henriques até ele morrer. Depois continuei, sozinho.

Continuámos a conversar sobre as mudanças que Agostinho testemunhara. Ele concluiu: «Atualmente, muitos filhos permanecem com os pais, por isso a *likola* está a perder a sua importância.» A isto acrescentou, todavia: «Quando eu morrer, o cargo terá de voltar para os *vashiala*.»

Foi quando manifestei surpresa por Agostinho ter de escolher um sucessor numa época em que a *kaja* já não existia, que ele nos informou não só que a *kaja* continuava a existir, apesar da integração em aldeias, mas também que continuavam a existir *vanango'olo vene kaja*.

«As nossas terras estão lá,» disse-me. «Nós vivemos aqui, na aldeia, mas vamos todos os dias tratar das culturas nas mesmas terras que sempre cultivámos. O *nang'olo* [ancião] ainda vela pelas terras da *likola*. Algumas matrilinhagens até continuam a sepultar os seus mortos na *kaja*.»

«A que distância ficam as vossas terras?» perguntou Tissa, sabendo, pela sua própria experiência de ter crescido na aldeia de Nimu, a importância da resposta a esta pergunta.

«Andamos hora e meia a pé,» disse Agostinho, apontando para sul.

«Não conseguem arranjar terras mais perto da aldeia?» perguntei, espantado pelos *vashiala* de Matambalale serem obrigados a gastar três horas dos seus dias tão cheios de trabalho em deslocações para os campos agrícolas.

«Todas as terras entre esta aldeia e os nossos campos pertencem a outras matrilinhagens,» informou-nos Agostinho.

«Porque é que a aldeia foi construída aqui, tão longe das vossas terras?» perguntei.

Tissa interpôs: «Isso não é invulgar. Muitos têm de andar mais. É a consequência de concentrarem tanta gente numa aldeia.»

O sorriso de Agostinho revelou-o como um homem só em parte resignado às infelizes circunstâncias históricas que definiram a sua existência: «Três presidentes da FRELIMO são oriundos de povoações mais próximos do local onde esta aldeia foi construída. As suas matrilinhagens aderiram à FRELIMO logo no início, ainda antes de a guerra ter começado. Foram recompensados pelo seu serviço pelas pessoas que escolheram este sítio.»

Agostinho olhou para o chão, como se estivesse a esforçar-se por ficar calado, mas acabou por deixar que estas palavras lhe escapassem dos lábios: «Perguntámos se era possível construir outra aldeia mais perto das nossas terras, mas quando a FRELIMO começou a chamar-nos 'inimigos do povo', desistimos.»

*

Quando a guerra da independência de Moçambique terminou, em 1974, os habitantes do planalto de Mueda estavam ansiosos por voltarem a viver nas suas povoações, sob os pequenos bosques que davam frutos doces e sombra fresca, próximo dos túmulos dos seus antepassados. Contudo, após as tropas portuguesas terem retirado de Moçambique e a independência moçambicana ter sido concedida em 1975, a FRELIMO disse-lhes que, em vez disso, iriam construir e residir em povoações de uma dimensão sem precedentes: as «aldeias comunais», que serviriam de modelo para o resto do país, na campanha da FRELIMO para levar a «modernização socialista» ao Moçambique rural[80].

---

[80] Bertil Egerö, *Mozambique: A dream undone. The political economy of democracy, 1975-84* (Uppsala: Scandanavian Institute of African Studies, 1987); Joseph Hanlon, *Mozambique: The revolution under fire* (London: Zed Books, 1990), pp. 121-131; Adolfo Y. Casal, «Discurso socialista e cam-

A FRELIMO apresentou a criação de aldeias comunais às populações de Mueda sob a forma de um contrato social. As populações rurais ficariam concentradas em aldeias de 250 a 1 000 famílias. Construiriam as suas próprias casas, bem como os edifícios que lhes serviriam de escolas, centros de saúde, lojas, armazéns e instalações administrativas do governo e do partido. O governo forneceria, então, professores e técnicos de saúde, medicamentos e livros escolares, bens de consumo básicos e alfaias agrícolas, máquinas e agentes de extensão rural, bem como – algo da máxima importância no planalto de Mueda – uma rede de abastecimento de água potável. O governo também coordenaria o transporte e o comércio entre as aldeias e os centros urbanos. Em colaboração com os aldeões, o partido até organizaria eventos e atividades culturais e políticas no centro da aldeia. Na visão da FRELIMO, as aldeias comunais constituiriam «cidades nascidas nas florestas» [81].

É claro que a iniciativa de construção de aldeias comportava outras dimensões. Desde o início da luta da FRELIMO contra o colonialismo, que esta pretendia não só libertar Moçambique do jugo colonial, mas também *transformar* drasticamente a sociedade moçambicana e o funcionamento do poder no seu seio [82]. A descolonização de Moçambique, insistiam os dirigentes da FRELIMO, exigia tanto o fim do colonialismo como a libertação

---

poneses africanos: Legitimação política-ideológica da socialização rural em Moçambique (FRELIMO, 1965-1984)», *Revista Internaçional de Estudos Africanos*, 1415 (1991), pp. 35-76; João Paulo Borges Coelho Coelho (org.), «Documento: O Estado Colonial... pp. 129-54; Harry G. West, *Sorcery of construction...* pp. 197-199). A mesma terminologia foi utilizada noutros contextos socialistas revolucionários. Ver, por exemplo, Erik Mueggler a respeito da China. Erik Mueggler, *The age of wild ghosts: Memory, violence, and place in Southwest China* (Berkeley: University of California Press, 2001) p. 270.

[81] FRELIMO, «Resolução sobre aldeias comunais», *in Extracto dos Documentos da Oitava Sessão do Comite Central da FRELIMO* (Maputo: FRELIMO, 1976).

[82] Barry Munslow, *Mozambique* ... pp. 133-148; Anne Pitcher, *Transforming Mozambique: The politics of privatization*, 1975-2000 (Cambridge: Cambridge University Press, 2002), p. 85.

dos moçambicanos das instituições indígenas que, no período colonial, se conluiaram com os portugueses na exploração dos moçambicanos comuns([83]). Durante a guerra, os guerrilheiros da FRELIMO consideravam, às vezes, que era pragmático cooperar com as antigas autoridades gentílicas e/ou com outras figuras de autoridade baseadas nos laços de sangue, mas logo em 1969, o primeiro presidente da FRELIMO, Eduardo Mondlane, afirmou publicamente que a autoridade dos «chefes» no Moçambique contemporâneo provinha não da «estrutura tribal original», mas sim da «nomeação pelos portugueses», cujas instruções executavam([84]). Com o tempo, os dirigentes da FRELIMO foram repudiando cada vez mais estas figuras, como oportunistas corruptos que, na era colonial, tinham beneficiado pessoalmente das suas funções como cobradores de impostos, recrutadores de mão-de-obra e agentes policiais locais([85]). Aquando da independência, a FRELIMO procurou excluí-las de todos e quaisquer cargos de autoridade. Na primeira sessão do Conselho de Ministros, em 1975, as chefias tradicionais foram sumariamente abolidas([86]).

Os dirigentes da FRELIMO reconheciam que a transformação da lógica e do funcionamento do poder a nível local exigia que se transformassem as condições da sua prática. A concentração em aldeias foi, por isso, concebida como uma forma de permitir que o partido/Estado da FRELIMO reescrevesse a paisagem do poder no Moçambique rural através da criação de novas instituições políticas e económicas baseadas nas aldeias,

---

([83]) Samora Machel, *An African* ... p. 41.

([84]) Eduardo Mondlane, *The struggle for Mozambique* (Middlesex: Penguin, 1969), p. 40.

([85]) Samora Machel, *An African*... p. 5.

([86]) República Popular de Moçambique [1975] 1990: 4; José Óscar Monteiro, *Power and democracy* (Maputo: People's Assembly, 1989), p. 14; Albie Sachs e Gita Honwana Welch, *Liberating the law: Creating popular justice in Mozambique* (London: Zed, 1990), pp. 58-60; Maria Paula Meneses, Joaquim Fumo, Guilherme Mbilana e Conceição Gomes, «As Autoridades... p. 352. Ver também a Lei 1/77, artigo 14.º (publicada no *Boletim da República*).

as quais substituiriam as estruturas de autoridade assentes nos laços de sangue que a FRELIMO considerava serem hierarquias «feudais» ([87]). As aldeias comunais deviam constituir a base sobre a qual os «homens novos» de Moçambique se governariam através do exercício do poder popular, numa nova sociedade sem classes ([88]). Os aldeões elegeriam os seus pares para as assembleias populares e estes representariam os interesses dos aldeões na nação recém-chegada à independência. Também elegeriam juízes para os tribunais populares, que resolveriam os conflitos que surgissem no seu seio. Os assuntos económicos, incluindo a produção agrícola e o comércio de bens de consumo produzidos nos centros urbanos, seriam mediados por cooperativas, cujos dirigentes também seriam eleitos de entre a população. Tudo isto iria garantir que o poder popular funcionasse de forma transparente e racional, no interesse de todos os membros da comunidade – que todos «comeriam bem», como se dizia entre os habitantes do planalto.

No entanto, os aldeões não exerceriam o poder popular sozinhos. A cultura de comando da guerra de guerrilhas persistiu no interior da FRELIMO depois de a guerra terminar, e foi reforçada pela sua transformação num partido de vanguarda, em 1977 ([89]). Os dirigentes da FRELIMO assumiram o mandato de educar as massas e conduzir os assuntos das aldeias em conformidade com os princípios revolucionários. Os presidentes das aldeias eram nomeados pelo partido/Estado. Na sua maioria, eram homens jovens, depositários da confiança do partido mas não, necessariamente, da dos aldeões que governavam.

---

[87] Barry Munslow, *Mozambique...* p. 140; Samora Machel, *An African...*, pp. 41, 55, 57; Maria Paula Meneses, Joaquim Fumo, Guilherme Mbilana e Conceição Gomes, «As Autoridades... p. 351.

[88] Barry Munslow, *Mozambique...*; Samora Machel, *An African...* pp. 2, 43; Bertil Egerö, *Mozambique...*; Joseph Hanlon, *Mozambique...* pp. 135-146; Adolfo Y. Casal, «Discurso...

[89] Como Pitcher faz notar, esta cultura de comando manifesta-se na linguagem através da qual a FRELIMO governava: lançava «campanhas» de alfabetização e «ofensivas» contra a pobreza e a doença, por exemplo. Anne Pitcher, *Transforming...* p. 78.

Na verdade, como a FRELIMO considerava potencialmente problemático guindar um membro da comunidade aldeã a uma posição de autoridade acima dos seus pares, muitos presidentes não eram originários das populações que governavam. Para evitar que os aldeões se extraviassem no exercício da democracia, quando o direito de voto lhes era alargado, os candidatos às assembleias populares (órgãos governativos que exerciam a autoridade sobre várias aldeias) eram escolhidos por representantes do partido que orquestravam debates públicos sobre os méritos dos candidatos, antes de procederem a votações de braço no ar. As antigas autoridades gentílicas eram sistematicamente excluídas[90], o que implicava que, na maioria dos casos, os *vanang'olo vene kaja* (chefes de povoação) ficavam, na prática, impedidos de ocuparem esses cargos[91]. Dado que a ordem de trabalhos das assembleias eleitas era ditada pela hierarquia política da FRELIMO, estes organismos acabavam por servir mais como difusores das diretivas estatais do que como veículos de governação democrática[92]. Os funcionários do partido também supervisionavam a escolha dos membros dos tribunais populares e intervinham no estabelecimento das normas que regeriam a pronúncia das sentenças[93].

A continuidade relativamente às antigas zonas libertadas foi observada não só na cultura de poder, mas também nas suas

---

[90] Joseph Hanlon, *Mozambique*... pp. 170-174; Maria Paula Meneses, Joaquim Fumo, Guilherme Mbilana e Conceição Gomes, «As Autoridades... p. 351.

[91] Dinerman sugeriu que, nas zonas da Província de Nampula onde fez investigação, as antigas autoridades gentílicas mantinham, muitas vezes, o controlo dos organismos estatais locais (orquestrando, com frequência, a nomeação de familiares para esses cargos). Alice Dinerman, «From 'Abaixo' to 'Chiefs of Production'. Agrarian change in Nampula Province, Mozambique, 1975-87», *The Journal of Peasant Studies*, vol. 28 (2), (2001), pp. 1-82. Em Mueda, porém, onde a FRELIMO se estabelecera no contexto da guerra de guerrilhas, o partido foi mais rigoroso na exclusão das antigas autoridades gentílicas dessas posições de influência.

[92] Bertil Egerö, *Mozambique*...

[93] Albie Sachs e Gita Honwana Welch, *Liberating*...

estruturas. Os residentes de uma aldeia comunal não eram outros, afinal, se não aqueles que tinham vivido juntos durante a guerra em cada secção/localidade. Os residentes de uma ou mais secções/círculos municipais eram, normalmente, colocados num bairro distinto, dividindo-se a maioria das aldeias em quatro bairros. O cargo de presidente de secção/secretário de círculo no tempo da guerra foi transformado no de presidente de bairro, ao passo que o de presidente de secção local/secretário de localidade deu lugar ao de presidente da aldeia. Os conselhos a estes níveis tinham um funcionamento muito similar ao da segunda metade da guerra, sendo as nomeações feitas pelos superiores departamentais hierárquicos da FRELIMO.

Tal como a cultura e as estruturas de autoridade das aldeias pós-independência deram continuidade às da guerra da independência, os padrões de uso do solo mostraram continuidade em relação ao passado anterior à guerra. A lei da terra adotada a seguir à independência determinava que todas as terras pertenciam ao povo através do Estado, mas onde o Estado não exercesse diretamente os seus direitos sobre os terrenos demarcados para uso das herdades estatais ou dos coletivos de aldeias, as famílias individuais podiam desbravar e cultivar leiras individuais. Embora residissem em aldeias concentradas, deslocavam-se diariamente às terras que continuavam a reconhecer como suas, situadas nas imediações das antigas povoações (às vezes, situadas a duas horas de distância da aldeia) [94].

Os vínculos que os habitantes do planalto mantinham com as suas povoações anteriores à independência eram ainda mais profundos. Quando ocuparam as novas aldeias, os membros da *likola* construíram, normalmente, as suas casas em terrenos contíguos. Mais ainda, se a povoação da *likola* ficasse a norte da aldeia, por exemplo, os membros da *likola* construíam, geralmente, as suas casas no lado norte da aldeia, a fim de encurtar

---

[94] A lei da terra protegia, efectivamente, estes direitos históricos, determinando que nenhum agricultor podia ser despojado da terra desde que continuasse a utilizá-la. Deste modo, os direitos sobre a terra continuaram a basear-se na ocupação e na herança.

ao máximo a caminhada até às suas terras. Aqueles cujas antigas povoações ficavam distantes da aldeia ocupavam, normalmente, o perímetro desta, ao passo que aqueles cujas antigas povoações se situavam próximo da aldeia construíam perto do centro (a não ser que a aldeia estivesse localizada nas suas terras, o que os levava a aglomerar-se em torno das árvores que outrora resguardavam a sua povoação independente). Desta forma, os aldeões reproduziam, dentro dos limites da nova aldeia (ainda que em miniatura e de forma alterada) a antiga geografia social da região, mantendo-se as matrilinhagens, silenciosamente, como unidades distintas, tanto no interior da aldeia como nas terras que cultivavam fora dela.

Como as pessoas continuavam a cultivar as terras obtidas através das redes matrilineares, os responsáveis das aldeias – sobretudo os que não eram oriundos da região onde trabalhavam – estavam mal preparados para resolver conflitos de terras, quando estes surgiam. Nos casos em que eventualmente se envolviam, os presidentes de aldeia tinham de recorrer ao testemunho de peritos para confirmar ou refutar a validade dos direitos. Quase sempre, os peritos não eram senão os *vanang'olo vene kaja* das matrilinhagens dos litigantes. Estes anciãos também continuaram a desempenhar o seu papel noutros assuntos. No planalto de Mueda, os tribunais populares só funcionavam esporadicamente e, como apenas foram estabelecidos tribunais em aldeias que também serviam de postos locais, a maioria dos aldeões tinha de caminhar até uma aldeia próxima – e perder um dia de trabalho – para apresentar um caso. Muitos aldeões achavam que as decisões dos tribunais eram imprevisíveis e, por isso, consultavam, frequentemente, o *nang'olo mwene kaja* da sua antiga povoação, não só quando necessitavam de terras, mas também para obter conselho em questões de família, ou para resolver eventuais conflitos. Consoante a atitude do presidente da aldeia, os aldeões faziam isto às claras ou sub-repticiamente.

Deste modo, apesar de a povoação (*kaja*) ter sido geograficamente eliminada do planalto, as pessoas não só reproduziam os mapas cognitivos das comunidades anteriores à independência na paisagem pós-independência, como também continuavam a reconhecer as estruturas políticas que animavam a paisagem anterior, bem como as figuras de autoridade que as encimavam – os *vanang'olo vene kaja*. Por exemplo, os habitantes da aldeia de Matambalale, que antes viviam em cinquenta e oito povoações, reconheciam a existência de cinquenta e oito *vanang'olo vene kaja* no seu seio, quando trabalhei entre eles[95]. Isto acontecia mesmo que o ancião detentor do cargo antes do início da guerra de independência tivesse morrido, pois em todos esses casos tinham sido nomeados sucessores[96].

Em contrapartida, a governação da FRELIMO, no período pós-independência, afetou consideravelmente as instituições políticas baseadas na consanguinidade. Onde os dirigentes da FRELIMO denegriam as figuras de autoridade tradicional como bêbados supersticiosos e egoístas, os jovens olhavam, cada vez mais, para esses anciãos com desprezo. O *humu* Windu contou-nos, em 1994, que a instituição do *humu* definhou, no período a seguir à independência, em grande medida devido aos estereótipos negativos a que a FRELIMO a associou. Enquanto anteriormente os *vahumu* eram reverenciados e respeitados, depois da independência foram obrigados a amanhar os seus próprios campos como as pessoas comuns, facto que minou o prestígio da instituição. «Os jovens de hoje não querem ser *humu*,» disse-nos Windu, pesarosamente. De facto, quando fizemos investigação no planalto em 1994, descobrimos que quando os *vahumu* morriam não eram nomeados sucessores e que, das trinta e seis matrilinhagens que antes possuíam *vahumu*, apenas três continuavam a tê-los.

Com a passagem do tempo, a concentração em aldeias também dificultou que os membros da *likola* residissem juntos.

---

[95] Isto aconteceu, claro está, trinta a trinta e cinco anos após terem abandonado as suas povoações, e vinte a vinte e cinco anos após as chefias tradicionais terem sido oficialmente abolidas em Moçambique.

[96] Ver em Harry G. West um tratamento mais alargado das aldeias comunais de Mueda e da persistência, nestas, das instituições baseadas nos laços de sangue. Harry G. West, «Sorcery of construction and socialist modernization: Ways of understanding power in Post-Colonial Mozambique», *American Ethnologist*, vol. 28 (1), (2001), pp.119-150.

Depois de casarem, os jovens casais deixaram de ir residir com o *njomba* (tio matrilinear) do marido, como faziam outrora([97]). Mesmo que permanecessem na aldeia onde tinham crescido, constatavam muitas vezes que não podiam construir as suas casas junto de um ancião que os apadrinhasse, pois a densidade das residências impedia-o. Em vez disso, os jovens eram obrigados a construir na periferia da aldeia, junto de pessoas com quem não tinham quaisquer laços de parentesco. Misturados com membros de muitas outras matrilinhagens, os aldeões lamentavam, por vezes, a sua situação cantando uma canção onde se perguntava: «Quem é a FRELIMO para me fazer viver ao lado deste homem que não é meu tio?»

Ao longo da década de 1980, surgiram, de vez em quando, pequenos grupos que decidiam abandonar as suas aldeias comunais e regressar aos sítios das antigas povoações([98]). Os responsáveis da FRELIMO reagiram a tais iniciativas com violência, prendendo os líderes desses grupos e queimando as casas que tinham construído fora da aldeia. Com estas medidas, a FRELIMO demonstrou que entendia a concentração em aldeias não só como um meio para realizar a «modernização socialista» nas zonas rurais mas, simultaneamente, como uma componente da segurança nacional([99]).

No início de 1977, Moçambique voltou a estar em guerra. Os militares rodesianos responderam ao refúgio concedido aos

---

([97]) Esta prática já estava em desaparecimento antes da independência. À medida que o trabalho remunerado assumia mais importância e o acesso à terra se tornava menos essencial, iam diminuindo os incentivos para os homens jovens procurarem o patrocínio dos parentes matrilineares na altura de constituírem as suas famílias.

([98]) Ver, para relatos pormenorizados desses incidentes, Oficina de História, *Poder Popular e Desagregação nas Aldeias comunaus do Planalto de Mueda* (Maputo: Centro de Estudos Africanos, Universidade Eduardo Mondlane,1986); Bertil Egerö, *Mozambique...* pp. 160-161; Harry G. West, *Sorcery of construction...* pp. 213-219.

([99]) Cf. Alice Dinerman, «From... Na Província de Nampula, as autoridades incentivaram os residentes a abandonarem as suas aldeias comunais para poderem participar em projectos estatais de cultura do algodão.

guerrilheiros do Exército Africano de Libertação Nacional do Zimbabué (ZANLA) enviando agentes de contrainsurreição através da fronteira para atacar as bases do ZANLA. Os moçambicanos descontentes com a FRELIMO, incluindo muitos que tinham combatido contra ela no exército português, foram recrutados pelas forças armadas rodesianas para se juntarem às forças anti-insurreição. Quando o regime de colonos brancos chefiado por Ian Smith entregou o poder aos nacionalistas zimbabueanos, em 1980, as Forças de Defesa da África do Sul adotaram esses agentes e, depois de lhes darem um treino adicional, reintroduziram-nos em Moçambique para desestabilizar o regime da FRELIMO, que granjeara a inimizade da África do Sul ao acolher a sede do Congresso Nacional Africano (ANC) em Maputo. Estes agentes da contrainsurreição transformados em insurretos, que viriam a denominar-se Resistência Nacional Moçambicana, ou RENAMO, visavam agora as infraestruturas do Estado moçambicano e aterrorizavam os moçambicanos das zonas rurais([100]).

A RENAMO estendeu as suas operações a todo o território moçambicano, recrutando, por vezes à força, novos soldados nas zonas onde chegava. No início da década de 1980, já estava na Província de Cabo Delgado. Os responsáveis da FRELIMO na região procuraram utilizar as aldeias comunais como uma barreira ao contacto da RENAMO com as populações locais, muito à semelhança do que os portugueses tinham feito com

---

([100]) Margaret Hall, «The Mozambican National Resistence Movement (RENAMO): A study in the destruction of an African country», *Africa*, vol. 60 (1), (1990), pp. 39-68; Glenda Morgan, «Violence in Mozambique: Towards an understanding of RENAMO», *The Journal of Modern African Studies*, vol. 28 (4), (1990), pp. 603-19; Tom Young, «The MNR/RENAMO: External and internal dynamics», *African Affairs* (November 1990) pp. 491--509; Alex Vines, *RENAMO: Terrorism in Mozambique* (London: James Currey, 1991); Africa Watch, *Conspicuous destruction: War, famine & the reform process in Mozambique* (New York: Human Rights Watch, 1992); Otto Roesch, «RENAMO and the peasantry in Southern Mozambique: a view from Gaza Province», *Canadian Journal of African Studies*, vol. 26 (3), (1992), p. 462; William Minter, *Apartheid's Contras* (London: Zed Books, 1994).

os aldeamentos estratégicos que construíram em Cabo Delgado, durante a guerra da independência. Por isso, quando os habitantes do planalto de Mueda abandonaram as suas aldeias para regressar às antigas povoações, os funcionários da FRELIMO responderam energicamente.

Embora a RENAMO nunca tenha estabelecido uma presença duradoura na região do planalto, na década de 1980 os habitantes voltaram a sentir-se novamente em guerra[101]. As autoridades advertiam-nos constantemente para se manterem «vigilantes»[102]. No mesmo local onde se localizara a Moçambique D[103] no final da guerra da independência, o aparelho de segurança do Estado mantinha agora um «campo de reeducação» denominado Ruarua (um de vários campos desse género localizados nas antigas zonas libertadas), onde estavam detidos os «inimigos do povo»[104]. Corriam rumores entre os habitantes do planalto a respeito do tratamento brutal dado aos prisioneiros do Estado, muitos dos quais morreram na prisão[105].

Não obstante a capacidade demonstrada pela FRELIMO para proteger a região do planalto dos ataques da RENAMO, o espectro da violência pairava sobre as aldeias comunais pós-independência.

---

[101] A RENAMO ocupou, de facto, várias aldeias nas terras baixas em redor do planalto e enviava espiões para procurarem simpatizantes neste último, mas atacou uma única vez algumas aldeias do planalto.

[102] John Darnton. «Mozambique, with Cuban help, Is shoring up its internal security», *New York Times*, 24 June, (1979), p. 24.

[103] Campo de prisioneiros mantido pela FRELIMO durante a guerra de independência.

[104] Amnesty International, *Amnesty International Report 1979* (London: Amnesty International, 1979), p. 27.

[105] Sol Carvalho, «Reeducação: Uma realidade complexa», in *Tempo*, 11/10/81, pp. 22-27; US Department of State, *Country Report on Human Rights Practices 1984*, p. 253; Africa Watch, *Conspicuous*... pp. 19, 68; Harry G. West, *Sorcery of Construction*... pp: 222-225; Harry G. West, «Voices twice ....

IMAGEM 1. **Mapa de regulados e missões na época colonial**

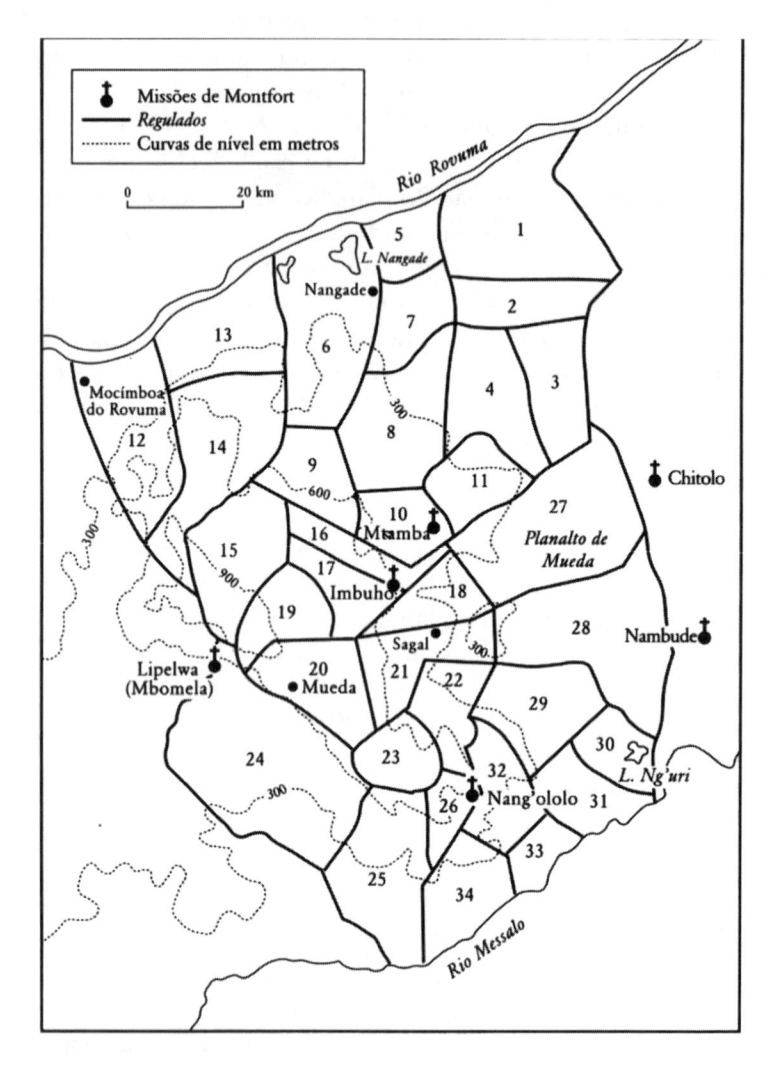

Regulados e missões de Montfort na época colonial

1. Namunda
2. Kitama
3. Nkonga
4. Lingo
5. Shikungo
6. Nangade
7. Shikali
8. Shikadera
9. Nyanyangala
10. Shirumu
11. Mtamba
12. Kuitema
13. Metutuma
14. Mbalale
15. Mbomela
16. Shipungu
17. Masangano
18. Lidimu
19. Mbavala
20. Shilavi
21. Ndyankali
22. Nkapoka
23. Naengo
24. Likomantili
25. Mahomwe
26. Ncimgama
27. Shombo
28. Namakoma
29. Kavanga
30. Nekeuti
31. Ng'ondo
32. Nkwemba
33. Liguili
34. Napula

IMAGEM 2. **Aldeias comunais pós-independência**

IMAGEM 3. **Aldeia de Matambalale e antigas povoações circundantes**
(cerca de 1994)

Fonte: *As cinquenta e oito povoações cujos habitantes vivem agora em Matambalale são discerníveis, na paisagem do planalto, pelos aglomerados de árvores que outrora davam sombra às suas casas.*

PARTE II

Representações do Império: discursos metropolitanos, circulações e memórias

A segunda parte deste livro remete-nos para um universo de circulações e trânsitos: entre metrópole e colónias; entre tempos coloniais e pós-coloniais; entre colonizador e colonizado. É um universo de ambivalências, que intersecta diferentes geografias e temporalidades, pondo em evidência o caráter contingente da produção de conhecimento colonial. Condições sociais e económicas particulares, dilemas político-culturais, ideologias, lógicas mercantis, específicos de cada momento, entrecruzam-se para criar modos dinâmicos de pensar e representar a distinção entre o nós e o outro, o cá e o lá, o antes e o depois.

Nas cidades coloniais, tal como nas cidades pós-coloniais, produzem-se representações e ativam-se discursos que evidenciam esse cruzamento entre mundos. Expostas à circulação de pessoas e de produtos transnacionais, acolhendo múltiplas interações culturais, sujeitas a diferentes ordens de poder, as cidades coloniais e pós-coloniais são lugares de contato. Contato entre diferentes histórias, também coloniais, contato entre teorias e influências culturais e ainda contato entre afiliações político-ideológicas diversas. Contatos estes que obrigam à consideração das «histórias entrelaçadas» que estão na base da construção das representações coloniais, anti-coloniais e pós-coloniais que se negoceiam e conflituam no quadro das interações urbanas. É neste contexto que se inventa a nação imperial a partir de iniciativas institucionais e eventos solenes. E é também neste contexto que circulam utopias transnacionais de sentido inverso. Cosmopolitismo combina-se com propaganda colonial e histórias marginalizadas, secundarizadas ou esquecidas subsistem a par com as narrativas hegemónicas disseminadas pelo poder colonial.

Moldadas pelas suas biografias coloniais, são cidades-memória onde se podem observar diferentes camadas de passados acumulados sucessivamente reinterpretados pelo presente. Nela se encontram os lugares simbolicamente investidos que sinalizam o sentido histórico atribuído aos passados coletivos. São lugares seletivos, de forte carga afetiva, a partir dos quais a comunidade histórica se atualiza e recria. São, neste sentido, lugares de ruína, que permitem recriar uma geografia colonial fragmentada de um passado historicamente valorizado. É a sua materialidade que fornece a caução de visibilidade do passado, suportando metáforas narrativas dirigidas a um império demasiado distante, no tempo ou no espaço, para ser concebido de outro modo.

Mas são, simultaneamente, lugares vivos e pulsantes, que evidenciam a confluência de diferentes discursos de conhecimento e os múltiplos cursos de ação, as negociações, os conflitos representacionais e as ambivalências que acompanham as práticas de produção dos passados nacionais. Revelam-se, neste sentido, plásticos e mutáveis conforme as conjunturas políticas, económicas e sociais impõem novas interpretações sobre o passado, orientando-o para o futuro. Cruzados com formas de cultura popular que circulam no meio urbano, os lugares da memória oficial incorporam-se na vida quotidiana através de consumos e lazeres urbanos e das práticas de viver a cidade. Suportam formas de nacionalismo banal que diariamente reproduzem aceções de senso-comum sobre as formações coloniais. Mas também encerram um potencial de revisão à medida que novas formulações do saber procuram concessões representacionais na formação dominante.

A cidade colonial e pós-colonial é assim um palco dinâmico onde se redefinem identificações e afiliações complexas são construídas e negociadas, reclamando constantemente novas formas de pensar as relações coloniais e as suas reverberações pós-coloniais. Lisboa-metrópole, Lisboa-capital do império e Lisboa-cidade global são metáforas ajustadas para pensar as linhas de continuidade e de rutura que tecem uma conceção de Portugal como uma nação imperial, e depois pós-imperial, que se (re)inventa a partir de um tempo distante – o do império português do oriente – que, já no século XIX, mais não era que uma ruína. Às narrativas de auge e declínio, sucedem-se os discursos de recuperação do esplendor imperial para, em tempos pós-coloniais, se abastecerem das lógicas mercantis que justificam a atualização das antigas mitologias imperiais para fins de distinção no mercado turístico. Mas, em todos os momentos, trânsitos de pessoas e conhecimentos, cruzamento de influências e contingências conjunturais expõem as contradições contidas na ordem do discurso, reclamando sucessivamente novas formas de pensar a experiência colonial e, consequentemente, os seus ecos pós-coloniais.

As Ruínas das Cidades: história e cultura material do Império Português da Índia (1850-1900)

FILIPA LOWNDES VICENTE

Um historiador goês na Índia Britânica

Como ponto de partida para pensar as representações das cidades do Império português, tomamos a obra de José Gerson da Cunha (Goa-Bombaim, 1844-1900), historiador goês que viveu na Índia colonial britânica. As suas publicações revelam as múltiplas identidades do seu autor, as geografias onde se moveu, assim como a evolução do seu percurso intelectual([1]). Goês, de nacionalidade portuguesa, católico de casta Brâmane, Gerson da Cunha fazia parte da elite goesa. Pertencente à mais alta casta do hinduísmo, sem deixar de estar ligado ao catolicismo, beneficiava, por isso, do melhor dos dois mundos. O catolicismo fora a religião imposta pelos portugueses no século XVI e passou a ser, progressivamente, a religião da maior parte das elites goesas do século XIX, sobretudo nas velhas conquistas. Como memória das suas raízes hindus, as elites católicas nativas continuaram a reconhecer o sistema de castas, tal como acontecia entre os hindus. As características identitárias de Gerson da Cunha – origem social, educação, religião e género – levaram-no a sair de Goa, aos dezasseis anos, para ir estudar medicina em Bombaim, uma trajetória educacional e geográfica

---

([1]) George Mark Moraes, «Dr. José Gerson Da Cunha 1844-1900», *The Bombay Branch of The Royal Asiatic Society* (1964-1965) – *Dr. José Gerson da Cunha: Memorial Volume* (Bombaim: Published by the Society, 1967), pp. 39-45.

que se tornou cada vez mais comum entre os jovens das elites goesas, ao longo da segunda metade do século XIX.

Uma análise dos seus textos – data e lugar de publicação, língua em que foram escritos, assuntos tratados e abordagens escolhidas – revela bem como o estudo da presença portuguesa em cidades indianas ocupa um lugar central, no contexto geral da sua obra. No começo da idade adulta, ensaiou as suas inquietações literárias nalguns periódicos goeses, escrevendo em português, e, ao fazê-lo, afirmou-se entre a elite goesa que constituía o universo dos seus leitores. Enquanto prosseguia a sua formação profissional em medicina, em Bombaim primeiro e, depois, em Edimburgo e Londres, foi na sua terra natal que começou por publicar pequenos artigos sobre temas apartados dos seus interesses profissionais. Por sua vez, quando começou a afirmar-se como médico, virou-se para as grandes revistas britânicas da especialidade, tais como a *Lancet*. E, se foi na língua portuguesa que escreveu os seus primeiros textos, foi em inglês que se passou a exprimir, quando se formou como médico e se estabeleceu em Bombaim. Foi ali que viveu até à sua morte, com 56 anos, tendo passado grandes temporadas na sua Goa natal – lugar de onde também era natural a sua mulher, Ana Rita da Cunha – e viajado periodicamente pela Europa, sobretudo Itália e Paris([2]).

A partir de meados da década de 1870, Gerson da Cunha deixou de publicar em revistas médicas, para se dedicar inteiramente à história, arqueologia, filologia, etnografia e numismática indianas. A língua em que escreveu continuou a ser o

([2]) Não há notícias de que Gerson da Cunha tenha visitado Portugal. Apesar de ter sido membro de várias instituições culturais, da Sociedade de Geografia de Lisboa à Academia das Ciências de Lisboa, e dos seus interesses históricos pela presença portuguesa na Índia, a sua «Europa» circunscrevia-se sobretudo a Londres, Paris, Florença e Roma. Sobre as suas viagens à Europa, ver Filipa Lowndes Vicente, «The thousand and one nights of Paris: An Indian traveller at the 1867 Universal Exhibition», *Quaderns d'Història de l'Enginyeria*, vol. 13 (2012), pp. 133-151; sobre as suas relações com a Itália ver Filipa Lowndes Vicente, *Outros orientalismos. A Índia entre Florença e Bombaim (1860-1900)* (Lisboa: ICS, 2009).

inglês, que começara por usar apenas nos textos médicos, mas os lugares de publicação passaram a ser distintos. Os seus artigos começaram a surgir em prestigiadas publicações indianas, ou melhor indo-britânicas, tais como o *Indian Antiquary* ou *The Journal of the Bombay Branch of the Royal Asiatic Society*, ambos de Bombaim. Na Europa, colaborou brevemente na *Revue Internationale*, publicada em Florença pelo seu amigo Angelo de Gubernatis, intelectual e orientalista italiano. Porém, a divulgação da sua obra fez-se, sobretudo, em inglês através de revistas publicadas na Índia Britânica.

Nas fronteiras de mundos diversos que raramente se tocavam, Gerson da Cunha distinguia-se tanto na escolha de temas, como no modo de os abordar. Por um lado, o historiador privilegiou análises diacrónicas de um mesmo espaço geográfico, sublinhando as diferentes colonizações de um mesmo lugar, bem como a presença de religiões diferentes: da muçulmana ao hinduísmo ou ao catolicismo. Por outro lado, o seu conhecimento de várias línguas e de diferentes historiografias nacionais permitiu-lhe conjugar tradições históricas e bibliográficas que raramente se cruzavam. O seu domínio daquilo que se publicava em Goa, em Bombaim, em Londres ou em Lisboa, o facto de viver entre duas Índias coloniais e da sua Europa ser feita de uma grande diversidade faziam com que se movesse intelectualmente entre universos distintos.

Mais do que sobre os territórios indianos que ainda estavam, na segunda metade do século XIX sob o controlo do governo português, Gerson da Cunha interessava-se principalmente por aquelas cidades que tinham sido colonizadas pelos portugueses no século XVI, mas que, no século XIX, apenas podiam exibir os vestígios desse domínio remoto. Eram precisamente esses vestígios, sob a forma de documentos escritos, mas sobretudo de ruínas de edifícios ou inscrições tumulares, que mais lhe interessava analisar. Constituíam a memória – escrita ou material – de uma história que, no seu entender, se encontrava por fazer. No entanto, o seu interesse por regiões associadas a Portugal não deve ser confundido com um interesse somente por uma «Índia Portuguesa». O seu projeto ultrapassava a simples ideia de fazer uma história de Portugal na Índia para, em vez disso, privilegiar uma história da Índia onde existira uma presença portuguesa, mas que não descurava a existência de outras comunidades, outras religiões, outros poderes e outras presenças colonizadoras, explorando, por vezes, os seus cruzamentos. Foi o que aconteceu na passagem do domínio sobre a cidade de Bombaim, da coroa portuguesa para a britânica. A história que pretendia fazer era a de uma parte da Índia que, num determinado momento, se cruzara com a história de Portugal, mas que possuía outras histórias, antes, durante e depois da presença portuguesa. Histórias que, por vezes, também eram histórias coloniais.

Poderão os seus textos ser considerados gestos de colaboração para com o governo colonial português? Terá Gerson da Cunha empreendido uma *voyage in*, a expressão que Said encontrou para designar aqueles escritores, historiadores e intelectuais das periferias do mundo que fizeram um «esforço consciente para participar do discurso da Europa e do Ocidente, misturando-se com ele, transformando-o, obrigando-o a reconhecer histórias marginalizadas ou suprimidas ou esquecidas» ([3])? No caso dos autores goeses de Oitocentos, a questão não se pode colocar desta forma. Para o erudito goês, a exemplo de outros eruditos seus conterrâneos, a oposição entre periferias e centros, entre europeu e não europeu, não fazia sentido. Só a custo de pode falar em apropriação dos instrumentos daquilo que, num contexto não-europeu, era considerado uma «cultura europeia». Isto porque só pode existir apropriação quando existe distanciamento em relação à cultura em causa. Ora, Gerson da Cunha, a exemplo de outros intelectuais goeses católicos, assumia a «cultura europeia» como uma categoria alargada, que utilizava para denominar as muitas referências com as quais tinha crescido.

A abordagem de Gerson da Cunha oferecia uma visão caleidoscópica sobre regiões da Índia que, normalmente, estavam apenas sujeitas ao olhar histórico do colonizador. A sua perspe-

---

([3]) Edward W. Said, *Culture and imperialism* (Londres: Chatto & Wind, 1993), pp. 260, 261.

tiva era distinta da dos portugueses que escreviam sobre a Índia a partir da metrópole, tal como também era distinta daqueles que, sendo goeses ou portugueses, escreviam a partir de Goa: por um lado, a sua visão não era eurocêntrica mas sim indocêntrica, e isto diferenciava-o da historização da Índia que se fazia no Portugal de então; por outro lado, mesmo no interior da Índia, a sua visão não era feita a partir do lugar do colonizado. A Goa do século XIX, onde a conversão religiosa e a imposição política e cultural dos portugueses, desde o século XVI, já tinha sido assimilada pela maioria dos goeses, caracterizava-se por um tecido social impossível de reduzir à antinomia colonizadores e colonizados que se encontrava na Índia Britânica. Ao observar a Índia Portuguesa com base no contexto de dominação da Índia britânica, será possível compreender melhor o lugar a partir do qual Gerson da Cunha escrevia sobre as «cidades coloniais» de um império português que já não existia, a não ser como um lugar da memória histórica.

Poderá o seu discurso ser confundido com as narrativas metropolitanas produzidas num contexto de poder colonial, ou seja, com as histórias da gesta portuguesa na Índia tão caras às celebrações do Centenário da Índia em 1898, em boa medida retomadas pelo Estado Novo para legitimar os seus projetos ultramarinos? Por um lado, é certo que a história tida como gloriosa era também a sua. Mas, por outro, a sua abordagem não era a daqueles que escreviam a partir da metrópole somente com fontes portuguesas e existentes em Portugal. O projeto historiográfico de Gerson da Cunha condenava algumas práticas de colonização praticadas pelos portugueses no passado, tais como a destruição de templos hindus ou as estratégias de conversão dos jesuítas([4]). Tal perspetiva crítica fazia parte de uma

---

([4]) José Gerson da Cunha, «Notes on the shrine of S'ri Sapta--Kotis'Vara», *The Indian Antiquary*, Parte XXXII, vol. III (julho 1874), pp. 194--195; José Gerson da Cunha, «Materials for the history of oriental studies amongst the Portuguese», *Atti del IV Congresso Internazionale degli Orientalisti tenuto a Firenze nel Settembre 1878*, vol. II (Florença: Successori Le Monnier, 1880), pp. 187-191.

historiografia britânica sobre o Império português empenhada em legitimar o seu domínio sobre a Índia, mas também podia ser encontrada numa historiografia portuguesa politicamente inscrita no liberalismo e, mais tarde, no republicanismo, de tradições anticlericais e iluministas. A violência perpetrada pela Inquisição de Goa, por exemplo, em contraste com a apregoada tolerância religiosa dos britânicos face ao hinduísmo, era um tema bastante comum na historiografia britânica sobre a Índia que tendia a usar o caso goês como exemplo de «como não fazer». A este propósito, importa acrescentar que talvez o facto de escrever em inglês para um público maioritariamente britânico ou indiano – para além do domínio que tinha da documentação textual local, tanto portuguesa como britânica – proporcionasse a Gerson da Cunha a distância necessária para poder escrever com mais liberdade.

Gerson da Cunha analisou a história do império português na Índia dos séculos XVI ou XVII como parte da sua própria história. Vivendo na Índia, mas fora da chamada Índia Portuguesa, foi a partir dali que transformou as suas recolhas em saber organizado e divulgou os seus estudos. Este procedimento, que tinha tanto de local, como de cosmopolita, era contrário à maior parte dos casos em que os materiais eram recolhidos na Índia e tratados na Europa – expostos, divulgados, fosse sob a forma de publicação escrita, em reproduções fotográficas ou em representações da Índia em exposições ou museus.

Mas, afinal, qual era o seu projeto historiográfico? Detendo-se em regiões pouco ou nada estudadas por portugueses ou ingleses, Gerson da Cunha pretendia voltar a pôr no mapa da Índia os lugares esquecidos, semiabandonados, em ruínas, que no passado tinham ocupado um papel relevante na sua história. Assim, o presente revelava apenas os restos quase inexistentes ou quase ilegíveis de um passado historicamente valorizado. Ao mesmo tempo, o seu autor surgia como aquele que, ao recriar uma geografia fragmentada da ruína, impediria que esses lugares desaparecessem da memória histórica. A sua abordagem inseria-se, assim, no repetido discurso da decadência do Império português na Índia – a ideia de que Portugal tinha conhecido a época áurea do seu domínio imperial na Índia dos séculos XVI e XVII mas que, a partir do século XVIII, ter-se-ia assistido à decadência desse mesmo domínio, até chegar ao estado de quase abandono com que as colónias portuguesas da Ásia eram descritas no século XIX. Objeto privilegiado da história oitocentista, as razões do declínio do Império português foram identificadas: da rivalidade face ao mercantilismo holandês e, depois, britânico, aos excessos da Inquisição ou das ambições jesuítas. As razões religiosas eram sobretudo invocadas no interior de uma historiografia britânica sobre a Índia ou das narrativas de viagem escritas por visitantes estrangeiros.

Assim, Gerson da Cunha também integrou a historiografia que construiu esta narrativa de auge e declínio do império português da Ásia. Uma contribuição, cuja genealogia remontava às narrativas de viagem anteriores ao século XIX e que se prolongou pelo Estado Novo, quando a Índia Portuguesa – por contraposição à mais recente colonização africana – surgiu como a mais antiga das conquistas portuguesas e o principal símbolo de um mperialismo católico e missionário. Tratava-se da propalada Roma do Oriente, que permitia a Portugal continuar a invocar direitos especiais no interior da Igreja Católica. A retórica simbólica associada à Índia Portuguesa explica também a resistência do Estado Novo, e de Salazar, em reconhecer o processo inevitável de Goa, Damão e Diu passarem a fazer parte da União Indiana, algo que só veio a acontecer em 1961, catorze anos depois da independência da Índia em relação à Grã-Bretanha.

Se Gerson da Cunha deve ser incluído numa genealogia de escrita sobre o Império português da Índia, o seu percurso biográfico e os múltiplos lugares a partir dos quais escreveu refletiram-se no seu discurso. A este propósito, são de sublinhar dois aspetos: o seu descentramento temático, geográfico e temporal, que opera em relação a diferentes territórios, e os seus modos de conjugar historiografias distintas. Os seus conhecimentos sobre tudo aquilo que se escrevera sobre a Índia em português articulavam-se com um domínio do que tinha sido escrito noutras línguas, e do que se escrevera sobre outras Índias que não a portuguesa([5]). Ao escolher aqueles lugares que já não pertenciam à Índia colonial portuguesa, acabou por se confrontar com outras histórias coloniais, sobretudo com a britânica. Mas porque é que o historiador escolheu, sobretudo, aqueles lugares ou cidades onde a Índia Portuguesa já não existia no presente, mas apenas no passado? Porque é que não recorreu ao caso de Velha Goa, já na altura paradigmático enquanto metáfora do auge e declínio dos impérios, da efemeridade do poder, e da grandiosidade que as ruínas do presente revelavam sobre o passado? Será que não se queria confrontar com as implicações políticas de escrever sobre o presente da Índia Portuguesa? Velha-Goa, antiga capital do Império até ao século XVIII – que fora substituída pela vizinha Nova-Goa por razões de salubridade urbana – era a cidade-ruína por excelência. Foi descrita como uma cidade fantasma em incontáveis relatos de viagem, publicados em diferentes períodos. Entre as suas inúmeras ruínas, apenas se erguiam, inteiros, alguns edifícios religiosos, onde uns quantos padres e freiras contrariavam a ausência de vida humana. Mas essa decadente «Roma do Oriente» era ainda portuguesa, vizinha da Nova-Goa sua sucessora e, de algum modo, preservada pelo culto vivo de São Francisco Xavier com sede numa das suas igrejas. Tinha ruínas sim, mas tinha também algumas das igrejas mais emblemáticas do poder imperial e religioso português ainda a uso. E o corpo milagrosamente preservado de São Francisco Xavier, exposto na Igreja do Bom Jesus, com as suas exposições públicas periódicas, servia de garantia para que a cidade-ruína nunca fosse votada completa-

---

([5]) Um exemplo, entre muitos, do modo como Gerson da Cunha dominava a historiografia portuguesa antiga encontra-se numa nota sobre as incongruências dos principais textos em relação à data de partida de Vasco da Gama para Lisboa: «Os historiadores portugueses estão muitas vezes em desacordo em questões de cronologia. Correa refere a data de 10 de dezembro; Enquanto Goes, Castanheda e Barros, refere 5 de outubro. Estes últimos têm mais probabilidades de estar certos», José Gerson da Cunha, «An historical and archaeological sketch of the Island of Angediva», *The Journal of the Bombay Branch of the Royal Asiatic Society*, n.º XXXII, vol. XI (Bombaim: Society's Library, 1876), pp. 288-310, p. 297.

mente ao abandono. Ao atrair multidões de peregrinos, o culto voltava, periodicamente, a dar uma função à cidade e a devolver--lhe a pujança com que era identificada no passado.

As cidades sobre as quais Gerson da Cunha escreveu eram muito distintas. Eram cidades-vivas que tinham continuado a existir para além da cronologia imperial portuguesa. Em geral, as ruínas eram apenas as portuguesas. Obviamente Velha-Goa também teria que fazer parte da história geral do Império português que Gerson da Cunha pretendia escrever. Só o facto de já outros terem escrito sobre a antiga capital do Império e, quem sabe, o não querer implicar-se com o presente, tenha feito com que Gerson da Cunha se tivesse concentrado noutros lugares: precisamente os menos descritos e pouco conhecidos, os quais desde há muito tinham deixado de fazer parte do Império português para passar a estar sob a tutela do governo da Índia Britânica. O facto de se constituírem como um império dentro de um império – os restos do império anterior ao britânico – contribuía ainda mais para a narrativa de auge e declínio que as próprias ruínas já emulavam.

Gerson da Cunha aspirava também escrever uma história do Império português da Índia e via os sucessivos estudos de caso que ia publicando, como mais um contributo para essa obra final, geral e totalizante que, afinal, nunca chegou a publicar. Assim, o seu livro sobre Bombaim, publicado no ano da sua morte, foi uma das suas poucas obras onde conseguiu pôr em prática uma abordagem mais aprofundada sobre um tema (a outra foi a que escreveu sobre Chaul e Bassaim, também sob a forma de livro). A sua unidade de análise, tal como acontecia em quase todos os seus estudos, equivalia quase sempre a uma cidade. Mais um espaço para uma história do Império português na Índia que ele ia construindo como uma acumulação de nomes no mapa de um continente – Bombaim, Baçaim, Chaul, Angediva ou Canara.

Estes lugares não eram espaços portugueses de um presente indiano mas sim do passado, de um passado onde estava sempre implícita a possibilidade de desaparecimento, de desvanecimento de uma memória histórica onde a «ruína» se constituía no ponto de confluência de diferentes discursos do conhecimento, tanto aqueles centrados na materialidade da prova que tinha que ser descrita porque estava a desaparecer, como aqueles centrados nas metáforas de uma narrativa de auge e decadência de impérios. Tais lugares do antigo Império português da Índia, só visíveis nas ruínas das cidades, precisavam de ser alvo de historização escrita. Ou, como veremos mais adiante, de ser fotografados pela câmara, ou desenhados e reproduzidos pela litografia. Esta era uma história que Gerson da Cunha se propunha fazer, com a consciência – expressa na própria escrita – de que os efeitos do tempo iriam fazer desaparecer o próprio objeto histórico.

Perceber o modo como Gerson da Cunha abordou as cidades indianas ocupadas outrora pelos portugueses implica reconstituir o seu contexto historiográfico e os seus métodos históricos. Claro que os seus princípios metodológicos, associados a protocolos tidos como europeus, eram definidos em oposição a outras formas de fazer história. Apesar de inacabado, o seu projeto de escrever uma história da presença portuguesa na Índia visava reconstituir uma totalidade histórica. A sua ambição deve ser entendida à luz do exemplo das historiografias britânica e francesa que procuravam apreender grandes processos nacionais ou imperiais – da história de França à história do Império romano. A acumulação de estudos sobre cidades permitia abordar, no seu conjunto, o Império português da Índia, apreendido nos seus tempos longos e numa geografia dispersa.

A historização da cidade de Bombaim: a passagem "entre impérios" [6]

Os vários textos que Gerson da Cunha escreveu sobre Bombaim – no *Indian Antiquary*, em 1874, para a conferência no Congresso Internacional de Orientalistas de Florença em 1878, no popular *Census* de Bombaim em 1881, bem como o seu artigo

---

[6] Rochelle Pinto, *Between Empires. Print and Politics in Goa* (Oxford: Oxford University Press, 2007).

tuguesa «Boa Bahia», como tinha sido proposto por alguns autores, sugeriu, em vez disso, que a origem do nome da cidade estivesse na Deusa Mumbâ, de origem Marata. Para o provar, fez notar como, no seu vernáculo, os nativos usavam sempre a palavra Mumbai [nome atual da cidade], e não Bombaim, designação que constituiria uma «corrupção feita por estrangeiros» ([10]).

Quando, a partir da análise do nome da cidade, percorreu o seu desenvolvimento em diferentes períodos, fê-lo com um entendimento progressivo da história, muito comum nas abordagens britânicas sobre a Índia. Aquela ilha arenosa e por cultivar, lugar desprezado que, no período português, era uma mera dependência de Baçaim, transformara-se na capital de uma das principais presidências da Índia, graças à «inteligência e iniciativa Britânica» ([11]). Claro que o periódico onde publicou o artigo pode ter favorecido esta interpretação acerca dos benefícios da presença britânica. Em 1878, na versão trabalhada do texto proferido no Congresso Internacional de Orientalistas de Florença, a história de Bombaim também ocupou uma parte significativa do seu trabalho sobre a «History of Oriental Studies amongst the Portuguese». A propósito de Garcia da Orta, rendeiro da ilha de Bombaim e um dos protagonistas do seu cânone de orientalistas portugueses do século XVI, expôs as suas teorias sobre as diferentes fases da cidade, na sua relação com os poderes coloniais ([12]).

No princípio dos anos 1880, Gerson da Cunha era referido em três publicações sobre Bombaim, revelando como o seu nome já se associava à história dessa cidade e de outras cidades ligadas à colonização portuguesa: o guia de viajantes publicado pela famosa editora britânica de John Murray; o *Census*, uma publicação que fornecia informação sistemática e pragmática sobre a cidade e que, juntamente com os *Surveys*, se constituiu

---

([10]) José Gerson da Cunha, «Words and places... p. 292. Não foi por acaso que no período pós-colonial a cidade mudou a sua etimologia de Bombay para Mumbai.

([11]) *Ibidem*, p. 293.

([12]) José Gerson da Cunha, «Materials for... pp. 205-208.

num dos principais instrumentos de conhecimento criados pelo governo britânico para conhecer o território indiano; e o *Bombay Gazetteer* para o ano de 1881. No popular guia *Murray* para a cidade de Bombaim, na edição de 1881, Edward B. Eastwick referia que o «Doctor da Cunha» tinha publicado há pouco uma descrição muito válida sobre Baçaim, nos arredores da cidade, mas não mencionava os trabalhos que ele já publicara sobre Bombaim ([13]). No *Census* de Bombaim para o ano de 1881, publicação com um claro cariz contemporâneo, as notas sobre a velha cidade tinham sido redigidas por Gerson da Cunha ([14]). Finalmente, no *Bombay Gazetteer* do mesmo ano, contribuiu com uma brochura de cinquenta páginas sobre a língua e a literatura Concani ([15]).

Uns anos depois, dedicou um artigo a um episódio central da história de Bombaim – o casamento de D. Catarina de Bragança com Carlos II de Inglaterra, evento que determinara a passagem do território de Portugal para a Inglaterra e que era o tema mais recorrente de uma história da Índia feita a partir das colonizações europeias que cruzava o império Português com o Britânico ([16]). Para analisar os interesses políticos e diplo-

---

([13]) Edward B. Eastwick, *Handbook of the Bombay Presidency with an account of Bombay City*, second edition most carefully revised on the spot, and for the most part rewritten. With Maps and Plans (Londres: John Murray, 1881), p. 162. Neste guia, Edward B. Eastwick não é apenas um compilador de informação prática sobre a cidade e seus arredores, mas antes uma presença constante na escrita, testemunha ocular, viajante que descreve sem se esconder, que faz comparações, emite opiniões, gostos pessoais e sensações.

([14]) «I am indebted to Dr. Gerson da Cunha for the following interesting notes about old Bombay: there is a certain historical appositeness in the notes being written by a *savant* of the ancient name of Da Cunha», «Note on Old Bombay, by Dr. Da Cunha», in T.S. Weik, *Census of the City and Island of Bombay taken on the 17th of February 1881* (Bombaim: Printed at the *Times of India* Steam Press, 1883), pp. 12-14.

([15]) José Gerson da Cunha, *The Konkani Language and Literature* (Bombaim: Government Central Press, 1881).

([16]) José Gerson da Cunha, «On the marriage of Infanta D. Catarina of Portugal with Charles II of Great Britain, her medals and portraits»,

máticos entre as diferentes cortes europeias que antecederam a união matrimonial de D. Catarina, recorreu a diversas fontes, originárias de países e períodos distintos: documentos preservados nos Arquivos de Goa; versões recentes da história portuguesa, como as *Histórias de Portugal* de Pinheiro Chagas e de Oliveira Martins ou as *Notas e Documentos Inéditos* do heraldista e genealogista Visconde de Sanches de Baena([17]); versões estrangeiras da história lusa, como a *Histoire-Général de Portugal* de M. De la Clède([18]); representações da Infanta D. Catarina na literatura inglesa, como constava na novela histórica de Walter Scott, *Peveril of the Peak* (1823), cuja ação decorre por volta de 1678, ou na obra de John Dryden, *Absalom and Achitophel*, sátira política poética de finais do século XVII; e, ainda, as *Memórias sobre as possessões portuguesas na Ásia* de Teixeira Pinto, publicadas em Nova Goa, em 1859, por Cunha Rivara([19]). O autor também analisou a iconografia da infanta, quer na medalhística da época, assunto que lhe era caro, quer na pintura do século XVIII, aspeto menos comum nas suas investigações históricas. Nesta amálgama de referências bibliográficas – de documentos manuscritos, publicações históricas redigidas em várias línguas e relatos novelescos – o historiador demonstrava, mais uma vez, o seu cosmopolitismo historiográfico.

Gerson da Cunha expôs também uma perspetiva que ele considerava ser a dos nativos, que contrapôs à análise histórica lusocêntrica de Pinheiro Chagas para quem a lealdade dos habi-

---

The Journal of the Bombay Branch of the Royal Asiatic Society. 1887, n.º XLVI, vol. XVII (Bombaim: Society's Library, 1887), pp. 137-146.

([17]) Augusto Romano Sanches de Baena e Farinha Baena (Visconde de Sanches de Baena), *Notas e Documentos inéditos para a biografia de João Pinto Ribeiro* (Lisboa: Tipografia de Matos Moreira e Cardosos, 1882).

([18]) M. de La Clède, *Histoire generale de Portugal*, 2 vols. (Paris: Pierre-François Giffart, 1735).

([19]) Gonçalo de Magalhães Teixeira Pinto (c.1775-1825), *Memorias sobre as possessões Portuguezas na Asia escriptas no anno de 1823*, org. de Joaquim Heliodoro da Cunha Rivara (Nova-Goa: Imprensa Nacional, 1859). Do mesmo autor ver: *Máximas e reflexões políticas*, org. J. Gonçalves (Nova-Goa: Imprensa Nacional, 1859).

tantes de Bombaim à soberania portuguesa se explicava pelo poder de assimilação da colonização lusa([20]). Ao corrigir esta mesma perceção unitária das populações residentes na cidade, a qual não atendia aos diferentes tipos de «goeses», distinguia--se tanto das visões metropolitanas e distantes, como fazia uso da sua própria experiência, enquanto goês habitante de Bombaim, muito consciente da diversidade de comunidades que ali existiam com algum tipo de ligação a Goa. Se a comunidade católica de origem goesa, residente em Bombaim, não tinha reagido bem à passagem da cidade para o governo inglês, devido a uma «certa ligação à nação portuguesa» (as mesmas motivações levaram a mesma comunidade, em finais da década de 1880, a defender o Padroado português do Oriente, como acrescenta Gerson da Cunha), já os hindus de origem goesa em nada tinham sido afetados pelo fim da soberania portuguesa da região. Pelo contrário, os seus antepassados tinham trocado Goa por Bombaim precisamente para fugir à Inquisição instituída pelos colonizadores portugueses e, como herança cultural lusa, preservavam apenas parte do seu vocabulário.

Ao desmistificar uma das perceções mais repetidas da história da colonização portuguesa enquanto criadora de lealdades inquebráveis e de uma proximidade com os locais nunca alcançada pelos outros colonizadores, Gerson da Cunha afastou-se de uma visão lusocêntrica para adotar uma perspetiva anglocêntrica. No artigo de Gerson da Cunha, a enunciação das vantagens para a cidade de Bombaim de uma transferência de poderes – de Portugal para o rei de Inglaterra e, pouco depois, para a East India Company –, era uma ideia já bem difundida na historiografia contemporânea não portuguesa. Não era esta a única vez que o autor fazia eco de ideias veiculadas sobretudo pela historiografia britânica sobre a Índia. São vários os casos em que Gerson da Cunha demonstrou não só que conhecia bem aquilo que se publicava em inglês, mas também que se identificou com algumas das teorizações da historiografia anglo--saxónica sobre a colonização portuguesa da Índia.

([20]) José Gerson da Cunha, «On the marriage... p. 142.

Edmond Cotteau, por exemplo, que na sequência da sua viagem realizada em 1878 e 1879, se constituiu num divulgador importante da Índia na Europa, traduzido em diversas línguas, também difundiu uma perceção negativa dos «portugueses» tal e como era visível em muitos escritos sobre a Índia colonial Britânica([21]). Na sua *Bombay. La città dei Parsi*, exemplar de uma coleção popular e barata de livros-folhetos, a tomada da ilha pelos ingleses surgia como o fim do «despotismo» e «intolerância» dos portugueses, e a possibilidade de empreender uma série de medidas que melhorariam a cidade, diminuíram os impostos, encorajariam as indústrias e proclamariam a tolerância religiosa. O protagonismo atribuído à comunidade parsi, apenas uma das diferentes comunidades que habitavam a cidade, já presente no título do livro, deve-se com certeza à perceção de que os parsis formavam a comunidade que mais tinha beneficiado com o colonialismo britânico e que melhor se tinha adaptado à sua presença, chegando mesmo a servir de intermediária entre os outros grupos locais e o poder estrangeiro. Nesta hierarquia étnica liderada pelos parsis, os cristãos de «raça indo-portuguesa» encontravam-se no lado oposto: surgiam como uma «raça degenerada», pouco suscetível ao progresso, que se contentava com empregos secundários e em servir os outros([22]).

([21]) Edmond Cotteau, *Bombay. La città dei Parsi*, Col. Biblioteca illustrata dei viaggi intorno al mondo per terra e per mare (Milano: Società Editrice Sonzogno, 1899), p. 9.

([22]) Edmond Cotteau, *Bombay. La città...* p. 12, 13. Uma ideia parecida está presente num guia de Bombaim, que descreve os «Indo-Portuguese» de Bombaim como «not a very active or progressive class of the community» que fornecia os «clercks, cooks, and butlers» à comunidade europeia residente na cidade, In James Mackenzie Maclean, *A Guide to Bombay: Historical, statistical, and descriptive*, 11th edition (Bombaim: at the «Bombay Gazette» Steam Press, 1886), p. 96. A perceção desta imagem negativa da comunidade está presente na própria imprensa dos «portugueses bombaenses». Ao contrário do «espantoso progresso que os hindus, os parses, e os mouros têm feito na civilização, e na aquisição das artes e das ciências», os «nossos patrícios» caracterizam-se pela «indolência, apatia e ignorância», in [não assinado mas provavelmente de Miguel de Sousa, redator responsável], *O Echo de Bombaim*, vol. 1, n.º 21 (24 de outubro 1863), p. 1.

Fragmentos de escrita:
as cidades do antigo Império Português da Índia

O mesmo exercício analítico que Gerson da Cunha fizera com a Ilha de Angediva([23]) ou com Bombaim – uma análise multidisciplinar e diacrónica de um determinado ponto geográfico – também o praticou com Chaul e com Baçaim, naquele que foi um dos seus mais longos artigos e que também veio a transformar em livro([24]). Mais uma vez o título do texto – *Notes on the History and Antiquities of Chaul* – enunciava o tipo de abordagem seguida: uma análise histórica que dividia a região no «período hindu», o «período Muçulmano» e o «período português», entrecruzada com uma análise arqueológica que se detinha nas ruínas e inscrições ainda existentes no presente. Recorreu a um leque muito alargado de disciplinas – geografia, geologia, filologia, etimologia –, antes de se concentrar naquelas que considerava essenciais para a sua abordagem, a história e a arqueologia. Também fez uma breve incursão na história natural da região, mas sem aprofundar porque «sendo a arqueologia, mais do que a história natural, o tema deste *sketch*, vou ter que ficar por aqui».

Chaul deixara de ser um dos principais centros comerciais da costa ocidental da Índia para ocupar o lugar invisível que merecia apenas duas linhas no *Gazetteer of India* de Thornton([25]). A riqueza da bibliografia usada por Gerson da Cunha explicava-se com o acesso a uma biblioteca como a da *Royal Asiatic Society* de Bombaim, bem como às suas próprias capacidades linguísticas que lhe permitiam usufruir de todas as fontes disponíveis.

([23]) José Gerson da Cunha, «An Historical and...

([24]) José Gerson da Cunha, «Notes on the History and Antiquities of Chaul», *The Journal of the Bombay Branch of the Royal Asiatic Society. 1876*, n.º XXXIII, vol. XII (Bombaim: Society's Library, 1876), pp. 51-162.

([25]) «Chowl (Chaul): Town and seaport in Tanna district, Bombay; Twenty-three miles south of Bombay», Edward Thornton, *A Gazetteer of the territories under the government of the Viceroy of India*, org. Sir Roper Lethbridge e Arthur N. Wollaston (Londres: W.H. Allen, 1886), p. 196; José Gerson da Cunha, «Notes on the History... p. 52.

O texto não se poupava a demonstrações de extrema erudição, onde várias edições e traduções de uma mesma obra eram confrontadas em benefício do objeto tratado[26]. Na ausência de «materiais melhores», os relatos de viagem foram usados por Gerson da Cunha como uma das fontes, pois proporcionavam um conhecimento «toleravelmente preciso». Cada novo livro de viagem reconhecia e comentava os textos anteriores, num diálogo onde quem escrevia no presente incluía sempre os que tinham escrito no passado, ao mesmo tempo que revelava o desenvolvimento ou o declínio do lugar descrito, ao longo dos tempos[27].

Para identificar Chaul na geografia de uma Índia antiga, Gerson da Cunha recorreu a fontes escritas árabes, gregas, muçulmanas, hindus, budistas e europeias, mas também a mapas[28]. Procedendo com cautela, o historiador fez questão de sublinhar como este «mapa» deveria continuar em aberto, recetivo a novas revisões. Nas últimas páginas da sua análise histórica, Gerson da Cunha justificou-se pela escassez de notas de rodapé na construção de um texto que, obviamente, usufruiu de uma enorme quantidade de documentos, e acrescentou um pequeno ensaio bibliográfico incluindo as principais fontes usadas no estudo de cada período. Entre os seus instrumentos de trabalho, encontravam-se as publicações de sociedades e instituições de saber portuguesas e de outros lugares, das quais Gerson da Cunha apenas especificou as que tinham sido publicadas em Goa – *O Chronista de Tissuary*, o *Instituto Vasco da Gama* e o *Boletim do Governo do Estado da Índia*. A sua história também era feita de informações orais ou artigos fornecidos por especialistas e eruditos contemporâneos, reconhecidos no próprio texto[29].

---

[26] José Gerson da Cunha, «Notes on the History... pp. 57, 65.
[27] José Gerson da Cunha, «Notes on the History... p. 66, pp. 51-162.
[28] *Ibidem*, p. 59.
[29] Para a história dos Jesuítas em Chaul, Gerson da Cunha recorreu ao inevitável Padre Francisco de Sousa, no seu *Oriente Conquistado* (Lisboa: Oficina de Valentim da Costa Deslandes, 1710), mas também àquela que

O sul do Canara, onde Gerson da Cunha empreendeu uma «curta visita profissional», foi outra das regiões por ele analisadas sob o prisma da presença portuguesa e dos seus vestígios materiais[30]. A prova da ação civilizadora da nação portuguesa estava patente, segundo Gerson da Cunha, na quantidade de católicos e de igrejas ainda existentes. Esta característica – associada à prosperidade comercial britânica contemporânea, à melhoria do seu porto e à construção de um caminho-de-ferro – faziam da região um «*emporium* da costa ocidental do Sul da Índia»[31]. Gerson da Cunha começou por tentar estabelecer relações diretas com os locais, mas o seu sentido vigilante da história, como faz questão de notar, alertou-o para o exagero das tradições orais e levou-o a confrontar a sua veracidade com as crónicas da época.

Empreendeu, como de costume, uma análise etimológica da palavra – desta feita «Kanara» – através dos escritos históricos de portugueses dos séculos XVI e XVII e de relatos de viagem. Para descrever a história natural da região, recorreu a textos contemporâneos ingleses e, para transmitir as características da paisagem, baseou-se na sua própria experiência ocular. Surpreendeu-se que os observadores do passado não tivessem reparado na fertilidade do seu solo mas os tempos eram outros, «e os homens têm muito o hábito de ler outras épocas a partir da sua própria época»[32]. Gerson da Cunha sublinhou ainda a beleza das mulheres de Barkur numa breve referência ao contemporâneo, aliás pouco usual nos seus textos. De facto, o presente

---

considera ser a preciosa contribuição do Reverendo Theodore Hauser, seu contemporâneo. José Gerson da Cunha, «Notes on the History... p.145, pp. 51-162; Na descrição do antigo sistema judicial português em Chaul também contou com os trabalhos do seu «learned friend», o Desembargador da Relação de Nova-Goa Senhor Abranches Garcia, publicados no *Instituto Vasco da Gama*. José Gerson da Cunha, «Notes on the History... p.147.

[30] José Gerson da Cunha, «The Portuguese in South Kanara», *The Journal of the Bombay Branch of the Royal Asiatic Society. 1896*, n.º LII, vol. XIX (Bombaim: Society's Library, 1896), pp. 249-262.

[31] José Gerson da Cunha, «The Portuguese in... p. 262.

[32] José Gerson da Cunha, «The Portuguese in... p. 251.

não surge nas suas análises a não ser enquanto resquício do passado. Habitualmente, os habitantes do presente das cidades por ele descritas só apareciam enquanto colaboradores do seu trabalho de historiador.

A consciência da abordagem histórica: escrever na Índia «à europeia»

No prefácio de *Notes on the History and Antiquities of Chaul and Bassein*, seguindo um procedimento muito comum na sua escrita, o autor expusera as dificuldades sentidas no processo de feitura do livro: encontrar documentos fora o primeiro obstáculo, e isto não era pouco para quem advogava uma história feita com base em manuscritos; a segunda dificuldade prendia-se com o estado decadente dos monumentos a desafiar «a observação mais apurada»; por último, expôs as dificuldades em representar uma sociedade que lhe era pouco familiar, tarefa que precisaria da abordagem histórica de um Edward Gibbon, ou de um Jules Michelet para que se lhe pudesse fazer justiça[33]. Ao citar as suas referências históricas europeias, inclui-se a si próprio no contexto da historiografia com a qual queria ser identificado, a história baseada em documentos tal como ela estava já codificada no século XIX e a sua participação num discurso histórico contemporâneo de tradições enraizadas no iluminismo.

Porquê a referência a estes autores?

Em *The History of the Decline and Fall of the Roman Empire*, de Gibbon, inspirava-se para empreender o seu projeto de uma história totalizante do declínio e queda do Império português na Índia. Enquanto na obra de Michelet encontrava quer um anticlericalismo projetado nos jesuítas (com o qual se identificava, como revelou nalguns momentos da sua escrita) quer, também, uma visão global de uma história centrada num espaço geográfico. No caso de Michelet, a França. No caso de Gerson

---

[33] José Gerson da Cunha, *Notes on the History and Antiquities of Chaul and Bassein. Illustrated with Seventeen photographs, nine lithographic plates and a map* (Bombaim: Thacker, Vining & Co., 1876), p. ix.

da Cunha, a «Índia Portuguesa». Mesmo que aquele tivesse conseguido concretizar o projeto ao qual dedicou décadas de estudo, este não o conseguiu fazer. Se foi a sua morte prematura a impedi-lo ou se foram limites de ordem metodológica, pouco importa. Mais relevante aqui foi a sua necessidade de enunciar a sua genealogia intelectual.

Se o objeto da investigação de Gerson da Cunha era a Índia, a sua abordagem histórica, como ele faz questão de reiterar, era feita com base nos instrumentos, regras, e métodos que estavam a ser construídos na Europa de então. Tratava-se de uma história que partia do documento, do vestígio material – textual ou em forma de objeto – para a interpretação do passado. Gerson da Cunha fazia questão em frisar a sua identificação com este modo de fazer história em oposição a outras abordagens, consideradas menos científicas. Há, nesta sua identificação com a história fundamentada em provas, uma identificação com aquilo que ele considerava ser uma forma de conhecimento «europeu», que aplicava os seus princípios nas abordagens a todos os objetos de estudo. A «história indiana», segundo ele, cruzava-se com a ficção, com a lenda, com a invenção, com a passagem de uma narrativa oral, de geração em geração, sempre longe da prova visível, do documento, do vestígio material do passado que legitimava a «História» enquanto disciplina em Oitocentos.

Gerson da Cunha não se restringiu à descrição das ruínas e antiguidades do denominado período português. O seu interesse antiquário estava mais atento à presença cristã portuguesa, mas interessava-se também pelos vestígios materiais hindus e muçulmanos, que ainda se encontravam em Chaul, tal como dedicava um interesse etnográfico pelas feiras ou *yâtras* contemporâneas em honra de deuses hindus([34]). Os restos arqueológicos consistiam sobretudo em templos e tanques, mas não existiam inscrições ou placas de cobre para identificar as suas origens. Disponíveis estavam apenas as centenas de lendas acerca de deuses descritas nos *purânas*. A propósito de uma destas lendas, Gerson da Cunha reivindicou o seu lado de historia-

---

([34]) José Gerson da Cunha, «Notes on the History... pp. 154-162.

dor positivista, renegando as fontes consideradas pouco consistentes:

> É assim que se inventa a história na Índia e, para além disso, é assim que esta patetice ingénua está registada nos documentos que estão na minha posse. Mas nós sabemos que não é assim; a entrega de Revadanda aos portugueses não teve nada a ver com peles de vaca[35].

Além de recorrer à observação direta dos templos hindus de Chaul, e das lendas contidas nas crónicas hindus, também fez uso dos relatos de viajantes de séculos anteriores. Ao constar que a descrição de Pietro della Valle de um templo, no século XVII, coincidia com aquilo que pôde testemunhar duzentos anos depois, Gerson da Cunha concluiu com uma ideia, aliás muito presente na escrita dos seus contemporâneos sobre a Índia, a da imobilidade da cultura hindu, em contraste com as transformações e progressos associados à Europa Oitocentista:

> Esta é ao menos a grande vantagem do conservadorismo hindu. Enquanto as mudanças e inovações que ocorreram na sociedade europeia perturbaram o Governo Português de Chaul, e reduziram a ruínas os seus numerosos e excelentes edifícios, os templos hindus da parte alta de Chaul ainda estão em bom estado e, ainda mais importante, é que estão preservados tal como foram encontrados há séculos atrás[36].

As *bakars*, ou crónicas hindus referiam, segundo Gerson da Cunha, que, além de 360 tanques e 360 templos, a cidade tinha também milhares de edifícios públicos e privados. Perante estes dados, criticou as fontes citadas proferindo uma generalização em relação ao modo de ser hindu: «Este é um outro exemplo do apreço dos hindus pela multiplicação de objetos, tal como fizeram com os seus deuses, cujo número já excede toda a população do globo». Se realmente tivessem existido tantos edifícios,

---

[35] José Gerson da Cunha, «Notes on the History...», p. 156.
[36] *Ibidem*, p. 159.

como é que se justificaria o desaparecimento de um número tão elevado? A explicação fornecida pelas crónicas hindus era a de que tinha havido uma longa guerra. Neste manifesto, Gerson da Cunha deixou bem claro de que lado se encontrava. Não do lado de uma tradição hindu que, segundo ele, construía um passado que nada tinha de histórico, um passado inventivo e inventado, mas sim do lado de uma tradição histórica que ele identificava como sendo «europeia», positivista, documental, baseada na prova escrita e material, que procurava os vestígios antes de escrever sobre o passado.

Cultura material no fazer da história

Num processo com sucessivas configurações, as últimas décadas do século XIX foram marcadas, tanto na Índia Colonial britânica como na portuguesa, por um esforço intenso para melhor conhecer o território e as suas populações, quer em termos históricos, quer numa perspetiva contemporânea([37]). Uma grande parte da procura deste conhecimento sobre o passado da Índia concentrou-se nos vestígios materiais, muito mais vastos, e sobretudo mais visíveis, do que os vestígios escritos, como tantas vezes era repetido([38]). Fragmentos arqueológicos e ruínas

---

([37]) Bernard Cohn, *Colonialism and its forms of knowledge: the British in India* (Princeton, N.J.: Princeton University Press, 1996), pp. 76-105; Bernard Cohn, *An Anthropologist among the historians and other essays. With an introduction by Ranajit Guha* (Delhi, Oxford: Oxford University Press, 1987); Gyan Prakash, *Another Reason. Science and the imagination of modern India* (New Delhi: Oxford University Press, 2000); Tapati Guha-Thakurta, *Monuments, objects, histories. Institutions of art in colonial and postcolonial India* (Nova Iorque: Columbia University Press, 2004).

([38]) Por exemplo: Dalpatram Pranjivan Khakhar, *Archaeological Survey of Western India. Report on the architectural and archaeological remains in the province of Kacch*, with five papers by the late Sir Alex Barnes (Bombaim: Govt. Central Press, 1879); Henry Cousens, *Notes on the buildings and other antiquarian remains at Bijapur*, with translations of the inscriptions by E. Rehatsek (Bombaim: Govt. Central Press, 1890).

de todo o tipo, templos, estátuas, palácios, ou lugares sagrados tornaram-se num objeto de escrutínio sujeito a várias abordagens e vários tipos de olhar. Classificar, reproduzir, fotografar, descrever e preservar surgiram como algumas das respostas suscitadas por uma cultura material que parecia estar sempre no limite da existência, condenada a desaparecer, ora devido às condições climáticas adversas, ora ao desleixo, negligência, ou vandalismo religioso e turístico[39].

Esta historização do passado indiano foi realizada de muitas formas: através da escrita, sob a legitimidade científica da história, da antropologia, da filologia, da história natural e da arqueologia, mas também através de relatos de viagem, onde muitas vezes se integravam campos de saber distintos num mesmo discurso; através da organização de espaços de exibição que tornavam a Índia visível, exposta de muitos modos e sujeita a olhares e usos distintos – tanto em museus como em vários modelos de exposições, organizadas em território indiano, ou sob a forma de representações da Índia em exposições coloniais ou universais europeias; ou através da fotografia e de outros modos de representação visual, como o desenho reproduzido através da litografia, que também contribuíram para criar um cânone de imagens sobre a Índia; e, ainda, através de outros modos de recolha de dados com ambições totalizantes, como os famosos *surveys*, relatórios e *census* por exemplo que, pretendendo sumariar toda a informação relevante sobre uma determinada região indiana, se converteram num sinónimo da procura do conhecimento do governo colonial britânico sobre a Índia.

O processo de escrita de Gerson da Cunha dependia de duas dimensões determinantes: a cultura textual e a cultura material. O documento manuscrito, o texto, o livro da sua biblioteca pessoal ou da biblioteca institucional, o arquivo, mas também a rua, a cidade, o lugar, a pedra com inscrições, a céu aberto, a ruína, o fragmento, a marca no chão, quase invisível, a denunciar a traça do edifício que já não estava lá, a moeda perdida e achada, ou a lápide quase oculta entre a vegetação. A história

---

[39] Filipa Lowndes Vicente, *Outros orientalismos...* pp. 278-298.

praticada por Gerson da Cunha era feita da observação direta dos vestígios materiais do passado e estes eram feitos tanto de papel como de pedra, na bidimensionalidade da escrita ou na tridimensionalidade dos edifícios, muralhas, igrejas, templos, arcos, fortalezas, inscrições e moedas e medalhas, os vários objetos de uma cultural material urbana.

Na sua famosa história da arquitetura indiana, o britânico James Fergusson defendia que num país como a Índia os cinzéis dos escultores eram muito mais dignos de confiança do que as penas dos escritores[40]. Esta era uma ideia muito presente na escrita europeia sobre a Índia, que tendia a considerar que a escrita produzida em contexto indiano era alheia ao paradigma de veracidade baseado na prova, no qual se fundava a história enquanto disciplina do saber. Perante a desconfiança face à palavra escrita enquanto testemunho da realidade, restava a presença, incontestável, do objeto material, neste caso as esculturas que adornavam os edifícios hindus.

Gerson da Cunha parece estar de acordo com esta ideia, tão reiterada na escrita de europeus seus contemporâneos sobre a Índia. Para além dos manuscritos, dos livros e dos mapas, Gerson da Cunha constrói a sua narrativa sobre um lugar a partir dos vestígios materiais ainda visíveis na região do seu interesse. Ao procurar no presente restos do passado, participa de uma longa tradição de humanistas antiquários que, desde o Renascimento, utilizava o vestígio material enquanto prova histórica[41]. Nas descrições antiquárias e, mais tarde, arqueológicas, a cultura material parecia estar prestes a desaparecer, a clamar a urgência

---

[40] Fergusson citado por James Burgess, «Archaeological Research in India», *Actes du Huitième Congrès International des Orientalistes, tenu en 1889 à Stockholm et à Christiania*, Section II: Aryenne – 1er fascicule [vol. 2, 1892] (Leide: E. J. Brill, 3 vols., 1891-1892), pp. 1-48, p. 28. Entre outros escritos, Fergusson é o autor de *Picturesque Illustrations of Ancient Architecture in Hindostan* (1848) e de uma *History of Architecture* onde dedica o terceiro volume à Índia.

[41] Arnaldo Momigliano, «Ancient History and the Antiquarian», *Journal of the Warburg and Courtauld Institutes*, vol. 13 (1950), pp. 285-315, p. 300.

da sua transformação em texto ou em imagem, primeiro através do desenho e, mais tarde, da fotografia, formas de fixar visualmente um processo que era apresentado como irreversível.

Ao contrário daquele que somente escrevia história a partir do gabinete ou da biblioteca, o historiador que fosse também antiquário ou arqueólogo tinha que sair de casa, ir à procura, explorar, caminhar num cenário onde, quase sempre, a natureza tomara conta do pouco que restava de vestígios construídos pela mão humana. Numas notas arqueológicas publicadas no *Indian Antiquary*, Rivett-Carnac, conhecido arqueológo britânico que conviveu com Gerson da Cunha, apelou para a necessidade da experiência do lugar. Para se conhecer um lugar realmente bem, para colecionar a sua cultura material, «uma pessoa tem que estar lá»([42]). Gerson da Cunha fez seu este lema. A sua escrita sobre um lugar também era feita da experiência vivencial e visual do mesmo, da excursão arqueológica, do contacto direto com os vestígios materiais que não se podiam transportar mas também daqueles que se podiam simplesmente recolher e levar, ou comprar. A diferença em relação a muitos dos europeus que estudaram a Índia *na Índia* era que aquilo que ele colecionava ou fotografava era «seu», no sentido de se identificar como fazendo parte da sua genealogia cultural, e era na Índia que deveria ficar. Mas, mesmo assim, alguns dos objetos que recolheu na Índia viajaram para a Europa. Durante décadas formou uma coleção de numismática que acabou por vender numa prestigiada leiloeira londrina, com certeza o lugar onde as moedas antigas indianas eram mais valorizadas, quer do ponto de vista cultural, quer do ponto de vista material([43]).

([42]) J. H. Rivett-Carnac, «Archaeological notes on a march between Cawnpore and Mainpuri, N. W. Provinces, during the camping season of 1879», *Indian Antiquary*, vol. VIII (abril 1879), pp. 100-104, p. 100. Rivett--Carnac, funcionário do Bengal Civil Service, dedicou-se à arqueologia e publicou alguns trabalhos que, devido ao teor dos vestígios encontrados, lhe deram notoriedade sobretudo entre os Teosóficos, movimento fundado pela Madame Blavatsky.

([43]) *Catalogue of the Highly important and valuable collection of oriental coins, in gold, silver, and copper, & formed by J. Gerson da Cunha of Bom-*

Assim, em muitos dos seus artigos sobre uma cidade ou lugar específico – de Bombaim, onde vivia, a outras regiões indianas como Chaul, Baçaim, Angediva ou Canara –, a sua presença física no lugar era inequívoca. Passava de um episódio situado num passado longínquo para um presente do qual era testemunha ocular: ao descrever um encontro entre Albuquerque e as entidades locais no Palácio do Sabaio no século XVI por exemplo, referiu como ainda era possível, em finais do século XIX, identificar as ruínas deste palácio perto da Catedral de Goa([44]). Recorria a estratégias narrativas que revelavam ao leitor o facto de ter lá estado, visto com os seus olhos, tocado com as suas mãos e, muitas vezes, trazido consigo fragmentos dos vestígios históricos que descreveu.

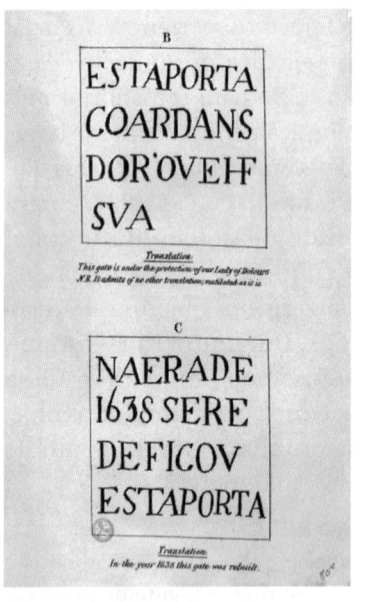

IMAGEM 1. Reprodução litográfica de inscrições publicada em J. Gerson da Cunha

Notes on the History and Antiquities of Chaul and Bassein. Illustrated with Seventeen photographs, nine lithographic plates and a map (Bombaim: Thacker, Vining & Co., 1876), BNP.

bay...which will be sold by Auction by Mssrs, Sotheby, Wilkinson & Hodge... Strand...1889.

([44]) José Gerson da Cunha, «Contributions to the Study of Indo-Portuguese Numismatics (Part First)», *The Journal of the Bombay Branch of the Royal Asiatic Society. 1880*, n.º XXXVIII, vol. XIV (Bombaim: Society's Library, 1880), p. 269.

As inscrições e as moedas, assim como as ruínas, eram os objetos privilegiados da cultura material de Gerson da Cunha. Não havia na sua apreensão desta materialidade uma sensibilidade estética ou artística que o remetesse para o discurso de uma história da arte enquanto disciplina independente. Ele não estava interessado no belo ou no prazer da forma, da cor, do traço ou da linha. A arte integrava o discurso da história. A «arte» era prova, vestígio, objeto colecionável, documento histórico que representava mais um elemento na reconstrução de um lugar «tal como ele era». Não existia na sua escrita uma arte fora da história, sujeita a um mero olhar estético, que lesse as suas formas individuais e as apreendesse enquanto um objeto isolado do seu contexto histórico. O seu olhar de cariz arqueológico, em que o fragmento se assumia como prova histórica, sobrepunha-se claramente a um interesse estético, já presente em muitos dos seus contemporâneos, como em James Fergusson por exemplo, mas quase ausente na sua obra.

Gerson da Cunha também refere objetos passíveis de serem considerados artísticos, mas ao fazê-lo não os distingue de qualquer outro fragmento do passado. Ou seja, não há uma seleção estética, em que uns valham mais do que outros por uma atribuição de «qualidade» canonizada pela história da arte. Relevante, sim, era aquilo que os objetos revelavam acerca da «história». O facto de não assumir um olhar de historiador da arte, não quer dizer que Gerson da Cunha fosse incapaz de aceder a uma perceção artística que lhe permitisse fazer comparações de estilos. Perante as ruínas da Igreja matriz de Chaul, jesuíta, comparou a sua fachada com outros três exemplos de arquitetura religiosa jesuíta – a Igreja de Santo Nome, de Baçaim, e as Igrejas de Santa Fé e do Bom Jesus, de Goa, todas elas baseadas no modelo da casa-mãe jesuíta de Roma([45]). À falta de mais objetos artísticos para descrever em Chaul, enumerou os resquícios de árvores de fruto e de flor, pelas quais os jesuítas também eram conhecidos, numa incursão pela história natural, que

---

([45]) José Gerson da Cunha, «Notes on the History... p. 142.

era rara nos seus escritos, mas não na bibliografia contemporânea sobre a Índia([46]).

IMAGEM 2. «Baçaim. Igreja Jesuíta do 'Santo Nome'»

Fotografia colada no livro: J. Gerson da Cunha, *Notes on the History and Antiquities of Chaul and Bassein. Illustrated with Seventeen photographs, nine lithographic plates and a map*, 1876, BNP.

Muitos dos seus textos deixam transparecer bem o modo como conjugava a leitura de manuscritos, documentos e livros com a observação direta dos vestígios materiais do seu interesse. Para Gerson da Cunha, colecionar também constituía uma atividade inseparável da sua prática histórica. A importância que ele atribuía aos vestígios materiais na sua abordagem historiográfica e arqueológica, relacionando conhecimento escrito e conhecimento material, também o vocacionava para o colecionismo. Sobretudo quando era fácil, ainda, obter e possuir os objetos das suas investigações históricas. Embora nada indique

---

([46]) *Ibidem*, p. 145.

que Gerson da Cunha se tenha associado a uma escavação arqueológica específica, ele próprio faz frequentemente referência a objetos recém-descobertos em escavações, mostrando estar a par do fenómeno crescente de uma arqueologia científica. Numa altura em que a noção de cultura material nacional e identitária, associada a uma política de proteção de monumentos ou de ruínas, estava em construção, ainda era possível aos privados possuírem objetos que apenas o futuro determinaria não serem legítimos. Quem possuísse o saber, a curiosidade ou o dinheiro ainda tinha muitos modos de levar para casa o fragmento que, só mais tarde, seria classificado como um objeto museológico, um objeto passível de ser colecionado, e valorizado por um mercado comercial da arte em franco desenvolvimento. Um mercado que ultrapassava as fronteiras da Europa, para também incluir uma cultura material asiática.

Na Índia da segunda metade do século xix, muita desta cultura material estava a ser descoberta e também a ser apropriada de formas diferentes: a ser escavada da terra que a cobrira por uma arqueologia cada vez mais desenvolvida enquanto ciência indispensável ao alargamento, e aprofundamento, das cronologias históricas; a ser alvo de levantamentos, descrições e fotografias por diferentes disciplinas do saber associadas a projetos institucionais; mas também a ser recolhida e levada por indivíduos locais ou estrangeiros, para vender ao número crescente de turistas na Índia, quase todos de origem britânica, ou para servir de *souvenirs* aos viajantes que da Índia queriam levar mais do que memórias. Apesar do desenvolvimento, neste período, de múltiplos instrumentos de preservação, proteção, classificação e exposição que visavam musealizar a cultura material, ainda havia muitas formas de os subverter.

Parte desta cultura material construída no passado continuava a ser usada de acordo com os seus usos originais. Mas outra, tinha sido reinventada nas suas funções. Por exemplo, no caso que Gerson da Cunha refere dos restos de um edifício cristão que passaram a ser o cenário de cultos hindus, como veremos mais adiante. A escrita histórica de Gerson da Cunha revelava, entre linhas ou diretamente, como ele assumia diferentes papéis na sua encarnação enquanto historiador: o de antiquário, a transcrever as inscrições quase ilegíveis que encontrava, a procurar na pedra, da igreja, do templo, da lápide, da fonte ou do muro, os vestígios que o tempo deteriorara; o de colecionador, que constituiu uma enorme coleção numismática, onde a Índia e, em particular, a Índia indo-portuguesa eram os temas centrais; e a de historiador, tal como se vinha a definir neste período, enquanto um autor dependente do documento escrito, da fonte, que entrava em diálogo com a bibliografia existente acerca do assunto sobre o qual escrevia.

A transcrição de inscrições era mais um dos recursos metodológicos a que o historiador de Oitocentos podia recorrer para constituir o ser próprio arquivo documental. Conjugava duas linguagens distintas, a da escrita e a do monumento, e tanto podia remeter para um facto mais geral como para uma vida individual e concreta como acontecia nas inscrições tumulares. No contexto de uma escrita europeia sobre a Índia, as inscrições surgiam como um objeto central na construção histórica ocidental do passado indiano que se identificava como sendo pré-colonial[47]. Nas descrições arqueológico-antiquárias que Gerson da Cunha fez das ruínas de Chaul, por exemplo, as inscrições constituíam-se nos fragmentos fundamentais para uma leitura histórica do passado. Mais tradicionais do ponto de vista do vestígio arqueológico do que as ruínas, são os restos históricos ideais do historiador de vocação antiquária pois são objetos materiais, mas também textos, simultaneamente tridimensionais e bidimensionais. Segundo o historiador goês, a qualidade das inscrições, que nunca fora perfeita, decaíra ao longo dos tempos, dificultando, ou mesmo impossibilitando, o trabalho do historiador. Duas das inscrições que ele encontrara no Forte de Chaul, por exemplo, estavam tão sumidas que eram ilegíveis e nem mesmo os processos de *estampage* ou de decalque, utiliza-

---

[47] Phillip B. Wagoner, «Precolonial Intellectuals and the Production of Colonial Knowledge», *Comparative Studies in Society and History*, vol. 45, n.º 4 (outubro 2003), pp. 783-814, pp. 786, 787.

dos na época para facilitar a leitura, tinham sido capazes de suprir as falhas do olho ([48]).

Habitualmente, a historiografia contemporânea analisa os casos de britânicos ou outros europeus envolvidos em projetos de recolha ou tradução de textos epigráficos na Índia que, muitas vezes, contavam com a ajuda de assistentes indianos. Muito frequentemente os indianistas, sanscritistas e arqueólogos europeus contratavam indianos como colaboradores nos seus trabalhos de decifração, leitura ou fotografia, numa clara relação de poder onde no resultado final o nome dos indianos ficava remetido a uma nota de pé de página ou, quanto muito, a uma referência na folha de rosto. Nestes casos o saber nativo ficava, assim, ao serviço do conhecimento do europeu que protagonizava o resultado final e que, muitas vezes, era também o colonizador ([49]).
É necessário ter em conta, no entanto, que nas últimas décadas do século XIX, é cada vez maior o número de indianos a surgirem como autores, únicos e individualizados, dos trabalhos que realizam ([50]).

A recolha epigráfica de Gerson da Cunha também implicou diferentes tipos de colaborações: ao copiar muitas das inscrições de Chaul que testemunhavam o declínio português na Índia, referiu o trabalho que já fora publicado por W. M. Hearn, *Statistical Report of the Colaba Agency* ([51]). Num outro tipo de diálogo,

---

([48]) José Gerson da Cunha, «Notes on the History... p.135, pp. 51-162.

([49]) Wagoner analisa o caso da recolha epigráfica do Coronel Colin Mackenzie, em Madras, e o papel dos seus colaboradores indianos: Phillip B. Wagoner, «Precolonial Intellectuals... pp. 787-794; Filipa Lowndes Vicente, «A Photograph of four Orientalists (Bombay 1855): Knowledge production, religious identities and the negotiation of invisible conflicts», *Journal of the Economic and Social History of the Orient*, vol. 55, n.º 2-3 (2012), pp. 603-636.

([50]) Filipa Lowndes Vicente, «The Goan historian José Gerson da Cunha at the Bombay Branch of the Royal Asiatic Society (1870-1900)», *Journal of the Asiatic Society of Mumbai* (Mumbai: The Asiatic Society of Mumbai, 2010), vol. 83 (2009-10), pp. 128-136.

([51]) José Gerson da Cunha, «Notes on the History... p.133. Agradeço à Sandra Lobo a indicação da obra de W. M. Hearn referida em *Selections from the Records of the Government of India 1849-1937*, org. John Sims, Biblio-

quando referiu duas ou três tradições sobre a fundação da cidade de Chaul e a construção dos seus templos hindus, Gerson da Cunha traduziu parte de um vasto conjunto de manuscritos sânscritos e maratas que conseguira colecionar, e fez questão de mencionar em nota a ajuda de dois homens, um deles nativo de Chaul, na recolha destes manuscritos – Eshvant F. Danaite e Keshavrao Mâdhavrao. Como é que podemos classificar esta relação de colaboração, onde está implícita uma hierarquia de poder, sem dúvida, mas onde os três participantes são todos indianos? O caso de Gerson da Cunha e dos seus colaboradores introduz uma outra dimensão nas relações hierárquicas, pois não as limita a relações étnicas ou a simples desigualdades coloniais. As desigualdades aqui também estavam latentes, mas prendiam-se sobretudo com outras questões: de acesso ao conhecimento e à possibilidade de o produzir em nome próprio; ou de uma capacidade económica para se deslocar para obter conhecimento sobre esse mesmo lugar, ou poder pagar um serviço que, no seu caso, consistia em recolher manuscritos.

Fotografia como forma de preservar as ruínas

Perante o desaparecimento latente dos vestígios da presença portuguesa em tantas regiões da Índia – argumento sempre presente na escrita fragmentada de Gerson da Cunha – a fotografia surge como um instrumento de estagnação de um processo que se apresentava como sendo irreversível. Como mais um dos métodos de historização da Índia. Havia já, na Índia Britânica, uma política, mesmo que incipiente, de proteção de monumentos, e mesmo da sua musealização, mas a cultura material do império português situada em território da Índia Britânica não era, certamente, objeto de um discurso onde apenas havia espaço

---

theca Asiatica, n.º 21 (Londres: India Office Library and Records, British Library, 1987): W. M. Hearn, *Statistical report of the Colaba Agency*, (Bombaim: Bombay Education's Society's, 1854).

para aquilo que era identificado como sendo «indiano»([52]).
Assim, estando estes vestígios presentes num espaço colonial
alheio ao português, a iminência do seu desaparecimento estava
sempre presente. A escrita, a descrever aquilo que o olhar testemunhava, era, ela própria, uma forma de preservação, e aquela
a que Gerson da Cunha mais recorreu. A fotografia, por outro
lado, vinha reforçar este objetivo pois, de algum modo, reproduzia aquilo que o olhar contemporâneo testemunhava, enfati-
zando o poder da descrição e a promessa, ainda incontestável
na segunda metada de Oitocentos, de «realidade».

A única obra em que Gerson da Cunha recorreu à fotografia foi a que dedicou a Chaul e Baçaim, publicada logo nos anos
1870. Porque é que não o voltou a fazer, sobretudo tendo em
conta que, com o avançar do século, se tornou cada vez mais
fácil e barato recorrer à fotografia? Porque é que as outras ruínas no mapa do passado imperial da Índia às quais se dedicou
não tiveram direito ao mesmo modo de representação?

Ao recorrer à fotografia e à imagem litografada no *Notes on
the History and Antiquities of Chaul and Bassein*, livro publicado
em 1876, revelou uma consciência das possibilidades da fotografia que era inusitada para este período([53]). O livro – uma
versão do seu texto sobre Chaul, ao qual acrescentou o seu
estudo sobre Baçaim – foi, assim, ilustrado com «dezassete foto-

---

([52]) Tapati Guha-Thakurta, *Monuments...*
([53]) Christopher Pinney, *The Coming of Photography in India* (London:
The British Library, 2008); *Camera Indica. The Social Life of Indian Photographs*
(Londres: Reaktion Books, 1997); Maria Antonella Pelizzari (org.), *Traces
of India: Photography, architecture, and the politics of representation, 1850-1900*
(New Haven and London: Yale University Press, 2003); Vidya Dehejia, org.,
India through the Lens: Photography 1840-1911 (Washington D.C.: Freer Gal-
lery of Art and Arthur M. Sackler Gallery, Smithsonian Institution, 2000);
John Falconer, «Photography in Nineteenth-Century India», in C. A. Bayly,
org., *The Raj: India and the British: 1600-1947* (Londres: National Portrait
Gallery, 1990); J. Falconer, *India: Pioneering Photographers 1850-1900*. Catá-
logo de Exposição – Brunei Gallery SOAS (The British Library and The
Howard and Jane Ricketts Collection, 2001); *Sousa e Paul – Adolpho Moniz.
Na Índia dos Vice-Reis. Imagens da saudade antecipada* (Coimbra, Lisboa: Casa
Museu Bissaya Barreto, 1992; Centro Cultural de Belém, 1993).

grafias, nove litografias e um mapa»(54). A enunciação no próprio título da obra revela como a possibilidade de ver, e não apenas de ler, era entendida como um atrativo acrescido para os leitores. Mostra também como o livro foi o resultado de um investimento material significativo, quem sabe se não mesmo com o contributo do autor. Gerson da Cunha não só tinha lá estado, tal como o seu texto dava a entender de muitos modos, mas também reproduzia a sua experiência visual, partilhando-a com os leitores. A contemporaneidade possível da fotografia, colada sobre o papel, remete o leitor-observador para o próprio olhar de Gerson da Cunha, enquanto testemunha visual daquilo que descreve.

A autoria das fotografias não é enunciada. Não sabemos se foi o próprio historiador a realizá-las. Ou se contratou um fotógrafo-intermediário para o acompanhar nas suas excursões arqueológicas, como era bastante comum neste período devido às próprias dificuldades logísticas implicadas no processo fotográfico. Da quantidade de materiais necessários à dificuldade de os transportar, é importante ter em conta a materialidade e fisicalidade do processo fotográfico como tem explorado Christopher Pinney nos seus últimos trabalhos sobre fotografia na Índia(55). Mas, independentemente de quem acionou o aparelho, é claro que Gerson da Cunha estava presente e muito implicado na sua produção. E se o autor das fotografias permanece desconhecido aos leitores, o autor do texto tem o cuidado de as legendar com pormenor.

Logo no frontispício do livro, Chaul aparece representada através da sua «porta exterior do Sul, ou porta do rio» e pela «Torre do Palácio do Capitão». Esta e outras portas monumentais são um dos principais objetos fotografados em Chaul. Baçaim, pelo contrário, revela-se mais através das ruínas de edifícios religiosos cristãos: as ruínas da igreja dos agostinhos, as ruínas da capela da Misericórdia, as ruínas da igreja e do convento dos franciscanos, as ruínas da igreja dos dominicanos, as

---

(54) Gerson da Cunha, J., *Notes on the History...*
(55) Christopher Pinney, *The Coming of Photography...*

ruínas do jardim e do palácio do Capitão Geral do Norte, mas também as ruínas da porta da Cidadela. A escrita, tal como a pintura ou o desenho, já tinham há muito descoberto a ruína enquanto *topos* descritível. Mas a fotografia, com a materialidade da sua presença e a sua emulação do olhar humano, vinha, desde meados do século XIX, aprofundar a capacidade de a apreender. Nas imagens fotografadas de ruínas, havia sempre a conjugação da natureza e do edifício construído, tal como as palavras ou o desenho já tinham feito nos séculos XVII e XVIII, mas na fotografia existia algo que sublinhava mais ainda a efemeridade contida na ruína.

IMAGEM 3. «Baçaim.
Ruínas do jardim do Palácio do Capitão Geral do Palácio do Norte»

Fotografia colada em papel no livro: J. Gerson da Cunha, *Notes on the History and Antiquities of Chaul and Bassein. Illustrated with Seventeen photographs, nine lithographic plates and a map*, 1876, BNP.

IMAGEM 4. «Chaul. Ruínas da Igreja e do Convento dos Agostinhos e o Templo Hindu»

Fotografia colada em papel no livro: J. Gerson da Cunha, *Notes on the History and Antiquities of Chaul and Bassein. Illustrated with Seventeen photographs, nine lithographic plates and a map*, 1876, BNP.

O repertório fotográfico sobre a Baçaim «portuguesa» consistia em dois tipos de edifícios: por um lado, aqueles ligados à religião católica, as igrejas, mosteiros e conventos; e, por outro, as construções do Estado colonial, de cariz mais militar ou mais administrativo, como era o forte ou o palácio do governador. Mas, tal como acontecia com a escrita, a fotografia também tinha espaço para a presença hindu, nem que fosse para servir de contraste à católica-portuguesa. Não por acaso os templos hindus são fotografados lado a lado com os seus equivalentes católicos. Um dos templos hindus estava situado ao lado da torre da igreja dos franciscanos, enquanto o outro, ao lado das ruínas da igreja e convento dos agostinhos. Neste último caso, o contraste era evidente: as ruínas do catolicismo junto ao edifício religioso hindu, inteiro e a uso. O passado e o presente num mesmo enquadramento fotográfico.

Em contraste com a fotografia pitoresca que se praticava na Índia por fotógrafos como Samuel Bourne, à procura de paisagens «inglesadas» longe de qualquer discurso político ou social da contemporaneidade, poderíamos sugerir que as fotografias realizadas ou comissariadas por Gerson da Cunha tinham implícita uma narrativa politizada de auge e declínio [56]. Estas são fotografias de uma «Índia Portuguesa» sempre projetada no passado, desprotegida, e mesmo, em risco de desaparecer. Imagens semelhantes às de outros projetos fotográficos de levantamento do património edificado indiano realizadas no mesmo período no contexto da Índia Britânica como o de Linnaeus Tripe [57].

Além de motivada pela passagem do tempo, a deterioração estava a ser acelerada pelas mãos humanas. Os habitantes do lugar, tal como os romanos que ergueram os seus palácios com as pedras do anfiteatro de Flávio, como compara o historiador, construíam as suas casas com os materiais dos conventos e das igrejas antigas. Se Gerson da Cunha não as tivesse reproduzido «as ruínas ter-se-iam transformado em montes de terra, e apenas teria ficado o registo das suas formas para as gerações do presente e do futuro» [58]. A proliferação de imagens no seu livro demonstra como a fotografia e, nos casos em que esta não funcionava, a litografia, eram cada vez mais utilizadas enquanto instrumentos de construção histórica, na Europa como na Índia. Na sua materialidade, a fotografia servia enquanto lugar de con-

---

[56] Gary D. Sampson, «Unmasking the Colonial Picturesque. Samuel Bourne's photographs of Barrackpore Park», in Eleanor M. Hight and Gary D. Sampson (orgs.) *Colonialist Photography. Ima(in)ing race and place* (Londres e Nova Iorque: Routledge, 2002), pp. 84-106; James R. Ryan, *Picturing Empire. Photography and the Visualization of the British Empire* (Londres: Reaktion Books, 1997), pp. 45-72.

[57] Janet Dewan, «'This noble triumph of photography': Linnaeus Tripe's Thanjavur Inscription Panorama», in Maria Antonella Pelizzari (org.), *Traces of India...* pp. 141-154; Nicholas B. Dirks, «Colonial Amnesia and the Old Regime in the Regime in the Photographs of Linnaeus Tripe», in Maria Antonella Pelizzari (org.), *Traces of India...* pp. 197-216.

[58] J. Gerson da Cunha, *Notes on the History...* p. x.

solidação de uma memória, de muitos tipos de memória, individual ou coletiva.

No final do prefácio, Gerson da Cunha expôs as muitas dificuldades sentidas na constituição das imagens do livro, fotográficas e litográficas([59]). Mal tinham sido tiradas, as fotografias das ruínas tinham começado, segundo as suas palavras, «a desvanecer». Como numa metáfora irónica, a representação imitava a realidade em todas as suas características – as ruínas estavam prestes a desaparecer e por isso era urgente imortalizá-las através da fotografia. Mas sem os instrumentos adequados para a sua fixação duradoura, a fotografia tornava-se, ela própria, uma ruína daquilo que podia ser e, na eminência de desaparecer, traía a sua função de estagnar a realidade. Daí que o livro também utilizasse a litografia enquanto último recurso para os casos em que não se pudera recorrer à fotografia, ou na representação dos mapas. Como lamentava o seu autor, as possibilidades de reprodução litográfica na Índia não eram comparáveis com o seu equivalente europeu, onde a gravação em cobre ou madeira lhes assegurava uma outra qualidade. Impedido de realizar as litografias na Europa, segundo ele devido ao obstáculo da distância, só lhe restavam duas alternativas: ou suprimir todas as ilustrações, ou publicá-las com os limites dos seus meios precários, tal como acabou por fazer. O facto do objeto fotografado estar em risco de desaparecer, justificava a sua representação, mesmo que imperfeita, e mesmo que através de um método e um material que também não tinha garantida a sua perenidade.

([59]) *Ibidem.*

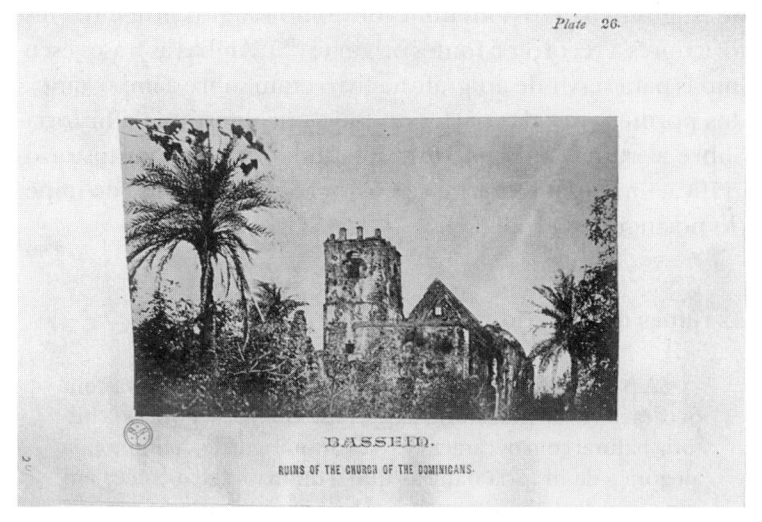

IMAGEM 5. «Baçaim. Ruínas da Igreja dos Dominicanos»

Fotografia colada em papel no livro: J. Gerson da Cunha, *Notes on the History and Antiquities of Chaul and Bassein. Illustrated with Seventeen photographs, nine lithographic plates and a map*, 1876, BNP.

A consciência de Gerson da Cunha em relação à existência de diferentes cenários tecnológicos só servia para reforçar ainda mais a sua identificação com os paradigmas de uma modernidade oitocentista, consciente dos progressos recentes, bem como das desigualdades nacionais do seu usufruto. Mau grado o seu conhecimento destes instrumentos de reprodução, o lugar onde se encontrava não lhe permitia desfrutar de todas as suas possibilidades. Se as fotografias remetem o leitor para a Índia da qual Gerson da Cunha era testemunha ocular – para aquela que estava lá independentemente dos governos coloniais, mas também para a Índia britânica do presente, ou a Índia portuguesa do passado –, as duas frases que abrem o volume remetem o leitor para muito longe dali. Para uma cultura identificada como sendo europeia da qual ele se sentia parte e onde ia buscar ideias, métodos históricos, teorias e práticas, livros, referências, mas também epígrafes: uma frase de Blaise Pascal e outra de Augustin Thierry, identificado como um dos primeiros historiadores a recorrer a fontes originais[60]. Ambas as frases escolhidas para servir de epígrafe ao livro eram sobre a importância dos pormenores, das partes do todo que constituía a história. Sobre as ruínas e fragmentos que, unidos pela labor historiográfica, formariam a narrativa possível de uma história do império português da Índia.

As ruínas do império

> A palavra 'história' está gravada no rosto da natureza com os caracteres da transitoriedade. A fisionomia alegórica da história natural com os caracteres da transitoriedade. A fisionomia alegórica da história natural, que o drama trágico coloca em cena, esta realmente presente sob a forma de ruína. Com ela, a história transferiu-se de forma sensível para o palco. Assim configurada, a história não se revela como de uma vida eterna, mas antes como o progredir de um inevitável declínio[61].
>
> WALTER BENJAMIN

Depois do auge, vinha o «estado de decrepitude» ou, nas palavras de Walter Benjamin, o «inevitável declínio», do qual as ruínas do presente eram o principal vestígio[62]. Os edifícios de grandes dimensões que os portugueses tinham construído, religiosos e civis, espetaculares pelo investimento material que representavam, jaziam abandonados no século XIX. Enquanto ruínas tristes de um passado longínquo, constituíam-se na melhor das metáforas deste discurso de auge e declínio que era inseparável da historização da Índia Portuguesa deste período.

---

[60] Pascal: «Je tiens impossible de connaitres les parties sans connaitre le tout, non plus que de connaître le tout sans connaître en détail les parties»; Thierry: «Les détails sont l'âme de l'histoire».

[61] Walter Benjamin, *A Origem do Drama Barroco Alemão* (Lisboa: Assírio e Alvim, 2004), pp. 192-193.

[62] José Gerson da Cunha, «Notes on the History... p.110.

Este lugar atribuído à ruína fazia parte de um discurso histórico contemporâneo a Gerson da Cunha onde a materialidade enquanto prova histórica podia estar tanto num manuscrito como numa pedra. Com a diferença que a ruína estava ela própria imbuída daquilo que parecia caracterizar a própria «história»: transformação, passagem do tempo, mudança. A ruína era aquilo que tinha sido e já não era, estava lá mas já não estava. Entre um *passado* em que não era ruína mas sim edifício construído pela mão humana – fosse um forte, uma igreja ou um palácio; um *presente* em que já não era utilizado para o fim para o qual fora construído, mesmo que tivesse outros usos inesperados; e um *futuro*, onde está sempre implícito o seu desaparecimento. E onde apenas o historiador, antiquário ou fotógrafo que, no caso de Gerson da Cunha, eram todos num só, podia assegurar o seu futuro.

O destino da ruína era deixar de o ser. Era desaparecer e, assim, deixar de servir à história. A importância da ruína para a história estava precisamente aí. A ruína precisava do discurso da história para existir – de quem a visse, presencialmente; da escrita que a descrevesse; da fotografia que a fotografasse; ou do desenho que a registasse. Tal como a história precisava da ruína para provar a sua relevância enquanto modo de apreender a passagem do tempo num determinado lugar. O seu interesse, e atração, estava também na sua degradação, na iminência da sua fragilidade e na constante ameaça do seu desaparecimento. E é nesse equilíbrio, entre um processo de arruinamento que é, na sua essência, imparável, e a necessidade de estagnar esse processo, que a ruína se torna ruína([63]). Não por acaso a ruína tornou-se num objeto especialmente caro a visões diacrónicas da história, a metáfora perfeita dos tempos longos de auges e declínios dos impérios ou cidades que se ajustava perfeitamente a uma história do Império português na Índia.

([63]) Michael S. Roth, «Preface», in M. S. Roth, Claire Lyons and Charles Merewether, *Irresistible Decay: Ruins Reclaimed* (Los Angeles: The Getty Research Institute for the History of Art and the Humanities, 1997), p. xii.

IMAGEM 6. «Chaul. A Porta exterior da Porta a Sul ou Porta do Rio e a Torre do Palácio do Capitão»

Fotografia colada em papel no livro: J. Gerson da Cunha, *Notes on the History and Antiquities of Chaul and Bassein. Illustrated with Seventeen photographs, nine lithographic plates and a map*, 1876, BNP.

IMAGEM 7. «Baçaim. Ruínas da Capela da 'Misericordia'»

Fotografia colada em papel no livro: J. Gerson da Cunha, *Notes on the History and Antiquities of Chaul and Bassein. Illustrated with Seventeen photographs, nine lithographic plates and a map*, 1876, BNP.

Depois de ter alcançado «a eminência do luxo e do poder» entre os primeiros estabelecimentos europeus na Índia, Chaul e Baçaim eram agora «a cidade dos mortos» ([64]). Ao analisar as ruínas das várias cidades indianas onde os portugueses tinham exercido domínio, Gerson da Cunha pode refletir sobre outros casos já bem consolidados historicamente – como Herculaneum e Pompeia – pelo facto de estes também provarem como as vicissitudes políticas podiam ser tão destruidoras como a natureza. O que Gerson da Cunha não referiu é que lugares como Herculaneum e Pompeia estavam, precisamente nesse período, a ser reinventados enquanto lugares de história e de turismo, destinos de peregrinação de viajantes curiosos do presente, mas também lugares descritos pelos guias e livros de viagem, bem como pela arqueologia. Eram ruínas que já tinham sido musealizadas por um discurso de preservação de património com as suas raízes no iluminismo e que, ao pretender estagnar a passagem do tempo, de alguma forma contrariava a essência da própria ruína.

([64]) «the eminence of luxury and power», «the city of the dead», José Gerson da Cunha, *Notes on the History...* p. v. A propósito do «siege and destruction of Basseim» um popular guia de Bombaim remete os leitores para o trabalho do «Dr. Da Cunha»: James Mackenzie Maclean, *A Guide to Bombay: Historical, statistical, and descriptive,* 11.ª ed. (Bombaim: at the «Bombay Gazette» Steam Press, 1886), p. 337. Segundo a arqueóloga alemã Gritli Von Mitterwallner, a escrever quase um século depois, o livro de Gerson da Cunha foi o primeiro a reunir num só estudo Chaul e Baçaim e a fazê-lo de um modo comparativo, in Gritli Von Mitterwallner, *Chaul. Eine Unerforschte Stadt an der Westküste Indiens (Wehr-, Sakral- und Profanarchitektur)* (Berlim: Walter De Gruyter & Co, 1964), p. 9; Mais recentemente, David Jackson voltou a debruçar-se sobre os vestígios da colonização portuguesa em Chaul e Baçaim e, ao fazê-lo, deparou-se, inevitavelmente, com o trabalho de Gerson da Cunha. Ver sobretudo «Ruínas do Império: A Cidade--Fortaleza de Chaul», in K. David Jackson, *De Chaul a Batticaloa. As marcas do império marítimo português na Índia e no Sri Lanka* (Ericeira: Mar de Letras, 2005), pp. 179-186; ver também K. David Jackson, «'*Aqui Jaz Nada*': Fantasmas do império na Índia Portuguesa», in Margarida Calafate Ribeiro e Ana Paula Ferreira (orgs.), *Fantasmas e fantasias imperiais no imaginário português contemporâneo* (Porto: Campo das Letras, 2003), pp. 203-226.

IMAGEM 8. «Baçaim. A Porta da Cidadela em ruínas»

Fotografia colada em papel no livro: J. Gerson da Cunha, *Notes on the History and Antiquities of Chaul and Bassein. Illustrated with Seventeen photographs, nine lithographic plates and a map*, 1876, BNP.

O escrutínio de Gerson da Cunha, o seu olhar antiquário e histórico, atento à ruína e ao documento, pretendia dar a conhecer estes antigos empórios comerciais, «miniatura da época da civilização Luso-Indiana», a quem nada sabia sobre eles ([65]). Mas Chaul ou Baçaim não eram alvo dos olhares diletantes dos turistas, nem de escritos eruditos. Alguns lugares indianos estavam já neste período a serem alvo de um discurso musealizante onde estavam também presentes os interesses económicos de um

---

([65]) Um guia de Bombaim sugeria uma excursão a Baçaim numa noite de luar para testemunhar a «utter desolation of what was once a flourishing Christian city»: James Mackenzie Maclean, *A Guide to Bombay...* p. 337. Um ambicioso livro sobre a Índia em 1880 também descrevia as ruínas de Baçaim como uma visão romântica solene e melancólica, entre a densidade da vegetação e a luz ténue do luar, Richard Temple, *India in 1880*, 3.ª edição (Londres: John Murray, 1881), p. 25.

turismo nascente – a cobrança de entradas para visitar templos hindus, por exemplo, ou a organização de excursões a sítios como as Caves de Elefanta nos arredores de Bombaim. Mas esta musealização incidia sobre aquilo que se identificava com a Índia, e a arquitetura construída pelos portugueses, sobretudo aquela associada ao catolicismo não tinha certamente lugar neste contexto de historização da Índia que também se traduzia na valorização dos seus monumentos, sobretudo daqueles hindus.

Foi ao descrever as «antiguidades de Chaul», numa segunda parte do seu artigo, que Gerson da Cunha se dedicou ao diálogo entre aquilo que se via no presente e a sua história passada. Testemunha ocular, o historiador partia daquilo que tinha à sua frente para o invisível, aquilo que não estava ali. Um fragmento ornamental encontrado recentemente em Chaul teria pertencido a um templo Jaina, mas nada mais restava na atualidade que ajudasse a esta reconstrução[66]. Eram poucos vestígios para um dos lugares que tinha sido considerado um dos principais centros budistas da Índia ocidental. Das batalhas travadas entre muçulmanos e portugueses no século XVI, subsistiam as balas de canhão que ainda se encontravam espalhadas por toda a cidade de Chaul, mas Gerson da Cunha questiona se elas serão «as verdadeiras relíquias do cerco», um exercício de dúvida que contribuía para afirmar o seu discernimento historiográfico, atento à veracidade das fontes[67].

Ao descrever o Forte de Chaul, principal vestígio arqueológico da cidade, convidou o leitor a seguir os seus passos de turista-antiquário, recorrendo a uma linguagem rica de visualidade. Para além das transformações perpetradas pela natureza – um topos constante nas descrições sobre cidades indianas e, em geral, nas descrições de ruínas – havia aquelas realizadas pela mão humana, especialmente na sua reutilização dos fragmentos arqueológicos para novas funções. A figura escultórica de um guerreiro, que as escassas letras visíveis identificavam

---

[66] José Gerson da Cunha, «Notes on the History... p. 61.
[67] *Ibidem*, p.102.

como um dos reis de Portugal, um D. João ou um D. Sebastião, tinha sido reinventado com outros significados:

> A figura foi agora transformada pelo devoto aldeão no ídolo de Khandobâ, a cara besuntada com óleo, e a cabeça coberta com uma camada grossa de tinta encarnada. Um altar dedicado ao *tulsî* está montado à sua frente e é aí que são recebidas diariamente as oferendas de flores e de arroz, e tudo isto é partilhado com a figura do guerreiro. Que seja a figura de um dos Reis de Portugal – que em tempos idos fizeram tudo o que estava em seu poder, gastando milhões da sua tesouraria, para acabar com a idolatria na Índia – a servir agora para alimentar as propensões supersticiosas dos descendentes dos seus anteriores vassalos, parece ser uma reflexão deveras humilhante. Haverá contudo um aspecto consolador em todo este cenário, embora possa parecer vandalismo à sóbria imaginação de um antiquário: algum iconoclasta consciente eliminou por completo as mãos, orelhas e nariz do santo guerreiro, ficando a superfície facial tão lisa como uma pedra mármore [68].

Gerson da Cunha abandona a ironia para analisar, e criticar duramente, a iconoclastia muçulmana, que ele considerou ter sido muito prejudicial na relação com os hindus [69]. Segundo ele, a intolerância muçulmana, mesmo em relação às imagens mais inócuas, explicava «a medonha desfiguração da escultura do guerreiro em Chaul». A estátua estava, assim, imbuída de três intervenções, de três culturas religiosas que tinham sido predominantes em diferentes períodos da história daquele lugar. A figura original não era de um santo, mas de um homem, rei ou guerreiro, inseparável da cultura portuguesa à qual pertencia no momento da sua produção; os muçulmanos, num outro momento da história, e a partir de um lugar de poder, tinham retirado à escultura aquilo que a humanizava; mas a iconoclastia muçulmana não fora suficientemente forte e, mesmo sem face, os hindus do presente tinham voltado a dar-lhe uma função, um nome e um culto.

---

[68] *Ibidem*, p. 126.
[69] *Ibidem*, pp. 126, 127.

Enquanto no artigo sobre Chaul a hibridez de uma estátua que tinha inscrita três religiões distintas parecia ter sido apreendida pelo próprio Gerson da Cunha, num outro artigo escrito uns anos mais tarde, quando voltou a referir a mesma estátua, acrescentou que fora um «aldeão Hindu com humor negro» a chamar-lhe a atenção para a ironia do destino visível na reconversão da estátua do português. A propósito deste objeto o historiador fez uma reflexão alargada sobre as diversas colonizações indianas: «é sabido que a dominação política é muitas vezes precária, e que não foram poucos os invasores que vieram mas que se foram embora, e a Índia tem-se transformado num espaço natural para tais efemérides, mas nunca esperei ver uma tal profanação»([70]). Conclui com uma frase sobre a forma como o tempo trazia as suas vinganças e a sucessão de impérios invertia as relações de poder, tornando-se algumas visíveis na pedra, como acontecera com a escultura de Chaul.

A história proposta por Gerson da Cunha era uma história com lições, onde o destino passado de uns anunciava o futuro destino dos outros. Embora aqui não trataremos este assunto, há que ter presente que no contexto historiográfico britânico, sem dúvida familiar a Gerson da Cunha, o Império português e o seu declínio era, por vezes, utilizado como exemplo de como o império britânico do presente não devia proceder para evitar ter o mesmo destino([71]).

A passagem do tempo e da história, segundo ele, assim como as diferentes colonizações e religiões ali vividas estavam inscritas naquela escultura, que voltara a nascer quando parecia ter sido destruída. Gerson da Cunha não esconde que a sua intolerância em relação aos muçulmanos é maior do que a sua intolerância

---

([70]) José Gerson da Cunha, «A Brief Sketch of the Portuguese and their Language in the East», *The Journal of the Bombay Branch of the Royal Asiatic Society. 1892*, n.º XLIX, vol. XVIII (Bombaim: Society's Library, 1893), pp. 168-191, p. 187.

([71]) Por exemplo: Richard F. Burton, *Goa and the Blue Mountains or six months of sick leave*, introd. de Dane Kennedy (Berkeley: University of California Press, 1991; 1.ª ed., 1851).

em relação àquilo que era tantas vezes apresentado em textos europeus, católicos ou protestantes, como sendo a «idolatria hindu»([72]). Mesmo tendo em conta que ele era muito crítico em relação à violência dos métodos de conversão católica impostos pelos portugueses em séculos anteriores, que também tinham incluído a destruição dos símbolos e espaços hindus, a sua denúncia em relação aos católicos não possuía o tom generalizado que era evidente na sua caracterização dos «muçulmanos». Entre as antiguidades muçulmanas, encontravam-se os restos de uma mesquita de grandes dimensões([73]). Mas, segundo o estudo de Hearn citado por Gerson da Cunha, o canhão português destruíra grande parte da sua estrutura e dos minaretes. Neste caso, as ruínas eram resultado da violência de um conflito e não dos ritmos, lentos, do tempo e da natureza, tal como acontecera com as mais famosas «ruínas» da Índia Britânica – as da revolta de 1857([74]).

Também em Chaul, nas ruínas da antiga Igreja dos Agostinhos, Gerson da Cunha deparou-se com um outro exemplo de reapropriação, neste caso, a reutilização de um espaço sagrado

---

([72]) Um caso semelhante é mencionado pelo indianista italiano Angelo De Gubernatis, no seu relato de viagem pela Índia: num dos dias em que visitou Bandora, a 35 minutos de comboio de Bombaim, o vice-Cônsul francês apresentou-o a uma família que lhe mostrou as suas antiguidades indianas. Gubernatis reparou com curiosidade na estatueta de um Deus indiano vestido de português, e pelo traje calculou que fosse de finais do século XVI, mas o dono confessou que não reparara nesse pormenor da vestimenta. O hibridismo que Gubernatis identificou, manifestou-se irrelevante para o seu proprietário. Será esta uma apropriação cristã e portuguesa de uma representação de um Deus indiano? Será, pelo contrário, uma paródia hindu semelhante àquela que acontecia quando um indiano se «mascarava» de europeu, num desfile carnavalesco ou numa peça de teatro? Ou será, ainda, um verdadeiro objeto sincrético? Uma estátua de um Deus indiano vestido como um santo, à maneira católica?, BNCF, Manoscritti, Angelo De Gubernatis, *Relazioni del suo viaggio nell'India*; autogr.; 1885-86, [II, IV, 674], fls. 67, 67 v.

([73]) *Ibidem*, pp.161, 162.

([74]) Narayani Gupta, «Pictoralizing the 'Mutiny' of 1857», in Maria Antonella Pelizzari (org.), *Traces of India...* pp. 217-239.

cristão com uma dupla função, utilitária e religiosa. No *sacrarium*, pequeno nicho do altar-mor, fora feito um buraco para instalar um cano de irrigação, e num pedestal que lhe estava próximo, com certeza para ostentar a cruz, via-se agora um altar ao *tulsî*, planta sagrada Hindu. Ainda em Chaul, Gerson da Cunha testemunhou como um Bhandâri, nome de uma das castas da costa ocidental da Índia associadas ao mar, tinha em casa uma pedra tumular com uma inscrição que ele usava para afiar as facas[75]. Mais uma vez, a lição da história, de vingança e inversão de hierarquias, era bem evidente para um historiador interessado em observar os tempos longos e em demonstrar a efemeridade dos poderes: «neste aspeto, os portugueses depararam-se simplesmente com uma punição tardia por aquilo que no seu tempo fizeram aos templos hindus»[76]. Ao lado das ruínas da Igreja dos Agostinhos, um templo hindu construído recentemente contrastava com as ruínas do catolicismo.

*

Os textos de Gerson da Cunha, assim como as suas fotografias e litografias surgem como um gesto para preservar uma história que estava em vias de se tornar ilegível e indescritível. Um gesto para estagnar o processo, inevitável, de deterioração ou mesmo erradicação dos vestígios materiais da presença portuguesa na Índia que já não estava, na segunda metade do século XIX, sob domínio português. Nestes textos-fragmentos daquilo que o historiador imaginara que se viria a tornar numa «história da Índia Portuguesa», algo que nunca chegou a realizar, está sempre latente o discurso historiográfico tão comum de passado glorioso em contraste com a decadência do presente. Discurso este que se consolidara no século XIX, sobretudo em contraste com a pujança do vizinho Império britânico, e que persistira ao longo do século XX, nas muitas formas que a historiografia do Estado Novo teve de preservar esses vestígios – das

---

[75] José Gerson da Cunha, «Notes on the History... p. 153.
[76] *Ibidem*, p. 146.

reconstituições de edifícios em exposições, às comissões para projetos fotográficos nas colónias feitas nos anos 1950, e que a própria historiografia do presente português consolidou através dos seus muitos projetos de levantamento das «marcas» portugueses no mundo.

Mas aquilo que para alguns – incluindo Gerson da Cunha – era a nostálgica evocação de um império que também se admirava porque se tinha perdido era, para outros, um sinal de que a história sabia punir aqueles que abusavam do poder e não tinham sabido usá-lo de forma apropriada. Assim, no interior de uma historiografia britânica sobre a Índia, ou mesmo nos topos canonizados pela escrita de viagem, as ruínas da Inquisição em Velha-Goa surgiam como o fim merecido de uma instituição castigadora que não poderia existir no presente. O fim da «lenda-negra» da Inquisição goesa que, para o protestantismo britânico, representava todos os males imbuídos no catolicismo, na Europa como na Ásia. As ruínas das cidades do Império português podiam ser tanto a prova de que os «maus» impérios sucumbiam vítimas dos seus próprios erros, como sinais de grandiosidade perdida.

Gerson da Cunha partilhava com muitos outros seus contemporâneos uma visão imperialista da história. Porém, aquilo que o distinguia era o seu domínio de diferentes tradições historiográficas, o facto de escrever a partir de várias Índias e várias Europas e de não se deter apenas na dimensão portuguesa das regiões que escolheu estudar. Enquanto habitante de cidades coloniais, colonizadoras ou colonizadas – tais como Goa, Bombaim, Londres, Edimburgo e novamente Bombaim –, subverteu os limites do lugar a partir do qual escrevia. O facto de escrever a partir de tantos lugares que não se cruzavam uns com os outros também tornou invisível a sua escrita sobre as cidades do antigo Império colonial da Índia. E fez com que a sua história feita de fragmentos – de escrita como de ruínas –, permanecesse nos interstícios das narrativas nacionais, portuguesas ou britânicas, feitas sobre os impérios coloniais.

Lisboa, capital do império.
Trânsitos, afiliações, transnacionalismos([1])

MANUELA RIBEIRO SANCHES

> Comecei a imaginar rescrever a Paris dos anos vinte e trinta como encontros de viagem – incluindo os desvios do novo, por via do velho mundo –, um lugar de partidas, chegadas, trânsitos([2]).
>
> JAMES CLIFFORD

([1]) O presente texto é resultado da pesquisa iniciada com o projeto «Deslocalizar a Europa: perspectivas pós-coloniais na antropologia, arte, literatura e história» (PTDC/ELT/1333/2006). As linhas então desenvolvidas, nomeadamente, por ocasião da preparação do volume *Malhas que os impérios tecem. Textos anticoloniais, contextos pós-coloniais* (Lisboa: Edições 70, 2011), viriam a ser objeto de uma investigação mais aprofundada no semestre de 2010/2011, através de uma estada no Institute of African American Affairs, New York University, tornada possível através de uma Bolsa de curta duração da Fundação Calouste Gulbenkian. A pesquisa prosseguiu em Nápoles, graças a um convite da Università degli Studi di Napoli l' Orientale, onde uma primeira versão foi redigida. Agradeço a todos os meus interlocutores as sugestões e pistas que me ofereceram durante essas estadas e que deram origem a este primeiro resultado. Agradeço ainda as sugestões preciosas das sucessivas revisões de pares que me ajudaram a tornar o texto mais inteligível, embora não pudesse atender a todas as recomendações ou perguntas. Estas serão tomadas em consideração em futuras versões em que espero retomar esta primeira abordagem a um assunto fascinante e complexo.

([2]) James Clifford, *Routes. Travel and Translation in the 21st Century* (London and Cambridge, MA: Harvard University Press, 1997), p. 30. Todas as traduções são da minha autoria.

> Era necessário redescobrir tudo. Era preciso redescobrir não só Angola, mas, ao mesmo tempo, a África e o mundo [...] ([3]).
>
> MÁRIO PINTO DE ANDRADE E CHRISTINE MESSIANT

> E foi em Paris que me senti verdadeiramente no ritmo africano, o que não podia fazer em Lisboa. No ritmo da África no seu conjunto, a África entendida na sua globalidade – uma vez que todas as lutas, sobre todos os planos, sobretudo cultural e político, aí se repercutiam, e algumas eram vividas, em Paris, uma vez que aí havia parlamentares africanos, na época, e havia um movimento cultural ([4]).
>
> MÁRIO PINTO DE ANDRADE E CHRISTINE MESSIANT

As epígrafes escolhidas têm um duplo objetivo. Por um lado, sublinhar a necessidade de promover abordagens mais complexas ao passado, menos como um meio de «inclusão» de «outras» histórias, do que de uma contribuição para o questionamento das premissas que ainda insistem em criar distinções entre a Europa e os seus «outros». O segundo remete para questões de cidadania na Europa contemporânea e para o modo como as exigências do nosso presente não podem ser adequadamente definidas, se não se considerar as «histórias entrelaçadas» e as «geografias sobrepostas» ([5]) que não só caracterizaram o passado colonial, mas também marcam ainda a nossa contemporaneidade pós-colonial.

---

[3] Mário Pinto de Andrade e Christine Messiant, «Sur la première génération du MPLA: 1948-1960. Mário Pinto de Andrade, entretiens avec Christine Messiant. 1982», *Lusotopie* (1999), pp., 185-221.

[4] *Ibidem*, p. 203.

[5] Edward W. Said, «Reconsiderando a Teoria Itinerante», in Manuela Ribeiro Sanches (org.) *Deslocalizar a 'Europa'. Antropologia, Arte, Literatura e História na Pós-Colonialidade* (Lisboa: Livros Cotovia, 2005), pp. 25-42.

Ensaiando uma narrativa em torno das experiências de um grupo de estudantes africanos em Lisboa entre as décadas de 1940 e 1960 – com particular enfoque nas duas primeiras décadas –, o presente texto começa por propor a sua inserção num determinado momento e lugar, para, de seguida, equacionar os temas do nacionalismo e das suas relações com associações transnacionais, num contexto anticolonial, antes de, à laia de conclusão, considerar brevemente a sua relevância para a Europa e Portugal. Dito de outro modo, trata-se de uma tentativa de se narrar Lisboa de múltiplos pontos de vista – temporais e geográficos –, permitindo assim que a cidade surja menos como «capital do império» do que como cenário de encontros entre estudantes africanos que aí se cruzaram, desenvolvendo amizades, cumplicidades, afiliações[6]. Tais encontros viriam a revelar-se decisivos para futuros projetos e sonhos de independência, com impactos decisivos na antiga metrópole, nomeadamente na sua capital.

O enfoque proposto parte, assim, de um lugar e tempo concretos, mas considera, ao mesmo tempo, o modo como as decisões políticas e as opções teóricas analisadas, se bem que dependendo desse contexto preciso, estiveram ligadas a outros lugares – concretos ou imaginados – em África, na Europa, em que o papel desempenhado pela viagem de teorias[7] foi determinante[8]. Trata-se também de uma tentativa de alargar a pers-

---

[6] *Ibidem.*
[7] *Ibidem.*
[8] Na conclusão a «A Casa dos Estudantes do Império: lugar de memória anticolonial» (http://repositorio-iul.iscte.pt/bitstream/10071/2244/1/CIEA7_6_CASTELO%2c%20A%20Casa%20dos%20Estudantes%20do%20Império.pdf) – que descobri já esta investigação ia adiantada –, escreve Cláudia Castelo: «A inclusão da memória da CEI na memória da resistência ao Estado Novo ensaiada pela CML (coligação PS-PCP) é redutora. A memória da CEI faz parte da contra-memória do colonialismo português, situando-se do lado dos colonizados e da luta pela sua emancipação, e por essa via foi integrada nas narrativas sobre os movimentos de libertação e nas narrativas identitárias dos novos países africanos de língua portuguesa, após as independências. Julgamos

pectiva a que os estudos coloniais se arriscam por vezes, ao centrarem-se excessivamente nas antigas histórias nacionais, metropolitas[9], surgindo de novo os colonizados, involuntária mas necessariamente, como pano de fundo.

I. Encontros na capital do império

Lisboa em meados das décadas de 1940 e 1950. Eram tempos de Estado Novo. O pós-guerra marcava ainda a Europa, uma Europa que pouco tinha a ver com a imagem triunfante, em 1989, de um tempo, disse-se então, de «fim da história» – o Muro de Berlim derrubado, a democracia a alastrar e a permitir o sonho de uma União Europeia alargada, utopias a que os tempos presentes parecem perigosamente querer pôr termo.

Em meados de 1940, os horrores nazis haviam surgido finalmente na sua verdadeira dimensão, as cidades esventradas por bombardeamentos – já então, com inadvertidos efeitos colaterais – marcando o quotidiano do velho continente. Partidos e governos, economias e costumes reorganizavam-se. Havia o Plano Marshall, ajuda de uns Estados Unidos repetidamente vencedores ao mundo que o Europeu criara. Contavam-se ainda mortos, prejuízos. Eram tempos cinzentos e não menos difíceis, os do pós-guerra, com os seus órfãos, viúvas, soldados errantes em quem as famílias não se reviam. Havia também os mutilados, os desaparecidos; e, sobretudo, os sobreviventes e os traumas da «solução final». Eram tempos não só de «milagres» e de negócios de reconstrução, mas também de questionamento da

---

que está ainda largamente por historiar o lugar da CEI na memória do anticolonialismo, uma produção diaspórica de dimensão internacional», p. 18). O que aqui se pretende é exatamente um contributo neste sentido.

[9] É justamente esta tendência que é contrariada no importante volume *O império colonial em questão* organizado por Miguel Bandeira Jerónimo (Lisboa: Edições 70, 2012), em que a perspetiva comparada, apoiada na importância dos contactos e estratégias internacionais e transnacionais é sublinhada. É uma abordagem afim que aqui se propõe, mas com enfoque nos colonizados, nomeadamente em algumas das suas elites.

superioridade europeia, sobretudo depois do confronto com esse momento de verdade, a Shoa inenarrável, pese embora o excesso de imagens, na sua imediatidade, «objetividade». Discutia-se, discute-se ainda, se esta havia sido consequência da irracionalidade de um pensamento nacionalista ou manifestação da própria dialética da Luzes, a racionalidade gerando o seu próprio contrário, destruindo-se a si mesma([10]).

Lisboa era aparentemente diferente da cidade que hoje conhecemos. A neutralidade poupara a capital portuguesa à destruição que atravessava ainda a Europa. Centro de espionagem e de passagem para muitos exilados do regime e perseguições nazis durante o III Reich, a cidade reforçava a sua tradição de pacatez e sonolência que a afastavam, mais uma vez, dos grandes centros europeus e internacionais. Se a democracia regressava lenta e moderadamente tanto à França como à Alemanha – esta agora controlada pelas zonas de ocupação dos vitoriosos e limitada pelos compromissos dos Aliados com antigos carrascos, como o bom funcionamento da economia fundada no capital requeria –, os ventos libertadores não se faziam sentir em Portugal, pesem embora as primeiras manifestações de uma Primavera democrática.

A penúria afetava a maioria das condições da população, mesmo na «capital do império», apesar de uma Baixa afluente, mesmo em termos europeus([11]), das elegantes Avenidas Novas aos edifícios pomposos – a Fonte Luminosa, a Praça do Império –, todos eles construídos por ocasião da «Exposição do Mundo Português» (1940), projetos que revelavam o modo como os sonhos modernistas de alguns adeptos do Estado Novo começavam a tornar-se problemáticos. Insistia-se agora crescentemente na invenção de uma nação, associando autoritarismo

---

([10]) Max Horkheimer e Theodor W. Adorno, *Dialektik der Aufklärung: philosophische Fragmente* (Frankfurt am Main: Suhrkamp, 1983).

([11]) Simone de Beauvoir, em visita furtiva, no ano de 1945, faria aí compras, louvando a afluência que a sua Paris natal, depois da libertação, ainda desconhecia. Simone de Beauvoir, *La force des choses*. Tome 1 (Paris: Gallimard, 2004 [1963]), pp. 43 ss.

de Estado a cultura popular; comunidades imaginadas regionais ao pretenso universalismo da missão cristianizadora e civilizadora de Portugal no mundo. A Praça do Império, construída também para a ocasião, coabitava com o novo Museu de Arte Popular, ambos junto ao Mosteiro dos Jerónimos, a Torre de Belém como cenário constante. Eram, com efeito, tempos de insistência no papel de «Portugal no mundo», o Império Colonial Português, transformado, agora sob pressão dos ventos da independência – mais precisamente em 1951 –, num todo orgânico, unindo «metrópole» e «províncias ultramarinas». Reforçava-se, assim, a política centralizadora já iniciada com o Ato Colonial que, em 1930, pusera termo a quaisquer veleidades de autonomia administrativa por parte das colónias. Autonomia já reivindicada em tempos de Primeira República pelas elites africanas, incluindo as que, na altura, viviam em Lisboa, mesmo que não questionando ainda a sua pertença à metrópole[12]. Portugal, insistia-se, não era um país pequeno – como já, em 1934, o afirmara o cartaz da exposição colonial do Porto –, estendendo-se do Minho a Timor.

Pese embora a afluência registada por Beauvoir[13] – mas que depressa o seu olhar atento viria a desmentir ao longo da viagem –, em Lisboa, havia, então, menos automóveis e menos habitantes do que atualmente. E a cidade surgira aos olhos do viajante brasileiro Gilberto Freyre – em vias de se transformar no ideólogo do modo alternativo, mais brando, de o português colonizar – como excessivamente ordenada, quase calvinista[14], contrariando a ideia de uma mestiçagem herdada de uma história de contactos que o inventor do luso-tropicalismo via como fundamento da abertura e da adaptabilidade do «Homem português» ao mundo.

---

[12] A este respeito veja-se António Tomás, *O fazedor de utopias. Uma biografia de Amílcar Cabral* (Lisboa: Tinta da China, 2007).

[13] Ver nota 11.

[14] Gilberto Freyre, *Aventura e rotina. Sugestões de uma viagem à procura das constantes portuguesas de caráter e ação* (Rio de Janeiro: Topbooks Editora, 2001[1953]), pp. 37-38.

Nesses anos, não se podiam vislumbrar, em Lisboa, africanos, asiáticos, brasileiros, muito menos russos, ucranianos, romenos – como até há pouco sucedia. Eram tempos de início de «guerra fria» e de uma política ferozmente anticomunista, também, e sobretudo, em Portugal. A tranquilidade aparente desses tempos tinha a sua contrapartida na miséria e taxas de iliteracia elevadíssimas, nas cadeias repletas de presos políticos, nos exilados do Estado Novo. Tão pouco existiam os grandes bairros periféricos, onde agora, diz-se, se alojam «imigrantes de segunda e terceira geração». Desde a década de 1950 que a emigração portuguesa começara a deslocar-se para a Europa do Norte, para a França, mais tarde para a Alemanha – a «Ocidental» –, os portugueses rurais dando o salto clandestino em busca de melhor vida, contribuindo, com italianos, espanhóis, gregos, jugoslavos, africanos, para a reconstrução de uma Europa destruída pela guerra. Viviam, esses portugueses, numa Paris de *bidonvilles*, em condições semelhantes às de outros condenados da terra, «indígenas» argelinos, também estes obrigados a buscar um modo de sobrevivência nessa parte mais abastada do continente europeu.

Ao mesmo tempo, em Portugal, a emigração também era canalizada – processo esse apoiado desde os anos 1940 pelo governo do Estado Novo – para as «províncias ultramarinas», numa derradeira tentativa de colonizar efetivamente os territórios ultramarinos, tentando reproduzir-se modelos de vida e arquiteturas – das modernistas às «populares», dos «Areeiros» às «casas portuguesas» – a fim de garantir um Portugal organicamente unido no aquém e além-mar. Fora com o sonho de um Portugal maior, de uma África finalmente colonizada, que também Maria Archer sonhara nas suas viagens por Angola, o planalto do Huambo lembrando-lhe o seu Algarve natal[15], criando a viajante paralelismos que decorreriam, porventura, menos da necessidade de se enquadrar o desconhecido em parâmetros familiares – estratégia necessária que acompanha todos os pro-

---

[15] Maria Archer, *Singularidades de Um País Distante* (Lisboa: Editorial Cosmos, 1936), p. 11.

cessos de perceção do que é tomado como estranho –, do que da noção da pertença inevitável das colónias à metrópole que, mesmo a oposição ao regime de Salazar partilhava, à semelhança do que sucedera em tempos mais liberais, mais republicanos.

Mas o direito à independência afirmava-se. Nas antigas colónias britânicas, ela era reclamada, depois de o Congresso Pan-africano de Manchester de 1945 ter introduzido como reivindicação clara o direito dos territórios colonizados à autodeterminação. No ano seguinte, vários territórios da África Ocidental «francesa» uniam-se, durante a Cimeira de Bamako, numa confederação, o Rassemblement Démocratique Africain, com vista à independência. A Indonésia libertara-se da ocupação holandesa em 1945; dois anos mais tarde, a Índia tornar-se-ia independente; em 1955, a Conferência de Bandung assinalava a resposta daqueles países que não cabiam no «Primeiro» ou no «Segundo Mundo», nem deles pretendiam depender, em tempos de crescente «guerra fria» e de partilha do planeta. Em 1956, Nasser nacionalizaria o Canal de Suez para escândalo das grandes potências ocidentais e gáudio dos egípcios e seus aliados. Dois anos antes, a Guerra da Argélia, essa «guerra sem nome», iniciara-se surda e clandestina, mas ganhando um papel cada vez mais preponderante em todo o continente africano. Em 1959, Fidel Castro derrubava o regime de Baptista, ditatorial e aliado dos EUA.

No início da década de 1950, surgiam dois textos que seriam determinantes para as mudanças na Europa e no mundo, ao colocarem a questão do colonialismo e das suas relações com o «velho continente» de forma radical: *Discurso sobre o colonialismo* de Aimé Césaire([16]) e *Pele negra, máscaras brancas* de Frantz Fanon([17]). Em *Discurso sobre o Colonialismo*, escrito num momento

---

([16]) Aimé Césaire, *Discurso sobre o Colonialismo*, trad. Noémia de Sousa, prefácio de Mário (Pinto) de Andrade (Lisboa: Sá da Costa, 1978 [1950]).

([17]) Frantz Fanon, *Peau noire, masques blancs* (Paris: Éditions du Seuil, 1995 [1952]).

em que aparentemente a Europa regressava ao seu passado tolerante e esclarecido, Césaire, num tom de libelo, erige a violência colonial em tema principal, revelando o modo como a condenação unânime do nazismo só se tornara possível porque o Holocausto vitimara europeus, ignorando-se genocídios passados e as práticas brutais que persistiam nas colónias. Por sua vez, Fanon, em *Pele negra, máscaras brancas*, analisa os processos de exclusão racial a nível psicológico, com recurso à sua própria experiência, enquanto negro francês, cuja diferença, «esquema epidérmico», lhe é arremessada através de uma violência que conduz ou à rejeição absoluta ou ao paternalismo infantilizante. Em breve, porém, Fanon, ao contrário de Césaire, optaria menos pela afirmação identitária – a sua negritude, questão que trata de forma ambivalente nesse texto de juventude – para optar por uma nova pátria, a Argélia, defendendo não só a utopia de um novo nacionalismo e de um «Homem novo», mas também o sonho de uma unidade africana, para além das origens e da cor da pele, ao contrário do que sucedera nos movimentos pan-africanos e negritudinistas anteriores, assentes, sobretudo, numa identidade negra.

Circulariam estes textos na Lisboa que comecei por evocar, na cidade branca, sonolenta e repressiva? Certamente mais do que seria de esperar, como teremos ocasião de verificar através da vinheta que a seguir se propõe, ou um cronótopo([18]), Lisboa entre meados dos anos 1940 e o início dos 1960, ou seja, entre o final da Segunda Guerra Mundial e as independências das colónias europeias, o início da luta armada em Angola e na Guiné (1961) e a independência da Argélia (1962).

([18]) Inspiro-me aqui num procedimento afim utilizado num contexto distinto, o cronótopo de Lévi-Strauss em Nova Iorque nos anos 40, utilizado por James Clifford no texto «On Collecting Art and Culture» in James Clifford, *The Predicament of Culture. Twentieth-Century Ethnography, Literature, and Art* (Cambridge, Mass., London, Eng.: Harvard University Press, 1988), pp. 215-251. O conceito de cronótopo vai-o buscar Clifford a Bakhtin.

Com efeito, e como mais adiante se referirá, o que se passava em Manchester, Paris, Acra, Tunes, Cairo ou Argel – ou mesmo no Harlem, desde os anos vinte, os chamados «anos loucos», até à década de sessenta – não pode ser visto como algo de distinto da história da Europa e de Portugal. Do mesmo modo, os processos que contribuiriam para o emergir de novas nações em África e para o fim do império português também passaram pelas salas de um edifício na Avenida Duque de Loulé, n.º 23, sede da Casa dos Estudantes do Império e de um andar na Rua Ator do Vale, n.º 37, perto do Bairro das Colónias, toponímia de um antigo império ainda presente na cidade de Lisboa no século XXI, atualmente habitado por populações oriundas do Brasil, da Ásia, de África, que conferem à cidade um ambiente bem diferente daquele que a caracterizava nas décadas aqui evocadas.

O que se debatia e pensava nesses lugares, entre outros, por um pequeno grupo de «assimilados» não se limitava ao espaço daquilo a que se chamava Portugal e o «ultramar», pois outros laços e afinidades se teciam e desenvolviam, ligando-os a outros espaços nas Américas, na África e na Europa.

O que a seguir se propõe é uma narrativa possível dessas histórias africanas e europeias, transnacionais e transcontinentais, reconhecendo-se, ao mesmo tempo, que o que a Europa e Portugal são hoje também dependem do que sucedeu nesses espaços, onde um conjunto de estudantes vindos do «ultramar» se reuniram, se cruzaram, debateram ideias, divulgaram ideologias, as traduziram e completaram, a maior parte das vezes com dificuldades explícitas com as forças censórias do regime.

As referências que acabo de fazer remetem, assim, para uma forma alternativa de se perspetivar o espaço europeu. Ou seja: trata-se menos de referir os encontros com a «alteridade», de evocar uma diversidade existente no espaço europeu, português, ou lisboeta, como se esses «outros» devessem ser incluídos de forma meramente aditiva, do que de se repensar a identidade nacional portuguesa, reconhecendo-se não só essas presenças, mas também o modo como elas afetaram o que Portugal foi e é, se bem que esses «factos» tenham sido em grande parte apagados da memória dos que vivem atualmente na antiga «capital do Império» ([19]).

Dito de outro modo, evocar essas presenças num determinado momento histórico, num determinado espaço geográfico, poderá contribuir para se contrariar, completar, as memórias de um tempo e lugar específicos, contribuindo para desestabilizar as representações de «nós» e dos «outros», revelando tanto sobreposições inesperadas entre lugares só aparentemente distantes, quanto versões contraditórias do que foi Lisboa, Portugal, a Europa nesses decénios. Se esses encontros africanos culminaram na reivindicação de independências e em ideologias e práticas nacionalistas – sem que, contudo, perdessem de vista a importância das afiliações transnacionais, como adiante se verá –, a verdade é que as consequências desses sonhos de autodeterminação também deram lugar a desenvolvimentos que levam a que, na Europa, em Lisboa, habitem novos descendentes de colonizados, quase sempre subalternizados, mas todos eles mais legitimamente portugueses do que se pretendia em tempos de ideologia de uma portugalidade de aquém e além-mar. Por outro lado, talvez esses sonhos também se revelem mais adequados à nossa contemporaneidade, de crise europeia ímpar, do que vagas teorizações sobre diálogos interculturais: desde as que proclamam o fim do multiculturalismo às que promovem a mercadorização da diferença, mais ou menos pura ou impura – sempre sob a égide da «tolerância» perante o «Outro».

([19]) Desde os tempos da escravatura que a presença africana em Portugal foi uma constante, como a bibliografia sobre o tema demonstra, por exemplo, José Ramos Tinhorão, *Os Negros em Portugal. Uma presença silenciosa* (Lisboa: Caminho, 1997), Isabel Castro Henriques, *A Herança Africana em Portugal. Séculos XV-XX* (Lisboa: CTT Correios de Portugal, 2009), Didier Lahon e Maria Cristina Neto (org.)., *Os Negros em Portugal – Séculos XVI-XIX* (Lisboa: Comissão Nacional para as Comemorações dos Descobrimentos Portugueses, 1999), Didier Lahon, *O Negro no coração do império. Uma memória a resgatar. Séculos XV-XIX* (Lisboa: Secretariado Coordenador dos Programas de Educação Multicultural, Casa do Brasil, 1999).

Lisboa, zona de contacto

Entre as décadas de finais dos anos 1940 e inícios de 1960, um grupo de intelectuais africanos cruzou-se em Lisboa, numa constelação particular, aí forjando amizades, cumplicidades, desenvolvendo ideias, afetos ou discordâncias que seriam também determinantes para o seu futuro e para o dos continentes entre os quais circularam, a Europa, a África e a Ásia. Filhos de «assimilados», alguns nomes são do conhecimento geral, mesmo para os que pouco interesse nutrem pelos assuntos relacionados com a história de África ou o estudo das literaturas africanas de língua portuguesa, em que estes temas são do conhecimento generalizado, se não parte das narrativas fundadoras desses campos disciplinares. Entre eles encontravam-se, entre outros, Alda Espírito Santo (1926-2010), Amílcar Cabral (1924-1973), Eduardo Mondlane (1920-1969), Agostinho Neto (1922-1979), Mário Pinto de Andrade (1928-1990), Marcelino dos Santos (1929-) Francisco José Tenreiro (1921-1963), Noémia de Souza (1926-2003).

Com vocações intelectuais e políticas diferentes, todos eles são também produto de um determinado momento na história lisboeta e das suas conexões com o espaço não-europeu. A «geração de Cabral», como Mário Pinto de Andrade lhe chamou, caracterizou-se exatamente por partilhar um objetivo, bem como pelo facto de os seus membros se terem podido cruzar, num determinado momento e lugar, assim desenvolvendo programas comuns em torno de experiências mais ou menos semelhantes.

A razão de ser da associação deste conjunto de jovens, todos eles estudantes universitários, à exceção de Francisco José Tenreiro, não obstante a diversidade das suas origens sociais[20],

---

[20] Tomás Medeiros, «Prolegómenos a uma História (verdadeira) da Casa dos Estudantes do Império», in *Mensagem, cinquentenário da fundação da Casa dos Estudantes do Império: 1944-1994* (Lisboa: Associação Casa dos Estudantes do Império, 1997), pp. 31-40 e Manuel dos Santos Lima, «Recordando a CEI», in *ibidem*, pp. 95-96.

decorria de circunstâncias que foram já largamente diagnosticadas pela historiografia do Estado Novo. Por um lado, o facto de os territórios ultramarinos não possuírem escolas de ensino superior, ao contrário do que sucedia nas colónias britânicas ou francesas, se bem que também esses países não vissem com desagrado o acolhimento de estudantes oriundos das colónias em estabelecimentos metropolitanos, uma vez que assim se tornava mais fácil garantir os vínculos com os territórios colonizados e influenciar de forma mais eficaz os seus quadros e elites. O Estado Novo, dada a necessidade de formar quadros, também optava, à semelhança do que sucedia noutros campos por uma política centralizadora. É certo que a maioria desses estudantes provinha de famílias abastadas, logo brancas, ligadas às grandes propriedades ou empreendimentos coloniais, situação parcialmente alterada com a chegada a partir das décadas de 1940 e 1950 de um grupo de jovens oriundos da pequena burguesia (por exemplo, Amílcar Cabral), formados em seminários católicos (Mário Pinto de Andrade) ou missões protestantes (Eduardo Mondlane) que, não gozando de uma situação de grande privilégio, se afirmariam tanto mais pelo empenho colocado na sua formação, surgindo entre eles os mais importantes membros da oposição ao regime colonial.

Foi neste contexto que seria criada a Casa dos Estudantes do Império[21], com sede em Lisboa e outra delegação em Coimbra. As suas origens remontam ao desejo de alguns estudantes vindos das colónias de criarem um polo aglutinador. Sob o impulso de Francisco Vieira Machado, Ministro das Colónias, surgem, em 1944, as Casas dos Estudantes de Angola, Moçambique, Cabo Verde, Índia e Macau. Mas, no mesmo ano, as autoridades uniam-nas a fim de facilitar, igualmente, o controle sobre os estudantes por parte da Mocidade Portuguesa e do Ministério da Colónias. Foi assim que, em outubro de 1944, nasceu a Casa dos Estudantes do Império, com sede na Av. Duque d'Ávila, 23, destacando-se entre os seus objetivos a pro-

---

[21] Cláudia Castelo, «Casa dos Estudantes do Império (1944-1965): uma síntese histórica», in *Mensagem...* pp. 23-29.

moção de atividades de lazer, recreio, culturais, bem como de assistência a esses estudantes desterrados.

Contudo, a CEI virá gradualmente a ser associada a atividades inimigas do regime, pró-comunistas e anticoloniais. Demitidas as direções em dois períodos (1952-1957 e 1960), tendo sido estas substituídas por comissões administrativas que impediriam qualquer atividade para além das funções meramente logísticas e recreativas, a instituição viria a ser encerrada definitivamente em 1965. As razões seriam sempre as mesmas, entre outras, tomadas de posição pública a favor da anexação por parte da União Indiana dos territórios sob ocupação portuguesa (1961), manifestos anticoloniais (1960), ligações de alguns dos seus membros ao Partido Comunista Português e ao MUD (Movimento de Unidade Democrática), posições crescentemente anticoloniais, sobretudo na década de 1960, depois do eclodir da guerra em Angola, no ano de 1961, nomeadamente com a célebre «Fuga dos Cem», ou seja, de estudantes que se aliariam à luta armada.

Mas regresse-se à Lisboa dos anos 1940 e 1950. Para os jovens chegados do «ultramar» aquilo com que se deparavam não era, a seus olhos, a cidade pacata, triste e provinciana aqui antes esboçada, mas antes um lugar cosmopolita, onde, à exceção das mulheres em geral, outra liberdade era possível, mesmo se se atender à censura que tanto viria a marcar esse lugar de encontro que foi a Casa dos Estudantes do Império.

A morosidade da viagem levava a que o sonho se adensasse: «A distância aumentava a dimensão da expectativa, do sonho. Lisboa tomava a espessura de uma cidade com contornos de magia [...]»([22]) E a cidade surgia assim a muitos destes jovens como uma «grande Babilónia»([23]), onde o papel de grandeza

---

([22]) Tomás Medeiros, «Prolegómenos a uma ... p. 34.
([23]) *Ibidem*, p. 35. Contudo, um observador atento como Mário Pinto de Andrade já propunha uma imagem substancialmente diferente: «Foi, aliás, aí [no Funchal] que vi o primeiro espectáculo de brancos miseráveis, gente verdadeiramente miserável, tinha já visto colonos de baixa condição, mas não tão miseráveis como aqueles que se deitavam à água para apanhar

que essas elites coloniais conheciam nos seus lugares de origem se esboroava e as primeiras discriminações eram sentidas, de um modo mais ou menos literal, na pele:

> E quando, finalmente, a cidade real se abria em toda a sua nudez, assistia-se muitas vezes, ao desfazer do sonho que a imaginação avolumava. E o drama começava. Longe dos pequenos universos coloniais, onde cada um era, como na Pasárgada de Manuel Bandeira, 'Amigo do Rei', o contacto com a capital do Império, uma cidade cosmopolita e nova, implicava, sob muitos aspectos, um esforço enorme de adaptação. E vários fatores se conjugavam para esse desencanto: dificuldades económicas motivadas pelas mesadas que não chegavam ou chegavam tarde, a experiência de vida longe do meio familiar, a dureza do clima e, algumas vezes, a desilusão perante o curso sonhado. Havia também o drama do branco de África, considerado português de Segunda, branco de contracosta que se distinguia pelos seus hábitos, pronúncia e pelo uso do capacete e de balalaika. E havia o racismo[24].

Espaço de sociabilidade, a Casa dos Estudantes do Império era, para alguns dos seus frequentadores, «o cantinho da saudade, o ponto de encontro com a terra distante, o «sítio onde se podia tomar banho todos os dias» [...] e, sobretudo, uma espécie de Collegia Fabrorum onde os estudantes se iniciavam na arte de reflexão sobre si próprio e sobre o OUTRO e também sobre o seu papel nas actividades do grupo»[25].

---

as moedas que os viajantes lançavam. Esta miséria insular era diferente daquela a que estávamos habituados em Angola, onde era um fenómeno dos colonizados – e nós vimo-lo pela primeira vez, nessa escala, no Funchal». Mário Pinto de Andrade e Michel Laban, *Mário Pinto de Andrade. Uma entrevista*. Trad. Maria Alexandre Dáskalos (Lisboa: Edições João Sá da Costa, 1997), p. 57.

[24] *Ibidem*, p. 34.
[25] *Ibidem*, p. 35

Na inexistência de lares e de outros espaços de convívio([26]), a Casa dos Estudantes do Império constituía assim uma espécie de refúgio, «ilha africana», «utopia»([27]), que oferecia um porto seguro a estudantes que se viam obrigados a habitar pensões ou a alugar quartos que não ofereciam essas mesmas disponibilidades([28]).

As reminiscências desse espaço são, contudo, distintas, consoante os interlocutores. Se a maioria destes são unânimes em reconhecer o carácter oposicionista da Casa dos Estudantes do Império, há que não generalizar essa situação. Uma das vozes mais discordantes, além da de Mário Pinto de Andrade, a que dedicarei maior atenção numa parte subsequente, é a do escritor e também futuro militante do MPLA, Manuel dos Santos Lima. O seu testemunho revela que existiam mais desigualdades do que a memória seletiva de alguns dos contemporâneos gostava de admitir.

> A Casa dos Estudantes do Império era um centro bastante reaccionário que consagrava as divisões socio-raciais existentes nas colónias, entre os estudantes do Ultramar, e onde os estudantes do Ultramar se erigiam em revolucionários a conta-gotas, de óculos e pêra à Lumumba, mas tirados a papel químico da imagem dos seus colegas metropolitanos. O desencadeamento da insurreição em Angola deixara-os tão surpresos quanto perplexos([29]).

Com efeito, no que respeita ao grupo que aqui se aborda, composto maioritariamente por mestiços e negros, a sua condição revela também que a apregoada miscigenação que caracterizaria as colónias portuguesas, decorria mais da propaganda

---

([26]) Mário Pinto de Andrade e Michel Laban, *Mário Pinto de Andrade. Uma...*, p. 57.

([27]) Alfredo Margarido, «Uma ilha africana da Duque d'Ávila», in *Mensagem...* pp. 41-44.

([28]) Mário Pinto de Andrade e Michel Laban, *Mário Pinto de Andrade. Uma...*, p. 57.

([29]) Manuel dos Santos Lima, «Recordando a CEI...», p. 57.

do que da realidade efetiva vivida na situação colonial[30]. E as distinções faziam-se exatamente com base nas distinções raciais e económicas, a cor da pele equivalendo a maior parte das vezes a menor poder económico.

Eu fui membro activo da Casa dos Estudantes do Império e, através de inquéritos feitos sobre a situação económica dos estudantes que iam à Casa, chegávamos à conclusão de que as mesadas, por exemplo, oscilavam entre 600 escudos e 3 contos e 500 e que, muito curiosamente, eram os negros que tinham as mesadas mais baixas. Portanto, imediatamente, era fácil referenciar que o estudante angolano que dançava e comia na Casa dos Estudantes do Império, mas dispondo de 3 contos e 500 de mesada, tinha acesso a um standing de vida que o conterrâneo negro nunca poderia ter. E isso era um reflexo da situação colonial... Sempre a mesma coisa: a vantagem do pai branco[31].

A situação de discriminação mais ou menos explícita dos estudantes negros, minoritários, pode ser vista como consequência política de segregação institucionalizada pelo regime do indigenato[32]. Mas tal segregação, evidentemente, também

---

[30] Sobre o tema da crítica ao lusotropicalismo que se tornaria mais tarde central para estes jovens, entretanto transformados em atores mais ou menos empenhados na luta pela independência dos territórios de onde eram oriundos, consulte-se Eduardo Mondlane, «A estrutura social – mitos e factos», in Manuela Ribeiro Sanches (org.) *Malhas que os impérios tecem. Textos anticoloniais, contextos pós-coloniais* (Lisboa: Edições 70, 2011), pp. 309--332, Mário Pinto de Andrade (com o pseudónimo de Buanga Fele), «Qu'est-ce que le «Lusotropicalismo», *Présence Africaine*, Série 2, no. IV (1955) e ainda o texto de Cabral, sob o pseudónimo de Abel Djassi, «The Facts About Portugal's African Colonies».

[31] Manuel dos Santos Lima, «Recordando a CEI», in *Mensagem...* pp. 95-96.

[32] Através do Decreto-Lei 43893 de 6 de setembro de 1961, seria abolido o regime do indigenato, que dividia os habitantes das colónias entre assimilados e indígenas, por outro, seriam postas de lado as teorias racialistas, que haviam dominado também a antropologia física portuguesa, de que Mendes Correia e a Escola do Porto são os exemplos mais impor-

decorria de políticas mais ou menos explícitas ou consistentes de segregação em termos raciais([33]). Como Fanon, o crítico de uma negritude unilateral o lembraria, na colónia, «é-se rico porque branco, é-se branco, porque rico»([34]). Por isso mesmo, esta condição «racial» e social revela os elementos contraditórios dos processos coloniais. Ao mesmo tempo que se criavam elites de «assimilados», que deveriam identificar-se com a ideologia e as estratégias colonialistas – ou seja potencialmente «ricos», logo «brancos» – tais políticas de assimilação também contribuíam para o emergir de uma geração que, reapropriando-se ou inventando o seu legado cultural, questionaria o sistema colonial([35]).

---

tantes, sendo substituídas pelas teorias da aculturação e da «miscigenação exemplar» que o colonialismo português, ao contrário do francês ou britânico, teria praticado, ou seja, a teoria do mundo lusotropicalista. Este seria, segundo Gilberto Freyre, resultado da adaptabilidade e plasticidade do «homem português», dando origem ao modelo cultural do Brasil, país mestiço por excelência, ao contrário do vizinho e rival emulado, os EUA, caracterizados pelo seu segregacionismo, primeira forma de apartheid legalmente instituída, sob a forma da Lei Jim Crow.

([33]) Mário Pinto de Andrade evoca as distinções em termos de cor de pele numa cidade que se pretende ainda crioula no seguinte passo de uma entrevista:

«Havia, apesar de tudo, certas distinções, que se faziam na época, nas famílias – não entre os jovens entre si. As famílias tradicionais estabeleciam, apesar de tudo, uma clivagem de *colour line* entre os mestiços – os mais claros, os menos claros, etc. Sentia-se isso. E, digamos, os contactos, as relações sociais não eram muito fáceis, muito cómodas. Eu pessoalmente não me lembro de ter verdadeiramente entrado na sala de visitas de um dos meus colegas brancos. Verdadeiramente, nessa época era assim. Nessa altura, era muito hierarquizado.« (Mário Pinto de Andrade e Christine Messiant, «Sur la première génération... p. 192).

([34]) Frantz Fanon, *Les Damnés de la terre* (Paris: La Découverte, 2002 [1961]), p. 43.

([35]) A este respeito veja-se Mário Pinto de Andrade, *Amílcar Cabral, Essai de biographie politique* (Paris: Maspero, 1980), p. 40.

Em suma, Lisboa, capital do império, pode também ser encarada como uma zona de contacto([36]) a que não eram estranhas as situações marcadas pela hierarquização ou segregação racial no mundo lusófono supostamente tolerante e multirracial, ponto de intercâmbio desigual onde, se as desigualdades se afirmavam, também podiam ser contestadas, mediante a apropriação crítica dos discursos e representações dominantes, num processo de criação de auto-etnografias que só o plurilinguismo pode desvendar adequadamente([37]).

Auto-etnografias ou re-africanizar-se em Lisboa

Evocando a sua chegada a Lisboa, Mário Pinto de Andrade salienta a importância dos laços entre africanos que a Casa dos Estudantes do Império permitia estabelecer, acrescentando que aí a maioria era branca e provinha de meios mais abastados, dado que apenas a uma elite era permitido e possível estudar na metrópole. O que, segundo Andrade, explicaria a necessidade não só de encontrar espaços de sociabilidade, mas também lugares de recolhimento e de proteção da Babilónia que Lisboa era, «refaze[ndo] uma família»([38]), criando-se, assim, condições de debate e de troca de ideias, abordando crescentemente a especificidade da sua condição.

Assim, o Centro de Estudos Africanos – criado por Amílcar Cabral, Pinto de Andrade e Francisco José Tenreiro, na sequência da contestação à Casa de África([39]), instituição imobilizada num conservadorismo incompatível com as preocupações destes jovens, – surge nas memórias de Pinto de Andrade como um

---

([36]) Mary Louise Pratt, «Transculturação e Auto-Etnografia. Peru 1615/1980» in Manuela Ribeiro Sanches (org.) *Deslocalizar a «Europa». Antropologia, Arte, Literatura e História na Pós-Colonialidade* (Lisboa: Livros Cotovia, 2005), pp. 231-258.

([37]) *Ibidem*, pp. 249-250 e 256.

([38]) Mário Pinto de Andrade e Christine Messiant, «Sur la première génération... pp. 192-193.

([39]) Mário Pinto de Andrade e Michel Laban, *Mário Pinto de Andrade. Uma entrevista...* p. 70.

elemento mais decisivo do que a Casa dos Estudantes do Império para o emergir de uma consciência anticolonial, em que o tema da identidade racial e cultural seria determinante, dado que, para a maioria dos estudantes que a frequentavam, o tema da negritude não era relevante([40]). É nesse Centro que se fazem os primeiros esforços no sentido de se redescobrir – à semelhança do que já sucedera com Césaire ou mesmo com o senegalês Senghor – a África, as suas culturas e línguas, cujo desconhecimento era total para esses jovens «assimilados». Este facto era agravado pelos conteúdos que serviam de base ao ensino, segundo livros únicos que censuravam a literatura contemporânea, o que levaria a que o acesso à literatura internacional se fizesse via Brasil. A ignorância relativamente à produção literária portuguesa contemporânea era compensada, por sua vez, pelo acesso, clandestino, a autores como os representantes do neorrealismo([41]). Por outro lado, a descoberta de temas africanos, além de preencher lacunas em vários campos – história, línguas, literaturas e geografia –, cumpria uma função identitária fundamental, criando as condições de possibilidade de afirmação, segundo Pinto de Andrade, de uma identidade negra na diáspora, identidade essa forjada através de laços e trânsitos transcontinentais entre Lisboa, Paris, o Harlem nova-iorquino, Brasil e Angola([42]).

O mesmo se passa com outros espaços como o Clube Marítimo, localizado na Rua Augusto Rosa, perto da Sé de Lisboa, dedicado a atividades diversas, desde as desportivas às culturais, frequentado por marinheiros, também africanos, que, segundo Andrade, eram vistos pelos jovens estudantes como representantes do proletariado([43]), politicamente consciencializados, o que permitia a troca de ideias e o transporte de livros proibidos.

([40]) Mário Pinto de Andrade e Christine Messiant, «Sur la première génération... p. 193.
([41]) *Ibidem*, p. 196.
([42]) *Ibidem*, p. 195.
([43]) Mário Pinto de Andrade e Michel Laban, *Mário Pinto de Andrade. Uma entrevista...* p. 81.

Foi no Clube Marítimo que seria encenada uma peça africana, *O mestre-escola* de Keita Fodéba, traduzida do Francês por Andrade, os lençóis brancos substituindo os bubus([44]) que não existiam na Lisboa de então.

Assim, na ausência de um espaço público de debate efetivo, as casas particulares tornavam-se – à semelhança também do que já acontecera na Paris dos anos 1920 e 1930, nomeadamente o salão em torno das irmãs Jane e Paulette Nardal([45]) – importantes centros de troca de ideias, como sucede com a casa de Andreza Espírito Santo, mais conhecida pela Tia Andreza, na Rua Ator do Vale, 37, no bairro de Arroios, junto à Alameda D. Afonso Henriques, em que animados debates, leituras de poemas, apresentações de ordem vária se efetuavam entre um grupo restrito de futuros intelectuais públicos que gradualmente descobriam a sua africanidade e de que faziam parte Mário e Joaquim Pinto de Andrade, Lúcio Lara, Agostinho Neto, Amílcar Cabral, Francisco José Tenreiro, Noémia de Sousa, Alda Espírito Santo, Marcelino dos Santos, entre outros.

Outros espaços de sociabilidade – mais masculinos – também existiam.

> Entre os cursos, as tertúlias no «37» e o Clube Marítimo, o grupo reunia-se, diariamente, e à tarde, na Praça do Chile, para a conversa e o ritual da «bifana e o copo de três,» na Taberna do Chico. Mais tarde, com a inauguração das linhas aéreas para Luanda e Maputo, deslocavam-se, às segundas, à noite, para os Restauradores, onde depositavam o correio familiar na tiragem da última hora([46]).

Uma das consequências deste correio por via aérea seria, segundo o são-tomense Tomás Medeiros, precisamente textos

---

([44]) Mário Pinto de Andrade e Christine Messiant, «Sur la première génération... p. 200.

([45]) T. Denean Sharpley-Whiting, *Negritude Women* (Minneapolis: University of Minnesota Press, 2002); Brent Edwards, *The Practice of Diaspora: Literature, Translation, and the Rise of Black Internationalism* (Cambridge, MA: Harvard University Press, 2003).

([46]) Tomás de Medeiros, *Prolegómenos a uma História...* p. 37.

que seriam determinantes para o percurso de muitos dos intervenientes. Uma outra consequência poderá também ter sido «Les étudiants noirs parlent», artigo onde o grupo – com particular destaque para Amílcar Cabral e Mário Pinto de Andrade – denunciava internacionalmente as condições deficientes dos estudantes negros nas colónias africanas e na metrópole, recorrendo, para o efeito, a um dos grandes órgãos dos círculos intelectuais francófonos e transnacionais, a revista e editora *Présence Africaine*([47]). A colaboração do grupo de estudantes africanos devia-se à correspondência que Mário Pinto de Andrade encetara com Alioune Diop([48]) e refletia a importância crescente que as culturas africanas adquiriam para os envolvidos neste grupo.

Com efeito, Mário Pinto de Andrade abandonara cada vez mais a Filologia Clássica que, como Senghor, decidira estudar, com a intenção de se vir a tornar professor, substituindo, agora, crescentemente o estudo do Latim e do Grego pelo do Quimbundo. Os jovens reunidos em torno do Centro de Estudos Africanos leem, também, por influência de Francisco José Tenreiro – mais velho, mais experiente, mais europeizado([49]) – auto-

---

([47]) Fundada pelo senegalês Alioune Diop, em Paris, em 1947, a *Présence africaine*, ao ser lançada, tivera o apoio de um importante grupo de intelectuais franceses, como André Gide, Jean-Paul Sartre, Michel Leiris, Georges Balandier, que assim haviam conferido uma aura de respeitabilidade a um órgão que, de outro modo, teria corrido o risco de ser considerado como marginália exotizante. Mas, mais relevante, a revista contava com a colaboração de autores francófonos de grande renome como Léopold Sedar Senghor, Cheik Anta Diop, Aimé Césaire, René Depestre – estes dois últimos tonar-se-iam, de resto, amigos de Andrade – para citar apenas alguns, possuindo também relações intensas com a diáspora africana através, entre outros, de Nicolas Guillén, George Padmore ou Richard Wright, indo assim muito além do que agora se designa de «francofonia» e alargando-se, mais tarde, a associação a autores brasileiros e a intelectuais oriundos dos territórios sob ocupação portuguesa.

([48]) Mário Pinto de Andrade e Christine Messiant, «Sur la première génération... p. 195; Mário Pinto de Andrade e Michel Laban, *Mário Pinto de Andrade. Uma entrevista...* pp. 74-75.

([49]) *Ibidem*, p. 63.

res da Harlem Renaissance, Countee McCullen, Langston Hughes, entusiasmam-se pelo «Novo Negro» de Alain Locke[50], utilizando também as respetivas versões traduzidas para o Português via Brasil[51], descobrem a negritude através da antologia de Senghor, prefaciada por Sartre, que nessa altura veneram[52], traduzem alguns poemas de Senghor (Agostinho Neto traduzirá Langston Hughes e Césaire)[53], leem e admiram o cubano Nicollás Guillén[54]. Afirmação, descoberta identitária, ela efetuava-se, nesse momento, por via de afiliações transnacionais, em que a luta pelos direitos e a condição dos americanos negros era um polo de inspiração maior: « [...] cada geração teve a sua América ... [A] nossa América era Mac Gee e outros, porque a Lei de Lynch era aplicada sem contemplações. Cada geração de africanos teve a sua América»[55].

Contudo, o grupo que lia os negritudinistas internacionais torna-se suspeito aos olhos das autoridades. Sabendo dos contactos de alguns deles com o Partido Comunista Português e o MUD (Agostinho Neto, Lúcio Lara, Vasco Cabral e António Espírito Santo) e das simpatias com a oposição de Mário Pinto de Andrade e de Amílcar Cabral, se bem que estes reconhecessem que os interesses da esquerda portuguesa eram alheios às reivindicações crescentemente nacionalistas dos colonizados[56]

---

[50] Alain Locke, Locke, Alain, «O novo negro», in Manuela Ribeiro Sanches (org.) *Malhas que os impérios tecem. Textos anticoloniais, contextos pós-coloniais* (Lisboa: Edições 70, 2011 [1925]), pp. 59-72.

[51] Mário Pinto de Andrade e Michel Laban, *Mário Pinto de Andrade. Uma entrevista...* p. 196.

[52] Mário Pinto de Andrade e Christine Messiant, «Sur la première génération... p. 200.

[53] Mário Pinto de Andrade e Michel Laban, *Mário Pinto de Andrade. Uma entrevista...* p. 101.

[54] *Ibidem*, pp. 77, 95, 101.

[55] *Ibidem*, p. 96.

[56] A este respeito consulte-se Mário Pinto de Andrade e Christine Messiant, «Sur la première génération... p. 200 e ss. bem como Julião Soares Sousa, *Amílcar Cabral (1924-1973) – Vida e morte de um revolucionário africano* (Lisboa: Nova Vega, 2011), pp. 119-191, onde são fornecidos pormenores sobre as relações entre o grupo e a oposição portuguesa, bem

– reivindicações que só viriam a ser reconhecidas como independentes da estratégia de afirmação do Partido, em 1957, por ocasião do seu quarto congresso(⁵⁷) –, a PIDE toma as suas pro-

---

como dados, fundados em pesquisa arquivística, sobre o papel da polícia, concretamente da PIDE.

(⁵⁷) Só em 1957 o Partido Comunista Português assumiria oficialmente, durante o seu V Congresso, que as reivindicações anti-coloniais nem sempre se coadunavam com as do anti-fascismo, pese embora anteriores posições que reviam o seu apoio à autodeterminação de Goa, Damão e Diu em 1953 e outras tomadas de posição críticas quanto à política colonial. A este respeito, nomeadamente sobre a questão das relações entre a oposição portuguesa e os movimentos de independência, veja--se José Neves, *Comunismo e Nacionalismo em Portugal – Política, Cultura e História no Século xx* (Lisboa, Tinta-da-China, 2008), pp. 139-144. Sobre as relações entre este grupo de estudantes, com particular enfoque em Amílcar Cabral, consulte-se Julião Soares Sousa, *Amílcar Cabral...* pp. 119--191, bem Mário Pinto de Andrade e Christine Messiant, «Sur la première génération..., sobretudo as pp. 200 e ss. Andrade refere a importância da militância destes estudantes no MUD juvenil, os seus contactos em geral com a oposição em Portugal, mas menciona também a importância da descoberta da negritude como um elemento catalisador para a descoberta de uma via que não se resumia aos interesses estratégicos da oposição portuguesa, bem como a incapacidade de a oposição, nomeadamente do Partido Comunista Português, reconhecer a afirmação de uma identidade africana consoante «a tese segundo a qual o colonialismo português não era de modo algum da mesma natureza que os outros colonialismos, permitindo uma abertura de tipo federal», o que Andrade aproxima de um lusotropicalismo tácito (Mário Pinto de Andrade e Christine Messiant, «Sur la première génération... p. 201). Evoca ainda as discussões que teve com Aboim Inglês sobre as posições do Partido Comunista português e o modo como se estabelecia uma relação mimética entre «textos de Lenine e Estaline, sobre a ligação da solidariedade entre o movimento operário e os movimentos coloniais, [sobre o facto de] que era preciso unir forças», (Ibidem, p. 202). Reconhecendo que não constituíam ainda uma força, Andrade sublinha que «se havia que sofrer uma repressão, que o fosse em relação à nossa acção enquanto africanos e não enquanto militantes portugueses.» (Ibidem, p. 202).

Independentemente da veracidade histórica, o que aqui pretendo reter é a narrativa identitária que Pinto de Andrade propõe, salientando cumplicidades e diferenças com a oposição portuguesa.

vidências. Em 1954, Agostinho Neto e Vasco Cabral são presos, enquanto que Marcelino dos Santos e Mário Pinto de Andrade se veem obrigados a exilar-se em França e Lúcio Lara na Alemanha. Optando por uma estratégia e percurso muito distintos, Amílcar Cabral permaneceria em Portugal, depois de ter regressado à Guiné-Bissau para ocupar um posto na administração colonial portuguesa, entre 1952 e 1954. Aí, de forma mais ou menos discreta, estabeleceria contactos com a oposição portuguesa local e, sobretudo, começaria a inventariar as condições agrícolas da região, desenvolvendo uma relação próxima com os camponeses locais e descobrindo, pela primeira vez, a sua terra natal que abandonara muito jovem com a família cabo-verdiana. Parecia integrado, esse assimilado, com mulher e filhas portuguesas, funcionário respeitado e admirado pelos colegas e superiores, mas já sonhava com a autodeterminação das colónias, para a qual a «reafricanização dos espíritos» [58] era condição necessária, se bem que não suficiente, para se unir a África e ao mundo. O seu objetivo era o de regressar a África, uma África que via cada vez mais presente em Cabo Verde, terra de seus pais e onde fizera a maior parte da sua formação juvenil, antes de partir para Lisboa a fim de estudar no Instituto Superior de Agronomia. Aluno brilhante, colega popular, tivera a possibilidade de encetar uma carreira bem-sucedida, o que parecia confirmar a propaganda do Estado Novo de uma comunidade multirracial, unindo metrópole e colónias, sobretudo com a apropriação, com o beneplácito de Gilberto Freyre, da retórica do luso-tropicalismo. Retórica que Cabral, contudo, em 1960, viria a denunciar sob o pseudónimo de Abel Djassi, em Londres, sistematizando e denunciando, num texto – entretanto, quase esquecido – «Factos sobre as colónias portuguesas», as segregações raciais, o número diminuto de assimilados, o trabalho forçado, contra a propaganda de um colonialismo mais tolerante, com que Portugal tentava defender a sua posição internacionalmente.

---

[58] Mário Pinto de Andrade, *Amilcar Cabral, Essai de biographie politique* (Paris: Maspero, 1980).

Oriundo da pequena-burguesia assimilada, Cabral optaria por recusar os benefícios do seu estatuto, optando antes pela estratégia que viria a entender como decisiva no processo de luta pela libertação, nomeadamente o suicídio da sua classe[59], abandonando o confortável apartamento na Av. Infante Santo, a família portuguesa para se autoexilar em Conakry, em 1954, e daí encetar a sua luta pela libertação dos territórios conjuntos da Guiné e Cabo Verde. O que implicava também uma redefinição das elites crioulas cabo-verdianas[60] que, recusando a sua africanidade, se identificavam como europeias e portuguesas, negando – e nisso Cabral retoma temas já explorados pelos martiniquenhos Césaire e Fanon – a sua negritude menos como raça do que como inferioridade cultural e social.

Estes desenvolvimentos também se fariam sentir em Lisboa, entre as novas gerações entretanto chegadas à Casa do Império no final dos anos 1950 e princípio da década em que o conflito armado nas colónias portuguesas se iniciaria. É o que se pode acompanhar através do tipo de textos que viriam a surgir no órgão da casa dos Estudantes do Império, a revista *Mensagem*. Aí, a publicação de escassos textos sobre a questão da negritude, a que se justapõem textos inócuos sobre os temas mais díspares e de qualidade muito diversificada, é gradualmente substituída pela publicação de poemas em que as raízes africanas são um tema crescente; os textos dedicados à cabo-verdianidade, pensada como mestiçagem associada à herança africana de um arquipélago que durante muito tempo recusara esse legado, são seguidos de análises da história do continente africano, das suas culturas, de um ponto de vista crescentemente local e, posteriormente, nacional, estando tal perspetiva na origem de antologias de literatura angolana, cabo-verdiana, santomense e de Moçambique. O cinema africano emergente, pós-independência é brevemente evocado, a arte africana assume finalmente a importância que não lhe fora concedida. O jazz é tematizado,

---

[59] Amílcar Cabral, *Obras Escolhidas de Amílcar Cabral: A arma da Teoria. Unidade e Luta I* (Lisboa: PAIGC/Seara Nova, 1976), p. 213.

[60] *Ibidem*, pp. 108-110.

se bem que não se referindo o modo como o bebop começava a articular as questões dos direitos negros americanos e também a sua «africanização». Estava-se também ainda longe de 1971, ano em que, em Lisboa, Charlie Haden, o contrabaixista branco, dedicaria uma peça aos movimentos de libertação em Angola e Moçambique, o que lhe valeria uma prisão temporária e um escândalo internacional. Relevante será também o modo como autores como Frantz Fanon ou Karl Marx eram discretamente citados. Mas não ficava apenas por aqui, sobretudo depois de 1960, a contestação da *Mensagem*. Em 1960, é publicada uma «Mensagem ao povo português» de claro teor anticolonial, o que levará, de novo, à intervenção de uma comissão administrativa, embora a Casa dos Estudantes do Império continue a ser tolerada pelas autoridades, porventura, dada a origem social influente de muitos dos seus membros e as vantagens que a PIDE extraía da sua existência para obter informações sobre os movimentos de independência. A verdade é que a continuação da guerra, a que acresce a fuga, em 1961, de um conjunto de estudantes para se juntarem à luta armada – a célebre Fuga dos Cem –, levam a que em 1965, na sequência da crise estudantil de 1965, a Casa dos Estudantes do Império seja encerrada.

Embora a Casa de Estudantes do Império tenha vindo a tornar-se num, precário, lugar de memória do antifascismo[61], a verdade é que a instituição em si mesma continha elementos conservadores, a par dos revolucionários, cuja atividade tem vindo a ser objeto de maior atenção. Claro que a reconstituição destas histórias possui certamente as suas vantagens, mas também oculta, pode ocultar, outras tendências que correspondem com mais precisão ao que acontecia, o que explicará a tolerância relativa das autoridades quanto à manutenção da CEI. Com efeito, os consensos não existiam, como evoca o mais contundente contemporâneo, Manuel dos Santos Lima, assinalando, ao mesmo tempo, as desilusões com um processo de autodeterminação em que, depois de a ele se ter associado, deixaria de se rever.

---

[61] Cláudia Castelo, «A Casa dos Estudantes do Império...».

Dada a heterogeneidade dos seus membros, a Casa dos Estudantes do Império teve mil e uma facetas, constituindo isso o seu mérito maior e fonte de todas as ambiguidades. A insurreição angolana, em 1961, marcará uma etapa decisiva na existência da associação, confirmando as capelinhas, os núcleos elitistas económico-sociais, os pró-colonialistas, os revolucionários independentistas, «Nós» e «Eles»; surgem clivagens raciais e políticas: os estudantes dividem-se entre os que preferem ficar em Portugal e os que optam por sair, clandestinamente, numa operação organizada do exterior e que surpreenderá totalmente as autoridades portuguesas e a polícias políticas. Alguns dos trânsfugas iriam integrar os quadros dos movimentos de libertação e depois os governos marxistas que assegurariam regimes repressivos e engendrariam o falhanço das independências[62].

Os espaços de sociabilidade e de apoio a estudantes, assustados ou deslumbrados com a grande cidade, não só se haviam diversificado, mas haviam sido atravessados, se bem que seletivamente, por ideias, tendências e movimentos que transcendiam o meio lisboeta, criando redes e influências que, iniciando-se com uma ideia de negritude, nem sempre associada a processos de independência, como sucederia com Francisco José Tenreiro, se transformariam em ponto de partida e de aglutinação de contestação política a um colonialismo supostamente benigno, tal como postulado pelo luso-tropicalismo. Mas este modelo identitário seria substituído por um projeto claramente nacionalista, em parte incompatível com o caráter transnacional da negritude, que apenas dizia respeito, como Amílcar Cabral o reconheceria, às elites assimiladas[63], mas de escasso efeito junto das camponeses locais, decisivos, com a pequena-burguesia – desde que disposta a cometer hara-kiri –, segundo o dirigente do PAIGC, para a luta armada[64].

---

[62] Manuel dos Santos Lima, «Recordando a CEI... p. 96.
[63] Amílcar Cabral, *Obras Escolhidas de Amílcar Cabral...* p. 238.
[64] *Ibidem*, pp. 104-106, 211 ss. Ao contrário de Fanon, embora – cremos – em diálogo com ele, Cabral sublinha não a importância dos camponeses mas a dos «assimilados» oriundos da pequena burguesia (Amílcar

Em suma, o meio ensonado de uma Lisboa vista como Babilónia ou como metrópole assustadora contra a qual a Casa dos Estudantes do Império funcionava como ilha africana ou espaço de utopia parecia já não bastar a estes jovens. E serão os laços transnacionais que lhes assegurarão um percurso que culminará num programa de autodeterminação nacionalista, não ignorando, contudo, novas formas de afiliação transnacional e transcontinental, agora sob a égide de uma África liberta dos constrangimentos da identidade fundada no peso de uma tradição inventada e de uma cor da pele como fator de exclusão.

II. Sonhos nacionais, afiliações transnacionais: Amílcar Cabral e Mário Pinto de Andrade

O percurso de alguns destes jovens «assimilados» não se distingue do de outras elites noutros impérios. Note-se que seria

---

Cabral, *idem*, pp. 104-106, 211 ss.). Condenados pela sua situação de classe a uma dependência e secundarização permanentes face ao poder colonial, a pequena burguesia é vista por Cabral como um elemento fundamental, «paradoxo aparente de contestação do domínio colonial» (*Ibidem*, p. 243), quando opta por aderir à luta de libertação, renunciando aos seus interesses, tendo assim de «ser capaz de suicidar-se como classe» (*Ibidem*, p. 213), «de fazer hara-kiri» (*Ibidem*, p. 106). E é também entre uma franja da pequena burguesia, a pequena burguesia «rebelde», por oposição à conservadora (*Ibidem*, p. 110) – ou seja, entre os jovens vivendo entre o espaço urbano e a cidade (Amílcar Cabral, *idem*, p. 104), semelhantes, mas não idênticos, ao lumpen celebrado por Fanon –, que Cabral designa de «marginais» que prejudicam a causa (*Ibidem*, p. 104), que se podem reconhecer «os elementos dinâmicos, susceptíveis de integrar a força motriz da luta de libertação.» (*Ibidem*, p. 110). Isto sucede, dada a ausência de uma burguesia e, assim, de um proletariado ou de um lumpenproletariado (*Ibidem*, p. 102) na Guiné, ao contrário da Argélia, colónia de povoamento, por oposição ao caso guineense. Pode ler-se, neste diálogo com Fanon, não só um exemplo do pragmatismo de Cabral, mas também das transformações que as viagens de teorias (Edward Said, «Reconsiderando a Teoria Itinerante...), circulando transnacionalmente, tiveram para os diferentes modos de se teorizar a consciência nacional.

exatamente entre as elites crioulas das Caraíbas que se iriam recrutar as principais figuras do pan-africanismo e da negritude. Claro que os seus percursos também dependem dos circuitos criados pelas línguas dos impérios, os anglófonos circulando entre a África, as Caraíbas, a Inglaterra e os Estados Unidos, como sucede com Nkrumah e W. E. B. Du Bois ou George Padmore, pais fundadores do pan-africanismo. O mesmo sucede com os laços entre as Caraíbas, as colónias francesas e Paris, com Aimé Césaire e Frantz Fanon, embora não se possa ignorar as redes e influências para além das línguas do colonizador.

Esta articulação entre nacionalismo e relações diaspóricas, pode também verificar-se na geração de Cabral. Como Mário Pinto de Andrade enfatizou, estas ideias, nomeadamente aquelas relacionadas com a organização dos movimentos anticoloniais, que nasceriam destes encontros e tertúlias lisboetas, não podiam ser reduzidas a esses movimentos que se organizavam localmente, na clandestinidade, quer nas colónias, quer na metrópole, com a sua relação tensa e contraditória com o Partido Comunista Português, havendo também que ser pensadas num contexto europeu, transnacional[65].

Mário Pinto de Andrade torna este aspeto muito claro, no que respeita à questão das relações internacionais: «Com efeito, houve quatro polos de crescimento do movimento: o interior, a Europa e a África independente. Pois não se pode reduzir a Europa a Lisboa, ao núcleo de Lisboa; e Lisboa e o resto da Europa não é um caso semelhante»[66].

Com efeito, Mário Pinto de Andrade é a esse título um caso paradigmático. Oriundo da pequena burguesia culta – seu pai fora membro da Liga Africana, associação com relativa importância em tempos de República – Andrade obtivera uma bolsa para estudar em Lisboa, depois de ter frequentado um seminário católico em Luanda. Em Paris, descobrirá uma capital afri-

---

[65] Mário Pinto de Andrade e Michel Laban, *Mário Pinto de Andrade. Uma entrevista...* p. 107 e Mário Pinto de Andrade e Christine Messiant, «Sur la première génération... p. 187.

[66] *Ibidem*, p. 187.

cana, ao contrário do que então sucedia em Lisboa[67], privará com alguns dos mais importantes intelectuais africanos ou na diáspora desde Alioune Diop, a Césaire, Senghor, Depestre, Guillén, Wright, passando por Sartre, entre outros[68], pelos militantes da independência da Argélia, que lhe farão ver as ligações entre as suas aspirações e a ideia de uma independência angolana, ao Rassemblement Démocratique Africain, ou seja, um conjunto de ativistas e intelectuais que, nos seus contactos transnacionais e transcontinentais, permitiriam o acesso a novos horizontes. E terá mesmo oportunidade de assistir, não enquanto delegado oficial, mas como um dos poucos africanos de língua portuguesa, a par de Joaquim Pinto de Andrade, Marcelino dos Santos e de Manuel dos Santos Lima – este mais jovem e por acaso em Paris[69] –, a um dos principais encontros de então, o Primeiro Congresso de Escritores e Artistas Negros, realizado na Sorbonne em 1956[70].

---

[67] Mário Pinto de Andrade e Michel Laban, *Mário Pinto de Andrade. Uma entrevista...* p. 203.

[68] Mário Pinto de Andrade e Christine Messiant, «Sur la première génération...», pp. 113-114, 121.

[69] Mário Pinto de Andrade e Michel Laban, *Mário Pinto de Andrade. Uma entrevista...* p. 134.

[70] O encontro definia-se também como uma tomada de posição, na sequência da Conferência de Bandung, em 1955, durante a qual dirigentes africanos e asiáticos haviam proclamado o direito dos povos não só à autodeterminação como à igualdade efetiva recusada pelo legado colonial, de que, já então se começavam a emancipar. Bandung não só iniciara o movimento dos não-alinhados, ou seja, daqueles que não se reviam nas rivalidades da Guerra Fria, como antecipariam todo um processo de futuras independências que a Índia e a Indonésia haviam iniciado. A Batalha de Argel encontrava-se em plena preparação, sem que a maioria dos participantes se desse conta das implicações desse momento, que inauguraria uma fase de violência recíproca, para outras lutas pela independência. Ver a este respeito David Macey, *Frantz Fanon, une vie*. Traduit de l'Anglais par Christophe Jaquet et Marc Saint-Upéry (Paris: la Découverte, 2011), pp. 302-303.

Mário Pinto de Andrade evoca o modo como as intervenções de Fanon e de Césaire o marcariam(⁷¹), precisamente pelo facto de fazerem da condição colonial o pressuposto necessário para qualquer processo de afirmação dos negros no mundo. A negritude, até então elemento preponderantemente cultural e pressuposto de reconhecimento da África e dos africanos no seu contributo para as relações Europa/África numa base de igualdade, passa a surgir associada a outras causas como a de um pan-africanismo renovado pela luta anticolonial, patente na intervenção de Césaire(⁷²), onde este refere a importância do colonialismo na repressão das identidades culturais, pelo que não faria sentido falar-se em processos de hibridização, se não se considerasse a desigualdade efetiva criada pela situação colonial(⁷³). Com Fanon, que, pouco depois, se demitiria do seu cargo de chefe do serviço de psiquiatria do hospital de Blida--Joinville(⁷⁴), estes intervenientes mais radicais reconheciam que o racismo era resultante do colonialismo, o estigma da inferioridade física associando-se à cultural, raça e cultura já então sinónimos, incluindo-se na lista dos discriminados não só africanos negros, mas também «magrebinos», como Fanon, jovem médico das Antilhas trabalhando antes em França, já reconhecera(⁷⁵).

Poucos anos depois do Congresso de Paris, uma delegação oficial do MPLA já participava no segundo encontro da Présence Africaine, agora em Roma, estabelecendo contactos com Frantz Fanon, entretanto pleno membro do partido argelino Front de

---

(⁷¹) Mário Pinto de Andrade e Christine Messiant, «Sur la première génération... p. 209.

(⁷²) Aimé Césaire, «Colonização e Cultura», in Manuela Ribeiro Sanches (org.) *Malhas que os impérios tecem. Textos anticoloniais, contextos pós--coloniais* (Lisboa: Edições 70, 2011 [1956]), pp. 253-272.

(⁷³) Georges Balandier, «A situação colonial: uma abordagem teórica», in idem, idem, pp. 219-252.

(⁷⁴) Ver a sua carta de demissão em Frantz Fanon, *Pour la révolution africaine. Écrits politiques* (Paris: la Découverte, 2006 [1964]), pp. 59-62.

(⁷⁵) Veja-se o texto sobre o síndroma do Norte-Africano em Frantz Fanon, *idem*, pp. 11-25.

Libération National(⁷⁶). A luta contra a discriminação racial transformava-se cada vez mais em luta nacional(ista), a negritude transnacional agora abandonada pela causa da libertação nacional. Fanon, como Cabral, entendia o regresso a África como fundamental e, também como este, que a luta contra a inferiorização de negros e africanos passava pela afirmação cultural, agora enquanto forma de consciência nacional, assente menos em tradições ancestrais do que na unidade em torno de um programa político igualitário, a cultura e a tradição catalisadas e reinventadas pela luta pela independência. Tema que seria também decisivo para o pensamento e a prática política de Cabral, este, porventura, menos espontaneísta do que o aliado antilhano-tornado-argelino, mas reconhecendo igualmente a importância da tradição reinventada para a constituição da nação independente e autónoma.

Contudo, essa militância em torno do direito à autodeterminação dos povos africanos, se se fez no regresso a África, uma África cada vez mais alargada, segundo o ideal pan-africano, também foi determinada por esses encontros e amizades de Lisboa, em torno dos quais se centraria a importante aliança entre os elementos dos futuro MPLA, da FRELIMO e PAIGC, que levariam, por sua vez, Amílcar Cabral, primeiro à «Guiné portuguesa», depois a Angola – agora já preparando a organização da luta armada, a Acra, ao Encontro dos Povos Africanos de 1958, depois ao Cairo e a Adis-Abeba, fixando-se definitivamente em Conakry, para daí organizar a luta armada contra a ocupação portuguesa. À semelhança de outros africanos em Lisboa, a sua militância em torno dos movimentos democráticos também levaria Cabral a distanciar-se de uma luta antifascista portuguesa, que reconheceria nem sempre ser coincidente com os interesses dos colonizados, tal como Césaire o fizera na sua carta ao Secretário-Geral do Partido Comunista Francês, Mau-

---

(⁷⁶) Mário Pinto de Andrade e Michel Laban, *Mário Pinto de Andrade. Uma entrevista...* pp. 150-151 e Mário Pinto de Andrade e Christine Messiant, «Sur la première génération... p. 218.

rice Thorez([77]). Embora Cabral, sempre reconhecesse a ligação íntima, mas não necessária, entre a causa anticolonial e a antifascista, distinguindo o regime da população, denunciando o modo como a população portuguesa iletrada e desapossada, também podia fazer parte dos condenados da terra.

O transnacionalismo não seria, assim, abandonado, mediante as alianças entre «lusófonos», mas não só, através do projeto pan-africano, do internacionalismo da causa anticolonial – também instrumentalizado pela «guerra fria» –, todos eles resultados das itinerâncias de pessoas e teorias entre diversos continentes, de alianças entre militantes anticoloniais contra o domínio português, francês e britânico. Alianças que também resultaram dessas amizades, intercâmbios, cumplicidades criadas em tempos estudantis em Lisboa, que o tempo e as desilusões pós-coloniais se encarregariam, nalguns casos de desfazer, mas que também seriam, não obstante, decisivas para as histórias entrelaçadas da África e da Europa.

Em suma, a experiência lisboeta catalisou entre a «geração de Cabral», como sucedera nos anos 1930 em Paris, o aparecimento de afiliações transnacionais, tais como a Negritude ou a ideia dos laços pan-africanos, incluindo a diáspora africana, desde os EUA, passando pelo Brasil, Cuba, as Antilhas, até à Europa e a África, que passaria a incluir crescentemente também a parte ao norte do Saara. Para os leitores mais críticos e atentos de Senghor e Césaire, a negritude tinha cada vez menos a ver com traços biológicos do que com a recuperação de um passado africano, a recusa em conceder aos africanos um direito à vida própria e à história([78]) e a ressignificação de estereótipos negativos com que se haviam confrontado na Europa (de Senghor, a Césaire a Fanon, de Cabral a Andrade). Essa redescoberta mais cultural do que racial, sob a forma inicial da reafricanização dos espíritos, depois de um pan-africanismo renovado,

---

([77]) Aimé Césaire, «Lettre à Maurice Thorez», in Georges Ngal, Jean Ntichilé (orgs.), *Lire le Discours sur le colonialisme* (Paris: Présence africaine 1994, [1956]), pp. 107-121.

([78]) *Ibidem*, pp. 19, 203 ss.

implicaria nalguns casos, o regresso à terra natal (caso de Mário
Pinto de Andrade – embora por pouco tempo), noutros, ou a
invenção de uma nova nação (a união da terra natal com a dos
antepassados, no caso de Cabral) ou a opção por uma diferente
(caso de Fanon)([79]).

E é precisamente esta tendência que podemos acompanhar
no percurso de Mário Pinto de Andrade e no apelo de Amílcar
Cabral a uma «reafricanização dos espíritos»([80]), que evoluiria
para um projeto de libertação nacional e para formas de alian-

---

([79]) Mesmo a retórica senghoriana da excepcionalidade do Homem
negro, que, de acordo com os seus críticos – cf. Amílcar Cabral, *Obras
Escolhidas de Amílcar Cabral...* p. 238 – corria o risco de replicar, por mera
inversão, estereótipos herdados do colonialismo, correspondia menos a
uma forma de diferencialismo, como foi frequentemente interpretada,
do que a uma reivindicação do reconhecimento do seu contributo para a
civilização do universal. Esta foi também a grande meta de Alioune Diop
e da Présence africaine, criada menos para fixar divisões raciais do que
para recuperar histórias esquecidas, o que não tinha de equivaler à recusa
unilateral do Ocidente. Mais, a negritude não era sempre sinónimo de
rejeição da assimilação, podendo mesmo, no caso de Senghor, ser entendida como uma forma de mestiçagem, desde que os africanos não fossem
vistos como meros objetos passivos, mas antes sujeitos ativos nesse processo.
O que também pode explicar a popularidade da Negritude entre os intelectuais assimilados e o facto de Francisco José Tenreiro nunca ter reivin-
dicado a plena independência dos territórios colonizados. Foi esta também
a opção de Césaire que, embora mais radical, optou antes por reclamar
a extensão dos direitos aos territórios ultramarinos, reivindicação que,
cabe acrescentar, nunca poderia ter tido as mesmas consequências num
Portugal, mesmo em fase lusotropical, versão requentada da mestiçagem
senghoriana, cujo autor, de resto chegou a apoiar, em tempos de radicalização anticolonial, antes da sua tentativa de mediação entre Portugal e
o PAIGC. (Cf. António Tomás, *O fazedor de utopias* e Julião Soares Sousa,
Amílcar Cabral...) Note-se, contudo, que Césaire reveria parcial e provisoriamente a sua posição, ao demitir-se, como acima referido, do Partido
Comunista Francês em 1956, depois de ter sido reclamada, precisamente
no Encontro de Ecritores e Artistas Negros de 1956, a condição comum a
africanos no continente e na diáspora, como consequência de formas de
colonialismo interno e externo.

([80]) Mário Pinto de Andrade, *Amilcar Cabral, Essai de biographie politique* (Paris: Maspero, 1980).

ças pan-africanas, agora incluindo a totalidade do continente africano, também o Norte do Saara, como condição de uma independência efetiva. Mas esta conceção implicava precisamente o reconhecimento de que a negritude talvez fosse, como Sartre já o afirmara, uma fase necessária, mas não suficiente, para uma libertação efetiva, reconhecendo ao mesmo tempo que, enquanto tendência representada por elites assimiladas em busca das suas fontes[81], estas tendiam a negligenciar precisamente aquelas práticas culturais de que as massas populares sempre haviam sido, e ainda eram, capazes. Para Cabral, na senda e em diálogo com Fanon e através da sua experiência no terreno, a cultura passou a ser crescentemente associada a práticas, menos diaspóricas, do que locais, sublinhando-se os seus lados criativos – hoje poder-se-ia dizer performativos –, lados que a luta de libertação estimularia, rearticulando[82] tradições petrificadas ou imóveis, «mundo de estátuas», mas tão só aparentemente[83]. Contudo, as práticas culturais não se resumiam a meros atos voluntaristas dos seus atores, mas dependiam também de processos económicos que decorriam da imposição colonial, pelo que a independência nacional envolvia mais do que a mera autonomia política[84]. Tornava-se assim indissociável da libertação do continente, através de um projeto continental que garantisse a entrada efetiva dos africanos na modernidade. Por outras palavras, o garante do nacionalismo só poderia sustentar-se em formas de cooperação e afiliação[85] que fossem para além da negritude ou da raça. A unidade nacional e a afri-

---

[81] Amílcar Cabral, ibidem, p. 238. Amílcar Cabral, *Obras escolhidas de Amílcar Cabral: A prática revolucionária. Unidade e luta II.* (Lisboa: PAIGC / Seara Nova, 1976).

[82] James Clifford, «Indigenous Articulations», *The Contemporary Pacific*, 13. 2 (2001), pp. 468-490.

[83] Fanon, Frantz, *Les Damnés de la terre* (Paris: La Découverte, 2002 [1961]), p. 53.

[84] Amílcar Cabral, *Obras Escolhidas de Amílcar Cabral: A arma da Teoria* ... pp. 192-198 e *Obras escolhidas de Amílcar Cabral: A prática revolucionária. Unidade e luta II...* pp. 173-168.

[85] Edward W. Said, «Reconsiderando a Teoria Itinerante...».

cana passavam agora a ser entendidas menos como um «retorno às fontes»([86]) ou a uma unidade perdida, do que como um projeto virado para o futuro, resultante, tal como a cultura, de uma luta permanente e de processos de modernização em que as experiências africanas e europeias deveriam também desempenhar um papel decisivo. O sonho de uma autonomia assente numa aliança pan-africana fundamentava-se não, como Marcus Garvey ainda o imaginara, numa história comum de sofrimento e deslocação, em que a «raça» constituía um elemento principal, mas antes numa aliança transnacional sob uma causa comum, em que o modelo terceiro-mundista argelino era uma inspiração maior. O pan-africanismo de W. E. B. Du Bois, Nkrumah, Nasser, Fanon, Cabral e Andrade equivalia precisamente a um ideal que reunisse nações efetivamente independentes, para além de «esquemas epidérmicos», ideal efetivamente cosmopolita, unindo uma África do Norte «branca» e uma África subsaariana negra, podendo incluir tanto antigos colonos como adeptos da causa nacional, desde que estes fossem capazes de aderir à nova causa trans/internacional([87]).

([86]) Amílcar Cabral, *Obras Escolhidas de Amílcar Cabral: A arma da Teoria...* p. 238.

([87]) É evidente que nem sempre os movimentos nacionalistas escaparam a noções essencialistas de raça herdadas de modelos coloniais ou de um Estado-nação pensado a partir de um conceito de cultura como absolutismo étnico. Sobre o conceito veja-se Paul Gilroy, *The Black Atlantic: Modernity and Double Consciousness* (Cambridge, Mass.: Harvard University Press, 1993).

A questão das distinções étnico-culturais, raciais, estariam sempre presentes no PAIGC, sendo mobilizadas, também, pela administração colonial portuguesa e as forças militares como forma de opor os «nativos» da Guiné a «mestiços» assimilados cabo-verdianos. Fanon foi, por sua vez, vítima de racismo na Argélia (David Macey, *Frantz Fanon, une vie*. Traduit de l'anglais par Christophe Jaquet et Marc Saint-Upéry [Paris: la Découverte, 2011]), o que não impediu que fosse enterrado em solo argelino. O mesmo sucedeu com Du Bois que morreu no Gana, com cidadania local. Estes regressos às «origens» eram, contudo, vistos não como fundados na «raça», mas num projeto de nação em que todos poderiam participar.

Contudo, estes ideais de unidade pan-africana e de uma independência nacional efetiva foram resultado não só de experiências locais em África e na diáspora, mas também de outras rotas, passando não só por Lisboa, mas por outras cidades e países, como foi o caso de Mário Pinto de Andrade e Marcelino dos Santos por Paris, Lúcio Lara e Viriato da Cruz, pela Alemanha, Amílcar Cabral por Londres, Roma, Estocolmo, Moscovo. Embora haja também que recordar as viagens a Pequim, Seul, e outros lugares não lusófonos no continente africano, como Argel, Rabat, Cairo, Adis-Abeba, Tunes, Acra ou Dar es Salam.

III. Conclusão

Depois das independências, outros conflitos viriam a revelar as limitações destes modelos marxisantes e/ou modernizadores, escapando dificilmente às estratégias de divisão decorrentes tanto da «guerra fria», como de «etnias» inventadas por ex-colonizadores e interiorizadas por ex-colonizados, com as guerras civis que atravessariam as antigas colónias portuguesas e a consequente emigração de angolanos, moçambicanos e guineenses para a antiga metrópole, desde as elites, como sucederia com Mário Pinto de Andrade – exilado entre diversas capitais africanas ou cidades europeias, da Paris da juventude à «pequena casa lusitana» ([88]) dos tempos de estudante, antes de morrer quase esquecido em Londres – até às vítimas mais anónimas desses processos, entre os descendentes dos quais se recrutam muitos dos que são ainda designados «imigrantes» de segunda ou terceira geração, apesar de já nascidos – é sempre bom lembrar – em Portugal. E os processos neocoloniais, com as suas componentes «étnicas», tão veementemente denunciados por

---

Daí o elemento utópico – no sentido de algo ainda por cumprir – do pan--africanismo de W. E. B. Du Bois, Fanon ou Cabral, por razões distintas.

([88]) Henda Pinto de Andrade (org.) *Mário Pinto de Andrade. Um olhar íntimo* (Luanda: Edições Chá de Caxinde, 2009, p. 86.

Fanon e Cabral, prosseguem em África. E agora também na Europa.

E, assim, como já sucedeu anteriormente no Reino Unido, os ideários da negritude ou do pan-africanismo ressurgem em França, em Portugal, menos elitistas, frequentemente desconhecedores destes episódios da antiga capital do Império, mas recorrendo de novo a imaginários transnacionais para poder construir formas de pertença à Europa e aos seus Estados-nação, pertenças menos fundadas em filiações do que em afiliações. De certo modo, retoma-se assim, inadvertida ou conscientemente, as propostas de Césaire, que reclamaria ao longo da sua vida, desde o seu *Discurso sobre o Colonialismo*([89]), a necessidade de a Europa se reinventar, se democratizar, se descolonizar([90]).

A Lisboa contemporânea não é certamente a cidade que comecei por evocar, em pleno século XXI. Mas, pese embora todo o marketing em torno da mestiçagem lisboeta, a verdade é que a segregação em «bairros problemáticos» permanece uma constante, de difícil conciliação com esse discurso. Mas também é nesses bairros e noutros espaços que apropriações criativas de representações de identidades negras e pan-africanas ocorrem, traduzindo antigas utopias para novos contextos, redefinindo identificações e afiliações complexas – transnacionais e diaspóricas – a fim de reclamar formas alternativas de se pensar a nação, Portugal, também sejam possíveis.

Talvez, em tempos de desespero no velho mundo, faça sentido recordar esses tempos e lugares menos «outros» do que poderão parecer, salientando o modo como o «velho mundo» sempre dependeu de novos mundos. E destes fizeram certamente parte estes trânsitos pela Europa e pelo mundo, aí deixando vestígios muito diversos da sua presença até hoje. Vestígios que poderão tornar-se testemunhos, desde que a eles

---

([89]) Aimé Césaire, *Discurso sobre o Colonialismo*...

([90]) Gary Wilder, *The French Imperial Nation-State: Negritude & Colonial Humanism between the Two World Wars* (Chicago: The University of Chicago Press, 2005).

saibamos estar atentos, insistamos na sua leitura demorada e atenta, a fim de neles reconhecer um momento incontornável daquilo em que a Lisboa, a Europa, a África se tornaram.

Por isso mesmo, valerá a pena continuar a lembrar e a investigar sobre estes «encontros de viagem», Lisboa em meados do século XX, «lugar de partidas, chegadas, trânsitos»[91], lugar de encontros em sítios menos visíveis ou previsíveis – desde associações estudantis ou culturais, cafés ou clubes recreativos a outros espaços mais ou menos públicos –, de sociabilidade e também de invenção de nações e de utopias transnacionais. Sociabilidades, invenções e utopias de que todos somos herdeiros. Quer o queiramos ou não.

---

[91] James Clifford, Routes. *Travel and Translation in the 21st Century* (London and Cambridge, MA: Harvard University Press, 1997), p. 30.

«A juventude pode ser alegre
sem ser irreverente». O concurso *Yé-yé*
de 1966-67 e o luso-tropicalismo banal

MARCOS CARDÃO

Baseado num conjunto de pressupostos históricos e lugares comuns sobre o carácter dos portugueses, o luso-tropicalismo ganhou consistência nas últimas décadas do regime autoritário quando uma série de rituais ajudou a promover a ideia de que o império português era uma unidade política homogénea, multirracial e dispersa por vários continentes. Elevada a teoria explicativa da colonização portuguesa, através da qual se celebrava a capacidade de adaptação, plasticidade e miscibilidade dos portugueses em terras tropicais, o luso-tropicalismo permeou vários campos da vida cultural.

Embora fosse inicialmente apresentado com roupagens científicas([1]), e utilizado posteriormente como vulgata ideológica pelo Estado Novo, o luso-tropicalismo propagou-se igual-

---

([1]) Fazendo jus à sua fama de escritor prolífico, organizador e divulgador de ideias, Gilberto Freyre apresentou o luso-tropicalismo numa sessão solene realizada no Instituto Vasco da Gama em Goa, na conferência «Uma cultura moderna: a luso-tropical», realizada em novembro de 1951. Naquele que se poderia designar o «momento eureka» do luso-tropicalismo, Gilberto Freyre afirmou: «Creio ter encontrado nesta expressão – 'luso-tropical' – a caracterização que me faltava para o complexo de cultura hoje formado pela expansão portuguesa em terras tropicais; e que tem na identidade de condições tropicais de meio físico e na identidade das formas gerais de cultura – com substâncias de raça e de cultura as mais diversas – as suas condições básicas de existência e de desenvolvimento». Gilberto Freyre, *Aventura e Rotina: Sugestões de uma viagem à procura das constantes portuguesas de carácter e acção* (Lisboa: Edição Livros do Brasil, 1954), p. 267.

mente na vida diária, com vários eventos e personalidades da cultura de massas a dialogarem com as suas representações([2]).

Nomeadamente alguns futebolistas provenientes das colónias, como Eusébio, que foi utilizado em várias campanhas da propaganda oficial e se converteu num dos ícones do alegado multirracialismo português; passando por intérpretes da música popular portuguesa, como João Maria Tudella, que absorveu e sintetizou no seu reportório os predicados associados ao luso-tropicalismo, interpretando canções que incluíam uma série de apontamentos pitorescos sobre a «província de Moçambique»; até ao concurso Miss Portugal, que entre 1971 e 1974 incluiu concorrentes provenientes de todo o império português e proporcionou uma das encenações mais ousadas da denominada «comunidade lusíada»([3]).

Organizado pelo Movimento Nacional Feminino, o Concurso *Yé-yé* de 1966-67 também incluiu dezenas de conjuntos provenientes das colónias e da metrópole, tornando-se o maior concurso de ritmos modernos realizado em Portugal, mas também uma das encenações mais singulares do luso-tropicalismo banal. Tendo como pano de fundo o contexto do colonialismo português tardio, em particular a guerra colonial, o concurso desenrolou-se por eliminatórias em várias cidades coloniais, permitindo medir o pulso aos consumos e lazeres urbanos no quotidiano colonial.

O concurso espelhou as transformações que ocorriam na sociedade portuguesa na década de sessenta e possibilitou a afirmação de uma cultura juvenil autónoma e com dimensão própria. O surgimento de «subculturas juvenis»([4]), que se carac-

---

([2]) Ver Marcos Cardão, *Fado Tropical. O Luso-tropicalismo na cultura de massas (1960-1975)*. Tese de doutoramento (Lisboa: ISCTE, Instituto Universitário de Lisboa, 2013).

([3]) Ver Marcos Cardão, «*O charme discreto dos concursos de beleza e o luso-tropicalismo na década de 1970*», a publicar na Análise Social.

([4]) Inspirando-se no interesse do escritor Jean Genet por objetos mundanos e pela ideia de estilo enquanto forma contracultural, Dick Hebdige encontrou no conceito de subcultura uma forma de avaliar as formas expressivas e os rituais de grupos subordinados, que «são alternadamente

terizavam por criar laços comunitários e simbólicos organizados em torno da idade, preferências e classe social, introduziu novos estilos e rituais, entre os quais, as festas e os concursos *yé-yé*. Esses eventos realizaram-se quer na metrópole, quer nas principais cidades do império português, evidenciando que as cidades não eram entidades monolíticas, isoladas internacionalmente nem alheias às interações culturais. As mudanças socioeconómicas, a explosão demográfica e o crescimento urbano demonstraram que as cidades coloniais também estavam expostas à circulação de produtos e consumos transnacionais. Por exemplo, no campo das práticas e consumos culturais urbanos, o *rock* foi objeto de usos e apropriações locais, tornando-se a base de lazeres, gostos, sociabilidades e estilos de vida. Num movimento transversal às principais cidades do império português, a música *pop-rock* acabou por traduzir os desejos e aspirações de parte da juventude portuguesa, sobretudo a que tinha condições socioeconómicas para se autonomizar e iniciar um processo de diferenciação identitária.

Enquanto sinalizador de uma vivência moderna, o Concurso *Yé-yé* de 1966-67 foi um acontecimento privilegiado para aferir o impacto da cultura popular urbana nas principais cidades do território português. Distinguindo-se por combinar cosmopolitismo com propaganda colonial, o concurso reiterou igualmente a geografia do império português, com a cobertura noticiosa do evento a evocar várias vezes a ideia de que «Portugal não era um país pequeno»([5]). Ou seja, a imprensa que promoveu e

---

desprezados, denunciados e canonizados, vistos em diferentes momentos como ameaçadores da ordem pública ou como bufões inofensivos», Dick Hebdige, *Subculture: The Meaning of Style* (New York/ London: Routledge, 2002 [1979]), p. 2.

([5]) O célebre cartaz «Portugal não era um país pequeno» foi divulgado na Exposição Colonial do Porto de 1934 e foi utilizado como um símbolo do império colonial português nas décadas seguintes. O cartaz pretendia afirmar a grandeza de Portugal, sobrepondo ao mapa da Europa as colónias portuguesas, de modo a demonstrar que Portugal era tão grande como a Europa. Aquele que seria considerado um dos emblemas da singularidade do país foi todavia copiado da propaganda colonial francesa.

reverberou o evento não deixou de acenar o «nacionalismo banal»([6]), oferecendo lembretes constantes da soberania portuguesa nas colónias africanas, como esta fosse um dado adquirido, ou uma realidade inquestionável. Ao evocarem recorrentemente as fronteiras do império português, as notícias sobre o concurso operavam uma territorialização da «comunidade lusíada», sugerindo que os predicados associados ao luso-tropicalismo se encontravam incorporados na vida diária e se reproduziam diariamente através de um conjunto de cerimoniais, práticas, rotinas e rituais.

Neste artigo pretende-se avaliar o significado político-cultural de um evento da cultura de massas que costuma ser negligenciado pela maior parte das pesquisas académicas. Seja porque os acontecimentos da cultura de massas são considerados «vulgares», pouco refinados, ou então porque são vistos como pouco significativos sob o ponto vista social e político. Para contrariar a subalternização dos acontecimentos da cultura de massas, bem como a convicção de que só as iniciativas institucionais e os acontecimentos solenes são expressivos sob o ponto vista interpretativo, neste artigo procurar-se-á demonstrar que o Concurso *Yé-yé* de 1966-67 articulou os dilemas político-culturais do

---

Como refere Francisco Bethencourt: «A verdade é que a ideia e o cartaz foram formalmente copiados da propaganda francesa dos anos vinte e trinta: o ministro das Colónias, Paul Reybaud, no discurso inaugural da Exposição Colonial realizada em Paris em 1931, afirmava que «ao lado das nossas velhas colónias, estas joias de família espalhadas pelo Atlântico e pelo oceano Índico, está a França africana, grande como a Europa», in Francisco Bethencourt, Kirti Chaudhuri (orgs.) *História da Expansão Portuguesa, volume V (Último Império e Recentramento, 1930-1998)* (Lisboa: Círculo de Leitores, 1999), p. 472.

([6]) Segundo Michael Billig, «o nacionalismo banal opera com palavras prosaicas e rotineiras, que encaram a nação como um dado adquirido, e que, ao fazê-lo, habitam-nas. Pequenas palavras, em vez de frases memoráveis, que oferecem lembretes constantes, mas pouco conscientes, da terra natal, tornando a 'nossa' identidade nacional inesquecível», Michael Billig, *Banal Nationalism,* (London/Thousand Oaks/New Delhi: Sage, 1991), p. 93.

seu tempo, intersectando ideologias, discursos nacionalistas, práticas culturais, utopias juvenis e lógicas mercantis([7]).

O objetivo é descrever e interpretar as narrativas, representações e rituais que se desenvolveram a partir do concurso *yé-yé*, apontando como este evento foi sintomático das contradições que existiam na década de sessenta. Começar-se-á por descrever brevemente a receção do *yé-yé* em Portugal, indicando como os «ritmos nova vaga», e o estilo de vida que lhes estava associado, receberam uma reação hostil na imprensa, dando inclusivamente origem a uma discussão sobre música popular e nação. Posteriormente referir-se-á como os ritmos *yé-yé* se disseminaram pelas principais cidades coloniais, que assimilaram os símbolos da cultura popular internacional, como comprovaram a proliferação de conjuntos *rock*, festas e espetáculos *yé-yé*, ou a conversão do novo estilo urbano em assunto mediático. Na alínea «concurso *yé-yé*, modos de usar» pretende-se elencar as múltiplas chaves interpretativas de um evento que teve o condão de não subsumir a uma única causa, ou conteúdo particular. Com efeito, o concurso foi atravessado quer por tentativas de controlo político, com o seu patrocinador oficial a procurar imprimir um conteúdo ideológico ao evento; quer por utopias juvenis, com os jovens a encontrarem no concurso uma brecha de esperança, entretenimento e prazer. Esta confluência de uni-

---

([7]) Neste artigo sugiro que os significados e representações culturais são gerados através de processos materiais e condicionados por determinadas circunstâncias históricas e sociais. A inclusão das lógicas mercantis permite contornar as análises de índole culturalista, que tendem a separar a cultura da economia. Fazendo jus ao conceito de «materialismo cultural», cunhado por Raymond Williams, Maria Elisa Cevasco refere: «Descrever esse amálgama como uma relação de dependência ou de segunda ordem entre a produção cultural e a económica é certamente falsear o que se constata na análise das práticas culturais em um mundo em que se tornou impossível – observando, por exemplo, o uso dos novos meios de comunicação, em especial a televisão e o cinema, e as mudanças formais da propaganda e da imprensa – separar as questões ditas culturais das políticas e económicas». Maria Elisa Cevasco, *Dez lições sobre estudos culturais* (São Paulo: Bom tempo, 2003), p. 114.

versos distintos fez do concurso um acontecimento insólito no panorama português. Nas próximas páginas procurar-se-á dar conta da sua ambiguidade.

«A vida não é só ritmo». Notas sobre a receção do *yé-yé*

As cidades são campos férteis para a formação de novos lazeres urbanos, culturas populares e identidades juvenis. Intimamente ligada à urbanização e ao surgimento das classes médias, a música popular desempenhou um papel importante na constituição de novas identidades coletivas, sobretudo entre a juventude. Enquanto lugar privilegiado de mediações, a música popular introduziu novos estilos de vida, valores e atitudes, que espelhavam as mudanças culturais e sociais que ocorriam na sociedade portuguesa no início da década de sessenta. O historiador Rui Bebiano fala inclusivamente da emergência de um «povo pop» como instrumento de mudança social, dizendo que «no curso dos 'longos anos sessenta', a autonomização da nova cultura popular conteve aqui uma dimensão própria, perturbante para a ordem social e para o regime, que lhe permitiu aprofundar e conservar por mais tempo a dimensão subversora que depressa se perdeu nos países de capitalismo avançado»[8].

A nova cultura *pop* insinuava-se quotidianamente através do aparecimento de novas formas de vida, sentimentos, aspirações, modas de vestir e modos de dançar. As novas identidades juvenis não se encaixavam na imagem estática e ruralista que o Estado Novo gostava de reproduzir do país[9]. Visto como um

---

[8] Rui Bebiano, «'Povo pop', mudança cultural e dissenção», in José Neves (org.), *Como se faz um povo* (Lisboa: Tinta da China, 2010), p. 441.

[9] A propósito das transformações socioculturais operadas pela juventude portuguesa, no último volume da *História da Vida Privada em Portugal* é citado um texto de Marcello Caetano, que refere: «se alguns sorriem compreensivos e gabam as qualidades da juventude de hoje desconhecidas no tempo da sua mocidade, a maioria (e sobretudo as mães!) confessam-se inquietas e perplexas perante um modo de ser e de agir completamente

emblema dessas novidades, o *yé-yé* não só contribuía para desmantelar os padrões associados ao universo rural, como reformulava as relações entre formas de lazer, estar e comportar, indo assim ao encontro de uma sensibilidade urbana e moderna. Mesmo reconhecendo que o *yé-yé* se inseria num regime específico de produção e consumo, o sentido e o uso individual dos «ritmos nova vaga» não se subsumia às lógicas mercantis das indústrias de cultura.

Em Portugal os novos ritmos *rock* foram renomeados *yé-yé*, ou ié-ié. A designação derivava do *yeah* anglo-americano, uma interjeição bastante utilizada nas canções *rock* do início da década de sessenta, como confirmavam as primeiras canções dos The Beatles, como «She Loves Yeah Yeah», entre outras. A receção dos The Beatles em Portugal foi, aliás, reveladora da hostilidade que existia inicialmente em relação ao conjunto britânico, e ao estilo de vida que lhe estava associado. Por exemplo, num artigo publicado na revista *Flama*, intitulado «Os Beatles: o ritmo venceu a Inglaterra», dizia-se que «os quatro haviam descoberto a pedra filosofal do sucesso: 'gritar e fazer gritar'. O resto foi fácil e vertiginoso: hoje, os 'Beatles' dominam as plateias, provocam cenas patéticas, constituem um fenómeno social estranho: com ele surge o anticonformismo selvagem que sacode a juventude. Porquê?» ([10]). A revista *Flama* chegou a publicar um inquérito sobre os The Beatles, no qual entrevistavam várias personalidades, entre as quais um Padre (João Soares Cabeçadas), que a propósito da propagação de um novo estilo de vida dizia:

> Acredito que a juventude portuguesa, na sua grande maioria, ainda não perdeu aquele equilíbrio que é próprio da juventude. Não podemos julgar os nossos jovens por algumas cen-

---

discordante dos padrões tradicionais da vida familiar e social», Lia Pappámikail, «Juventude: entre fase da vida e o tempo de viver», in Ana Nunes de Almeida, (org.), José Mattoso, (dir.), *História da Vida Privada em Portugal. Os nossos dias* (Lisboa: Círculo de Leitores/ Temas e Debates, 2011), p. 209.

([10]) Edite Soeiro, «Os Beatles: o ritmo venceu a Inglaterra», *Flama*, 14 de fevereiro de 1964, s/p.

tenas de meninos e meninas que se deixam arrastar por essa 'nova vaga'. A grande maioria, estou certo, não deixará de sorrir pelo que há de insensato em todas essas pseudo-manifestações artísticas e até aquela pequena percentagem que se deixa influenciar, há-de, mais tarde, reconhecer o ridículo dos seus entusiasmos. Confio no bom senso da nossa juventude[11].

Os The Beatles eram a figura de proa do movimento *yé-yé* e condensavam as ansiedades sociais associadas aos novos estilos de vida. A expressão *yé-yé* terá sido cunhada pelo sociólogo Edgar Morin, num artigo em que descrevia a comparência inesperada de 200 mil jovens para celebrar o primeiro aniversário do programa de rádio «Salut Les Copains» em Paris. Nesse artigo, Morin procurava interpretar o significado social de um movimento que desafiava as classificações sociológicas e os padrões geracionais[12]. O termo expandiu-se posteriormente para outros países, entre os quais, a Itália, Espanha e Brasil, onde foi cognominado de *iê-iê-iê*[13], o que dava conta da disseminação do *rock* fora do mundo anglófono. A propósito da interjeição «yeah», o *Jornal Magazine. Um jornal de Angola para o mundo português*, referia:

---

[11] S/a, «Os Beatles: fenómeno de uma juventude conturbada», *Flama*, 28 de agosto de 1964, s/p.

[12] Ver Edgar Morin, «'Salut les copains'. Une nouvelle classe d'âge», *Le Monde*, 6 Juillet, 1963. Ver também Mário Lopes, «Elas gritam *yé-yé* e a França nunca mais foi a mesma», Ípsilon, 2 de setembro de 2011, pp. 14-15. Mário Lopes, «E no início era o *yé-yé*, Ípsilon, 29 de novembro de 2010. Disponível em http://www.publico.pt/Cultura/e-no-inicio-era--o-yeye_1468625?all=1 (Acedido em outubro de 2012).

[13] O expoente *iê-iê-iê* era Roberto Carlos, apelidado o «Rei» da Jovem Guarda, um artista que teve larga cobertura mediática nalgumas revistas ilustradas da década de sessenta. Por exemplo, no *Século ilustrado* dizia-se: «Do *rock* ao ié-ié foi um passo. Aí triunfou Roberto Carlos. Impôs-se fulminantemente. Porquê? Porquê? Não se sabe. Acamaradando com Erasmo compôs *rock*s brasileiros e adaptou músicas americanas a letras brasileiras. 'O Calhambeque' foi um êxito – e 'Vá pró Inferno' leva uma plateia ao delírio...», S/a, Roberto Carlos: o furacão ié-ié, *Século Ilustrado*, 30 de abril de 1966, s/p.

A contestação da juventude contra a mentalidade burguesa, acabou por ser uma loucura coletiva. Essa juventude cai em profundo êxtase ao ouvir os espirituais negros, mas, de súbito, como que beliscada por um demónio, parte cadeiras, despe raparigas, e o Sim! Prolongado à yanqui, o Yeah!!! Suscetível duma gama infinita de modulações, transforma-se na Europa, no delirante Ié-Ié([14]).

Sob o ponto vista musical, os temas *yé-yé* eram simples, diretos e amplificados por guitarras elétricas, um instrumento que se tornaria a imagem de marca do novo género musical e um pomo de polémicas e discussões. No Brasil houve inclusivamente uma célebre «passeata contra as guitarras elétricas», realizada em São Paulo a 17 de julho de 1967, com os manifestantes a insurgirem-se contra o desvirtuamento da música popular brasileira (MPB), alegadamente desvirtuada pela utilização de guitarras elétricas dos conjuntos «Jovem Guarda», ou conjuntos *iê-iê-iê*. Sob o lema «defender o que é nosso», a «passeata» pôs em confronto os protagonistas da MPB aos músicos da «Jovem Guarda», que no entender dos primeiros estariam a ameaçar a pureza e a singularidade da música de raiz brasileira.

A par do som estridente das guitarras elétricas, o *yé-yé* era ainda acompanhado por novas formas de dança, cujos movimentos e contorções desafiavam as posturas corporais mais contraídas. A introdução de novos géneros dançantes foi mais um elemento catalisador do *yé-yé*, que funcionou como diferença constitutiva da nova cultura jovem, a qual pretendia romper com o tempo comum e fundar um espaço cultural alternativo, transformando o prazer numa condição de liberdade, mas também num recurso político([15]).

([14]) S/a, «O fenómeno Ié-Ié», *Jornal Magazine. Um jornal de Angola para o mundo português*, 15 de dezembro de 1969, s/p.

([15]) Em vez de moralizar as experiências de prazer, ou equivalê-las a uma forma de degradação do tempo livre, Jameson converte-as num assunto político, procurando «retirar lições daquilo que pode ser uma utilização política radicalmente diferente do prazer» Fredric Jameson, «Pleasure: A Political Issue», *The Ideologies of theory* (London, New York: Verso, 2008), p. 384.

Como se referiu, o novo estilo musical não obteve inicialmente grande simpatia mediática, com várias publicações periódicas a condenarem abertamente o estilo *yé-yé*. Por exemplo, num artigo publicado na revista *Flama*, intitulado «a vida não é só ritmo», criticava-se a moda e os valores associados ao *yé-yé*, quase transformando os seus admiradores num novo objeto patológico:

> Vemos uma adolescente de cabelos compridos e escorridos, sapatos de tiras, meias de cor, andar despreocupado e pensamos: 'ali vai uma menina ié-ié' (...). Tem um condigno representante no sexo masculino, que pode caracterizar-se por blusão e calças de importação americana ou cabelos 'à Beatle', casaco 'à Beatle' e sapatos 'à Beatle'. É um menino 'ié-ié' (...) Põem-se os interesses comerciais de novo em campo e a moda estende-se à Europa. Repetem-se os espectáculos e as histerias. Notícias de delinquência juvenil juntam-se aos excessos de entusiasmo provocados pelo ritmo excitante[16].

A moda juvenil trazia consigo um novo estilo de vida que misturava hedonismo, insolência e exibicionismo, algo que era visto como um excesso da juventude, que gostava de imitar poses de insubordinação internacionalizadas, e um capricho daqueles que ousavam andar «despreocupados». Alguns críticos do *yé-yé* optaram por classificar o entusiasmo juvenil de «delinquente», acusando os jovens de «egoísmo» e de aceitarem passivamente o materialismo anglo-americano. «Delinquente» foi precisamente o adjetivo escolhido para qualificar o entusiasmo juvenil na revista *Flama*, que publicou um inquérito sobre a juventude *yé-yé*, intitulado «Jovens transviados. Quem lhes atira a primeira pedra». Nesse artigo, descrevia-se a juventude *yé-yé* nestes termos: «*Angola não me...* Esta é a mentalidade de outra classe de delinquentes. A dos *dancings*, *boîtes* e *cabarets*. A dos meninos e meninas *bem*. Que gritam em casa ó mãe deixe-me ser eu. Que que-

---

[16] Manuela Alves, «Ié-Ié. Vida não é só ritmo», *Flama*, 8 de abril de 1966, pp. 24-25.

rem fazer tudo... E até pensam que mandam em tudo. Delinquentes deste género há por aí muitos»([17]).

O título do artigo da *Flama*, «Jovens transviados», era uma alusão ao título do filme de Nicholas Ray, «Rebel without a cause», que foi traduzido como «Fúria de viver» em Portugal, e «Juventude transviada» no Brasil. O filme de Nicholas Ray, juntamente com os filmes «The Wild One» (Laslo Benedek, 1953), cuja exibição comercial foi proibida pela Comissão de Censura; «Blackboard Jungle», (Richard Brooks, 1955); e «*Rock* Around the Clock» (Fred Sears, 1956), deram início a uma nova era nas produções de Hollywood e foram fulcrais para a consolidação das novas identidades juvenis. As novas produções incluíam enredos cujos personagens eram jovens e tinham comportamentos vistos como «antissociais», situando-se por exemplo à margem da lei, como no filme «Blackboard Jungle». Especialmente dirigidos ao público juvenil, esses filmes articularam os temas da autonomia e rebelião juvenil, testando igualmente as fronteiras sociais e os modelos comportamentais predominantes([18]).

A juventude passou a ser vista como uma categoria social autónoma na década de sessenta. A imprensa publicou várias reportagens sobre a juventude, nas quais o denominador comum era a rejeição dos seus modos de estar, valores, comportamento e gostos musicais. Advogando uma sublimação das tendências hedonistas da época, a revista oficial da Mocidade Portuguesa Feminina, intitulada *Menina & Moça*, também denuncia a «nova pedagogia americana e a pseudo filosofia existencialista», que introduzia uma juventude sem preparação, refém das maquinações das indústrias de cultura. Num artigo sobre

---

([17]) António dos Reis, «Jovens transviados. Quem lhes atira a primeira pedra», *Flama*, 4 de agosto de 1961, p. 10.

([18]) Sobre o retrato que o cinema norte-americano estabeleceu da juventude na década de 1950 ver James C. McKelly, «Youth Cinema and the Culture of Rebellion: Heathers and the Rebel Archetype», in J. David Slocum, *Rebel without a cause: approaches to a maverick masterwork* (Albany: State University of New York Press, 2005), pp. 209-216.

música *pop*, publicado em 1968, a revista *Menina & Moça* aconselhava inclusivamente os jovens a apreciar as músicas «de sabor romântico» e a manter-se afastada das músicas modernas e dos ídolos que ameaçavam os «verdadeiros valores» ([19]). A condenação recorrente da juventude sugeria que existia um fosso geracional entre «velhos» e «novos», uma clivagem que deu origem a uma rotura estética e política, próxima de uma querela entre modernidade e tradição, que assumiu vários semblantes, e cujas repercussões chegaram ao cinema português ([20]).

Tal como sucedeu no Brasil, o carácter urbano e internacional do *yé-yé* originou uma discussão sobre música e nação, com os «ritmos nova vaga» a serem acusados de contribuírem para desnacionalização da música popular portuguesa. Ao longo da década de sessenta a imprensa imprimiu vários artigos sobre a pretensa natureza da música popular portuguesa, através dos quais se procurava depurar o seu significado e afirmar a sua

---

([19]) Irene Flunster Pimentel, *A Mocidade Portuguesa* (Lisboa: A Esfera dos Livros, 2007), p. 225.

([20]) A clivagem entre modernidade e tradição repercutiu-se no filme de Henrique Campos, «Canção da Saudade», de 1964. O filme retratava o conflito estético entre Tony, interpretado por Victor Gomes – que na vida real foi um dos pioneiros dos *yé-yé* em Portugal, com o seu conjunto «Os Gatos Pretos» –, um adepto dos «ritmos modernos» e o seu pai, Leonel, um entusiasta das canções nostálgicas e melancólicas do passado. Como era habitual nas ficções cinematográficas da época, o filme tinha um final feliz, esvaziando a tensão inicial que existia entre antigos e modernos. A conciliação consumava-se porque a irmã de Tony, Cilinha (Florbela Queiroz), começara a namorar um jovem que animava um clube de dança, chamado «Lisboa Antiga e Moderna», onde as músicas do passado coexistiam com os «ritmos modernos». A coabitação de estilos musicais no mesmo estabelecimento garantia a harmonização entre contrários, espelhando os temas de coesão, concordância e conciliação, tão caros à ideologia conservadora. No *Dicionário do Cinema Português*, Jorge Leitão Ramos descreve o filme deste modo: «A caquexia total do cinema comercial português, esteticamente na montureira. Cançonetas cada dez minutos para uma história de conflito de gerações musicais que acaba em conciliação. O nacional-cançonetismo como base de apoio e a completa mediocridade como resultado», Jorge Leitão Ramos, *Dicionário do Cinema Português 1962--1988* (Lisboa: Caminho, 1989), p. 73.

portugalidade, ou identificar a sua raiz portuguesa. Por exemplo, a revista *Flama* realizou um inquérito a vários compositores, denominado «Música ligeira portuguesa: autópsia na hora internacional», com o intuito de apurar se a música ligeira era efetivamente uma expressão nacional. No inquérito, convidava-se os entrevistados a delinearem um «plano de fomento» para a música ligeira portuguesa, com alguns deles a sugerirem uma revalorização técnica e artística da «nossa» música, dos «nossos» artistas, bem como uma educação do povo adequada para as «nossas» canções. Um dos entrevistados, o compositor Manuel Paião, propôs inclusivamente a aplicação de medidas legislativas com vista a estabelecer quotas de 60% a 70% para a música portuguesa na rádio, televisão e até «nos próprios *dancings* deveria ser obrigatório, se bem que em menos percentagem, tocar-se música portuguesa» ([21]).

Para alguns intérpretes a música ligeira portuguesa, posteriormente renomeada «nacional-cançonetismo», deveria personificar a essência espiritual da nação. O termo «nacional-cançonetismo» foi cunhado por João Paulo Guerra num artigo publicado no suplemento a «Mosca», do *Diário de Lisboa*, em 1969. Nesse artigo, João Paulo Guerra elencou as principais características da música ligeira portuguesa, ou «nacional-cançonetismo», a qual rejeitava por princípio as influências estrangeiras, pretendia adotar temas patrióticos e envolvia as canções em ambiências de recorte melancólico. Segundo João Paulo Guerra: «defender a música e os artistas da nossa terra é o argumento

---

([21]) S/a, «Música ligeira portuguesa: autópsia na hora internacional», *Flama*, 25 de fevereiro de 1966, p. 7. Aludindo a uma lei que existia em Espanha, e que impunha uma percentagem de música espanhola nos discos passados pela rádio, o jornalista João Paulo Guerra mencionava com ironia que esse facto «tem também dado azo às mais variadas elucubrações patrióticas-musicais, a saber: 'Nós somos portugueses. Aqui é Portugal. Nós somos pela boa música da nossa terra. Vamos transmitir o último disco de António Mourão'. 'Temos boa música em quantidade suficiente para não termos necessidade de recorrer a artistas estrangeiros, que não nos transmitem nada de novo, vamos cantar Madalena Iglésias' (...)», João Paulo Guerra, «Popularucho», *Diário de Lisboa*, 31 de maio de 1969, p. 5.

mais utilizado por estes apologistas da lágrima ao canto da voz, da rima em ão, do amor/rancor e do ciúme/lume»([22]).

Alegando ser *genuinamente portuguesa*, a música ligeira portuguesa estava nos antípodas do cosmopolitismo do *yé-yé*. Além dos temas serem maioritariamente cantados em inglês, o *yé-yé* estava ligado às poses e posturas do movimento *rock* internacional, com os seus admiradores a adotarem atitudes de rebeldia e anticonformismo como modos de expressão([23]). Contra o artificialismo, complacência, trivialidade e a melancolia dos cantores de música ligeira, os intérpretes dos ritmos *yé-yé* enfatizavam ainda a autenticidade das suas performances, cujos excessos faziam parte das atitudes associadas ao *rock n' roll*, como a exuberância, o descomedimento e a rebeldia. O movimento *yé-yé* introduzia, em síntese, uma crítica sub-reptícia a uma determinada ontologia da portugalidade, que continuava a sobreviver no imaginário melancólico da música ligeira portuguesa, onde predominavam as «canções de lamento». Mais uma expressão criada por João Paulo Guerra, que através dela se referia, e depreciava, o trabalho desenvolvido pelos «apologistas da lágrima» da música ligeira portuguesa. Segundo João Paulo Guerra:

> Os outros, os maus, os estrangeiros, os que não descobriram caminhos marítimos para lado algum nem têm Abril como nós, que não cultivam a arte da filigrana, (…) nem Penedos da Saudade, nem sequer saudade, têm a canção de protesto. Nós inventámos e mantemos por conta a canção de lamento. (…) Solidão, sofrimento, chorar, dor, ciúme, saudade, correr, matar, partir, desgraça, são palavras cruzadas nos versos da

---

([22]) João Paulo Guerra, «Nacional-cançonetismo», *Diário de Lisboa*, 19 de julho de 1969, p. 14.

([23]) Num artigo sobre o conjunto «Os *Rocks*», de Angola, referia-se precisamente a importância influência estrangeira para a expansão do *yé-yé* em Portugal e nas colónias, dizendo: «O primeiro grande êxito de 'Os *Rocks*' foi terem podido reproduzir ao vivo aquilo que todos dias ouvimos em disco, pelos nomes famosos do estrangeiro (…). E, o imitar, o reproduzir, o repetir, já é muito bom quando não destoa…» S/a, «Os *rocks* no universo», 8 de maio de 1965, s/p.

canção que de nacional tem a tristeza. Acrescente-se-lhes o dolente trinar duma guitarra e temos a letra e a música que os portugueses cantam([24]).

Os ritmos e os estilos de vida associados ao *yé-yé* desafiavam os códigos morais e substituíam o tédio, melancolia e a resignação da música ligeira portuguesa por um ideal de festa, hedonismo, alegria e consumo. Aliás, num festival *yé-yé* organizado no Teatro Monumental em janeiro de 1964 houve inclusivamente incidentes entre os simpatizantes da música ligeira portuguesa e os jovens *yé-yé*, com os intérpretes associados ao «nacional-cançonetismo», como Madalena Iglésias, a serem apupados pelos jovens *yé-yé* que se encontravam na assistência([25]).

As «festas», como as *matinées* dançantes no Teatro Monumental, ou os festivais de música que se realizaram na década de sessenta em todo território português, funcionaram como polo agregador da juventude *yé-yé* e um barómetro do cosmopolitismo. Além dos programas de rádio que passavam música anglo-americana, como «23ª Hora», da Rádio Renascença, e o «Em Órbita», do Rádio Clube Português, os fãs do *yé-yé* tiveram também um órgão oficial, a revista *Álbuns Yé-yé*, uma publicação pioneira na afirmação da música moderna em Portugal. A par da revista *Álbum da Canção*, editada pela Agência Portuguesa de Revistas, e com distribuição em Luanda e Lourenço Marques, a revista *Álbuns Yé-yé*, editada pela Empresa Tipográfica Casa Portuguesa, foi uma das primeiras publicações dedicadas exclusivamente ao universo da música popular, ou *pop-rock*.

([24]) João Paulo Guerra, «Canção do lamento», *Diário de Lisboa*, 5 de julho de 1969, p. 13.

([25]) Luís Pinheiro de Almeida relata este incidente, dizendo: «O Festival foi o mais completo sucesso em termos de *rock and roll*, com a assistência a gritar, dançar e a aplaudir vibrantemente. O grande erro de Vasco Morgado, talvez para fazer a vontade à censura, foi misturar cançonetistas tradicionais com intérpretes do *rock*, recorda Zeca do *Rock*, 'lembro-me bem como a pobre da Madalena Iglésias chorou lágrimas amargas nos bastidores, após sair do palco vaiada e impedida de actuar'». Luís Pinheiro de Almeida, «Uma nação *yé-yé*», *Blitz*, novembro, pp. 44-45.

Não obstante o seu pioneirismo, a revista *Álbuns Yé-yé* teve uma curta duração, publicando apenas cinco números entre 1966 e 1967. A revista chegou a realizar num dos seus números um inquérito sobre a receção do *yé-yé* em Portugal, entrevistando uma série de *cançonetistas* portugueses, como Simone de Oliveira, António Calvário e Paula Ribas. Esse inquérito era sintomático da animosidade que ainda existia em relação ao *yé-yé*, cujas características eram supostamente inconciliáveis com uma noção de música popular portuguesa. A primeira entrevistada, Simone de Oliveira, rejeitou liminarmente o estilo *yé-yé*, dizendo: «não acredito numa espécie de música portuguesa *yé-yé*. Não porque nos faltem autores capazes. Só que o nosso temperamento não se coaduna com esse género de música» [26]. Já António Calvário dizia: «o *yé-yé* tem a vantagem de fazer esquecer alegremente, enquanto que a música melódica entristece mais ainda. Quanto a mim, pois, o *Yé-yé* é isto: exteriorização violenta, entusiástica mas sem profundidade» [27]. Paula Ribas, por seu turno, referia: «o que eu condeno no *yé-yé* não é, propriamente, o estilo da música, mas antes as falsas interpretações e exageros a que ele dá lugar. Algumas vezes, as canções *yé-yé* deixam de ser música – são apenas barulho e ritmo desenfreado» [28].

Rejeitado por não seguir os padrões cristalizados pela música ligeira portuguesa, e por não respeitar a tradição, ou as raízes nacionais, o *yé-yé* foi etiquetado de «barulho e ritmo desenfreado». Para além das críticas daqueles que rejeitavam o caráter urbano e cosmopolita do *yé-yé*, insinuando que este desvirtuava a matriz nacional da canção ligeira, os adeptos dos ritmos *yé-yé* foram ainda confrontados com críticas que reenviavam para o significado ideológico dessa prática expressiva. Essas críticas, certamente mais contundentes do que as realizadas pelos intérpretes de música ligeira, foram efetuadas pelo músico José Afonso, que na revista *Plateia* fez uma crítica severa do *yé-yé*.

---

[26] Inquérito «O que pensa da música *yé-yé*?», Álbuns *Yé-yé*, n.º 2, s/d, 1966, p. 8.
[27] *Ibidem*.
[28] *Ibidem*.

O que eu penso da música *yé-yé* é que se trata de um abastardamento das formas musicais modernas. De forma alguma representa uma época, porque nem todos os jovens do Mundo se comportam como estes tipos; o *yé-yé* representa antes a expressão de um processo de decadência de uma sociedade. O tipo que vai espernear para o *yé-yé* é em absoluto destituído de valores intelectuais e não pode, encontra-se, irremediavelmente impossibilitado de apreciar algumas das outras manifestações da música actual, nomeadamente o jazz (...). E eu digo-lhe quais são os sintomas dessa decadência, se quiser: é a incapacidade de criar e a ausência de estímulos para viver. Todo o indivíduo incapaz de criar, segue a primeira moda que lhe aparece, contando que essa moda seja espetacular[29].

Adotando uma posição de pessimismo intelectual face ao estilo *yé-yé*, José Afonso criticava o mimetismo pueril dos conjuntos *yé-yé*, que se limitavam a adaptar temas de conjuntos norte-americanos e ingleses. José Afonso criticava ainda a ousadia visual e corporal dos jovens, condenando os mecanismos alienantes da cultura de massas por retirarem autonomia aos jovens e padronizarem os seus estilos de vida. Opondo-se às leituras mais condescendentes, que tendiam a equiparar o *yé-yé* a uma forma de emancipação e gratificação individual, José Afonso acusava os jovens *yé-yé* de simbolizarem a «decadência de uma sociedade» e de trivializarem o uso dos prazeres. Por entre a crítica sistémica às indústrias de cultura e a condenação moral da juventude, a apreciação de José Afonso menorizava o sentido lúdico e o potencial utópico que o *yé-yé* poderia ter, sobretudo numa sociedade que ainda se regia pela hierarquia, autoritarismo e deferência.

Para fazer face às reações negativas publicadas na imprensa generalista, os fãs dos ritmos *yé-yé* ensaiaram réplicas fugazes no seu órgão oficial, *Álbuns Yé-yé*, no qual apresentavam o *yé-yé* como uma tentativa de libertar a juventude da situação de clausura em que vivia. Os jovens *yé-yé* respondiam às críticas dizendo que

---

[29] José Afonso, «O Dr. José Afonso contra o *yé-yé*», *Plateia*, 12 de abril de 1966, p. 16.

queriam romper com o passado, viver a sua vida mais intensamente e, se possível, desafiar as convenções estabelecidas. Os jovens diziam inclusivamente que viviam numa situação de «clausura que vem de um mundo apressado, um mundo que pouco se preocupa com a juventude (...). Por tudo isso, a juventude, consciente, estuda, tem ânsia de saber, prepara-se para o futuro – um futuro que ela sabe ser diferente de tudo quanto exemplifica o passado» ([30]).

«A contagiante loucura dos ritmos ié-ié» nas colónias

Embora o enquadramento metropolitano continue a orientar os olhares sobre o império português, as dinâmicas internacionais afiguram-se centrais para reler a sua história, sobretudo porque estas foram centrais para o desenvolvimento das cidades coloniais. Entre outros aspetos suscetíveis de serem referidos, o estudo da cultura popular urbana, e a circulação de imaginários, linguagens e modelos internacionais, afigura-se indispensável para desparoquializar o «caso português», ou a questão colonial portuguesa, retirando-o da mera circunscrição metropolitana, que tende a obliterar uma série de processos socioculturais e dinâmicas internacionais.

Como se referiu, o impacto social e cultural do fenómeno *yé-yé* também se fez sentir nas principais cidades do império português, onde se espelhou o alcance da cultura popular urbana. O carácter cosmopolita e transversal do novo estilo urbano veio a pôr em causa os modelos sobre o colonialismo do centro, segundo os quais os territórios coloniais seriam meras extensões da metrópole, que se limitariam a gravitar em torno das suas deliberações, tanto no aspeto político, como no aspeto económico e sociocultural. A existência de uma numerosa imprensa escrita, a proliferação de estações e programas de rádio, que incluíam diversas linguagens musicais, e a criação de novas com-

---

([30]) S/a, «O *yé-yé* tenta libertar a juventude dos seus fantasmas», *Álbuns Yé-yé*, n.º 5, s/d, 1967, p. 18.

panhias discográficas permitiram multiplicar as esferas de circulação e disseminação da música popular nas colónias e irradiar imaginários e modelos internacionais.

Segundo Leonor Losa, o movimento de expansão da indústria fonográfica alargou-se «aos territórios coloniais em expansão económica e comercial, e compreendendo uma população urbana com consumos musicais e práticas de lazer diversificados»([31]). No início de 1960 a Valentim de Carvalho funda a Valentim de Carvalho Angola, os sócios da Rádio Triunfo fundam a Fadiang, também em Angola, e a Somodisco em Moçambique. Além de comercializarem os seus catálogos, estas companhias representavam outras etiquetas que operavam nos territórios coloniais, numa rede comercial que incluía ainda as companhias multinacionais, que criaram um terreno ideal para a divulgação de reportórios variados.

No seu estudo sobre a música popular em Angola, Marissa Jean Moorman dá conta do desenvolvimento de uma cultura popular urbana em Angola, realçando que o «capitalismo sonoro foi o motor que permitiu a circulação de um novo som e sensibilidade em todo o território. Desancorada das estruturas da literacia, as novas coordenadas culturais da nação viajaram nas ondas de rádio e nos singles de vinil produzidos em Angola»([32]). O «capitalismo sonoro» garantiu a circulação de música popular angolana, mas também de música popular anglo-saxónica, que inspirou os conjuntos *yé-yé* e contribuiu para a sua proliferação nas principais cidades do império português. Como, aliás, confirma um disco recentemente editado, intitulado *Cazumbi African Sixties Garage*, que inclui vários conjuntos oriundos do continente africano, em especial de Angola e Moçambique. Entre os quais, «Gino Garrido & Os Psicodélicos»,

---

([31]) Leonor Losa, «Indústria Fonográfica», in Salwa Castelo-Branco, (org.) *Enciclopédia da Música em Portugal no Século XX*, (Lisboa: Temas e Debates / Círculo de Leitores, 2010), p. 639.

([32]) Marissa Jean Moorman, *Intonations: A Social History of Music and Nation in Luanda, Angola, from 1945 to Recent Times* (Athens: Ohio University Press, 2008), p. 7.

«Os Rebeldes», «Os Gambuzinos», «Kriptons», «Os Inflexos», «Os *Rocks*», «Night Stars», «Conjunto Oliveira Muge», «Vum--Vum», etc.([33]).

Um dos primeiros intérpretes do *rock* em Portugal, Victor Gomes, referiu no documentário *Estranha Forma de Vida – Uma História da Música Popular* (Portugal, RTP, 2011) que o *rock* teria surgido em primeiro lugar nas colónias de Moçambique e Angola, onde o músico viveu antes de fixar em Lisboa em 1963, aí fundando o conjunto «Victor Gomes e os Gatos Negros», com

---

([33]) A indústria fonográfica portuguesa tem vindo a editar uma série de coletâneas sobre os estilos *rock* que predominavam na década de sessenta. Uma editora independente, a Galo de Barcelos, inaugurou esse tipo de edições, com a publicação de *Portuguese Nuggets, volume1. A trip to 60's Portuguese Beat Surf and Garage Rock* (Galo de Barcelos, 2007). A série «Portuguese Nuggets» conta atualmente com três volumes publicados. Uma outra editora independente, a No Smoke Records, publicou por sua vez a coletânea *Cazumbi African Sixties Garage,* com dois volumes publicados, o primeiro editado pela No Smoke Records (2008), e o segundo editado pela Groovie Records (2009). Ambas as editoras especializaram-se na reedição de conjuntos *rock* subvalorizados da década de sessenta, incluindo nos seus catálogos conjuntos mais ou menos obscuros das colónias portuguesas. Este olhar retrospetivo insere-se numa espécie de arquelogia do *rock* e abarca uma renegociação do seu passado, introduzindo uma série de nomenclaturas para descrever e celebrar os estilos *rock* que se praticavam outrora, entre as quais o garage, o beat, o surf, etc. Segundo Simon Reynolds, este tipo de reedições são um sintoma da década 2000, uma época dominada pelo prefixo «re», seja em revivalismos, reedições, remakes, reciclagem de estilos antigos, reuniões de conjuntos do passado, ou outro tipo de revisitações. Simon Reynolds emprega o conceito *retromania* para descrever a obsessão da música *pop* atual com o seu próprio passado, uma obsessão que abre caminho para a autorreferencialidade e para a musealização da música feita no passado. Simon Reynolds define *retromania* como uma forma de investigar «toda a gama de usos e abusos contemporâneos do passado *pop*. O que inclui a presença significativa da cultura *pop* do passado nas nossas vidas: desde a disponibilidade de discografias fundo catálogo ao gigantesco arquivo coletivo do You Tube, passando pelas enormes mudanças no consumo de música geradas pelos dispositivos de reprodução como o iPod (que muitas vezes funciona como uma 'rádio nostalgia' privada)». Simon Reynolds, *Retromania: Pop Culture's Addiction To Its Own Past* (London: Faber and Faber, 2011), p. xiii.

um reportório constituído por êxitos de Elvis Presley, Buddy Holly, Chuck Berry e Little Richard. A importação de fonogramas da África do Sul, e a sua reprodução em *jukeboxes*, e a multiplicação de eventos *yé-yé* nos espaços de divertimento noturnos terão contribuído para a propagação dos «ritmos nova vaga» nas colónias. Por exemplo, o conjunto «Victor Gomes e os Dardos» ganhou mais que uma vez o título «O Rei do *Rock*» em Angola, chegando a fazer uma digressão pelo interior do território angolano[34].

As principais revistas ilustradas de Angola e Moçambique, como a *Revista de Angola, Notícia, Nova, Noite e Dia, Actualidades*, entre outras, também contribuíram para difundir o novo estilo urbano, publicando várias reportagens sobre a disseminação do fenómeno *yé-yé* nas colónias. Por exemplo, uma reportagem intitulada «O ritmo ié-ié grita o seu desafio às convenções», a revista *Actualidades*, publicada em Moçambique, referia:

> A contagiante loucura dos ritmos ié-ié não poupa a juventude de nenhum país. (...) Aninha-se, como uma ave rebelde, nas caves e nos salões e daí grita o seu desafio ao mundo, aí consagra a sua própria universalidade. Estamos perante um facto consumando; o ié-ié está em plena apoteose. Todavia, à custa de que princípios, de que disciplinas morais construiu o seu império? Esta é a outra pergunta perplexa que baila nos lábios de milhares de pais, de pedagogos, de governantes[35].

Contrariamente à ideia de um espaço africano rudimentar e impermeável aos consumos e imaginários internacionais, a reportagem publicada na revista *Actualidades* indiciava que existiam vários espaços africanos e que estes eram permeados por interações culturais e consumos internacionais. Não só a «contagiante loucura dos ritmos ié-ié» chegava às colónias, como

---

[34] Ver Pedro Roxo, «Gomes, Victor», in Salwa Castelo-Branco (org.), *Enciclopédia da Música em Portugal no Século XX* (Lisboa: Temas e Debates / Círculo de Leitores, 2010) pp. 578.

[35] Sotto e Sousa, «O ritmo ié-ié grita o seu desafio às convenções», *Actualidades. Revista Ilustrada de Moçambique*, 11 de abril de 1967, s/p.

sugeria que a construção e hierarquização dos espaços coloniais, tanto social como racial, continha zonas ambíguas, especialmente nas áreas de sociabilidade das classes médias e altas que podiam desfrutar dos seus tempos livres. Mas também nos subúrbios, com os novos ritmos a serem apropriados e remodelados por músicos locais, como demonstra a história do semba em Angola[36], ou a da marrabenta em Moçambique[37].

Um inquérito sobre a família nos musseques de Luanda, realizado pelo geógrafo Ramiro Ladeiro Monteiro, Chefe de Serviço na Direção dos Serviços de Centralização e Coordenação de Angola, procurava identificar como se processava o acesso aos lazeres nos musseques. Nesse inquérito, que resultava de uma dissertação de licenciatura apresentada no Instituto Superior de Ciências Sociais e Política Ultramarina, pretendia-se identificar os desajustamentos provocados pela industrialização e urbanização nas famílias dos subúrbios de Luanda. Ao questionar os habitantes dos musseques sobre quais eram os seus modos de ocupação dos tempos livres, Ramiro Ladeiro Monteiro verificou que as festas, mais conhecidas por «farras», eram um dos divertimentos indicados. Embora desempenhassem um papel importante no capítulo das sociabilidades, as «farras» estavam fora do alcance da maioria dos habitantes, sobretudo se estas decorressem em recintos fechados e exigissem o pagamento de uma franquia. De acordo com Ramiro Ladeiro Monteiro:

> Os bailes ou farras (termo mais popular), cuja percentagem de frequência não vai além dos 7,7% são divertimentos que, embora estilizados por padrões de origem europeia, se enquadram perfeitamente no espírito da população dos musseques, tal a forte inclinação desta gente para a música e para a dança. Simplesmente, em face dos condicionalismos exis-

---

[36] Marissa Jean Moorman, *Intonations: A Social History of Music and Nation in Luanda, Angola, from 1945 to Recent Times* (Athens: Ohio University Press, 2008).

[37] Rui Laranjeira, *A Marrabenta: sua evolução e estilização 1950-2002* (Maputo: Tese de Licenciatura-Universidade Eduardo Mondlane, 2005).

tentes, as diversões deste tipo deixaram de ser fruto de exteriorizações populares para assumirem foros de comercialização. As 'farras' decorrem em recintos fechados, nos clubes, cuja frequência acarreta despesas que um chefe de família só poderá suportar de quando em vez([38]).

Apesar de repetir os estereótipos sobre a forte inclinação dos negros para a música, bastante comuns na imprensa, mas também nalguns trabalhos etnográficos([39]), Ramiro Ladeiro Monteiro chamava a atenção para a desigualdade estrutural que se registava no acesso aos bailes, ou «farras». Uma desigualdade que se pressupunha ser maior nas festas e concertos *yé-yé*, uma vez que a maior parte desses eventos se realizavam em estabelecimentos localizados na «cidade de cimento». Paralelamente às salas de concertos, os estabelecimentos de divertimento noturno, cognominados *boîtes*, eram sinais da profusão de novos hábitos urbanos através dos quais se esculpia um estilo de vida hedonista. Os divertimentos noturnos eram, aliás, um objeto noticioso em várias revistas ilustradas, como na revista *Plateia* ([40]), ou na *Revista de Angola*, que dava conta do poder da «farra» enquanto mecanismo de intensificação do prazer e fonte de novas sociabilidades. Ao descrever um baile de Carnaval em

---

([38]) Ramiro Ladeiro Monteiro, *A Família nos musseques de Luanda: subsídios para o seu estudo,* (Luanda: Fundo de Acção Social no Trabalho em Angola, 1973), pp. 360, 362.

([39]) Por exemplo, o antropólogo José Redinha, Director do Museu do Dundo, referia que a música e a dança formavam «o casal consorciado» para os negros. Segundo José Redinha: «A dança desempenha um papel importantíssimo na vida dos povos angolanos. Pode dizer-se que ela se manifesta nos indivíduos desde a primeira infância, pois é vulgar encontrarem-se jovens de ambos os sexos dançando a sós ou em grupo. A dança e a música, 'o casal consorciado', são elementos fundamentais da vida psíquica do Africano», José Redinha, «Angola», in Fernando de Castro Pires de Lima (org.), *A Arte Popular em Portugal, ilhas adjacentes e ultramar, Segundo Volume* (Lisboa: Editorial Verbo, 1970), p. 411.

([40]) Num artigo publicado na revista *Plateia* referia-se que na capital angolana «em vez das batucadas folclóricas encontram-se 'modernos dancings'», S/a, «Luanda à Noite», *Plateia*, 30 de maio de 1963, p. 51.

Luanda, a *Revista de Angola* dizia: «Não há cores nem idades. Não há preconceitos. Há farra! Apenas com os limites da compostura e da decência e das forças dos farristas. O resto, a música, o ritmo é com os 'Conjuntos', com os 'gomas', os órgãos, as violas, os vocalistas e os pares que dançam e cantam e saracoteiam e apitam e estrujem em palmas»([41]).

Tanto nas colónias, como na metrópole, a juventude *yé-yé* era fundamentalmente constituída por jovens pertencentes ao mesmo grupo sociocultural e não apenas a um grupo etário homogéneo, ou fase de vida. Ou seja, faziam parte da juventude *yé-yé* apenas os jovens que podiam adquirir os novos bens de consumo, designadamente os discos, as roupas, ou os bilhetes para os concertos e festas *yé-yé*. Para ser jovem *yé-yé* era necessário ter algum poder de aquisição, um fato que comprovava a base económica da nova subcultura juvenil([42]). Aliás, uma reportagem publicada no *Século Ilustrado* mencionava precisamente a natureza de classe do fenómeno *yé-yé*, dizendo que a nova «cultura jovem» tinha sido adotada maioritariamente pelas classes mais altas:

> Dança-se o *yé-yé*: pares sem se enlaçarem, cada dançarino, por sua conta e risco, a torcer-se e a retorcer-se (...). Os dançarinos, claro está, são jovens (...). Ora esses jovens são estudantes, na maioria, e também funcionários públicos, empregados bancários em começo de carreira. Pequena burguesia engravatada e limpa, para resumir. E o estranho está nisso: até há pouco tempo, a juventude dessa classe de gente timorata, recatada e avessa à novidade não se afoitava assim, tão às claras e sem constrangimento([43]).

([41]) S/a, «Farra bruta. É para todo o mundo farrar!», *Revista de Angola*, 31 de janeiro de 1971, s/p.

([42]) Sobre a base económica, ou material, da nova cultura juvenil ver Stuart Hall, Paddy Whannel, «The Young Audience», in Simon Frith, Andrew Goodwin, *On record: rock, pop and written word* (London/ New York: Routledge, 2005 [1990]), pp. 23 e seg.

([43]) Sotto e Sousa, «O ritmo ié-ié grita o seu desafio às convenções», *Actualidades. Revista Ilustrada de Moçambique*, 11 de abril de 1967, s/p.

Do artigo depreendia-se que o *yé-yé* apenas fazia parte das sociabilidades dos jovens que tinham um maior poder de aquisição. Ou não fosse o *yé-yé* uma subcultura urbana mediada pela aquisição de bens, que permitiam alargar o leque de experiências culturais, mas que reforçavam também as hierarquias sociais. As novas identidades juvenis dependiam assim da origem social dos jovens, que formavam um grupo sociocultural coeso, ainda que aberto à mobilidade social. Tal como outros produtos comercializáveis, o *yé-yé* estava inserido num regime de produção e consumo, com o custo elevado dos discos a vedar o acesso da maioria às gravações dos conjuntos *yé-yé*, sobretudo aos *long plays* (*LP's*). O preço alto dos discos foi, aliás, o tema de uma das raras reportagens realizadas sobre a indústria fonográfica em Portugal([44]), intitulada «discos *yé-yé*: um artigo de luxo», que foi publicada no *Século Ilustrado*:

> Os adolescentes portugueses compram *yé-yé* e mais *yé-yé*. É do que sobretudo gostam. Mas compram-no de acordo com as suas posses. As quais são poucas. E evidentemente: os jovens da classe do topo, para darem, aos Sábados à noite, uma festinha em casa, vão a uma loja de discos e saem de lá com uma pilha de 'long plays' debaixo do braço (...). Mas cabe pouca gente no círculo dourado da moderna fidalguia. Os jovens pró-*yé-yé* das classes intermédias coleccionam discos de 45 rotações em combinação com os amigos: 'compras tu este que eu compro aquele'. E o que não se comprou é pedido de empréstimo e depois gravado em casa([45]).

Embora a «voga *yé-yé*» tivesse conduzido ao crescimento da indústria discográfica, que à época era praticamente inexistente, o acesso dos jovens ao seu estilo de música preferido continuava a estar limitado pelo seu poder de compra. Por exemplo, os *long*

([44]) Sobre a produção e comercialização de discos em Portugal ver Leonor Losa, «Indústria Fonográfica», in Salwa Castelo-Branco (org), *Enciclopédia da Música Portuguesa, C-L* (Lisboa: Círculo de Leitores/ Temas e Debates, 2010), pp. 632-643.

([45]) S/a, «Disco Yé Yé: um artigo de luxo», *Século Ilustrado*, 17 de dezembro de 1966, p. 31.

plays só estavam acessíveis aos jovens mais endinheirados, que podiam adquirir de uma assentada a obra completa dos The Beatles, como se mencionava na peça publicada pelo *Século Ilustrado*. Já os discos de 45 rotações circulavam pelos jovens menos abastados, que entre cópias e empréstimos inauguravam novas formas de partilhar a música. A expansão dos discos de 45 rotações, que constituíam o grosso da produção discográfica dos conjuntos de *yé-yé*, que gravavam sobretudo *ep's*, levou a editora *Alvorada* a anunciar que ia reduzir o preço desses discos, dizendo: «correspondendo ao crescente interesse manifestado pelo público para com os chamados discos normais, foi decidido reduzir o seu preço de venda. Numa altura em que tudo aumenta, esta baixa levantará as suas interrogações. Porém, a explicação é simples. Ela está justamente no acréscimo do público em relação aquele tipo de disco»([46]).

Se o consumo discográfico de *Lp's* estava fora do alcance da maioria, as indumentárias (blusões negros, mini-saias, ou os cortes de cabelo) que se utilizavam para fazer parte da juventude *yé-yé* também operavam distinções sociais([47]). Porém, o

---

([46]) S/a, «Mais baratos os discos normais», *Alvorada. Os discos do mês*, abril, 1965, p. 5.

([47]) No *Dicionário de História de Portugal*, o empresário David Ferreira refere a «intentona falhada» do *yé-yé*, chamando a atenção para o acesso desigual que os jovens tinham ao lazer. Segundo David Ferreira: «O *Yé-yé* morre quase à nascença e nunca cresce até ser *rock*. Não é que as editoras discográficas, as salas de espectáculo (o Império, o Monumental) e a própria Comunicação Social – todos eles fascinados com as notícias dos Shadows e dos Beatles – não tenham tentado. O terreno simplesmente não era fértil. Aos adolescentes da classe média faltava uma boa semanada para alimentar uma cultura de lazer sua; faltava ar para desafiar o Regime, os costumes e a geração anterior, e, finalmente, com a Guerra de África faltava-lhes o optimismo sincero que animou a *pop* Anglo-Saxónica de meados doa nos 60. Ficaram as tentativas, às vezes frágeis, às vezes saborosas, dos Conchas, Conjunto Mistério, Daniel Bacelar, Sheiks, Quinteto Académico e, já com outras ambições, do Quarteto 1111 de José Cid. Mas a Revolução definitivamente não ia passar por ali», David Ferreira, «Música Ligeira», in António Barreto, Maria Filomena Mónica (orgs.), *Dicionário de História de Portugal. Vol VIII* (Lisboa: Figueirinhas, 1999), p. 596.

fenómeno *yé-yé* não subsumia à dimensão de classe, uma vez que ele se integrava no âmbito de uma cultura popular urbana permeável à mobilidade social e potenciadora dos desejos e aspirações da juventude. Ou seja, o fenómeno *yé-yé* também impulsionava novas sociabilidades, desafiava regras instituídas e ajudava a reformular formas de estar e comportar.

O concurso *yé-yé*, modos de usar

No território português os jovens apreciadores de *rock* converteram-se, como vimos, num objeto de ansiedades públicas, com os seus rituais hedonistas a serem criticados na imprensa e vigiados de perto pelas autoridades oficiais, que tentavam conter os seus ânimos. Em meados da década de sessenta o Movimento Nacional Feminino procurou ir ao encontro da juventude *yé-yé* através da promoção do Concurso *Yé-yé* 1966-67, que foi o maior evento *pop-rock* da década de sessenta. O concurso teve o apoio oficial do jornal *O Século*, da RTP, da Emissora Nacional e do Rádio Clube Português. Divido por dezenas de eliminatórias, que se disputaram entre agosto de 1965 e abril de 1966 em todo o território português, o concurso distinguiu-se igualmente por ter conseguido espelhar, pelo menos a nível mediático, a dimensão pluricontinental do país.

O patrocínio do Movimento Nacional Feminino fazia parte das ações habitualmente desenvolvidas por aquele organismo de propaganda, que se esforçava por demover os muros de indiferença que existiam em relação aos destinos do país. Recorde-se que o Movimento Nacional Feminino (criado a 28 de abril de 1961, propositadamente no dia de aniversário de António Oliveira Salazar) se auto designava de «associação patriótica sem carácter político e independente do Estado», e dizia lutar contra o derrotismo, a desagregação, procurando demover os muros de indiferença que existiam em relação aos destinos da nação pluricontinental. No editorial do primeiro número da revista *Presença*, o órgão oficial do MNF, a Presidente do Movimento, Cecília Supico Pinto, dizia:

Como mulheres portuguesas conscientes do momento grave que a nossa Pátria atravessa, não quisemos, nem pudemos, ficar indiferentes. Sentimos que alguma coisa poderíamos fazer. Não era nosso papel pegar em armas, mas fazia parte da nossa maneira de ser, da nossa condição de mulheres, estar presentes, quer junto dos que defendem a Pátria, quer das suas famílias, tornando parte nas suas alegrias e desgostos, procurando resolver os problemas morais e materiais que a actual situação de guerra lhes criou. O Movimento Nacional Feminino é a materialização desse nosso desejo, que consideramos um dever[48].

O interesse crescente da juventude urbana pelos ritmos *yé-yé* e, sobretudo, a conjuntura desfavorável – uma guerra colonial que decorria em três frentes e a diversificação e radicalização das oposições políticas – terá concorrido para que um organismo de propaganda oficial patrocinasse um espetáculo de música popular urbana, normalmente promovidos por empresários ligados ao mundo do espetáculo, como Vasco Morgado. Embora fosse justificado como um «exemplo de abertura», a aproximação do MNF ao universo do *yé-yé*, e dos novos estilos urbanos, era acompanhada por uma tentativa de catequização ideológica, relembrando por exemplo que o evento servia para angariar receitas para as ações de apoio às Forças Armadas[49]. Sem ocultar o seu proselitismo, o MNF optou por fundamentar as razões para o seu patrocínio em termos mais prosaicos:

Quando nós defendemos a ideia de se ir de encontro ao espírito da 'gente nova', só um argumento era irreversível para a 'gente velha': em todo o lado em que o ritmo ié-ié aparecia,

---

[48] Cecília Supico Pinto (editorial), «A nossa presença», *Presença. Revista do Movimento Nacional Feminino*, nº1, 1963, p. 3.

[49] Segundo Rui Cidra e Pedro Félix, o Movimento Nacional Feminino queria se apropriar do fenómeno *yé-yé*, «mobilizando estrategicamente jovens de todo o país através de uma iniciativa que tocava diretamente as suas experiências e referências (o *rock and roll*, os estilos *pop* e os 'conjuntos')», Rui Cidra, Pedro Félix, «*Pop-Rock*», in Salwa Castelo-Branco (org.), *Enciclopédia da Música Portuguesa, L-P* (Lisboa: Círculo de Leitores/ Temas e Debates, 2010), p. 1042.

descia a taxa de delinquência juvenil... A rapaziada entregava-
-se às cordas da guitarra, à pele e à loiça dos pratos e desconhecia o preenchimento do tempo com outras coisas (...).
É com esse espírito novo, genica da juventude, que os problemas da mocidade se devem resolver. E o MNF, com o 'Século',
a RTP, a Emissora e o Rádio Clube Português ao apoiarem a
nossa iniciativa deram um exemplo de abertura que se tem
de fazer para melhorar a situação da 'gente jovem'[50].

A iniciativa de ir ao encontro da «gente jovem» era a forma
do MNF acompanhar e limitar, tanto quanto possível, o processo
de reconfiguração de valores que ocorria na juventude portuguesa. Numa época em que os prazeres do corpo assumiam
preeminência, um organismo de propaganda oficial encarre-
gava-se de oferecer à juventude um lugar aclimatado de diversão
que estava encimado por motes patrióticos. O objetivo seria
inscrever o concurso na estratégia nacional de defesa da soberania portuguesa nas colónias, empregando um argumentário
próximo do luso-tropicalismo. Ou seja, o concurso podia ser
um terreno favorável para afirmação de discursos nacionalistas
que aludissem a uma suposta comunhão de interesses entre
organizadores, conjuntos *yé-yé* e público juvenil.

O apoio oficial do MNF assinalava, por um lado, a mudança
de perceção do fenómeno *yé-yé* em Portugal, que inicialmente
tinha sido severamente criticado e, por outro lado, parecia ser
uma forma sub-reptícia de retirar expressão ao movimento *yé-yé*,
que através deste apoio institucional perdia independência e
autonomia. Com efeito, a ligação entre um organismo de propaganda oficial e o universo dos conjuntos punha em causa
alguns dos postulados associados ao fenómeno *rock* internacional, como a rebeldia, liberdade e independência, ilustrando
assim a encruzilhada que se vivia com o novo estilo. Assinale-se,
porém, que a alegada falta de autonomia do movimento *yé-yé*
português não era alheia à natureza autoritária do regime, ao

---

[50] Pedro Cabrita, «*Yé-yé*», *Presença. Revista trimestral do Movimento Nacional Feminino*, nº5, S/d, 1966, p. 15.

condicionamento da imprensa e da opinião, nem ao lugar periférico que Portugal ocupava no âmbito das indústrias musicais.

O Concurso *Yé-yé* 1966-67 contou com mais de setenta conjuntos inscritos, o que significou mais de trezentos e cinquenta jovens participantes, cuja média de idades rondava os dezoito anos. O carácter inovador e cosmopolita do estilo *yé-yé* estava presente na ideia de «conjunto», que se baseava numa unidade coletiva composta por várias vozes, e que utilizava o inglês como língua franca, presente inclusivamente no nome dos conjuntos. Este fato fez com o MNF introduzisse algumas adendas ao regulamento, com o objetivo de obrigar os conjuntos a interpretarem pelo menos uma canção original em português. Cada conjunto dispunha de um tempo de atuação máximo de vinte minutos, nos quais procurava captar a atenção do público. Na assistência estavam centenas de jovens reunidos em falanges de apoio afetas aos conjuntos, que entre gritos, vaias e apupos, acrescentavam irreverência ao concurso, recreando poses e movimentos de uma cultura global.

A primeira eliminatória do concurso disputou-se a 28 de agosto de 1965, à qual se seguiram dezenas de outras, até à realização da grande final *yé-yé* efetuada no Teatro Monumental a 30 de abril de 1966. Nesse intervalo de tempo, o *yé-yé* ganhou visibilidade na imprensa, sobretudo nas revistas ilustradas, que noticiavam frequentemente os resultados das eliminatórias, sugerindo uma nacionalização banal do evento. Por exemplo, numa eliminatória realizada em Moçambique, a revista *Plateia* referiu:

> De certo nunca se registou nada igual em todo o território português de aquém e de além-mar. (...). O concurso ié-ié promovido pelo Movimento Nacional Feminino, alargou-se, como sabem ao Ultramar Português. Moçambique, que tem a sua espinha dorsal partilhada por Lourenço Marques e pela Beira, viu realizarem-se duas eliminatórias nestas cidades[51].

---

[51] S/a, «Loucura ié-ié na Beira», *Plateia*, 5 de abril de 1966, p. 13.

Fazendo alusões à uniformização político-administrativa do território português, e aos imperativos de uma «nação una e indivisível», como a propaganda oficial reivindicava, a notícia da revista *Plateia* reforçava a ideia de que o território português era vasto, diverso e plural. Esta forma prosaica e rotineira de encenar a nacionalidade aproximava a natureza convivial do concurso da alegada «particular maneira portuguesa de estar no mundo»([52]). A dimensão pluricontinental do concurso fortalecia a retórica fraternal e integradora do evento, que era alimentada por sucessivas eliminatórias que se disputavam em todo território português. O jornal *O Século,* um dos patrocinadores oficiais da iniciativa, dava um destaque especial aos conjuntos que vinham das colónias:

> A última meia-final do Grande Concurso Ié-Ié acabou em beleza. A assistência foi envolvida por serpentinas coloridas que rodopiavam vindas do alto para celebrar a exibição no palco dos 'Night Stars', de Moçambique, por sinal os últimos a apresentarem-se, em representação do nosso Ultramar, depois de 'Os Lordes', da Guiné, de 'Os *Rock*s', de Angola, e de os 'Ritmos Cabo-Verdianos', de Cabo Verde. Foi assim, um espectáculo cheio de animação, durante o qual aqueles diversos conjuntos foram apoiados por entusiásticas falanges de admiradores([53]).

([52]) A «particular maneira portuguesa de estar no mundo» foi uma expressão cunhada pelo ex-ministro do ultramar, Adriano Moreira, que se tornou num dos slogans mais famosos do luso-tropicalismo banal. Nas palavras de Adriano Moreira: «dispersa a Nação por todos os continentes, entrando em contacto com as mais variadas gentes e culturas, acolhendo a todos com igual fraternidade, foi necessário estabelecer um conjunto de preceitos que traduzissem a ética missionária que nos conduziu em toda a parte com fidelidade à particular maneira portuguesa de estar no Mundo». Adriano Moreira, *Batalha da Esperança,* (Lisboa: Edições Panorama, 1962), p. 154.

([53]) S/a, «Loucura ié-ié na Beira», *Plateia,* 5 de abril de 1966, p. 13.

IMAGEM 1. *O Século*, 23 de abril de 1966

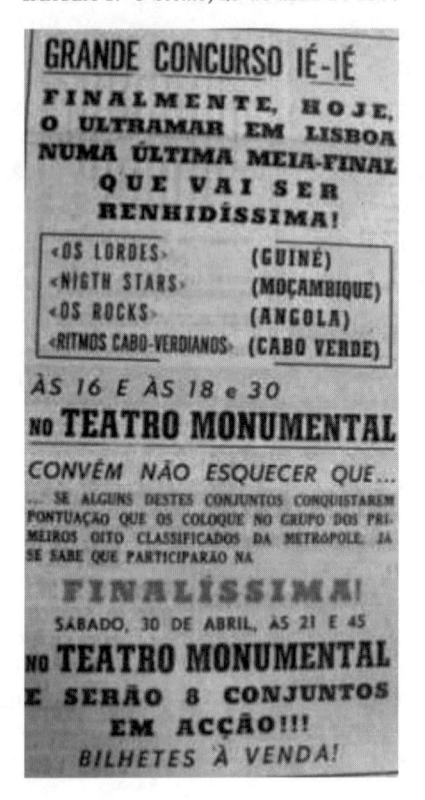

Como refere Michael Billig, a utilização de formas pronominais é uma maneira de acenar o «nacionalismo banal»([54]). A referência que o jornal *O Século* fazia ao «nosso ultramar» fornecia uma ferramenta retórica para a manutenção da «comunidade lusíada», mostrando que esta era uma unidade orgânica e não um conjunto de parcelas territoriais atomizadas. A extensão do concurso às colónias naturalizava a soberania portuguesa nas colónias africanas, insinuando também que o espetáculo escalonava portugueses de todas origens, independentemente

---

([54]) Ver Michael Billig, «Nationalism and Richard Rorty: the text as a flag for Pax Americana», *New Left Review*, 202, Nov-Dec (1993), pp. 69-83.

de «raça», credo, ou origem social. Como parecia confirmar a existência de alguns conjuntos compostos por negros e brancos, como «Os *Rocks*» de Angola, ou os «Night Stars» de Moçambique, entre outros.

Além de fundamentar a crença na diferença portuguesa, o concurso tendia a regularizar a experiência da guerra colonial, uma realidade que fazia parte do horizonte da maioria dos jovens que participava no concurso. O serviço militar obrigatório, e a participação na guerra colonial, era uma realidade inescapável para a maior parte dos jovens portugueses, nomeadamente para os músicos que integravam os conjuntos. Esta situação impediu inclusivamente vários conjuntos de prosseguirem a sua atividade regular. A banalização da violência, ou a tentativa de conformar os jovens para a necessidade de defenderem a soberania portuguesa nas colónias africanas, fazia-se igualmente através de um espetáculo musical cujas receitas revertiam para as Forças Armadas. Ao inscrever o concurso numa espécie de divertimento com causas, ou de filantropia musical, o MNF convertia uma competição de ritmos urbanos numa forma subliminar de publicitar a guerra, afirmando a sua inevitabilidade e, sobretudo, despolitizando as suas consequências.

Não obstante o seu conteúdo político, ou viés ideológico, o concurso era visto mediaticamente como um divertimento inofensivo que, para alguns, contribuía para agitar o panorama artístico nas principais cidades do império português. Como referia a revista *Notícia*, publicada em Angola: «Com uma casa a abarrotar, o Movimento Nacional Feminino conseguiu fazer sacudir o nosso tão falado (e morno) panorama artístico, com o mérito de deixar o público dum espetáculo de variedades satisfeito e descontraído» [55]. Na revista *Plateia* também se mencionava o lado convivial e benéfico do concurso, dizendo que «tudo vibrou até ao fim de uma grande maratona de música ié-ié que, desde agosto findo, através da atuação de cerca de

---

[55] S/a, «Ié ié ié ié. Supresa: tantos conjuntos bons. Certeza: os *Rocks*, os melhores», *Notícia*, 25 de dezembro de 1965, p. 86.

cem conjuntos, da Metrópole e Ultramar, alvoroçou milhares de jovens, nos decursos das respetivas eliminatórias» ([56]).

Se parte da imprensa referia o ambiente alegre e descontraído que se vivia no evento, secundarizando por exemplo os propósitos de quem o organizava, a outra fazia questão de assinalar o nome do promotor do evento, quase transformando as suas intenções políticas em gestos beneméritos. Por exemplo, a revista *Alvorada*, uma editora discográfica que dispunha de uma publicação mensal, dizia que «o grande Concurso Ié-Ié foi promovido pelo Movimento Nacional Feminino (…). A receita destinou-se às Forças Armadas em serviço no Ultramar. E do Ultramar vieram à final alguns conjuntos com valor» ([57]).

Quando a imprensa afirmava que o objetivo do concurso era angariar receitas para as iniciativas de apoio à guerra colonial, como aconteceu frequentemente, estava-se a normalizar mediaticamente um longo ciclo de violência. O concurso serviu de pretexto para a produção de vários tipos de discursos, desde o «simplesmente» noticioso ao discurso conformador, que sustinha ideologias imperiais e procurava retirar dividendos políticos do evento. Sem pretender apresentar uma síntese dos discursos produzidos, ou sumariar a mediatização que o concurso obteve, ficava claro que através deles se operava uma banalização das representações nacionais. Sobretudo as de índole territorial, com a soberania portuguesa nas colónias africanas a permanecer inquestionável, dando a entender que existia um entendimento partilhado sobre a pluricontinentalidade portuguesa na imprensa. Ou seja, as referências que se faziam às cidades coloniais eram indissociáveis de um modo de imaginar a «comunidade lusíada», através das quais se naturalizava a ideia de que Portugal era uma unidade política homogénea e diversa sob o ponto vista geográfico. Como sugeria a presença de conjuntos *yé-yé* vindos de Angola, Moçambique, Cabo Verde, Guiné e de Portugal continental.

([56]) João Alexandre, «A desejada final ié-ié e a desilusão de 'Os *Rocks*'», *Plateia*, 24 de maio de 1966, p. 3.

([57]) S/a, «O melhor entre cem na maratona ié-ié», *Alvorada. Os discos do mês*, maio, 1966, p. 3.

Benedict Anderson menciona o papel que o capitalismo editorial tem na reprodução do nacionalismo, ou no modo de imaginar uma comunidade, mencionado como a impressão em larga escala permite expandir o universo de leitores e «tornar possível que um número crescente de pessoas pense sobre si mesma e se relacione com as demais de uma forma profundamente nova»[58]. Segundo Anderson, a imprensa é um meio fundamental para que se possa produzir a sensação de tempo simultâneo, uma noção segundo a qual vários acontecimentos se desenrolam ao mesmo tempo num espaço comum. Esta noção de simultaneidade é fulcral para perceber como o concurso *yé-yé*, não obstante o seu cosmopolitismo, permitiu reiterar o entendimento que se fazia sobre as fronteiras territoriais do império português e banalizar a ideia de um império unificado na aparente dispersão do seu território.

A finalíssima *yé-yé* «terminou quase em grande bronca»

A par de banalizar o luso-tropicalismo, o concurso serviu também para dramatizar os conflitos que atravessavam a sociedade portuguesa. Como a maioria da imprensa assinalou, a grande final do Concurso *Yé-yé* de 1966-67 acabou em desordem, um fato que estaria seguramente fora dos planos dos seus promotores. A altercação surgiu porque alegadamente a assistência não se conformou com o resultado final do concurso, que deu a vitória ao conjunto «Os Claves» de Lisboa, quando a maioria do público preferia que tivesse ganho o conjunto «Os *Rocks*» de Angola. Este conjunto tinha como vocalista Eduardo Nascimento, que viria a vencer o festival RTP da canção em 1967, tornando-se o primeiro negro a vencer esse festival[59]. A obe-

---

[58] Benedict Anderson, *Imagined Communities: Reflections on the Origin and Spread of Nationalism* [London/New York: Verso, 1991 (1983)], p. 36 (edição Portuguesa *Comunidades Imaginadas* [Lisboa: edições 70, 2012).

[59] Ver entrada «*Rocks*», Luís Pinheiro de Almeida, João Pinheiro de Almeida, in Salwa Castelo-Branco (org.), *Enciclopédia da Música Ligeira Portuguesa* (Lisboa: Círculo de Leitores, 1998), pp. 331-332.

diência e a pacatez que os organizadores procuraram imprimir ao concurso acabaria por ruir com os desacatos finais. A reportagem da revista *Flama*, intitulada «Ié-Ié: o concurso foi um conflito», assinalava que o concurso tinha terminado em «grande bronca»:

> O concurso 'ié-ié' terminou quase em grande 'bronca'. Após meses de sucessivas eliminatórias, parece não ter havido unanimidade por parte do público quanto à escolha do grupo vencedor (...). Apesar de tudo não se partiram cadeiras, nem houve distúrbios materiais. Uma grande parte da assistência manteve-se até muito composta. As 'claques' dos grupos concorrentes – essas, sim! – chamaram a si todas as energias, libertando-as no apoio dos seus preferidos: muitíssimo animados, enrouquecidos e suados, bateram palmas a compasso, dançaram, gritaram em coro os nomes dos que lhes eram caros, ovacionaram, apuparam os que lhes eram menos caros [60].

Ao expressarem o seu descontentamento com o resultado final, os jovens estavam rejeitar o lugar ordeiro que lhes estava confiado, embaraçando assim os promotores do espetáculo que acreditavam na sua capacidade balsâmica. Para conter eventuais desacatos, e evitar que o descontentamento dos jovens ganhasse maiores proporções, o MNF optou por colocar um célebre cartaz atrás do palco que dizia: «Barulho que não permita o júri ouvir os conjuntos, objetos atirados para o palco, distúrbios na sala são motivos para a expulsão do espectador que assim proceder sem que a organização lhe devolva a importância do bilhete. A juventude pode ser alegre sem ser irreverente» [61].

Através desta fórmula o MNF procurava refrear os «excessos da juventude» e corrigir os seus eventuais desvios de ânimo, enquadrando-os num padrão que fosse moralmente aceitável.

---

[60] S/a, «Ié-Ié: o concurso foi um conflito», *Flama*, 22 de maio de 1966, p. 26.

[61] A fotografia do evento com a mensagem do MNF encontra-se reproduzida no livro de Joaquim Vieira Portugal, *Século XX: crónica em imagens*, Vol. 8, 1960-1970 (Lisboa: Círculo de Leitores, 2000), p. 204.

O MNF foi todavia incapaz de conter a rebeldia dos jovens, que não só se escapuliram ao lugar ordeiro que lhes estava destinado, como dançaram, cantaram, gritaram e invadiram o palco. O excesso juvenil, que ombreava com outras manifestações de desagrado que costumavam ocorrer no mundo do espetáculo, ganhou projeção por causa do seu mediatismo e, sobretudo, porque acontecia numa iniciativa patrocinada por um organismo de propaganda oficial.

A Polícia de Segurança Pública vigiou de perto o evento para assegurar que a irreverência juvenil não passava de uma exteriorização inofensiva. Embora os incidentes não tivessem sido substanciais, o atrevimento juvenil conseguiu desafiar os ideais de complacência e sobriedade que supostamente deviam reger o seu comportamento, dando a entender que os novos estilos de vida também podiam ser catalisadores da mudança. Mesmo que a diversidade de experiências que o *yé-yé* trazia não se solidificasse em algo imediatamente reconhecível, ou mensurável, os jovens *yé-yé* introduziam modificações fugazes aos códigos éticos e estéticos veiculados pelo regime autoritário.

Além de ter sido uma experiência emocional fecunda para parte da juventude, o concurso foi também uma forma de perpetuar as fantasias territoriais do império português na cultura de massas. O pódio do concurso apresentou, aliás, uma recriação banal da geografia do império português. Nele estiveram presentes «Os Claves» de Lisboa, que ficaram em primeiro lugar, «Os *Rock*s» de Angola e os «Night Stars» de Moçambique, que ficaram em terceiro lugar. «Os *Rock*s», que já tinham vencido o Prémio da Imprensa para melhor conjunto de 1966, decidiram agradecer publicamente a simpatia que o público lisboeta lhes dispensou, publicando para o efeito um anúncio na imprensa:

> Terminado o sensacional Concurso *Yé-yé*, não pode o conjunto angolano 'Os *Rock*s' esquecer a noite de glória que o público e em especial a juventude portuguesa lhe proporcionou. Assim, este conjunto, agradece ao Movimento Nacional Feminino e a todos quantos lutaram para a realização desta

tão grande jornada da juventude, sem o apoio dos quais não seria possível a sua apresentação na metrópole, nem poderiam viver o mais alto momento artístico da sua carreira([62]).

IMAGEM 2. *Notícia*, 25 de dezembro de 1965

O agradecimento ao MNF acrescentava ambiguidade a um evento que incluía música *rock*, hedonismo, irreverência juvenil, mas também interesses políticos. A amálgama entre universos distintos fez do concurso um acontecimento insólito no panorama português. Sobretudo porque através dele se expunham as contradições entre o entretenimento e a guerra colonial, despolitizando de certa maneira os seus efeitos. Nesse sentido, o concurso parecia dispor daquilo que Roland Barthes denominou *vacina*, isto é, algo que era capaz de imunizar «através de uma pequena inoculação o mal reconhecido»([63]) e proteger

---

([62]) Anúncio de «Os *Rock*s», *Diário de Lisboa*, 3 de maio de 1966, p. 3.
([63]) Roland Barthes, *Mitologias* (Lisboa: Edições 70, 1997 [1957]), p. 216.

contra o risco de subversão generalizada. Com efeito, o concurso permitia esquecer momentaneamente as fissuras e os conflitos que atravessavam a sociedade portuguesa na década de sessenta, designadamente a guerra colonial.

Considerações finais

O maior concurso *yé-yé* realizado em Portugal singularizou--se por reunir prosélitos do ultramar e um público maioritariamente juvenil, que se debatia contra o autoritarismo, as estratégias de cerceamento do corpo e os preceitos morais que o regime sustentava. Dada a sua envergadura e repercussão mediática, o concurso ajudou a desfazer a imagem de um Portugal rural, estagnado no tempo e imune às influências urbanas. E fê-lo também nas principais cidades do império português, demonstrando que estas não estavam imunes às interações culturais, nem à circulação de consumos internacionais.

Num espetáculo que foi um marco de uma vivência moderna, os jovens apropriaram-se dos ritmos, modas, imagens, ideais, ambições e aspirações associadas aos «ritmos nova vaga» internacionais. O concurso foi ainda sintomático da reconfiguração do gosto musical, demonstrando que a maioria dos jovens não se revia no misticismo melancólico da música ligeira portuguesa. O concurso *yé-yé* traduziu, em suma, um movimento enérgico, insolente e exibicionista, cuja atitude passava fundamentalmente pelo anticonformismo e irreverência.

Uma irreverência parcialmente domesticada pelo MNF, que procurou conter a rebeldia juvenil, ou resolvê-la por antecipação, através de mensagens patrióticas, sublinhando que o objetivo do concurso era a angariação de receitas para as tropas que combatiam na colónias portuguesas. A par da tentativa de inculcação ideológica, o concurso contribuiu ainda para banalizar as representações do nacionalismo português, fazendo-as passar por naturais e evidentes. Tanto no que sublinhavam, como no que omitiam, as notícias sobre o concurso demonstravam que este fora permeado por discursos nacionalistas, que convertiam a nação numa categoria de mediação incontornável, mesmo tratando-se de um evento urbano e cosmopolita. Ou seja, os rituais e representações que permitiram consolidar uma nova cultura popular urbana não deixaram de banalizar o luso-tropicalismo. Embora a história do *rock* em Portugal ainda se encontre insuficientemente documentada, poder-se-á dizer que o *yé-yé* representou um momento embrionário de rebeldia juvenil, que procurou subverter os modos de viver convencionais através de novas formas de lazer e consumo. Numa reportagem publicada no *Século Ilustrado* procurou-se qualificar o teor dessa rebeldia juvenil, avançando com uma definição sobre o significado do *yé-yé*:

> Trajos de espalhafato e outras rebeliões contra calmaria do viver cordato, convencional, obediente às normas. O *yé-yé* vem a ser isso: uma rebelião. Uma rebelião inofensiva, claro (ou por outro prisma: ineficaz). Uma dessas rebeliões que nem são combatidas, são absorvidas. Mas que, apesar de tudo, reflecte uma transformação... e transforma[64].

Mesmo sem distanciamento histórico, o jornalista do *Século Ilustrado* ensaiava uma explicação para o fenómeno *yé-yé*, assinalando as suas ambiguidades. Se, por um lado, o movimento proporcionou novas combinações identitárias, originou uma diversidade de experiências, prazeres e introduziu novos modelos de consumo; por outro lado, cristalizou as diferenças sociais, indiciando também alguma ingenuidade, sobretudo se atendermos às transformações que ocorreram no fenómeno *rock* no final da década de sessenta[65]. Ao cruzar utopias juvenis com

---

[64] FBS, «*Yé-yé*: os domingos dos jovens combatentes», *Século Ilustrado*, 18 março de 1967, p. 11.

[65] Na história do *rock* é relativamente consensual olhar para os primórdios do *rock n' roll* como um momento pautado por alguma inocência e ingenuidade. Alguns autores, como Simon Frith, exemplificam essa suposta ingenuidade através do reportório dos The Beatles, que substituíram a inocência das primeiras canções, como «She Loves You, Yeah,

ideologias imperiais, o Concurso *Yé-yé* de 1966-67 mais não fez do que ampliar as contradições do fenómeno *yé-yé* em Portugal, evidenciando o seu caráter polissémico e irredutível a um conteúdo particular.

No artigo «Reificação e utopia na cultura de massas» ([66]), Fredric Jameson refere que «não existe objeto, ou acontecimento, ideológico que subsista sem oferecer contrapartidas utópicas». Transpondo essa observação para interpretar o concurso *yé-yé*, talvez seja mais produtivo interpretá-lo como um acontecimento que foi simultaneamente utópico e ideológico. Isso impede-nos de dissolver as suas contradições com veredictos absolutos, leituras definitivas, interpretações sentenciosas, ou causas singulares. Encarar o concurso como um acontecimento paradoxal, simultaneamente utópico e ideológico, permite-nos ver nele um intervalo que ofereceu na sua festividade irreverente uma relação mais aberta e menos fatalista com as convenções que o regime autoritário sustinha, além de ter sido um momento emblemático da circulação de uma cultura popular urbana nas principais cidades do império português.

Yeah», uma canção icónica do movimento *yé-yé*, por temas mais complexos e ambíguos, como «A Day in the Life». Ver Simon Frith, «*Rock* and the politics of memory», in Sohnya Sayres, Anders Stephanson, Stanley Aronowitz, Fredric Jameson (orgs.), *The 60s Without Apology* (Minneapolis: University of Minnesota Press/ Social Text, 1984), p. 60.

([66]) Fredric Jameson, *Signatures of the Visible* (New York/ London: Routledge, 1992), p. 29.

A composição de um complexo de memória: O caso de Belém, Lisboa

ELSA PERALTA

Introdução

A área geográfica que corresponde à zona de Belém, em Lisboa, é o caso mais paradigmático de inscrição e condensação no espaço público português de uma memória alusiva ao império colonial português. O Mosteiro dos Jerónimos, a Torre de Belém, a Praça do Império e seus Jardins – onde decorreu, em 1940, a Exposição do Mundo Português – o Padrão dos Descobrimentos, convertem esta zona num «complexo de memória» associado à experiência imperial portuguesa. Funcionando como uma síntese simbólica da identidade nacional, na qual a figura do império é um componente central, este «complexo mnemónico» constitui, nas palavras de Jorge Freitas Branco, «uma plateia pública de acesso permanente ao quadro das referências sacralizadas da nação»([1]). Mas por outro lado constitui, também, um observatório para a interrogação teórica das complexidades inerentes à composição e disseminação das memórias públicas.

Este capítulo explora o processo de composição da memória pública no espaço de Belém, desde o século XIX até ao momento atual. Em primeiro lugar debruça-se sobre os antecedentes deste processo, sublinhando-se o papel desempenhado

---

([1]) Jorge Freitas Branco, «Lugares para o povo: uma periodização da cultura popular em Portugal», *Revista Lusitana* (Nova Série), n.º 13-14 (1995), pp. 145-177, p. 163.

tanto pelo património monumental como pelos museus aí situados nas tematizações simbólicas da identidade nacional. De seguida aborda o impacto duradouro que a Exposição do Mundo Português teve na configuração do espaço de Belém enquanto espaço de mitificação da identidade nacional portuguesa. Termina com uma discussão das renarratizações em curso no período pós-colonial em torno do império no espaço de Belém. É destacada a importância do turismo e da mercadorização do passado nacional que, embora conducente à sua progressiva despolitização, não deixa de conter a possibilidade de zonas de contestação e de articulação de contra-memórias.

Através deste percurso empírico pretende-se explorar um conjunto de inferências analíticas, nomeadamente: as contradições entre fatualidade histórica e as representações da memória; a sincronização espacial de temporalidades distintas; a coexistência de diferentes suportes mnemónicos, bem como a conformação de narrativas conflituais numa narrativa aparentemente coerente e unívoca; as continuidades e descontinuidades representacionais ao longo do tempo bem como a reconfiguração dos sentidos atribuídos ao passado na construção de uma subjetividade que toma a memória do império – mediante a sua inscrição espacial – como seu principal eixo articulador.

Sobre os complexos de memória

As paisagens urbanas europeias são paisagens saturadas de produtos da memória coletiva: sítios patrimoniais, museus, placas comemorativas, lugares monumentais. Lugar-fétiche da modernidade, a cidade torna-se um espaço retrospetivamente definido com base nas ideologias sacralizadoras dos passados regionais ou nacionais, enquanto, simultaneamente, se presentifica como o lugar de *avant-garde* do progresso científico e tecnológico, da indústria, do consumo. Aí são criadas formas materiais e técnicas de oficialização de uma memória coletiva, desenhadas para simbolizar a unidade nacional e para legitimar o controlo administrativo do Estado(²), bem como a sua inserção no sistema-mundo capitalista. O museu, o monumento, a exposição internacional, são as tecnologias institucionais de eleição empregues na reprodução de um ideário composto por termos aparentemente contraditórios, como universalismo e particularismo cultural ou progresso e historicismo. O político associa-se ao cultural, compondo cenários de exaltação nacional e de fruição cultural, tomando o passado como objeto-mercadoria com valor de afirmação política no quadro geopolítico internacional e com valor de troca nos circuitos dos consumos culturais em que se inserem os novos sujeitos da ação política.

Foi esta a «febre da história» que caracterizou o período que transcorreu entre meados do século XIX e a primeira metade do século XX(³). Correlata da afirmação de uma nova ordem política instrumental à inserção e ao funcionamento dos Estados-nação numa economia capitalista global, esta «febre» não será muito diferente da «doença da nostalgia» que caracteriza a relação contemporânea que os coletivos mantêm com os respetivos passados. A sua configuração mais específica deve ser encontrada na tendência iniciada na Europa nos finais dos anos 1970, e que se acentuou nos finais do século XX e início do XXI, no sentido de um renovado investimento simbólico nos passados coletivos(⁴).

(²) O período que medeia entre 1870 e 1914 foi, como atesta Eric Hobsbawm, especialmente profícuo em produção em massa de tradições inventadas como resultado das rápidas transformações ocorridas neste período. Eric Hobsbawm e Terence Ranger (orgs.), *The invention of tradition* (Cambridge: Cambridge University, 1983). Ver também José Manuel Sobral, «A formação das nações e o nacionalismo: os paradigmas explicativos e o caso português», *Análise Social*, Vol. XXXVII, n.º 165 (2003), pp. 1093--1126.

(³) Jeffrey K. Olick (org.), *States of memory: continuities, conflicts, and transformations in national retrospection* (Durham: Duke University Press, 2003).

(⁴) O que ficou designado como «fenómeno da memória». Wolf Kansteiner, «Finding meaning in memory: A methodological critique of collective memory studies», *History and Theory*, vol. 41, n.º 2 (2002), pp. 179-197, p. 183.

Em comparação com o anterior, este período caracterizar-se-á sobretudo pela intensificação: patrimonialização extensiva dos mais variados referentes culturais, crescimento exponencial de coleções e de museus públicos e privados e progressivo aproveitamento comercial dos bens patrimoniais por via da sua inclusão no mercado turístico e nos circuitos de lazer. Esta crescente «objetificação» do passado, assente em práticas culturais organizadas e institucionalizadas de mediação mnemónica, é o resultado do crescimento de uma «indústria da nostalgia» que, por seu turno, contribui para que os museus, os monumentos e as comemorações históricas ganhem uma popularidade sem precedentes[5]. É neste particular que o período atual se distinguirá do anterior.

Em ambos os momentos, porém, a distinção dos lugares e das suas identidades está frequentemente associada a uma tematização do espaço com base em referências do passado. Mas se a tematização do espaço a partir de narrativas históricas diferenciadoras tem por objetivo a distinção relativamente a espaços – e a mercados – competidores, ironicamente, esta mesma tematização produz uma similitude de espaços, ainda que diferentemente localizados, por via da adoção de estratégias e técnicas de produção do passado similares. Tal resulta na sincronização dos diferentes elementos temporais do espaço, bem como na combinação de diferentes componentes paisagísticos e monumentais, numa representação mais ou menos estável de um determinado conjunto espacial. Partindo da concetualização de Benjamin segundo a qual Paris é constituída por vários níveis de «restos» de passados acumulados, na cidade da memória histórica o novo convive com o velho, o local com o global e múltiplos passados e múltiplos presentes misturam-se, produzindo uma imagem ideal feita de inúmeros componentes[6].

---

[5] Andreas Huyssen, *Twilight memories: marking time in a culture of amnesia* (London & New York: Routledge, 1995).

[6] Walter Benjamin, «Paris – the capital of the nineteenth century», in Walter Benjamin, *The arcades project* (Harvard: Harvard University Press, [1935, 1939] 1999).

A cidade da memória histórica é assim um «complexo de memórias» composto por diferentes elementos, que são combinados de forma mais ou menos arbitrária para formar estruturas que oferecem formas de compreensão e de experiência tomadas como certas. Um «complexo» é um aglomerado de conteúdos, um conjunto aberto e dinâmico de partes ou tendências, caracterizado por uma tonalidade emocional comum, sem que por isso constitua uma unidade ou uma totalidade. Este entendimento da noção de «complexo» é similar à noção de *assemblage* na forma como tem sido utilizada em anos recentes na teoria social e cultural[7]. Refere-se a um qualquer número de «coisas», ou pedaços de «coisas», reunidos num único contexto. A fluidez, a permutabilidade, e as múltiplas funcionalidades são enfatizadas, ao invés de totalidades orgânicas. Produto de processos historicamente específicos, estes «complexos» são sempre emergentes e contingentes, ainda que as suas identidades se possam tornar bastante estáveis.

Do ponto de vista analítico, a utilização desta perspetiva no campo da memória e do património pressupõe identificar os diversos agentes, práticas, objetos, discursos e investimentos afetivos, bem como os múltiplos cursos de ação, negociações, conflitos e contradições envolvidos na ativação memorial[8]. Se, tal como consagrado na literatura sobre o tema, a memória e os seus objetos são construídos e moldados por interesses político-ideológicos, esta abordagem permite atender aos diferentes agentes e agendas da ativação mnemónica bem como às diferentes formas memoriais que daí emergem[9]. Evidenciam-se os elevados níveis de arbitrariedade, e de indeterminação, que acompanham estes processos, já que muitas vezes os cursos de

---

[7] Gilles Deleuze e Felix Guattari, *A Thousand Plateaus: Capitalism and Schizophrenia*. Trad. Brian Massumi (Minneapolis: University of Minnesota Press, 2007); Manuel De Landa, *A new philosophy of society: assemblage theory and social complexity* (London & New York: Continuum, 2006).

[8] Ver Sharon Macdonald, «Reassembling Nuremberg, reassembling heritage», *Journal of Cultural Economy*, Vol. 2, n.º 1-2 (2009), pp.117-34.

[9] Raphael Samuel, *Theatres of memory: past and present in contemporary culture* (London & New York: Verso Books,1996)

ação não são os esperados. Além disso, são também evidenciados momentos de invenção e de novidade, a par com as ações padronizadas e continuidades representacionais. Um «complexo de memória» será, enfim, o «repositório perpetuamente mutável de apresentação do passado para os fins do presente»[10].

Como em Halbwachs, a memória é, portanto, coisa do presente[11]: uma reconstrução seletiva do passado vivido a partir dos «quadros» de recordação do presente. Não se trata de recapturar o passado «tal como aconteceu», mas de apreender os variados e complexos «determinantes» sociais, históricos e ambientais que enquadram a recordação (presente) do passado. Neste sentido, o que importa analisar é o contexto – bem como as ações que nele se desenvolvem – em que os eventos do passado são recordados – ou seja, ativados enquanto memória – bem como os «horizontes de expectativa» para os quais essas recordações se projetam. Estes últimos são, por sua vez, profundamente condicionados pela forma como a história oficial enquadra, fixa e seleciona as memórias coletivas. Os atos da memória são inevitavelmente atos políticos, motivados por leituras ideológicas do passado e a elas se remetendo constantemente. Mas são também, sempre, passíveis de revisão e atualização, à medida que novos atores sociais negoceiam – e conflituam – novos significados para a memória[12].

Por outro lado, a perspetiva que perseguimos pressupõe também uma atenção dirigida à materialidade da memória. No caso do património e dos museus, esta materialidade é especialmente produtiva do ponto de vista social: o património seleciona a memória – através de políticas de conservação e de museali-

---

[10] Duncan S. A. Bell, «Mythscapes: memory, mythology, and national identity», *British Journal of Sociology*, vol. 54, n.º 1 (2003), pp. 63-81.

[11] Maurice Halbwachs, *On collective memory* (Chicago: The University of Chicago Press, 1992).

[12] Sobre a forma como as memórias coletivas nacionais são selecionadas e definidas por diferentes agentes políticos em constante negociação veja-se John Bodnar, *Remaking America: public memory, commemoration, and patriotism in the twentieth century* (Princeton: Princeton University Press, 1992).

zação; organiza-a e torna-a visível – no espaço e através de narrativas expositivas; compõe as paisagens mnemónicas; valida os interesses de grupos particulares. Neste processo, converte o conhecimento sobre o passado em lugares-comum do presente, incorporados em formas de «nacionalismo banal» que, embora não motivem posicionamentos políticos extremados, subsistem na vida quotidiana da nação como uma «condição endémica»([13]), servindo de suporte retórico a discursos políticos, na produção cultural e na cultura popular. Estes lugares-comuns são, também, sempre abertos à revisão à medida que as necessidades de cada momento forem forçando a sua reatualização([14]).

Belém: um complexo de memória

Concentrando os exemplares mais representativos da arquitetura monumental associada ao período que a propaganda de Estado convencionou chamar de «descobrimentos portugueses», a zona de Belém é o espaço da cidade de Lisboa e de Portugal onde mais expressivamente está inscrita uma memória pública associada ao império português. O conjunto monumental de Belém, situado na parte ocidental da orla ribeira da cidade de Lisboa, na freguesia de Santa Maria de Belém é, porém, um território da memória mais fragmentado que a sua propositiva tematização histórica parece oferecer. Uma incursão pelo espaço dá conta dessa fragmentação que existe no seio de um conjunto representacional que, não obstante, é frequentemente apresentado como um todo coerente.

Os componentes mais emblemáticos deste conjunto são os exemplares de arte manuelina que se situam no local – Mosteiro dos Jerónimos e Torre de Belém –, símbolos distintivos da grande narrativa nacional, associados à história da expansão marítima portuguesa, ambos classificados património mundial pela Unesco em 1983. Os seus principais utentes são turistas

---

([13]) Michael Billig, *Banal Nationalism* (London: Sage Publications, 1995), p. 6.

([14]) David Lowenthal, *The past is a foreign country* (Cambridge: Cambridge University Press, 1985).

estrangeiros, ingleses, franceses, alemães e, sobretudo, espanhóis e brasileiros, instruídos sobre a «epopeia dos descobrimentos» pelos guias turísticos que organizam a visita ou pelos *travel guides*. São escassos os textos informativos presentes no local e a interpretação histórica é geralmente mediada por informações sumárias sobre a arte manuelina ou a história marítima de Portugal nos séculos XV e XVI.

Em volta destes dois *ex-libris* encontram-se amplos espaços ajardinados – Jardim da Torre de Belém, Praça do Império, Jardim Vasco da Gama, Jardim e Praça Afonso de Albuquerque – utilizados como espaços de passagem ou de lazer, quer pelos muitos turistas que visitam a zona, quer como parte das práticas de lazer dos habitantes de Lisboa. Estes últimos frequentam o espaço sobretudo aos fins-de-semana, especialmente o Jardim Vasco da Gama e o parque infantil aí localizado. Os habitantes da freguesia confundem-se com a restante massa de utentes do espaço, utilizando-o como espaço de lazer e fruição. Uns e outros dele usufruem como um «espaço natural», no qual os «descobrimentos», os navegadores, os monumentos, os museus, fazem parte de uma «memória-habitual» ([15]) de viver a cidade.

Do lado esquerdo do Mosteiro dos Jerónimos, em direção a Oeste, situa-se o Centro Cultural de Belém, edifício de arquitetura minimalista dedicado à arte moderna e contemporânea para consumo de uma audiência urbana e cosmopolita, contrastando com o restante conjunto monumental. O seu público é maioritariamente nacional, revelando hábitos e práticas culturais próprios das classes médias urbanas. Do mesmo lado, o Planetário Gulbenkian, propriedade do Museu de Marinha, este último instalado no Mosteiro dos Jerónimos. Noutra zona adja-

---

([15]) A noção de memória-habitual aqui evocada remete para uma aceção de memória como «conhecimento tácito» radicado nas práticas sociais quotidianas (Edward Shils, *Tradition*, Chicago: University of Chicago Press, 1981). Esta aceção segundo a qual a memória é uma forma de conhecimento tácito que fornece as pressuposições que nos permitem atribuir significado ao mundo aproxima-se do conceito de *habitus* formulado por Pierre Bourdieu, *Esboço de uma teoria prática, precedido de três estudos de etnologia Cabila* (Oeiras: Celta, 2002).

cente ao Mosteiro dos Jerónimos, está também instalado o Museu Nacional de Arqueologia. Em frente, encontra-se a Praça do Império, uma praça de base quadrangular que exibe ao centro um lago também de forma quadrangular com uma fonte. Do lado direito do Mosteiro, um conjunto habitacional que parece ter sobrevivido aos sucessivos arranjos espaciais de que a zona foi alvo. Esta sobrevivência aloja agora uma fileira de restaurantes, entre os quais um MacDonald's, muito frequentados por turistas. Esta fileira de restaurantes dispõe-se ao longo da rua adjacente ao Jardim Vasco da Gama, uma plataforma ajardinada, muito frequentada ao fim de semana, que alberga um monumento de homenagem a Vasco da Gama, um jardim infantil e uma estrutura de madeira, de ornamentação exótica e orientalizante, que foi designada de Sala Thai. Trata-se de uma oferta da Tailândia a Portugal no âmbito das celebrações dos 500 anos de relações luso-tailandesas, inaugurada em fevereiro de 2012 numa cerimónia em que se afirmou a perdurabilidade das boas relações entre os dois países, sem interrupções, «desde a época dos descobrimentos»[16].

Do outro lado da rua, no quarteirão central de Belém, estão os concorridos pastéis de Belém, onde fazem fila lisboetas, visitantes e turistas. Atrás, o Jardim-Museu Agrícola Tropical, espaço pouco visitado onde se podem encontrar várias espécies autóctones originárias dos domínios coloniais portugueses. Continuando para Este, o Palácio de Belém, residência oficial do Presidente da República Portuguesa, defronte à Praça Afonso de Albuquerque. Um edifício adjacente ao Palácio, onde funcionava o Picadeiro Real do Palácio de Belém, acomoda o Museu Nacional dos Coches, o museu nacional que recebe mais visitantes[17], que aloja uma coleção de coches e viaturas da Casa Real. Em

---

[16] Esta cerimónia contou com a presença da Princesa Tailandesa Maha Chakri Sirindhorn, Dom Duarte de Bragança, os Ministros dos Negócios Estrangeiros de Portugal e da Tailândia, o Presidente da Câmara Municipal de Lisboa e a mulher do Presidente da República, Maria Cavaco Silva.

[17] 184.105 visitantes em 2012 (IGESPAR, Relatório de atividade de 2012 in http://www.igespar.pt/media/uploads/RELATORIO_DE_ACTIVIDADES_DGPC_2012.pdf), último acesso 05.05.2012.

frente ao atual Museu dos Coches decorrem as obras de edificação de novas instalações para este Museu, no local onde anteriormente funcionavam as antigas Oficinas Gerais do Exército.

Separado deste aglomerado pela via-férrea e pela Avenida Marginal, com acesso através de uma passagem subterrânea, o conjunto monumental estende-se em direção ao rio, onde se encontra a Torre de Belém e os seus Jardins, que acolhem um monumento a Sacadura Cabral e Gago Coutinho, evocativo da Iª Travessia Aérea do Atlântico Sul. A zona é muito frequentada por turistas, o que justifica as bancas de *souvenirs* aí presentes, e também por crianças em visitas escolares. Ao fim-de-semana serve de local de passeio para os habitantes de Lisboa. A Oeste deste conjunto, o monumento aos Combatentes do Ultramar, mais próximo do Forte do Bom Sucesso, onde está alojado o Museu do Combatente. É escassa a utilização deste espaço, com exceção do dia 10 de junho, quando aí se realiza o Encontro Nacional de Homenagem dos Combatentes, com participação das forças militares e de segurança portuguesas. Nas imediações, encontram-se também as instalações da Fundação/Centro de Investigação Champalimaud, criada por testamento do empresário António de Sommer Champalimaud, com o objetivo de promover a investigação científica na área da Biomedicina, em especial do cancro e das neurociências.

Nesta zona encontra-se também o Museu de Arte Popular, um edifício de estilo modernista cujas fachadas exibem painéis alusivos a cenas do trabalho rural, construído para a Exposição do Mundo Português, que teve lugar em Belém em 1940. Segue-se uma estrutura conhecida como Espelho de Água, circundada por um lago retangular, antes um módulo expositivo da Exposição de 1940 posteriormente adaptado à restauração e onde funciona agora a Cervejaria Portugália. Ao lado, um pavimento em calçada, onde se encontra marchetada a mármore uma rosa-dos-ventos, que circunda o Padrão dos Descobrimentos, um monumento em forma de barco, com a proa virada para o rio, apresentando um conjunto de figuras históricas associadas aos «descobrimentos marítimos», encimadas pela figura do Infante D. Henrique.

Fora deste conjunto monumental, no lado oposto ao rio, situa-se a zona residencial da freguesia, parte substancial da qual é ocupada pelo bairro do Restelo, uma urbanização datada da década de quarenta do século XX, onde predominam as habitações unifamiliares, muitas das quais convertidas em sedes de representações diplomáticas de diversos países. Também aqui, tal como na zona monumental, as ruas são frequentemente nomeadas a partir de antigos navegadores ou de figuras ou locais alusivos aos «descobrimentos», como Av. Dom Vasco da Gama, Praças de Dio, Goa e Malaca, Rua Bartolomeu Perestrelo, Rua Damião de Góis, Rua Tristão da Cunha, entre tantas outras. A outra parte residencial que culmina com a freguesia da Ajuda é ocupada por uma mancha urbana de cariz mais popular.

E o rio Tejo, que fornece o enquadramento cénico indispensável às múltiplas camadas de tempo que compõem o «complexo da memória» local[18].

A composição de um espaço de memória

Monumentos para a nação e museus para o povo

Este conjunto exaustivo de referentes memoriais produz um espaço de glorificação nacional cuja composição se foi operando ao longo do tempo e que é o resultado de um desfiar de ações de patrimonialização que foram dando ao espaço a configuração que tem hoje.

O lugar desenvolve-se a partir da presença monumental do Mosteiro dos Jerónimos e da implantação de várias unidades industriais no século XIX. Os aterros construídos, a partir do início do século XIX, como parte do projeto de construção do porto de Lisboa, alteraram a geografia da zona. Constroem-se os caminhos-de-ferro, que introduzem uma barreira física na paisagem, separando a zona monumental do rio, e instalam-se

---

[18] João Leal, «Da arte popular às culturas populares híbridas», *Etnográfica*, vol. 13, n.º 2 (2009), pp. 467-480, p. 474.

na zona vários núcleos industriais – a Fábrica de Gás, a Central Elétrica, oficinas militares, uma fábrica de redes de pesca – que passam a conviver no espaço com os elementos monumentais, ocupando as zonas a eles adjacentes[19].

É neste período que surgem a primeiras ações de monumentalização, com a implantação de núcleos museológicos no local e com a adoção de medidas de conservação e salvaguarda do conjunto edificado. O Mosteiro dos Jerónimos, mandado construir no século XVI pelo rei D. Manuel como ação de graças pela descoberta do caminho marítimo para a Índia, detinha já um estatuto simbólico, sublinhado pelo fato de ter sido convertido em panteão nacional por vontade de D. Manuel[20]. No século XIX, o Mosteiro encontrava-se, porém, parcialmente em estado de ruína e estava entregue à Casa Pia de Lisboa desde 1833, após o Estado ter secularizado o seu uso. A Igreja passa a servir de igreja paroquial da nova freguesia de Belém. As obras de restauro e remodelação iniciam-se em 1860, estendendo-se até inícios do século seguinte. Grande parte do corpo da anterior construção foi modificada por intervenções revivalistas neo--manuelinas que introduziram elementos decorativos de temática marinha, sublimando o efeito celebratório do monumento. Em 1880, por ocasião das Comemorações do Tricentenário de Camões, as ossadas de Vasco da Gama são transladadas para o Mosteiro. Em 1894 o Mosteiro é integrado nas Comemorações do 4º Centenário do Descobrimento do Caminho Marítimo para a Índia e os túmulos de Vasco da Gama e Luís de Camões são colocados na capela lateral sul. Nos terrenos conquistados ao rio, constrói-se uma nova praça e jardim, a Praça Afonso de Albuquerque, onde é colocada uma estátua ao Vice Rei da Índia,

---

[19] Helena Elias, «A emergência de um espaço de representação: arte pública e transformações urbanas na zona ribeirinha de Belém». *On the w@terfront*, nº 6, 2004 http://www.raco.cat/index.php/Waterfront/article/viewFile/216971/289615, p. 55.

[20] Francisco Bethencourt, «A memória da expansão», in Francisco Bethencourt e Kirti Chaudhuri, *História da expansão portuguesa*, Vol. 5 (Lisboa: Círculo de Leitores, 1999), p. 444.

e que seria inaugurada a 3 de outubro de 1901. Este conjunto de ações patrimoniais culminaria com a classificação do Mosteiro dos Jerónimos como património nacional, por decreto de 1910 ([21]). Belém consagra-se também definitivamente como centro de poder, com a designação, em 1912, do antigo Palácio Real de Belém como residência oficial do Presidente da República Portuguesa.

A par com a monumentalização do espaço urbano de Belém, a instalação de museus no local seria justificada numa ideia patriótica de sinalização pública da identidade nacional portuguesa. Consagrado o valor histórico do Mosteiro dos Jerónimos, a questão de se instalar aí um museu surge associada ao debate sobre o uso a dar ao espaço adjacente à Igreja e que se encontrava desocupado. Este debate foi protagonizado nos últimos anos do século XIX por Luciano Cordeiro e por Ramalho Ortigão. O escritor, político e geógrafo Luciano Cordeiro, fundador da Sociedade de Geografia de Lisboa, propunha a instalação, no corpo lateral do monumento, da Torre do Tombo, a funcionar como um «riquíssimo e genuíno repositório da vida da Nação em todos os seus elementos e em todas as suas evoluções». Este espaço deveria ser também a «jazida dos restos dos Descobridores e Navegadores portuguezes», acolhendo não só «as folhas de pergaminho e de papel, mas as de pedra e de bronze em que essa história se fixa: Archivo e museu archeológico portuguez, ao mesmo tempo» ([22]). Para o escritor Ramalho Ortigão, uma das principais figuras da chamada Geração de 70, o Mosteiro, «na sua alta expressão de fé, de aventura e de gloria, verdadeira flor esculptural da alma enthusiástica de uma grande raça» ([23]) era o local ideal para a instalação de um Museu Naval. Considerava também ser apropriado para o acolhimento de um

---

([21]) Decreto de 16-06-1910, DG n.º 136, de 23-06-1910

([22]) Luciano Cordeiro, *As obras dos Jerónimos: parecer apresentado à comissão dos monumentos nacionais* (Lisboa, 1895), pp. 19 e 27.

([23]) Ramalho Ortigão, *A Conclusão do Edifício dos Jeronymos: parecer da commissão approvada em sessão de 23 de Junho de 1897* (Lisboa: Imprensa Nacional, 1987), pp. 8-9.

grande Museu Nacional, com vasto âmbito de intervenção e organizado em secções de pintura e escultura, etnologia, industrial e de reproduções.

Em todos os casos, o museu que se pretendia instalar no Mosteiro dos Jerónimos teria uma feição nacional e seria destinado a albergar uma representação abrangente de Portugal e do povo português para fins de identificação coletiva. As diferentes formas que essa representação ia tomando, tanto nos discursos e debates sobre a matéria, como nas ações concretas que se foram desenvolvendo, seria profundamente dependente das leituras particulares sobre a cultura e a identidade portuguesas detidas por agentes específicos – individuais ou institucionais – implicados no processo.

Marinha, Arqueologia, Etnologia e Colonial, perfilam-se como as principais áreas temáticas e os domínios disciplinares concorrentes nas definições identitárias em curso e na apropriação do edifício anexo ao Mosteiro dos Jerónimos. Em muitos casos defendendo-se a saída da Casa Pia e do Museu Industrial – que aí havia sido instalado em 1893 e que acabaria por ser extinto em 1899 – do Mosteiro, por se considerarem ocupações não compatíveis com a dignidade do monumento. O Museu de Marinha, iniciado em 1863 quando se decreta a constituição de uma coleção relacionada com a atividade marítima portuguesa, com a finalidade de «recolher, aproveitar e devidamente classificar os monumentos gloriosos da nossa história marítima», é um candidato óbvio à ocupação do espaço[24]. No entanto, as dificuldades de institucionalização enquanto Museu Nacional, permanecendo durante muito tempo afeto à Escola Naval, fazem com que esta solução seja adiada por várias décadas.

Também a progressiva afirmação e autonomia disciplinar da arqueologia e da etnologia neste período contribuem para

---

[24] José Silvestre Ribeiro, *História dos estabelecimentos científicos, literários e artísticos,* in Henrique Coutinho Gouveia, *Museologia e etnologia em Portugal: instituições e personalidades,* Tese de doutoramento em Antropologia (Lisboa: Faculdade de Ciências Sociais e Humanas, Universidade Nova de Lisboa, 1997), pág. 62.

o adiamento da transferência do Museu de Marinha para o Mosteiro dos Jerónimos. Em 1864, é criado o Museu Arqueológico do Carmo, a partir da ação da recentemente criada Real Associação dos Architectos Civis e Archeologos Portugueses, assinalando o aumento da importância da arqueologia à escala nacional. Também nesta década se começa a desenhar o projeto de um museu colonial, traduzindo a crescente importância deste tema na vida portuguesa nas últimas décadas do século XIX. O Museu Colonial, constituído por coleções de «produtos coloniais» recolhidos em «explorações científicas» organizadas pela Direção-Geral do Ultramar, teria o seu regulamento aprovado em 1871[25], mas as coleções constituídas pelo Ministério da Marinha e do Ultramar acabariam por ser transferidas para a Sociedade de Geografia de Lisboa, criada em 1875. Ocupando-se explicitamente a Sociedade de Geografia do que se designava «o problema africano», e assumindo estatutariamente a missão de «estudo, discussão, ensino, investigações e explorações científicas da geografia nos seus diversos ramos, princípios, relações, descobertas, progressos e aplicações»[26], desde o início os seus promotores declaram a intenção de aí constituir um espaço museológico com objetos etnográficos recolhidos nas colónias africanas. O Museu começa a ser implementado em 1884, mas porque a sua orientação se aproximava da do Museu Colonial criado em 1871, e devido às boas relações entre o Estado e a Sociedade, opta-se por transferir para aí as coleções entretanto coligidas pelo Ministério do Ultramar.

Uma década mais tarde, em 1893, seria criado o Museu Etnográfico Português, por proposta de José Leite de Vasconcelos, a partir da sua coleção particular (constituída sobretudo por objetos de etnografia), das coleções arqueológicas reunidas por Estácio da Veiga e outros núcleos. O interesse pelas origens

---

[25] Este regulamento seria publicado com o Decreto de 26 de janeiro de 1871.

[26] Sociedade de Geografia de Lisboa, *75 anos de actividades ao serviço da ciência e da nação: 1875-1950* (Lisboa: Sociedade de Geografia de Lisboa, 1950), p. 40.

do homem cruza-se com as preocupações em torno das origens da nacionalidade e com a identidade do povo, o que se repercutiria na organização de coleções de arqueologia e de etnografia, frequentemente suscitando alguma confusão entre os dois domínios disciplinares. Precisamente para evitar tais confusões disciplinares no panorama museológico português, as designações, primeiro de *Etnográfico*, e logo depois, em 1897, de *Etnológico*, acabaram por ser as escolhidas. Mais importante que isso, como refere Jorge Freitas Branco, seria a utilização do adjetivo «Português» na nomeação do Museu. Mais do que a questão disciplinar, o principal tema que assiste à criação do Museu Etnológico é o povo português, encontrando-se «neste atributo a chave da essência disciplinar em que o museu edifica os seus alicerces programáticos e consolida a sua ação pública de legitimação»([27]). Era do povo português, nacional, de que aqui se tratava, e não do povo das colónias africanas, que era até então apenas representado através dos objetos recolhidos através das precárias e intermitentes viagens de exploração científica aos territórios ultramarinos patrocinadas pelo Ministério do Ultramar([28]).

O atributo «Português», juntamente com a importância da coleção reunida por Leite de Vasconcelos, e também as dificuldades de espaço com que o Museu se debatia no edifício da Academia de Ciências, onde provisoriamente se instalou, ditaram a transferência do espólio para o Mosteiro dos Jerónimos, em 1903. Em 1906 realiza-se a abertura do Museu ao público, legitimando-se aquele espaço como um museu consagrado à «nacionalização do povo português», onde predominam materiais de natureza arqueológica complementados com objetos etnográficos. Um primeiro ciclo de debate sobre as definições de identidade nacional no espaço simbólico de Belém fecha-se com o monopólio concedido ao projeto de Leite de Vasconcelos no espaço representacional do Mosteiro.

([27]) Jorge Freitas Branco, «Lugares para o povo... p. 151.
([28]) Henrique Coutinho Gouveia, *Museologia e etnologia...* p. 36.

No entanto, a simbolização hegemónica da identidade nacional em torno do povo português e das suas origens remotas não tardaria a ser de novo debatida. A aposentação de Leite de Vasconcelos em 1929 e a sua substituição por Manuel Heleno no cargo de diretor do Museu iria suscitar uma revisão da política museológica do Museu e com ela uma discussão mais vasta em torno, por um lado, da sua vocação disciplinar, e por outro, da versão da identidade nacional nele contida. No concreto, esta discussão passava pela afirmação disciplinar da etnografia, secundarizada no Museu pelo predomínio da arqueologia, e também pela reclamação de uma representação mais abrangente da identidade nacional portuguesa que inclua a realidade ultramarina. Segundo o novo diretor, o Museu não atendia aos contatos dos portugueses com os povos por eles cristianizados, estando demasiado centrado no continente português e no estudo do seu povo([29]). Reclama-se a integração no espaço de Belém da temática imperial como indissociável da questão nacional, o que se traduziria na inclusão de uma secção de etnografia indígena na coleção predominantemente arqueológica sobre as raízes nacionais do povo português patente no Museu. Esta aspiração refletia o desconforto gerado junto de alguns setores académicos relativamente à inexistência de um museu nacional de etnografia([30]). E traduzia também a reclamação da criação de um museu colonial diretamente tutelado pelo Estado – tendo em conta que o existente estava afeto à Sociedade de Geografia – o que se justificaria amplamente tendo em conta a história imperial de Portugal. A temática colonial era representada pelo Jardim Colonial, instalado em Belém desde 1912, e pelo Museu Agrícola Colonial a ele afeto, inaugurado em 1929. Com o objetivo de «divulgar conhecimentos sobre a origem, valor, importância e aplicação dos produtos agrícolas e florestais do Ultramar português, estudar técnica e cientificamente esses produtos, fornecer todas as informações sobre assuntos da sua especiali-

---

([29]) *Ibidem*, p. 153.
([30]) Como os arqueólogos Sebastião Pessanha, Afonso do Paço ou Luís Chaves (vd. Jorge Freitas Branco, «Lugares para o povo… pp. 157-160).

dade e contribuir para o progresso dos estudos superiores de agronomia e silvicultura»[31], o Jardim Tropical proporciona uma representação de *corpus* de conhecimento associados à economia colonial. À falta de outros modos representacionais, a temática colonial é assim traduzida pelo discurso científico associado à questão do progresso e do desenvolvimento da política económica do Estado metropolitano e colonial.

Lisboa, cidade imperial

A interpretação da nacionalidade centrada nas raízes remotas da cultura portuguesa conforme veiculada pelo Museu Etnológico Português seria atualizada e recomposta com a Exposição do Mundo Português realizada em Belém entre junho e dezembro de 1940. Concebida para assinalar a comemoração do duplo centenário da fundação da nação em 1143 e a restauração da independência face a Espanha em 1640, a Exposição, considerada o maior evento propagandístico do Estado Novo[32], foi um veículo de difusão e validação da ideologia nacional-imperialista

---

[31] http://marcasdasciencias.fc.ul.pt/pagina/fichas/objectos/dominio?id=421, último acesso 05.09.2012.

[32] Embora a Exposição do Mundo Português tivesse sido o mais assinalável dos eventos comemorativos desenvolvidos durante o Estado Novo, o regime de Salazar foi marcado por um amplo leque de celebrações públicas, concebidas para legitimar a comunidade imaginada nacional-imperial e o seu regime político, tanto para audiências internas como para externas. Destacam-se: Congresso Nacional Colonial (1930); Exposição Conjunta com o 1.º Congresso da União Nacional (1931); Congresso Nacional Imperial (1933); Exposição Colonial Portuguesa – Porto (1934); 550 Aniversário da Batalha de Aljubarrota (1935), Celebração da Revolução Nacional de 1926 (1936); 1.ª Conferência Económica do Império Colonial Português (1936); Congresso da Expansão Portuguesa no Mundo (1937); Duplo Centenário da Fundação e Restauração de Portugal (1940); Centenário da Tomada de Lisboa aos Mouros (1947); Centenário do Nascimento do Infante D. Henrique (1960).

do regime de Salazar([33]), reafirmando no espaço de Belém uma versão da identidade nacional assente numa combinação entre a saga marítima e o povo no presente, que se acrescenta à do povo remoto do projeto de Leite de Vasconcelos([34]).
Tendo levado dois anos a construir, a Exposição pressupôs um profundo rearranjo do espaço monumental e urbano de Belém. O Mosteiro dos Jerónimos, já então legitimado como símbolo nacional, é o elemento central em torno do qual o espaço da Exposição se concebe, sendo simultaneamente o seu limite norte. Defronte ao Mosteiro, abre-se um amplo espaço ajardinado – a Praça do Império – que se consubstancia, juntamente com o Mosteiro dos Jerónimos, como o ponto focal da Exposição. A forma quadrangular da praça, bem como do seu lago central, também quadrangular, imprime uma geometria no espaço. Do lago central, jorra uma fonte, com efeitos luminosos, concebida para a Exposição por Cottinelli Telmo, responsável por grande parte do desenho modernista trazido para o espaço da Exposição. A Praça é também adornada por uma composição escultórica executada em materiais efémeros – uma parelha de cavalos-marinhos – também desenhada por Cottinelli Telmo para os arranjos do jardim.

A partir deste conjunto ornamental, todo o espaço público e político de Belém é ordenado. Por um lado, ao sublimar-se a feição monumental desta parte da cidade, simbolicamente alusiva à temática dos «descobrimentos» e à «idade de ouro» da história portuguesa, estava-se a projetar o desenvolvimento de Lisboa – aliás objeto de várias ações de reordenamento sob a direção de Duarte Pacheco e do seu Ministério das Obras Públicas e Comunicações – no sentido de a tornar uma cidade imperial condigna. Abria-se, assim, tanto a audiências internas como

---

([33]) José C. Almeida, *Celebrar Portugal. A nação, as comemoração públicas e as políticas de identidade* (Lisboa: Instituto Piaget, 2005) e David Corkill e José C. Almeida, «Commemoration and propaganda in Salazar's Portugal: The Mundo Português Exposition of 1940», *Journal of Contemporary History*, vol. 44, n.º 3 (2009), pp. 381-399.

([34]) Jorge Freitas Branco, «Lugares para o povo... p. 165.

externas, um palco destinado à celebração da nação. Por outro lado, a cidade histórica afirma-se simultaneamente como um centro político, nacional e imperial, com o novo espaço a funcionar, como refere José Augusto França, como uma replicação simbólica do Terreiro do Paço[35].

No concreto, a intervenção no local traduziu-se na demolição de todo o tecido urbano inoportuno à glorificação monumental. Parte do núcleo histórico habitacional da zona de Belém desaparece, para abrir uma área de 560 mil metros quadrados destinados a acolher o recinto do certame. Também os núcleos de casas que se sobrepõem à visão contínua do corpo do Mosteiro quando avistado do rio têm igual sorte, dando expressão ao objetivo de reposição da ligação do Mosteiro dos Jerónimos ao rio, ligação essa interrompida pela instalação da linha-de-ferro e pela estrada marginal[36]. Destruía-se a cidade real e em seu lugar construía-se a «cidade simbólica da história portuguesa», como assim a definiu o Comissário-Geral da Exposição, Augusto de Castro[37]. É neste espaço, que se estende até ao rio, atravessando a via-férrea através de uma passarela ornamentada de cruzados, que se estabelece o projeto da Exposição, compreendendo um conjunto de pavilhões expositivos que mostravam a história, a cultura, as atividades económicas, das regiões e das colónias de Portugal.

Um conjunto de pavilhões – Pavilhão da Formação e Conquista, Pavilhão da Independência, Pavilhão dos Descobrimentos e a Esfera dos Descobrimentos – compunham a Secção Histórica, no seio da qual era articulada a narrativa historicista

---

[35] José Augusto França, «1940: Exposição do Mundo Português», *Colóquio Artes*, 2.ª série, n.º 45 (1980), pp. 34-47, p. 39.

[36] No entanto, a exposição não estabeleceu pontos de contato nem com a zona residencial envolvente nem com o rio. Apenas em 1960, por ocasião da inauguração do Padrão dos Descobrimentos, se construiu uma passagem subterrânea para ligar a Praça do Império à zona do rio onde se encontra o monumento. Helena Elias, «A emergência de um espaço... p. 90.

[37] Citado por David Corkill e José C. Almeida, «Commemoration and propaganda... p. 393.

oficial. Um pavilhão dedicado a Portugal (Portugal 1940) evidenciava os feitos do Estado Novo no sentido da reposição da grandeza moral e material da nação. Dois outros pavilhões acomodavam respetivamente exposições dedicadas a Lisboa e ao Brasil – então sob o governo de Getúlio Vargas –, o único país estrangeiro convidado a participar. O império era, por tendência genética, por direito histórico e por missão espiritual, parte inexpugnável da nação. Estava justificada a ação de um regime que se assume, no quadro temporal em que decorre a Exposição, como depositário de um conjunto de valores de civilização distintivamente portugueses, agora empregues na libertação dos povos colonizados da sua condição de barbárie. Sem o crivo do rigor historiográfico, o imperial combina-se facilmente com o colonial, que aqui é apresentado na sua «versão sanitizada»([38]), com vista a enaltecer as qualidades civilizacionais do colonialismo português.

O resultado é um autêntico parque museológico de cariz historicista, que inclui ainda uma nau, réplicas das aldeias portuguesas e a vida rural, uma aldeia africana integralmente transplantada da Guiné-Bissau, jardins tropicais, um parque de diversões. Uma representação mitificadora e abstrata da identidade nacional associada à expansão marítima portuguesa, e exaltada através das figuras dos heróis solitários que fizeram uma epopeia coletiva, combina-se a uma outra mais ancorada numa ideia de popular, tanto rural como colonial, e ambos os modos, o monumental e o etnográfico, não raras vezes adquirem uma roupagem modernista, trazida pelo desenho arquitetónico do espaço.

O histórico mistura-se com o tradicional e ambos com elementos muito seletivos do moderno, traduzindo um equilíbrio precário entre as tendências conservadoras de Salazar e as inclinações modernistas de António Ferro, daí resultando um verdadeiro *bric-à-brac* de objetos memoriais, pertencentes a escalas temporais e geográficas distintas, mas que combinados entre si compõem um conjunto museológico ideado como represen-

([38]) *Ibidem*, p. 397.

tando o «mundo português»([39]). A «Cidade da Memória Coletiva» é construída com os mesmos artifícios ficcionais que servem a construção de um museu, baseando-se na seleção de fragmentos de informação histórica para compor uma totalidade representacional. Sem as «fabulações do seu curador», esta totalidade «simplesmente desintegra-se numa mostra aleatória de objetos *bric-à-brac*»([40]).

Esta desintegração funcional foi precipitada no caso da Exposição do Mundo Português pelo caráter teatral e efémero das construções. O tempo disponível para a construção do projeto da Exposição – cerca de 2 anos – determinou que praticamente todas as estruturas edificadas fossem temporárias. Embora a Exposição tenha alterado permanentemente o espaço monumental e urbano de Belém, o encerramento do certame torna evidente o caráter provisório do empreendimento, situação que se agudizou devido aos danos causados em muitas estruturas por uma forte tempestade que ocorreu pouco tempo depois do encerramento da Exposição.

O espaço ficaria confiado à Comissão Administrativa do Plano de Obras da Praça do Império – CAOPI, que se encarregaria de preparar, em colaboração com a Câmara Municipal de Lisboa, a edificação da Praça do Império e o rearranjo do restante espaço expositivo([41]). A sua ação centrava-se no arranjo da Praça do Império e a valorização da Torre de Belém, dando-lhe um enquadramento monumental([42]). Alguns pavilhões são demolidos enquanto outros são mantidos com a perspetiva de se transformarem em definitivos. Prevê-se também o aproveitamento cultural/turístico do espaço para fazer reviver a vasta área desativada. O Pavilhão do Espelho de Água é remodelado

---

([39]) David Corkill e José C. Almeida, «Commemoration and Propaganda... p. 395.

([40]) M. Christine Boyer, *The city of collective memory: Its historical imagery and architectural entertainments* (Cambridge, MA: MIT Press, 1996), p. 132.

([41]) Helena Elias, «A emergência de um espaço... p. 105.

([42]) O projeto de urbanização da zona envolvente da Torre de Belém seria entregue a Cottinelli Telmo.

para acolher um restaurante, mediante um contrato de arrendamento firmado entre a CAOPI e uma empresa concessionária. Outros contratos de concessão/arrendamento seriam firmados – com a Administração Geral do Porto de Lisboa, a Sociedade Geral de Superintendência, a Comissão Suíça de Navegação e a Comissão Reguladora de Comércio de Metais – com o objetivo de se dar um uso aos espaços desocupados, mas a maior parte destes contratos acabaram por não ser renovados, agudizando a situação de abandono em que se encontrava parte do anterior parque expositivo. O Pavilhão de Honra e de Lisboa chegará mesmo a servir de parque automóvel a uma firma ([43]). Em 1945, a CAOPI acaba por ser extinta, sem que se tivesse finalizado o arranjo dos espaços abertos e das envolventes dos elementos monumentais.

As várias possibilidades que se abriam para consolidar o espaço de Belém como o grande espaço simbólico da nação não tiveram na maior parte dos casos concretização prática. Esta situação é evidente no que concerne aos vários projetos não concretizados de instalação de museus destinados à temática nacional no local. A realização da Exposição do Mundo Português e a ênfase colocada na temática imperial, levou de novo a uma reflexão sobre o perfil dos museus a ocupar o espaço adjacente do Mosteiro. Reclama-se de novo a criação ou instalação no local de um museu associado à temática dos «descobrimentos marítimos», mais de acordo com o valor histórico do edifício dos Jerónimos e com a feição celebratória que a Exposição do Mundo Português havia atribuído ao espaço.

Duarte Pacheco, ministro das Obras Públicas e presidente do Município de Lisboa, propõe a instalação de dois museus ao lado do Mosteiro dos Jerónimos – o Museu do Ultramar e o Museu de Marinha – mantendo o Museu Etnológico Português ao centro ([44]). São tomadas, logo em 1945, as primeiras iniciativas legislativas com vista à criação de um Museu Colonial ([45]).

([43]) Helena Elias, «A emergência de um espaço... p. 112.
([44]) Jorge Freitas Branco, «Lugares para o povo... p. 162.
([45]) Henrique Coutinho Gouveia, *Museologia e etnologia...*

Outros projetos foram desenhados, como o da criação de um Museu de Arte Contemporânea, mas acabaram por não ter seguimento. O único museu que acaba por se instalar no local é o Museu de Arte Popular, a partir da remodelação do Pavilhão de Etnografia Metropolitana. Inaugurado em 1948, o Museu de Arte Popular, um museu de cariz etnográfico, combinado com uma proposta de estilização da arte popular associada à ruralidade, acrescenta-se ao Museu Etnológico Português no espaço reverencial da nação. Dois museus, duas versões do povo: uma, a do povo remoto – arcaizante –, e a outra, a do povo no presente – estetizante. As temáticas marítima e colonial continuavam a aguardar a concessão de um espaço representacional próprio capaz de fixar uma narrativa estruturada sobre o passado imperial e colonial português. Sem este espaço de representação, a temática imperial fixa-se sobretudo através dos elementos patrimoniais – Mosteiro dos Jerónimos e Torre de Belém – ou da toponímia e arranjos espaciais do local. Ou seja, fixa-se na materialidade da paisagem construída e não através de uma interpretação narrativa explícita como aquela que é feita em contexto museológico. Quanto à temática colonial, excetuando o Jardim e Museu Agrícola Colonial, não lhe é concedido um espaço de representação próprio.

A temática colonial seria, porém, novamente alvo de atenções estatais na ressaca do pós-guerra. Em 1951, muitos dos pavilhões continuavam ainda por reconverter ou demolir e começa a conceber-se um plano com vista à sua conversão em espaço de representação ultramarina através de um processo de re-semantização do colonial, de acordo com as exigências da política externa portuguesa numa conjuntura internacional marcada por pressões independentistas relativamente às possessões coloniais[46]. Este plano teria como centro a construção de um Palácio do Ultramar – da autoria de Cristino da Silva –, e incluiria um complexo de edifícios sob tutela do Ministério do Ultramar: Museu do Ultramar, Escola Superior do Ultramar

---

[46] Vítor Matias Ferreira, *A Cidade de Lisboa: de Capital do Império a Centro da Metrópole* (Lisboa: Publicações Dom Quixote, 1987).

e Instituto de Medicina Tropical. O plano, como fora concebido por Cristino da Silva, nunca viria a realizar-se, mas uma conceção de Lisboa-metrópole, em substituição a Lisboa-capital do império, viria cada vez mais a tomar forma no espaço de Belém e espaços limítrofes. No concreto, esta conceção toma forma com a construção de três edifícios, caraterizados por uma arquitetura de índole institucional, destinados a acolher funções e serviços relacionados com a administração ultramarina. São eles os edifícios do Ministério do Ultramar, projetado em 1960 e localizado no Restelo (hoje Ministério da Defesa); o Instituto de Higiene e Medicina Tropical (concluído em 1958); e o Hospital do Ultramar, projetado em 1967 (hoje Hospital Egas Moniz). Os dois últimos situam-se na Rua da Junqueira em Belém[47]. Também na Rua da Junqueira, no Palácio Burnay, passa a funcionar, desde 1962, o Instituto Superior de Ciências Sociais e Política Ultramarina (ISCSPU), antes Escola Superior Colonial, vocacionada para a preparação de quadros para a administração colonial. Uma vertente mais funcionalista acrescenta-se a uma outra mais comemoracionista na composição do espaço de Belém, contribuindo para a sua eficácia simbólica enquanto centro de poder imperial.

Mantinha-se, porém, por encerrar a questão da reabilitação dos espaços abandonados pela Exposição do Mundo Português, tal como se mantinham as indecisões e os adiamentos relativamente à criação do Museu do Ultramar. Em 1956 o governo atribui ao Museu de Marinha instalações no Mosteiro dos Jerónimos, que assim passaria a acolher dois inquilinos. Em 1962 o Museu de Marinha abre ao público, com a «missão de salvaguarda e divulgação do passado marítimo português», consagrando no plano museológico uma interpretação da identidade nacional associada à vocação marítima de Portugal por via da sua história naval[48].

---

[47] Filipa Fiúza, «Os edifícios institucionais do Ministério do Ultramar na metrópole», http://www.academia.edu/3475912/Os_edificios_institucionais_do_Ultramar_na_Metropole, último acesso 01.08.2013.

[48] http://museu.marinha.pt/Museu/Site/PT/SobreMuseu/Missao/, último acesso 20.02.2013.

Em 1958 um novo plano de urbanização é elaborado, de novo pela mão de Cristino da Silva, embora o único empreendimento destacável deste plano tivesse sido a construção de um monumento em homenagem ao Infante D. Henrique para assinalar o V Centenário da sua morte: o Padrão dos Descobrimentos. Originalmente uma estrutura temporária patente na Exposição do Mundo Português, da autoria dos arquitetos Cottinelli Telmo e Leopoldo de Almeida, e que acabaria por ser destruída em 1943, o monumento assemelha-se à proa de um barco, virada para o rio Tejo, onde desfilam várias figuras ilustres associadas aos «descobrimentos marítimos», encimadas pela figura mítica do Infante D. Henrique. Outros símbolos adornam o monumento, como a enorme cruz-espada que cobre toda a altura do edifício ou o desenho de uma grande rosa-dos-ventos, com um *mapa mundi* ao centro, representado no pavimento.

O Museu Colonial, rebatizado de Museu do Ultramar, nunca viria a instalar-se no seio do espaço reverencial da nação. A sua concretização viria a efetuar-se, anos mais tarde, como resultado do trabalho desenvolvido pelo antropólogo Jorge Dias e pelo grupo afeto ao Centro de Estudos de Etnologia. As importantes recolhas efetuadas em Moçambique, que permitiram compor uma exposição sobre o povo Maconde, justificaram a criação de um Museu exclusivamente dedicado ao campo disciplinar da etnologia. Em 1965 o Museu de Etnologia do Ultramar é criado por decreto, dedicado à etnografia não-europeia, embora não se circunscrevendo aos domínios ultramarinos sob administração portuguesa. Em 1974 finaliza-se a construção de um edifício próprio para acolher a coleção do Museu, situado no Restelo, fora dos limites da Freguesia de Santa Maria de Belém. No entanto, a mudança de regime em Portugal, com o 25 de abril de 1974, ditou que o Museu permanecesse encerrado durante mais de uma década, reabrindo já no período democrático com o nome de Museu Nacional de Etnologia de acordo com a sua vocação disciplinar. O «colonial» é assim permanentemente arredado do palco dileto da nação.

No fim do domínio colonial português, Belém encerra uma representação da identidade nacional focada em duas temáticas principais: o povo, remoto e presente, enquanto entidade «natural» herdada da tradição e do costume([49]); e a saga marítima, veiculando a imagem de um império sem colónias, ecuménico, humanista e universal, central na auto-representação de Portugal enquanto país dos «descobrimentos» e não como centro de poder colonial([50]). Povo, nação e império, em vez de serem antinómicos, antes se informam mutuamente no processo de definição, em cada momento, da identidade nacional portuguesa conforme representada no espaço de Belém. No entanto, este espaço representacional, bem como o espaço físico de Belém antes ocupado pela Exposição do Mundo Português, continuava ainda por consolidar. Só na década de oitenta do século XX, passado o período pós-revolucionário, Belém retomaria o seu papel enquanto espaço de intervenção política e simbólica.

A memória do império depois do império

Memória coletiva e branding nacional

Continuando pela zona ribeirinha, chegará àquele que é o bairro mais paradigmático em termos de património relacionado com os Descobrimentos: Belém. Foi da sua praia, que partiram as naus do navegador Vasco da Gama à descoberta do caminho marítimo para a Índia e em todo o lado se respira a grandeza do outrora império.
Como um dos ex-libris da cidade, o **Mosteiro dos Jerónimos**, mandado construir em 1501 por iniciativa do rei D. Manuel I e que só cem anos mais tarde viria a estar concluído. Implantado na grandiosa Praça do Império, o monumento integra elementos arquitetónicos e decorativos do gótico tardio e do renascimento, constituindo-se como um dos mais belos e grandiosos monumentos da capital. A estes elementos arquitetónicos juntaram-se motivos régios, religio-

---

([49]) José Manuel Sobral, «A formação das nações…
([50]) Jorge Freitas Branco, «Lugares para o povo…

sos, naturalistas e náuticos, fundando-se um edifício considerado a jóia do estilo manuelino, exclusivamente português. A excelência arquitetónica é evidente, tendo sido reconhecido como Património Cultural da Humanidade pela UNESCO. Hoje, nas alas do antigo mosteiro, estão instalados o Museu da Marinha, fundamental para conhecer um pouco da história náutica portuguesa, e o Museu de Arqueologia. (...) Os túmulos de Vasco da Gama e do poeta épico Luís de Camões encontram-se aí. O visitante sente-se simplesmente ultrapassado pela beleza e grandeza associadas à história, à fé, mas também pelo conhecimento e determinação que moveu a cultura portuguesa.

Também em Belém, junto ao rio, encontrará outro maravilhoso monumento do manuelino, classificado igualmente como Património Mundial pela UNESCO, a **Torre de Belém**. (...) Os elementos orgânicos do estilo manuelino estão aqui amplamente representados, ostentando a Torre de Belém a primeira representação escultórica de um animal africano, neste caso um rinoceronte.

Muito mais recente, mas invocando ainda a grandeza da época dos Descobrimentos, encontra-se em Belém o **Padrão dos Descobrimentos**. O monumento, de 1960, celebra o quinto centenário da morte do Infante D. Henrique, homenageando este impulsionador dos Descobrimentos mas também os navegadores portugueses mais fundamentais. Belém construiu, sem dúvida, a sua singularidade como símbolo da «idade de ouro» dos Descobrimentos.

Mas a modernidade e animação cultural estão igualmente presentes no **CCB – Centro Cultural de Belém**, onde poderá encontrar o Museu Coleção Berardo. Para passear pelos jardins extensos e de perder de vista, para admirar o rio ou simplesmente para descontrair-se com um delicioso pastel de nata, Belém é fundamental.

Belém, na zona ribeirinha, está muito ligado à época dos Descobrimentos, pois era dali que as naus partiam à aventura. Hoje, é uma área espaçosa, com amplos jardins, e imponentes monumentos, como o Mosteiro dos Jerónimos, o Padrão dos Descobrimentos, a Torre de Belém, além do Centro Cultural de Belém e da Rua Vieira Portuense[51].

---

[51] http://www.visitlisboa.com/getdoc/2bbec177-9d65-4fd1-bb7f-57e31c5cf706/Belem.aspx, último acesso 04.06.2012.

É desta forma que o *site* de promoção turística da Associação de Turismo de Lisboa [52], uma associação privada sem fins lucrativos declarada de interesse público, apresenta a zona de Belém ao real e potencial turista. Nestas palavras está sintetizada não só aquela que é a atual versão pública autorizada sobre a história imperial e colonial portuguesa, como também é estabelecida uma composição simbólica daqueles que são os elementos artefatuais mais expressivos na sustentação dessa versão, e que aqui são apresentados de acordo com uma escala de eficácia simbólica: os orgulhosos símbolos do esplendor imperial português combinam-se com a «modernidade» da oferta cultural que o Centro Cultural de Belém proporciona, e ambos com o portuguesíssimo pastel de nata e com a oferta de restauração da Rua Vieira Portuguense.

Este quadro de referentes simbólicos reflete a recomposição do espaço de Belém depois do fim do Estado Novo, na qual intervieram vários agentes e em que diferentes componentes se foram – e continuam – acrescentando. Esta recomposição inicia-se, como antes se havia iniciado, com o Mosteiro dos Jerónimos e também com um ato de classificação: em 1983, o Mosteiro, juntamente com a Torre de Belém, são inscritos na Lista do Património Mundial da Unesco. Em relação ao Mosteiro, a Unesco justifica a classificação pelo fato dos Jerónimos exemplificar «a arte portuguesa no seu melhor» [53]; quanto à Torre de Belém, a importância conferida pela Unesco parece ainda mais expressiva, sendo o monumento um «lembrança das grandes descobertas marítimas que lançaram as bases do mundo moderno» [54] e «um símbolo da especificidade do país que

---

[52] Os Órgãos Sociais da Associação de Turismo de Lisboa integram organismos oficiais, associações empresariais, e associados individuais num total de 23 elementos representantes das diversas categorias de membros. A Presidência da Direção é exercida pela Câmara Municipal de Lisboa, sendo a Presidência Adjunta exercida por um privado.

[53] http://whc.unesco.org/en/list/263, último acesso 05.09.2012.

[54] http://whc.unesco.org/en/list/263, último acesso 05.09.2012.

passa pelo diálogo privilegiado com outras culturas e civilizações»[55].

Sendo a Unesco uma instituição que representa o triunfo de uma cultura de paz, democrática e cooperante, este ato classificatório é um ato permanente de elogio e prestigiação, legitimando o espaço de Belém como um espaço comemorativo da nação, neutro em relação às configurações políticas que o modelaram. Frequentemente assente numa hierarquia de valor fruto de processos identitários prevalecentes, que favorecem o grau de consenso em torno dos elementos patrimoniais, como sejam, neste caso, a antiguidade e o indiscutível valor arquitetónico dos monumentos classificados, as instituições com tutela no campo do património desempenham um papel cada vez mais expressivo na definição dos lugares com base em narrativas históricas[56].

Duas perspetivas seriam, a partir de então, determinantes na composição do espaço de Belém – bem como de outras zonas de Lisboa – e na configuração dos próprios discursos sobre a memória do passado imperial português no espaço público nacional. Por um lado, uma perspetiva pedagógica sobre a história da nação, veiculada pelos mais diversos setores da sociedade portuguesa, tanto aqueles empenhados na manutenção de uma versão organicista da identidade nacional, quanto os interessados em assinalar a plena inserção democrática do país no contexto europeu. Por outro lado, uma perspetiva de mercantilização, em que o passado tem um valor de troca no mercado dos consumos culturais e turísticos.

Espaços consolidados na paisagem mítica nacional, o Mosteiro dos Jerónimos e a Torre de Belém são os palcos privilegiados na negociação identitária em curso. Neles têm lugar os eventos mais expressivos em matéria de relações externas e de

---

[55] http://www.torrebelem.pt/pt/index.php?s=white&pid=168&identificador=, último acesso 05.09.2012.

[56] David Harrison e Michael Hitchcock (orgs.), *The politics of world heritage: negotiating tourism and conservation* (Wiltshire: Cromwell Press, 2005).

política cultural desenvolvida pelo Estado português. A 12 de junho de 1985, é assinado, no Mosteiro dos Jerónimos, o Tratado de Adesão de Portugal à Comunidade Económica Europeia (CEE) [57]. A 10 de junho de 1987, o Presidente da República Mário Soares homenageia os «Descobridores Portugueses», numa cerimónia realizada nos Jardins da Torre de Belém para assinalar a abertura oficial das Comemorações Nacionais dos Descobrimentos Portugueses, entregue a uma Comissão especialmente criada para o efeito e cuja ação se desenvolveria até 2002. Com um amplo programa destinado a assinalar «As repercussões profundas que os Descobrimentos da era de Quinhentos tiveram na história da Humanidade», tanto no que respeita à «abertura das vias do comércio internacional», quanto às «relações com os países para cuja formação e integração universal contribuíram» [58], a ação da Comissão representaria um enorme esforço estatal no sentido da reposição da legitimidade historiográfica do período da expansão marítima portuguesa e mereceria um estudo mais sistematizado, ainda por fazer, mas que não tem lugar neste capítulo.

O cultural e o histórico são de novo apropriados pelo político, com várias instituições culturais sob a chancela do poder e seus parceiros económicos, como os museus e os bens patrimoniais, a servirem de agentes na construção de narrativas coerentes e orgânicas, de elevado pendor ficcional, sobre a comunidade imaginada nacional. Em 1985 iniciam-se obras de remodelação do Padrão dos Descobrimentos, que estava votado

---

[57] O Mosteiro dos Jerónimos seria também o local escolhido para a assinatura do Tratado de Lisboa, em 13 de dezembro de 2007.

[58] Decreto-Lei n.º 391/86, de 22 de Novembro, que cria a Comissão Nacional para a Comemoração dos Descobrimentos Portugueses. A ação da Comissão seria a de fazer recordar os «descobrimentos» aos portugueses de hoje, como ensinamento para o futuro: «O caráter científico, a cuidadosa preparação, a definição firme de objetivos e a sua prossecução merecem ser recordados, como projeto de mobilização do todo nacional, pelos Portugueses de hoje, que daí podem extrair valiosos ensinamentos sobre os valores e determinação que permitiram alcançar tão vastos e grandiosos objetivos».

ao abandono desde 1974. As obras permitiram o acesso do público ao miradouro, auditório e sala de exposições, tornando o monumento visitável e integrado no conjunto turístico-patrimonial de Belém. O potencial, produtivo ou disruptivo, do encontro com narrativas históricas carregadas de conteúdo ideológico dissolve-se na estetização dos espaços, promovendo-se um alheamento relativamente à história, ao mesmo tempo que se promove uma aproximação em relação à memória. Os seus principais utentes são turistas estrangeiros, embora estes espaços mantenham programas ativos de visitas escolares, geralmente assentes na realização de oficinas temáticas alusivas à história dos monumentos e dos «descobrimentos marítimos» portugueses. No Mosteiro dos Jerónimos, os visitantes estrangeiros são responsáveis por 93% das visitas. A Torre de Belém apresenta uma estatística similar: o volume de visitantes nacionais não ultrapassa os 10% do total[59]. O Padrão dos Descobrimentos contabiliza 86% de visitas devidas a estrangeiros. Os materiais de promoção turística invariavelmente enaltecem as qualidades arquitetónicas e estilísticas dos monumentos como fator de atração, associando-as à «Grande Idade das Descobertas». Esta grelha interpretativa é facilitada pela carência de textos informativos no seio dos próprios monumentos que favoreçam uma apreensão mais aprofundada da história marítima – e imperial – portuguesa. Daí resulta uma memória inerte e repetitiva, que é tanto mais eficaz quanto mais resistente à interpretação. O mesmo efeito é produzido pelos grandes espaços estilizados, pela obra de arquitetura, pelo monumento, que gozando de uma certa autonomia artefactual, entregam «à ficção do passado», como refere Marc Guillaume, «a caução da sua visibilidade e da sua materialidade»[60]. É na autonomia artefactual do monumento, profundamente resistente à interpretação, que

---

[59] IGESPAR, http://www.igespar.pt/media/uploads/instrumentosdegestao/VISITANTESPORMONUMENTONACIONAIS_ESTRANGEIROS2010.pdf, último acesso 05.05.2013.

[60] Marc Guillaume, *A política do património* (Lisboa: Campo de Letras, 2003) p. 143.

assenta em grande parte a representação do passado imperial português no espaço simbólico de Belém.

Mosteiro dos Jerónimos, Torre de Belém e Padrão dos Descobrimentos são, portanto, como já o eram antes, os grandes agentes desta representação. A estes acrescentar-se-ia um outro, dando expressão material às renarrativizações em curso no período democrático em matéria de identidade nacional. A construção do Centro Cultural de Belém – CCB, em 1988, cumpriria uma expressiva função simbólica, pois não só permitiria retomar o arranjo do espaço urbano de Belém, com uma definitiva intervenção nos espaços vazios deixados pela Exposição do Mundo Português, como também permitiria dramatizar de forma especialmente eficaz uma versão moderna e cosmopolita da identidade nacional portuguesa. Construído para acolher, em 1992, a Presidência Portuguesa na Comunidade Europeia e posteriormente para desenvolver atividade cultural, e considerada uma obra emblemática do período cavaquista [61], o CCB representa de novo uma afirmação de Belém como centro do poder político, não só relativamente ao todo nacional como também relativamente ao contexto europeu onde Portugal procura um novo posicionamento político e simbólico.

Desde a localização, ao projeto, passando pelo investimento público na construção – que passou dos seis milhões iniciais aos 27 milhões finais – e até a utilidade da infraestrutura, foram muitas as dúvidas e críticas provenientes dos mais variados setores da sociedade portuguesa, desde políticos a agentes culturais. Mas apesar da polémica que suscitou, o CCB acabou por se afirmar como centro de referência em termos de oferta cultural, de feição erudita mas dirigida para o grande público, dando expressão a objetivos políticos de disseminação do acesso a bens culturais e de consolidação de um mercado de consumos cul-

---

[61] Correspondente aos XI e XII Governos Constitucionais, liderados, entre 1987 e 1995, por Aníbal Cavaco Silva, marcado pela implementação de reformas conducentes à implantação de uma economia social de mercado no país.

turais na capital portuguesa(⁶²). Os autores do projeto, os arquitectos Vittorio Gregotti e Manuel Salgado, muito criticados pela geometria minimalista do desenho do projeto, acabaram por ser premiados com o Prémio Internacional de Arquitetura em Pedra. A arquitetura triunfa sobre o urbanismo, o que contribui para uma conceção do espaço como espaço de consumo e de lazer, frequentemente despolitizado e raramente interativo relativamente à sua envolvente urbana. Isto é o que M. Christine Boyer designou de «arte contemporânea de construir a cidade»: a arte de construir «paisagens estilizadas e ambientes estandardizados» como «instrumentos vitais para aumentar o prestígio e a desejabilidade dos lugares»(⁶³). Tal concretiza-se no investimento na construção de novos espaços públicos, como centros de exposições ou de congressos, pavilhões multiusos ou equipamentos sociais, capazes de contribuir para a definição de uma imagem cosmopolita e diferenciadora da cidade – e do país – de forma a torná-la competitiva num contexto pós-industrial caraterizado por uma cultura de consumo global. Aqui, o objeto cultural, patrimonial ou de outro tipo, deixa de ser classificado com base na dicotomia cultura popular/cultura de elites e passa a definir-se de acordo com as regras do mercado do lazer, do entretenimento e do turismo(⁶⁴).

Zonas de contestação

O CCB inaugura, portanto, uma linha de atuação política implicada na construção de espaços de lazer e de fruição cultural capazes de definir uma imagem cosmopolita e moderna da

---

(⁶²) Compreendendo atualmente um centro de espetáculos, auditórios, um conjunto de galerias comerciais e o Museu Coleção Berardo, no espaço inicialmente ocupado por um centro de exposições. Em cinco anos de vida, o Museu Coleção Berardo teve um total de 3,4 milhões de visitantes.

(⁶³) M. Christine Boyer, *The city of collective memory*... pp. 4-5.

(⁶⁴) Mari Paz Balibrea, «Memória e espaço público na Barcelona pós--industrial», *Revista Crítica de Ciências Sociais*, n.º 67 (2003), pp.31-54, p. 33.

cidade de Lisboa. Prova disso mesmo pode ser encontrada na reconfiguração porque os museus instalados em Belém têm passado nos últimos tempos. Esta reconfiguração está associada ao projeto de criação no local de um Museu alusivo à temática dos «descobrimentos» e da expansão marítima portuguesa. A proposta de criação de um museu desta natureza foi avançada em 2006 pela Ministra da Cultura Isabel Pires de Lima, quando lança o projeto da criação do Museu «Mar da Língua Portuguesa», definido com o objetivo de oferecer «uma compreensão da história, dos atores, dos precursores e das consequências das explorações marítimas de Portugal, associando-os, em particular aos resultados da expansão/difusão da língua Português em todo o mundo»[65]. A ideia, como refere João Leal, não é nova, sendo importada do Brasil, onde já existe um Museu da Língua Portuguesa, indiciando uma tentativa por parte de Portugal em assinalar a propriedade da língua face ao antigo colonizado, num momento de debate aceso sobre esta questão[66]. Mas sendo um Museu da Língua, a proposta, de acordo com os objetivos enunciados, é também a da criação de um Museu do Mar, uma terminologia que evidencia uma reconfiguração dos sentidos políticos atribuídos ao período dos «descobrimentos». Embora sendo dedicado à história naval, o Museu de Marinha não é propriamente um museu dedicado à temática histórica dos «descobrimentos». Ou melhor, não resolveu a antiga reclamação de instalar em Belém um museu colonial ou do ultramar, capaz de fixar uma narrativa sobre a história imperial portuguesa. A proposta da criação de um Museu do Mar/Língua pode ser lida como uma tentativa de se criar finalmente um espaço museológico destinado a esse período histórico, embora revestido de uma roupagem poética que lhe permite retirar as dimensões políticas, sociais e económicas aos processos históricos

---

[65] Ministério da Cultura, Museu Mar da Língua Portuguesa: explorações oceânicas e expansão do português – antevisão, 2006, http://www.portugal.gov.pt/NR/rdonlyres/D61EBBFD-2BA0-4FD6-A596-D21FF6C1D482/0/MMDLP.pdf, último acesso 03.10. 2007.

[66] João Leal, «Da arte popular... p. 473.

representados. Como refere Nélia Dias em relação às tecnologias de conhecimento encenadas no Museu du quai Branly, transpõe-se o passado colonial através de mecanismos estéticos que obliteram a sua dimensão política[67].

O Museu, de natureza interativa, seria instalado no exânime Museu de Arte Popular, uma sobrevivência da Exposição do Mundo Português, que mantinha patente ao público uma representação popular da identidade nacional assente numa estilização anacrónica do povo. O Museu de Arte Popular sempre foi um museu mal-amado e o abandono a que esteve votado durante décadas é prova do desconforto geral com o legado cultural do Estado Novo contido no Museu. No entanto, nunca houve coragem política para o encerrar nem destino a dar às suas coleções. Com a criação do novo Museu da Língua propõe-se finalmente uma solução para o Museu de Arte Popular. O espólio do Museu de Arte Popular, relacionado com a vida rural portuguesa, seria transferido para o Museu Nacional de Etnologia, aberto ao público em 1985 com um programa museológico centrado na etnografia portuguesa e não-europeia. O povo no presente, que antes havia reclamado um espaço representacional nas definições identitárias nacionais, passaria a ocupar uma posição secundária face ao tema marítimo, que agora reclama uma expansão, de acordo com as exigências do mercado das imagens dos lugares.

Não foi sem contestação que esta solução foi recebida. É criado um movimento cívico em defesa do Museu de Arte Popular[68] e em junho de 2009 é realizado um colóquio com o objetivo de debater a existência do Museu. O antropólogo João Leal, que participou no encontro, reclama uma remusealização do popular no museu, abrindo-o a novas expressões e hibridismos, mantendo-o enquanto lugar de memória de si

---

[67] Nélia Dias, «Double Erasures: rewriting the past at the Musée du quai Branly», *Social Anthropology*, vol. 16, n.º 3 (2008), pp. 300-311, p. 305.

[68] Integrando nomes como a historiadora Raquel Henriques da Silva, a artista plástica Joana Vasconcelos, Catarina Portas e Rosa Pomar.

mesmo[69]. O Museu acaba por reabrir ao público em 2010 e o projeto de criação de um Museu de Língua não seria realizado. No entanto, a ideia da criação de um museu com estas características seria mais tarde retomada. Em abril de 2010, outra ministra da cultura, Gabriela Canavilhas, anunciava que um novo Museu – o dos Descobrimentos – iria passar a ocupar o espaço utilizado até então pelo Museu Nacional de Arqueologia (como fora rebatizado em 1989 o Museu Etnológico Leite de Vasconcelos), sendo que este seria transferido para a Cordoaria Nacional, já fora do núcleo monumental central de Belém. O novo Museu tinha por objetivo, segundo a ministra, contar «a nossa epopeia das Descobertas feita através do mar e das viagens»[70] e seria um projeto partilhado entre o Ministério da Cultura e a Marinha. No concreto, o projeto pressupunha a expansão do Museu de Marinha para o espaço do Museu de Arqueologia e também uma reconfiguração do próprio Museu de Marinha por forma a integrar uma componente relativa aos «descobrimentos» e à expansão portuguesa. Os custos desta operação seriam sustentados, segundo o então diretor do Instituto dos Museus e da Conservação (IMC), João Brigola, por «programas comunitários, apoios mecenáticos, e de outros parceiros, como a Câmara Municipal de Lisboa ou o Turismo de Portugal»[71].

De novo uma intensa polémica é gerada em torno da expulsão do Museu de Arqueologia Leite de Vasconcelos do Mosteiro dos Jerónimos e de Belém. O grémio dos arqueólogos mobiliza-se para evitar a saída do Museu das suas instalações históricas, lançando uma petição pública para evitar este desfecho[72].

---

[69] João Leal, «Da arte popular...
[70] *Público*, 14.04.2010.
[71] *Público*, 14.04.2010.
[72] A notícia da transferência do Museu de Arqueologia foi recebida com indignação por vários setores da sociedade, tendo sido constituído um movimento de Amigos do Museu de Arqueologia em defesa da manutenção do Museu no Mosteiro dos Jerónimos. Vd. http://gamna.blogspot.pt/2010_07_01_archive.html, último acesso 20.03.2013. Foi colocada uma petição online exigindo a manutenção do Museu de Arqueologia

A proposta de transferência do Museu de Arqueologia para a Cordoaria Nacional representa, de novo, uma tentativa de expurgar uma representação muito específica da identidade nacional, bem como sua correspondente tutela disciplinar, do espaço central de representação nacional. Na negociação identitária em curso, o povo remoto, tal como o popular, perde em atratividade e valor de diferenciação relativamente à atual narrativização em torno do mar e das viagens, desenhada pelos empreendedores do sector cultural.

Ao mesmo tempo que é desenhado este plano, é colocada a primeira pedra na construção de um novo edifício para acolher o Museu dos Coches, instalado no Palácio de Belém. O desenho de arquitetura do novo edifício, em construção no que resta das antigas Oficinas Gerais de Material de Engenharia do Exército (OGME), tem a assinatura de uma das figuras mais destacadas do grémio da arquitetura – o brasileiro Paulo Mendes da Rocha (Pritzker de 2006). Concebido para acolher a coleção de coches e viaturas reais patentes nas antigas instalações, e mais algumas transferidas de Vila Viçosa, o novo edifício, orçado em 40 milhões de euros, atualiza a paisagem monumental de Belém, ao mesmo tempo que proporciona melhores condições de acolhimento do público, sendo assumido que este é tanto um projeto cultural como turístico[73].

Esta reconfiguração do panorama museológico de Belém responde a um conjunto de objetivos políticos e económicos de promoção turística da cidade de Lisboa, e que foram institucionalmente definidos pelo Plano Estratégico para o Turismo de

---

nos Jerónimos alojada em http://www.peticao.com.pt/museu-nacional--de-arqueologia, último acesso 20.03.2013. Uma petição semelhante foi também colocada online contra a passagem do espólio do Museu de Marinha para um novo museu (http://www.peticaopublica.com/PeticaoVer.aspx?pi=P2010N2153, último acesso 20.03.2013). Também a construção de um novo edifício para o Museu dos Coches gerou polémica, devido sobretudo ao elevado custo da obra.

[73] A maior parte do financiamento da obra é assegurada pelo Turismo de Portugal, com verbas provenientes da concessão do Casino de Lisboa.

Lisboa – TLX 14 – elaborado pela Associação de Turismo de Lisboa. O Plano, traçado para estimular o turismo em Lisboa entre 2011 e 2014, identifica várias propostas de valor para a cidade de Lisboa:

> Lisboa... «A incontornável capital oceânica delineada pelo rio, distinta na forma de receber»; «uma capital cosmopolita e tolerante marcada pela descoberta de novos mundos e original pela sua hospitalidade e multiculturalidade»; «uma capital trendy»; «uma capital autêntica nas sensações de luminosidade e perspetivas cénicas»; «uma capital tradicional e contemporânea»; «uma capital romântica»; «uma capital espiritual, capital da paz e da proximidade humana».

Definidos os elementos de valorização, o TLX14 concebe 10 programas para concretizar a estratégia de crescimento do turismo em Lisboa. O Programa 2 é exclusivamente destinado à zona de Belém e designa-se «Belém: O ícone cultural, um Distrito de Museus», prevendo-se a potenciação dos equipamentos museológicos na zona como forma de aumentar a sua notoriedade junto dos mercados turísticos([74]).

Contudo, o cenário de profunda contenção orçamental que entretanto se desenhou veio adiar a concretização de alguns projetos. A transferência do Museu Nacional de Arqueologia para a Cordoaria Nacional ficaria adiada por falta de disponibilidade financeira, adiando também a intensa polémica gerada em torno do desalojamento do Museu de Arqueologia do centro simbolizador da nação. A ideia de criação do Museu dos Descobrimentos seria porém retomada, no final de 2011, quando membros do governo decidem ponderar a hipótese de dar outro uso ao edifício concebido para alojar o Museu dos Coches, e cujas obras estão em curso. Esse outro uso seria o de um Museu da Viagem e da Língua, em moldes similares às propostas anteriormente avançadas, enaltecendo o legado civiliza-

---

([74]) http://www.cafeportugal.net/resources/3/files/plano%20estrategico.pdf, último acesso 20.03.2013.

cional dos portugueses no mundo por via da difusão da língua e de outras formas culturais[75].

A língua e a viagem tornam-se assim em objetos-fétiche da reconstrução identitária em curso, funcionando como elementos diferenciadores num mercado de consumos turísticos e como ferramenta de diplomacia cultural junto de reais ou potenciais parceiros políticos. A importância da metáfora da viagem enquanto fator de diferenciação havia já sido colocada, em 2009, com a apresentação da Carta Estratégica de Lisboa – 2010/24. Como resposta à questão «Como Afirmar a Identidade de Lisboa num Mundo Globalizado?», a comissária Simonetta Luz Afonso propõe a definição de uma «Marca Lisboa», «um discurso que junte todas as partes», que permita claramente identificar o produto «Lisboa» num mercado turístico fortemente competitivo. A sua sugestão é a de que esta «Marca» seja procurada numa relação renovada, «descomplexada e moderna», com o passado nacional:

> Qual será proposta singular de Lisboa? Será Lisboa a cidade das partidas e chegadas? A cidade das viagens? Dos Descobrimentos ao desassossego de Bernardo Soares, essa grande viagem interior de Fernando Pessoa. O discurso político tende a insistir sempre na modernidade, importante sem dúvida, mas será que os que nos visitam não querem saber mais sobre o nosso passado? Não poderiam ser mais os visitantes, com um discurso descomplexado e moderno sobre o passado? Um passado que fez de Lisboa uma cidade exemplar do ponto de vista da tolerância. A viagem é um conceito muito operativo (do ponto de vista cultural e económico), que permite articular uma mensagem que junta o passado e o presente[76].

A produção da «diferença» passa, portanto, por uma amalgamação mais ou menos arbitrária de produtos culturais que,

---

[75] *Público*, 29.9.2011.
[76] http://cartaestrategica.cm-lisboa.pt/index.php?id=431, último acesso 20.03.2013.

em combinações variáveis, formam a imagem da cidade. É este o palco onde se compõe uma memória cosmopolita que, embora mantenha, ou mesmo fortifique, as configurações de memória nacionais ou locais, as rearticula em termos de memória global. O discurso modernizador acaba por se adequar sincreticamente ao discurso da profundidade histórica, na construção da imagem de uma cidade cosmopolita, moderna, mas ao mesmo tempo ancorada numa herança histórica muito específica que se projeta para o futuro como valor de diferenciação. As questões da identidade nacional, antes mobilizadas por agendas ideológicas, são agora recolocadas por referência às exigências dos mercados de consumo e de lazer, sobretudo o do turismo, compondo crescentemente o que Daniel Levy e Natan Sznaider designaram de culturas cosmopolitas de memória([77]).

Os museus presentes em Belém ou em projeto continuam a ser um observatório privilegiado para analisar as negociações em curso em matéria de definições de identidade nacional. Se, com o Museu Leite de Vasconcelos, o espaço de Belém começou por encerrar uma simbolização da identidade nacional em torno do povo português e das suas raízes remotas, e se essa simbolização passou por incluir diferentes níveis de representação, diversificando-se, para incluir a saga marítima e o povo no presente([78]), agora parece desenhar-se um movimento regressivo no sentido da monopolização simbólica da identidade nacional, desta feita em torno do tema dos «descobrimentos» e da expansão marítima. O tema perde, porém, a sua dimensão histórica, através da estilização trazida pela metáfora da viagem e da descoberta. O colonial havia cedido lugar ao imperial; o imperial cede agora lugar à viagem.

([77]) Daniel Levy e Natan Sznaider, *The holocaust and memory in the global age* (Philadelphia: Temple University Press, 2002).

([78]) Jorge Freitas Branco, «Lugares para o povo... p. 165.

Contra-memórias?

Após 14 anos de guerras coloniais em que o regime tentou manter o domínio colonial em África, abril de 1974 abriu o caminho para as independências. Em 1975, a independência das colónias portuguesas em África, bem como a iminência da guerra civil nestes territórios, levou ao regresso a Portugal de mais de meio milhão de cidadãos nacionais. Nos antigos territórios coloniais, conflitos armados sucederam-se às independências, pondo em evidência os pesados legados deixados pelo colonialismo. Para a ex-metrópole começam a fluir massas migrantes pós-coloniais, atraídas para um mercado de trabalho em expansão que faz uso de mão-de-obra barata e precária constituída, em grande parte, por antigos sujeitos coloniais. O debate sobre o racismo começa a ganhar contornos públicos, a partir do momento em que os problemas de habitação e os conflitos sociais parecem cada vez mais cruzados com a variável raça. Após anos de uma relativa «amnésia» ou, pelo menos, de ausência de debate relativamente aos «pontos negros» da experiência colonial portuguesa, a memória pública reconfigura-se a partir da atenção crescente dada às «feridas» do colonialismo português. As guerras coloniais, mais concretamente os «traumas» deixados pela guerra em alguns daqueles que nela combateram, sugerem novos modos de recordar este passado. A intimidade da experiência direta do passado acrescenta-se ao modo público celebratório dominante, através da publicação de livros de memórias, da produção de documentários, da criação de *blogs*. De forma semelhante, também a descolonização e o retorno têm sido objeto de uma atenção crescente, embora temas como a escravatura ou a violência exercida sobre o colonizado não tenham conquistado ainda um espaço de reflexividade equivalente.

No entanto, esta auto-reflexividade relativamente ao tema colonial, se bem que tenha expressão crescente na esfera pública nacional, não encontra expressão material visível no espaço simbólico de Belém, pelo menos não de uma forma permanente e fixada numa narrativa coerente dialogante com as demais narrativas presentes no espaço. A temática colonial havia já sido introduzida no espaço simbólico de Belém com a colocação, em 1994, do Monumento em Homenagem aos Combatentes do Ultramar, junto ao Forte do Bom Sucesso, onde está instalado o Museu do Combatente. Erguido em homenagem aos combatentes portugueses mortos na Guerra do Ultramar, por uma Comissão presidida pela Liga dos Combatentes[79], o Monumento foi concebido tendo em conta um conjunto de objetivos, nomeadamente «1. Cumprir um ato de justiça, de homenagem àqueles que, como Combatentes, serviram Portugal no ex-Ultramar português; 2. Exercer uma ação cultural e pedagógica de exaltação do amor a Portugal; 3. Traduzir de uma forma simples, mas duradoura e pública, o reconhecimento de Portugal a todos esses combatentes.» Para a escolha do local tomou-se em consideração a «Grande dignidade e tradições ímpares ligadas à nossa epopeia do Ultramar»[80].

A presença do Monumento no palco sacralizador da nação, ao lado da Torre de Belém, cumpre duas funções expressivas. Por um lado, permite assinalar o fim do império colonial português, estabelecendo definitivamente uma fronteira temporal entre o passado colonial e o presente pós-colonial. Nesta medida, o monumento é um espaço de luto, não apenas para aqueles cujos familiares morreram nas guerras coloniais, mas também para o todo nacional, ainda a refazer-se da perplexidade de ser afinal um país pequeno. Por outro lado, o monumento é um espaço de decantação da história, que embora obrigue a reconhecer que o império não reside num espaço mítico onde habitam heróis e argonautas, e que foi também colonial, passa os abusos do colonialismo português pelo filtro de uma pedagogia de «exaltação do amor a Portugal». Ao fazê-lo previne qualquer

---

[79] Constituem a Comissão outras entidades como a Sociedade de Geografia de Lisboa, a Sociedade Histórica da Independência de Portugal, a Associação de Comandos, a Associação dos Combatentes do Ultramar, a Associação da Força Aérea Portuguesa, a Associação dos Especialistas da Força Aérea Portuguesa e a Associação dos Deficientes das Forças Armadas.

[80] http://www.ligacombatentes.org.pt/upload/forte_bom_sucesso/exp_permanentes/003.pdf, último acesso 20.11.2012.

tentativa de apreciação crítica da história colonial portuguesa e do seu trágico desfecho.
A dificultar esta função está a própria ilegibilidade do monumento. Excetuando aqueles a quem o monumento diz diretamente respeito, ou seja, os próprios combatentes e suas famílias, ou aqueles que têm conhecimento da sua função, o Monumento ao Combatente do Ultramar é de difícil leitura para os demais. A legenda que acompanha a lista inscrita na pedra dos combatentes mortos, dedica o monumento «À memória de todos os soldados que morreram ao serviço de Portugal». Evita-se explicitamente a nomeação concreta da guerra em questão e, desta feita, a associação entre as mortes de guerra e a história colonial portuguesa. Por outro lado, a estética formal do próprio monumento, bem como os critérios que nortearam a sua escolha de entre as várias propostas a concurso, denotam a preocupação em erigir um monumento que não destabilize a narrativa pública prevalecente sobre a história imperial e colonial portuguesa. Estes critérios foram a «Grande pureza formal e simbólica» do monumento, a sua «Grande simplicidade e carácter unitário», evidenciando «A união entre todos os povos envolvidos na guerra do ex-ultramar português, sem constrangimentos nem ressentimentos», assinalando desta feita «a perenidade de Portugal e a sua continuidade através dos séculos»([81]). Em vez de ser um local de reflexão ou crítica pós-colonial, o Monumento ao Combatente permanece, portanto, como um local de exaltação patriótica e de reclamação de um reconhecimento, simbólico e material, por parte daqueles que combateram nos territórios coloniais portugueses ou por parte de setores profissionais a eles associados. É, neste sentido, um local de contestação política e de reivindicação de direitos cívicos([82]); não um local de crítica pós-colonial. Resta perguntar se será efetivamente um lugar de articulação de uma contra-memó-

---

([81]) http://www.ligacombatentes.org.pt/upload/forte_bom_sucesso/exp_permanentes/003.pdf, último acesso 20.11.2012.

([82]) Como a contagem do tempo de serviço para efeitos de reforma ou a antecipação da idade de reforma.

ria([83]) capaz de desafiar a linearidade da interpretação hegemónica sobre o passado imperial português prevalecente no espaço de Belém.

Comentário

Pierre Nora, em *Lieux de Memoire*, definiu lugares de memória como «restos»: a «forma extrema onde subsiste uma consciência comemorativa» sem que exista uma consciência da história que é evocada([84]). Estes «restos» são os museus, os monumentos, as comemorações, os tratados, as festas, os aniversários, e tantos outros lugares que testemunham e sacralizam esse «outro tempo» e lhe conferem uma ilusão de eternidade. A sua função é a de conectar o passado e o presente, anulando o intervalo que separa as diferentes temporalidades, reabsorvendo todos os eventos numa estrutura sincrónica([85]). Belém é, neste sentido, um lugar de memória exemplar por juntar e sincronizar, num só espaço, tantas camadas de tempo. Mosteiro dos Jerónimos e Torre de Belém, museus do povo e de marinha, «descobrimentos» e guerra colonial, coches reais e palácios presidenciais, pastéis de nata e MacDonald's. No conjunto, formam um «complexo de memória» que toma o passado imperial português como eixo articulador sem que, contudo, sob ele estejam subsumidas outras versões da identidade nacional.

Este «complexo de memória» foi-se desenhando ao longo do tempo e é resultado do «contacto» entre diferentes agentes institucionais e respetivas versões identitárias. Trata-se, portanto, de um lugar da memória muito mais fragmentado do que as

---

([83]) Michel Foucault, *Language, counter-memory, practice*, org. Donald F. Bouchard (New York: Cornell University Press, 1977).

([84]) Pierre Nora, «Entre mémoire et histoire: la problématique des lieux», in Pierre Nora (org.), *Les lieux de mémoire*. Vol. 1 – La République. (Paris: Gallimard, 1984), pp. VII-XLII, p. XXIV.

([85]) Giorgio Agambem, «O país dos brinquedos: reflexões sobre a história e sobre o jogo», in *Infância e História: destruição da experiência e origem da história* (Belo Horizonte: UFMG, 2005).

sucessivas idealizações do passado nacional levam a querer. Se, desde finais do século XIX até aos dias de hoje, o lugar tem sido investido política e simbolicamente de associações à «Idade de Ouro» da história nacional, as intervenções concretas nomeadamente no domínio museológico evidenciam uma diversidade temática em matéria de definições da identidade nacional. O imperial é por vezes marítimo e outras colonial, o etnográfico dialoga com o monumental, o povo remoto confunde-se com o povo no presente.

Esta diversidade temática é o resultado de processos mais ou menos arbitrários. Como vimos, a criação de museus, em vez de obedecer a uma planificação objetiva e direcionada, é mais frequentemente o resultado da atividade desenvolvida por atores individuais, como José Leite de Vasconcelos ou Jorge Dias, e da consequente constituição de coleções museológicas. A falta de verbas e os constrangimentos de infraestrutura terão muitas vezes condicionado a composição da memória nacional no espaço de Belém, e isso é particularmente evidente no caso dos museus aí instalados ou em projeto. Desta forma, é composto um «complexo de memória» muito mais fragmentado e contingente do que as leituras ideológicas das formulações dos passados nacionais sugerem. Este «complexo de memória» revela-se plástico e mutável conforme as conjunturas políticas, económicas e sociais impõem novas interpretações sobre o passado, orientando-o para o futuro. Mas é um «complexo» que revela também estruturas de continuidade, de forte pendor afetivo, mediante as quais a comunidade histórica sucessivamente se atualiza e recria[86]. Povo, nação e império, nas suas mais diversas ressemantizações, consubstanciam-se como os lugares simbólicos centrais a partir dos quais essas linhas de continuidade se tecem. Ora lugares de comunhão coletiva ou de comemoração nacional, ora lugares-imagem geradores de lucro nos mercados de consumo de lugares, são eles que parecem continuar a fornecer a tonalidade emocional capaz de aglomerar os fragmentários conteúdos da narrativa identitária nacional.

---

[86] Francisco Bethencourt, «A memória da expansão... p. 480.

No presente momento, serão também estes os lugares a partir dos quais é feita uma reflexão em torno do passado – também colonial – português e das suas consequências. Depois de décadas de silêncio, as «feridas» do colonialismo português, sobretudo as deixadas pelas guerras coloniais e pelo repatriamento de nacionais dos territórios coloniais, começam a ganhar um espaço representacional no «complexo de memória» nacional, obrigando a que o colonial se verta em pós-colonial. Nas formulações da memória oficial continua, porém, bem viva uma imaginação imperial associada aos «descobrimentos» marítimos, agora capitalizada ao serviço da definição de uma imagem-de-marca da cidade e do país e que toma Belém como um lugar de memória exemplar. Umas vezes um tempo mítico repleto de heróis e de viagens, outras vezes um lugar *avant-garde* da modernidade, o império permanece associado ao sentido humanista e universalizante retirado da expansão portuguesa dos séculos XV e XVI, agora articulado sob a metáfora da «viagem». Neste «complexo de memória», as formas de exploração e administração colonial, a escravatura, as guerras coloniais, são expurgadas ou invisibilizadas, mediante uma operação de eliminação semântica e discursiva das dimensões histórica, económica e social do colonialismo português.

Este capítulo centrou-se na produção política, institucional e económica de um espaço de memória, analisando como, neste âmbito, a temática imperial se consubstanciou, e consubstancia, como central nas formulações discursivas da identidade nacional. Resta analisar como cada um dos objetos da memória que compõem este «complexo» performatizam a memória do império no espaço de Belém. Tal pressupõe atender às práticas que se desenvolvem no espaço, perceber os seus usos e quais as perceções que motivam nos seus usuários. Resta, portanto, perceber como o discurso se incorpora em práticas e motiva formas de conhecimento. Esta é, porém, uma abordagem que vai para além dos limites deste capítulo.

PARTE III

Desdobramentos pós-coloniais: continuidades e ruturas

A terceira parte deste livro situa-nos numa cronologia pós--colonial, na cidade de Lisboa. As relações de poder que caracterizaram o período colonial apresentam elementos estruturais e tipos de função que se reproduzem em inúmeros contextos contemporâneos. A ação de determinadas instituições, desde logo o Estado, a organização do mercado laboral, a produção de categorizações sociais que afetam as dinâmicas interaccionais, são visíveis na organização de cidades que foram capitais imperiais, caso de Lisboa. Parte das populações imigrantes nestes mundos urbanos tem origem em países que foram colónias portuguesas. Muitos dos africanos em Portugal, que perderam a cidadania portuguesa depois da independência dos seus países e a quem não foi dada a possibilidade de optar, são agora imigrantes. A sua grande maioria ocupa um lugar social desfavorecido, os setores mais baixos do mercado de trabalho, fora dos contornos da cidadania política e nas margens do contrato social. A sua posição define, assim, em condições de grande fragilidade, uma situação particular no contexto geral da experiência da classe trabalhadora. Partilhando com esta uma certa condição estrutural, distinguem-se as condições destes imigrantes por inúmeros processos de diferenciação, dado que possuem menos direitos e sofrem de formas específicas de confinamento social baseadas em atitudes nacionalistas ou racialistas.

A sua posição estrutural na sociedade portuguesa apresenta assim características próximas da posição ocupada por grande parte das populações governadas pelo Império. É certo que a sua autonomia e o enquadramento político a que são sujeitos é distinto. Mas estas características, significativas e merecedoras de uma análise cuidada, não devem ocultar as continuidades. As relações de poder engendradas pelo sistema colonial, sustentadas numa distinção institucional, em mecanismos de coerção sobre os corpos e as mobilidades e numa desqualificação simbólica, traduzem uma dinâmica de dominação com características visíveis em contextos ditos pós-coloniais. Este lugar estrutural é habitado por antigas populações coloniais portuguesas mas também por outras populações imigrantes, provenientes das grandes rotas das imigrações internacionais. Esta realidade obriga a uma análise que saia das esferas de interpretação nacional e que atenda a lógicas de mobilidade internacionais, ditadas por uma divisão internacional do trabalho. As características que forjaram a experiência colonial continuam então a repercutir-se na adaptação do imigrante. Isto sucede não apenas na posição face ao mercado de trabalho e à esfera estatal, mas também nas interacções quotidianas, onde os traços fenotípicos continuam a afetar a relação destes indivíduos com a população portuguesa.

Mas a integração destas populações numa cidade como Lisboa apresenta dinâmicas próprias, que alguns dos artigos presentes na terceira parte deste volume procuram interpretar a partir de estudos de casos. O ajustamento dos imigrantes à cidade expressa a sua condição, as suas redes e recursos. Neste sentido, a sua relação com a cidade adquire singularidades que distinguem, por exemplo, a experiência dos guineenses e dos cabo-verdianos dos bairros degradados da periferia lisboeta, da população brasileira que ocupa determinados espaços no centro da cidade. Enquanto lugar de poder e de construção de representações sobre povos e outros coletivos, o colonial é acionado no espaço quotidiano da cidade. Categorizações antigas são utilizadas para delimitar a existência e a condição do outro, como meio de criação de fronteiras que lhe negam direitos e por vezes a sua própria humanidade. Mas estes imigrantes também negoceiam e confrontam estas representações, por vezes acomodando-se estrategicamente a elas, noutras vezes reproduzindo contra-representações não apenas sobre si próprios mas sobre a sociedade de que agora fazem parte. A experiência colonial é diversas vezes reclamada enquanto princípio de visão do mundo e das suas diferenças.

Nestes espaços urbanos, numa condição inúmeras vezes precária, estes imigrantes vão negociar a sua relação com a sociedade local, de que passam a ser efetivos construtores, instituindo novas práticas, trazendo hábitos e tradições, forçando a sociedade a transfigurar-se. A sua presença transforma efetivamente a cidade. No centro de Lisboa, como em muitas outras cidades, esta multiculturalidade serve políticas de mercadorização da diferença. Este multiculturalismo, útil a processos de reconversão urbana e de atração turística, tende a ocultar, mesmo que inconscientemente, a condição objetiva em que vivem algumas destas populações imigrantes (mas também as condições degradadas em que vivem as outras populações locais) voltando a recuperar velhas imagens da mitologia imperial portuguesa que reforçam consensos e aparentes harmonias.

A barraca pós-colonial: materialidade, memória e afeto na arquitetura informal

EDUARDO ASCENSÃO

Prelúdio

Armindo Mendes, um imigrante cabo-verdiano nascido na ilha de Santiago, chegou a Lisboa em 1973, imediatamente antes da revolução que desencadearia a independência das então províncias ultramarinas. Anteriormente, nos anos 1960, tinha trabalhado durante dois períodos nas plantações de São Tomé e Príncipe, como «trabalhador contratado», e em Angola, onde chegou a ser polícia. Em Lisboa, após dois anos a viver em pré-fabricados nos estaleiros de obras onde trabalhava, mudou-se para a Quinta da Serra, que era perto da obra em Sacavém onde estava na altura. Utilizando barrotes de madeira e placas de metal usados que um empreiteiro amigo o deixou levar da obra («porque eu era bom trabalhador»), construiu uma barraca rudimentar em dois dias, com a ajuda de alguns colegas.

A barraca era pequena, mas Armindo delimitou desde logo uma área à volta, não apenas para uma pequena horta mas pensando já na mulher e nos dois filhos que tinha deixado em Cabo Verde – teria entretanto mais um. Nos anos que se seguiram foi construindo mais quartos e outros espaços a partir da barraca original, e foi substituindo as paredes de madeira por alvenaria. Teve ajuda de colegas e amigos, mas foi a experiência ganha na construção civil o que lhe permitiu fazê-lo corretamente. A mulher e o filho mais velho juntaram-se-lhe durante os anos 1980; em 1994 vieram os filhos mais novos. Depois, à medida que cresceram e se autonomizaram, cada um ficou como que com uma área estanque para a sua família nuclear. Ao entrar na sua casa, mostrou-me 'a casa do meu filho Cecílio, a do Eugénio, a do Zé Maria', cada uma com acesso a partir duma espécie de pátio interior. Na casa da família alargada de Armindo habitavam em 2008 onze pessoas.

Esta casa-agregado foi recenseada em 1993 pelo INH – Instituto Nacional de Habitação (hoje IHRU – Instituto da Habitação e da Reabilitação Urbana) para o PER – Plano Especial de Realojamento. Armindo, a mulher, o filho mais velho e sua família nuclear estão entre os 60-70% de habitantes da Quinta da Serra elegíveis para realojamento. Outros, mesmo que chegados logo em 1994 ou 1995, não têm tanta sorte. Entre eles estão os seus dois filhos mais novos, as suas mulheres e os seus filhos.

Aos oitenta anos, Armindo não sabia se preferia ser realojado através do PER para um fogo municipal na Apelação, solução pouco satisfatória devido aos conflitos entre cabo-verdianos e ciganos aí existentes, ou através do PER-Famílias para outra localização, necessariamente mais longe, por este subsídio à aquisição de casa própria estar tabelado bem abaixo do preço de mercado duma área como o Prior Velho. Ainda considerou voltar a Cabo Verde, mas só no caso do seu «direito» de realojamento poder ser passado para os seus filhos, lógica que não é contemplada pelos programas.

O que ele gostaria mesmo é que as três famílias nucleares dos seus filhos, que durante as duas últimas décadas viveram juntas, fossem realojadas cada uma em seu apartamento. A 'tradição' cabo-verdiana duma família alargada habitar sob um mesmo teto na fase anterior à emancipação económica dos filhos homens, ou, mais raro, do casamento de uma filha, que a labiríntica casa de Armindo de algum modo replica, agora já não corresponde à sua vontade nem à dos seus filhos. No entanto, esta nova aspiração habitacional fundada na família nuclear é improvável de se realizar.

(A partir de diário de campo, junho de 2008).

IMAGEM 1. **A casa de Armindo.** Uma série de quartos para a sua família alargada a partir de duas entradas e um pátio interior. Em cima: a entrada, ele, o neto e a sala de estar. Ao meio: esse espaço que distribui para os espaços separados. Em baixo: o índice de permeabilidade da casa, com a divisão do espaço de cada uma das famílias nucleares em destaque; a porta pela qual se acede à parte do seu filho Cecílio; e a sua nora nessa sala.

*

Muito depois do fim formal do império, memórias e associações pós-coloniais continuam a afetar o uso do espaço na antiga cidade imperial.

ANTHONY KING, «Post-colonial cities» ([1])

([1]) Anthony D. King, «Postcolonial cities», in *International Encyclopedia of Human Geography*, org. Rob Kitchin e Nigel Thrift (Oxford: Elsevier, 2009), pp. 321-326.

O desfiar de associações coloniais

No caso de Armindo, como no resto dos casos presentes neste capítulo, procurarei desfiar e mostrar algumas destas associações e memórias pós-coloniais na história dum bairro de barracas, desse modo refletindo sobre a natureza do processo de urbanização de Lisboa e das suas periferias nos últimos 35 anos.

A proposta é que existe uma espécie de fantasma colonial/pós--colonial neste processo, algo que é óbvio dum modo geral – a começar pelo facto da imigração pós-colonial ter sido um dos principais fatores de crescimento, nos anos 1970-1990, dos bairros de lata originalmente começados por migrantes rurais portugueses – mas que julgo merecer ser detalhado. No entanto, ao contrário do excelente trabalho de autores como King ou Abidin Kusno([2]), que abordam as continuidades e descontinuidades históricas da cidade pós-colonial a partir do conhecimento erudito, tratando do seu carácter global e das escolas de pensamento urbano e arquitetónico que fizeram esse carácter, este capítulo reflete sobre a natureza pós-colonial (no sentido de pós-imperial) de Lisboa a partir da cidade informal e dos conhecimentos implícitos dos seus moradores, tantas vezes invisíveis historiograficamente. Fá-lo-ei através das microbiografias de migração, construção arquitetónica e vida quotidiana no bairro da Quinta da Serra, Prior Velho.

A biografia de Armindo percorre o período final dum longo processo histórico de desigualdade e subalternidade pelo qual determinadas populações coloniais, primeiro, e migrantes, depois, passaram. Ele foi «trabalhador contratado» nas plantações de São Tomé, um eufemismo para quase-trabalho forçado; como muitos outros cabo-verdianos trabalhou nos escalões mais baixos da administração colonial; e a emigração para Lisboa e instalação num bairro de barracas não pôs fim a uma condição

---

([2]) Anthony D. King, *Spaces of global cultures: architecture, urbanism, identity* (Londres: Routledge, 2004) e Abidin Kusno, *Behind the postcolonial: architecture, urban space, and political cultures in Indonesia* (Londres: Routledge, 2000) e *The Appearances of memory: mnemonic practices of architecture and urban form in Indonesia* (Durham e Londres: Duke University Press, 2010).

individual de subalternidade perante o Estado português. A sua biografia serve pois como ponto de entrada para uma história mais alargada, que se materializou e tem expressão nas habitações e nos bairros onde imigrantes como ele viveram nas últimas três décadas.

A ideia de que histórias políticas e vidas pessoais têm expressão em artefactos arquitetónicos e vivências sociais pode começar por ser abordada a partir da casa, do local específico de abrigo e habitação enquanto entidade vivida. No caso de Armindo, essa expressão vê-se por exemplo na ajustabilidade da forma construída – a «biografia da casa»([3]) – à reunião familiar, ao crescimento dos seus filhos e ao nascimento dos netos, bem como nos melhoramentos que decorrem da existência de maiores rendimentos ao longo do tempo (a biografia do imigrante). É como se a casa fosse um apêndice material e tecnológico desta família. Mas a expressão dessa condição colonial/ pós-colonial vê-se também, de um modo mais geral, no acesso desta população à habitação e ao espaço urbano, isto é, no facto de a forma de assentamento ter replicado na Europa os regimes de des-infrastruturação urbana e invisibilidade cidadã lentamente instituídos na cidade periférica africana, asiática ou latino-americana nas últimas quatro décadas. A história do bairro e as diferentes condições de invisibilidade necessárias ao seu aparecimento, a que aludo à frente, são expressão concreta, material e política dessa condição([4]).

([3]) Ver Alison Blunt, «The 'skyscraper settlement': home and residence at Christodora House», *Environment and Planning A*, Vol. 40, n.º 3 (2008), pp. 550-571; ou Andrew Dolkart, *Biography of a tenement house in New York City: an architectural history of 97 Orchard Street* (Santa Fe: The Center for American Studies, 2007). A abordagem com especial enfoque na construção, reconfiguração e «experiência vivida» de determinado tipo de edifícios tem sido muito utilizada nos últimos anos pelos estudos de habitação e cidade, embora tenha uma genealogia já longa, que vem desde o pensamento ainda estruturalista de Pierre Bourdieu no seu estudo sobre a casa na Cabília: Pierre Bourdieu, *Esboço duma teoria da prática, precedido de três estudos de etnologia cabila* (Oeiras: Celta, 2006, or. 1972).

([4]) Embora precedida pela existência de uma população portuguesa branca sem um particular passado colonial (ainda que alguns homens

Migração, materialidade e Estado

A geografia social e espacial permite «pensar empiricamente» e perfurar as diferentes escalas onde as memórias e associações pós-coloniais que Anthony King menciona existem em concreto. Essas associações situam-se entre as trajetórias migratórias, a autoconstrução da casa, a memória e o afeto, e finalmente a relação com o Estado. E embora se possam empiricamente reportar a circunstâncias e objetos concretos, mostrá-las exige um percurso intelectual a fazer.

Este começa por uma atenção cuidada às *trajetórias migratórias*, quer à sua dimensão macro([5]) quer à sua dimensão histórica e cultural([6]). Isto passa por dar um tratamento nobre às biografias individuais de populações invisíveis, que não se deve esgotar na asserção das condições de desigualdade estaticamente expressas nas biografias das pessoas mas também sublinhar o seu engenho e agência. Depois, tal exercício conduz-nos inevitavelmente a uma reflexão mais teórica sobre a complexidade da vida urbana subalterna. Nesta arena forjam-se novas formas de relacionamento e funcionamentos urbanos([7]) e as pessoas criam novos mitos e simbolismos([8]) que fazem parte de um rizoma expressivo da vida na cidade; e umas e outros con-

---

tenham combatido em África), existe ainda assim um nexo causal difuso mas poderoso entre um passado colonial subalterno e invisível e a perpetuação duma condição de «migrante pobre/imigrante negro/habitante da barraca». Procurarei ao longo do artigo justificar esta afirmação.

([5]) Jorge Macaísta Malheiros e Francisco Vala, «Immigration and city change: the region of Lisbon in the turn of the 20th century», *Journal of Ethnic and Migration Studies*, Vol. 30, n.º 6 (2004), pp. 1065-1086.

([6]) Luís Batalha, *The Cape Verdean diaspora in Portugal: colonial subjects in a postcolonial world*, (Lanham: Lexington Books, 2004) e Kesha Fikes, *Managing African Portugal: the citizen-migrant distinction* (Durham: Duke University Press, 1997).

([7]) Abdoumaliq Simone, «Straddling the divides: remaking associational life in the informal African city», *International Journal of Urban and Regional Research*, Vol. 25, n.º 1 (2006), pp. 102-117.

([8]) Filip De Boeck, *Kinshasa: tales of the invisible city* (Ghent: Ludion, 2004).

ferem consolo, uma estruturação imaterial ao quotidiano em locais des-infraestruturados. Mostrarei melhor à frente o que isto possa ser no contexto da Quinta da Serra.

O percurso intelectual passa a seguir pela reflexão sobre o *processo de autoconstrução da casa*, processo técnico (*techne*) que se cruza com a vida pessoal, que a alimenta e dela se alimenta. Aqui, o primeiro passo é tomar como relevantes as técnicas utilizadas na construção da barraca, como se de qualquer outro artefacto arquitetónico se tratasse (sem no entanto as reificar como a «criatividade dos pobres», antes sublinhando que respondem a constrangimentos económicos e falta de acesso a outros recursos). Depois, o segundo passo é dar importância à memória e ao afeto na arquitetura – dar importância ao que o ambiente construído significa e como condiciona a vida quotidiana, não num sentido determinista mas da experiência vivida da arquitetura[9] que nos transporta para a questão filosófica do habitar[10].

Trata-se do pensar a partir da habitação, isto é, pensar a barraca a partir da noção do edifício que se constrói e onde se vive mas também enquanto objeto e elemento estruturante da vivência. Ou seja, pensar a barraca como simultaneamente estruturada e estruturante, os dois passos que Thomas Gieryn identifica para uma «completa sociologia dos edifícios»[11]. Parte-se dessa sociologia dos edifícios mas almeja-se chegar mais fundo, isto é, pensar a casa, a biografia e até o corpo como mantendo

---

[9] Mark Llewellyn, «'Urban village' or 'white house': envisioned spaces, experienced places, and everyday life at Kensal House, London in the 1930s», *Environment and Planning D: Society and Space*, 22 (2004), pp. 229-249; e Peter Kraftl e Peter Adey, «Architecture/affect/inhabitation: geographies of being-in buildings», *Annals of the Association of American Geographers*, Vol. 98, n.º 1 (2008), pp. 213-231.

[10] Paul Harrison, «The space between us: opening remarks on the concept of dwelling», *Environment and Planning D: Society and Space*, 25 (2007), pp. 625-647.

[11] Thomas Gieryn, «What buildings do», *Theory and Society*, 31 (2002), pp. 35-74.

uma relação *cyborg* entre eles([12]). Pode parecer uma proposta demasiado especulativa ou filosófica, mas atenhamo-nos no seguinte dado.

A maioria das casas no bairro de Armindo foi construída com placas de fibra de cimento – vulgo *lusalite*, o nome da companhia líder de mercado que utilizava fibras de amianto até 2000, quando a legislação proibiu a sua utilização – para a cobertura. Esta situação espelha aquela de grande parte dos assentamentos informais pelo mundo inteiro, onde as placas de fibra de cimento vieram substituir as chapas de zinco por proporcionarem melhor isolamento, fazerem menos barulho quando chove e serem mais fáceis de montar (habitualmente precisam de menos barrotes de madeira para a estrutura do telhado([13])). No entanto, na maior parte das casas tende a haver um pequeno intervalo entre as paredes e a placa de *lusalite* (entre 0,5 e 5 cm), o que leva à infiltração recorrente de água e a uma excessiva humidade dentro de casa. Ao longo do tempo, isto gerou uma ocorrência anormalmente elevada de reumatismo e problemas das articulações na população: são a terceira queixa mais reportada na clínica dos Médicos do Mundo no bairro, a seguir a problemas de tensão alta e alcoolismo. Para além do perigo potencial do amianto (fibra inofensiva apenas enquanto inerte), adivinhamos como a materialidade da casa tem um impacto brutal no corpo, como se os materiais ou a sua montagem tivessem agência sobre este.

Além disso, o próprio material, o telhado de *lusalite*, é utilizado de modo discursivo pelos média, políticos ou técnicos da administração como símbolo das barracas enquanto habitações insalubres, muitas vezes até sem medições ou outro tipo de avaliações. Fazem-no como parte da retórica necessária a processos

---

([12]) Matthew Gandy, «Cyborg urbanization: complexity and monstrosity in the contemporary city», *International Journal of Urban and Regional Research*, Vol. 29, n.º 1 (2005), pp. 26-49.

([13]) Paul Oliver, *Encyclopedia of vernacular architecture of the world* (Cambridge University Press, 1997), p. 269.

de demolição e realojamento disperso da população([14]). A barraca surge pois como tendo incidência no corpo e como elemento discursivo, e sempre como algo negativo, a extirpar. Daí a terminologia da casa como prótese; daí a proposta duma entidade *cyborg* de «migrantes pobres-imigrantes negros-barracas».

Finalmente, o percurso intelectual a fazer explora *a relação das populações residentes em assentamentos informais com o Estado*, nomeadamente pensando a expansão urbana de natureza ilegal e informal dentro de genealogias de habitação e da cidade mais longas. Paul Rabinow([15]) fala-nos da primeira e mais longa dessas genealogias, a da racionalidade moderna do «*milieu* sociotécnico» que, desde o século XIX, criou o aparato científico da habitação e que muitas vezes utilizou a experimentação em contexto colonial para o desenvolvimento de habitação social na metrópole – é o percurso que vai do utopismo socialista aos princípios do higienismo e implementação do *Existenzminimum* e de *housing standards*, até ao modernismo chão das periferias excluídas. Esta foi uma das principais arenas onde a modernidade impôs as suas técnicas de controlo social, baseadas na redefinição do ambiente social e físico construído.

Pensar a relação das periferias de Lisboa com a trajetória da criação de um Estado democrático a partir de 1974 é relevante porque mostra a incapacidade que este teve em prover habitação para muitos, ao mesmo tempo que instituía o direito à habitação como uma das principais esferas onde o Estado se legitimava([16]); e porque mostra as incongruências derivadas desta contradição. Além disso, também no caso português o

---

([14]) Dominique Crozat, «Enjeux de la manipulation de l'image d'un bidonville (Pedreira dos Húngaros à Lisbonne)», *Travaux de l'Institut de Geographie de Reims*, 115 (2003), pp. 163-182.

([15]) Paul Rabinow, *French modern: norms and forms of the social environment* (Cambridge: MIT Press, 1989).

([16]) João Arriscado Nunes e Nuno Serra, «Decent housing for the people: urban movements and emancipation in Portugal», *South European Society & Politics*, Vol. 9, n.º 2 (2004), pp. 46-76; e Pedro Ramos Pinto (2009), «Housing and citizenship: building social rights in twentieth century Portugal», *Contemporary European History*, Vol. 18, n.º 2 (2009), pp. 199-215.

urbanismo modernista passou pela experimentação arquitetónica nas colónias (por exemplo pela provisão pontual de habitação para indígenas ou colonos[17]); embora importe sobretudo sublinhar o seu papel na não-provisão e no ignorar das periferias de cidades coloniais (o *caniço* de Lourenço Marques, os *musseques* de Luanda, a periferia des-infraestruturada de Bissau ou «bairros de indigentes chineses» em Macau[18]).

James Holston[19] fala-nos de outra dinâmica, menos longa, aquela que trata dos restos da cidade modernista. Holston fala-nos especificamente dos restos «ilegais» do sonho de Brasília, as cidades-satélites para onde os *candangos* que a tinham construído (e que nela eram administrativamente proibidos de residir) foram morar. O mesmo se pode dizer dos cerca de duzentos mil habitantes que se estima vivessem em barracas em Portugal no fim dos anos oitenta, a maioria dos quais trabalhadores da construção civil, isto é, a mão-de-obra da construção do Portugal democrático e europeu. Os sistemas de planeamento urbano e provisão de habitação fazem parte de projetos políticos mais alargados: neste caso, a aceitação, primeiro, e tentativa de resolução, depois, dum regime de informalidade urbana para populações imigrantes foram instrumentos da construção dum Portugal moderno, primeiro, e multicultural, depois. Refletir sobre os princípios e normas destas genealogias permite-nos ver o papel que determinadas populações têm nos projetos políticos de *longue durée*, isto é, o maior ou menor valor que lhes é dado em cada momento.

---

[17] José Manuel Fernandes, *Geração Africana: arquitectura e cidades em Angola e Moçambique, 1925-1975* (Lisboa: Livros Horizonte, 2002), p. 22; e Cláudia Castelo, *Passagens para África: o povoamento de Angola e Moçambique com naturais da metrópole* (Porto: Afrontamento, 2007).

[18] Amâncio d'Alpoim (Pancho) Guedes, «The caniços of Mozambique», in Paul Oliver (org.) *Shelter in Africa* (Londres: Barrie & Jenkins, 1971), pp. 200-209; Jesus Montalto, *Macau histórico* (Macau: Livros do Oriente, 1990), p. 309.

[19] James Holston, *The modernist city: an anthropological critique of Brasilia* (University of Chicago Press, 1989).

Por isso, da soma destes ângulos de análise da habitação em barracas podemos questionar o crescimento urbano de Lisboa à luz do adjetivo pós-colonial, adjetivo que se transforma em pergunta: terá a migração e fixação de imigrantes pós-coloniais na Lisboa pós-imperial tido equivalência a uma existência urbana verdadeiramente «pós-colonializada»?

Parafraseando Benoît de L'Estoile[20], que José Mapril trata noutro capítulo deste livro, trata-se de refletir sobre como as estruturas sociais e mentais do colonialismo viveram no presente pós-colonial; no caso na ex-metrópole/cidade pós-imperial. Trata-se portanto de uma história pós-colonial; e estas são sempre cheias de obstáculos mas também de esperança:

> [As histórias pós-coloniais] não lamentam apenas um mundo que se perdeu. Pelo contrário, pressupõem tanto a perda como a sobrevivência. (...) Não existem culturas ou lugares pós-coloniais: apenas momentos, táticas, discursos. (...) Mas mesmo assim a palavra 'pós-colonial' consegue descrever ruturas com anteriores estruturas de dominação, sítios de luta presente e futuros imaginados que são reais, mesmo que incompletos[21].

O resto deste capítulo mostra a barraca e os seus habitantes situados entre anteriores estruturas de dominação (o colonialismo português), lutas presentes (com o sistema de habitação) e futuros imaginados, mesmo se difíceis (uma habitação decente e uma existência pós-colonializada) [22].

---

[20] Benoît de L'Estoile, «The past as it lives now: an anthropology of colonial legacies», *Social Anthropology*, Vol. 16, n.º 3 (2008), pp. 267-279.

[21] James Clifford, *Routes: travel and translation in the late twentieth century* (Harvard University Press, 1997), p. 277.

[22] A pesquisa etnográfica aqui exposta foi desenvolvida no quadro de um Doutoramento em Geografia no King's College London (2006--2011). O trabalho de campo envolveu um total de quarenta e duas entrevistas, quinze das quais sob o formato de histórias de vida de moradores. As entrevistas fizeram parte duma «presença etnográfica» prolongada entre o fim de 2007 e o fim de 2008 (aproximadamente cem dias), e de várias visitas esporádicas posteriores. Foram igualmente utilizados métodos mais

Quinta da Serra, invisibilidade urbana

A Quinta da Serra é um assentamento informal que foi sendo construído desde há trinta e cinco anos em terra privada, localizado na freguesia do Prior Velho (originalmente na de Sacavém), município de Loures, a cerca de 700 metros da ponta norte do aeroporto de Lisboa. Com uma população de uma centena de habitantes no fim dos anos setenta, maioritariamente migrantes rurais Portugueses – brancos – cresceu ao longo dos anos oitenta até chegar a cerca de três mil a quatro mil habitantes em 1988-1989, a maioria dos quais imigrantes de países africanos de língua portuguesa – negros.

A oportunidade de assentamento teve essencialmente a ver com o facto de a área ser relativamente invisível ao controlo administrativo para as pessoas poderem construir a sua casa e suficientemente perto dos locais de emprego – este é aliás o típico elenco causal dos bairros de barracas em Lisboa[23]. Armindo lembra-se de que «isto era tudo canas, tínhamos de desbravar mato para construir a nossa casa, um barraco para nós». Até 1993, tal como outros bairros de barracas, a área da Quinta da Serra estava fora dos instrumentos de governamentalidade panóptica do Estado, fosse pela dificuldade dos inspetores da Câmara Municipal de Loures em controlar as construções aí erigidas, fosse pelo acordo tácito do Estado em não se preocupar excessivamente com estas devido à sua incapacidade financeira de prover habitação para todos os migrantes e imigrantes que se deslocavam para os grandes centros metropolitanos, que no entanto eram essenciais à economia nacional.

---

participativos, nomeadamente pedidos aos moradores para desenharem a sua casa atual e as de infância. Recolheram-se dados oficiais nos arquivos intermédios da Câmara Municipal de Loures e do IHRU – Instituto da Habitação e da Reabilitação Urbana, bem como em instituições académicas que estiveram envolvidas nos recenseamentos do PER, por exemplo o Centro de Estudos Territoriais do ISCTE.

[23] Teresa Barata Salgueiro, «Bairros clandestinos na periferia de Lisboa», *Finisterra-Revista Portuguesa de Geografia*, Vol. 12, n.º 23 (1977), pp. 28-55.

IMAGEM 2. **Vista aérea da Quinta da Serra, com os edifícios residenciais do Prior Velho em primeiro plano, 2008 (à esquerda). Fotografia de barraca de madeira, antes de ser melhorada para alvenaria, c. 1990 (à direita).**

Fonte: *Padre Valentim Gonçalves (arquivo pessoal).*

Em 1993, o Instituto Nacional de Habitação (INH-IGAPHE) deu início a um programa de erradicação de barracas, o PER – Plano Especial de Realojamento. Antes de as erradicar tinha de contá-las. Das cerca de 30 mil habitações recenseadas na altura, corretamente descritas como barracas[24], apenas 32% eram feitas de madeira, chapa de zinco ou materiais similares; as restantes 68% tinham paredes de alvenaria[25].

A causa para a contradição entre uma categorização enquanto barracas e a sua real estrutura em tijolo e cimento é simples. Os seus habitantes, mesmo ignorados pelas diferentes estruturas do Estado (Junta de Freguesia, Câmara Municipal, FFH – Fundo de Fomento à Habitação/INH), tinham-nas melhorado significativamente nos quinze a vinte anos anterio-

---

[24] Não eram «clandestinos», a outra tipologia ilegal comum nas áreas metropolitanas de Lisboa e Porto, que embora igualmente ilegal seguiu métodos construtivos canónicos. Ver Carlos Macedo Rodrigues, (org.), *Clandestinos em Portugal: leituras* (Lisboa: Livros Horizonte, 1989).

[25] Área Metropolitana de Lisboa, *Caracterização do Programa Especial de Realojamento na Área Metropolitana de Lisboa* (Lisboa: AML, 1997), p. 15.

res, como o caso de Armindo nos mostra. Elas eram novas para o Estado, em termos de controlo e enumeração ([26]), mas não o eram na realidade. Se como diz Justin Wilford, seguindo o trabalho de Daniel Miller, «estudar materialidade é tentar captar um relance de algo no momento em que entra no mundo do conhecimento, da cultura e dos conceitos» ([27]), este foi o momento em que as barracas em Lisboa entraram no mundo formal, científico e conceptual que o Estado opera. A construção e os melhoramentos da barraca situaram-se pois num espaço e tempo de invisibilidade ([28]), nisto tendo muitos aspectos semelhantes à invisibilidade das periferias das grandes cidades africanas ([29]) e, tal como outras partes da história da expansão informal de Lisboa, mantêm-se pouco documentados.

Essa invisibilidade perdurou mesmo depois do PER, embora transformada. Ao mesmo tempo que as Câmaras Municipais passaram a ter instrumentos de georreferenciação detalhada dos núcleos PER (com cada barraca individualmente referenciada), a representação destes bairros em mapas oficiais e similares aparecia (e aparece) sempre em branco.

([26]) Tanto para o INH como para o INE, que por exemplo tinha recenseado apenas 15 607 barracas nos Censos de 1991.

([27]) Justin Wilford, «Out of rubble: natural disaster and the materiality of the house», *Environment and Planning D: Society and Space*, 26 (2008), pp. 647-662; e Daniel Miller, *Materiality* (Durham e Londres: Duke University Press, 2005).

([28]) Esta noção de invisibilidade como elemento operativo do crescimento urbano e arquitetónico é igualmente ilustrada por técnicas de construção da altura, que escondiam o erigir de estruturas permanentes dos olhos dos inspectores, como mostro noutro artigo: ver Eduardo Ascensão, «História e teimosia depois das barracas», *Le Monde Diplomatique*, Vol. 2, n.º 70 (2012), pp. 10-12.

([29]) Ver AbdouMaliq Simone, «The visible and invisible: remaking cities in África», in Okwui Enwezor (org.), *Under siege, four African cities, Freetown, Johannesburg, Kinshasa, Lagos* (Ostfildern-Ruit: Hatje Cantz, 2002), pp. 23-43; Matthew Gandy, «Learning from Lagos», *New Left Review*, 33 (2005), pp. 37-52; ou Jochen Oppenheimer e Isabel Raposo, *Subúrbios de Luanda e Maputo* (Lisboa: Edições Colibri, 2007).

IMAGEM 3. **Em cima, a diferença entre registos administrativos e realidade urbana.** A imagem da esquerda mostra a Quinta da Serra na sua altura mais densamente ocupada, mas os registos do edificado de um ano mais tarde têm apenas as primeiras casas construídas em fila ao longo da estrada militar. Em baixo à esquerda, mapa de rua da freguesia do Prior Velho, com a Quinta da Serra representada a branco. À direita, a mesma área na cartografia para efeitos de realojamento, que identifica cada uma das quatrocentas casas/barracas.

Vista Aérea, 1989

'Registo do edificado' (referente a 1990, documentação para plano de pormenor do Prior Velho, 1997

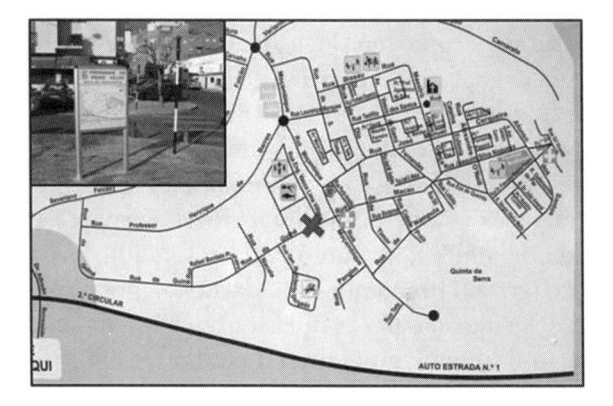

Fontes: *Instituto Geográfico Português; C.M. Loures.*

Após os anos oitenta, o bairro da Quinta da Serra foi gradualmente diminuindo em tamanho e população, tendo em 2008-2009 cerca de mil e quinhentos habitantes([30]). A distribuição oficial por nacionalidade mostra 37% de cidadãos portugueses, 32% de cidadãos cabo-verdianos, 18% da Guiné-Bissau, 7% de Angola e 1,7% de São Tomé e Príncipe. No entanto, para uma caracterização mais exata é importante salientar que da primeira parcela de nacionais portugueses a esmagadora maioria são descendentes de cabo-verdianos e guineenses e apenas duas dezenas são portugueses brancos e ciganos. Temos desse modo uma população esmagadoramente africana ou de ascendência africana.

A população encontrava-se em 2008-2009 em processo de realojamento, realizado de forma atomizada através dos esquemas do PER (realojamento e inquilinato em fogos municipais na freguesia da Apelação, vulgo Quinta da Fonte para os media), do subsídio para compra de casa própria do PER FAMÍLIAS (para onde quisessem, mas com um valor fixado por portaria bem abaixo do valor de mercado para uma área como o Prior Velho, deste modo consubstanciando uma lógica de *displacement*) ou finalmente do que se designava comumente no bairro como o PROHABITA (um subsídio de renda por tempo determinado, com o máximo de dois anos). Este último programa servia de apoio aos cerca de 35% de habitantes que não eram elegíveis para realojamento para o PER visto terem-se instalado no bairro depois da data fechada de 1993. Por último, a representante legal do proprietário do terreno procurava fechar acordos individuais com os agregados cujos membros optassem por voltar para o país de origem (tipicamente imigrantes de Cabo Verde com uma trajetória profissional encerrada). A indemnização a

---

([30]) A somar a este número existia mais 35% de população não recenseada para o PER. Estes são dados imprecisos, a partir de estudos encomendados pela Câmara Municipal de Loures e triangulados com conversas informais com moradores. Ver Câmara Municipal de Loures, *Estudo sociológico da população residente nos núcleos PER – Quinta da Serra, Quinta das Mós e Talude Militar* (Loures: CML/DMH/Grupo de Estudos Sociais, 2005).

pagar pela demolição andava em torno dos 15% da quantia fixada pelo PER Famílias([31]).

Histórias do colonialismo português, vistas de Lisboa

Após esta descrição sumária do bairro, retomo o passo inicial de ver estes habitantes de Lisboa não só como «imigrantes» mas enquanto sujeitos históricos atuantes, e de nos relacionarmos com as suas biografias, que nos dizem muito sobre a história de Lisboa. É isso que farei nas próximas páginas, dando um pouco mais de corpo ao fantasma colonial deste processo de urbanização.

Francisco nasceu na cidade da Praia, ilha de Santiago, em 1929. Após a agricultura, começou a trabalhar como pedreiro em 1960, sendo promovido a capataz em 1963, certificado pela União de Pedreiros e Encarregados de Obra. Tal como Armindo, também ele se deslocou pelas diferentes colónias em trabalho. Entre 1965 e 1969, trabalhou em Timor-Leste, construindo conjuntos habitacionais para a administração colonial. Esta tinha sido a sua segunda escolha, a primeira era emigrar para a Holanda: 'Para ir embora, tratar da vida. Mas não consegui. Na altura era preciso sete contos para o barco.'

Em Díli, construíram primeiro um complexo residencial para funcionários públicos. 'Depois, quando acabámos, mandaram-nos para outro lado, Suai, para construir casas para os chefes de posto.' Tal como na viagem de barco, que durou um mês, foram levados por militares, o que mostra a força de serem designados e deslocados ('mandaram-nos') para diferentes locais de trabalho de acordo com as necessidades coloniais. Francisco passou os cinco anos seguintes em Angola, ainda trabalhando na construção, mas desta vez a sua mulher e os filhos juntaram-se a ele. Em 1974-1975, com a situação política tensa, algo tinha de ser feito([32]).

([31]) Este processo está no presente ano de 2012 no seu estágio final, com cerca de duas dezenas de barracas ainda existentes.

([32]) O clima em Angola era particularmente tenso para cabo-verdianos, que eram vistos por muitos como tendo sido cúmplices com o colonia-

'Não aguentávamos mais. Enviei a mulher e os filhos para Cabo Verde outra vez. Eu fiquei. (...) Depois, na véspera da independência de Cabo Verde, pensei em voltar também... não se conseguia enviar dinheiro, estava tudo bloqueado. (...) Eu consegui arranjar um bilhete para o barco com um amigo, e fui. Levei trinta contos no forro do casaco! [risos] Não se podia transferir dinheiro, nada. E se levasse o dinheiro no bolso ficavam com ele. Levei em dólares. (...) Cheguei com trinta mil escudos, duns diamantes pequeninos que tinha vendido.'

Voltou para Cabo Verde e usou o dinheiro para comprar um lote de terreno onde pudesse construir uma casa (três mil escudos), pagar dívidas da família (seis mil escudos) e começar um negócio com um amigo. Faziam camas e lavatórios de ferro. De 1975 a 1978, o negócio floresceu (vendiam dez a doze camas e quinze a vinte lavatórios por semana), mas depois declinou rapidamente. Em 1983, Francisco veio para Lisboa. Primeiro ficou com o filho mais velho num apartamento barato em Almada, mas como não conseguiam pagar a renda, em 1985 instalou-se na Quinta da Serra.

(A partir de Entrevistas, janeiro de 2008).

Se juntarmos o caso de Armindo ao de Francisco, começamos a ver a intermitente repetição de temas: entre outras ocupações, trabalho pouco qualificado na construção civil durante o período colonial; a vinda para Lisboa como escape à situação económica difícil em Cabo Verde; falta de habitação à chegada; instalação na Quinta da Serra através da rede social no trabalho. Como herança subterrânea, um fantasma de subalternidade e a vida como sujeitos coloniais.

Algumas coisas demonstram de modo explícito o que é que este fantasma colonial possa ser. A primeira é a natureza coerciva do «trabalho contratado» utilizado nas plantações de São Tomé e do Príncipe, largamente aceite pela bibliografia([33]) e

---

lismo devido a terem ocupado posições baixas ou intermédias no aparelho administrativo colonial (especialmente em Angola e na Guiné).

([33]) António de Oliveira Marques, *History of Portugal – From empire to corporate state – vol. 2* (Nova York e Londres: Columbia University Press,

descrito por alguns como um fluxo de mão-de-obra e um «movimento de migração forçada pelo qual os cabo-verdianos podiam optar entre a morte por falta de nutrição em Cabo Verde ou a morte por exaustão nas plantações»([34]). Oliveira Marques explica como este sistema de trabalho contratado se tinha mantido com poucas alterações desde o início do séc. XIX até meio do séc. XX, salvo pequenas mudanças para minimizar as pressões internacionais. Batalha estende o seu período final até ao início dos anos setenta, mas de qualquer modo datas precisas são menos importantes do que o reconhecimento de um sistema laboral com raízes na escravatura e que, mesmo com pequenas mudanças, ainda continha traços dela. As temporadas de Armindo e Francisco em São Tomé durante os anos cinquenta fazem deles testemunhas oculares da última fase. À altura as condições de trabalho já tinham melhorado mas, uma vez aceite o trabalho, eram ainda coercivas por natureza.

A segunda é representativa do declínio do «ciclo do cacau e do café». A partir dos mesmos anos cinquenta deixou de haver tanto trabalho nas plantações. Para ajudar a minorar a fome nas épocas de seca em Cabo Verde, numa espécie de keynesianismo colonial, o Estado português criou programas de infraestruturação (eletrificação, fontes públicas, estradas e docas) onde os agricultores e pastores pobres se empregaram e que foram substituindo as anteriores deslocações pelo império. Entre esses programas encontravam-se por exemplo os trabalhos da Brigada Hidráulica, onde outros residentes da Quinta da Serra se iniciaram na construção civil([35]).

1972); António Carreira, *The people of the Cape Verde Islands: exploitation and emigration* (Londres: C. Hurst, 1982); Luís Batalha, *The Cape Verdean diaspora...*; Augusto Nascimento, «Escravatura, trabalho forçado e contrato em São Tomé e Príncipe nos sécs. XIX e XX: situação e ética laboral», *Africana Studia*, 7 (2004), pp. 183-217.

([34]) Luís Batalha, *The Cape Verdean diaspora...* p. 132.

([35]) O nome completo é Brigada Técnica de Estudos e Trabalhos de Hidráulica. Como Luís Batalha refere, estes programas estão na origem das redes de angariação de trabalhadores cabo-verdianos para as obras públicas em Portugal, especificamente através da selecção dos melhores trabalha-

A terceira, a mudança de Francisco para Portugal para trabalhar na construção civil, ilustra de modo perfeito as hipóteses de trabalho disponíveis para um cabo-verdiano pobre nos quarenta anos após 1950. Em diferentes alturas da sua vida, Francisco simplesmente trabalhou no que havia para um *badiu* de Santiago sem educação formal, trabalho «desenhado» em maior ou menor grau pelo sistema colonial.

Paus-mandados do colonialismo?

A força da lógica colonial nas narrativas individuais vê-se finalmente, de modo agreste, nos casos em que a guerra esteve implicada. Um residente mais novo, Eugénio, traça o seu percurso até chegar a Lisboa, em modo telegráfico:

> A primeira vez, vim para Portugal para a tropa. Isso foi em 1971. Fiz cá a recruta e depois mandaram-nos para Angola. Fiquei lá vinte e sete meses. Mas depois enviaram-nos de volta para Cabo Verde… De Cabo Verde, voltei a apanhar o barco em 1979. Trabalhei no Algarve, em… você sabe, em sítios diferentes.
>
> *(Entrevista, fevereiro de 2008).*

A gestão do silêncio parece que esconde – mas mostra – o grotesco da participação de populações coloniais no esforço de guerra português. Já não mão-de-obra, mas «carne para canhão». Note-se outra vez a voz passiva («mandaram-nos», «enviaram--nos»). A culminar, a proibição de se fixar em Lisboa após o serviço militar surge como mais uma medida coerciva dum regime colonial no seu estertor final. Eugénio voltou a Lisboa em 1979, após o que viveu durante largos anos em pré-fabricados nas obras.

---

dores pelas construtoras civis para virem para a metrópole e, depois, para a ex-metrópole. Luís Batalha, *The Cape Verdean diaspora…*

Nos casos de Armindo, Francisco e Eugénio, uma miríade de incidências que relevam diretamente do colonialismo enquadraram as suas vidas com enorme força, e a complexidade de as gerir delineou os seus percursos biográficos. A este propósito, poderíamos ser assaltados por dúvidas acerca do papel de algumas destas populações enquanto paus-mandados do colonialismo, papel que posteriormente teria relevância para decisões individuais de migração e instalação. Uma das dúvidas diz respeito à noção de «cumplicidade» individual com o colonialismo – que poderia por exemplo ter levado a formas de ostracismo por parte dos restantes compatriotas, em Cabo Verde ou mais tarde em Portugal.

A pergunta é: existirá no facto de se terem fixado em Lisboa sem grande acesso à rede de patrícios que se tinha instalado a partir dos anos sessenta em apartamentos na cidade, e de antes o terem feito em bairros de barracas ilegais, dizia, existirá neste facto como que uma vontade de passar despercebidos, uma espécie de fuga ou expiação por terem sido parte da administração colonial?[36]

A resposta é negativa. Embora alguns dos habitantes tenham de facto feito parte da administração colonial, e isso poder levantar a questão da «cumplicidade» – vista por exemplo na «tensão» que Francisco descreve em Luanda – uma leitura política demasiado simplista deve ser evitada. Em primeiro lugar, aceitar este tipo de trabalhos durante o período colonial prendeu-se acima de tudo com serem essas as únicas hipóteses de trabalho para além da agricultura de fraca ou nula subsistência. Não existiu portanto verdadeira escolha, apenas uma sujeição ao que havia sido delineado pelo sistema colonial. Ademais, aceitar temporadas de trabalho nas plantações implicava uma dose de sacrifício não despicienda, o que anula a ideia, intrínseca ao ato de cumplicidade, de eventuais «confortos» materiais ou de estatuto

---

[36] A pergunta releva de um tipo de raciocínio historiográfico um pouco inquisitório mas que não é tão incomum quanto isso – foi-me por exemplo levantada um par de vezes em conferências – e que de qualquer modo merece resposta, até para pôr de lado as dúvidas.

dela resultantes. Sujeição por falta de alternativa ou por medo não conta como cumplicidade.

Depois, quanto à instalação em Lisboa sem apoio das redes de «patrícios» que viviam em apartamentos, ela releva sobretudo das divisões de classe (com um travo étnico) da sociedade cabo-verdiana – a saber entre uma classe média (*sampadjudu*) urbana que se alojou de modo regular em apartamentos dispersos pela cidade desde os anos sessenta, e uma classe pobre (*badiu*) rural que construiu e se instalou em bairros de barracas – e do pouco contacto entre elas em Lisboa. Esta é uma leitura simplificada das divisões de classe e étnicas entre cabo-verdianos, mas que por exemplo Batalha corrobora e que para o efeito serve. Factualmente, o que sucedeu foi que a instalação, mais do que sustentada na primeira geração de imigrantes dos anos sessenta, se apoiou em colegas de trabalho portugueses (migrantes rurais), alguns dos quais moravam também em bairros de barracas e conheciam a maneira de construir um alojamento precário sem que fosse demolido. Foi esse o caso para Armindo e Francisco. Só depois desta primeira geração de fim de setenta é que o movimento para o bairro de barracas se passou a dar maioritariamente com ajuda de «patrícios» que já lá moravam. Foi esse o caso de Eugénio. A proximidade e ajuda de «classe» (entre trabalhadores pobres pouco qualificados, independentemente da sua nacionalidade ou cor de pele) foram portanto mais decisivas para o assentamento do que a variável «proveniência».

Por último, em relação à questão de eventuais ostracismos, a resposta também é negativa. Tal é ilustrado no caso da Quinta da Serra pelo facto de outros moradores do bairro, da mesma idade, terem feito parte dos movimentos de libertação, nomeadamente do PAIGC (Partido Africano para a Independência da Guiné e Cabo Verde), e de manterem amizades próximas com aqueles que tinham sido empregados pelo Estado colonial. Visto do presente (não do presente atual, mas de 1998), uma *t-shirt* diz-nos muito. A mãe de Surraia, outra residente da Quinta da Serra, surge numa fotografia de família tirada aquando do décimo oitavo aniversário da filha com uma *t-shirt* de apoio à candidatura presidencial de Nino Vieira às eleições de 1994 na Guiné. A esperança pós-colonial vive ainda no presente, na camisola, embora a vida pós-independência da mãe de Surraia não tenha sido a de uma pessoa ligada ao regime pós-colonial, antes a da continuação da condição de pobreza, que tentou melhorar com a vinda para Lisboa.

IMAGEM 4. **A festa do décimo oitavo aniversário de Surraia, 1998. Ela está sentada com a prima mais nova ao colo. Note-se a janela que dá para uma passagem de meio metro de largura.**

Fonte: *Surraia (arquivo pessoal)*.

O que aconteceu, portanto, é que uma série de pessoas, imigrantes, se deslocaram e instalaram em Lisboa, aí trabalharam, mas sem representação política ou redes de apoio institucionais, votadas aos caprichos da história e das circunstâncias.

«Pessoas deixadas à sua sorte»

Como Jacques Rancière salienta num pequeno texto sobre os filmes de Pedro Costa, os habitantes de bairros de barracas em Lisboa não são sequer proletariado ou operariado, mas «pessoas deixadas à sua sorte»([37]), descendentes de muitas outras populações pobres que o colonialismo e o capitalismo criaram ao longo dos séculos XIX e XX, isto é, momentaneamente necessárias como mão-de-obra mas posteriormente descartadas através da instauração de regimes de ignorância e sobranceria administrativa.

Em termos concretos, podemos ver esta condição na relação dos habitantes negros da Quinta da Serra com o Estado português. Após um primeiro período entre os anos setenta e o início dos anos noventa em que as demolições de casas no bairro eram esporádicas, derivadas das inspeções e em número relativamente pequeno de cada vez (dez a vinte casas), em 1992-1993 ocorreu a primeira demolição em maior escala e com um propósito mais específico do que o simples controlo da construção ilegal. Aproveitando o balanço das obras da Praça da Portagem da A1, que foi movida mais para norte – a área metropolitana continuava a crescer – as habitações e tendas da população cigana junto à Segunda Circular e ao edifício do Automóvel Clube de Portugal (ACP) foram demolidas. A expropriação, as indemnizações e o realojamento foram conduzidos *ad hoc* diretamente pela Junta Autónoma das Estradas (JAE), muitas vezes com os funcionários da construtora civil encarregue da obra a entregar envelopes com dinheiro aos moradores antes de demolirem a estrutura([38]).

Dois anos mais tarde, em 1995, um esquema de realojamento mais alargado foi posto em prática, de modo a libertar espaço para a construção dos acessos à ponte Vasco da Gama e ao nó da CRIL, ambos agendados para 1998, o mais tardar. Desta vez, o contingente que restava de moradores ciganos, da maior parte dos moradores portugueses brancos e de alguns cabo-verdianos foi realojado em habitação pública na Apelação([39]),

---

([37]) Jacques Ranciére, «The politics of Pedro Costa», in *Pedro Costa* (London: Tate Modern, 2009).

([38]) Notas de campo, janeiro de 2008.

([39]) Conhecida nos *media* como Quinta da Fonte. No Verão de 2008, uma série de episódios violentos entre moradores ciganos e cabo-verdianos

ao abrigo do PER e com procedimentos mais regulares. No entanto, destes dois momentos resultou que a população que ficou no bairro era agora maioritariamente negra, fomentando ao longo dos anos uma questão recorrente entre os moradores:

> Lá em baixo havia muitos brancos. Os brancos tiveram todos a sua casinha, nós nada. Toda a gente foi embora, só o preto é que ficou. É sempre assim... às vezes penso se acham que somos estúpidos?!
> *(Entrevista, janeiro de 2008).*

Embora o total da população realojada tivesse números aproximadamente iguais de ciganos, portugueses brancos e cabo-verdianos, a área necessária para o nó da CRIL era onde residia a maioria dos indivíduos pertencentes aos dois primeiros grupos, e, portanto a esmagadora maioria dos que ficaram eram negros. Nos quinze anos seguintes nada foi feito em termos de realojamento para estes últimos; e daí muitos moradores cabo-verdianos e guineenses referirem-se a este período como inaugurando uma espécie de «racismo de facto» no processo de realojamento, prolongado pelos quinze anos seguintes[40].

---

levou a uma categorização sistemática e *borderline* racista da zona como problemática. Tentando evitar o estigma da violência, a população da Quinta da Serra, com muitos amigos lá, usa o nome de Apelação quando se refere à zona. Os técnicos municipais também.

[40] Num lento processo de abandono e negligência por parte da hierarquia superior da Câmara Municipal de Loures, que atuou sempre de modo a garantir os direitos de propriedade e urbanização das empresas de construção Somague e Obriverca, proprietárias dos terrenos após terem agregado as diversas parcelas individuais que o constituíam no início dos anos noventa. Este processo correu em paralelo com o esforço honesto de funcionários camarários de diferentes departamentos, nomeadamente do GIL – Grupo de Intervenção Local do Prior Velho, que se viram a braços com a execução e gestão quotidiana do realojamento da Quinta da Serra (núcleo PER # 44) sem terem verdadeiras soluções para o mesmo (pequeno número de fogos municipais existentes, indecisão quanto a uma solução coletiva devido ao sobreendividamento das finanças locais, etc.).

A sua perceção é que este foi o primeiro de vários «resultados-
-racializados-não-causados-por-propósitos-racistas» de que viriam
a sofrer e de que tantas vezes se queixam. Este é um exemplo
que salienta bem a natureza desprotegida desta população na
sua relação perante as instituições do Estado, no caso perante
a Câmara Municipal de Loures a nível local, o INH – Instituto
Nacional de Habitação/IHRU – Instituto da Habitação e Reabilitação Urbana a nível central e a JAE – Junta Autónoma de
Estradas/EP – Estradas de Portugal a nível sectorial ou de projetos.

*

O que procurei mostrar até aqui foi que populações com
uma história rica e complexa construíram o ambiente edificado
onde residem, num jogo entre invisibilidade e dominação, por
um lado, e visibilidade e imaginações de liberdade, por outro.
Dentro da liberdade de construir a sua casa à sua maneira – que
resume as três liberdades de que J.F.C. Turner fala como qualidades do assentamento informal (a liberdade de autosseleção
da comunidade, a liberdade de gerir os seus recursos e a liberdade de moldar o ambiente construído às suas necessidades) ([41]) – duas forças contraditórias jogaram em simultâneo. A
primeira é a ideia de uma África em Lisboa; a segunda gira em
torno da ideia de um lugar na sociedade portuguesa.

O Estado opera de modo heterogéneo, não é uma entidade una; neste
caso, quer as recomendações progressivas do Plano Director Municipal
elaborado pelo Departamento de Planeamento e Urbanismo, quer o difícil trabalho de apoio local foram-se tornando inúteis perante as muitas
«não-decisões» do Executivo Municipal (sendo a falta de aquisição ou
expropriação do terreno quando assinou o protocolo do PER a mais visível), que na prática salvaguardaram os interesses privados das empresas.
Ver *Plano Director Municipal de Loures – projecto de plano, habitação e emprego*,
vol. 2, tomo 8 (Loures: CML, 1994); e *Revisão do Plano de Urbanização do
Prior Velho* (Loures: CML, 1997).

([41]) J.F.C. Turner, «The squatter settlement: an architecture that
works», *AD – Architectural Design*, 38 (1968), pp. 357-360.

A ideia de África em Lisboa

A primeira ideia pode parecer relevar duma análise de bonomia exótica mas tem de ser incorporada, pois ela surge como a principal ideia definidora tanto da perceção dos de fora como da experiência dos de dentro. Desde os meus primeiros contactos com a Quinta da Serra, ainda antes do trabalho de campo, que a frase «Parece África em Lisboa!» me foi mencionada muitas vezes a respeito do bairro. Esta curiosa perceção duma «África Urbana» em Lisboa, existente no imaginário de não-moradores, descobri mais tarde que se estendia igualmente aos moradores, que muitas vezes referiram, a propósito das suas vivências culturais, como tinham «um bocadinho de Cabo Verde/da Guiné aqui.» Esta ideia duma «África Urbana» em Lisboa refere-se de modo claro aos subúrbios das grandes cidades africanas (Bissau, Praia, Luanda, Maputo); à sua urbanização e modos de vida informais. Não se trata tanto duma «África» exoticizada mas antes duma ideia que é real na mente de muitos moradores e pode ser examinada nas biografias das suas casas.

A tabanca *em casa*

A casa do morador João Mendes, por exemplo, tem uma biografia construtiva ligada às estruturas sociais da Guiné-Bissau através da *tabanca*, a rede de parentesco e pertença à mesma aldeia de origem que continua ativa depois do momento de emigração([42]).

([42]) A *tabanca* funciona em Portugal como uma organização informal de crédito e ajuda, descentralizada mas com ligações à Associação de Imigrantes Guineenses, que tem implantação nacional. Cada sub-grupo ou *tabanca* (como também é referido) tem o seu orçamento e os membros pagam uma quota mensal, de por exemplo 5€. Quando precisam de ajuda financeira (por exemplo para a repatriação para acesso a tratamentos médicos tradicionais, ou para suportar despesas com funerais), a *tabanca* apoia-os. Ela é apresentada pelos seus membros como uma simples rede de segurança, mas a natureza formal das suas reuniões, os crité-

João habita na casa desde 1994, mas ela foi construída em 1988 por «primos» e vizinhos da sua *tabanca* na Guiné com materiais comprados com o adiantamento do salário de todos. A casa chegou a ter vinte indivíduos recenseados no PER, o que obrigou a algumas reconfigurações, nomeadamente a construir no espaço que originalmente separava duas estruturas originais (que eram como que duas barracas separadas), piorando em muito a exposição à luz e ao ar das três estruturas resultantes. Esta reconfiguração prendeu-se com a necessidade de responder à chegada de mais homens da sua aldeia na Guiné: «Eu até posso estar a partilhar casa com outros guineenses, mas se vem alguém da minha aldeia tenho de encontrar lugar para ele, não é?...» (Entrevista, janeiro de 2008).

A rede de ajuda é também uma rede de obrigações; ele próprio foi originalmente recebido da mesma maneira, por um primo. Neste caso, a obrigação de reciprocidade levou à excessiva densidade de habitantes na casa e a uma materialidade insalubre.

A produção da diáspora

A ideia de uma África em Lisboa surge também na produção cultural da diáspora, embora essa produção seja realizada em contexto de subalternidade.

---

rios de associado (aldeia de origem, parentesco, e só depois uma origem guineense genérica) e as obrigações sociais que institui, fazem dela bem mais do que isso. Em parte, a tabanca substitui a sociedade guineense no país de chegada, e a normal desagregação geográfica das pessoas é minimizada pelo facto de membros de uma determinada *tabanca* tenderem a instalar-se no mesmo local, muitas vezes em casas próximas. O sub-grupo de João Mendes funciona um pouco como a *tabanca* da Quinta da Serra, e o seu presidente, entretanto realojado em Odivelas, continua a vir ao bairro para presidir às reuniões.

IMAGEM 5. **Produzindo música.** Em cima, Adilson à porta do seu quarto e o computador onde grava e edita as suas músicas. Em baixo, capa da compilação *Funaná e Batuko 2*, com Kota Lumy no canto inferior direito, e concerto na Fundação Calouste Gulbenkian, Outono de 2007.

Adilson, trinta anos, é músico de funaná por talento e trabalhador da construção civil por necessidade. Nasceu na cidade da Praia, onde cresceu com a sua avó depois de a sua mãe emigrar sozinha para Itália. Quando a sua mãe faleceu, um tio que vivia na Quinta da Vitória trouxe-o para Lisboa, porque tinha prometido à irmã tomar conta dele. Tinha vinte e um anos na altura.

Adilson fez apenas a quarta classe, tendo trabalhado a partir dos treze anos em diferentes padarias na Praia. Um outro tio iniciou-o na música e ele começou a entrar nos concursos de música locais Todo o Mundo Canta[43]. Lembra que no primeiro tocou dois funanás (género mais tradicional) e uma *kizomba* (género híbrido com semelhanças com o *zouk* francófono). Adilson compõe em sua casa, com uma guitarra

---

[43] Noutro capítulo deste livro, Marcos Cardão fala-nos da tradição de concursos musicais no arquipélago.

e software DAW (Digital Audio Workstation) para gravar, misturar e editar – FruityLoops para os *beats* e Cubase para as letras. Aprendeu sozinho a utilizar o software e embora não seja ainda um produtor consumado, a sua música é muito apreciada em diversos círculos, desde audiências africanas especializadas até ao mundo mais experimental e erudito da música de fusão. O seu nome artístico é Kota Lumy ou Kotalume.

Em Lisboa, começou por tocar em bares na Buraca, onde conheceu elementos da cena de música cabo-verdiana. Um deles convidou-o a fazer parte da compilação *Funaná e Batuko 2*([44]), uma compilação *underground* muito popular entre a juventude africana, vendida fora do sistema de distribuição das *majors* (normalmente em pontos de venda perto das grandes estações de metro ou de comboio) ([45]). O alcance geográfico deste tipo de compilações é comprovadamente grande: vendem na área de Lisboa mas também em Cabo Verde e na Holanda, em Roterdão, a cidade holandesa onde vivem mais cabo-verdianos. Adilson acredita que as vendas do disco podem ter ultrapassado as quinze mil cópias, mas ainda não recebeu dinheiro nenhum. As letras das músicas de Adilson são acerca do quotidiano e de amor, não acerca da vida na Quinta da Serra.

'Não, nunca escrevi acerca do bairro, ou da vida no bairro. Eu escrevo acerca das pessoas, ou coisas que vejo, mas não acerca do bairro dessa maneira. Ainda não cheguei lá. (...) Mais tarde... para isso é preciso pensar mais, refletir.'

Em novembro de 2007 foi convidado a participar num festival multicultural na Fundação Calouste Gulbenkian, organizado pelo ACIDI – Alto Comissariado para a Imigração e o Diálogo Intercultural para celebrar as «culturas de bairros

---

([44]) *Funaná e Batuko 2*, editora desconhecida, 2008.

([45]) Estes discos contêm normalmente géneros populares como o funaná; géneros mais híbridos e electrónicos como o *kuduro* angolano; ou outros genericamente referidos como *kizombas*. O funaná e o *batuko* têm origem na ilha de Santiago. Ver Rui Cidra, «Cape Verdean migration, music recordings and performance», in Jørgen Carling e Luís Batalha (orgs.), *Transnational archipelago: perspectives on Cape Verdean migration and diaspora* (Amsterdam: Amsterdam University Press, 2008), pp. 189-204.

IMAGEM 6. **Adilson com os companheiros de casa; a sala; e pose do amigo com os seus pertences domésticos.**

problemáticos»(⁴⁶). Fez parte do contingente da Quinta da Serra.

Em 2008 vivia com dois amigos numa casa com conforto mínimo (cobertura de ferro laminado, sem teto falso), que estava sinalizada para demolição nas duas semanas seguintes, o que veio a acontecer. O seu plano era voltar para a Quinta da Vitória ou eventualmente para Cabo Verde, onde ao menos 'não há chuva, frio ou fome'.

(A partir de Entrevista, fevereiro de 2008)

O que pretendo mostrar na casa de Adilson é que a produção da diáspora, isto é, o trabalho de tradução de tradições musicais para a realidade multicultural de Lisboa, feito através de artefactos culturais com um significado intenso, é ativada num contexto subalterno. Isto serve para nos acautelarmos com o que Anthony King apelida de «cosmopolitanismos celebratórios»(⁴⁷), celebrações bem-intencionadas de multiculturalis-

---

(⁴⁶) Um disco com músicas de bandas e projetos de cada um destes bairros foi editado após o evento, com o título *9 Bairros/Novos Sons*. Os nove bairros são bairros de barracas, bairros degradados ou bairros de realojamento do PER com projetos de inclusão juvenil financiados pelo programa Escolhas.

(⁴⁷) Anthony King, «Postcolonial cities... pp. 321-326.

mos culturais que ajudam a esquecer outros processos de desigualdade. Tal é claramente ilustrado pelo evento na Gulbenkian, onde se pode argumentar que a apreciação superficial de formas artísticas não canónicas (em termos europeus e de música erudita) por instituições estabelecidas tem o perigo de esconder problemas de acesso à cidadania que esses mesmos artistas sofrem (neste caso sendo a habitação o mais gritante), além de reforçar o lugar de pertença como um lugar problemático (se bem que tendo direito a uma cultura exoticizada).

Dito isto, é no entanto o próprio Adilson que se esquiva a uma leitura politizada da sua música e das suas letras. Tal contrasta com o que fazem outros músicos lisboetas de ascendência cabo-verdiana, que ligam a sua música e as suas letras às suas experiências de viver em bairros de barracas ou em habitação social[48]. A tradição do *griot* da África Ocidental faz-se notar melhor nas letras destes músicos do que nas de Kotalume: eles veiculam as verdades da juventude de «segunda geração» através do rap e do hip-hop, ao passo que Adilson/Kotalume está interessado em géneros menos politizados de música e não se envolve tanto, talvez por pretensamente residir em Portugal numa base mais temporária. (Não consegui contactá-lo mais após a demolição da sua casa.)

Nomeação e inscrição da memória na cidade

O processo de produção e fixação da diáspora no espaço urbano informal faz-se igualmente através de instrumentos que replicam o funcionamento formal da cidade. Um exemplo deste tipo de operação urbana deu-se na Quinta da Serra com a toponímia, que surgiu duma necessidade prática em 1992:

---

[48] Por exemplo os TWA – Third World Answer, que foram o primeiro coletivo rap português a utilizar crioulo cabo-verdiano (*Miraflôr*, CD, Raska Records, 1999). Vieram da Pedreira dos Húngaros, entretanto demolida.

Não havia nomes de ruas e isso era um problema para entregar o correio. Normalmente as pessoas davam a morada de alguém conhecido, ou da loja que havia lá em baixo, e depois iam buscá-lo. Obviamente que isto tinha os seus perigos, os seus riscos. (...) Um indivíduo ficava constrangido a usar a loja. E deu azo a todo o tipo de confusões: o Serviço de Estrangeiros e Fronteiras dizia que tinha enviado uma carta, os moradores diziam que não a tinham recebido, isso tudo. (...) Estavam em jogo coisas importantíssimas: pedidos de visto, prazos para entregar documentos que não eram respeitados. Tudo isto era muito sério.

(Entrevista, janeiro de 2008)

Um grupo de moradores organizou-se com o padre da paróquia, fazendo o primeiro mapa do bairro e dando nomes às ruas e números às casas. Aquilo que na cidade formal se opera a um nível técnico e erudito – diferentes autores, sob diferentes prismas, salientam-no como sendo um dos passos fundamentais do processo de construir cidade, um passo que responde à construção técnico-política do Estado([49]) – ocorreu aqui a um nível local, desprovido do aparato estatal.

Um dos moradores, por exemplo, escolheu o nome de Rua Teixeira Pinto para a rua onde residia, em homenagem à cidade onde tinha nascido na Guiné-Bissau. Acontece que Teixeira Pinto foi a antiga designação colonial dada entre 1915 e 1975

([49]) Brenda Yeoh mostra como a toponímia trilingue em Singapura foi um dos instrumentos da construção duma cidade-estado pós-colonial onde o equilíbrio na convivência étnica e linguística era fundamental. Bruno Latour e Émilie Hermant descrevem as minudências técnico-científicas da cidade de Paris, entre as quais o mapa-matriz de ruas, para mostrar que a cidade se vai conceptualizando, e portanto existindo, a partir das possibilidades técnicas de nomeação e inscrição. Brenda Yeoh, «Street-naming and nation-building: toponymic inscription of nationhood in Singapore», *Area*, Vol. 28, n.º 3 (1996), pp. 298-307; Bruno Latour e Emilie Hermant, (2006), *Paris: Invisible City*, projecto online http://www.bruno-latour.fr/virtual/index.html, último acesso 01/09/2012.

à cidade do Canchungo, em homenagem ao oficial português que ficou conhecido como o «pacificador da Guiné portuguesa» pelo seu papel na neutralização de «levantamentos» na província do Óio no início do século XX – ou, visto da perspetiva do colonizado, em instâncias de repressão e dominação, embora também tenha estudado a região e os seus povos.

O modo como pequenos episódios têm uma ressonância com histórias políticas mais alargadas vê-se outra vez nesta opção toponímica do morador Arlindo. Sabemos que Arlindo nasceu e deixou a sua cidade-natal quando esta era ainda Teixeira Pinto; e que a sua intenção consciente era produzir uma expressão reconhecível da diáspora no espaço urbano da Quinta da Serra. Mas, ao não atualizar a história, a sua intenção resultou no facto bizarro de a sua rua exibir o nome dum oficial português, numa altura em que a cidade guineense já não tinha a designação colonial. A sua intenção de marcar o espaço da Quinta da Serra com uma alusão à Guiné fica assim autossabotada, pelo menos no sentido de marcar uma diáspora «pós-colonializada».

Aqui já estamos a falar da produção e marcação da diáspora no espaço urbano feita de modo baralhado, além de que com alguma iliteracia à mistura. Mas independentemente deste último fator, a diáspora imaginada a partir dum bairro de barracas e das suas casas é de facto fabricada e re-fabricada de formas complexas. Uma pequena parte da casa da moradora Utelinda mostra-nos isso.

Relembrar, ou temperaturas no duche: ritmo e emoção no habitar

Utelinda nasceu na periferia de Bissau. Quando emigrou para Portugal instalou-se com a família no norte do país, seguindo o seu marido, João Domingos, que jogou futebol profissional no União de Lamas, no Lourosa e no Vianense (quando estava no Lourosa trabalhou ao mesmo tempo numa fábrica da Corticeira Amorim) ([50]). Após alguns anos, em que

---

([50]) A sua modesta carreira futebolística ilustra bem o «sonho» do jogador africano na Europa, desde a típica primeira tentativa nos escalões

foi sentindo cada vez mais saudades da irmã, e após várias insistências desta para se lhe juntar, Utelinda decidiu-se e mudou-se para a Quinta da Serra. Ficou uns meses em casa da irmã, até que ouviu que uma outra moradora se tinha mudado e deixado a sua barraca vazia. Aproveitou e mudou-se para essa barraca de madeira muito degradada, melhorando-a de modo substancial, nomeadamente ao refazer a casa em tijolo e rearranjando os espaços disponíveis: 'Fui eu que pensei em tudo, queria fazer uma casa à minha maneira... um quarto grande para as minhas filhas e a minha sobrinha [de outra irmã], um quarto para mim, tudo.'

No design espacial da casa, um pequeno espaço delimitado de um metro por metro e meio que quis ter como entrada surgiu em resposta à sua memória dos ritmos e práticas quotidianas da infância em Bissau. A casa de família – ainda existente, com paredes de adobe e telhado de zinco, em vez do mais tradicional telhado em colmo – tem um pátio (Imagem 7); foi esse pátio que Utelinda quis recriar com o pequeno espaço na entrada da casa na Quinta da Serra. Em termos arquitetónicos as casas não têm muito em comum, mas o que Utelinda teve em mente foi o habitar, não a semelhança arquitetónica: ela queria um espaço para fazer as mesmas coisas que fazia antes e para a lembrar do *heimat*[51]. Aqui está a falar da casa de Bissau:

---

profissionais enquanto jovem promessa até à estabilização nos escalões competitivos mais baixos, onde os salários nem sempre são suficientes para viver. Pode igualmente adivinhar-se as redes de prospeção e recrutamento específicas do futebol, ativas nos países com histórias coloniais pelo menos desde os anos cinquenta. Ver Nuno Domingos, «Futebol e colonialismo, dominação e apropriação: sobre o caso moçambicano», in *Análise Social*, Vol. 41, n.º 179 (2006), pp. 397-416; e Nuno Domingos, *Football and colonialism in Mozambique*, PhD Thesis (School of Oriental and African Studies, University of London, 2009).

[51] A ideia do romantismo alemão de um lugar de origem e pertença. No caso de Utelinda, não mostro imagens do pátio da Quinta da Serra porque a comparação com a imagem mental que tem da casa de Bissau não seria elogiosa. Estamos no território da memória e quero mantê-lo assim. Da sua descrição, nada de semelhante existe entre as duas casas a não ser a existência de um espaço de entrada. No entanto, elas são

IMAGEM 7. **A casa de família de Utelinda na periferia de Bissau, onde viveu até 1983.** À direita no desenho, os utensílios usados na *balaia*, uma técnica que a mãe usava para passar as roupas de «senhoras portuguesas» a ferro, e a cabaça duma história de lobos.

Era assim: as pessoas sentavam-se aqui para conversar [aponta no desenho]. Os mais velhos sentavam-se ou dormiam uma sesta, depois do almoço. De manhã, varria-se e limpava-se, como se faz cá. Claro que não havia detergentes ou esfregona como aqui. Usávamos um pouco de tecido, um balde de água, esfregava-se e ficava limpo. Primeiro dentro de casa, depois a varanda. A seguir tínhamos de varrer a parte de fora, a parte de terra.

(Entrevista, agosto de 2008)

Durante o dia, a mãe de Utelinda lavava e passava a ferro para três famílias de funcionários portugueses.
Quando estavam todas dobradas, púnhamo-las à cabeça e íamos entregar. (...) E à noite na varanda ouvíamos as his-

---

ainda assim inextricáveis: «fazer as coisas à maneira dela» releva menos da casa como artefacto do que da «casa-como-prática» e da «casa-como-memória».

tórias que os mais velhos contavam. (...) Familiares mais velhos, às vezes os vizinhos também se juntavam. Não tínhamos eletricidade... Bissau mesmo tinha eletricidade, onde os portugueses viviam... nós o que tínhamos era lâmpadas de óleo... Portanto de manhã limpa-se, põe-se a roupa a secar... à noite sentávamo-nos para ouvir histórias debaixo das estrelas. E às vezes era a nossa vez de contar! (...) Eu só repetia aquelas que já tinha ouvido contar... e não querias estar sentada entre duas pessoas porque havia muitas histórias de um lobo que aparecia e levava sempre a menina do meio! (risos).

Estas duas passagens transportam-nos de tarefas domésticas e ritmos quotidianos à geografia social de Bissau, vista na ausência de infraestruturas ou numa cultura onde a tradição oral é muito forte. O que liga estes elementos díspares é a ideia de casa, de lar, duma estrutura física que age como veículo emocional. O pequeno pátio na barraca de Utelinda é o memento edificado que desencadeia tal processo de memória.

Christopher Morton[52] refere como a casa/lar é de facto o principal gatilho para o «trabalho de memória» de populações migrantes. Falar dela suscita memórias e emoções, como se duma ajuda narrativa se tratasse; e o reverso também acontece: a uma pergunta sobre emoções podem vir respostas de rotinas domésticas:

E – Tem saudades da Guiné?
U – Sim. Muitas. Porque o tempo lá... Por exemplo cá, no Verão, tenho tendência para misturar água quente e fria no duche. Lá não é preciso isso, e não há problema porque é quente e húmido. Vamos para o trabalho de manhã, toma-se o duche frio e já está, vai-se para a escola ou para o trabalho...

(Idem)

---

[52] Christopher Morton, «Remembering the house: memory and materiality in Northern Botswana», *Journal of Material Culture*, Vol. 12, n.º 2 (2007), pp. 157-179.

O artifício narrativo de Utelinda passa por utilizar a dificuldade em aquecer água para lentamente entrar no processo afetivo do habitar. Este acontece com e através de objetos, que são utilizados pelos indivíduos para narrar como vivem e o que sentem. Utelinda não está verdadeiramente a falar das diferentes temperaturas no duche. Como muitos de nós fazemos, está a usar o truque cognitivo de fazer corresponder uma pequena realidade tangível a um conjunto de sentimentos intangíveis.

Entre o «dasein» e a «abertura ao outro»

O que é teoricamente interessante nos «saltos narrativos» de Utelinda é mostrarem dois tipos de relações no processo do habitar, um pertencente a eventos e experiências (materiais ou emocionais) efetivamente existentes, que se desenrolam no presente; e outro que tem que ver com as pré-existências (outra vez, materiais e emocionais) carregadas no corpo e na memória do habitante. Deixam vislumbrar um pouco do percurso entre o que é feito, realizado e executado aqui e o que há para lá disso – a ideia de que existem outros lugares geográficos ou paisagens emocionais coenvolvidos no presente. No seu caso, um espaço de residência anterior e ritmos quotidianos diferentes são convocados pela descrição da realidade material: a varanda, o duche, Bissau, técnicas de engomar.

Balançamos aqui entre diferentes conceções filosóficas do habitar. De modo simplificado, balançamos entre o «fechamento» existencial ou a «autenticidade» de Martin Heidegger e a noção de imperiosa «abertura» de Emmanuel Lévinas, nesse «evento dramático de estar-no-mundo» que é o habitar. Retiro esta oposição do trabalho de Paul Harrison[53], que defende a necessidade de «abrir» o polémico conceito de *dasein*, não para o negar ou substituir mas para podermos avançar para as impli-

---

[53] Paul Harrison, «The space between us: opening remarks on the concept of dwelling», *Environment and Planning D: Society and Space*, 25 (2007), pp. 625-647.

cações produtivas que derivam duma sua reavaliação. Para Harrison, que utiliza Lévinas como oposto instrumental de Heidegger, «enquanto Heidegger organiza e articula o conceito à volta da figura enclausurada do 'estar-em-casa-no-mundo', o habitar em Lévinas ganha sentido a partir duma abertura constitutiva à chegada do Outro»[54].

Incorporar Lévinas significa que «se torna possível pensar o habitar para lá da autenticidade, da experiência total e do holismo» bem como «desmontar a equação de que 'as relações sociais devem culminar na comunhão'»[55].

Apenas se reconhecermos a violência potencial e o inevitável falhanço de tal gesto ontológico redutor [relações sociais – comunhão] é que as experiências de amizade, hospitalidade, responsabilidade e, de facto, solidariedade, ganham ou têm algum sentido[56].

Para Utelinda, o habitar é recontado através de experiências emocionais relacionadas com os ritmos queridos do quotidiano em Bissau – e onde a pertença-ao-lugar, na veia de Heidegger, surge como consolação. Mas, nas referências à falta de iluminação pública ou de água quente na parte «não-portuguesa» da cidade, ela integra a noção de conflito com o Outro (dominante, colonial) no habitar, e daí a importância do argumento de Lévinas. Utelinda relaciona estes episódios com o seu lugar atual de residência, um bairro de barracas de Lisboa.

Os modos de habitar acontecem portanto em relação com objetos e outros humanos, não são somente da esfera interna do indivíduo, e Utelinda torna-o claro: as necessidades básicas, como o duche, são proporcionadas por coisas, objetos; os ritmos de vida pelo parentesco, pela vizinhança, tipos de profissão, etc. Cobrindo ambas as coisas, o afeto. O argumento de Lévinas sobre a «abertura» como condição necessária ao habitar está exatamente aqui, no processo de interação construtor de afeto.

---

[54] *Ibidem*, p. 625.
[55] *Ibidem*, p. 643.
[56] *Ibidem*.

No entanto, a «abertura» ou vinculação ao outro nem sempre é um processo satisfatório; e se pensarmos na ausência de melhoramentos habitacionais na sua casa ou no bairro durante mais de dez anos, vemos como eles explicam em grande parte a força dos sentimentos de pertença nostálgicos de Utelinda.

Um lugar na sociedade portuguesa

A complexidade material e de memória adensa-se ainda mais com o processo de encontro com a sociedade portuguesa.

No início dos anos 2000, Surraia estudava Jornalismo na universidade. Foi uma das primeiras habitantes da Quinta da Serra a ingressar no ensino superior, tendo-se tornado um exemplo para outros jovens, a quem muitas vezes emprestou os seus livros para estudar. Na faculdade, nunca se sentiu muito à vontade em dizer exatamente onde morava, 'com medo de ser afastada do grupo', e 'Prior Velho' tornou-se um bom compromisso para contornar a questão.
Uma vez, uma colega sugeriu o tema dos bairros de barracas para um trabalho de grupo. Surraia imediatamente desgostou da ideia, e apesar de ter referido que conhecia dois (a Quinta da Serra e a Quinta da Vitória), optou por omitir os seus nomes, de maneira a 'fingir que não os conhecia bem'. Na ocasião, e para seu alívio, foi salva por 'uma betinha' que se recusou a ir 'trabalhar nas barracas'. Não revelar a sua morada exata tinha sido sempre uma preocupação: lembra-se igualmente de dizer a uma amiga do liceu que teve de ir a casa dela para 'não ficar assustada, a casa é de cimento, não é um barraco de madeira.'
Numa noite em que tinham ido sair para as Docas, um colega que tinha carro levou toda a gente a casa. Ela foi a última.
À medida que nos aproximávamos, ele ia perguntando 'Onde é?' e eu ia dizendo 'Oh, posso ir a pé daqui', mas ele insistia em levar-me a casa. Eu estava um bocado em pânico, mas no fim quando cheguei ali ao pé do BPI (Banco Português de Investimento) no Prior Velho, disse-lhe para parar que era ali e saí a correr (risos). Sabes, depois nunca voltei a sair à noite com eles, com esse grupo. (...) Fiquei com... não é vergonha...

se calhar é vergonha, sim. Ficas com medo que as pessoas olhem para ti, 'Ah, ela mora nas...', ou que uma situação estranha aconteça em que roubam alguma coisa e és a primeira a ser acusada. Nunca mais me vou esquecer dessa[57].

(Entrevista e notas de campo, setembro 2008)

O sentimento de vergonha aqui descrito está diretamente ligado ao tipo de habitação onde se vive, da sua imagem social à materialidade estrita. A imagem social é construída ao longo de anos ou décadas por retratos negativos nos media e na política. Dominique Crozat[58] mostra o papel instrumental que estas representações têm em tornar as decisões políticas de demolição mais fáceis, numa sequência de etapas que sumariza como os momentos de «indiferença», «compaixão», «perigo» e outra vez «indiferença». Em resultado, esta imagem social é muitas vezes interiorizada pelos próprios moradores, em formas como a vergonha expressa por Surraia. A materialidade, por seu lado, pode ser vista por exemplo quando Surraia minimiza o «fator barraca» para a sua colega de liceu, salientando que a casa é feita de cimento. Existe aqui uma interessante interiorização da linguagem dos peritos e da distinção objetiva entre madeira e tijolo, embora ao serviço de algo mais confuso e pessoal.

O elemento discursivo da barraca assume intensa relevância quando os moradores se relacionam com o resto da *polis*, seja na assunção de que é melhor «dar uma morada dum amigo para candidaturas a emprego» (várias notas de campo, 2007--2008) ou no recurso à designação da freguesia que corresponde à sua bolsa de barracas – Prior Velho para Quinta da Serra,

---

[57] Surraia refere-se aqui a outro episódio ocorrido no liceu, quando uma colega que vivia noutro bairro de barracas foi injustamente acusada de roubar material escolar que tinha desaparecido. Após encontrarem o verdadeiro culpado pediram-lhe desculpa, mas o episódio permaneceu na mente de Surraia.

[58] Dominique Crozat, «Enjeux de la manipulation...», pp. 163-182.

Buraca para Cova da Moura, Miraflores para Pedreira dos Húngaros e por aí fora[59]. Estas medidas preventivas respondem a uma série de episódios de que tantos moradores em barracas se lembram, em que, em *sottovoce*, práticas discriminatórias se seguiram ao revelar do local de residência. Um funcionário de uma ONG com trabalho na Quinta da Serra, que acompanha muitas vezes os jovens às instituições, observa:

> Já testemunhei, sim, atos de não-aceitação. (...) Não posso dizer que é racismo porque o racismo não é uma coisa muito concreta e eu não tenho factos para dizer isso. Mas coisas que para um português branco são fáceis de fazer tornam-se impressionantes para a população. Por exemplo para ter o *cartão de utente* [do SNS], ou pedir um certificado de residência... Suspeitas, demasiados obstáculos, obstáculos que são difíceis de ultrapassar. Isso eu vejo.
>
> (Entrevista, outubro de 2008)

Torna-se cada vez mais claro que podemos argumentar que em termos coletivos a existência urbana desta população não foi pós-colonializada. O fantasma colonial de que falo e que volta a surgir é esta sombra que se abate sobre as interações sociais e que enquadra quase tudo. Existe no entanto, felizmente, espaço para alguns processos emancipatórios a nível individual, que são muitas vezes ativados a partir de casa.

---

[59] Esta estratégia, que foi muito comum em diferentes bairros, encerra um uso sofisticado da língua. Um dos mais conseguidos foi o dos já citados TWA –Third World Answer, originalmente da Pedreira dos Húngaros, que escolheram para título do seu primeiro álbum a palavra crioula para Miraflores, *Miraflor*. Através da decisão consciente de usar o crioulo mas ao mesmo tempo não circunscrever o lugar a «Pedreira», conseguiram evitar a «etnicização» da parte de barracas, afirmar que a freguesia era mais do que a parte de classe média branca, e finalmente sublinhar que faziam parte dela e que a levavam para a cena musical. Há aqui uma política cultural de lugar (*cultural politics of place*) em ação, feita a partir de baixo; subalterna mas endereçando a cultura formal ou erudita.

Pequenas emancipações

No caso de Georgina, a casa transformou-se no local onde a mudança dos papéis de género no agregado familiar se fez.

Georgina mudou-se para a Quinta da Serra com o marido e as duas filhas quando deixaram de conseguir pagar a renda de um pequeno apartamento em Almada. Anteriormente tinham-se mudado para Lisboa, para que Georgina pudesse receber tratamento médico para um problema cardíaco diagnosticado na Guiné – desenvolveria mais tarde problemas de rins que obrigaram a um transplante.

Entretanto, o marido teve dois 'esgotamentos nervosos' e nos últimos anos optou por passar longas temporadas em Bissau, em casa dos pais. Georgina junta-se-lhe durante o Inverno devido aos efeitos do frio na sua débil saúde, que diz são exacerbados pelo fraco isolamento da casa. Quando vai, realiza um pequeno negócio de *import-export*, comprando roupas e calçado de marca em saldo para os vender em Bissau. Na volta, compra *batiks*, frutos secos e outros produtos tradicionais que vende aos contactos desenvolvidos quando trabalhou para uma empresa espanhola de roupas por catálogo. Na Quinta da Serra, trabalha igualmente na creche da Associação de Moradores, sem salário.

Nos últimos dois anos, passou nove meses do ano como único progenitor presente em Portugal. Carrega sozinha a responsabilidade de ter um rendimento e de tratar das duas filhas, bem como de todos os outros assuntos (realojamento incluído). Como diz, 'a cabeça-de-casal agora sou eu'.

(A partir de Entrevista 1 e notas de campo, junho de 2007)

A sociedade guineense não é particularmente mais patriarcal do que outras da África Ocidental, mas os papéis de género são mais marcados, discursivamente e na prática, do que em Portugal. O encontro com esta diferença foi o suficiente para Georgina expressar com agrado a transformação do seu papel, com mais poder e até validação por parte do Estado (pelo facto de ser ela agora a responsável pelo dossier da casa no processo

IMAGEM 8. **Georgina na sua casa.** Ela e o marido compraram-na por mil e cem contos em 1990, mas a transação não tem valor legal para efeitos de realojamento. Notem-se as fotografias de família, na imagem da esquerda; um mapa da Guiné, ao centro; e um *batik* tradicional, à direita.

PER). Expressou-o ao mesmo tempo que notou a sua tristeza pela doença do marido e sublinhando que tem saudades dele, mas o *empowerment* que a mudança trouxe é relevante.

No caso de Georgina e nos outros, a habitação-barraca é o elemento operativo das muitas dimensões onde a inserção histórica de imigrantes pós-coloniais na sociedade democrática e na cidade pós-imperial se jogou. Resumindo, a barraca é um alojamento precário mesmo quando parece relativamente confortável; é um artefacto arquitetónico que evolui como extensão do agregado familiar mas que também causa tipos recorrentes de doenças; é, para aqueles que nela não habitam, um símbolo de perigo e de encontros indesejados; e é, para aqueles que nela vivem, tanto uma fonte de consolo mnemónico como uma marca que transportam consigo quando interagem socialmente.

Narrativas difusas duma materialidade frágil

A história dum incêndio perto da casa de João Mendes resume bem esta combinação das qualidades materiais e imateriais da barraca, que pode resultar em eventos desafortunados. Deste incêndio lembram-se bem tanto os vizinhos próximos como aqueles mais distantes.

Num sábado à noite em 2006, um incêndio irrompeu na casa onde duas crianças dormiam, sozinhas. O pai delas estava a trabalhar longe da Quinta da Serra, o avô estava a passar uma temporada na Guiné-Bissau e a mãe tinha ido a uma festa em casa duma amiga. Ao voltar para casa por volta das três da manhã, viu fumo e labaredas a sair da casa, e os seus gritos imediatamente alertaram os vizinhos. Estes chamaram os bombeiros, por esta altura já toda a gente se apercebendo de que as duas crianças estavam lá dentro. No entanto, da casa saía demasiado fumo e fogo para que alguém se arriscasse a entrar. Quando os bombeiros chegaram, ainda demoraram alguns minutos para ligar os tanques de água do carro. Depois, mesmo tendo máscaras anti-fumo, após espreitarem pelas janelas que os vizinhos tinham partido disseram que não entravam, que 'havia demasiado fumo'.

Os moradores não se lembram se foi mesmo esta a razão que deram, mas lembram-se que tinha que ver com o perigo das paredes e do teto desabarem. 'Ele estava mesmo ali, não me lembro ao certo [porque não entrou], mas para mim pensou 'Hum, são africanos, deixa-os arder'. O impasse durou até que um jovem vizinho disse que entrava ele. 'Man, vou eu. Vou morrer mas vou entrar.' Após entrar, outro vizinho juntou-se-lhe. Conseguiram retirar as duas crianças, de sete e oito anos. Uma recuperou bem, mas a outra ainda permanece no hospital [passados dois anos]. Além de queimaduras muito extensas, a falta de oxigénio momentânea resultou em danos cerebrais severos. Nas palavras doutro vizinho, 'o fumo fez o cérebro dele parar'. Desde então, o avô (o cabeça-de-casal do agregado) tem tentado arranjar uma casa para a família através do GIL/C. M. de Loures, mas sem sucesso. A casa original ruiu quase por completo.

(Notas de campo, janeiro-fevereiro de 2008)

Esta é uma história puramente local e que pediria uma investigação aprofundada junto dos Bombeiros de Sacavém quanto à sua veracidade, mas tal foi negado[60]. No entanto, mesmo

---

[60] Pedido presencial no quartel, fevereiro de 2008. Examinar que papel a «arquitetura» da casa teve na recusa de socorro teria sido impor-

que os factos tenham sido distorcidos ao longo do processo em que a história entrou para a mitologia do bairro, para os seus moradores este «mito recentemente constituído» parece encerrar tanto a natureza precária da «arquitetura» da barraca como práticas discriminatórias da população branca e o sempre presente racismo. Por outras palavras, a estrutura material da casa está integralmente ligada a eventos de exclusão. A materialidade juntou-se a, ou acendeu, o difícil habitar na barraca.

Conclusão

Da soma destas muitas associações – umas ténues outras mais explícitas – com um passado colonial e de modos de relacionamento sociais e institucionais que parecem ainda para ele apontar, o que fica é uma existência urbana marcada pela herança pesadíssima do passado de dominação e menosprezo colonial numa cidade pós-imperial, que se celebra como multicultural mas em que o acesso ao espaço urbano e à habitação, bem como à vida quotidiana, não foi totalmente «pós-colonializado». Os projetos de dominação e hegemonia coloniais não se vão embora com facilidade, eles sobrevivem nos relacionamentos – pessoais ou institucionais.

O título «barraca pós-colonial» tem a ver com isso, com o adjetivo que permanece pergunta. O fantasma de que falo teve como configuração principal o instituir duma distância/invisibilidade em relação a esta e outras populações pobres, imigrantes e negras, diferente da instituída em relação a outras populações em processo de urbanização informal (o clandestino, o urbanizador pato-bravo), mais vistas como fazendo parte do jogo político regular, isto é, enquanto eleitores. A criação de distância replica de modo mais ténue mas não menos real aquilo

---

tante para esclarecer o que parece ser uma conduta gravíssima dos bombeiros presentes ao local, facto que surpreende por estes terem uma boa reputação. A veracidade das descrições dos moradores fica também por clarificar totalmente.

que o colonialismo fazia, isto é, o «criar distância» para efeitos de dominação e exploração. Os principais efeitos da invisibilidade foram um tipo de relacionamento do Estado com estas populações, não enquanto cidadãos ou eleitores, mas enquanto números, e até enquanto quantidade negligenciável, num processo que resultou no *displacement*. Existiria aqui lugar para uma história sociotécnica mais alargada, que circula entre urbanismo e política – onde este fantasma também entra – mas tal não cabe neste artigo. No entanto, Lisboa tem de pensar nisso: tendo o PER implicado um investimento de pelo menos 1,2 mil milhões euros[61], o que mostra um apreciável esforço financeiro por parte do Estado, custa pensar como a sua implementação nem sempre foi justa para com as populações destinatárias.

Portanto, o título permanece pergunta porque o conceito cronológico «pós-colonial» nem sempre correspondeu a uma existência urbana «pós-colonializada». Mas também não o descarto e permanece pergunta porque há uma série de emancipações e resistências que fazem parte da agência de populações pobres perante a adversidade, que vão desde a emancipação individual, à criação individual, e a novos-velhos dispositivos de urbanização, como a criação de hortas comunitárias nos espaços livres após a demolição de barracas[62].

*

A história que contei neste capítulo, registada a partir do «presente etnográfico» de 2008-2009, repete-se à altura da escrita deste artigo, em julho de 2012, noutro bairro de barracas, o de Santa Filomena, no concelho da Amadora. O despejo e a demolição das casas de habitantes não-PER sem que lhes seja dada alternativa habitacional enfermam do mesmo tipo de sobranceria e proto-racismo do governo municipal perante os

---

[61] *Atlas da habitação de Portugal*, (Lisboa: IHRU – Instituto da Habitação e da Reabilitação Urbana, 2007), pp. 142-145.

[62] Eduardo Ascensão, «História e teimosia...», p. 10.

habitantes do bairro, na maioria cabo-verdianos. Isto levou a que a plataforma Habita – Coletivo pelo Direito à Habitação e à Cidade tenha apresentado uma queixa às Nações Unidas por atentado aos direitos humanos e despejos forçados (*forced evictions*), sendo estes últimos uma prática que contraria todas as políticas urbanas defendidas por agências como a UN Habitat[63].

Ambas as histórias se inserem no atual debate científico e social sobre os regimes de informalidade urbana que foram sendo lentamente instituídos no mundo inteiro nas últimas três décadas, que coincidem com o projeto neoliberal[64]. Importa perceber a génese destes regimes para melhor lutar pela igualdade no direito à cidade.

---

[63] Ver «Demolições de casas na Amadora levam a queixa na ONU», *Público*, 18/07/2012; e André Carmo, «Santa Filomena: desastre anunciado?», *Le Monde Diplomatique*, Vol. 2, n.º 71 (2012), pp. 4-6.

[64] Ananya Roy, «Urban informality: toward an epistemology of planning», *Journal of the American Planning Association*, Vol. 71, n.º 2 (2005), pp. 147-158; e Vanessa Watson, «'The planned city sweeps the poor away...': urban planning and 21st century urbanization», *Progress in Planning*, 72 (2009), pp. 151-193.

«Fomos conhecer um tal de Arroios»: Construção de um lugar na imigração brasileira em Lisboa

SIMONE FRANGELLA

Introdução

Durante uma investigação sobre imigrantes brasileiros em Lisboa, uma das minhas entrevistadas, Lúcia, contou-me que vivia em Arroios, «como muitos outros brasileiros». Quando lhe pedi para descrever a zona, disse-me que o bairro tinha tudo e ficava perto de tudo – comércio, serviços, transportes. Propôs-se levar-me a conhecer o bairro e ver as «coisas brasileiras» que lá havia. A proposta pareceu-me ideal, pois desde o início da pesquisa havia registado uma presença substancial de brasileiros na zona de Arroios, o que tinha instigado o meu olhar, sobretudo pela significativa visibilidade dessa migração numa das zonas mais centrais de Lisboa. Interessava-me compreender o que este bairro tinha a oferecer para se tornar um ponto de referência dos imigrantes que viviam de trabalhos não qualificados e pouco remunerados. Assim, aceitei o seu convite para passear num sábado de manhã, desde o Largo de Dona Estefânia, até à Avenida Almirante Reis e, a partir daí, subindo a Rua Morais Soares e ruas adjacentes.

Lúcia ia mostrando os lugares que frequentava e apontava para os traços de Brasil que apareciam: lojas de produtos alimentares e de roupas, talhos, cafés com pão de queijo, agências de remessa de dinheiro para o exterior, pastelarias onde costumavam encontrar-se brasileiros. Mas mostrou-me também lugares não brasileiros do bairro onde tinha por hábito ir, como as lojas de produtos e utensílios de cozinha, o mercado de Arroios, o restaurante onde comprava frango, o supermercado e outros pequenos negócios. Apesar de o trabalho a levar quotidianamente para fora do bairro (é mulher-a-dias em residências em diferentes partes de Lisboa), Lúcia mostrou-me como conseguia, de certa forma, aproveitar a vida local, acedendo aos bens e serviços ali oferecidos e passeando pela zona. Ela também me assegurou que: «todo o brasileiro que chega em Lisboa, vem aqui p'ra Arroios, p'ra procurar lugar pra ficar, p'ra saber onde há emprego... Tem até aquela música engraçada do Caipira da Zoropa, onde ele diz: 'fomo' conhecer um tal de Arroio'...'. Todo mundo pára em Arroios!»([1]). Não era a primeira vez que eu ouvia esta referência a Arroios como espaço de recurso a redes de ajuda e de habitação de brasileiros. O grande contingente de imigrantes brasileiros em Lisboa espalha-se por diversas áreas, criando outros polos de concentração nos arredores da cidade, tais como a Costa da Caparica, localidades da linha de Sintra (Cacém, Rio de Mouro), Cascais, Alcabideche ou Odivelas([2]). Mas Arroios parece funcionar, sobretudo, como um ponto de concentração e circulação de informação para os migrantes, além de ser também lugar tanto de residência quanto de trabalho.

Este capítulo é o resultado de um olhar etnográfico, inspirado inicialmente pela caminhada com Lúcia e desdobrado em uma investigação que incluiu observações empíricas sistemáticas em Arroios([3]), bem como uma breve análise da história da zona e do seu enquadramento no contexto urbano de Lisboa. Tratou-

---

([1]) http://www.youtube.com/watch?v=FvtdJQL9WxE Último acesso em 20 de outubro de 2012.

([2]) Segundo o *Relatório de Imigração, Fronteira e Asilo* de 2011, havia naquele ano 111.445 residentes brasileiros, equivalendo a 25,5% da população estrangeira. Estes números contabilizam a população residente e, portanto, pessoas em situação ilegal não estão incluídas. Desde 2010 a presença dos brasileiros está em declínio. Em 2010, o número de residentes era 119.363. João Ataíde e Pedro Dias (orgs.) *Relatório de Imigração, Fronteiras e Asilo – 2011* (junho de 2012).

([3]) A investigação foi feita entre 2011 e 2012 e, para além da observação participante no bairro (ou seja, minhas próprias circulações pedestres), fiz entrevistas com imigrantes brasileiros e portugueses residentes na zona.

-se de acompanhar os imigrantes brasileiros neste espaço, nas suas práticas e manifestações e, simultaneamente, olhar as múltiplas movimentações que o envolvem, procurando perceber o efeito da presença brasileira nas relações sociais e simbólicas quotidianas da zona. A busca de narrativas, representações e práticas em torno de Arroios serviu para tentar responder às seguintes questões iniciais desta pesquisa: Qual o significado do bairro enquanto parte da experiência destes migrantes? Qual o tipo de relação que estes estabelecem com os demais moradores do lugar? Como é a convivialidade dos habitantes mais antigos na presença constante de não portugueses? Qual o peso das antigas relações coloniais e suas representações na vivência dos brasileiros na zona?

Como resultado desta investigação, encontrei uma relação de mútua constituição entre a produção de um lugar pelos imigrantes brasileiros e os processos históricos, sociais, económicos e urbanísticos de Arroios([4]). Neste sentido, dou atenção à dinâmica da emergência da imigração brasileira e do modo como se espacializa, ao mesmo tempo que me atenho a uma leitura da história do lugar que deixa ver as condições de produção dessa vivência migrante. O entrelaçamento entre estas duas

---

([4]) Nesta análise, tomo o lugar como uma geografia singular, marcada por experiências sociais que redefinem – a criação de um lugar «próprio» dos imigrantes nas dinâmicas transnacionais. O lugar aqui compreende mais do que a reprodução de uma ordem preexistente, pois nele se incorporam outras enunciações e para além daquelas que moldavam o universo destes sujeitos na sociedade de origem. Redimensiona-se a relação entre o lugar (fixo, estanque, uma aparente ordem de relações já definidas) e o espaço (mais fluído, móvel) através da circulação dos que «praticam o lugar», sejam eles os imigrantes, sejam os atores sociais com quem interagem. Michel de Certeau, *A Invenção do Cotidiano – As Artes de Fazer* (São Paulo: Vozes, 1994). Na constituição de lugares no processo da imigração internacional – um fluxo marcado por uma globalização neoliberal que se projeta nas cidades – as geografias de poder e os reposicionamentos identitários constituem vetores dinâmicos que atravessam os próprios sentidos dados ao lugar. Doreen Massey, *World city* (Cambridge: Polity Press, 2007).

dimensões constitui o fio condutor que aqui pretendo desenvolver.

Arroios tornou-se um lugar de pertença na cidade para os brasileiros, um pedaço do seu domínio(⁵), uma forma de se sentirem relativamente «em casa». Neste sentido, este lugar constitui-se como um território reconhecido pelos imigrantes, na medida em que se relaciona uma dimensão pública e de convivialidade com os demais moradores e uma dimensão mais íntima, ao concentrar um conjunto de signos e lugares que acalentam, reforçam e resignificam um repertório de símbolos associados a uma «brasilidade». A «brasilidade» é aqui entendida como um ideário nacional construído ao longo de um processo histórico(⁶), e frequentemente redimensionado no contexto da migração. Ao invés de se situar na esteira dos processos de ocupação do território, desordenada e ignorada pelo Estado, numa espécie de continuidade com um «fantasma colonial»(⁷), a vivência dos brasileiros neste bairro indicia uma outra forma de reativar referências coloniais. E impõe-se mesmo para além delas,

---

(⁵) Adoto a noção de bairro enquanto uma escala nas inscrições urbanas de circulação, onde as dimensões do mais desconhecido (os códigos da cidade) e do mais íntimo (casa) possuem uma dinâmica de continuidade, permitindo ao usuário sentir-se reconhecido neste espaço público à volta da sua casa. Pierre Mayol, «Morar» in Michel de Certeau, Luce Giard e Pierre Mayol (orgs.) *A invenção do cotidiano: 2 – Morar, cozinhar* (Petrópolis: Vozes, 2008 [1994], 7.ª ed.) pp. 37-45.

(⁶) Esse projeto foi um contínuo esforço político que reforça a ideia de hibridismo cultural e racial, forjando uma identidade nacional aparentemente unificada e em constante negociação cultural, económica e política. Nos trânsitos migratórios esta «unicidade», ao mesmo tempo que é reforçada quando é contraposta com a sociedade de destino, é colocada em questão pela diversidade regional e cultural que realoca suas experiências. Simone Frangella, «'Brazilianness' in London: national goods and images in transnational mobility», in Szilvia Simai, e Derek Hook (orgs.), *Brazilian subjectivity today: migration, identity and xenophobia* (Villa Maria: Eduvim, 2011), pp. 149-170.

(⁷) Eduardo Ascensão, *The Postcolonial slum: a geography of informal settlement in Quinta da Serra, Lisbon, 1970s-2010*. Tese de doutoramento em Geografia (Londres: King's college, Universidade de Londres, 2011).

seja através do reforço das imagens dos brasileiros colocadas em contraste com representações sobre os portugueses; seja através das práticas sociais no espaço, pelo trabalho ou pela convivialidade.

As interações entre os imigrantes brasileiros e os demais moradores projetam reformulações e confrontos representacionais sobre os ecos de uma história ambivalente entre Brasil e Portugal, onde discursos sobre o domínio colonial são regularmente acionados e enredados com outras representações e estereótipos que moldam este complexo fluxo atlântico. Esses eixos discursivos constituem um dos fios que tecem o universo dos migrantes brasileiros no contexto português e marcam, de certa forma, as suas atividades laborais; mas reforçam igualmente situações de subalternização social, ainda que de forma bem mais subtil do que os processos que afetam as vivências urbanas de migrantes das ex-colónias africanas[8]. A contínua redefinição de legados das relações coloniais – onde se ressaltam elos de descendência, cultura e língua compartilhada – e a longa história de imigração portuguesa no Brasil, através da qual surgiram muitas imagens e interações envolvendo os portugueses[9], dão conta desta ambivalência. É a partir deste contexto, movido por pessoas, símbolos e capitais, que se forjam relações de proximidade, aludindo a um universo de familiaridade histórica e cultural, e se reforça uma alteridade de ambas as partes, através da essencialização de traços construídos ao longo deste fluxo de imagens que circulam[10].

No que respeita à política da migração laboral das últimas décadas, os conflitos e ajustes entre Brasil e Portugal revelaram

---

[8] *Ibidem.*

[9] Bela Feldman-Bianco, «Entre a 'fortaleza' da Europa e os laços afetivos da irmandade luso-brasileira: um drama familiar em um só ato», in Cristiana Bastos et al (orgs.) *Trânsitos Coloniais: diálogos críticos luso-brasileiros* (Lisboa: ICS, 2002), p. 385-416.

[10] Beatriz Padilla, «Integração dos imigrantes brasileiros recém-chegados na sociedade portuguesa: problemas e possibilidades», in Igor Renó Machado (orgs.) *Um mar de Identidades – a imigração brasileira em Portugal* (São Carlos: Edufscar/Fapesp, 2006), pp. 19-43, p. 30.

as tensões subjacentes à receção do contingente brasileiro, as acusações e os desconhecimentos mútuos e a dinâmica das formas de subordinação contestadas nestes conflitos([11]). O conjunto de referências sobre o período colonial, para estes migrantes, vem de um repertório generalizado, estereotipado, comumente repetido na sociedade brasileira. Pouco se sabe, na verdade, sobre Portugal. Já do ponto de vista de um saber comum português, as imagens sobre o Brasil, sejam as reificadas por um discurso «luso-tropicalista», ou promovidas por uma coleção de imagens brasileiras «de exportação», ou veiculadas com grande influência pelas telenovelas, são uma amálgama de estereótipos, os quais acabam por marcar de forma quase banal as interações sociais entre brasileiros e portugueses. Estas confrontações não anulam a condição de subalternidade económica e social dos migrantes brasileiros, uma condição que encerra as relações de poder económicas que envolvem os processos migratórios. Mas revelam a ação destes migrantes na produção de um lugar na cidade.

Como se disse acima, Arroios se tornou um lugar privilegiado para observar estas relações de confrontos e ambiguidades, pois elas emergem no rasto das transformações urbanas e dos vácuos que surgiram na história do bairro. Arroios está, por um lado, muito distante das ficções narrativas associadas aos bairros históricos e populares lisboetas, cujas vivências e representações têm grande visibilidade pública e são constantemente reavivadas e mediatizadas([12]); também não é identificado com os perfis dos bairros sociais e periféricos da Grande Lisboa, onde

---

([11]) A imigração brasileira faz parte do contexto social e político da década de noventa do século passado, que envolveu um contraditório processo, no qual a adoção de Portugal às normas de restrição migratória da Comunidade europeia confrontava-se com ao Tratado Bilateral de Igualdade de Direitos estabelecido entre Brasil e Portugal. Foram muitos os conflitos diplomáticos e acusações mediáticas até a situação se acomodar e permitir a continuação deste fluxo migrante. Bela Feldman-Bianco, «Entre a 'fortaleza da Europa... p. 387.

([12]) António Firmino da Costa, *Sociedade de bairro: dinâmicas sociais da identidade cultural* (Oeiras: Celta, 1999).

se encontra parte da população migrante deslocada ao longo das últimas décadas. Por outro lado, algumas características, na sua articulação, singularizam a zona: conecta áreas económico--sociais centrais da cidade e possui referências urbanísticas reconhecidas na mesma; é marcada por uma presença pluricultural significativa embora pouco tematizada; e possui habitações precárias que convivem com residências de condições variadas.

Esse conjunto de características está enquadrado por um processo de desinvestimento político e urbano, que veio a criar condições para a emergência de um espaço de receção dos imigrantes. A chegada dos imigrantes brasileiros ao bairro é visível e marca uma sociabilidade particular naquele espaço. Esta é do âmbito de uma relação de estranhamento e troca em relação aos demais atores locais. A condição de estrangeiro enuncia, em certa medida, os limites das possibilidades de interação no espaço. Porém, tais limites não impedem o estabelecimento de relações de boa vizinhança – baseada nas trocas de cuidados e favores – e tampouco a incorporação do trabalho migrante para suprir a demanda dos habitantes que ali vivem.

O Bairro vivenciado pelos brasileiros

A paisagem brasileira no bairro de Arroios resultou de um contínuo fluxo migratório desde a década de 1990, que aumentou significativamente a partir dos meados da década seguinte[13]. Apesar do retorno crescente de brasileiros ao país de origem, resultante da atual crise económica em Portugal, a presença deste grupo no bairro ainda se destaca como ponto de paragem e circulação, espaço de residência, trabalho e de outras práticas sociais e culturais[14]. Os migrantes brasileiros contribuem significativamente para a reconfiguração paisagística e social de Arroios. As práticas religiosas, pela sua visibilidade, tiveram um

---

[13] A partir de 2001, tem-se a vaga de migrantes laborais, menos qualificados. Beatriz Padilla, «Integração dos migrantes...

[14] Pierre Mayol, «Morar....

papel pioneiro neste movimento. Em 1952, no cruzamento da Alameda D. Afonso Henriques com a Avenida Almirante Reis foi inaugurado o cinema Império, atraindo muito público, composto geralmente por famílias e casais da zona e das redondezas(^{15}). Com o passar das décadas, sem possibilidade de resistir à concorrência dos centros comerciais, o Império entrou em crise e, em 1992, foi comprado pela Igreja Universal do Reino de Deus (IURD), passando a ser a sua sede na capital portuguesa.

A instalação da igreja no local antecedeu numa década a presença migratória no bairro(^{16}). A presença da IURD, criando visibilidade através da apropriação de um espaço de lazer do bairro, assinala uma entrada gradual de brasileiros em Portugal, incrementada com a migração. Não obstante a grande resistência inicial(^{17}), a sua fixação revela uma dinâmica interativa entre portugueses, brasileiros e os imigrantes oriundos das ex-colónias africanas. Na década seguinte, outras igrejas neopentecostais de origem brasileira instalaram-se em Arroios. Entre elas, a Igreja Mundial do Poder de Deus, e grande rival da IURD, que estabeleceu sua sede na Rua D. Estefânia. Outros templos neo-pentecostais, como a Semear a Vida e a Assembleia de Deus,

---

(^{15}) http://cinemaaoscopos.blogspot.pt/2010/08/imperio-1952-1983.html; http://ratocine.blogspot.pt/2010/08/os-cinemas-de-lisboa_08.htm. Último acesso em 20 de outubro de 2012.

(^{16}) Para além dos cinemas, a IURD instala-se também em salões e garagens. Há muitos templos da IURD nas cidades onde se estabelece; costumam comprar ou alugar espaços menores nos bairros residenciais. Entretanto, nos bairros centrais de capitais, os prédios possuem sempre edifícios de grande magnitude e visibilidade.

(^{17}) Os conflitos relativos à IURD ganham visibilidade entre 1994 e 1995 quando a igreja passa a disputar espaços nobres nas cidades de Lisboa e Porto. No caso do Porto, a reação mediática enfatizou uma série de discursos que falavam de «invasão brasileira (como as telenovelas)», descaracterização da vida portuguesa, entre outros atributos. Para saber mais do assunto, ver Guilherme Mansur Dias, «Expansão e Choque: a IURD em Portugal» in Igor Renó Machado (org.) *Um mar de Identidades...* pp. 299-323 e Clara Mafra, *Na posse da palavra – Religião, conversão e liberdade pessoal em dois contextos nacionais* (Lisboa: ICS, 2002).

estabeleceram-se em ruas adjacentes à Rua Morais Soares, em instalações mais modestas. Somam-se também igrejas evangélicas de origem não necessariamente brasileira, mas frequentada também por imigrantes brasileiros. Para além da presença edificada, estas igrejas neopentecostais interagem com o bairro, distribuindo panfletos religiosos e tentando chamar possíveis fiéis. O pioneirismo religioso veio aos poucos a ser completado com uma presença diversa e mais estável.

Para além das ocupações que têm sido associadas aos brasileiros em Portugal – construção civil, hotelaria/restauração e empregados do comércio[18] – destacam-se no bairro de Arroios as ocupações relacionadas com os «cuidados». Estes trabalhos, tanto no ramo da estética – a maioria dos salões de cabeleireiro da região têm empregadas ou patroas brasileiras –, da limpeza e do cuidado aos idosos. A demanda por estes serviços foi-se intensificando com o tempo[19]. Muitos brasileiros são ainda donos, ou empregados em lojas de serviços informáticos, de ferramentas, ou de trabalhos gráficos, e trabalham também nos centros comerciais da Avenida Fontes Pereira de Melo[20].

---

[18] O perfil de ocupação dos brasileiros, a partir da segunda leva de imigrantes (que data do início dos anos 2000), é de profissões menos qualificadas na indústria e no sector de serviços: sector de comércio e restauração, sector de limpeza, construção civil, estafetas, serviços de estética e sector de cuidados. Nestas últimas duas atividades, a presença é exclusivamente de mulheres. A análise sobre trabalho e imigração brasileira pode ser verificada em João Peixoto e Alexandra Figueiredo, «Imigrantes brasileiros e mercado de trabalho em Portugal», in Jorge Macaísta Malheiros (org.) *Imigração Brasileira em Portugal* (Lisboa: ACIDI, 2007), pp. 87-112. Há também as mulheres no mercado do sexo, embora estas façam pouco parte das análises sobre o mercado laboral. No caso dos meus sujeitos interlocutores, não me deparei com esta ocupação.

[19] O trabalho de Wall e Nunes indicou um crescimento significativo de recrutamento de brasileiras para a tarefa de cuidadoras. Karin Wall e Cátia Nunes, «Immigration, welfare and care in Portugal: mapping the new plurality of female migration trajectories», *Social Policy and Society*, Vol. 9, n.º 3 (2010), pp. 397-408.

[20] Refiro-me aqui aos centros comerciais Saldanha Residence e Atrium Saldanha.

No que respeita à habitação, os brasileiros alugam apartamentos nos dois lados da Avenida Almirante Reis, embora haja uma concentração maior em torno da Rua Morais Soares. Assim, embora uma parte não exerça atividade profissional no bairro, para outros, trabalho e habitação coexistem no mesmo lugar. Alguns espaços do bairro ganham maior destaque, pelo seu uso ou por serem zonas de circulação e também pelo modo como se instituem como referência simbólica ou lugar imaginado dos brasileiros. Esses espaços parecem também centrais para os demais habitantes do bairro. Se quisermos circunscrever áreas de grande densidade de relações, os quarteirões e as ruas próximos da Avenida Almirante Reis, da Rua Morais Soares e da Praça do Chile sobressaem.

As lojas brasileiras de produtos alimentares são um ponto fundamental de referência. De fácil localização e com evidente simbologia nacional, vendem géneros provenientes de diversos Estados de onde os imigrantes procedem, especialmente de São Paulo, Goiás, Minas Gerais e Paraná. Doces, biscoitos, carnes, pimentas, molhos, massas, feijões e bebidas, são ali comercializados e parecem atender à procura dos residentes das zonas mais centrais de Lisboa. Algumas lojas ali se iniciaram e se expandiram, como o Mercado Brasil Tropical, que abriu filiais em Cascais, Costa da Caparica e Carregado. Porém, há um contínuo encerramento e abertura de negócios, com ligeiras transposições de lugar, embora circunscritas dentro do mesmo círculo no bairro. Esta dinâmica sugere a existência de investimentos apressados num mercado que oscila conforme o agravamento da situação de precariedade económica (afinal, os produtos brasileiros são mais caros), influenciados pela situação transitória dos consumidores.

Embora alguns produtos brasileiros já se encontrem entre as mercadorias dos grandes supermercados lisboetas (como a bebida de guaraná, o pão de queijo e a picanha) e em lojas de vestuário, ir a uma loja brasileira implica uma incursão visual e sensorial particular. Elas produzem, na sua aparência e estrutura, um mergulho numa ideia amalgamada e generalizada de Brasil. Notei esse imaginário nas minhas observações sobre os clientes e em todo o discurso promocional que envolve os estabelecimentos[21]. No entanto, estas lojas estão longe de ser opção exclusiva de consumo dos imigrantes, que utilizam regularmente os outros serviços do bairro como os supermercados, os talhos, as lojas populares de utensílios domésticos, as lojas chinesas, farmácias, etc.

No que se refere aos lugares gastronómicos e de entretenimento, os bares e tascas que servem comida brasileira são bastante frequentados e espalham-se pela Rua Morais Soares e entorno. Alessandra, natural de Minas Gerais que viveu quase dois anos em Arroios, conta que o bar do Senhor Joaquim, na Praça do Chile, era um ponto de encontro de brasileiros, que lá vão aos domingos pela manhã para comer *esfihas* e quibes[22] ou, ao almoço, para apreciar a «sua maravilhosa feijoada brasileira». O senhor Joaquim é português, e como ele há muitos proprietários de origem portuguesa que abastecem este mercado alimentar brasileiro em Arroios, bem como o universo do entretenimento e de outros produtos e serviços. Estes lugares são assim frequentados por imigrantes e não imigrantes[23].

---

[21] Eis aqui, como exemplo, o texto do Mercado Brasil Tropical em seu *website*: «O Mercado Brasil Tropical é uma empresa que viaja através de cheiros e sabores trazendo o Brasil aqui em Portugal. As lojas, compostas por prateleiras repletas de delícias brasileiras, fazem com que qualquer um que entre, tenha 'Água na boca'. A vasta gama de produtos brasileiros, entre eles: industrializados, naturais e fabricação própria, exalam sabores intensos, exóticos, delicados e, principalmente autênticos. A missão do Mercado Brasil Tropical é manter o bem-estar de cada conterrâneo e mais, é despertar o interesse dos Europeus pelo sabor autêntico de cada produto, proporcionando sempre a maior qualidade e o melhor preço». http://mercadobrasiltropical.com/. Último acesso em 20 de outubro de 2012.

[22] Os quibes e *esfihas* são duas iguarias de origem sírio-libanesa amplamente difundidas no Brasil, por via do expressivo fluxo de imigração sírio-libanesa entre o final do século XIX e meados do século XX. A sua origem, portanto, não é brasileira, mas já estão incorporadas na cultura gastronómica do país.

[23] Assim, além das tascas, há alguns restaurantes de comida brasileira, onde por vezes se toca música brasileira (X-Picanha Café e o Rasteiro).

Os locais de entretenimento são meios preferenciais da presença dos brasileiros no espaço público do bairro. A cena noturna envolve bares e discotecas dirigidos aos brasileiros ou que os atraem, como o caso de algumas discotecas *gay* nas adjacências da Rua Morais Soares (*Mix Bar Lounge*), ou de bares que proporcionam tardes de domingo com oferta de cerveja e espaço para tocar samba.

As práticas desta vivência de bairro pressupõem uma progressiva aprendizagem realizada nos trajetos rotineiros pela zona, através de um engajamento que se repete quotidianamente e que resulta na produção sensorial e cognitiva, criando familiaridade, mas implicando também fricções e conexões com outros habitantes do bairro. Noutro sentido, as vivências circunscritas no bairro tendem a exceder os limites do mesmo, prolongando-se pela Alameda D. Afonso Henriques, a Avenida Almirante Reis ou a Rua Paiva Couceiro. Há uma proximidade fronteiriça que faz parte das narrativas dos moradores e frequentadores, indicando que as interações socio-espaciais apresentam linhas divisórias mais permeáveis e elásticas. Ou, visto de outra forma, os bairros, do ponto de vista do reconhecimento social do seu habitante, não possuem fronteiras territoriais estáveis[24], não são uma realidade *a priori*[25].

Não obstante, pensar em Arroios como bairro é útil enquanto unidade de investigação, porquanto permite circunscrever as relações que se tecem entre a imigração e a prática do espaço.

---

[24] Graça Índias Cordeiro e António Firmino da Costa, «Bairros; contexto e intersecção» in Giberto Velho (org.) *Antropologia urbana: cultura e sociedade no Brasil e em Portugal* (Rio de Janeiro: Jorge Zahar, 1999), pp. 58-79.

[25] Heitor Frúgoli Jr., «Relações entre múltiplas redes no Bairro Alto (Lisboa)», *Revista Brasileira de Ciências Sociais*, vol. 28, n.º 82 (junho 2013), pp. 17-30.

O lugar de Arroios no cenário urbano

Apesar de ser uma freguesia relativamente extensa([26]) e de ligar zonas de grande circulação e de importância comercial e residencial do centro de Lisboa, Arroios não possui visibilidade nos discursos produzidos sobre bairros lisboetas. Não é reconhecido enquanto bairro na literatura académica e está ausente nas linguagens publicitárias e nos materiais turísticos; e tampouco se faz notar enquanto «problema» urbano ou sociológico. Como os bairros que lhe são contíguos, Penha de França e Anjos, com perfis socioeconómicos e condições habitacionais semelhantes, situa-se fora dos perímetros que se tornaram objeto de preocupação e interesse das instituições públicas e privadas a respeito das questões urbanísticas da capital. Arroios está distante da identidade de bairro usualmente associada ao conjunto dos bairros históricos e urbanos que identificam Lisboa e que hoje a tornam competitiva no mercado internacional do turismo urbano([27]). Assim, não lhe é atribuída uma qualidade ou uma identidade particular, como uma fisionomia própria ou uma certa unidade social([28]). O bairro também não é alvo de significativas intervenções urbanas, em função do interesse no seu potencial valor turístico ou imobiliário([29]). Há um conjunto de

---

([26]) A partir do final de novembro de 2012, as divisões administrativas de Lisboa sofreram alterações. Assim, a Freguesia de Arroios passou a resultar de uma fusão das freguesias de S. Jorge de Arroios, Anjos e Pena. Deve considerar-se, no entanto, que os limites aos quais me atenho são os anteriores a esta data. Segundo dados oficiais de 2011, a freguesia de São Jorge de Arroios tinha 1,13km² de área, 18405 habitantes (com densidade de 16287,6/km²). (Número da Junta de Freguesia de São Jorge de Arroios, http://pt.wikipedia.org/wiki/S%C3%A3o_Jorge_de_Arroios, Último acesso em 17 de Julho de 2013).

([27]) Maria Manuela Mendes, «Bairro da Mouraria, território de diversidade: entre a tradição e o cosmopolitismo», *Sociologia*. Número temático: Imigração, Diversidade e Convivência Cultural (2012), pág. 15-41.

([28]) O que usualmente caratereiza os bairros históricos ou populares nesta literatura. Graça Cordeiro e António Costa, «Bairros…

([29]) Marluci Menezes, «A praça do Martim Moniz: etnografando lógicas socioculturais de inscrição da praça no mapa social de lisboa», *Horizontes*

atributos que identificam os bairros históricos e populares: marcos históricos, unidades sociais fortemente territorializadas e de intensa vivência coletiva entre os seus moradores[30], associações políticas de bairro. «Típico», «histórico» e «popular», «multicultural» são atributos apropriados, recriados e projetados através de discursos e práticas que se entrecruzam, integram, divergem ou se sobrepõem[31]. As narrativas sobre Lisboa elevam o valor patrimonial destes bairros e lançam luzes sobre o «centro histórico» da cidade[32]. Ora, sobre Arroios não há a projeção de uma unidade temática que o bairro possa capitalizar, embora muitos atributos associados à zona do casco histórico estejam, de uma forma ou de outra, ali presentes. O bairro possui património edificado de valor histórico, embora em mau estado de conservação; vários prédios desapareceram, estão em mau estado, ou foram abandonados, como é o caso do Hospital de Arroios e da Fábrica de Cervejas Portugália. A situação de descuido reflete-se aqui como em parte dos edifícios do centro histórico da cidade. Este património não é articulado como um conjunto que singularize o bairro. São apenas retratos de

---

Antropológicos, ano 15, n.º 32 (jul./dez. 2009), pp. 301-3; Cristiana Bastos, «Lisboa, Século XXI: uma pós-metrópole nos trânsitos mundiais» in José Machado Pais e Leila Maria Blass (orgs.) *Tribos urbanas: produção artística e identidades*, (São Paulo, Annablume/CAPES, 2004), pp. 181-210.

[30] Graça Cordeiro e António Costa, «Bairros... p. 59.

[31] Os bairros como Mouraria e Bairro Alto também são objeto deste tipo de análise. Para explorar mais sobre estes dois bairros, ver José Mapril, «Banglapara: Imigração, negócios e (in) formalidades em Lisboa», *Etnográfica*, vol. 14, n.º 2 (junho de 2010), pp. 243-263; Cristiana Bastos, «Lisboa ...; Heitor Frúgoli, «Relações entre múltiplas...

[32] Estas representações são construídas a partir de influências recíprocas entre dinâmicas de origem exterior (de guias e agências turísticas, de associações ligadas aos bairros e à Câmara Municipal, de imagens mediáticas) e as respostas táticas que lhes dão os habitantes das zonas (como as pessoas se definem no bairro, usam as imagens e as interpretações históricas projetadas sobre ele). As identidades de bairro não emergem necessariamente de forma uníssona e dependem dos agentes que operam os termos e os processos sociais no contexto socioespacial, Graça Cordeiro e António Costa, «Bairros... p. 61.

«momentos» da cidade, reconhecidos nalguma literatura histórica sobre a zona e sobre Lisboa, mas que se encontram ali dissolvidos entre habitações envelhecidas, sem serem objeto de interesse imobiliário ou mediático.

Além disso, Arroios não faz parte das análises correntes sobre a formação da zona suburbana e periférica no processo de expansão urbana e industrial de Lisboa durante o século XX. Em consequência da industrialização e do aumento demográfico, o alargamento das zonas limítrofes urbanas em direção ao Norte e Oriente da cidade é marcado por um processo duplo, não concomitante e tampouco congruente: projetaram-se os bairros sociais, planeados[33], e surgiram, após a década de setenta, os assentamentos informais usualmente classificados como «bairros clandestinos» e «bairros de lata»[34]. O tecido urbano constituído a partir desse momento torna-se um objeto primordial dos estudos urbanos de Lisboa, que se focam na constituição de freguesias na área rural circundante da cidade, configurando uma periferia interna e suburbana[35]. A dinâmica desta expansão revela um processo gradual de desigualdade urbana, de precariedade da oferta imobiliária e de atuação

---

[33] A partir do regime do Estado Novo criaram-se diferentes experiências de alojamento para a população sem recursos, como é o caso dos bairros de casas económicas, planeados, embora houvesse também participação da iniciativa privada, e que se desenvolvem nos bairros sociais após o regime, em políticas diversas. Luis V. Baptista, *Cidade e habitação social – O Estado Novo e o programa das casas económicas em Lisboa* (Oeiras: Celta Editora, 1999) p. 28.

[34] Para acompanhar as análises e o debate acerca do tema, ver com mais detalhe os autores trabalhados nesta seção: *Ibidem*; Antonio Fonseca Ferreira, *Para uma nova política e habitação* (Lisboa: Afrontamento, 1987); Ana Cardoso, *A outra face da cidade – Pobreza em bairros degradados de Lisboa* (Lisboa: Camara Municipal de Lisboa, 1993); Teresa Salgueiro, «Bairros clandestinos na periferia de Lisboa», *Finisterra* (1977), pp. 28-55; Walter José dos Santos Rodrigues, *Cidade em transição – Nobilitação urbana, estilos de vida e reurbanização em Lisboa* (Oeiras: Celta, 2010).

[35] Luís V. Baptista, *Cidade e habitação...* p. 33.

incompleta das políticas públicas(36), consolidando-se assim uma parte significativa da Área Metropolitana de Lisboa. As migrações aparecem associadas a esse contexto. Os migrantes do mundo rural português deram início à ocupação inicial das margens dos limites da cidade, instalando-se nos bairros planeados ou criando assentamentos informais. A eles se juntaram – ou vieram substituir(37) – os imigrantes oriundos das ex-colónias portuguesas em África e, mais à frente, nacionais de diversos países(38), que alimentaram o contingente dos trabalhadores não qualificados em Portugal. A expressão material e política dos bairros ocupados expressa a sua condição de existência(39), evidenciando os problemas de habitação, premente sobretudo entre os imigrantes das ex-colónias africanas que permanecem nos «bairros clandestinos», ou nos «bairros de lata»(40). É certo que, em décadas recentes, as condições vulneráveis dos habitantes da periferia sofreram alterações. O realojamento das pessoas que habitaram os assentamentos clandestinos em bairros sociais, a sua legalização e a reabilitação metropolitana dos centros históricos criaram mais qualidade habitacional para boa parte dos imigrantes na área metropolitana(41). Esta política urbanística, como notou Malheiros, contribuiu para uma redução relativa da segregação residencial, variando conforme o grupo migrante, e o grau de dispersão destes grupos e de seu

---

(36) Esse processo é complexificado pelo aumento de fluxo de bens e capitais na década de noventa, provocando mudanças arquitetónicas e outra lógica económica urbana. Nesta paisagem, acentuam-se as diferenças sociais na paisagem urbana. Walter Rodrigues, *Cidade em Transição*....

(37) Boa parte dos migrantes rurais foram realojados em bairros sociais, e muitas das suas construções foram aproveitadas pelos migrantes estrangeiros. Eduardo Ascensão, «A barraca pós-colonial: materialidade, memória e afeto na arquitetura informal», capítulo do presente volume.

(38) António Ferreira, *Para uma política de habitação*....

(39) Eduardo Ascensão, «A barraca pós-colonial...

(40) Eduardo Ascensão, *The Post-colonial slum* ... p.140.

(41) J. M. Malheiros e Francisco Vala, «Immigration and city change: The Lisbon metropolis at the turn of the twentieth century» *Journal of Ethnic and Migration studies*, vol. 30, n.º 6 (novembro 2004), pp. 1065-1086.

acesso a serviços(⁴²). No entanto, tais transformações não erradicaram a situação de vulnerabilidade económica e sócioespacial(⁴³). As circunstâncias dos bairros isolados do centro, com precários ou custosos sistemas de transporte, conflitos interétnicos, racismo social e falta de espaços públicos, somada às condições socioeconómicas dos seus habitantes – regime de trabalho informal e não qualificado, poucas possibilidades financeiras de circulação pela cidade – produziram uma espécie de enclave que marca muitas das áreas desta periferia interna de Lisboa(⁴⁴).

Este processo de suburbanização passou ao largo das fronteiras de Arroios, mas muitas destas modificações estão presentes na sua evolução recente. Alguns «bairros clandestinos» formaram-se na sua periferia(⁴⁵), bairros sociais foram construídos na parte norte, registando-se uma intervenção no local através da expansão da Avenida Almirante Reis. Concomitante com a expansão urbana, Arroios passou por um processo de evasão demográfica, com os mais jovens dirigindo-se a esta periferia interna ou para a área metropolitana, permanecendo a população mais velha, que beneficiou do valor baixo do arrenda-

---

(⁴²) *Ibidem*, p. 1080.
(⁴³) *Ibidem*, p. 1084.
(⁴⁴) Estudos de caso mostram esta situação de debilidade urbana, ainda que apontem também para as dinâmicas internas criadas pelos seus habitantes como respostas à precariedade. Para dois exemplos, ver Rita D'Avila Cachado, «Entre as casas e o templo, a rua: a comunidade hindu e interações de bairro», in Graças Indias Cordeiro e Frederic Vidal (orgs.) *A Rua, espaço, tempo, sociabilidade*, (Lisboa: Livros Horizonte, 2008), pp. 129-142; e Monica Farina, «Espaços, marcas e símbolos num bairro de habitação social em Lisboa» in Graças Indias Cordeiro e Frederic Vidal (orgs.) *A Rua, espaço...* (Lisboa: Livros Horizonte, 2008), pp. 113-128.

(⁴⁵) A literatura que trata das moradias operárias indica que devido à incapacidade destas acomodarem os trabalhadores muitas áreas ficaram cheia de barracas. No caso de Arroios não há indícios de que isso tenha acontecido. No entanto, há informações sobre a presença de algumas barracas em Penha de França. Teresa Salgueiro, «Bairros Clandestinos... p. 952.

mento facilitado pelo congelamento das rendas[46]. Esse decréscimo populacional, somado à falta de investimento urbanístico, e à situação dos arrendamentos, criou uma realidade de espaços vazios.

Arroios, história e quotidiano

A chegada de imigrantes do leste europeu e do Brasil marcou o bairro, seja pela visibilidade das lojas específicas voltadas para a comunidade migrante, seja pela concentração de pessoas destes dois países, recentemente mais o Brasil do que a Ucrânia ou a Rússia. Esses grupos migrantes são posteriores ao primeiro fluxo das antigas colónias africanas em Portugal e acederam, dentro da frágil estrutura do mercado de trabalho voltado para a imigração, as posições mais vantajosas[47]. Mas a habitar e trabalhar no bairro encontram-se também pessoas do Bangladesh, da China, do Senegal, entre outras nacionalidades. Arroios funciona como uma porta de entrada da migração (assim como as vizinhas zonas dos Anjos e da Mouraria) sendo a estadia ali um investimento, a princípio, temporário.

A zona possui características próprias resultantes do processo histórico, que interessa perceber para interpretar as condições que explicam a chegada destas populações imigrantes. De uma certa perspetiva, algumas das suas características são

---

[46] O congelamento das rendas foi uma medida que durou de 1945 a 1985, quando houve uma mudança nas leis, a qual permitiu uma correção das mesmas. O estado de conservação dos edifícios sofreu efeito direto da medida do congelamento, pois impossibilitou os proprietários de proceder a obras para tal fim. Inês Quental e Melo, «O mercado de arrendamento: principais oportunidades e fragilidades face ao mercado de habitação própria», Dissertação de Mestrado, Departamento de Engenharia Civil e Arquitectura do Instituto Superior Técnico (Lisboa: IST, 2009), p. 17.

[47] Segundo Padilla, os brasileiros estariam numa posição média ou intermédia entre os nacionais (portugueses), os imigrantes africanos e os europeus do leste, o que os coloca em posição de vantagem em relação aos demais. Padilla, «Integração dos imigrantes... p. 25.

análogas às dos bairros históricos e populares([48]). Porém, Arroios tem uma qualidade que se destaca: é um espaço de grande circulação e trânsito, para além de suas fronteiras, ligando-se com o restante da cidade e criando territorialidades mais móveis. Essa distinção, somada à gradual precarização habitacional, contribuiu para o influxo migratório do lugar. O bairro tornou-se, do ponto de vista do seu valor econômico, residencial e social, um espaço algo residual, ainda que não totalmente precário. Essa característica de zona de passagem e fronteira emerge das descrições cronológicas. Entre os séculos XIII e XVIII, foi uma zona rural próxima de Lisboa, usada para cultivo agrícola, com poucos edifícios dispersos, onde se destacavam os conventos e palácios, cortada por estradas importantes que reforçaram a passagem. Com alguns lugares públicos, como o Largo de Arroios e o Chafariz, tornou-se uma das zonas limítrofes da cidade através, sobretudo, da construção das portas de Arroios no século XVIII, as quais serviam como medida de vigilância e como controle de entrada de géneros de troca comercial. Foi, nos dois séculos seguintes, um sítio de significativa mobilidade.

No século XIX, Arroios foi integrado no perímetro urbano de Lisboa, mas ainda como um subúrbio fronteiriço e rural. E ali se criaram nichos de convívio social. Aos palácios e conventos já existentes, somaram-se quintas e residências de verão e de finais de semana da burguesia lisboeta, funcionando como arrabalde do palácio de nobres senhores. Casas foram construídas ao longo das velhas estradas, junto com hortas, calçadas,

---

([48]) Aqui nos deteremos na dinâmica de mobilidade do bairro, económica e social. Mas há uma imagem de Arroios recorrente nas representações sobre o bairro que considero importante assinalar. A zona é conhecida por eventos e instituições e atividades de beneficência social. Edificações como o Hospital de Arroios, um grande marco da assistência social da cidade, assim como o Dona Estefânia, juntamente com outros eventos, como a distribuição da Sopa de Arroios no Largo de Arroios em 1813, projetaram imagens sobre a zona como um grande lugar de circulação e acolhimento. Pedro Garcia Anacleto, «A Freguesia de São Jorge de Arroios da Cidade de Lisboa», *Revista Municipal*, n. 85 (1960), pp. 15-42.

quintas, estrebarias e albergarias, promovendo um universo que juntava o lazer ao consumo e circulação de alimentos. Este universo servia tanto os comerciantes, viajantes e trabalhadores rurais, quanto as elites, artistas e intelectuais, que rumavam para os «retiros fora de portas», considerados lugares de boémia para além da cidade ou sinónimo de passeios de final de semana[49]. As grandes reedificações em torno do Largo de Arroios ocorreram na passagem para o século XX, com a conversão de palácios e conventos em hospitais, casas de acolhimento, estações de comboio, ou em cervejarias e oficinas têxteis[50]. Em função das fábricas ali implantadas, à semelhança de outras partes de Lisboa, algumas vilas operárias foram construídas, marcadas por fortes laços de vizinhança e más condições estruturais[51]. As casas das hortas[52] deram espaço a habitações modestas. Simultaneamente, em torno da Rua D. Estefânia, o investimento privado, conjugado com a iniciativa municipal, resultava em novas construções, ao que tudo indica, de casas mais burguesas. Ainda nesta parte do bairro, consolidou-se todo um conjunto de jardins e praças arborizadas, assim como um património escultórico[53]. Poderíamos dizer que a paisagem habitacional do bairro continua a revelar este «descompasso» entre os tipos de casas de um lado e de outro da Avenida Almirante Reis, embora a sua apropriação seja atualmente bem mais diversa.

Arroios continuou até praticamente à década de trinta do século passado a ser um limite urbano da cidade, quando os

---

[49] *Ibidem*, p. 33

[50] Rocha Martins, «Lisboa de ontem e de hoje. O Cruzeiro de Arroios: o antigo e novo Largo do Sítio», *Diário de Notícias*, Lisboa, vol. 8, (24-04-1944), pp. 79-80.

[51] Albertina Rodrigues e João Seabra Gomes, «Pátios e Vilas da Freguesia de S. Jorge de Arroios: práticas de intervenção e a reabilitação urbana», *Olisipo, Lisboa em discussão*, ii série, n. 3 (1996), pp. 117-119.

[52] Estabelecimentos análogos às tascas atuais.

[53] José A. Reis, *As meninas de Arroios – uma leitura arbórea de Arroios* (Lisboa: Junta da Freguesia de São Jorge de Arroios, 1997); Maria Helena G. Póvoas e Luís Vaz, *História do património escultórico em Arroios* (Lisboa: Junta da Freguesia de S. Jorge de Arroios, 1992).

passeios das famílias podiam ser feitos à Praça do Chile ou se estender até os Prados do Areeiro. Daquele período em diante, a zona sofreu grandes transformações, com uma vida residencial mais substancial. E, através do alargamento da Avenida Almirante Reis e a construção da Rotunda da Praça do Chile, expandindo a rede de transportes urbanos, Arroios passou a conectar-se com as regiões do centro histórico crescentemente degradadas e com zonas de habitantes com maior poder aquisitivo e de habitações mais recentes. A leste do bairro, estão bairros mais populares e de periferia interna e, a oeste, encontram-se as áreas de classe média, em direção às Avenidas Novas. Nos pontos de interseção com as zonas vizinhas, Arroios carrega esta diversidade, tanto do ponto de vista da habitação, quanto dos seus moradores. O bairro deixou de ser uma fronteira e foi imerso em uma malha urbana que rapidamente se densificou.

As narrativas de moradores antigos deixam entrever a dinâmica do bairro, a qual certamente era partilhada com zonas vizinhas. Deolinda, uma senhora nascida no bairro na década de quarenta, vive num prédio centenário próximo à Praça do Chile. O apartamento foi-lhe passado através do pai que, por sua vez, o herdou do avô. Ela nascera ali, assim como seu filho, duas décadas depois. Deolinda, hoje com 74 anos, desfia através da sua narrativa a própria constituição da urbanidade do bairro. A sua casa funcionava como um lugar de ofícios ligados à confeção de roupas e acessórios e que envolvia toda a família. No bairro contíguo, Penha de França, Maria das Dores, moradora em seu prédio há 67 anos, também trabalhou a confecionar partes de calçados à mão, num empreendimento igualmente familiar, incluindo sogros e marido. Ambas as mulheres trazem elementos que mostram que a vivência do bairro articulava o universo do trabalho ao familiar; a reprodução de ofícios fora de estabelecimentos fabris; e, por fim, uma convivência voltada para a casa, com tímidas relações de vizinhança([54]).

([54]) Tanto Maria das Dores como Deolinda descrevem um espaço feminino de circulação que não necessariamente é idêntico ao do uni-

Naquela altura, havia também uma sociabilidade de bairro. A Rua Morais Soares, já urbanizada, e a Avenida D. Amélia (que depois viria a ser a Avenida Almirante Reis e que, naquele período, chegava até a Praça do Chile) já abrigavam vários tipos de negócios: farmácias, talhos, sapatarias, lojas de roupas, oficinas de automóveis e tabernas, a que se podia recorrer para abastecer as casas, numa época em que os transportes públicos eram escassos. Havia ainda as quintas no bairro que produziam artigos alimentares, vendidos de porta em porta, ou nos mercados emergentes na zona. Os prédios mais antigos eram da Praça do Chile para sul. Para norte, havia as casas mais abastadas e as butiques, para as quais parte das confeções preparadas nas casas eram vendidas. Ao mesmo tempo, Deolinda lembra-se das residências dos operários trabalhadores da fábrica de Cerveja. Para ela, a zona em geral, era «bem frequentada», com lugares como o Clube da Sociedade, onde iam, por exemplo, os funcionários bancários (de mais alto padrão social) que moravam em seu prédio. A sociabilidade de bairro era, assim, uma mistura de habitantes de estratos diferenciados, numa zona em composição. As baixas rendas facilitaram a vinda de uma classe trabalhadora em ascensão que convivia – ainda que timidamente – com os demais sujeitos sociais que ali viviam. De qualquer maneira, esta sociabilidade era certamente mais difusa do que no conjunto dos bairros históricos e populares aos quais as duas senhoras se referiram quando questionadas sobre eventos e comemorações. Deolinda e Maria das Dores indicaram o Cinema Império, os passeios e piqueniques em Areeiro, o passeio pela Avenida Morais Soares como as suas formas prediletas de entretenimento. Suas afirmações condizem com a perceção de que havia, e há ainda, poucos espaços públicos no bairro, e que a vida social estava também voltada para os ambientes familiares.

---

verso masculino. Perguntadas sobre possíveis tascas, ou restaurantes, ambas referiram-se às tabernas onde pescadores vinham beber e relaxar. Estes espaços eram sobretudo masculinos. Porém, mesmo os homens do bairro, no seu envolvimento com os negócios familiares, acabavam por restringir os seus espaços de sociabilidade.

Mas a vida de Deolinda – assim como a de Maria das Dores – segue o percurso desta geração mais idosa, tanto no centro histórico quanto nas suas margens. O filho de Deolinda foi morar na Margem Sul. Ela visita-o no final de semana. Este é seu deslocamento mais regular. Na maior parte do tempo, permanece em casa, devido a problemas nas pernas. A partir da trajetória de Deolinda observamos que boa parte destes idosos permanecem sem muitos eixos de sociabilidade. Se a sua vida era eminentemente familiar e relacionada com o trabalho, com escassos eventos sociais, agora é limitada à pouca circulação pelo bairro e à manutenção dos laços familiares fora da zona. Parte dos antigos residentes locais é resistente ao estabelecimento de laços com os novos moradores, salvo quando têm de interagir com estes nas idas às lojas, ou no uso de serviços do bairro. A sua história ajusta-se às condições do bairro: à ampliação das possibilidades de residência na área metropolitana a partir dos anos de 1950 e 1960, enquanto as habitações como as de Arroios, consideradas envelhecidas e a padecer de reformas, foram gradualmente esvaziadas. De 1960 até 1981 houve um decréscimo da população em 30%[55]. Os filhos destes habitantes espalharam-se pelos subúrbios, criando outros tipos de mobilidade entre Arroios e outros pontos da cidade. A população idosa foi, portanto, a que permaneceu neste parque habitacional até meados da década de noventa.

Condições habitacionais precárias, o êxodo populacional e a própria lei de arrendamento, são os condicionantes que propiciaram a chegada de imigrantes, assim como a oferta de quartos e apartamentos arrendados a estudantes de universidades como o Instituto Superior Técnico de Lisboa, situado na Alameda. A zona, portanto, longe de ter sido esvaziada, teve a sua população redimensionada. Os estrangeiros passaram a ocupar muitas das habitações em sistema de arrendamento e a circulação de bens e serviços foi incrementada pelos imigrantes. Atualmente o bairro congrega múltiplas experiências residen-

---

[55] Emilia Maria Velasco, *Mercado de Arroios* (Lisboa: Câmara Municipal de Arroios,1996), p. 8.

ciais – uma classe média com mais recursos, idosos apoiados nas condições de arrendamento antigas, estudantes e migrantes transitórios – gerando, por sua vez, uma diversidade de formas de estar.

O bairro pode ser visto hoje como um espaço de vantagens do ponto de vista socioeconómico. Mafalda, uma funcionária pública portuguesa de classe média, comprou há poucos anos um apartamento no prédio centenário de Deolinda. Para ela, que vivia em Alvalade, Arroios é uma zona potencial de valorização imobiliária: «é que eu vejo muito mais possibilidade de renovação e mudança do que em bairros tradicionais como Alvalade». A sua visão económica está em paralelo a uma apreciação da vida mais vibrante de Arroios, seja pelo comércio que a circunda, seja pela vitalidade das ruas e de uma certa mistura de nacionalidades. Mafalda vê a Alameda e Alvalade como lugares de forte elitização e, portanto, improváveis como acolhimento de uma sociabilidade mais dinâmica e aberta. A sua aposta em Arroios vem ao encontro de um relativo investimento, sobretudo por parte da iniciativa privada, na remodelação de prédios para arrendamento.

É interessante verificar que representações simbólicas produzidas sobre Arroios parecem acompanhar a progressão da linha verde do serviço metropolitano, que atravessa o bairro. Mafalda afirma que, à medida que se desce a linha de metro, aumentam as classificações negativas sobre os bairros que a circundam. Mas estes marcos classificatórios, nos quais classe e etnia aparecem como elementos subjacentes, já eram evidentes no projeto de expansão da Avenida Almirante Reis. Esta classificação é partilhada por vários dos migrantes entrevistados e que tiveram a oportunidade de habitar bairros contíguos, como a Alameda ou os Anjos. Sílvia, brasileira de Minas Gerais residente próximo a Rua Paiva Couceiro, disse-me: «Se eu tivesse que dar uma nota diria que Alameda é 4, Arroios 3, Anjos 2 e Intendente 1». Arroios aparece assim num lugar intermédio na relação entre localização, preço de renda, segurança, espaço de sociabilidade e estatuto social. A degradação do bairro de Arroios, embora certamente contribua para a sua depreciação por parte de quem habita a norte, não impede a apreciação positiva por parte dos moradores, principalmente em relação aos bairros vizinhos a sul, ainda que esta apreciação não esconda o efeito das condições de precariedade laboral e de pouca mobilidade social que o quotidiano imigrante expõe.

Negociações identitárias e representações históricas

A história do bairro de Arroios permite traçar a relação entre as experiências migratórias e a procura por lugares na cidade. Os imigrantes brasileiros, embora tenham chegado a Lisboa através de suas próprias redes de contato e ajuda, não ficaram ou foram constrangidos a permanecer dependentes delas, concentrados apenas em bairros periféricos[56]. E, embora Arroios sirva para a maior parte destas pessoas como uma referência temporária, ele não é apenas um lugar de passagem; para alguns, é de fato uma residência que perfaz boa parte de seu percurso transnacional. Para outros, é um lugar onde criam e usam recursos para conseguir se situar económica e socialmente. Isso implica interações quotidianas com os portugueses e outros estrangeiros, as quais revelaram muito da situação ambígua que vivem na sociedade de destino, situação caracterizada pela familiaridade e pela suspeição[57], pela dificuldade em sair da estrutura laboral de pouca qualificação, em contraste com a facilidade em consumir e habitar uma zona de fácil acesso a outros lugares da cidade e às oportunidades que aí existem. Este panorama é relativamente recente na história do bairro.

As lembranças de Selma, que vive em Arroios praticamente desde que chegou a Portugal em 2000, ajudam-nos a perceber estas transformações. Chegou ao bairro um mês depois de aterrar em Lisboa, começou a trabalhar num lar de idosos por mais de um ano e, em seguida, foi trabalhar como empregada de

---

([56]) Jorge Malheiros e Francisco Vala, «Immigration and City Change...

([57]) Beatriz Padilla, «Integração dos imigrantes brasileiros...

limpeza para uma empresa. Quando saiu de lá, alugou três apartamentos, dois no Intendente e um em Arroios, e organizou-os como residenciais ou pensões. Com poucas exceções, a pensão recebia basicamente brasileiros recém-chegados em Lisboa. Segundo ela, os brasileiros que ali se hospedavam eram informados destes espaços por compatriotas logo no aeroporto, numa dinâmica de «passa-palavra». As pensões estavam sempre cheias, com pessoas que acabavam por permanecer muito mais do que o tempo esperado, fazendo dessas casas a residência dos primeiros anos em Portugal. Estas casas eram autogeridas no que respeita à limpeza e organização e serviam também como ponto de encontro para outros brasileiros.

Naquela altura, não havia nenhum estabelecimento comercial que vendesse produtos brasileiros, obrigando os saudosos a irem até a Baixa, a lojas que ocasionalmente vendiam alguns produtos vindos do Brasil. O único lugar que Selma sugeriu estar ligado a brasileiros em Arroios foi um bordel, o que, segundo ela, reforçava a «ideia inicial que os portugueses tinham das mulheres brasileiras». A partir de 2003, as lojas começaram a aparecer, lentamente, junto com a intensificação do fluxo migratório. Para a entrevistada, não se via nem brasileiros nem outros imigrantes. No bairro apareceram gradualmente os «africanos» e os «russos»([58]). Juntaram-se também os donos de restaurantes indianos e os chineses. Essa pluralidade étnica não existia à época da chegada de Selma. Quando gerir as pensões se tornou difícil, Selma encerrou os espaços e retomou o seu trabalho de cuidado de idosos, o que fazia até a altura da entrevista, em casas particulares, ali mesmo na região. Com a vida estabilizada – já se havia legalizado quatro meses depois da sua chegada([59]) – vive com o marido brasileiro num apartamento

---

([58]) Na tentativa de discernir de quem se falava, pedi-lhe que dissesse quem eram os africanos, e ela disse que eram provenientes de Moçambique, Angola, Senegal, mas não parecia distinguir muito bem. A mesma indistinção vale para os migrantes do Leste Europeu.

([59]) Vale dizer que os brasileiros beneficiaram-se bastante das autorizações de legalização que ocorreram a partir de 2000 e, particularmente,

arrendado, confortável, renovado, com elevador e localizado numa rua muito prazerosa, paralela à Avenida Almirante Reis. Selma sente-se já uma «portuguesa» e estabeleceu relações boas com os vizinhos portugueses. Embora as suas redes diárias de sociabilidade sejam mantidas através de atividades com brasileiros que moram perto e pertencem à sua Igreja – que se situa, aliás, fora do bairro – ela relaciona-se diariamente com não brasileiros.

O depoimento de Selma é importante porque encerra em si mesmo os complexos ajustes destes migrantes à sociedade de acolhimento. Sua trajetória revela as experiências constituídas através do tempo de migração e da acomodação de interesses pessoais e familiares, somado às oportunidades que aparecem como a situação de regularização no país. Este percurso evidencia como suas expetativas, seus relacionamentos e suas escolhas se relacionam intimamente com a abertura característica do bairro. Os ecos de espaço de fronteira e de passagem que circunscrevemos acima parece agora redimensionado pela vivência dos imigrantes brasileiros que paulatinamente criaram ali um lugar. Para a Selma, o bairro tem sido o seu local de trabalho mais frequente, bem como um espaço de convivialidade. Este, porém, é atravessado por embates entre quem migra e os oriundos da sociedade de destino.

Como ocorre usualmente no universo migrante transnacional, há uma constante atualização e manipulação de imagens identitárias que afirmam pertenças nacionais, particularmente face aos desafios na sociedade de destino. Os brasileiros não são uma exceção. Nos vários países para onde emigraram tendem a reforçar elementos de «brasilidade», definindo-se como bem--dispostos, calorosos, alegres, pertencentes a uma unidade nacional singular, autêntica e exótica. Porém, no que diz respeito à sua presença em Portugal, onde nunca passam despercebidos e são continuamente alvo da atenção dos meios de comunicação social, o fluxo contínuo de trocas e conflitos entre os dois

---

com o acordo assinado com o presidente brasileiro Lula em 2003. (Beatriz Padilla, *Ibidem*, p. 20).

países entremeia estereótipos e vivências num confuso diálogo, formando uma tessitura muito dinâmica de discriminação, estranhamento e proximidade, na qual o migrante tem que se reposicionar constantemente.

Parte das imagens elaboradas neste quotidiano em torno dos portugueses e dos brasileiros são construções do senso comum e são alimentadas, em geral, por um passado relativamente recente, formado no século anterior, resultado de complexos processos de fricção identitária, desde a independência do Brasil e ao longo do século XX e envolvendo relações de longo termo, tanto no plano económico como na dinâmica migratória[60]. As alusões ao período colonial, gênese de algumas destas representações, são quase sempre caricaturais e míticas, produzindo imagens como a do «mau colonizador» (portugueses), e a dos «não-civilizados» (brasileiros). Os demais estereótipos são frutos antigos de um duplo processo: por um lado, da presença portuguesa no final do século XIX, e, na entrada no século XX, através da imigração[61]; por outro lado, múltiplas representações sobre os brasileiros passaram a circular por Portugal[62], desde as baseadas no discurso luso-tropi-

---

[60] Robert Rowland, «A cultura brasileira e os portugueses» in Cristiana Bastos et al (org.), *Trânsitos Coloniais: diálogos críticos luso-brasileiros* (Lisboa: ICS, 2002), p. 373-384. Bela Feldman-Bianco, «Entre a 'fortaleza...

[61] Ao longo do século XIX houve manifestações de um sentimento anti-português contra os comerciantes portugueses que residiam no país e que tinham uma posição dominante no mercado de bens alimentares e da habitação popular. Foi daí, de acordo com Rowland, que muitas das «piadas de português» surgiram. A imigração portuguesa que se seguiu a este período, na sociedade urbana e industrial brasileira implica relações mais matizadas de interação entre brasileiros e portugueses, sem no entanto eliminar a reprodução de estereótipos sobre os portugueses. Robert Rowland, «A cultura brasileira...

[62] O «empréstimo» da ideologia do luso-tropicalismo para cá foi essencial para o reforço de algumas das representações sobre os brasileiros e, particularmente, sobre as brasileiras. Beatriz Padilla, Mariana Selister, e Gleiciani Fernandes, «Ser brasileira em Portugal: migração, género e colonialidade», *1.º Seminário de Estudos sobre a Imigração Brasileira na Europa* (Barcelona, 2010); Igor Machado, «Reflexões sobre as identidades bra-

calista até aquelas que foram alimentadas pelos parentes portugueses que retornavam do Brasil ou pelos meios de comunicação portugueses. Os clichés, como o do português «burro», o do brasileiro «malandro» ou o da brasileira «prostituta» alimentam esta longa circulação de representações.

A projeção dos estereótipos sobre os residentes brasileiros (positivos ou negativos) em Portugal faz parte de um arsenal simbólico acionado por portugueses quando surge um conflito, em desentendimentos no trabalho, no atendimento junto às instituições burocráticas, ou mesmo em situações banais, como, por exemplo, na relação entre empregado de mesa e cliente num restaurante. Estando em posição de vulnerabilidade face ao trabalho, à habitação e ao Estado, tais recursos discursivos podem ter o efeito de reforçar as assimetrias existentes e restringir as perspetivas do projeto migratório. Eles podem ser de ordem retórica e provocar um desgaste nas interações, ou podem, eventualmente, condicionar as posições que estes imigrantes ocuparão no mercado de trabalho e as suas experiências quotidianas.

O desapontamento na perceção de diferenças culturais entre os brasileiros e os portugueses configura assim um primeiro «choque cultural» para os primeiros, fazendo-os não se «sentirem em casa», o que contraria uma expectativa em relação àqueles com quem julgavam partilhar raízes históricas e culturais[63]. Os estereótipos sobre os portugueses que os brasileiros trazem consigo marcam uma sensação de proximidade, que se desfaz diante do escárnio expresso pelos portugueses no modo «brasileiro» de falar português, na contínua afirmação da imagem do homem «malandro» e da mulher «prostituta», feita por cidadãos portugueses, nas lojas ou nos restaurantes, nos hotéis onde trabalham, nas viagens de táxis. No contexto desta imigração laboral, há formas de discriminação enfrentadas recorrentemente pelos brasileiros, desde o procedimento

---

sileiras em Portugal», in Jorge Malheiros (org.) A *Imigração Brasileira em Portugal* (Lisboa: ACIDI, 2007), pp. 171-189.

[63] Beatriz Padilla, Mariana Selister e Gleiciani Fernandes, «*Ser brasileira...*

para legalização, passando pelos maus-tratos sofridos no local de trabalho, particularmente junto dos patrões, as dificuldades em conseguir arrendar uma casa e, por vezes, uma aberta hostilidade na rua. No que diz respeito às mulheres brasileiras, o efeito das discriminações é ainda mais grave. A sua fama insinua-se nas falas quotidianas, alimentada por imagens incessantes presentes nos média portugueses, nomeadamente nas telenovelas. Podemos encontrar a génese deste estereótipo no discurso luso-tropical que reificou o fenótipo da «morena»[64]. Entre tantas discursividades, as mulheres brasileiras ora são «prostitutas», ora são «sensuais» mas, acima de tudo, e decorrente destas representações, são sujeitas a intenso assédio sexual, suspeição e hostilidade.

Como reação a estas limitações os migrantes utilizam diversos recursos. O primeiro é criar os seus próprios estereótipos sobre os portugueses, invertendo o preconceito linguístico, por exemplo, e escarnecendo dos termos presentes nas falas em português, reiterando a aludida posição semiperiférica na Europa, ou o seu aparente comportamento apático. O segundo passa por reforçar os atributos tidos como positivos e autênticos sobre o Brasil e que podem ser capitalizados para os seus interesses. Outra reação faz-se por intermédio de um processo de *blend in*[65], modificando o sotaque, o comportamento em público, a vestimenta, de modo a chamar menos atenção. Embora essas estratégias dificilmente alterem as possibilidades de mobilidade laboral mais ampla, elas tornaram-se um recurso

---

[64] Isso remete a uma complexa e bastante debatida discussão sobre os estereótipos da mulher brasileira em Portugal e no estrangeiro. O fenótipo de Alessandra – morena, de cabelo liso preto – corresponde a uma imagem luso-tropical associada à mulher brasileira, que por vezes inclui, por vezes se diferencia da cor «preta». Esta diferenciação corresponde a estereótipos diferenciados, usados pelos portugueses e também pelos brasileiros. No entanto, embora a «morena luso-tropical» acabe por ser projetada como desejável sexualmente, ambos os perfis denotam uma brasilidade que é simultaneamente objeto de suspeição.

[65] Beatriz Padilla, Mariana Selister e Gleiciani Fernandes, *Ibidem*, p. 10.

para confrontar a discriminação quotidiana e de recolocação frente aos atores sociais que os interpelam.

*

As condições de habitação são bastante representativas da relação de estranhamento e negociação contínuas destes imigrantes com os portugueses e entre os próprios brasileiros. Selma é uma das poucas pessoas entrevistadas que habitava um apartamento em boas condições. A maioria dos pesquisados mora ou morou em quartos alugados ou em residenciais; outros em casas ou apartamentos muito pequenos ou «velhos», isto é, casas com condições estruturais pouco adequadas. Este era o caso do pequeno apartamento de Aline, vizinho do antigo Hospital de Arroios, cujos batentes de madeira das janelas estavam fendidos, esfriando os quartos, e as condições de circulação do ar eram ruins. Ou o caso de Lúcia, que pagava 400 euros por mês por um apartamento minúsculo de um quarto na Rua Passos Manuel, perto da área mais «enobrecida» de Arroios onde vivia com o marido e uma filha. As condições das casas acabam sempre por criar negociações dos migrantes com seus senhorios. Aqueles exigem quase sempre que estes tomem providências para os consertos e que assumam a responsabilidade sobre estas reparações.

Mas o maior desafio é mesmo o acesso à habitação. Selma afirma que, embora não tenha tido pessoalmente problemas em arrendar os apartamentos, a tarefa não costuma ser fácil. Inúmeros brasileiros – e particularmente brasileiras – têm muita dificuldade em sequer chegar a visitar os apartamentos encontrados nos anúncios, enfrentando resistência logo que falam ao telefone com os senhorios. Boa parte das pessoas que investiguei obteve seu contrato; poucas, porém, tiveram-no através dos mecanismos imobiliários formais. Muitos destes contratos são feitos diretamente com os donos dos imóveis e a circulação pelos mesmos indica uma certa informalidade nestas transações. Segundo Selma, «os portugueses têm resistência para alugar porque acham que os brasileiros enchem muito a casa», referindo-se ao hábito dos migrantes brasileiros de subarrendar os apartamentos para diminuir as despesas e de receber visitas por tempo indeterminado. As imagens estereotipadas do brasileiro «arruaceiro» e das brasileiras «prostitutas» também pesam significativamente no processo de estabelecimento na cidade.

Porém, e apesar de tudo isto, os contratos ou acordos fazem-se regularmente, já que os senhorios precisam de inquilinos. Com um êxodo crescente da população portuguesa em direção aos subúrbios, com a situação de precariedade patrimonial e a presença crescente destes imigrantes, restam poucas possibilidades aos donos de imóveis do bairro. Já para os inquilinos, a habitação deficiente é compensada pelo acesso fácil aos serviços e aos transportes e pela oferta de lugares de entretenimento, opinião recorrente dos habitantes brasileiros do bairro. Sílvia, ao fazer uma comparação com os arrendamentos em Odivelas – onde tem amigos a morar – e o seu apartamento, aponta exatamente para esta relação custo-benefício. Em Odivelas, segundo ela, as habitações arrendadas têm mais espaço e são novas; porém, a distância dos lugares de trabalho torna-as menos práticas e económicas. A distância também conta para Lúcia. Após um longo investimento, comprou com o marido um apartamento no Montijo. Encantada com o novo lugar, ainda sofre com o tempo que leva para chegar ao trabalho.

*

A vivência dos brasileiros em Arroios é significativamente marcada pelas relações de trabalho, experiência central do «praticar o bairro». O trabalho sublinha a visibilidade dos brasileiros no bairro e também revela quais são as negociações e os confrontos que estão subjacentes às experiências dos brasileiros na sociedade portuguesa. O ajustamento dos brasileiros ao mercado de trabalho, nos empregos já anteriormente descritos, está vinculada aos estereótipos e imagens essencializadas a que esta população está associada. Este conjunto de representações configura o chamado «mercado da alegria»([66]), ou «mercado da

---

([66]) Igor Machado, «Reflexões sobre as identidades ...

simpatia»(⁶⁷), um domínio de relações onde a imagem do brasileiro simpático e alegre é capitalizada, principalmente no trabalho de atendimento ao público(⁶⁸). Assim, na maior parte das atividades de trabalho dos brasileiros, o contato com os frequentadores do bairro é assíduo e, em geral, tende a reforçar as classificações estereotipadas entre os clientes e os empregados. Esta essencialização torna-se mais penosa quando o imigrante está irregular no país, facilitando a exploração por parte do empregador.

No entanto, os migrantes brasileiros acabam por usar estas representações em seu benefício, reafirmando-as no próprio trabalho. Reforçam as mesmas habilidades reificadas no universo dos «cuidados» e do atendimento público, colocando-se em relação aos portugueses – entendidos como o «contraponto triste»(⁶⁹). Outros atributos associados aos brasileiros, e também autoconstruídos, contribuem, embora em menor grau, para o sucesso neste mercado laboral, como a dedicação ao trabalho e a habilidade na limpeza. No domínio das atividades estéticas, as trabalhadoras beneficiam de representações associadas a um modelo de beleza e a um estilo de vida atribuídos às mulheres brasileiras(⁷⁰), pautado pela ideia de sensualidade e sexualidade

---

[67] Fernandes complementa a análise de Machado ao observar que se demanda dos trabalhadores de atendimento ao público e das cuidadoras de idosos não apenas a alegria ou boa disposição, mas a capacidade de estabelecer uma empatia com o público via a relação de carinho e cuidado. Ver Beatriz Padilla, Mariana Selister e Gleiciani Fernandes, «Ser brasileira... p. 9.

[68] Outros dois fatores contribuem para o «sucesso» nestas áreas. O primeiro é que estes migrantes falam português e são assim rapidamente cooptados para o trabalho. O segundo fator, mais disfarçado, porém não ausente, está ligado a questões raciais, de cor da pele. Na presente investigação, casos e narrativas indicam que é mais improvável que um patrão português selecione mulheres ou homens dos países africanos para o trabalho com o público. E mesmo as brasileiras de cor negra passam por este constrangimento.

[69] Igor Machado, «Estereótipos...

[70] Beatriz Padilla, Mariana Selister e Gleiciani Fernandes, «Ser brasileira...

e por uma alusão às «tecnologias brasileiras avançadas na área»(⁷¹). Em muitas ocasiões as representações estéticas medeiam simbolicamente as interações com as clientes e colegas portuguesas.

Apesar das negociações em torno das representações sociais mútuas ajudarem na manutenção de um nicho laboral para os brasileiros, elas não evitam a situação de precariedade social e económica destas ocupações. Estes serviços são normalmente baseados em contratos irregulares ou provisórios, com grande rotatividade laboral. No caso dos «cuidados», por exemplo, poucos são os idosos ou seus familiares que possuem condições de pagar por serviços privados, o que os faz recorrer muitas vezes ao mercado informal(⁷²). Ao mesmo tempo, as relações afetivas que se constroem entre as cuidadoras ou domésticas brasileiras e seus patrões são muitas vezes mediadas por relações de exploração socioeconómica, seja estendendo as horas de trabalho, seja desrespeitando os limites das atividades, ou não pagando mesmo a quantia combinada. Ou seja, embora este tipo de trabalho tenha trazido uma nova forma de reposicionar as relações entre brasileiros e portugueses, é difícil minimizar o efeito da relação entre o mercado laboral e a imigração na manutenção de uma posição pouco móvel destes migrantes(⁷³).

No entanto, as atividades laborais criam interações que atenuam as relações hierárquicas e de subordinação nos encontros quotidianos no bairro. As tarefas de cuidadora e os serviços domésticos são as atividades que melhor expressam o entrecruzamento complexo destes sentimentos e interações. Proximidades linguísticas e culturais estão entre os fatores que mais justi-

---

(⁷¹) Refiro-me aqui às várias referências de esteticistas e clientes portuguesas sobre a suposta superioridade de técnicas e aparelhos estéticos ligados à depilação, ou mesmo aos estilos inovadores ou à criatividade estética de esteticistas no Brasil.

(⁷²) Karin Wall e Catia Nunes, «Immigration, welfare...

(⁷³) Nuno Dias, «'Construir as cidades para os outros': imigração e trabalho no Portugal contemporâneo» in Bruno Peixe Dias e Nuno Dias (orgs.) *Imigração e racismo em Portugal – O lugar do outro* (Lisboa: Edições 70/Le monde Diplomatique, 2012), pp. 29-71.

ficam a aceitação crescente das mulheres brasileiras para estes serviços([74]). Embora haja na prática um certo hiato entre as afinidades culturais aludidas e a possibilidade real de compartilhá-las, criam-se conexões entre estes universos, facilitados, sugiro, pela influência das telenovelas (e a «sensação» consequente de conhecer o outro através das mesmas) e pela sedimentação da presença brasileira na capital portuguesa, assim como a associação ao mercado da «simpatia». São trabalhos que geram circuitos de interação entre antigos moradores do bairro, suas famílias, e estes migrantes; e a zona, por sua vez, acaba por constituir um espaço de múltiplas vivências para os mesmos. Alessandra, por exemplo, estabeleceu uma relação de profundo afeto com duas senhoras portuguesas das quais cuidou e que a influenciaram na escolha de um investimento profissional.

*

Por fim, a sociabilidade no bairro encerra esta mesma dinâmica. Os imigrantes brasileiros que residem em Arroios frequentam também as lojas, pastelarias e cafés portugueses, bem como espaços de outras nacionalidades, como os restaurantes chineses. E criam a sua «sociabilidade de rua» nos fins de semana. O Brasil é percebido pelos moradores portugueses pelas festas em bares e os churrascos nos apartamentos, pelos rumores de vozes das igrejas neopentecostais e pelas discotecas. Essa perceção, sonora e visual, confronta-se neste discurso com o aparente silêncio da intimidade dos portugueses em Arroios, com uma presença mais tímida nos trânsitos públicos e nas praças([75]). Traz à tona representações sobre os brasileiros, acionadas de formas diversas: por parte dos brasileiros, como uma afirmação da sua «identidade alegre, festiva» a ocupar seu temporário lugar. Para os portugueses e outros habitantes, é um misto de apreciação e de incómodo, por parte dos «ruidosos e malandros».

([74]) Karin Wall e Catia Nunes, «Immigration, welfare...
([75]) Cristiana Bastos, «Lisboa, Século XXI...

Estas imagens caminham frequentemente juntas com os estereótipos que brasileiros fazem de portugueses e funcionam como uma construção recíproca inicial, que pode ou não ser desafiada e atenuada([76]). Assim, o filho de Mafalda descrevia-me com desagrado as festividades da Copa do Mundo marcadas pelas bandeiras brasileiras em vários prédios residenciais, bem como a algazarra de buzinas e gritos, que denunciavam a grande – e nada discreta – presença de naturais do Brasil nesta zona. Já Ana, outra moradora portuguesa, relatava-me a realização de um pequeno arraial de Santo António, em uma das ruas do bairro, organizado por portugueses e brasileiros, onde se destacava uma decoração marcada pelo desfraldar de bandeiras dos dois países colocadas lado a lado. Durante a organização, Ana pôde acompanhar várias negociações, como a que procurava estabelecer uma paridade «nacional» no que respeita às músicas a serem tocadas e ao tipo de comida. A sua descrição reforçou a imagem de um universo de relações onde os estereótipos são sempre desafiados pelas interações sociais concretas promovidas pela presença migratória brasileira.

Dito de outra forma, há uma hostilidade no bairro – em alguns momentos subliminar, em outros, evidente – que remete para uma representação da imigração brasileira como uma invasão e uma ameaça. A esta representação os brasileiros respondem com uma representação jocosa sobre a falência do ex-colonizador, ou seu eterno «espírito melancólico». Esta animosidade latente pode ter consequências para a vida do imigrante brasileiro, bloqueando mesmo aos seus planos de investimento futuro e o acesso ao mercado de trabalho. Na melhor das hipóteses pode apenas resultar em constrangimentos quotidianos provocados por sentimentos de desconfiança. Tudo isto indica porém que, se é verdade que o reforço dos estereótipos acaba

---

([76]) Sandra S.B. Silva e Aline Schiltz, «A relação entre os imigrantes brasileiros e portugueses – a construção de imagens recíprocas» in Jorge Malheiros (org.) *Imigração brasileira em Portugal* (Lisboa, ACIDI, 2007) pp. 155-170.

por manter uma relação de subordinação([77]), esta reproduz-se fundamentalmente pela própria estrutura do trabalho imigrante([78]).

As estratégias de adaptação ajudam os migrantes brasileiros a compensar as dificuldades vividas no início do projeto migratório([79]). Isso traduz-se na própria escolha do bairro, no caso de Arroios justificada pela facilidade de circulação que oferece e pelas diferentes possibilidades sociais e económicas que encerra. Estas possibilidades compensariam a precariedade habitacional e atenuariam o desgaste resultante das interações quotidianas. Há, portanto, neste caso específico, uma valorização da centralidade, particularmente em relação a outras zonas de concentração de brasileiros, mais periféricas ou demasiadamente distantes. Ao mesmo tempo, a vivência no bairro relaciona constantemente a experiência destes imigrantes com outros brasileiros espalhados pela cidade, através dos encontros em bares, da frequência das igrejas, da partilha de trabalho. Não há aqui em hipótese alguma um confinamento territorial e simbólico. Em Arroios, os imigrantes brasileiros buscam um acesso à própria cidade, através de uma residência encarada como provisória – um passo para a realização de projetos migratórios de longo curso, como uma casa ou o retorno bem-sucedido ao Brasil. Porém, o contraste entre esta projeção e a incerteza na qual vivem estes imigrantes, seja em relação ao presente ou ao futuro, faz do bairro um lugar de investimento social tão fluido quanto suas próprias trajetórias.

Considerações finais

Arroios tornou-se um lugar ideal para a exploração da experiência migratória brasileira e a sua articulação com a construção de lugares na cidade de Lisboa. A situação peculiar do bairro

---

([77]) Igor Machado, «Estereótipos...
([78]) Nuno Dias, «'Construir as cidades'...
([79]) Beatriz Padilla, «Integração dos Imigrantes... p. 39.

– lugar de pouco investimento urbanístico ou imagético e plataforma de circulação e mobilidade estrangeira e de acesso ao mercado de trabalho – ajustou-se às condições desta imigração específica. Pela sua relativa invisibilidade, a sua configuração mista, a sua história dispersa, o seu abandono, Arroios aparece como um dos fragmentos urbanos cuja discursividade se dilui nos muitos movimentos que perpassam a cidade. Mas é propriamente esse quadro difuso que produziu condições particulares para a emergência de uma vivência migrante marcada por diferentes níveis de interação quotidiana entre a população local e a população estrangeira. No mosaico de formações urbanas de Lisboa, onde se expressam várias temporalidades e projeções ideológicas que se contrastam ([80]), este ajuste particular resulta do preenchimento dos espaços esquecidos por um trânsito migrante incorporado de forma esquiva ao longo das últimas décadas.

Se pensarmos o bairro como um «lugar de passagem pelo outro, intocável porque distante, no entanto passível e reconhecido por sua relativa estabilidade» ([81]), concluímos que a experiência dos brasileiros em Arroios cruza dois elementos cruciais. Por um lado, é temporariamente um lugar de recursos, de possibilidades de sobrevivência e de uma mobilidade que permite a estes imigrantes «ganhar a cidade». Por outro lado, é também o espaço onde, para assegurar o acesso a estes recursos, precisam enfrentar as rugosidades da convivialidade emergente na cidade.

Neste contexto, parte dos embates que emergem destas relações resultam da própria condição migrante laboral, com suas vulnerabilidades económica e social. Mas outra parte destes conflitos está ancorada nos contínuos reposicionamentos identitários, políticos e sociais que afetam os brasileiros em Portugal. A própria condição migratória facilita uma mudança de posição,

---

([80]) Bill Schwarz, «Afterword – Postcolonial times: the visible and the invisible in imperial cities» in Felix Driver and David Gilbert (orgs.) *Imperial Cities* (Manchester: Manchester University Press, 1999), pp. 268-272.

([81]) Pierre Mayol, «Morar... p. 45.

recorrente entre os próprios brasileiros, consoante a distância que os separa do Brasil e as formas diferenciadas de inserção no lugar de destino. Na experiência da imigração de ex-colonizados nas cidades europeias é possível perceber uma «dissonância cognitiva»([82]), seja para a população da cidade, que tinha o império como um imaginário abrangente e abstrato, seja para os imigrantes, cuja perceção do país de acolhimento se distancia daquela relacionada com sua primeira expetativa de familiaridade. No caso brasileiro, tal experiência é relativa porque este impacto é sempre matizado por uma familiaridade mútua, ambígua e descompassada em ambas as sociedades brasileira e portuguesa, transitando imagens mediáticas, conotações políticas e relações de parentesco. Tudo isso pautado por um contínuo movimento atlântico que supera em muito os discursos e imagens coloniais, embora estas representações se tornem recorrentemente um recurso de poder na relação assimétrica que envolve o contexto migratório.

A atual emigração portuguesa para o Brasil, concomitante com a imigração brasileira, renova esta «partilha» de imagens. Assim, o passado funciona como um campo de disputas, o que, de fato, vem acontecendo desde o fim do período colonial, passando por vários outros momentos históricos onde estereótipos mútuos se foram condensando([83]). Qual o efeito desta disputa para o contexto migratório brasileiro em Portugal? Em Arroios, as desilusões sentidas à chegada a Portugal com o tipo de acolhimento e com a luta quotidiana em relação ao acesso ao trabalho e contra a reprodução do preconceito, convivem com as possibilidades que estes migrantes encontram no bairro, calmo (não violento) e precário (o que o torna economicamente mais acessível), promovendo as suas possibilidades de circulação geográfica e social. É sempre um movimento instável, mas significativo da experiência brasileira. Neste quadro, as representações

---

([82]) Um termo de Schwarz para designar as dificuldades de articulação da experiência da imigração que ex-colonizados tiveram nas cidades europeias. Schwarz, «Afterword...

([83]) Robert Rowland, «A cultura brasileira...

coloniais, muito presentes na retórica europeia sobre a questão da imigração[84], estão certamente presentes. No entanto, estas representações parecem desafiadas pelas práticas urbanas dos imigrantes brasileiros, criando novas possibilidades e leituras históricas da própria cidade[85].

---

[84] Benoit d'Estoile, «The past as it lives now: an anthropology of colonial legacies», *Social Anthropology*, vol. 16, n.º 3 (2008), pp. 267-279.

[85] Bill Schwarz, «Afterword...», p. 271.

Um lugar estrutural?
Legados coloniais e migrações globais numa rua em Lisboa

JOSÉ MAPRIL

Nos últimos anos vários autores têm revelado as continuidades entre o colonial e o pós-colonial no Portugal contemporâneo. Entre outros exemplos, estas continuidades são visíveis nos processos de racialização de antigos *súbditos coloniais* ([1]) que migraram para Portugal após a descolonização e dos seus filhos e netos já nascidos e criados na ex-metrópole ([2]). Esta produção de alteridade ocorre através do uso de categorias como «bairro problemático» ([3]) ou «segunda geração» que perpetuam, juntamente com as restrições aos direitos de cidadania, a condição de «estrangeiro», de alteridade, na sociedade portuguesa ([4]). Segundo Miguel Vale de Almeida:

([1]) Mahmood Mamdani, *Citizens and Subjects: Contemporary Africa and the Legacy of Late Colonialism* (Princeton: Princeton University Press, 1996).

([2]) Miguel Vale de Almeida, «Comentário» in Manuela Ribeiro Sanches, (org.) *Portugal não é um País Pequeno: Contar o Império na Pós-Colonialidade* (Lisboa: Edições Cotovia, 2006), pp. 359-367.

([3]) Como Loïc Wacquant nos mostra, a ideia de «bairro problemático» não se esgota na presença de imigrantes e seus filhos. Ela está frequentemente associada aos sectores mais marginalizados da estrutura social – há alguns paralelismos com os *banlieue* descritos por Wacquant – com populações não migrantes e pobres e famílias migrantes e seus filhos na mesma posição de classe. Ademais podemos sugerir que esta relação entre bairro problemático e imigração no caso português é historicamente contingente e está associada a formações discursivas que racializam e etnicizam a pobreza. Loic Wacquant, *Urban Outcasts: A Comparative Sociology of Advanced Marginality* (Cambridge: Polity Press, 2008).

([4]) Miguel Vale de Almeida, «Comentário... Sobre a importância da categoria «segunda geração» ver também Nasreen Ali, Virinder Kalra

Quando os africanos pós-coloniais migram para Portugal, migram para ocupar posições de classe que lhes retiram toda e qualquer mais-valia enquanto exóticos localizados. Ocupam agora as margens do centro, nas relações de produção, como na geografia social. Dos indígenas coloniais preservam (é-lhes preservado) o trabalho compulsório; como o são as 'raízes' da sua indigeneidade, sob a forma de expressões culturais diferenciadoras. A indigeneidade, agora glosada como nacionalidade, aquilo que os torna em estrangeiros, é o que lhes veda o acesso à cidadania([5]).

Este trecho sugere que esta reprodução de um *legado colonial*([6]) se manifesta não apenas através de categorias raciais («branco» vs. «negro», «de cor», «africano», «autóctone»/«estrangeiro» ou «imigrante») mas também a um nível estrutural, nomeadamente, no âmbito dos direitos de cidadania, na classe e no próprio mercado de trabalho. Kesha Fykes revela esta relação entre racialização, classe e posições estruturais através de uma etnografia sobre as peixeiras cabo-verdianas no Cais do Sodré, entre os anos 1990 e 2005([7]). O argumento da autora é que várias medidas de criminalização da venda informal de peixe, implementadas pelas autoridades portuguesas, levaram a que este segmento da população convertesse as suas atividades económicas abandonando o comércio e «integrando-se» nas posições mais baixas do mercado de trabalho, nomeadamente, nas «limpezas» – ocupação até ali das mulheres das classes trabalhadoras([8]). As classes médias recentemente afluentes, continua Fykes, viam a sua «modernidade» refletida nas mulheres cabo-verdianas que contratavam para os serviços domésticos. É precisamente neste período histórico que, segundo a autora,

---

e Salman Sayyid, *A Postcolonial people: South Asians in Britain* (New York: Columbia University Press, 2008).

([5]) *Ibidem*, p. 364.

([6]) Benoit De L'Etoile, «The past as it lives: the anthropology of colonial legacies», *Social Anthropology*, Vol. 16, n.º 3, 2008, pp. 267-279.

([7]) Kesha Fykes, *Managing African Portugal: The Citizen-Migrant Distinction* (Durham: Duke University Press, 2009).

([8]) *Ibidem*.

surgem discursos sobre a natureza «multicultural» e «moderna» da sociedade portuguesa, discursos nos quais as narrativas luso-tropicais parecem reemergir com novas roupagens([9]).

Contudo esta relação entre legados coloniais e posições estruturais não se manifesta apenas no âmbito do trabalho doméstico ou da venda ambulante. Ela é igualmente visível noutros segmentos do mercado de trabalho e parece ter uma expressão na própria geografia da cidade de Lisboa. Veja-se a título de exemplo a existência de «um enclave comercial indiano», como Jorge Malheiros o designou na zona da Mouraria([10]). Como o autor argumenta, a remigração de famílias hindus e muçulmanas (sunitas e ismaelitas), de ascendência indiana, de Moçambique para Portugal, após a descolonização, é acompanhada pela sua instalação em várias atividades comerciais – tais como mobiliário ou o pronto-a-vestir. Neste segundo caso é um comércio grossista que está associado a um sector desvalorizado do mercado de trabalho e que se desenvolve na Mouraria, uma zona de expansão do centro de Lisboa historicamente associada a uma imagem ambígua e ameaçadora, tal como noutras áreas marginalizadas da cidade([11]). Esta imagem associava a Mouraria a fenómenos considerados ameaçadores para as normatividades morais, tais como o fado e a prostituição (ambos associados a desordem, estigma e má fama), imagem esta que era mesmo expressa por alguns olisipógrafos, nos anos 1930 e 1940([12]).

([9]) *Ibidem*; Miguel Vale de Almeida, «Comentário»...

([10]) Jorge Malheiros, *Imigrantes na Região de Lisboa: Os anos da Mudança* (Lisboa: Edições Colibri, 1996). Sobre os projetos de classe e experiências coloniais desta remigração ver também Nuno Dias, *Remigração e Etnicidade: Mobilidade hindu no trânsito colonial entre a África de Leste e a Europa* (Lisboa: Tese de Doutoramento ICS, 2010).

([11]) Veja-se a título de exemplo Marluci Menezes, *Mouraria, Retalhos de um Imaginário* (Oeiras: Celta Editores, 2004).

([12]) É interessante verificar a persistência desta ambiguidade. Na contemporaneidade, a Mouraria e a Praça do Martim Moniz são frequentemente retratados como espaços de «multiculturalidade» associada a ideias de «modernidade» e «cosmopolitismo», e onde a diferença é não apenas produzida mas também estetizada – veja-se a título de exemplo as mani-

Vai ser precisamente neste lugar na cidade, juntamente com as Praças do Martim Moniz, do Rossio e da Figueira, que se encontram não apenas temporalidades e histórias associadas ao passado colonial mas também outras ligadas a fluxos globais de pessoas, ideias e mercadorias[13].

Inspirando-me nas perspetivas anteriores, ao longo deste capítulo argumentarei como uma mesma rua revela as continuidades entre as migrações associadas aos laços coloniais e outros fenómenos migratórios mais recentes e ligados à *globalização das migrações internacionais*[14]. Parecem existir consideráveis continuidades não apenas no tipo de atividades comerciais desenvolvidas mas também na própria posição estrutural. Dito de outra forma, uma parte das migrações contemporâneas que chegaram a Portugal através de processos relacionados com as dinâmicas globais das migrações parece ter vindo a ocupar o mesmo lugar, também estrutural, anteriormente ocupado por migrantes oriundos de contextos coloniais portugueses. Neste sentido, parece-me pertinente sugerir que existem evidentes continuidades entre legados coloniais, o lugar de determinados segmentos da imigração e a produção de margens na sociedade portuguesa contemporânea.

Ao longo deste capítulo proponho um exercício etnográfico e histórico sobre as transformações que ocorreram nas últimas

---

festações culturais como o programa *Todos* ou o *Mercado de Fusão* (ver contributo de Nuno Oliveira neste livro). Estas são contudo apenas algumas das ideias mobilizadas. Outras associam esta zona de Lisboa a «imigrantes ilegais», «tráfico de droga», «prostituição», «sem abrigo» (imagens claramente visíveis nos próprios retratos da imprensa), e portanto, mais uma vez, um espaço carregado de pânicos morais. Ver também Marluci Menezes, *Mouraria, Retalhos de um Imaginário...*

[13] Cristiana Bastos, «Lisboa, século XXI: uma pós-metrópole nos trânsitos mundiais» in José Machado Pais e Leila Blass (org.) *Tribos Urbanas: Produção Artística e Identidades* (Lisboa: Imprensa de Ciências Sociais, 2004), pp. 195-224.

[14] Stephen Castles e Mark Miller, *The Age of Migration: International Population Movements in the Modern World* (New York: The Guilford Press, [1993] 1997).

três décadas numa rua da cidade de Lisboa – a Rua do Benformoso. Pretendo em primeiro lugar revelar como as transformações económicas e políticas na cidade de Lisboa, ao longo do século XX, reforçaram a posição marginal de uma zona de expansão do centro historicamente marcada por uma imagem ambígua e ameaçadora. Seguidamente argumentarei que foi precisamente para esta zona da cidade de Lisboa que determinados segmentos das migrações para Portugal se dirigiram – primeiro, oriundos dos contextos coloniais portugueses e depois, associados à globalização dos fluxos migratórios e à transformação da posição de Portugal face a esses fluxos.

Uma rua em Lisboa

A Rua do Benformoso é uma das principais artérias da baixa Mouraria e localiza-se nas imediações da Praça do Martim Moniz, na zona de expansão do centro da cidade de Lisboa. A Sul começa no cruzamento entre a Rua da Mouraria, a Rua dos Cavaleiros e a Calçada da Mouraria e termina a Norte, no Largo do Intendente ou Maria Pia. Sensivelmente a meio bifurca com a Rua do Terreirinho e momentaneamente alarga-se em relação à Rua Estreita, de sentido único com que se inicia. Metros à frente, a Rua do Benformoso volta a estreitar-se. Tal como ocorre noutras artérias da zona, esta é uma rua com uma arquitetura de traça pombalina com alguns dos edifícios já muito degradados e outros que foram recentemente recuperados no contexto das medidas de renovação urbana levadas a cabo pela Câmara Municipal de Lisboa (veja-se o Programa de Desenvolvimento Comunitário da Mouraria – PDCM – e iniciativas relacionadas, tais como o AiMouraria Empreende).

Em 1996, no contexto da análise à formação de um «enclave comercial étnico», Jorge Malheiros mostrou como populações hindus e muçulmanas (sunitas e ismaelitas) oriundas de Moçambique, de onde tinham saído nos anos a seguir à descolonização e às políticas de africanização, se tinham instalado comercialmente entre a Alameda Afonso Henriques, e as Ruas da Palma, do Benformoso, dos Cavaleiros e Fernandes da Fonseca. Este «enclave comercial» centrava as suas atividades na venda de mobiliário, de brinquedos, de quinquilharias, de artigos de eletrónica, entre outros. A tipologia das atividades comerciais variava consoante as artérias, revelando, como noutras zonas da cidade (veja-se, por exemplo, a baixa pombalina), uma especialização comercial por zona. Por exemplo, na Avenida Almirante Reis encontravam-se lojas de mobiliário, propriedade de Ismaelitas, enquanto nas artérias mais pequenas, como na Rua do Benformoso, encontrávamos bazares ou lojas de revenda «de produtos oriundos do extremo oriente». Anos mais tarde, Marluci Menezes[15] atualizou estes dados com base num levantamento das atividades comerciais na zona realizado em 1999, e corroborava a interpretação de Jorge Malheiros ao mostrar como este enclave se tinha consolidado:

> Relativamente ao eixo constituído pelas Ruas do Benformoso/Mouraria (lado oriental), o comércio é maioritariamente de revenda (em torno dos 60) e controlado por indianos (com mais de 45 estabelecimentos contabilizados), destacando-se o comércio de quinquilharias, brindes, bijutarias e brinquedos. A maioria destes comerciantes, indianos e portugueses, está há mais de 15-20 anos na zona.

Em 2006, porém, o panorama tinha sofrido significativas alterações. Embora apresente uma componente residencial, composta maioritariamente por idosos, «imigrantes» (nesta rua, como noutras artérias da área, assiste-se à instalação residencial de chineses, de bangladeshis e de paquistaneses) e jovens[16],

---

[15] Marluci Menezes, *Mouraria, retalhos de um imaginário* ... pp. 156.

[16] Como Menezes nos mostra, muitos destes idosos nasceram e cresceram na Mouraria e em muitos casos os seus filhos abandonaram o «bairro» para residir noutras zonas da capital, de Portugal ou no estrangeiro. Ver Marluci Menezes, *Mouraria, Retalhos de um Imaginário...* Os jovens são frequentemente filhos de imigrantes, já nascidos em Portugal ou que chegaram ainda muito jovens, e que frequentam as escolas públicas locais ou algumas escolas privadas em várias zonas da área metropolitana de Lisboa.

esta continua a ser uma artéria comercial por excelência, essencialmente ocupada por lojas de revenda, muitas vezes com os mesmos tipos de produtos dos anteriormente descritos por Jorge Malheiros. Contudo, em menos de uma década, a presença de luso-indianos vindos de Moçambique tinha diminuído significativamente e encontrávamos agora novos atores, «novos lisboetas». A maioria dos lojistas era, à data, oriunda da China, do Bangladesh ou do Paquistão.

Das 61 lojas, 14 estavam ocupadas por comerciantes bangladeshis enquanto que, no ano anterior, aquando do primeiro levantamento, estas eram apenas sete. Em 2006 durante o último período de pesquisa de terreno eram já 19 e portanto a maioria (vd. mapas 1 e 2).

As restantes incluem comerciantes portugueses, indianos de Moçambique, chineses e paquistaneses. Estes negócios têm enormes semelhanças com o que ocorre nos centros comerciais junto à Praça do Martim Moniz, sendo também de revenda. Aqui encontram-se lojas de brinquedos, papelarias, pronto-a-vestir, brique-à-braque, malas e acessórios de viagens, supermercados/mercearias, talhos, restaurantes, cafés, informática e internet e telecomunicações.

MAPA 1: **Rua do Benformoso 2004**   MAPA 2. **Rua do Benformoso 2006**

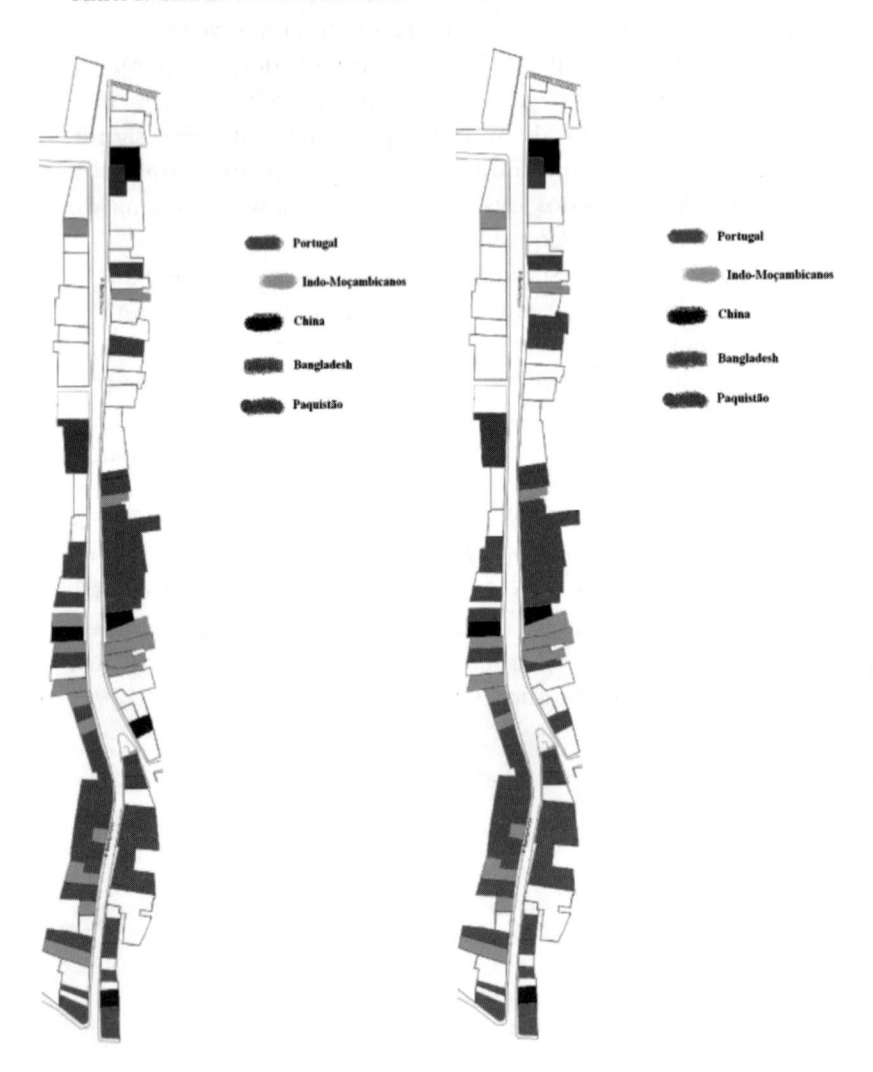

Legenda:
- Portugal
- Indo-Moçambicanos
- China
- Bangladesh
- Paquistão

Fonte: *levantamento no âmbito do projeto «Imigrantes no Martim Moniz». Escala 1:1500*

Fonte: *levantamento realizado pelo autor. Escala 1:1500*

Nas margens do centro

Como é que podemos interpretar este processo de transformação? Como poderemos interpretar o facto de migrantes oriundos de contextos não relacionados com a experiência colonial portuguesa se encontrarem no mesmo lugar na cidade dos migrantes oriundos de contextos coloniais portugueses? E o que é que isto nos diz acerca do seu lugar estrutural em Portugal?

Para perceber estas transformações é necessário ter em conta três factores fundamentais: (i) as várias medidas políticas implementadas pela autarquia naquela zona; (ii) as transformações na economia da cidade de Lisboa e em Portugal; e finalmente (iii), os múltiplos fluxos migratórios desde meados dos anos 70 até à contemporaneidade.

Desde 1900, que a baixa Mouraria vinha a ser submetida a inacabados processos de renovação urbanística, mas será entre os anos quarenta e sessenta do século XX, que esta zona começa a ser efectivamente reestruturada([17]). As ideias de Duarte Pacheco, então Presidente da Câmara Municipal de Lisboa e Ministro das Obras Públicas e Comunicações (cargos que ocupou em simultâneo entre o final da década de 1930 e inícios de 1940) eram, no seguimento da expansão das periferias, garantir as acessibilidades da Avenida Almirante Reis e da Rua da Palma ao Rossio([18]).

Estas medidas procuravam também higienizar e embelezar uma zona cuja imagem tinha sido construída ao longo de décadas como «problemática» e ameaçadora em relação aos valores normativos das classes dominantes. Júlio de Castilho, um olisipógrafo, reproduzia em 1935 estes mesmos argumentos quando afirmava (como aliás o jornalista Hermano Neves):

([17]) Jorge Malheiros, *Imigrantes na Região de Lisboa...*; Clara Vieira, «Um bairro em recuperação: a Mouraria de Lisboa», *Ler História*, nº 26, 1994, pp. 206-210; Filomena Marques e Manuel Ribeiro, *Alfama e Mouraria: Caracterização Sociológica e do Edificado* (Lisboa: Câmara Municipal de Lisboa, 1989).

([18]) Ana Cardoso, *A Outra Face da Cidade: A Pobreza em Bairros Degradados de Lisboa* (Lisboa: Câmara Municipal de Lisboa, 1993) e Marina Tavares Dias, *Lisboa Desaparecida Vol. I* (Lisboa: Quimera, 1987).

tenho para mim que as estatísticas criminais hão-de abrir uma casa negra nos seus mapas, com o nome da Moiraria. As cidades grandes todas têm sítios assim, para onde convergem, impelidos de uma força oculta, de uma gravitação sinistra, os detritos da escória moral e social. São os rigueirões entre os píncaros; são o enxurro dos costumes.[19]

Através de um *urbanismo civilizador* procurava-se alterar substancialmente as dinâmicas sociais, culturais e urbanas[20]. As consequências manifestaram-se a vários níveis mas um dos mais evidentes relacionava-se com as próprias atividades económicas da zona[21].

Em consequência das demolições (anos quarenta e sessenta) e do desaparecimento do Mercado Central de Lisboa na Praça da Figueira em 1949, verificou-se uma acentuada desvalorização da propriedade na área. Acresce que, se até aos anos sessenta o comércio lisboeta estava centrado na Baixa, a partir daí e com o crescimento da capital para Norte, assiste-se ao reforço e formação de novos centros de comércio, que se superiorizam a esta área, tornando a zona que hoje designamos por «Martim Moniz» numa zona comercial pobre[22]. Se acrescentarmos a isto a secundarização económica da Avenida Almirante Reis face ao principal eixo de acesso ao centro tradicional de Lisboa (Avenidas Novas, da República, Fontes Pereira de Melo, da Liberdade), podemos aperceber-nos que: «a estrutura económica que fazia a ligação entre a Baixa, a Mouraria e os arredores é destruída acentuando-se a marginalização física, funcional e social do bairro»[23].

Data deste período a construção de pavilhões provisórios, que se mantiveram ao longo de quarenta anos, para albergar os

---

[19] Júlio de Castilho, *Lisboa Antiga: Bairros Orientais* (Lisboa: S. Industriais da C. M. L., 1934-1938), pp. 301.

[20] Marluci Menezes, *Mouraria, retalho de um imaginário*...

[21] Marina Tavares Dias, *Lisboa Desaparecida*... e Clara Vieira, «Um bairro em recuperação...

[22] Jorge Gaspar, *A Dinâmica Funcional do Centro de Lisboa* (Lisboa: Livros Horizonte, 1985).

[23] Clara Vieira, «Um bairro em recuperação...

comerciantes dos prédios demolidos e os vendedores ambulantes que faziam ali os seus negócios, naquilo que ficou conhecido como o «Mercado do Chinelo». Estas condições, juntamente com a proximidade ao centro de negócios e comércio da cidade de Lisboa, reforçaram a presença de um comércio grossista na área, sector este que assumiu um grande relevo na zona [24]:

> Na verdade já existiam, antes de meados da década de 70, alguns comerciantes portugueses localizados nas ruas anexas à Almirante Reis e ao Martim Moniz (Rua do Benformoso, por exemplo) que se dedicavam à venda por grosso e que mantinham relações comerciais com os vendedores ambulantes então instalados no Martim Moniz [25].

É de salientar que este tipo de comércio servia e ainda hoje serve uma população exógena ao bairro que aqui se deslocava pendularmente para se abastecer.

Desde meados dos anos setenta que esta zona da cidade de Lisboa assistiu à progressiva implantação e desenvolvimento de um «enclave de comerciantes de origem indiana», ao longo das Ruas da Palma, Almirante Reis, Benformoso, Cavaleiros e Fernandes da Fonseca [26]. No seguimento do processo de descolonização, muitos comerciantes hindus e muçulmanos, sunitas e ismaelitas, instalaram-se nos principais eixos urbanos desta zona da cidade, dedicando-se ao comércio de brinquedos, bijuterias-quinquilharias, mobiliário e importação-exportação [27]. Como Jorge Malheiros afirma [28]:

---

[24] Jorge Gaspar, *A Dinâmica Funcional do Centro de Lisboa* ...

[25] Esta mesma ideia é confirmada por Jorge Gaspar que argumenta que esta zona da cidade foi tradicionalmente ocupada por pequenos escritórios de empresas, comércio de retalho e comércio grossista. Jorge Gaspar, *A Dinâmica Funcional do Centro de Lisboa*...

[26] Jorge Malheiros, *Imigrantes na Região de Lisboa*...

[27] *Ibidem;* Marina Tavares Dias, *Lisboa Desaparecida;* Clara Vieira, «Um bairro em recuperação...; Patrícia Ávila, «Indianos comerciantes na cidade de Lisboa», Comunicação no Colóquio Minorias Étnicas – a Participação na Vida da Cidade (Lisboa, 1994); e José Bastos e Susana Bastos. *Portugal Multicultural* (Lisboa: Edições Fim de Século, 1999).

[28] Jorge Malheiros, *Imigrantes na Região de Lisboa*... pp. 177.

estes novos estabelecimentos vão substituir, na sua maioria, lojas de ramos de comércio tradicionais (alimentação, vestuário, casas de penhores, cafés/restaurantes), muitas vezes em decadência, pertencentes a indivíduos de naturalidade portuguesa, contribuindo deste modo para a modernização e modificação das tipologias comerciais existentes, para além de conduzirem à valorização dos espaços de comércio[29].

Em meados dos anos oitenta, num contexto marcado pela integração europeia, o consequente aumento do investimento estrangeiro, a maior terciarização das áreas centrais da cidade, e o desenvolvimento e expansão de novos e importantes núcleos comerciais[30], a Câmara Municipal de Lisboa lança um concurso para a construção da Praça do Martim Moniz (desde os anos setenta que as várias autoridades municipais tinham intenção de intervir na zona o que acabou por ocorrer apenas na década de oitenta através de uma grande projeto de renovação urbanística do Arquiteto José Lamas). Com o intuito de reconstruir e modernizar esta zona, os pavilhões provisórios são demolidos, sendo os seus ocupantes instalados no mercado da Praça de Espanha.

Começava então a construção do Largo do Martim Moniz onde estava contemplada uma série de edifícios dedicados ao comércio. Daqui resultaram o Centro Comercial Mouraria, 1988 (CCM), e o Centro Comercial Martim Moniz, 1992 (CCMM), que, à data de abertura, apresentavam desde logo um fraco grau de atratividade derivado da policentricidade comercial da cidade de Lisboa.

---

[29] Com base no «Plano de Urbanização do Núcleo Histórico da Mouraria», de 1996, pudemos observar que este tipo de comércio ocasional, nomeadamente bijuterias/quinquilharias, brinquedos e pronto-a-vestir, representava 52.7% do total do comércio existente nesta área.

[30] Teresa Barata Salgueiro, «Lisboa, metrópole policentrica e fragmentada», *Finisterra*, Vol. 32, n.º 63 (1997), pp. 179-190.; Maria Lucinda Fonseca, «Immigration, social-spatial marginalisation and urban planning in Lisbon: challenges and strategies», in AAVV (orgs.), *Metropolis International Workshop* (Lisboa: Fundação Luso-Americana para o Desenvolvimento, 1998), pp. 187-214.

Foi nesta altura que o CCM começou por ser parcialmente arrendado. Em 1992, muitos portugueses de ascendência indiana oriundos de Moçambique arrendavam um quarto das lojas do referido centro comercial, dedicando-se à venda de pronto-a-vestir, malas, brinquedos, bijutaria e produtos eletrónicos. Comparando os dados de Jorge Malheiros com os mais recentes de Marluci Menezes é possível concluir que o comércio desenvolvido por indo-portugueses atingiu um ponto máximo de expansão, na Rua do Benformoso, artérias envolventes e centros comerciais, em finais dos anos 1990. Nesta mesma altura, cabo-verdianos e guineenses ocupavam a quase totalidade da cave do Centro Comercial da Mouraria ([31]).

Se juntarmos a isto a fraca atratividade de tais espaços quando comparados com outras zonas e centros comerciais da cidade, e a implantação de grandes cadeias retalhistas nacionais e internacionais, torna-se claro que alguns destes espaços comerciais, tal como o Centro Comercial da Mouraria, dispunham ainda de lojas desocupadas.

A Praça do Martim Moniz é inaugurada, em 1997, e no ano seguinte, os quiosques que faziam parte da nova configuração da praça, estavam em pleno funcionamento vendendo artesanato e antiguidades. Depois de várias queixas por parte destes comerciantes – falta de segurança, de clientes e de conforto nas próprias instalações – a CML, no âmbito de uma política «multicultural e cosmopolita» para a cidade de Lisboa, iniciada em 1993, com a criação do *Concelho Municipal das Comunidades Imigrantes e das Minorias Étnicas,* decide em maio de 2000 ceder a sua exploração à associação comercial «China Town», uma associação criada por um dos primeiros migrantes chineses a investir na zona e que propunha transformar a praça numa *chinatown* ([32]). Mais uma vez, e pelas mesmas razões, os quiosques foram nova-

---

([31]) Jorge Malheiros, *Imigrantes na Região de Lisboa...*

([32]) Este processo teve a resistência da CML que preferia manter aquele espaço diverso e multicultural. Ver Marluci Menezes, «Mouraria, retalho de um imaginário …

mente abandonados e posteriormente retirados pela autarquia[33].

A acompanhar este estabelecimento comercial de chineses começaram também a chegar migrantes oriundos de países como o Bangladesh e o Paquistão, que se instalaram na zona com negócios muito semelhantes àqueles que vinham sendo desenvolvidos tanto por luso-indianos como por chineses, ainda que com pequenas alterações. Na origem destas diferenças está um acordo entre alguns comerciantes chineses e seus vizinhos oriundos do Bangladesh. Os primeiros compravam as mercadorias para ambos – em Espanha e em Itália – ainda que não exatamente iguais. Por exemplo, nos pisos inferiores do Centro Comercial Martim Moniz – também conhecido por Centro Comercial Grossista (CCG) ou informalmente por «Chinatown» – muitos lojistas oriundos do Bangladesh vendiam roupa de ganga, algo não muito frequente entre chineses. Aliás, os primeiros lojistas do Bangladesh a instalar-se na zona contaram com o apoio da administração do CCG – a Associação «China-Town» – que procurava lojistas para os espaços ainda vazios e para escoar mercadorias armazenadas.

Outros bangladeshis investiram noutros negócios em agências de viagens, lojas de telecomunicações e mercearias com produtos regionais, inicialmente comprados a luso-indianos (que tinham acesso aos fornecedores) e que posteriormente se passaram a abastecer diretamente em Londres e no Bangladesh (por exemplo, peixe congelado do Golfo de Bengala)[34].

Simultaneamente, continuávamos a assistir à presença de outras populações oriundas da África Subsaariana, nomeadamente da Guiné-Bissau, de Angola, do Senegal e do Zaire (hoje República Democrática do Congo), que desenvolvem algum comércio nas áreas da cosmética, música, produtos alimentares e restauração.

---

[33] *Ibidem.*

[34] José Mapril, «Lisbon's Chawtpohtee: Food and place among Bangladeshis in Portugal» in Hannah Snellman, Laura Hirvi (orgs.), *Where is the Field? Exploring labor and migration studies through the lenses of fieldwork* (Helsinki: Finnish Literature Society, 2012).

Seja como for, muitos destes mais recém-chegados vão comprar ou arrendar as suas lojas, e por vezes os trespasses, aos anteriores proprietários – cidadãos portugueses de ascendência indiana oriundos de Moçambique – os quais não conseguindo competir com os mais recém-chegados ou chegando à idade da reforma e não tendo a quem deixar os negócios (frequentemente os filhos não tinham interesse em prosseguir as ocupações dos pais), preferem vendê-los/arrendá-los ou simplesmente trespassá-los. A acompanhar este processo, muito do capital daqui resultante vai ser investido no imobiliário, imobiliário esse que, mais uma vez, é frequentemente arrendado a migrantes recém-chegados.

Importa finalmente perceber a transformação do lugar de Portugal face aos fluxos globais de migrantes para interpretar estas transformações na Mouraria e na Praça do Martim Moniz.

Economia política e migrações globais

A continuidade entre migrantes oriundos de antigos espaços coloniais portugueses e migrantes de outros contextos, na mesma rua e, mais genericamente, na mesma zona da cidade, está intimamente relacionada com a transformação da posição relativa de Portugal bem como de outros países da Europa do Sul face aos fluxos globais de migrantes.

Portugal, Grécia, Itália e Espanha iniciaram, nos anos 1960, algumas transformações económicas que se traduziram numa melhoria significativa dos níveis de vida das populações([35]). É no início da década de 1960 que, nos países da Europa do Sul, se vai verificar uma forte industrialização que registou elevados ritmos de crescimento económico, uma abertura ao exterior que se vai prolongar até aos anos 1980 com a adesão destes países à C.E.E., os auxílios comunitários que essa adesão propi-

---

([35]) Russel King, Gabriela Lazaridis, e Charalambos Tsardanidis, (orgs.), *Eldorado or Fortress? Migration in Southern Europe* (London: MacMillan Press, 2000).

ciou e a alteração dos sistemas produtivos com uma crescente aposta na modernização acompanhada pela terciarização das economias, pela implantação de novas tecnologias e pela crescente mobilidade de capitais[36].

Este desenvolvimento passou por um crescimento do sector terciário (turismo e serviços pessoais) que procurava mão-de--obra flexível mais fácil de obter nos sectores informais da economia[37]. Se juntarmos a isto a transição demográfica entre os anos 1960 e 80 (em que a população sofreu um progressivo envelhecimento e a taxa de fecundidade baixou) e as transições democráticas nas quais alguns destes países estiveram envolvidos podemos perceber que o potencial migratório destes países meridionais começa, progressivamente, a aumentar. Estas mudanças permitiram não só o abrandamento das migrações[38] intraeuropeias, com origem na Europa do Sul, como também, a curto prazo, alteraram a posição dos países da Europa meridional face à divisão internacional do trabalho, contribuindo para um aumento e diversificação da imigração.

A juntar a isto é necessário mencionar as alterações ocorridas ao nível da economia política mundial e dos mercados de

---

[36] Maria Baganha, Jorge Malheiros, e João Ferrão, «Os imigrantes e o mercado de trabalho: o caso português», *Análise Social*, n.º 150 (1999), pp. 147-173.

[37] Russel King, *Eldorado or Fortress?* ...; Baganha et al., *«Os imigrantes e o mercado de trabalho ...*

[38] Refere-se apenas abrandamento porque, de facto, a emigração dos países da Europa do Sul não parou, apenas diminui de intensidade e de natureza. Assim, dentro da Europa continua a verificar-se uma emigração em direção aos países do Norte da Europa que é, na maior parte dos casos, uma emigração temporária, com o objetivo de desempenhar tarefas com prazos específicos, de trabalhadores semi-qualificados ou pouco qualificados. Por outro lado, assiste-se a um crescente aumento de europeus do Sul, muito especializados, que partem para países do Médio Oriente e Golfo Pérsico, com o objetivo de participar em diversos projetos de desenvolvimento (Jorge Malheiros, *Imigrantes na Região de Lisboa* ...). Tendência que tem vindo a ganhar uma cada vez maior importância e visibilidade especialmente no atual contexto das políticas de austeridade e neoliberalização da economia e subjetividades.

trabalho globais desde os anos 1970, nomeadamente os processos de reestruturação global. Estas transformações a nível mundial implicaram uma crescente globalização das migrações laborais através da formação e a consolidação de fluxos migratórios entre países que nenhuma relação tinham entre si([39]). O crescimento de empresas multinacionais, a deslocação da produção para as chamadas economias em desenvolvimento, o «outsourcing» de partes da produção industrial, etc.. Este processo que é simultaneamente económico, político, geográfico e sociocultural levou à emergência de mercados financeiros globais e induziu um crescimento impressionante das economias informais([40]). Tais processos incrementaram a diversificação dos fluxos migratórios resultantes do choque petrolífero de 1973 e assim emergiram ligações aparentemente surpreendentes. Cingaleses em Roma, senegaleses em Nova Iorque ou paquistaneses no Brasil são apenas três exemplos que permitem ver como a formação de algumas cadeias migratórias contemporâneas acontecem segundo lógicas e dinâmicas que estão muito para além das que se estabeleceram no enlace do colonialismo.

É neste contexto mais alargado que se pode interpretar a chegada de muitos destes migrantes – Chineses, Bangladeshis, entre outros – a Portugal e mais concretamente a esta zona da cidade de Lisboa.

Os migrantes Chineses que primeiro se instalaram no Martim Moniz e zonas envolventes são oriundos da província de Zhejiang, mais concretamente, da cidade de Wenzhou e da aldeia de Qingtian, e chegaram à Europa continental no final dos anos 1980 e ao longo de todos os anos 1990([41]). Hoje são parte de cadeias migratórias que ligam a província de Zhejiang

---

([39]) Stephen Castles e Mark Miller, *The Age of Migration...*; Nikos Papastergiadis, *The Turbulence of Migration: Globalization, Deterritorialization and Hybridity* (Cambridge: Polity Press, 2000).

([40]) Alejandro Portes e Saskia Sassen-Koob, «Making it undergound: comparative material on the informal sector in Western market economies», *American Journal of Sociology*, Vol. 93, n.º 1 (1987), pp. 30-61.

([41]) José Mapril, «De Wenzhou ao Martim Moniz: Práticas diasporicas e (re)negociação identitária do local», *Ethnologia*, n.º 12-14 (2001), pp. 253-

a toda a Europa do Sul onde desenvolvem várias atividades empresariais, associadas não apenas ao comércio grossista mas também ao fabrico de pronto-a-vestir e a restauração.

A primeira loja chinesa na Mouraria abriu em 1993 e nos anos seguintes vários conterrâneos seguiram este primeiro exemplo. Nos últimos dez anos esta presença de chineses complexificou-se através da criação de novos nichos comerciais para além do comércio grossista, tais como agências de viagem, serviços medicinais chineses, restaurantes exclusivos a uma clientela chinesa, um jornal bilingue (O Jornal *Sino*) e supermercados, o que transformou esta zona da cidade numa centralidade para muitos migrantes oriundos da China([42]).

Também as migrações entre o Bangladesh e Portugal são um fenómeno que terá começado no final dos anos oitenta do século XX. Como acontece em Espanha, Itália ou Grécia, a maioria destes migrantes é oriunda de estratos sociais intermédios, aquilo que no Bangladesh tem vindo a ser classificado como a nova e afluente «classe média», urbanizada e com elevados níveis de capital educacional([43]).

Estes bangladeshis são oriundos de famílias ou redes de relações sociais que têm prévias ligações a projetos migratórios – especialmente para a Europa continental – e é nesse contexto que começam por chegar a países como França, Alemanha ou Dinamarca([44]).

Estas cadeias migratórias com destino a Portugal (bem como para outros países da Europa do Sul) estão diretamente relacionadas com o acesso a direitos de cidadania bloqueados noutros contextos europeus, direitos estes que se configuram também como instrumentos de proteção face aos processos de deportação impostos a migrantes «indocumentados» e «ilegais» em

---

-294 e Irene Rodrigues, *Flows of Fortune: The Economy of Chinese Migration in Portugal* (Lisboa: Instituto de Ciências Sociais, 2012).

([42]) Irene Rodrigues, *Flows of Fortune...*

([43]) José Mapril, *Islão e Transnacionalismo: Uma Etnografia entre Portugal e o Bangladesh* (Lisboa: Imprensa de Ciências Sociais, 2012).

([44]) José Mapril, *Islão e Transnacionalismo...*

vários contextos do Espaço Schengen. Muitos bangladeshis encontravam-se já na Europa e chegaram a Portugal à procura de oportunidades de legalização (impossíveis de aceder noutros contextos) no âmbito dos processos de regularização desenvolvidos pelas autoridades portuguesas no decorrer das últimas duas décadas[45].

A sua participação no mercado de trabalho começou por ser nos sectores mais desprivilegiados da economia portuguesa, mais concretamente, na construção civil, mas no final dos anos 1990 começaram a investir em pequenos negócios, com o apoio de comerciantes chineses que lhes revendiam as mercadorias e nalguns casos arrendavam as lojas. O primeiro bangladeshi que se instalou na Mouraria era oriundo de Sylhet, no Nordeste do Bangladesh, através do qual se criaram várias redes de investimento e negócios[46]. É pois por via destas redes – frequentemente mobilizadas em torno de laços regionais, políticos e religiosos – que vários bangladeshis investiram nesta zona da cidade. Ao mesmo tempo, e tal como ocorreu com os chineses, à medida que as famílias vão chegando a Portugal – por via dos processos de reunificação familiar – começam a comprar e a arrendar apartamentos na zona e eixos envolventes, tais como Avenida Almirante Reis, Praça do Chile, São Jorge de Arroios e Calçada de Santana, para mencionar apenas alguns exemplos. Hoje, e ainda que se verifique um acelerado processo de transformação nas dinâmicas comerciais e residenciais (conversão de capital e investimentos em novos negócios – mercearias de bairro e lojas de artesanato – e processos de remigração para outros países da União Europeia), a Mouraria e o Martim Moniz continuam

---

[45] *Ibidem;* Ver também Melanie Knights, «Bangladeshi immigrants in Italy: from geopolitics to micropolitics», *Trans. Inst. Br. Geogr.*, vol. 21 (1996), pp. 105-123; Melanie Knights, «Migrants as networkers: the economics of Bangladeshi migration to Rome» in Russel King e Richard Black (orgs.)., *Southern Europe and the New Immigrations*, (Brighton: Sussex Academic Press, 1997), pp. 113-137; Benjamin Zeitlyn, *Migration from Bangladesh to Italy and Spain* (Dhaka: RMMRU, 2006).

[46] José Mapril, «Banglapara: imigração, negócios e (in)formalidades», *Etnográfica*, vol. 14, n.º 2 (2010), pp. 243-263.

a ser zonas vistas como uma *Banglapara*, uma «zona bengali», e uma centralidade para Bangladeshis em Portugal e em Espanha. Esta centralidade é não apenas comercial mas também religiosa e cultural. É aqui possível encontrar duas mesquitas cujas comissões executivas são exclusivamente controladas por migrantes oriundos do Bangladesh (ainda que pertencentes a correntes político-religiosas distintas) e cujas congregações são maioritariamente falantes de bengali mas também cidadãos portugueses de ascendência indiana e muçulmanos de origem guineense. Nas orações mais importantes do calendário islâmico – a festa do fim do mês do Ramadão e a festa do sacrifício – estas duas mesquitas juntam-se para organizar uma oração pública na Praça do Martim Moniz, onde acorrem muçulmanos com as mais diversas origens.

Nos últimos anos, a Praça do Martim Moniz tornou-se também um espaço de afirmação pública da bengalidade e da presença dos bangladeshis em Portugal através da celebração do dia da língua – o 21 de fevereiro – com vários eventos culturais e para a qual são convidadas várias instituições como a Câmara Municipal de Lisboa e o ACIDI (Alto Comissariado para a Imigração e o Diálogo Intercultural).

Um lugar estrutural? Notas finais

Em 2004, Cristiana Bastos argumentava que as três praças do centro de Lisboa – Rossio, Praça da Figueira e Martim Moniz, eram o lugar de encontro de «duas referências históricas de diferente cariz»[47]: a primeira, associada aos vínculos coloniais passados, a segunda aos fluxos globais. Estas duas referências históricas, continua a autora, são por vezes visíveis nos mesmos lugares físicos. Ora ao longo deste capítulo procurei mostrar como uma mesma rua – a Rua do Benformoso – revela estas continuidades entre o lugar das migrações assentes na reprodução de laços coloniais e fluxos associados à globalização das

---

[47] Cristiana Bastos, «Lisboa, Século XXI... p. 199.

migrações. Contudo, e este é o meu primeiro argumento, estas continuidades não se resumem apenas a «um lugar na cidade» (para usar o sugestivo titulo do livro de Graça Índias Cordeiro([48])). Estas continuidades sugerem antes que existe uma homologia entre esse lugar físico e um lugar estrutural, uma margem económica, social e política. Esta margem revela-se não apenas nas imagens ambíguas veiculadas acerca da zona onde estas migrações se encontram, comercial e residencialmente, mas também nas próprias condições no mercado de trabalho e de cidadania. Muitas destas atividades económicas inserem-se nos sectores informais do mercado de trabalho, sectores estes que pré-existiam a estas migrações e onde vastos segmentos se concentraram, como aliás ocorreu um pouco por toda a Europa meridional([49]). Para além disto, a grande diversidade de estatutos de cidadania conferidos a estas populações – que vão desde a nacionalidade portuguesa até à indocumentação, passando por estatutos intermédios de *denizenship* – revelam mais uma vez o seu lugar de «estrangeiros»([50]).

O segundo argumento é que interpretar tais processos implica analisar as transformações económicas e políticas que ocorreram nesta zona da cidade de Lisboa desde a primeira metade do século XX até à contemporaneidade e como estas tiveram impacto nos fluxos migratórios que então se dirigiam para Portugal. Finalmente se compararmos os dados recolhidos ao longo do trabalho de campo com os dados apresentados Jorge Malheiros e Marluci Menezes([51]) é possível constatar uma significativa transformação sociodemográfica na zona. As populações oriundas de contextos coloniais portugueses têm levado a cabo processos de conversão de capital – vendendo, trespas-

---

([48]) Graça Índias Cordeiro, *Um Lugar na Cidade: Quotidiano, Memória e Representação no Bairro da Bica* (Lisboa: D. Quixote, 1997)

([49]) José Mapril, «Banglapara...

([50]) Ramon Sarró e José Mapril, «'Cidadãos e Súbditos': imigração, cidadania e o legado colonial na Europa contemporânea», *Migrações*, 8 (2011), pp. 27-34.

([51]) Jorge Malheiros, *Imigrantes na Região de Lisboa...* e Marluci Menezes, *Mouraria, retalhos de um imaginário...*

sando e fazendo novos investimentos em imobiliário – destinados a migrantes recém-chegados. São estes que hoje em dia, na Rua do Benformoso, têm vindo a desenvolver a maioria das atividades comerciais.

Assim e para concluir, poderemos talvez argumentar que as *relações coloniais* emergem não apenas nas categorizações e lugares estruturais dos migrantes oriundos de contextos coloniais (neste caso portugueses) mas também no caso de migrantes com outras histórias e percursos (especialmente se cidadãos oriundos de países terceiros, também categorizados como *third country nationals* ou TCNs, e do «Sul»). Como Benoit de L'Etoile[52] argumenta, os legados coloniais parecem não remeter apenas para memórias mas estruturam as próprias relações sociais na contemporaneidade.

---

[52] Benoit de L'Etoile, «The past as it lives now...

A colónia, a metrópole e o que veio depois dela: para uma história da construção política do trabalho doméstico em Portugal

NUNO DIAS

> E a grande verdade é esta: nunca ninguém, até hoje neste país, se preocupou em estudar a história da tua classe. E sabe--se bem porquê. Estudar a tua história para te ser útil na luta contra a injusta situação em que vives, não quadra bem na cabeça dos historiadores burgueses. Também eles têm Empregadas Domésticas[1].

Durante o período colonial o trabalho e as suas diferentes formas materializaram uma arena privilegiada de construção e reprodução de uma ordem social caracterizada por fronteiras que transcenderam as circunscrições convencionais de classe, hegemónicas nas metrópoles, assentes em critérios de propriedade material. A economia política do espaço urbano colonial, e das suas zonas de influência, desenvolveu-se em homogenia com um processo de racialização dos diferentes momentos da produção e do consumo. Por outro lado, tanto nas colónias como na metrópole, as migrações, mais ou menos coercivas, de trabalhadores rurais para os centros urbanos da modernidade produziram, ajustaram e regularam uma nova estrutura hierárquica atravessada por diferentes elementos de classificação profissional, racial e/ou social. É na cidade, do paradigma de trabalho intensivo, que estes processos se padronizam, segmentando o desenho social da malha urbana, como resultado

---

[1] Olegário Paz, *Empregadas domésticas: mulheres em luta. Para a história do serviço doméstico em Portugal – das origens ao fascismo* (Lisboa: Edições Base, 1979) p. 10.

da complexificação da divisão social do trabalho. Este artigo centra-se nos modelos de produção política da posição social das trabalhadoras domésticas em contexto colonial, na metrópole e em contexto pós-colonial (em Portugal) para problematizar a equivalência estrutural dos processos de desclassificação de grupos sociais a partir de critérios raciais/étnicos e/ou de classe.

Introdução

No início do séc. XIX William Du Bois apresentou, no célebre *Souls of Black Folk*, um teorema que fincou a expressão *Colour Line* na discussão em torno da estrutura de relações raciais norte-americana. Para o autor, o século que se abria seria determinado pelo problema da linha de divisão marcada pela cor de pele. Em retrospetiva, corridos mais de cem anos após as observações de Du Bois, é erróneo não reconhecer, ainda que parcialmente, a sua transformação em evidência histórica. Dos colonialismos, que se apuravam ainda na transição entre séculos mas que se estenderam muito para além de 1900, e dos regimes de diferença e hierarquias raciais produzidas no interior destes, sem exceções; passando pelas etnogéneses nacionalistas europeias e por alguns dos seus mais infames corolários; pela firmeza da segregação racial na definição dos contornos da sociedade norte-americana; até aos conflitos sociais nas economias do hemisfério norte em resultado das migrações económicas pós-guerra e pós-coloniais, sobressai um catálogo de eventos históricos relativamente aos quais poucos conceitos podem ter tanta utilidade interpretativa quanto o de racialização([2]). Não obstante o reconhecimento das estruturas ativas de produção de

---

([2]) O conceito de racialização descreve o processo através do qual as relações sociais entre indivíduos, nas sociedades coloniais, são estruturadas pela significação fenotípica de modo a definirem e representarem coletivos sociais diferenciados numa estrutura institucionalizada, cuja posição na mesma reflete a discrepância de acesso a instrumentos de poder. Robert Miles, *Racism* (London: Routledge, 1989), p. 75.

uma estratificação social com base numa gramática racial, e de formação de grupos sociais através da prática (des)classificatória do Estado, há outras dinâmicas que é importante observar para compreender a natureza complexa dos sistemas de preconceito e de desigualdade.

A modernidade, a da industrialização, da urbanização e dos imperialismos nacionalistas do século XIX, no seu desenvolvimento burocrático, consubstanciou-se em processos e práticas complexas de produção e ordenação dos territórios e das populações, enquanto componentes do processo produtivo, que assentaram em critérios de diferenciação racial e/ou de classe que, consoante os contextos, foram mais ou menos intensificados ao longo de todo o século XX. O modo como estes critérios foram ocasionando, reificando e cristalizando, espaços identitários preenchendo verticalmente uma hierarquia do privilégio social legitimada pelo marcador fenotípico da cor da pele ou da rudeza de feições (o primitivismo racial do sujeito colonial ou a incivilidade das classes trabalhadoras metropolitanas) parecem corroborar a ideia profética de Du Bois para quem a relação entre a ideia de identidade negra e de identidade norte-americana determinaria a evolução global da sociedade norte-americana. O argumento que aqui pretendemos avançar não quer fazer equivaler em absoluto o referencial de racialização ao referencial de classe como princípio estratificador, dissolvendo assim a especificidade analítica que cada um destes processos contém. Pelo contrário, entendemos que apenas depois de identificado o que separa raça e classe, enquanto conceitos e enquanto práticas, compreenderemos o que é homólogo nesses mesmos «locais» materiais e simbólicos e que resultados se produzem a partir da sua combinação. No que nos diz respeito, é importante clarificar e assumir a nossa leitura desses percursos e das suas intersecções.

Apesar das premissas que diferenciam as principais correntes de operacionalização do conceito de classe, filiadas quer na tradição marxista quer nos grémios weberianos, elas são ambas concebidas a partir de um plano partilhado que não deve ser secundarizado, até porque é parte importante do argumento que propomos neste artigo: o plano em que a classe é uma consequência da atividade económica e desempenha um papel central na constituição e ordenação das sociedades capitalista([3]).

E é esse encastramento primordial, acreditamos, que transforma o conceito de classe num instrumento importante de desmontagem de processos discursivos sobre o que são «objetivamente» as sociedades e que tipo de formações sociais explica «objetivamente» o modo como estas se organizam – por outras palavras, que tipos de relações entre indivíduos e grupos de indivíduos são imprescindíveis para que a sociedade aconteça.

A multiplicidade e a complexidade de eventos globais políticos, económicos e sociais que preenchem os resumos de história contemporânea equivalem a um vasto índice de desafios à força analítica e política de qualquer conceito com a ambição da universalidade, mas nem sempre a rutura paradigmático--conceptual representa um avanço no sentido da captação de dimensões ocultas nas dinâmicas sociais. E com o conceito de classe parece acontecer, em diferentes circunstâncias históricas, uma espécie de «apagamento» em prejuízo de outras propostas conceptuais a quem eventualmente é atribuída maior precisão explicativa para abordar certos tipos de fenómenos sociais. Questões como o racismo e a estratificação social convergida em atributos étnicos ou de género produziram, na segunda metade do século passado, novos centros dentro da teoria social que abriram a problematização da distribuição de privilégios e recursos, materiais e simbólicos, no espaço social a novos quadros conceptuais. E se é verdade que o conceito de classe, e a raiz hegeliana explícita da interpretação marxista, remete para um imaginário de conflito, incompatível com a ideia de compromisso e de estabilidade indispensável ao modelo social-democrata, e que em parte poderia explicar uma eventual intermitência da relevância da teoria marxista nos currículos académicos ou, pelo menos, uma diminuição da sua mobilização face a outros dispositivos conceptuais, não deixa de ser igualmente verdade que

---

([3]) Dennis Dworkin, *Class struggles* (Edinburgh: Pearson Education Ltd., 2007), p.15.

uma sucessão de autores e de propostas, mais ou menos empíricas, foi desafiando, ao longo de toda a segunda metade do século passado, as críticas, omissões e insuficiências que têm sido imputadas à teoria marxista, e ao conceito de classe em particular, como quadro preferencial de análise das desigualdades([4]). Ao mesmo tempo, o espaço de análise onde se tentam harmonizar estes quadros teóricos, ambos ferramenta de análise de assimetrias sociais, bem como das categorias e das hierarquias que sustentam, é resultado das dinâmicas eclodidas do declínio imperial pós-guerra e do desmoronar das fantasias inclusivas que os grandes engenhos burocráticos e retóricos dos impérios ocidentais alimentavam.

As independências coloniais que se multiplicam após 1945 têm uma consequência, que se desdobra sobre a pós-colonialidade, que nos interessa particularmente para pensar o modo como se intersectam a questão racial (em termos de cidadania) e a questão de classe: primeiro, no plano das construções identitárias nacional-imperialistas, as retóricas inclusivistas que sustentavam projetos de exploração colonial são desmascaradas pela resposta política pós-colonial dos ex-centros imperiais à vontade de parte das populações nativas em conservar uma ligação à nacionalidade metropolitana([5]); com a introdução deste critério de «bloqueio» «étnico» no acesso aos novos domínios

---

([4]) Ver, *inter alia*, Oliver C. Cox, *Race, caste and class* (New York: Monthly Review Press, 1948); Michael Banton, *The Coloured quarter: Negro immigrants in an English city* (London: Cape, 1955); John Rex, *Race relations in sociological theory* (London: Routledge and Kegan Paul, 1970); Edna Bonacich, «A theory of ethnic antagonism: the split labor market», *American Sociological Review*, 37, 5 (1972), pp. 547-559; Stephen Castles e Godula Kosack, *Immigrant workers and class structure in Western Europe* (London: Oxford University Press, 1973).

([5]) Quer no caso Português quer em outras experiências pós-coloniais as retrabalhadas arquiteturas da nacionalidade passaram a utilizar como critério predominante no reconhecimento da nacionalidade o princípio de *ius sanguini*. Ver Nuno Dias, *Remigração e etnicidade: Mobilidade Hindu no trânsito colonial entre a África de Leste e a Europa* (Lisboa: Tese de Doutoramento apresentada ao Instituto de Ciências Sociais da Universidade de Lisboa, 2009).

das cidadanias ocidentais, são produzidos, nas ex-colónias e em direção aos ditos ex-centros, fluxos de mão-de-obra, embaratecida pela resistência política ao reconhecimento e/ou aceitação da sua existência formal, que vêm recompor os exércitos de reserva de capital humano imprescindíveis à economia capitalista. Apesar da ligação colonial não ser uma condição necessária ao desenvolvimento destes fluxos ela explica, por via da proximidade linguística, por exemplo, uma relação preferencial na sua formação.

Este trabalho não pretende ser, somente, uma apologia das virtudes teórico-metodológicas da teoria marxista para pensar articuladamente a questão da diferenciação racial e sobre o modo como foi historicamente institucionalizada. Essa poderá, sim, decorrer da necessidade de problematizar as constantes presentes numa condição ocupacional específica, a do trabalho doméstico assalariado, em três contextos históricos particulares, discutindo assim, a partir da figura da trabalhadora doméstica, uma homologia nos mecanismos de produção de subalternidade estrutural – seja a partir de um referencial étnico, seja a partir de um referencial de classe, ou de ambos – em sociedades capitalistas.

Para Oliver Cox[6], autor precursor da teorização do desenvolvimento de estruturas raciais como resultado da modernidade capitalista, o capitalismo não existe sem mercadoria e a intensidade do seu desenvolvimento seria tão maior quanto mais concreto se tornasse a mercadorização do seu combustível fundamental: a mão-de-obra. Requisito esse que é cumprido plenamente em e a partir de África, onde a dissemelhança física facilitou a elaboração de uma economia moral da exploração escravocrata. A particularidade do racismo que aí é formado, por exemplo, comparativamente ao antissemitismo (onde o grupo dominante rejeita a participação e as crenças do grupo subordinado no espaço público), assentava justamente na sua contribuição para a simplificação do processo de exploração do grupo subordinado[7]. É este mecanismo de exploração que

---

[6] Oliver C. Cox, *Race, caste...*
[7] *Ibidem*, p. 393.

nos interessa destacar em Cox e, argumentamos, não mais se perde ao longo da história da relação colonial entre capital e trabalho e, depois, com a imigração pós-colonial. E, recuperando o argumento supra, o pós-guerra, a vaga de independências coloniais e o novo quadro migratório internacional, com os seus novos protagonistas, desencadeiam mudanças sociais que começam a criar desafios, em particular na Europa, aos quadros conceptuais disponíveis para refletir sobre as (ex)metrópoles industriais.

A imigração afro-asiática para o continente europeu abre brechas num ideal, imaginado, de solidariedade operária que se vê à mercê de forças políticas populistas de pendor nacionalista que idealizam a nação como o espaço da determinação coletiva, homogénea, acima da fratura social[8]. Neste contexto, a homogeneidade analítica presente no conceito classe social como critério preponderante na organização de grupos, organizações, instituições, interesses, etc. parece ser empiricamente contrariada pela influência e significado encontrado em outros critérios ditos alternativos (raça, etnicidade, género, geração, etc.). Se pensarmos que etnicidade e raça são modos de filiação social partilhada baseada numa crença de origem comum, disponíveis entre outros modos de filiação social possíveis, como o nacionalismo ou o tribalismo, e que dividem a partir de linhas de ancestralidade, não será difícil aceitar que estas divisões possam ser atravessadas por outros modos de filiação e de identificação, nomeadamente, económicos ou políticos[9].

Trata-se, portanto, de compreender que debatemos processos dinâmicos de formação de grupos, também eles, por inerência dos processos a que estão sujeitos, mutáveis na sua composição, práticas e disposições. E, da mesma maneira que alguns autores clássicos assumiram prematuramente que um compo-

---

[8] Veja-se a este propósito a cronologia de eventos relevantes apresentada em John Rex e Sally Tomlinson, *Colonial immigrants in a British city. A class analysis* (London: Routledge & Kegan Paul, 1979), pp. 39-47.

[9] Edna Bonacich, «Class approaches to ethnicity and race», *Critical Sociology*, 25, n.º 2/3 (1999), pp. 166-194, p. 166.

nente identitário como a etnicidade se dissolveria sob a pressão modernista e, no caso dos marxistas, que a solidariedade de classe sobreviria aos chauvinismos nacionalistas, reactivamente, também a etnicidade se conceptualizaria enquanto ligação social «primordial»([10]). Edna Bonacich, uma das autoras que mais tem trabalhado e desenvolvido as áreas de cruzamento entre as duas dimensões de análise – raça/etnicidade e classe – criou, a partir de observatórios diversificados, um aparelho conceptual para lidar com as aparentes contradições e complexidade dos processos de formação de grupos, e de relações dentro e entre estes, em sociedades capitalistas onde as categorias étnicas ou raciais são parte da realidade social([11]). Numa circunstância académica onde a questão da classe e a questão étnica são frequentemente discutidas em função do tipo de solidariedades mais «espontaneamente» mobilizadas, e portanto de autenticidade, Bonacich([12]) desvaloriza a discussão em torno do papel que os trabalhadores do grupo dominante desempenham nos conflitos laborais, em particular a discussão de um alinhamento «nacional» entre os trabalhadores do grupo dominante, em oposição a um grupo imigrante – e portanto anulando uma eventual solidariedade de classe. Na autora, a ideia de um mercado de trabalho segmentado([13]) remete para processos capitalistas de ordem global e para os desequilíbrios estruturais entre países, em larga medida dependentes de estruturas de (sub)desenvolvimento coloniais e para a incapacidade de resistência destes trabalhadores a processos de exploração. A disponibilidade destes trabalhadores e a sua mobilidade em condições particulares para outros mercados de trabalho suscita reações de competição que alteram a morfologia do mercado de trabalho. A autora

---

([10]) Clifford Geertz, «The integrative revolution: primordial sentiments and civil politics in the new states», in Clifford Geertz (org.), *Old Societies and New States* (Glencoe: Free Press, 1963), pp. 105-157.

([11]) Ver Edna Bonacich, «Class approaches... para uma discussão detalhada sobre alguns dos aparelhos conceptuais inferidos a partir de uma leitura de classe aplicada à questão racial e étnica.

([12]) *Ibidem*, pp. 187-188.

([13]) *Split Labor Market* no original.

sugere que abordemos todas as relações de classe geradas dentro de complexos imperiais como um sistema. Neste sentido, à medida que o capitalismo se vai desenvolvendo, o preço da mão-de-obra tende a aumentar, o que, consequentemente, incita o capital a procurar mão-de-obra mais barata no sentido de maximizar o lucro realizado. Teoricamente, importa, assim, resistir a um conceito de classe economicista reformulando a ideia de luta de classes de maneira a que em circunstâncias analíticas concretas o complexo racial/étnico seja entendido como parte dessa luta[14]. Para esta análise é então central compreender em que medida têm sido histórica e continuadamente determinantes, para a acumulação de capital, a formação e a reprodução de uma ordem racial/étnica.

Em Portugal, quer nas colónias, quer na metrópole, o processo de transição de uma economia de base agrária para uma economia industrializada e assalariada, em que novos protagonistas são «empurrados» para a orla urbana, é visível no crescimento desorganizado e insalubre das cidades e na capacidade de atração que estas exercem sobre as populações rurais do interior. Assim, a necessidade de mão-de-obra por parte da indústria e, mais importante, de controlo sobre esta mão-de-obra é, também, realizada pela conversão da mulher em força operária de baixo valor, complexificando, em simultâneo, o regime de trocas a que passa também a estar sujeito o trabalho reprodutivo. E é para este último espaço, o das tarefas reprodutivas, tradicionalmente entendido como extrínseco à esfera da atividade produtiva, mesmo quando assalariado, que pretendemos recuperar o debate em torno da questão étnica e da questão de classe e a importância destas, enquanto instrumentos de análise das estruturas sociais e, no interior destas, da formação política e social de grupos sociais. O trabalho doméstico e a sua configuração sócio-histórica permitem, acreditamos, ilustrar,

---

[14] Ver a este propósito a proposta de Harold Wolpe, «Class concepts, class struggle and racismo», in John Rex and David Mason (orgs.) *Theories of Race and Ethnic Relations* (Cambridge: Cambridge University Press, 1986), p. 111.

no caso português, o modo como se intersectam e perpetuam dinâmicas políticas de produção identitária, de classe, étnico--racial e profissional em diferentes contextos geográficos e temporais. O trabalho que se segue é uma incursão ainda exploratória num terreno interpretativo que depende, em larga medida, do modo como se ligarão três contextos distintos num quadro teórico-metodológico cuja afinação só poderá concretizar-se em etapas futuras do projeto a desenvolver – motivo pelo que assumimos, desde já, a incompletude do quadro de referências mobilizadas face ao quadro de referências existentes.

Servir nas colónias

A realização de tarefas reprodutivas por pessoas exteriores ao foro familiar é parte da história universal e encontramo-la estruturalmente dependente de uma assimetria de recursos, simbólicos e/ou materiais, entre grupos sociais. Historicamente encontramos, também, este tipo de serviço desempenhado por escravos, em sociedades onde a escravatura fazia parte do esquema de relações sociais predominante. Ao longo do tempo, o extenso e variável elenco de categorias implicadas no trabalho reprodutivo e na servidão, bem como o acesso a estas, vai sendo consolidado na relação com as hierarquias coevas de prestígio social. E se é verdade que a relação entre serviço doméstico e escravatura é, provavelmente, constitutiva de ambos, é também verdade que, com a modernidade, algo mudou, tanto na relação, como no papel que estas duas instituições desempenham nas relações de produção das sociedades em que se concretizam. Aqui, importa problematizar o modo como conceções racialistas se desenvolvem, neste período, em torno da questão do trabalho colonial, em particular no trabalho doméstico, e como são reforçadas pelas lógicas capitalistas de formação de uma reserva de mão-de-obra.

O desenvolvimento do aparato colonial, em particular a partir da transição entre os séculos XIX e XX, conduz ao crescimento rápido dos centros urbanos que eram entrepostos de ligação com a metrópole e o resto do mundo, exigindo a construção de equipamentos urbanos, de agilização do transporte de pessoas entre lugares e de um ordenamento do espaço que acentuava distâncias entre residência e trabalho. A viragem do século é, na história colonial portuguesa, um marcador de viragem nas relações de trabalho. Jeanne Marie[15], trabalhando sobre o caso de Lourenço Marques, capital do Moçambique colonial, demonstra distintamente a existência de um triângulo, formador da relação dos colonos com as populações negras, que se começa a desenhar neste período, e que se vem a definir ao longo das décadas seguintes, que liga desenvolvimento urbano, trabalho e disciplina (física, moral e política). Problematizar a história do trabalho doméstico no contexto do império português é, também, reconstituir uma parte importante da história das cidades coloniais. Em 1904 um em cada seis empregos urbanos era no serviço doméstico e em 1933 representavam já um terço da força de trabalho voluntário na cidade[16]. O censo de 1928 ilustrava ainda a demarcação racial da estrutura ocupacional colonial, na qual «95% de toda a força de trabalho assalariada em tarefas domésticas era composta por homens e mulheres africanos, tornando claro o carácter subordinado atribuído, na mentalidade dos empregadores, a este tipo de trabalho (…)»[17]. A relação entre conforto adquirido e categorias raciais era estreita e manifesta, e do trabalho doméstico constava, em larga medida, a ambiguidade da proximidade ao colono branco: por um lado, o acesso ao espaço de privilégios racialmente circunscritos e à aprendizagem dos códigos necessários para funcionar nesses espaços; e, por outro lado, a imediação da autoridade, amiúde caprichosa, dos patrões[18]. A autora descreve

---

[15] Jeanne Marie, *African workers and colonial racism. Mozambican strategies and struggles in Lourenço Marques, 1877-1962* (London: James Currey, 1995).

[16] *Ibidem*, p. 55.

[17] Valdemir Zamparoni, «Género e trabalho doméstico numa sociedade colonial: Lourenço Marques, Moçambique, c. 1900-1940», *Afro-Ásia* (1999), p. 151.

[18] Jeanne Marie, *African Workers...* p. 54.

a génese e a evolução de um sistema de relações de trabalho, dependente de mecanismos compulsórios de produção, controlo e disciplinamento de mão-de-obra rural para a qual o trabalho urbano (no interior da casa, nos portos ou na construção) surge como inevitabilidade colonial. Os esquemas compulsórios de incorporação de nativos na economia monetária([19]) materializavam a autoridade arbitrária e violenta do poder colonial sobre as populações negras, idealmente com a cooperação das elites locais, e foram um dos mais importantes instrumentos de implementação do Estado colonial e de desenvolvimento de um regime capitalista. E, embora a autora resista a interpretar, genericamente, esta transição como uma dinâmica de alienação dos meios de produção, sobretudo em virtude de alguns destes trabalhadores «migrados» manterem acesso à terra e a algum gado([20]), ocorre-nos justamente essa imagem, a de uma transferência crescente, progressiva, de mão-de-obra rural para contextos urbanos por via de uma introdução forçada na economia assalariada([21]). Uma entrada forçada que parece fixar racialmente as diferentes etapas do processo produtivo, e, obviamente, das consequentes tarefas reprodutivas que lhe subjazem.

([19]) A criação destes esquemas legais, sucedâneos dos modelos escravocratas, que apontam à transformação dos «libertos» em trabalhadores contratados, surgem de uma perceção que este novo regime liberal e capitalista amplia de que só pela economia de plantação se produziria riqueza em África e o único motivo forte para aí atrair investimento seria a mão-de-obra barata. É ainda em finais do séc. XIX que surgem estes esquemas nos quais as populações nativas são forçadas a pagar imposto em trabalho e é introduzido o trabalho correcional. Ver Malyn Newitt, *História de Moçambique* (Mem Martins: Europa-América, 1997), p. 341.

([20]) Jeanne Marie, *African Workers*... p. 6.

([21]) A importância do contexto urbano para o processo de hegemonização da economia monetária é reforçada pela coexistência de modelos conflituais paralelos, fora da zona imediata da influência das cidades, em zonas do interior, tudo indica, menos «vulneráveis» aos esquemas, mais ou menos coercivos, de angariação de mão-de-obra quer para os complexos agrícolas, quer para a indústria mineira. Ver, por exemplo, Leroy Vail e Landeg White, *Capitalism and Colonialism in Mozambique: A Study of the Quelimane District* (Minnesota: University of Minnesota Press, 1980).

Com o reforço da proximidade racial, nas cidades, surgem os dispositivos políticos de segmentação hierárquica das populações colonizadas, ordenando a cidade colonial, e a distribuição de recursos simbólicos que distinguem as formas de participação nesta, ao longo de uma geometria racialmente acertada. A estratificação categorial vai-se complexificando ao longo do séc. XX como reflexo da necessidade crescente de uma mão-de-obra modelável e movível. A resistência das populações nativas à incorporação num regime de assalariamento pós-escravatura, e uma aparente desconsideração repetida e generalizada destas populações pelos compromissos e horários que o trabalho assalariado implicavam, eram um espaço de indignação e reivindicação dos patrões relativamente às autoridades oficiais. Reivindicações essas que, consistentemente, causaram efeitos. Era necessário civilizar pela disciplina, pelo e para o trabalho([22]).

Uma das características do processo produtivo nas economias capitalistas, e da organização do trabalho que vai impondo, é a disciplina da força de trabalho. Em particular nas economias de plantação, nos contextos coloniais, esta conformação esteve associada à organização de metodologias violentas de engajamento e fixação das populações nativas nos espaços da modernidade. Encaixe este que não se produziu sem resistência, quer ao nível dos trabalhadores que relutavam em fazer parte de uma mão-de-obra cumpridora dos duros planos de trabalho das grandes plantações, quer ao nível das elites negras que questionavam e se opunham às exigências de comerciantes e agricultores brancos, por legislação baseada em critérios raciais([23]). Apesar das descrições, aparentemente inconciliáveis, que ora acentuavam

---

([22]) Mesmo os missionários católicos, que em outros contextos próximos parecem ser um elemento de oposição ao tratamento diferenciado das populações por parte dos Estados coloniais, são, em Moçambique, representantes, em larga medida, da política oficial das autoridades coloniais. Ver, por exemplo, Michael Cross, «The political economy of colonial education: Mozambique, 1930-1975», *Comparative Education Review*, vol. 31, n.º 4 (1987), pp. 550-569.

([23]) Aida Faria Freudenthal, «Angola», in A. H. de Oliveira Marques (org.), *O Império Africano 1890-1930 – Nova História da Expansão Portuguesa*

a mansidão, a passividade e a docilidade dos negros na incorporação da rotina violenta do trabalho, ora invocavam a animalidade e a propensão dos negros para o ócio e o vício[24], é no espaço das relações de trabalho, com todas as suas incongruências e tensões, que encontramos o esteio de uma construção social e política da figura do nativo cujas origens novecentistas continuam a estender-se para além do dobre de finados do regime colonial. Apesar da natureza simbólica distinta dos dispositivos simbólicos de dominação observados nas colónias e nas metrópoles, a vocação prática dos regimes de trabalho estabelecidos e regulamentados produzia realidades em certa medida comparáveis, como tentamos demonstrar a partir do «estudo de caso» do trabalho doméstico. Como refere Marta Macedo, a propósito das roças de S. Tomé e de Príncipe, as doenças que matam nas plantações, com a exceção da doença do sono, são as que afetam os operários das fábricas europeias, resultantes da sobrecarga de trabalho, da insalubridade e da desnutrição a que os trabalhadores estavam sujeitos. Condições essas que desencadearam, na metrópole, como nas colónias, discursos e práticas higienistas que visavam atenuar o impacto da condição laboral sobre a disponibilidade física da mão-de-obra[25].

É interessante notar, como parte do argumento central deste artigo, que a importância de educar os nativos para a execução de tarefas, subordinadamente, com discrição e invisibilidade, em particular no trabalho doméstico, e o choque desta pretensão com a dificuldade de produção de disciplina, tangenciam o enquadramento moral dominante das trabalhadoras domésticas metropolitanas, como veremos adiante. O trabalho nas colónias é, desde 1899, legalmente citado como «obrigação

---

(coord. Joel Serrão e A. H. de Oliveira Marques), Vol. XI (Lisboa: Editorial Estampa, 2001), p. 448.

[24] Marta Macedo, «Império de Cacau: ciência agrícola e regimes de trabalho em S. Tomé no início do séc. xx», in Miguel Jerónimo (org.), *O Império Colonial em Questão (Sécs. xix-xx). Poderes, Saberes e Instituições* (Lisboa: Edições 70, 2012), pp. 304-309

[25] *Ibidem*, p. 308.

moral» a que devem submeter-se todos os homens e mulheres entre os 14 e os 60 anos([26]) – um enquadramento ao qual não é alheio a necessidade de intervenção do Estado para executar e pôr em marcha, por força de decreto, os pressupostos teóricos do liberalismo([27]). Mas, mesmo num contexto de procura elevada de trabalhadores para o espaço doméstico, estas ocupações continuavam a estar na base da pirâmide de médias remunerativas e os seus protagonistas permaneciam mais vulneráveis aos humores dos patrões, embora algumas variáveis pudessem alterar-se consoante a região. Provavelmente por este motivo – em alguns casos um trabalhador doméstico podia receber menos pelas suas tarefas do que um trabalhador angariado ao abrigo dos esquemas compulsórios – aqueles que desempenhavam estas tarefas eram maioritariamente jovens rapazes que usavam o trabalho doméstico como porta de entrada para o mercado laboral urbano, abordando-o como um treino para profissões melhor remuneradas na economia urbana([28]). A prevalência masculina no trabalho doméstico certifica, em parte, o domínio delicado e o perigo que representava, do ponto de vista da gestão da identidade pessoal, a proximidade física com os colonos. Zamparoni([29]) disputa a fundamentação para o número marginal de mulheres no trabalho doméstico colonial ao domínio exclusivo da desinibição sexual percecionada pelas mulheres brancas e do perigo que representariam em coabitação com os

---

([26]) Malyn Newitt, *História de...* p. 341.

([27]) O cultivo do algodão e os sucessivos fracassos na pretensão de estabelecimento de uma indústria algodoeira colonial firme, até ao programa criado durante o Estado Novo são um estudo de caso interessante para observar a relação entre indústria e capitalismo e mecanismos compulsórios de produção e controlo sobre a mão-de-obra. Ver, entre outros, M. Anne Pitcher, «Sowing the seeds of failure: early Portuguese cotton cultivation in Angola and Mozambique, 1820-1926», *Journal of Southern African Studies*, Vol. 17, No. 1 (Mar., 1991), pp. 43-70; Allen Isaacman, «Coercion, paternalism and the labour process: The Mozambican cotton regime 1938-1961», *Journal of Southern African Studies*, Vol. 18 (3), (1992), pp. 487-526.

([28]) Valdemir Zamparoni, «Género e trabalho doméstico... p. 60.

([29]) *Ibidem*, p. 167.

seus maridos – por oposição ao contexto europeu, onde a acentuação da divisão sexual do trabalho é coeva dos processos de afinação do modelo de sociabilidade burguês no interior do qual atividades domésticas e feminilidade se conciliavam naturalmente. O mesmo vale, segundo o autor, para os argumentos que afirmam que este tipo de trabalho pudesse ser repudiado pelas mulheres africanas em virtude de um controlo excecionalmente ativo exercido sobre quem executava as tarefas domésticas ou, ainda, em função de uma depreciação moral associada às tarefas domésticas[30].

Para Zamparoni, esse desequilíbrio de género é, mais verosimilmente, uma dinâmica de resistência, uma consequência de mecanismos de defesa das populações nativas relativamente ao papel social da mulher nas sociedades autóctones, a quem cabia a reprodução, a educação dos filhos e também as lides domésticas. Apenas as mulheres mais velhas vêm a procurar emprego no trabalho doméstico, mais usualmente como lavadeiras ou amas, embora, sobretudo a partir da década de quarenta, o Estado Novo venha a implementar uma política ativa de feminização do trabalho doméstico, com o objetivo de resolver o problema da indisciplina entre os jovens serviçais[31]. Mas apesar da vontade administrativa, o aumento das mulheres no serviço doméstico nunca chegou a ser suficiente para transformar o paradigma do trabalhador doméstico. Em primeiro lugar, porque para as mulheres negras o trabalho doméstico nunca seria apenas uma etapa a cumprir no percurso maior de acesso a uma ocupação melhor remunerada; seria sempre, profissionalmente, um fim em si mesmo. Em segundo lugar, porque as trabalhadoras domésticas – as lavadeiras e as amas – não eram apenas as mais mal pagas, eram, também, aquelas que viam os seus salários diminuir com o passar do tempo, optando, se lhes fosse permitido, pelo trabalho fabril, igualmente mal pago, nas unidades de processamento de caju[32].

---

[30] *Ibidem*, p. 166.
[31] *Ibidem*, p. 148.
[32] *Ibidem*, p. 151.

O desenvolvimento das economias coloniais ocorre no interior de sistemas imperiais, onde colónias e metrópole se relacionam, por vezes em tensão política, mas ao abrigo de lógicas capitalistas idênticas, vinculadas, no interior das quais os processos de formação de grupos subordinados são distintamente similares. Com isto queremos dizer que, mais do que realidades conceptuais e operativas distintas, raça e classe combinam-se para produzir dependência e obediência social. Se, por um lado, dinâmicas convencionais de um conflito que opõe interesses antagónicos de classe se verificam nas tensões que se materializam entre trabalho e capital tanto na colónia, opondo trabalhadores negros a patrões brancos, como na metrópole, opondo uma classe operária branca a patrões também brancos; por outro lado, a retórica que sustenta o aparelho repressivo mobilizado para conter a organização de trabalhadores negros distingue-se dos instrumentos retóricos e materiais convocados na resposta às reivindicações dos trabalhadores brancos[33]. E, parafraseando Zamparoni[34], em que outro terreno melhor se afinariam as linhas de fronteira raciais e de classe entre sujeitos coloniais, colonos e colonizadores, do que na insularidade doméstica?

Servir na metrópole

Este artigo pretende ensaiar um exercício comparativo que parte de uma ideia de simultaneidade do processo de vulgarização de acesso ao serviço doméstico em duas sociedades, uma colonial e uma outra metropolitana, politicamente interligadas; para problematizar a putativa influência de ambas as circunstâncias num contexto pós-colonial. Para esse efeito interessa reconhecer as condições em que o trabalho doméstico passa, na metrópole, a fazer parte de um *habitus* burguês e de grupos com aspirações burguesas e procurar captar os efeitos dessa

---

[33] Jeanne Marie, A*frican workers*... p. 82.
[34] Valdemir Zamparoni, «Género e trabalho doméstico..., p. 168.

transformação na produção política da figura da trabalhadora doméstica. Género à parte – não importa aqui aquilatar ordens de grandeza de vulnerabilidade a que se encontravam sujeitas mulheres brancas na metrópole e homens negros nas colónias([35]) – os processos de reprodução social assentes em lógicas de classe protagonizados pelas trabalhadoras domésticas que chegam às cidades, em particular a Lisboa e ao Porto, para «servir» e os «projetos raciais»([36]) coloniais de que são parte os jovens negros moçambicanos parecem conter bastantes semelhanças do ponto de vista dos discursos e das ansiedades suscitadas nos patrões.

João Leal, ao comentar a cultura popular portuguesa como matéria primordial da agenda de pesquisa da antropologia portuguesa em finais do séc. XIX, profundamente comprometida com a problemática da identidade nacional, evidencia o carácter depreciativo das descrições reservadas aos camponeses e aos hábitos, costumes e outros aspetos do seu quotidiano – «boçal», «rude», «grosseiro», «indigente», «vadio», etc.([37]) O retrato desencantado dos camponeses e da ruralidade de onde provinham, da sua «olaria primitiva», traduzia uma obsessão de fim de século com a decadência nacional mas apontava igualmente o sentido das idealizações de algumas elites sobre as classes sociais mais baixas e do seu lugar na balança das

---

 ([35]) Reconhecendo, naturalmente, que o género é um eixo diferenciador histórico na determinação de expectativas com autonomia relativamente à classe social e ao grupo étnico optámos, de modo a evitar a complexificação da argumentação central aqui testada, não convocar a dimensão de género para a intersecionalidade discutida. Ver para esse efeito Nuno Dias «Género e mobilidades: números e tendências da imigração feminina em Portugal», *Dinâmia Working Paper* (2010).

 ([36]) Usamos a expressão de Michael Omi and Howard Winant (1994) que desenvolvem os conceitos de formações raciais e de projetos raciais no sentido de um conjunto amplo de atividades que coligam o significado de raça às práticas através das quais a vida social é organizada.

 ([37]) João Leal, *O império escondido: camponeses, construção da nação e império na antropologia portuguesa*, in Manuela Ribeiro Sanches (org.) *Portugal não é um país pequeno. Contar o império na pós-colonialidade* (Lisboa: Cotovia, 2006). pp. 63-79.

virtudes e deformidades da identidade nacional[38]. É nesta imagem da ruralidade que encontramos projetadas as reservas sobre as aptidões e a ética das trabalhadoras domésticas metropolitanas.

A figura prototípica da trabalhadora doméstica durante o período do Estado Novo pode descrever-se como uma rapariga de famílias pobres rurais, em muitos casos analfabeta[39]. As expectativas face ao mundo urbano e o choque pessoal, e familiar, que a transição efetivada acarreta; a ausência de alternativas e a inevitabilidade da condição servil; a aprendizagem dos códigos comportamentais; os horários de trabalho; as responsabilidades exigidas; e a disciplina são componentes constantes das trajetórias da força de trabalho servil em ambos os contextos. Num processo, em parte, equivalente à construção social e política das populações negras enquanto «tipo-ideal» de alteridade contaminada, as criadas são socialmente representadas como local de disrupção da ordem[40]. A «questão das criadas», e o pânico moral em torno da influência nociva que estas mulheres produziriam sobre a asséptica casa burguesa, que Inês Brasão documenta na sua meticulosa arqueologia da condição servil durante o Estado Novo, resulta de uma construção de uma

> classe olhada como tipicamente desobediente, carente de higiene moral e física, com pretensões de imitação de classe a quem servia (pelo menos na aparência), impropriedade linguística, fragilidade física, falta de produtividade, incapacidade de cuidar dos outros, hábitos 'pouco católicos'[41].

---

[38] *Ibidem*, pp. 65-70.

[39] Lieve Meersschaert, «Alguns contributos para o estudo da identidade das empregadas domésticas em Portugal», *Análise Social*, vol. XXII, nº 92-93 (1986), pp. 633-642; Inês Brasão, *O tempo das criadas. A condição servil em Portugal (1940-1970)* (Lisboa: Tinta da China, 2012).

[40] Inês Brasão, «Serviço doméstico em Portugal: lugares de origem, êxodo e itinerários urbanos (anos quarenta a sessenta)», in Nuno Domingos e Victor Pereira (orgs.), *O Estado Novo em Questão* (Lisboa: Edições 70, 2010), pp. 81-110.

[41] Inês Brasão, *O tempo...* p. 12.

A abundância de impressões depreciativas e socialmente desclassificadoras de um coletivo, assim homogeneizado, e a acentuação das mesmas, não será alheia ao crescimento da categoria laboral([42]) e, consequência desse aumento, à ameaça representada pela diferença percecionada, neste caso inscrita na condição social e não na cor da pele, entre os grupos que servem e os grupos que são servidos. Tal como nas colónias, o reconhecimento da disparidade dos regimes de privilégios atribuídos a grupos sociais distintos, e a crença de que a autoridade e a disciplina seriam o entrave à possibilidade latente de inversão de papéis, redundavam numa intensificação da caracterização dos grupos dominados como candidatos ilegítimos à mobilidade social. A importância de civilizar, e docilizar, a servitude por via da educação feminina para os afazeres domésticos passa, também aqui, pela mobilização do dispositivo burocrático. A ideia, persistente durante a década de cinquenta e sessenta, de cadastrar as trabalhadoras domésticas, apesar de não se ter difundido enquanto prática, tinha como objetivo acomodar a «classe», insurreta, aos princípios do Estatuto do Trabalho Nacional. Em 1958, Adelaide de Carvalho, assume a representação das patroas e publica um aturado excurso consagrado ao «problema das criadas» no qual lastima a «perda de direitos dos patrões, vítimas de abusos e de calamidades» inquietando-se com o que compreende ser um «conflito existente entre amas e criadas»([43]). Além da intensidade com que se entrega à confeção de uma proposta de criação de um cartão profissional e de um registo cadastral para as criadas, este opúsculo permite ainda identificar o conflito em curso como um conflito de classe. Para a autora, as «serviçais» comportam-se como corpo a quem falta o espírito de sujeição das «criadas de ontem», como uma «seita revolucionária» sem respeito pelo código de obediência e deferência devida aos patrões([44]) e cuja moralidade desregrada

---

([42]) Estatísticas de 1969 apontavam para um número próximo das 200 000 empregadas domésticas. *Ibidem*, p. 139.

([43]) Adelaide de Carvalho, *As criadas de servir e o serviço doméstico. Estudos e subsídios para a sua regulamentação* (Lisboa: Edição do autor, 1958).

([44]) *Ibidem*, pp. 11 e 33.

e exigências parecem mais graves nas cidades onde a desfaçatez se consubstancia em associação de classe, disputando até direitos sobre a (re)nomeação da sua própria categoria profissional, avançando o termo empregadas em detrimento do «criadas».

A diferença saliente nos percursos de ambas as classes parece mesmo assentar nos repertórios reivindicativos, diferenciados entre a metrópole e as colónias. O carácter temporário com que os trabalhadores domésticos negros em Moçambique encaram a sua atividade dificilmente lhes permitiria mobilizarem-se a partir de uma consciência de classe profissional – é, também, esta volatilidade que obstaculiza a formação de uma «classe para si»; já para as trabalhadoras domésticas da metrópole essa mobilização surge mais expressiva em 1921, durante o período de greves sectoriais e gerais como reação à perseverante marginalidade formal a que vão sendo confinadas. É neste contexto que vão surgindo novas iniciativas associativas com o objetivo geral de alargar a defesa dos interesses das serviçais, e de englobar aqui também as criadas de casas particulares, e de resistir ao projeto de regulamentação da atividade de serviçal e de criação de um livrete ocupacional custeado pelas próprias criadas([45]). A 17 de Agosto, em reunião magna das associações de classe dos Empregados de Hotéis e Restaurantes, Profissionais Culinários, Criados de Mesa e Empregadas Domésticas de Hotéis e Casas Particulares, é iniciada a greve contra o «regulamento do livrete» que vem a motivar prisões de elementos da Associação de Empregadas Domésticas e conflitos entre estas e a polícia([46]).

A luta das trabalhadoras domésticas atravessa toda a ditadura, substancialmente concentrada em protesto pela equiparação do seu estatuto profissional à luz do código laboral, e estende-se para além desta na mesma configuração. Aliás, todo o processo de tentativa de constituição de um espaço associativo de organização das trabalhadoras domésticas em forma de sindicato, assim como as lutas que lhe estão subjacentes, em particular as que são reflexo das profundas tensões que, no pós-25

([45]) *A Batalha*, 20-21 de Maio de 1921.
([46]) *A Batalha*, 18-19 de Agosto de 1921.

de Abril, se desocultam está ainda por realizar. Ainda numa fase incipiente, a nossa pesquisa permitiu já identificar algumas tentativas, adversárias, que, neste contexto, se encetaram com o objectivo de assegurar a representação desta classe profissional e captar o sentido de posições alinhadas com os interesses das trabalhadoras e de posições compostas em torno do argumento que assegura a fragilidade negocial das patroas. Um conflito cuja análise não cabe na economia deste texto mas que merece a alusão, até pelas semelhanças que parecem ressoar na recente controvérsia pública no Brasil relativa ao novo quadro legal que tutela a actividade das 'domésticas' brasileiras desde Abril deste ano[47].

Historicamente, estas migrantes camponesas, cedidas pela família em idades por vezes infantis, em termos relativamente vagos, que corporizaram no século passado a imagem da criada e a sua representação como mulher simples nos costumes e na racionalidade – irrevogavelmente dissemelhante dos seus senhores, urbanos e/ou sofisticados – são o antepassado da alteridade personificada na trabalhadora doméstica imigrante. A tradicional desvalorização e desprestígio da condição servil e do trabalho doméstico juntamente com modos de refletir a diferença forjados durante o período colonial, permitirão compreender melhor a evolução da ligação entre serviço doméstico e imigração num contexto pós-colonial.

Imigração e trabalho doméstico

Foram vários os esforços coletivos de conceptualização estruturados no sentido de interpretar e problematizar as transformações sociais ocorridas no pós-25 de abril[48]. E embora, na sequência imediata da circunstância revolucionária, se tenha

---

[47] http://www.bbc.co.uk/portuguese/noticias/2013/03/130326_domesticas_lei_jf.shtml.

[48] Veja-se, *inter alia*, Boaventura de Sousa Santos (org.), *Portugal: Um retrato singular* (Porto: Edições Afrontamento, 1993); António Reis (org.) *Portugal – 20 anos de democracia* (Lisboa: Círculo de Leitores, 1994);

aberto o período de maior polarização social e de maior equilíbrio de forças na tensão política entre trabalho e capital da história portuguesa contemporânea, as grandes tendências que têm talhado a sociedade portuguesa das últimas quatro décadas têm sido analisadas pelas ciências sociais mais em função de uma obsessão positivista formal com a criação de um aparato metodológico-conceptual que cataloguem as «dinâmicas sociais» características da sociedade portuguesa, do que a partir de um compromisso teórico-interpretativo crítico capaz de problematizar modelos de organização social e relações de produção predominantes como resultados de um conflito entre atores e conteúdos programáticos políticos concretos. Conceitos como o de modernidade inacabada [49] ou semiperiferia [50] – onde encontramos análises ao aumento das classes médias, à terciarização da economia, às lógicas do Estado-providência, aos novos valores e estilos de vida que coexistem com a manutenção de padrões de imobilidade social forte e níveis elevados de desigualdade socioeconómica – que indicavam uma eventual recomposição da estrutura de classes na sociedade portuguesa parecem, neste sentido, excessivamente enleada nas análises funcionalistas de sistemas sociais atuando, assim, como agentes de despolitização das possibilidades de interpretação das transformações estruturais na sociedade. Do mesmo modo, questões como a segmentação fenotípica do mercado de trabalho e das ditas estruturas de oportunidades foram insuficientemente problematizadas.

Parte integrante e necessária deste processo, as migrações económicas que acontecem para o pós-colonial (material e simbólico) formam o centro sobre e contra o qual se inicia uma

---

José Manuel Leite Viegas e António Firmino da Costa (orgs.), *Portugal, que modernidade?* (Oeiras: Celta, 1998).

[49] Fernando Luís Machado e António Firmino da Costa, «Processos de uma modernidade inacabada», in *José* Manuel Leite Viegas e António Firmino da Costa (orgs.), *Portugal, que modernidade?* (orgs.) (Oeiras: Celta, 1998), pp. 17-44.

[50] Boaventura de Sousa Santos, «Estado e sociedade na semiperiferia do sistema mundial: o caso português», *Análise Social*, 87/88/89 (1985), pp. 869-901.

nova construção pública ocidental da alteridade racializada. Um encontro sem a mediação filtrada da etiqueta colonial, que representava uma hierarquia estabilizadora das ansiedades coletivas, mas com a legenda, mediática, que produz o pânico moral ao prenunciar o conflito social([51]).

No início do período industrial, é nas cidades que emergem e se alargam (novos) modelos burgueses de gestão do espaço doméstico e que a divisão social do trabalho servil se reconfigura para lá dos paradigmas servis definidos no interior da aristocracia. De forma mais ou menos similar, as transformações económicas, sociais e políticas associadas à globalização e à pós-colonialidade transferem novamente o trabalho doméstico para fora da arena de privilégios materiais exclusivos de grupos sociais mais afluentes. O recrutamento de trabalhadoras domésticas, um processo que, em Portugal, beneficiava maioritariamente das expectativas de mobilidade social ascendente que famílias rurais tinham relativamente à economia monetária urbana, internacionaliza-se e começa a reorientar-se, desde a década de oitenta, para a crescente população feminina imigrante. O aumento significativo, nas últimas décadas, do número de agregados que recorre à contratação de trabalhadoras domésticas acontece na sequência de um conjunto variado de alterações sociais: a emancipação da mulher e o acesso à educação; o crescimento da taxa de atividade feminina; a terciarização da economia; a evolução demográfica nos países ocidentais; e, obviamente, a existência de mão-de-obra disponível nos circuitos globais([52]).

A «mecanização da unidade doméstica»([53]) e a «mercadorização do trabalho reprodutivo» geraram espaços de oportunidade de entrada privilegiados para o contingente socialmente

---

([51]) Pierre Guibentif, «A opinião pública face aos estrangeiros», in M. C. Esteves (org.), *Portugal, País de Imigração* (Lisboa: I.E.D, 1991), pp. 63-74.

([52]) Bridget Anderson, «A very private business. Exploring the demand for migrant domestic workers», *European Journal of Women's Studies*, vol. 14, n.º 3 (2007), p. 250.

([53]) Christine Catarino e Laura Oso, «La inmigración femenina en Madrid y Lisboa: hacia una etnización del servicio doméstico y de las empresas de limpieza», *Papers*, 60 (2000), pp. 183-207.

desprotegido das imigrantes laborais provenientes das economias exteriores ao espaço Schengen([54]). Para mais, num contexto de acentuado envelhecimento demográfico e de desmantelamento dos serviços sociais do Estado-providência é a mão-de-obra que parece ter vindo a ser solicitada para suprir a carência no acompanhamento da população idosa, diversificando e sofisticando assim o tipo de serviços requisitados a esta classe([55]). Mas apesar das diferenças observadas nos modelos de relação laboral, por exemplo nas formas contratuais, entre quem executa tarefas de limpeza e de preparação de refeições e quem é, sobretudo, cuidador (estes com maior probabilidade de terem vínculos contratuais mais estáveis) ([56]), o fator fenotípico, a nacionalidade e o estatuto legal, continuam a ser estruturantes na determinação da localização social do imigrante nos mercados de trabalho fortemente etnicizados – o sector do trabalho doméstico não é exceção, pelo contrário. Num sector que continua a ser representado como excecional, face a uma alegada maior intimidade interpessoal entre empregado e patrão, o espaço para a arbitrariedade e a predominância da informalidade parecem apenas confirmar o carácter desfavorecido do trabalhador e o seu papel secundário na negociação da relação de trabalho. A perceção generalizada de que o trabalho doméstico é marcado por arranjos informais com consequências nega-

---

([54]) Em meados da década de 1980 são acordados por França, Alemanha, Bélgica, Luxemburgo e Holanda, na cidade luxemburguesa de Schengen, um conjunto de princípios de harmonização dos controles fronteiriços exteriores e de livre circulação de pessoas ao qual foram aderindo novos países nos anos seguintes e que permitem hoje a um universo superior a 400 milhões de pessoas atravessarem fronteiras internacionais com apenas um cartão de identificação.

([55]) Bridget Anderson, *Doing the dirty work? The global politics of domestic labour* (London: Zed Books, 2000). Karin Wall e Cátia Nunes, «Immigration, welfare and care in Portugal: mapping the new plurality of female migration trajectories», Social Policy & Society, vol. 9, n.º 3 (2010), pp. 397-408.

([56]) Fátima Suleman e Abdul Suleman, *The outsourcing of household tasks and labour contract in domestic work*, WP 2011/14 (Working Papers Dinâmia'CET-IUL, 2011).

tivas sobre quem neste trabalha tem, aliás, contribuído para uma mobilização global no sentido de serem promulgadas iniciativas legislativas que dignifiquem as condições em que o trabalho doméstico é realizado e percecionado politicamente([57]).
Por outro lado, o que parecem ser legados coloniais sobre determinados grupos sociais relativamente a questões como o asseio, limpeza e civilidade parecem continuar a condicionar a escolha das empregadas e/ou o tipo de tarefas atribuídas e a reforçar valorizações diferenciadas de diferentes grupos sociais, mantendo-se neste jogo depreciativo a intersecção entre lógicas de classe e de racialização. Em Portugal, uma auscultação exploratória da oferta empresarial no sector do serviço doméstico e da prestação de cuidados revelou que algumas empresas justificam orçamentos com base na pretensa maior qualidade do trabalho realizado por trabalhadoras domésticas portuguesas([58]). Um outro relatório, de mapeamento da situação de tráfico de seres humanos em Portugal, aponta a discriminação com base na pertença étnica como um dos principais problemas que afeta as trabalhadoras domésticas, dado que as «famílias tendem a preferir empregadas domésticas do leste da Europa ou brasileiras, em detrimento das africanas»([59]), insinuando que, mais do que a diferença cultural, parece ser o elemento fenotípico que condiciona as sociabilidades possíveis neste segmento do mercado de trabalho. E, mais do que isso, corrobora a hipótese da cor da pele continuar a ser um marcador central no acesso a oportunidades no mercado de trabalho, mesmo que informal.

([57]) Veja-se o programa *Decent Work for Domestic Workers*, da Organização Internacional do Trabalho, e os relatórios que têm vindo a ser publicados com os resultados do programa e da campanha em torno da ratificação da Convenção 189 (http://www.ilo.org/ilc/ILCSessions/100thSession/on-the-agenda/decent-work-for-domestic-workers/lang–en/index.htm).

([58]) A este respeito vejam-se os resultados do projeto financiado pela FCT, com a referência PTDC/JUR/65622/2006, recentemente concluído, realizado no Dinâmia-CET.

([59]) Sónia Pereira e João Vasconcelos *Relatório de combate ao tráfico de seres humanos e trabalho forçado – Estudo de casos e respostas de Portugal* (Lisboa: Organização Internacional do Trabalho, 2007), p. 41.

No caso específico do sector dos serviços domésticos, a disposição paternalista para enquadrar um trabalho realizado no domínio privado no âmbito de uma negociação que não terá forçosamente de cumprir os preceitos legais necessários a qualquer outra relação de trabalho convencional parecem continuar a impermeabilizar o sector à regulamentação efetiva do sector. Neste sentido, o espaço doméstico continua a ser matéria de exceção consagrada juridicamente por via de uma perceção pública burguesa sobre os sentidos materiais implícitos numa relação entre patrão e empregada doméstica[60]. Parece haver uma tendência quase universal para perceber as relações empregador/empregado no serviço doméstico não como um contrato económico mas como um contrato familiar baseado, portanto, em noções como dever, gratidão, altruísmo e responsabilidade havendo uma tendência dominante por parte dos empregadores para transformar a relação laboral num contrato moral onde o benefício económico seja privilegiado[61].

Em Portugal, a distribuição sectorial da mão-de-obra imigrante reflete tendências globais e concentra-se sobretudo nos setores da construção civil, no trabalho doméstico, no comércio a retalho e em outros ramos de atividade, mas em particular nos segmentos menos qualificados do mercado de trabalho, representando hoje entre 6 a 7% da mão-de-obra nacional[62]. Desde

---

[60] Embora na última atualização ao regime específico regulamentador do contrato de serviço doméstico, por via do Decreto-Lei n.o 235/92, de 24 de Outubro, se tenha verificado uma aproximação ao quadro normativo geral o legislador continuou a sentir necessário acautelar a especificidade do sector, como refere no texto introdutório ao diploma: «A circunstância de o trabalho doméstico ser prestado a agregados familiares, e, por isso, gerar relações profissionais com acentuado carácter pessoal que postulam um permanente clima de confiança, exige, a par da consideração da especificidade económica daqueles, que o seu regime se continue a configurar como especial em certas matérias».

[61] Ver Lena Nare, «The moral economy of domestic and care labour: migrant workers in Naples, Italy», *Sociology*, 45, n.º 3 (2011), pp. 396-412.

[62] João Peixoto, «Imigração e mercado de trabalho em Portugal: investigação e tendências recentes», *Revista Migrações*, 2 (2008), pp. 19-46.

os anos noventa que os grupos profissionais menos qualificados têm assumido dinâmicas bastante superiores às dos restantes grupos profissionais[63]. Do ponto de vista regional e local, os níveis de etnicização dos mercados de trabalho são também diferenciados. Se, por um lado, a Área Metropolitana de Lisboa e o Algarve concentram grande parte dos trabalhadores estrangeiros, por outro lado é também verdade que se tem observado nos últimos anos uma tendência de maior dispersão geográfica das populações imigrantes. Os dados mostram igualmente que os imigrantes dos PALOP e do leste europeu trabalham principalmente no sector da construção civil (14,8%), hotelaria e restauração (11,7%) e nos serviços (9,6%), sendo importante sublinhar que estes últimos têm uma forte presença nos sectores da agricultura, silvicultura, caça e pesca e nas indústrias extrativas e transformadoras[64]. Tanto para as mulheres oriundas dos PALOP como para as imigrantes dos países do Leste da Europa, a principal atividade profissional é a de «trabalhadoras não qualificadas dos serviços e comércio» que inclui o serviço doméstico a particulares e de limpezas em empresas[65].

A sobrerepresentação do trabalho doméstico na listagem de atividades profissionais exercidas por mulheres imigrantes foi aludida por praticamente todos os autores que trabalharam as novas realidades migratórias portuguesas pós-coloniais. A esta unanimidade, contudo, não correspondeu um aprofundamento analítico do fenómeno social que se confundia com uma evidência autoexplicativa. A existência de um primeiro inquérito

---

[63] Maria I. Baganha et al., *Os movimentos migratórios externos e a sua incidência no mercado de trabalho em Portugal* (Lisboa: Observatório do Emprego e Formação Profissional, 2002) p. 109.

[64] Roberto Carneiro et al., *A mobilidade ocupacional do trabalhador imigrante em Portugal* (Lisboa: DGEEP/MTSS, 2006).

[65] Respetivamente 49,5% e 31,7%, mas ainda de acordo com os Censos de 2001 e embora ainda não tenhamos trabalhado os dados do Recenseamento de 2011 existem poucos indícios de que esta distribuição se tenha transformado significativamente.

à oferta de trabalho doméstico imigrante em Portugal([66]) veio permitir a elaboração de um primeiro quadro de caracterização desse universo e, mais importante, de comparação dessa oferta com a realidade autóctone, ainda que sem ambições de representatividade. O sector do trabalho doméstico surge confirmado como um sector marcado pela informalidade, tanto ao nível das relações laborais como no que respeita à relação dos trabalhadores com o Estado. Esse fator, a informalidade, restringe, em muitas situações, a opção da trabalhadora em realizar, ou não, as contribuições para a Segurança Social. Os baixos salários e a precariedade das relações laborais; o não pagamento de salários e a dificuldade na reivindicação desse pagamento associado aos obstáculos levantados em torno da apresentação de prova de uma relação laboral na ausência de um contrato de trabalho e com pagamentos realizados em numerário; e as situações em que as trabalhadoras percebem apenas tardiamente que os contratos que assinaram estipulam um salário inferior ao valor acordado verbalmente, são situações comuns entre as trabalhadoras domésticas imigrantes e os resultados do inquérito realizado apontam nesse sentido.

Tal como aconteceu com os jovens trabalhadores domésticos em Moçambique, as características que tornam o sector doméstico pouco atrativo como projeto ocupacional de longo termo são as mesmas características que parecem consolidar o sector como área privilegiada de recrutamento para as depreciadas trabalhadoras imigrantes recém-chegadas aos mercados de trabalho das sociedades de acolhimento. A sua permanência no serviço doméstico já dependerá de outras variáveis (idade, projeto de retorno, família, qualificações, etc.). A informalidade prevalente e o isolamento inerente ao desenvolvimento de uma parte significativa desta atividade podem justificar igualmente a mobilização residual das trabalhadoras domésticas imigrantes

---

([66]) Pierre Guibentif, *Rights perceived and practiced. 2nd Part Results of the surveys carried out in Brazil, India, Mozambique and the United Kingdom, as part of the project «Domestic Work and Domestic Workers Interdisciplinary and Comparative Perspectives»*, WP Dinâmia'CET-IUL 2011/02 (2011).

convertida em iniciativas de carácter associativo[67], mantendo debilitado o potencial crítico das trabalhadoras domésticas sobre as condições estruturais em que as relações de trabalho são negociadas e em que o trabalho é realizado.

Notas finais

A atual conjuntura político-financeira pode eventualmente (re)criar e dilatar disposições de recuperação de instrumentos conceptuais e tradições académicas de questionamento crítico da realidade social e de envolvimento político nessa mesma realidade. O presente artigo – ao propor o cruzamento de modelos de produção política da posição social das trabalhadoras domésticas em três circunstâncias históricas concretas e interligadas para a partir daí problematizar a durabilidade e a equivalência de processos formais de exclusão e desqualificação a partir de um referencial de classe ou racial – pretende também ser um contributo nesse sentido. Pensar a intersecção entre etnicidade/raça e classe a partir de um local na estrutura profissional em três contextos distintos merece um tratamento mais aprofundado das dinâmicas em curso e, sobretudo, da relação política de forças responsável pela configuração dominante dessas mesmas dinâmicas. As cidades industriais da modernidade são os pólos de atração para as populações de uma periferia – colonial, metropolitana ou global – materialmente desapossada, que são incorporadas nos circuitos das economias capitalistas por força de processos, em larga medida, coercivos. A sua participação como assalariados na economia central é mediada por

---

[67] Veja-se a este propósito o relato de Bridget Anderson sobre a construção de uma «comunidade política» a partir da mobilização de trabalhadoras domésticas filipinas em Londres em torno do reconhecimento do estatuto de cidadão, em Bridget Anderson, «Mobilizing migrants, making citizens: migrant domestic workers as political agents», *Ethnic and Racial Studies*, vol. 33, n.º 1 (jan. 2010), pp. 60-74; e, também, as iniciativas, em curso, da Associação Comunidária, no sentido da ratificação, por parte do Estado Português, da convenção 189 da OIT (http://www.comunidaria.org).

novos horizontes categoriais, por fronteiras de interacção, aquelas que são «produto de um acto jurídico de delimitação, e que produz(em) a diferença cultural do mesmo modo que (são) produto desta (...)»[68]. E, neste sentido, etnicidade/raça e classe são categorias políticas e é necessário manter em perspectiva que enquanto instrumentos que ordenam e classificam, estas categorias estão invariavelmente subordinadas a 'funções práticas' e orientadas para a produção de efeitos sociais[69], por outras palavras, são parte das lutas políticas que validam as coordenadas e os sentidos do quotidiano e, mais importante, os seus produtores.

O tríptico ambicionado sugere uma continuidade entre contextos, materializada, por exemplo, num paternalismo partilhado pelas criadas de servir na metrópole e pelos serviçais nas colónias, e que é carreado para a experiência dos imigrantes pós-coloniais – seja esta mediada pela etnicidade ou por um ideal imaginado de classe. O reconhecimento e a interpretação desta homologia estrutural coloca-nos no plano de reflexão crítica sobre a constituição, hoje, das identidades profissionais e da relevância dos processos políticos de produção, segmentação e hierarquização social dessas mesmas identidades. O contexto presente de conflitualidade social aguda abre, pelo menos, a expectativa de se aclararem posições relativamente à questão do decreto de circunstância estrutural excepcional das trabalhadoras domésticas no quadro legal das relações laborais e de, então, se intensificarem as iniciativas concertadas destas no sentido da pressão sobre as instituições públicas e privadas centrais a este processo.

---

[68] Pierre Bourdieu, *O Poder Simbólico* (Lisboa: Difel, 1994), p. 115.
[69] *Ibidem*.

Lisboa redescobre-se. A governança da diversidade cultural na cidade pós-colonial. A *Scenescape*(¹) da Mouraria

NUNO OLIVEIRA

Procuro neste texto explorar os processos de incorporação da diversidade cultural no espaço local através de mecanismos de governança próprios da cidade pós-colonial. Com isto quero dizer que a governança da diversidade deve ser vista a partir do local e decorrente de processos complexos que envolvem uma multiplicidade de atores implicados em esferas diferenciadas de atuação que se interpenetram, não existindo por isso enquanto domínios excludentes que se analisassem enquanto dinâmicas meramente económicas, ou culturais, ou sociais. Sirvo-me do território da Mouraria e da intervenção autárquica neste, para identificar a construção de uma *scenescape* com o seu papel simbólico e material nos desenvolvimentos urbanos da cidade de Lisboa. Esta, por sua vez, reveste-se de uma espe-

---

(¹) A existência de uma *scenescape*, segundo Silver, dota de carácter uma zona da cidade ou uma cidade por inteiro que a torna distinta das suas concorrentes. Neste quadro, as cidades não se diferenciam apenas pelas suas dimensões ou pela composição social dos seus habitantes ou pelo facto de serem ou não cidades globais, mas sim pelos tipos de consumo cultural que oferecem. Uma *scenescape* seria caracterizada pela combinação de certos elementos ligados à legitimidade, teatralidade e autenticidade do consumo cultural que nelas se pode dar. Por vezes, ao longo do presente texto, o termo *scenescape* foi traduzido pela expressão «cena cultural urbana». Daniel Silver, Clemente L. Navarro e Terry N. Clark, «Scenes: Social context in na age of contigency», *Social Forces,* vol. 88 (5), (2010), pp. 2293-2324 e Clemente L. Navarro, e Terry N. Clark, Daniel Silver, «Las dimensiones y el carácter cultural de la ciudad», in Clemente J. Navarro (org.) *Las dimensiones culturales de la ciudad* (Madrid: Catarata, 2012).

cificidade própria com as suas imagens e realidades sociais pós-coloniais a serem ajustadas a estratégias de valorização capitalista dos territórios e consequente mercadorização das identidades étnicas naquilo que designo por *produções culturais etnicizadas*. Na construção de um *branding* lisboeta a definição da sua imagem surge imersa numa retórica da continuidade intercultural portuguesa estribada em parte num luso-tropicalismo genérico, na aceção de Almeida(^{2}), que condensa uma matriz cultural ancestral em novas formas e objetos culturais.

Os aspetos locais da governança da diversidade cultural

As questões associadas à governança da diversidade cultural têm estado na ordem do dia quando consideradas à luz de paradigmas urbanísticos que procuram acomodar nos espaços urbanos a heterogeneidade cultural e étnica inerente ao mundo globalizado. O que entendemos por governança da diversidade deve ser explicitado em dois passos. Primeiro, uma questão de escala. Em condições de globalização as cidades ocupam o lugar de principais nódulos nos sistemas de fluxos culturais e de capital substituindo os modernos Estados-nação. As cidades sempre foram um espaço de multiplicidade e diversidade de contactos, fenómenos assinalados por textos clássicos de Simmel e Wirth que identificavam nelas uma cultura urbana distinta(^{3}). Mais recentemente, Sassen destacou o espaço urbano como de concentração da diferença social, na medida em que quer a cultura económica hegemónica e a multiplicidade de culturas e identidades nele se inscreveriam(^{4}). Neste quadro, a sociedade

---

(^{2}) Miguel Vale de Almeida, *Um Mar da Cor da Terra* (Oeiras: Celta, 2000), p. 182.

(^{3}) George Simmel, «The Metropolis and Mental Life», in Kurt H. Wolf (org.), *The Sociology of George Simmel* (Nova Iorque: Free Press, 1964, [1903]), pp. 409-24. Louis Wirth, «Urbanism as a Way of Life», in *American Journal of Sociology*, Vol. 44, No. 1 (1938), pp. 1-24. [http://www.jstor.org/stable/2768119].

(^{4}) Saskia Sassen, *The Global City* (Princeton, NJ: Princeton University Press, 1991).

urbana tornou-se o espaço de integração mais significativo face à necessidade de novas formas de regulação e governança colocadas pelos processos de globalização.

Segundo, a nível institucional, o espaço local, como assinalado por Magnusson e Keil([5]), é um polo de concentração do poder estatal. Nesta aceção, a municipalidade possui um novo poder regulador, um poder que não é de soberania como o do Estado-nação, mas antes de acomodação entre o empreendedorismo privatizador do modelo urbano pós-fordista e a construção de consensos, promoção de cooperação e solidariedade entre os diversos atores sociais, económicos e políticos presentes no espaço urbano([6]).

É assim que a municipalidade, o poder local, melhor, a inscrição das redes de poder estatais no espaço urbano local, é simultaneamente promotor e regulador da cidade enquanto «máquina de crescimento» (*growing machine*, no original). Se este último modelo implica uma franca opção desenvolvimentista que por um efeito de *spill-over* beneficiará a totalidade dos atingidos, o poder municipal reequilibra os fatores que nele se encontram envolvidos, articulando de maneira a gerar consensos as forças em presença nas lutas pelo espaço urbano e os seus significados. A conceção para a qual a aceção consoante a qual a diversidade cultural é algo que necessita ser gerido, granjeou o estatuto de cultura institucional harmonizada([7]) oferecendo aplicações na organização e estratégias de visibilização dessa diversidade muito semelhantes nos centros urbanos internacionais. Vertovec inventariou um conjunto de esferas onde a

---

([5]) Warren Magnusson, «Urban Politics and the Local State», *Studies in Political Economy*, 16 (1985), pp. 111-42. Roger Keil, «Globalization makes states: Perspectives on Local Governance in the Age of the World City», in Neil Brenner, Bob Jessop, Martin Jones e Gordon MacLeod (orgs.) *State/Space. A Reader* (Malden USA: Blackwell, 2003), pp. 278-295.

([6]) Alain Lipietz, «La mondialisation de la crise generale du Fordisme: 1967- 198?», *Les Temps Modernes*, 459 (1984), pp. 696-736.

([7]) Gili S. Drori, «Governed by Governance: The new prism for Organizational Change», in Gili S. Drori, John W. Meyer e Hokyu Hwang (orgs.) *Globalization and Organizations: World Society and Organizational Change* (Oxford: Oxford University Press, 2006), pp. 91-120.

expressão gestão da diversidade granjeou uma utilização incontestável, abarcando aplicações que vão desde o mundo empresarial até a monitorização pelas autoridades públicas das desigualdades raciais e étnicas[8].

De acordo com esta apreciação, a gestão da diversidade sugere uma prática demasiado multiforme, abarcando desde estratégias de promoção da diversidade nas organizações (onde encontramos iniciativas para a igualdade de género, orientação sexual, necessidades especiais, diferença religiosa, etc.) até aos mais amplos paradigmas de incorporação étnico-cultural. Neste quadro, a gestão da diversidade constitui qualquer medida, política ou estratégia condutora de uma incorporação de atributos sociais identitários diversos. Um conceito mais delimitado compreenderia fundamentalmente as políticas e estratégias cujo objetivo seja a acomodação da diversidade cultural no quadro institucional sociopolítico multi-escalar, ou seja, a produção de políticas e estratégias com este objetivo específico e os seus pré-requisitos institucionais e organizacionais, compreendendo estes gramáticas particulares de entendimento desta mesma diversidade. A este conjunto de fatores articulados designamos por governança da diversidade cultural. Neste especto particular esta definição segue de perto as reformulações teóricas que enfatizam novas formas de governança que entram em linha de conta com redes e parcerias multi-escalares ao invés de efeitos de uma burocracia hierarquizada cuja arquitetura é nacional[9]. Ora, com a superação do Estado-nação enquanto entidade normativa e simbólica, com a perda da sua unidade e capacidade integrativa, as cidades ganham uma preponderância socioeconómica assinalável na constituição e mobilização de tais processos.

Em termos práticos, a governança da diversidade cultural tem sido geralmente associada à capacidade de resposta às rei-

---

[8] Steven Vertovec, «Diversity and the Social Imaginary», *European Journal of Sociology*, 53 (2012), pp. 287-312.
[doi:10.1017/S000397561200015X].

[9] Bob Jessop, «The rise of governance and the risks of failure: the case of economic development», *International Social Science Journal*, 155 (1998), pp. 29-46.

vindicações pelo reconhecimento cultural de minorias étnicas e migrantes por parte dos procedimentos e instituições que visam a sua incorporação([10]). Esta perspetiva tem por premissa uma expansão dos direitos destes grupos, equacionada com a aplicação harmonizada dos direitos humanos nas democracias liberais contemporâneas([11]). A governança da diversidade cultural é assim considerada enquanto adequação entre um padrão legal expansionista e as necessidades culturais de grupos etnicamente minoritários no contexto do Estado-nação. O que esta perspetiva oblitera é a articulação entre os processos de desenvolvimento e crescimento das cidades e a expressão da diversidade cultural, a função desta última na difusão de uma imagem da cidade, assim como a forma como esta diversidade é gerida na apropriação e desapropriação do espaço público.

Os elementos principais desta articulação podem ser identificados como sendo as «demografias da diferença», fluxos transnacionais de cultura e capital, e engenharias de planificação([12]). «Demografias da diferença» porque a cidade multicultural vive em torno de populações diaspóricas ou transnacionais das quais as linhagens afetivas, sentimentais e corporais não são necessariamente confinadas pelo Estado-nação onde estas se encontram. Populações que unem espaços geograficamente diferenciados cuja deslocação desterritoraliza realidades que se autonomizam progressivamente desses espaços de origem a esses

---

([10]) Mathias Koenig e Paul de Guchteneire (orgs.), *Political Governance of Cultural Diversity Democracy and Human Rights in Multicultural Societies*, (Londres: Ashgate, 2007), pp. 3-17.

([11]) Ver por exemplo Virginie Guiraudon, «Seeking new venues: The Europeanisation of migration-related policies», *Swiss Political Science Review* 7(3), (2001), pp. 100-106; Marteen P. Vink e Gerard-Rene de Groot, «Citizenship attribution across Europe: International Framework and domestic trends», *Journal of Ethnic and Migration Studies*, 36 (5), 713-734; Terry Givens e Adam Luedtke, «The politics of European Union immigration policy: Institutions, salience and harmonization», *Policy Studies Journal* 32 (1), (2004), pp. 145-65.

([12]) Michael Keith, «Racialization and the Public Spaces of the Multicultural City», in John Solomos e K. Mujni (orgs.) *Racialization. Studies in Theory and Practice*, (Oxford: Oxford University Press, 2005), pp. 249-70.

espaços reterritorializando-as num movimento dialético entre o local e o global e assim fazendo contribuindo para a recomposição social dos espaços urbanos. A estas se aliam estreitamente, e por elas são estruturadas, os fluxos transnacionais de cultura e capital. Na medida em que a multiculturalidade urbana decorre diretamente da deslocação da força de trabalho, geralmente seguindo geografias padronizadas (sul para norte; ex-colónias para ex-metrópoles), ela é um produto direto das dinâmicas mais vastas do capitalismo global. A sua diversificação local é tanto maior quanto mais diversificadas forem as possibilidades da economia capitalista global. Finalmente, porque ambos os movimentos aqui identificados se inscrevem na vida e distribuição espacial da cidade, a planificação surge como a forma instrumental de governança da diversidade no espaço urbano. A planificação da cidade encontra a diversidade através da grelha de problematização que produz a visibilidade ou invisibilidade das populações imigrantes no espaço público urbano. Neste sentido, ela atém-se diretamente, na sua formulação de políticas urbanas, a definir, separar, ajustar, o que pertence ao espaço público e o que fica confinado ao privado. A governança da diversidade nas cidades multiculturais contemporâneas é atravessada por todos estes fatores. E a questão à qual a planificação urbana tem procurado responder é a de saber como compatibilizar a cidade multicultural com a cidade marketizada, nobilitada, e regenerada dentro das lógicas da economia simbólica?

A autonomização da cultura como funcionalidade da planificação é um processo recente e pode ser localizado na expansão progressiva da estetização de alguns espaços associada ao investimento capitalista. Em termos urbanos, este processo traduz-se na *mercadorização das cidades*, processo que tem por eixos a competição global, a regeneração urbana, e as interdependências entre políticas públicas e mercados privados([13]). A rege-

---

([13]) John Hannigan, *Fantasy City: Pleasure and Profit in the Postmodern Metropolis* (London: Routledge, 1998); Gregory D. Squires, «Partnership and the Pursuit of the Private City», in Mark Goettdiener e Chris Pickvance

neração urbana tem-se concentrado em grande medida na recuperação da *cidade interior* acompanhada por movimentos de nobilitação urbana com a ocupação destes espaços por uma classe média e média-alta. Embora com características diversas, este parece ser um padrão replicado nas grandes cidades europeias e norte-americanas. Este «retorno ao centro» efetuado pelos *nobilitadores*([14]) é acompanhado por uma revalorização internacional dos centros citadinos tendo em conta a atracão que estes possam exercer num contingente turístico resultante de estratégias de marketização da cidade e das suas dinâmicas de investimento aferidas consoante uma hierarquização posicional na economia global capitalista.

A intervenção urbano-cultural que se tem efetuado na Mouraria e no Martim Moniz desde 2010 pela CML, envolvendo diversos parceiros, reveste-se de contornos indicativos de um processo semelhante. Processo esse que não se esgota na intervenção local, mas que em última análise é passível de fornecer elementos para uma interpretação dos significados da governança da diversidade étnica e as suas expressões contemporâneas no contexto das cidades globais([15]). Múltiplos são os discursos que sobre este território se têm construído, quer académicos quer de jaez mais político, onde a iniciativa pública e estatista assinala a sua contribuição para o zonamento da cidade de Lisboa e a sua planificação prospetiva. Foco de um lastro já vasto de análises, com uma tradição de escolas e campos que abrangem desde a arquitetura até à antropologia e sociologia, o Martim Moniz e a Mouraria sugerem um certo encantamento

---

(orgs.) *Urban Life in Transition* (Newbury Park: Sage, 1991), pp. 123-40; John R. Logan e Harvey L. Molotoch, *Urban Fortunes: The Political Economy of Place* (Berkeley e Los Angeles: University of California Press, 1987).

([14]) *Gentrifiers*, na literatura especializada original, que será a expressão adoptada ao longo deste texto.

([15]) Os elementos que ao longo do texto vamos fazendo referência foram recolhidos no âmbito do projeto *Conviviality and Superdiversity* coordenado por Beatriz Padilla. Agradeço a oportunidade de fazer referências a entrevistas obtidas no contexto do trabalho de campo bem assim como a um trabalho de reflexão que muitos dos dados seleccionados suscitaram.

pela diversidade cultural que resvala por vezes para a exotização do lugar. É assim desde que uma narrativa em torno da construção da diferença cultural e da sua inserção espacial começou a ser alinhavada pelos trabalhos pioneiros sobre imigração em Lisboa. Dos indianos da Almirante Reis e Martim Moniz estudados por Malheiros passando pelos chineses e bangladechianos mais atuais, este zonamento não tem sido apenas elaborado através do discurso académico, mas possui os seus reflexos tanto a nível de política urbana como de formatação institucional sobre os locais. Desde a deslocalização do ACIDI (Alto Comissariado para Imigração e Diálogo Intercultural) para os Anjos assinalando uma proximidade institucional com os imigrantes, até ao folclorismo da agenda cultural de Lisboa antecipando articulações incrementáveis entre terceiro sector e diversidade étnico-cultural, esta zona tem sofrido uma delimitação cultural específica que se enuncia enquanto realidade de uma modernidade contemporânea de natureza cosmopolita.

Aproveitar essa mesma diversidade a partir do que ela possui de estetizante e, logo, de integrável nas lógicas de culturalização da intervenção ou reabilitação urbana é estratégia que tem vindo a disseminar-se ([16]). A visibilidade dessa diversidade, assumida como resultado de uma multiculturalidade emergente, não se faz contudo de forma autonomizada dos investimentos discursivos e materiais que dela se tentam apropriar para uma imagem do urbano, ideologizada, porque dissimuladora de relações assimétricas e portadora de uma retórica da legitimação dessas mesmas relações. É, por conseguinte, uma ideologia, da qual o facto de não lhe ser acoplado o «ismo» característico das enunciações típicas dos grandes programas de formatação social não lhe retira o carácter ideológico. Pode um tal carácter ser lido, ou entrevisto, nas enunciações públicas dessa mesma interculturalidade quando estas se dão a ver através da sua espectacularização e estetização? E neste quadro, como são formatadas

---

([16]) Lilian Fessler Vaz, «A culturalização do planejamento e da cidade – novos modelos?», *Territórios Urbanos e Políticas Culturais, Cadernos PPG-AU/ FAUNA*, n.º especial (2004), pp. 31-42.

as intervenções urbanas que visam enfatizar o potencial económico da diversidade em detrimento do seu carácter de potencial alvo do assistencialismo estatal? Finalmente, como se articula a produção de políticas culturais com o modelo amplamente disseminado de geração de valor através de flexibilização e neoliberalização dos espaços urbanos? É isso que tentaremos responder no que se segue, aduzindo alguns elementos ilustrativos não apenas da sua presença, mas também da sua operatividade e servindo-nos das recentes intervenções na Mouraria para identificar um processo pautado pelos mesmos parâmetros dos modelos de governança da diversidade nas principais capitais europeias. Analisaremos estes aspetos prestando particular atenção, primeiro, aos contornos daquilo que os especialistas têm designado por culturalização das políticas urbanas[17]; segundo, o processo de criação de «mistura social» («*social mixing*», no original) que como mostram diversas análises é estruturante dos movimentos nobilitadores das zonas da *cidade interior* as mais das vezes coordenados pelo Estado local[18]; finalmente, sugerimos que neste modelo de governança da diversidade local, o étnico mercadorizado possui a sua funcionalidade, e que num duplo movimento de dramatização das identidades e reconhecimento das mesmas, a espectacularização do étnico e a sua correlata estetização acabam por cumprir um efeito performativo de criação desse mesmo étnico. Todavia, este ressurge agora segundo as regras de visibilização ajustadas ao modelo de governança próprio da cidade neoliberal.

---

[17] Graeme Evans, *Cultural planning, an urban renaissance?* (London and New York, Routledge, 2001); L. F.M Vaz e P. B. Jacques, «Reflexões sobre o uso da cultura nos processos de revitalização urbana», *Anais do IX ENANPUR*, Rio de Janeiro (2001), pp. 664-674.

[18] Reservamos, no entanto, alguma distância relativamente à crítica da invisibilização das classes urbanas pobres proposta por Wacquant. Ver Loïc Wacquant, «Relocating gentrification: the working class, science and the state in recent urban research», *International Journal of Urban and Regional Research*, 32 (1), (2008), pp. 198-205. Ver também Tom Slater, «The eviction of critical perspectives from gentrification research», *International Journal of Urban and Regional Research*, vol. 30 (4), (2006), pp. 737-757.

Culturalização das políticas urbanas

Dentro das políticas urbanas, uma orientação específica para a «culturalização» tem adquirido relevo, por oposição a uma excessiva atenção devotada aos aspetos ligados com a renovação material([19]). Acompanhando esta tendência, também os estudos urbanos, naquilo que se revela uma nova empiria na prática do urbanismo, foram sujeitos a uma translação epistemológica e teórica que propõe a cidade enquanto rede densificada de símbolos e signos da qual os atores individuais e coletivos se servem em investimentos e práticas culturais pela interpretação dominante das suas espacialidades. Lugar de ação e desempenhos no qual os indivíduos interagem posicionando-se social e etnicamente enquanto lutam pelos princípios legítimos de interpretação destas mesmas espacialidades. Na adequada formulação de Zukin, as políticas culturais de âmbito urbano tornaram-se um meio poderoso de controlar a cidade; um tal meio opera, em larga medida, através da definição de memórias e de imagens que definem quem pertence a um determinado espaço([20]). Esta lógica pode ser observada na sua perfeita operância numa visão de planeamento estratégico das cidades onde noções como governança, patrimonialização, competitividade territorial abundam. E sobretudo, onde a estreita articulação entre estas estratégias é considerada central para a atracão de investimento. O recurso ao património histórico como parte das estratégias de valorização do espaço urbano, em particular aquelas que têm por finalidade a *nobilitação*, é uma prática corrente nos projetos atuais de revalorização da *cidade interior*([21]). Mas também a valorização de determinados símbolos urbanos identitários acolhi-

---

([19]) Malcolm Miles, «Interruptions: Testing the Rhetoric of Culturally Led Urban Development», *Urban Studies*, Vol. 42, n.º 5/6, 889-911, (maio 2005); Franco Bianchini e Michael Parkinson (orgs.) *Cultural Policy and Urban Regeneration: The Western European Experience* (Manchester: Manchester University Press, 1993).

([20]) Sharon Zukin, *The Cultures of Cities*, (Cambridge: Blackwell, 1995).

([21]) Charles Landry, *The Creative City: A Toolkit for Urban Innovators* (London: Comedia/Earthscan, 2000).

dos em projetos de intervenção urbana com a finalidade de construir a cidade cultural ou plural[22]. Nos processos daquilo que foi recentemente designado como «culturalização do planeamento urbano» a cultura assume um papel primordial na renovação, reabilitação e transformação da cidade[23]. A cultura deixa de ser apenas sinónimo de «cultura(s) urbana(s)» autonomizando-se enquanto estratégia de desenvolvimento urbano. Esta culturalização inscreve-se por sua vez nas dinâmicas de crescimento da economia simbólica e no papel que estas têm assumido na promoção e competitividade dos territórios urbanos. A sua associação com a arte e com processos de estetização dos espaços e intervenções tem sido interpretada tanto como uniformização da diversidade das culturas urbanas[24] como parte de um processo concorrencial de «*city branding*», ou seja, a procura de um nicho de mercado no qual uma cidade possa destacar-se num leque de cidades igualmente marketizadas em concorrência numa economia globalizada[25].

A observação do impacto e penetração das políticas culturais deve ter em conta o papel que a cultura assume, quer enquanto elemento organizador ou dinamizador de novos espaços estéticos e criativos, quer na interdependência transformativa entre o empreendedorismo cultural, as políticas de produção da cidade (tanto materiais como simbólicas) e a sua função marketizadora, subjacente às economias simbólicas das cidades contemporâneas[26]. Uma tal articulação, encontra razão de ser quando nos confrontamos com a multidimensionalidade do

---

[22] Marluci Menezes,«Debatendo mitos, representações e convicções acerca da invenção de um bairro lisboeta», *Revista Sociologia*, número temático: Imigração, Diversidade e Convivência Cultural, Porto: Faculdade de Letras da Universidade do Porto (2012), pp. 69-95.

[23] Lilian Fessler Vaz, «A culturalização do planejamento ...

[24] Sharon Zukin, *Naked City: The Death and Life of Authentic Urban Places* (Oxford, Oxford University Press, 2010).

[25] Keith Dinnie, *City branding. Theory and Cases* (London: Palgrave Macmillan, 2011).

[26] David Harvey, *Spaces of Capital: Towards a Critical Geography* (Edinburgh, Edinburgh University Press, 2001).

fenómeno da economia cultural e as suas incidências urbanas: desde a apropriação e redefinição de espaços que eventualmente acabam por ser reconfigurados pela ação da nobilitação urbana, passando pela capitalização/mercadorização da cultura e sua exotização, nas variações de espaços inter e multiculturais representados como expressão de cosmopolitismo urbano.

É neste sentido que a fórmula teórica do «terceiro ciclo» da planificação avançada por Fortuna([27]) para caracterizar uma fase recente da governança das cidades portuguesas na qual emergem preocupações concretas relativas à cultura e ao ambiente urbano, por oposição a estratégias excessivamente focadas na infra-estruturação dos espaços, deve ser complementada com a produção de uma imagem da cidade cosmopolita. De acordo com o autor, este «terceiro ciclo» compreenderia um conjunto de características das quais cabe salientar uma atenção crescente com a projecção da imagem das cidades no exterior, na qual se reserva um lugar particular à patrimonialização e à dinamização do turismo, assim como ao investimento em equipamentos culturais genericamente considerados. No entanto, poderíamos acrescentar que, relativamente às condições coevas de dinamização dos espaços urbanos, esta tendência para apostar na dimensão cultural da planificação e da política urbana, encontra-se associada a estratégias de reivenção dos territórios segundo o modelo das cidades criativas. Este modelo colhe inspiração na noção de *creative class* de Florida e no papel exercido por esta como motor da regeneração urbana([28]).

Não sendo intenção deste texto escalpelizar este modelo e as suas aplicações, interessa no entanto salientar uma das características principais da *creative class* e dos espaços urbanos onde esta se insere: a importância da diversidade cultural como fator de tolerância, fator que parece funcionar como chamariz das classes criativas e do seu *ethos* forjado num estilo de vida cujo

---

([27]) Carlos Fortuna, «Culturas Urbanas e Espaços Públicos sobre as cidades e um novo paradigma sociológico», *Revista Crítica de Ciências Sociais*, 63, (outubro 2002), pp. 123-148.

([28]) Richard Florida, *Cities and the Creative Class* (New York: Routledge, 2005).

modelo podemos encontrar nos *bobos,* acrónimo de *bourgeois bohemians,* espécie híbrida que combina os valores da burguesia com o *habitus* da contracultura boémia[29]. Segundo esta lógica, o cosmopolitismo das classes criativas possuiria uma afinidade eletiva com o cosmopolitismo da diversidade cultural. Significa, em consequência, que se criam estratégias apostadas em atingir uma variedade de públicos, posto que o ambiente cosmopolita comporta necessariamente uma multiplicidade de estilos de vida prefigurados por outras tantas práticas de consumo cultural que ali se podem processar e observar.

Diversos trabalhos têm vindo recentemente a aquilatar as modalidades estratégicas que combinam o desenvolvimento económico da cidade, a importância que as políticas e equipamentos culturais neste exercem e a capacidade que os seus recursos mostram ter no sentido de atrair o turismo constituindo em seu torno verdadeiras economias de escala configuradas enquanto distritos culturais[30]. Destas, cabe distinguir entre estratégias instrumentais e de planificação[31]. Enquanto as primeiras são vocacionadas para a utilização de equipamentos e oferta culturais com o objetivo de atrair visitantes; as segundas, destinam-se a promover e difundir a cultura pelos próprios habitantes. Contudo, estes trabalhos têm-se debruçado em particular sobre as capacidades existentes em termos de recursos mobilizáveis pelas cidades no sentido de prosseguirem um ou outro trajeto, e menos nas formulações estratégicas que levam à preparação e iniciativa dos agentes públicos e socioeconómicos na produção desses recursos na ótica da otimização da sua articulação.

---

[29] David Brooks, *Bobos in paradise: The New upper class and how they got there* (Nova York: Simon & Schuster Publishers, 2000).

[30] Lily M Hoffman, «Revalorizing the Inner City: Tourism and Regulation in Harlem», in Lilly M. Hoffman, Susan Fainstein e Denis R. Judd (orgs.) *Cities and Visitors. Regulating people, markets and city space* (Malden: Blackwell Publishing, 2003), pp. 91-112.

[31] Guerrero Gerardo et al., «Oportunidades de Desarrollo Territorial: Planificación Cultural y Estrategias Instrumentales», in Clemente J. Navarro (org.) *Las dimensiones culturales de la ciudad* (Madrid: Catarata, 2012), pp. 119-134.

Lisboa redescobre-se – A Mouraria na simbólica do retorno ao centro

O espaço urbano lisboeta tornou-se palco de múltiplas realidades culturais. Dizê-lo não implica que sejam estas objectivamente delimitadas, nominalmente identificadas, e muito menos inscritas de forma estanque na espacialização da cidade. As suas fronteiras são purosas, mutáveis, negociáveis, tanto no quotidiano das zonas de contacto[32] como nas negociações institucionais que visam a sua gestão. Basicamente, um tal enunciado não andará longe do reconhecimento da cidade como espaço de multiplicidade, inconstância e mutabilidade dos contactos que caracterizou grande parte das teorizações sobre ela, desde que o urbano foi elevado ao estatuto analítico de fenómeno. Contudo, a governança da diversidade cultural na e pela cidade coloca uma outra ordem de problemas. Desde logo, um problema de visibilidade, ou seja, invocando Scott, um problema de legibilidade pelo Estado[33]. Visibilidade significa quais os símbolos que reúnem consenso como legitimados no espaço público e quais os que se encontram em disputa. Porque as diversas culturas que a cidade alberga tendem a ser subsumidas numa versão e prática abrangente de um modelo urbano decorrente das lógicas da economia simbólica, será às expressões culturais que a este mais se ajustam que se oferece uma maior visibilidade. Os eventos culturais em torno da diversidade cultural patrocionados pelas autoridades locais são disso ilustração. A sua disseminação é tanto mais efectiva e o investimento na produção de um conjunto de imagens «interculturalizadas» é tanto maior quanto a intenção de definir a política urbana den-

---

[32] Amanda Wise, «Multiculturalism from below: Transversal crossings and working class cosmopolitans», paper apresentado na *Biennial Conference of the European Association of Social Anthropologists*, Bristol, 2007.

[33] James Scott, *Seeing like a State. How certain schemes to improve the human condition have failed* (New Haven e Londres: Yale University Press, 1998).

tro dos moldes da economia simbólica e da sua espacialização(34).

Lisboa é o principal polo de atracção de imigrantes do país, com mais de metade do total do influxo migratório fazendo dela o seu destino(35). Mas é também uma cidade em rápido declínio e envelhecimento demográfico apresentando saldos de crescimento negativo em quase todas as freguesias (apenas quatro apresentaram variações de população residente positivas). Neste contexto, a população imigrante tem contribuído para o equilíbrio populacional em Lisboa, transitando a sua concentração a partir de 2000 da periferia para a *cidade interior*(36). As freguesias circunscritas pela Mouraria ou suas adjacentes são das que registam maiores percentagens de população estrangeira na cidade de Lisboa (Madalena, Mártires, Pena, S. Cristóvão e S. Lourenço e, embora numa escala menor, Socorro)(37). Bairro com uma tradição peculiar dentro da cidade de Lisboa, ligado ao nascimento do fado e à simbólica da reconquista cristã e da presença moura dentro das suas muralhas – assinalada por uma placa na Praça do Martim Moniz comemorando a data da sua consumação -, desde sensivelmente a década de setenta tem sido lugar privilegiado de instalação de imigrantes, quer como moradores quer como comerciantes. Vagas migratórias têm-se sucedido no seu território diversificando étnica e culturalmente a população local. O influxo de migrantes internacionais teve início através de populações

---

(34) Nuno Oliveira e Beatriz Padilla, «A diversidade como elemento de desenvolvimento/atração nas políticas locais urbanas: contrastes e semelhanças nos eventos de celebração intercultural», *Revista Sociologia*, número temático: Imigração, Diversidade e Convivência Cultural, Porto: Faculdade de Letras da Universidade do Porto (2012), pp. 129-162.

(35) Walter Rodrigues, *Cidade em Transição: nobilitação urbana, estilos de vida e reurbanização em Lisboa* (Celta: Oeiras, 2010), p. 278.

(36) Walter Rodrigues, *Cidade em Transição*... p. 154.

(37) Segundo os dados dos censos de 2001, vd. REOT, Relatório do Estado do Ordenamento do Território, Lisboa, 20 de janeiro 2009 (http://habitacao.cm-lisboa.pt/documentos/1238771502H3wEM6vm9Gj06TH8.pdf) [acedido em 17-12-2012).

oriundas do subcontinente indiano às quais o eixo Almirante Reis-Martim Moniz ficou indelevelmente ligado, sobretudo pelas suas atividades comerciais, como mostram os primeiros trabalhos de Malheiros[38]. A estes, seguiram-se africanos e mais recentemente chineses, eslavos, brasileiros e populações de bangladechianos. A etnizição crescente tornou-se parte não apenas da sua composição social como também das perceções que dela têm os cidadãos de Lisboa e os seus visitantes.

Enquanto a Mouraria é tradicionalmente reconhecida como um bairro, este reconhecimento não tem contrapartida em qualquer circunscrição espacial. Com efeito, ele é o resultado histórico da combinação entre memórias, estórias e identificações fluídas que prevaleceram na imaginação popular transformando-se numa entidade espacial e cultural identificável. A Mouraria deve o seu nome ao período da reconquista cristã quando os árabes foram expulsos daquilo que viria a ser, séculos mais tarde, o moderno território português. A população árabe que permaneceu foi confinada a um espaço próprio da cidade medieval designado por Mouraria em 1147. Por conseguinte, a Mouraria, utilizando com alguma liberdade uma analogia com um termo contemporâneo, começou por ser um *ghetto*, apesar de apresentar uma atividade económica pujante entre cristãos e muçulmanos[39]. Esta característica conferiu a este espaço contornos multiétnicos que tanto histórica como miticamente fazem desde cedo parte da sua imagem. Em paralelo, foi também um espaço de migrações. Desde o século xv a Mouraria recebeu diversas vagas migratórias provenientes do espaço rural, sobretudo camponeses pobres em busca de mobilidade social. As transformações demográficas que ocorreram a partir do século xix e se estenderam pelo xx, contribuíram para uma maior concentração de população nos antigos bairros da cidade

---

[38] Jorge Macaísta Mallheiros, *Imigrantes na Região de Lisboa: Os Anos da Mudança* (Lisboa: Edições Colibri, 1996).

[39] Marluci Menezes,«Património urbano: por onde passa a sua salvaguarda e reabilitação? Uma breve visita à Mouraria», *Cidades, Comunidades e Territórios*, n.º 11 (2005), 65-82.

nos quais se desenvolveram diversas bolsas de pobreza. Durante o período autoritário do «Estado Novo» a renovação e recuperação simbólica deste espaço foi planeada e executada. Concorrendo com outros planos modernistas desse período, a intervenção estatal na Mouraria pretendia uma combinação entre sanitização e espaços abertos preconizando, simultaneamente, a revivificação do mito da reconquista cristã. Destas intervenções nasce a Praça do Martim Moniz para homenagear uma das principais figuras da reconquista de Lisboa. Pretendia-se então juntar o moderno e tradicional num espaço urbano renovado e atualizado social e politicamente.

De acordo com os censos de 2011, tomando como base a população das três principais freguesias que compõem o território social tradicionalmente designado por bairro da Mouraria (Socorro, São Cristóvão e São Gonçalo) as nacionalidades que aí se encontram a residir mudaram significativamente. Em 2001 os dados dos censos registavam uma presença importante de imigrantes africanos e asiáticos, atingindo, respetivamente, os 31% e 36% da população estrangeira residente e apenas 10% de imigrantes provenientes da América. Em 2011 observa-se uma mudança no sentido de um maior equilíbrio entre a população de origem africana e sul-americana. Esta tendência é explicada pela presença crescente de imigrantes brasileiros a residirem na Mouraria. Os números da população brasileira correspondem a 98% do total da população originária do continente americano, sendo por conseguinte os responsáveis por esse crescimento. Os brasileiros constituem atualmente 9% do total da população estrangeira, sendo que os africanos se cifram agora nuns meros 10%. Não obstante estas modificações na demografia das migrações neste território, as populações mais representadas no território da Mouraria continuam a ser os imigrantes oriundos do continente asiático, com 56%, seguidos pelos europeus, com 12% da população estrangeira total. Os imigrantes neste território estão sobrerepresentados no comércio retalhista, embora seja duvidoso que possamos falar deste espaço de relações sociais e económicas como um enclave étnico. A razão pela qual consideramos que a noção não se ajusta prende-se com a flutuação migratória que exibe uma rotação assinalável de nacionalidades e origens geográficas. Se no início da década de oitenta os imigrantes chineses dominavam o comércio retalhista e compreendiam a segunda maior comunidade estrangeira da Mouraria, atualmente o comércio retalhista pertence na sua maioria aos imigrantes do sudeste asiático tais como indianos, paquistaneses e bangladechianos. Significa portanto que a natureza transitória da localização e inserção socioeconómica de determinados grupos não tem permitido a coalescência socio-territorial de nenhum dos grupos em particular.

A imbricação entre a presença multiétnica e os espaços de segregação e marginalidade aliados a configurações sociais de cariz popular compõe, na opinião de Mendes, a atual imagem da Mouraria([40]). A população envelhecida é contrabalançada pelo rejuvenescimento trazido pelos imigrantes; as zonas obscuras da sua marginalidade, prostituição e tráfico de droga são matizadas pelas cores das diversas expressões culturais que aí se encontram. Se tivermos em conta os dados do diagnóstico social da Mouraria efetuado pela CML no âmbito do plano de desenvolvimento comunitário da mesma, constatamos que os sintomas de precariedade social e as assimetrias socioeconómicas caracterizam este espaço; assimetrias essas que saem reforçadas na comparação traçada entre imigrantes e nacionais([41]). Desde logo, uma população envelhecida, com 53% dos habitantes nacionais com idades acima dos 65 anos contrasta com os 8% de imigrantes compreendidos dentro da mesma coorte etária. Mas simultaneamente, e sem distinção de origens nacionais, observamos que 58% dos alojamentos familiares clássicos da freguesia do Socorro (o coração da Mouraria) se encontram

---

([40]) Maria Manuela Mendes, «Bairro da Mouraria, território de diversidade: entre a tradição e o cosmopolitismo», *Sociologia, Revista da Faculdade de Letras da Universidade do Porto*, Número temático: Imigração, Diversidade e Convivência Cultural (2012), pp. 15-41.

([41]) Apresentação do Plano de Desenvolvimento Comunitário da Mouraria, CML, retirado de http://www.aimouraria.cm-lisboa.pt/pdcm.html, acedido em 21-07-2012.

num estado de sobrelotação. Em 2009, 7% da população da Mouraria beneficiava do Rendimento Social de Inserção e mais de 3% do Complemento Solidário de Idosos; se a isto somarmos 7% da população abrangida pelo subsídio de desemprego, temos um total de 17% da população a beneficiar de algum tipo de prestação social. Acrescente-se a este quadro, o facto de a Mouraria ser desde há muito lugar da presença assídua de sem-abrigos e toxicodependentes, dos quais se encontram registo por parte das instituições no terreno de 228 utentes toxicodependentes apenas nas freguesias dos Anjos e Socorro[42].

Ainda segundo o diagnóstico social da CML, existem na Mouraria e zonas adjacentes indivíduos provenientes de 29 países diferentes, sendo estes compostos por uma população mais jovem do que a nativa, da qual 53% se situa na faixa etária entre os 35 e os 49 anos. Da mesma forma, esta constitui também uma população com maiores habilitações, na medida em que 34% possui o ensino secundário e 28% a licenciatura, o mestrado ou o doutoramento. A população imigrante apresenta, por conseguinte, um perfil habilitacional superior ao geral dos portugueses. Contraste-se, todavia, estes dados com o facto de 48% das mulheres envolvidas na prostituição nos espaços do Intendente e Praça da Figueira serem de origem imigrante. Por outro lado, como referimos atrás, o comércio retalhista sofreu um forte desenvolvimento por ação das redes de imigração. A partir de um inquérito realizado em 2006 a 457 empresários étnicos instalados na *cidade interior*[43], mais de metade afirma que o comércio aumentou e que o público tem vindo a diversificar-se. Bastos, em 2004, tinha recenseado só para a zona do Martim Moniz, 200 comerciantes de origem étnica[44]. De acordo com os tes-

---

[42] Diagnóstico Social da Mouraria in Apresentação do Plano de Desenvolvimento Comunitário da Mouraria, CML, retirado de http://www.aimouraria.cm-lisboa.pt/pdcm.html, acedido em 21-07-2012.

[43] Sendo os locais compreendidos neste levantamento o eixo Almirante Reis-Mouraria, a Baixa lisboeta, a colina do Castelo e o Bairro Alto. Ver Catarina Oliveira, *Empresários de Origem Imigrante: estratégias de inserção económica em Portugal* (Lisboa: ACIDI, 2005).

[44] *Apud* Maria Manuela Mendes, «Bairro da Mouraria ... p. 29.

temunhos recolhidos durante o trabalho de terreno do projeto *Convivialidade e Super-diversidade*, os comerciantes reafirmam a imagem de um comércio de produtos etnicizados com cada vez maior procura, tais como bijuterias provenientes da Índia, gastronomia do sudoeste asiático, produtos alimentares brasileiros, africanos, árabes, indianos e chineses, que representam a variedade populacional do local. Os clientes cobrem esta panóplia de proveniências estendendo-se inclusivamente a uma clientela portuguesa diversificada na sua distribuição geográfica. Nas palavras de um comerciante do Bangladesh: «(...) tenho clientes de quase toda a parte de Portugal. Temos clientes de Leiria, Setúbal, Porto até. Também temos clientes daqui, do Alentejo também. Mas os clientes mais regulares são de Lisboa. (Entrevista realizada no âmbito do projeto Convivialidade e Super-diversidade)».

Esta sucessão de diferentes *mourarias* significa que os imaginários que a constroem e reconstroem na perceção de moradores e de pessoas que lhe são exteriores são diversos e historicamente produzidos. Neste processo de visibilização, a autarquia tem insistido que a história da Mouraria tradicional é um bom recetáculo simbólico para a Mouraria mais recente do interculturalismo e do crisol da diversidade étnica. Assim se liga a reabilitação dos acessos ao castelo e da cerca fernandina ao *corredor intercultural* designado desta forma pelo Programa de Acão QREN *Mouraria – As Cidades Dentro da Cidade* da CML. Encontra-se presente nesta leitura uma ideia de continuidade, de conexão apropriada, que remete para uma certa teleologia. Da mesma forma, a imagem veiculada quer por interventores públicos quer por atores implicados na sua renovação é devedora desta ideia de continuidade; uma continuidade entre tradição e modernidade, da qual a face intercultural atual seria o emblema e símbolo. Esta ideia estrutura igualmente grande parte do discurso académico sobre o território Mouraria, segundo o qual, quer nas suas investigações etnográficas[45] quer em inquéritos mais

---

[45] Ver Marluci Menezes, *Mouraria, Retalhos de um Imaginário: significados urbanos de um bairro de Lisboa* (Oeiras, Celta Editora, 2004).

extensivos, se apresenta o bairro como uma mescla entre tradição e cosmopolitismo, para citar o título de um artigo recente([46]) no qual as continuidades culturais se impusessem por definição às convulsões históricas. Na realidade, como há muito vem estudando Menezes, esta história é mais uma história de encontros e desencontros, descontinuidades e malogros, do que de continuidade. Com efeito, ao nível das políticas autárquicas, podemos distinguir três fases na intervenção do Estado na Mouraria e Praça do Martim Moniz([47]). Uma primeira fase de intervenção «higienizadora» por parte do Estado Novo, inscrevendo a Mouraria num projeto mais vasto de «urbanismo civilizador»([48]) como forma de domesticar um bairro popular impondo-lhe um ordenamento urbano à imagem da estética de Le Corbusier. É daqui que nasce o largo do Martim Moniz, mais tarde transformado em praça, e o edificado que constitui o seu entorno, participando este de uma intenção de modernização do centro da cidade. Modernização essa que visava atenuar uma imagem de desordem trazida pelo êxodo rural, sobretudo proveniente do Minho e Trás-os-Montes, cuja presença é ainda sinalizada por associações culturais tais como a Casa dos Amigos do Minho, e que formaram aquilo que os técnicos autárquicos têm designado por núcleo mais popular([49]).

Com a transferência do mercado da Praça da Figueira para o novo largo do Martim Moniz, a vocação comercial que passou a estar associada à zona do Martim Moniz e Mouraria consolida-se, muito embora, desde o PDUL (Plano Diretor de Urbanização de Lisboa) de 1959, com o seu «zonamento de Lisboa» no sentido de cada uma das partes refletir uma funcionalidade integral ao todo urbano se planeara um «polo de atracão comer-

---

([46]) Maria Manuela Mendes, «Bairro da Mouraria ...
([47]) Marluci Menezes, «A Praça do Martim Moniz: Etnografando lógicas socioculturais de inscrição da praça no mapa social de Lisboa», in *Horizontes Antropológicos*, Porto Alegre, ano 15, n. 32, (jul./dez 2009), pp. 301-328.
([48]) *Ibidem*, p. 306.
([49]) Apresentação do Plano de Desenvolvimento Comunitário da Mouraria, CML, retirado de http://www.aimouraria.cm-lisboa.pt/pdcm.html, acedido em 21-07-2012.

cial» no território do Martim Moniz e no seu confinamento com a Mouraria([50]). Na década de setenta, a instalação de comerciantes grossistas de origem indiana, chinesa, africana, paquistanesa e brasileira, irá aprofundar essa tendência e é hoje a face mais visível do dinamismo comercial neste território.

Uma segunda fase tem início com o Programa de Renovação Urbana do Martim Moniz, em 1982. Este programa pretendia reabilitar a zona através da implantação de escritórios, comércio, espaços culturais, habitação e estacionamento. É dele que nascem os dois centros comerciais que ladeiam a Praça do Martim Moniz e é também a ele que devemos a sucessão de quiosques que marcaram a imagem da praça até hoje. Em 1998 são instalados 44 quiosques que se manterão ora fechados ora abertos num regime de descontinuidade que nunca permitiu a fixação de comerciantes. Em contrapartida, as atividades ilícitas que em torno deles se exercem, provocam um clima de exceção e de insegurança que doravante traduzirá a visão exterior relativamente à Mouraria e ao Martim Moniz([51]). Apesar das tentativas de reabilitação da zona, e de esta se ter constituído enquanto «objeto de reabilitação» propriamente dito([52]), os espaços e práticas sociais a ele associados convergiam para lugares de exclusão, congregando a praça e o bairro da Mouraria, marginalidade, atos ilícitos, sem-abrigo, prostituição e tráfico de droga([53]). Neste quadro, reabilitar aquele território teria

---

([50]) cif. José Augusto França, *Lisboa: história física e moral* (Lisboa: Livros Horizonte, 2008), p. 740.

([51]) Marluci Menezes, *Mouraria: entre o mito da Severa e o Martim Moniz. Estudo antropológico sobre o campo de significações imaginárias de um bairro típico de Lisboa* (Lisboa: LNEC, 2003).

([52]) António Firmino da Costa e M. J. Ribeiro, «A construção social de um objecto de reabilitação», *Sociedade e Território*, Lisboa, n. 10-11 (1989), pp. 85-95.

([53]) Relativamente a este último, o aumento do consumo e dos públicos associados ao tráfico deveu-se em muito à deslocação do mesmo durante o processo de reabilitação do Casal Ventoso. Informação fornecida por uma técnica do Gabinete de Unidade de Projecto da Mouraria no âmbito do trabalho de campo do projecto Convivialidade e Super-diversidade.

sempre que obedecer ao critério da salubridade, ou seja, a uma revalidação das formas sociais que aí se encontram, reelaboradas agora a partir de uma identidade que diferenciasse positivamente o bairro. É neste sentido que fatores como centralidade, diversidade, patrimonialização e estetização concorrem para o reelaborar da imagem da Mouraria e vão ser axiais numa terceira fase de intervenção urbana. Enquanto bairro histórico, a Mouraria tem sido alvo de um programa de reabilitação recentemente encetado pela Câmara Municipal de Lisboa (CML) o qual recebeu a designação de «Programa de Acão Mouraria», financiado através dos fundos do QREN. Desta feita, a ordem de prioridades não se encontra acantonada à Praça do Martim Moniz, mas amplia-se em direção ao bairro da Mouraria, Intendente, e Almirante Reis, como se pode depreender do afirmado no excerto abaixo, retirado da Visão Estratégica para a cidade de Lisboa assim como ela foi enunciada em documento oficial([54]). Permitimo-nos citar com alguma extensão:

> A requalificação em curso do Largo do Intendente é muito importante como motor da dinâmica de requalificação deste eixo, (...), para instalação de novas actividades comerciais, nomeadamente as de âmbito multicultural e étnico, em estreita articulação com as comunidades imigrantes presentes (eslava, guineense, hindu, são tomense e cabo-verdiana, com especial destaque a criação de um centro cultural em parceria com a associação dos imigrantes russófonos de Lisboa. [...] Por outro lado, é necessário reequilibrar essa densificação e qualificar a charneira oriental (Almirante Reis» Oriente), atraindo população e actividades, e fazendo urbanismo em consonância com a terciarização e a instalação de actividades produtivas em sectores de base tecnológica e da economia do conhecimento, geradores de emprego qualificado.
>
> *[excerto retirado do eixo 2 Cidade de empreendedores]*

([54]) Visão Estratégica, Lisboa 2002-2012. Eixos de desenvolvimento urbano, Lisboa: CML, 2007, p.75 [retirado de http://ulisses.cm-lisboa.pt/ data/002/009 em 21-03-2012].

Associado a este desiderato, o programa financiado com fundos do QREN compreende a requalificação do espaço público (Largo do Intendente, Rua do Benformoso, Olarias, Rua das Farinhas, etc.), a reabilitação de diversos edifícios e um programa de valorização social dos moradores, posto que «a requalificação não é só do edificado»; a este último coube a designação de *Programa de Desenvolvimento Comunitário da Mouraria*. De acordo com o historial deste programa, ele foi proposto em 2010 para que os impactos positivos da intervenção urbanística pudessem incidir sobre as pessoas e comunidades que habitam a Mouraria, com o objetivo de diminuir as «condições de exclusão e pobreza e promover uma maior abertura à cidade» [55]. Os dois programas, um de maior escopo material, o outro de intervenção sobretudo social, decorrem em paralelo. Entre os muitos exemplos de iniciativas compreendidas por estes dois vetores de intervenção, podemos referir, assim como salientado pelo Presidente da Câmara, a instalação em edifícios já reabilitados da *Associação Cultural Sou*, de uma residência universitária e de ateliers / residências para 140 artistas. «A regeneração do bairro faz-se com atividades novas que tragam nova vida e mobilizem energias», afirmou o edil lisboeta por ocasião da apresentação do QREN Mouraria (site da CML). Mas a intervenção na memória e representações sociais associadas ao bairro, quer de origem endógena quer exógena, constituirá também «objeto de reabilitação», fruto de uma produção simbólica continuada que tem servido de esteio para um *branding* lisboeta cujo *leitmotif* é a diversidade da Mouraria.

Nas suas modalidades mais eruditas, algumas das iniciativas referidas anteriormente – iniciativas que visam captar atividades artísticas e os seus produtores – recobrem, em larga medida, um segmento populacional que integra a ideia de o «artista como regenerador», ecoando o papel que é reservado ao artista na recuperação de zonas degradadas e na sua nobilitação [56].

---

[55] Apresentação do programa, site da CML http://www.aimouraria.cm-lisboa.pt/pdcm.html [acedido em 21-07-2012].

[56] Phil Wood e Charles Landry, *The Intercultural City. Planning for Diversity Advantage* (London: Earthscan, 2008), p. 124.

Associada à ideia de «o artista como regenerador» do espaço urbano, encontra-se a recomendação para o estabelecimento de «um viver intercultural» ([57]) a que o *habitus* boémio do artista enquanto personagem tipificada naturalmente se ajusta. Estes aspetos só analiticamente são dissociáveis, posto que participam de um mesmo processo onde se articulam a cultura como veículo de regeneração – quer nas suas mediações eruditas quer convivenciais –, a diversificação das origens sociais e as potencialidades da economia simbólica ou dos serviços a ela associados. Isso mesmo é destacado pelo excerto retirado da *Visão Estratégica* para a cidade de Lisboa e reproduzido atrás, condensando este a articulação enunciada entre a multiculturalização dos espaços urbanos e o terceiro sector. Wood e Landry, muito significativamente, associam a diversidade cultural ao potencial da cidade criativa, entendendo esta como vantagem comparativa no mercado da marketização urbana. O seu livro de 2004, intitulado *The Intercultural City: Planning for diversity advantage* fornece o mote. Para Wood e Landry, os novos espaços urbanos devem fomentar o híbrido e o intercultural integrando-os nas vivências quotidianas. De tal sorte, que as cidades que o consigam fazer apresentam uma vantagem comparativa em termos de diversidade, uma *diversity advantage* (vantagem da diversidade).

Ora a *diversity advantage* implica uma outra ordem de visibilidade, ou seja, uma visibilidade que não é mais produzida pelas próprias dinâmicas sociais do bairro, mas que se insere na produção exterior dessa mesma visibilidade. Podemos começar por colocar a hipótese de que a visibilidade da «nova» Mouraria é uma visibilidade produzida «socialmente através de processos exteriores ao bairro», em certa medida semelhante à construção social exógena da visibilidade do bairro de Alfama analisada por Costa ([58]). Este processo de reconstrução da visibilidade da Mouraria implica dois vetores. Primeiro, a visibilidade norma-

---

([57]) *Ibidem*, p. 259.
([58]) António Firmino da Costa, *Sociedade de Bairro* (Oeiras: Celta, 1999), p. 57.

tiva, ou normalizadora, simbolizada, por exemplo, pela mudança do gabinete do Presidente da Câmara para o Largo do Intendente ou o projeto para a construção das futuras instalações da 1ª divisão da PSP à entrada da Mouraria. Na altura, o autarca referiu-se à instalação do seu gabinete de trabalho em pleno Largo do Intendente Pina Manique como «um símbolo, um sinal para os comerciantes da zona de que vale a pena investir aqui e um estímulo para a requalificação da Mouraria»[59].

Segundo, em corolário, uma visibilidade construída e alicerçada em torno da diversidade e interculturalidade enquanto sinónimos de cosmopolitismo e tolerância. Estes dois aspetos obedecem a processos padronizados de renovação da *cidade interior* e integram-se no âmbito mais geral da produção (ou da retórica) dos distritos culturais, tendo como perspetiva futura a implantação das necessárias infraestruturas e atividades das «cidades criativas»; ou seja, espaços e consumos apelativos para as classes móveis da economia simbólica. Dos diversos elementos que se encontram presentes na intervenção na Mouraria podemos identificar aqueles que correspondem a este tipo de estratégias: preparação do território para a alocação de indústrias da cultura ou ligadas à produção criativa[60] acompanhada de uma forte aposta em atividades culturais com ocupação do espaço público; atracão de *gentrifiers* como forma de recomposição do tecido social do bairro[61]; turismo criativo e busca da autenticidade; e finalmente, a interculturalidade endógena ao bairro como fator de atração tanto de turistas como de poten-

---

[59] Para o autarca socialista, que em 2011 deslocou o seu gabinete dos Paços do Concelho para aquele largo, esta é uma forma de lisboetas e turistas «redescobrirem uma zona que está menos presente no roteiro» da cidade. António Costa, presidente da C.M.L numa entrevista ao *Sol* online 06-07-2012., retirado de http://www.aimouraria.cm-lisboa.pt/noticias em 03-09-2012.

[60] Florida, *Cities and the Creative Class* ...

[61] Graeme Evans, «Measure for Measure: Evaluating the Evidence of Culture's Contribution to Regeneration», *Urban Studies*, 42(5/6), (2005) pp. 959-984.

ciais «*diversity seekers*» ([62]). Quando combinados, estes fatores deixam antever uma intenção deliberada de criar uma «cena cultural urbana» ([63]). Segundo esta noção, as cidades enquanto territorializações de consumos culturais, exibem cenas culturais que dotam de um carácter específico uma zona da cidade ou uma cidade por inteiro que a torna distinta das suas concorrentes. Neste contexto, as autoridades públicas tratam de elaborar uma imagem própria, uma marca para a sua cidade com o objetivo de atrair certos tipos de atividade económica e visitantes através da sua oferta de consumo cultural e cenas culturais; e estas por sua vez geram práticas partilhadas através das quais se reafirma um estilo de vida que se produz num espaço específico ([64]). Ora a intervenção da Mouraria reveste-se do carácter da criação de uma *scenescape*, de uma cena cultural urbana que possua um carácter simbólico e espacial distintivo. Este é um dos aspetos mais marcantes e contemporâneos da governança da diversidade, ou seja, a sua adequação à produção de uma determinada *scenescape* e por sua vez, numa implicação mútua, o contributo da diversidade cultural como uma das formas simbólicas de construção dessa *scenescape*.

Atividades culturais com ocupação do espaço público

Das iniciativas destinadas a uma convocação explícita dos habitantes e visitantes a ocuparem o espaço público desta zona de Lisboa, destacam-se o Festival Todos, o Mercado de Fusão e o Pedras D'Água. Dos três, o Pedras D'Água será o único que foge ao molde da mobilização discursiva e imagética da diversidade cultural e dos seus benefícios.

([62]) Phil Wood e Charles Landry, *The Intercultural City* ....

([63]) *Scenescape*, no original. Ver Daniel Silver, Clemente L. Navarro e Terry N. Clark «Scenes: Social context e Clemente L. Navarro, Terry N. Clark e Daniel Silver, «Las dimensiones ...

([64]) *Ibidem*, p. 21.

O *Festival Todos* epitomiza essa lógica. O *Festival Todos – Caminhada de Culturas,* e outras iniciativas da mesma natureza, foi carregado de um potencial emblemático ao estar associada a um Gabinete da CML cuja designação prefigura esse desiderato: *Lisboa, encruzilhada de Mundos*. O objetivo do Festival é criar sinergias, aproximações e reconhecimentos através da arte performativa e da ocupação do espaço público. Neste contexto, procura-se a colaboração dos próprios habitantes e os recursos culturais e humanos existentes naquele território (artistas, bandas, músicos) são combinados com equipamentos culturais e artistas exteriores ao bairro. Durante o festival, numa das manifestações artísticas mais concorridas, os fotógrafos tiraram fotografias que juntavam pessoas do bairro com os imigrantes, em registo de retrato de família, posteriormente colocadas em locais visíveis tais como balaustradas de janelas, portas e paredes exteriores ou *outdoors* publicitários na Praça do Martim Moniz. A mensagem subjacente é a do «ama o teu vizinho como a ti próprio» no pressuposto da construção necessária de um contexto cultural comunitário onde relações de interconhecimento fortaleçam os laços sociais e vicinais([65]). Numa das notícias de apresentação convidavam-se «todos (…) a visitar, conhecer e interagir com os habitantes desta zona da cidade», com o intuito de combater o medo daquilo que desconhecemos, «conhecendo-nos uns aos outros».

Esta dimensão do experiencial, da construção da empatia, encontra-se patente nas declarações de uma responsável municipal segundo a qual, (…) começam a ser criadas condições locais para a interculturalidade funcionar. (…) Eu não sei quantas pessoas que moram em Lisboa – a começar por mim – alguma vez entraram naquele espaço, porquê? É o estranho, é o outro, é o medo; vamos tentar. (Entrevista com responsável da CML, fevereiro de 2011).

([65]) Mark Davidson, «Love thy neighbour? Social mixing in London's gentrification frontiers», *Environment and Planning A* 42 (3), (2010), pp. 524-544.

O *Todos* surge assim como a caução a um reconhecimento prático da interculturalidade da cidade de Lisboa. Nas palavras do Diretor da Cultura e Património Cultural e Natural do Conselho da Europa, Robert Palmer, por ocasião da celebração da adesão de Lisboa à rede de cidades interculturais do Conselho da Europa, a cidade teria «um carácter exemplar no relacionamento e diálogo interculturais» e que a expressão disso seria, justamente, o *Festival Todos* (Câmara Municipal de Lisboa, 2011). Com efeito, sob o sugestivo nome de «Corredor Intercultural» uma das ações deste programa visa a «valorização transversal da interculturalidade» através de iniciativas como a *Há Mundos na Mouraria* associadas ao *Festival Todos* cujo objetivo foi o de divulgar os «universos históricos e culturais da Mouraria e ... as diversas manifestações culturais dos povos do mundo, quer através da mostra das diversas áreas artísticas, culturais e gastronómicas, quer através da participação empenhada da comunidade na elaboração da programação e no funcionamento do festival»[66]. Neste sentido, a interculturalidade promovida pelo *Todos* não é um corpo estranho ao imaginário da cidade, mas sim construída enquanto parte integrante desse mesmo imaginário. E é com esse objetivo que os diversos atores envolvidos trabalham para reformular a imagem da Mouraria enquanto espaço estigmatizado, numa tentativa de a tornar apelativa, não apenas para o turismo, mas também para os *gentrifiers*, assegurando concomitantemente a coesão do tecido social interno ao próprio bairro. Como escalpelizado por Menezes, o programa de reabilitação urbana incide também na requalificação do espaço público, tendo este como dimensão central o seu potencial intercultural[67].

---

[66] Sítio da CML, apresentação do *Há Mundos na Mouraria*, http://www.aimouraria.cm-lisboa.pt/valorizacao-socio-cultural-e-turistica/festival.html.

[67] Marluci Menezes, «'todos' na mouraria? Diversidades, desigualdades e diferenças entre os que vêm ver o bairro, nele vivem e nele querem viver», paper apresentado ao XI Congresso Luso-Afro-Brasileiro de Ciências Sociais – CONLAB Diversidades e (Des)Igualdades Salvador, 07 a 10 de agosto de 2011 / Universidade Federal da Bahia (UFBA).

Neste quadro, a requalificação urbana faz-se no sentido de tornar a Mouraria «estigmatizada» – dos comércios ilícitos e da marginalidade popular – num lugar apelativo para visitantes integrando-a nas rotas turísticas através da oferta de um «percurso turístico cultural»[68]. Nela se combinam a diversidade étnica com a tradição dos vernáculos sociais associados ao fado e ao pitoresco da sua geografia e arquitetura, como aquela que é simbolizada por equipamentos culturais tais como a Casa da Severa ou iniciativas com a natureza do Concurso de Fado promovido pela Associação Renovar a Mouraria. A incidência nos aspetos tradicionais, populares, vernaculares faz-se acompanhar pela intervenção modernizadora decorrente da instalação de residências universitárias ou do Centro de Inovação da Mouraria (CIM) onde, previsivelmente, se abrigarão *ateliers* artísticos e espaços comerciais potencialmente ocupáveis pelas indústrias da cultura. Esse potencial já começou a ser explorado através da implantação do chamado Mercado de Fusão, instalado no Martim Moniz, onde as duas dimensões se combinam. Enquanto projeto implementado por uma empresa de animação, responsável, entre outras intervenções, pela dinamização do Cais do Sodré e pelo festival *Out Jazz*, é descrito como pretendendo oferecer «actividades dominadas pela ideia de multiculturalidade» aprofundando uma «vocação recente [do local Mouraria] como lugar de encontro de povos e de culturas»[69]. Paralelamente, salienta-se que o novo mercado não deve ficar de «costas voltadas para a Mouraria». A concessionária do projeto foi a Epul,

---

[68] No site da CML, na página dedicada ao Programa de Acção QREN, Mouraria, pode ler-se que «a valorização do património histórico-arquitectónico do edificado e do espaço público do bairro da Mouraria (…) assim como as características da interculturalidade manifestas na baixa da Mouraria, vão permitir a inserção da Mouraria nas rotas turísticas da cidade. Com vista a esse objectivo, foi contactada a Associação de Turismo de Lisboa (ATL) que, como parceiro desta candidatura, se disponibiliza para inserir a Mouraria nos seus Itinerários Culturais, divulgados no site :http://www.visitlisboa.com/.»

[69] «Martim Moniz vai ter restaurantes e um mercado intercultural», *Público*, 10-05-2012.

proprietária daquele espaço e apostada há alguns anos num reaproveitamento habitacional do largo. Quanto ao espaço do largo propriamente dito, dos 44 quiosques outrora existentes no final da década de 1990, nenhum sobreviveu e os novos espaços comerciais foram concessionados a projetos diferenciados de restauração com a condição de cada um representar uma nação em particular, seguindo desta maneira o «imperativo do correto aproveitamento (...) de todas as potencialidades do espaço, enquanto polo de permuta cultural e comercial»([70]).

Estas iniciativas configuram a materialização do *ethnic chic*, ou seja, o étnico comercializável: lojas como a *Embaú, Brazilian wearstore*, substituem os velhos quiosques onde comerciavam imigrantes residentes na Mouraria.

Os públicos da nobilitação

Neste caso concreto, as dinâmicas criadoras do distrito cultural são indissociáveis das formas como o étnico e o económico se entretecem dando origem a mais-valias simbólicas, culturais e económicas. Os benefícios daqui retirados prendem-se diretamente com a atração que o bairro possa exercer para os *gentrifiers* ou para a instalação de indústrias de alto valor acrescentado como é o caso das indústrias culturais, *ateliers* artísticos ou produções estéticas como festivais e outros aproveitamentos do espaço público. Atentemos, no entanto, que assim como esta centralidade simbólica é para o caso da Mouraria apenas parcial([71]), também os *gentrifiers* que ela tem atraído se inserem naquilo que Malheiros observou como sendo «marginais»([72]).

([70]) Cit. in António Guterres, Interacções reflexivas sobre o novo plano Martim Moniz, Buala – Cultura Contemporânea Africana, 2012, retirado de http://www.buala.org/pt/cidade/interacoes-reflexivas-sobre--o-novo-plano-martim-moniz#footnote12_cwkmzf0.

([71]) Com efeito, a Mouraria, pese embora a sua centralidade, não se insere nas chamadas zonas nobres da cidade, tais como o Chiado, a Lapa ou as Amoreiras.

([72]) Malheiros et al., «Etnicização residencial e nobilitação urbana marginal: processo de ajustamento ou prática emancipatória num bairro

Os *gentrifiers* marginais são, nesta aceção, uma população em média jovem, proveniente da classe média e classe média-baixa com profissões ligadas à economia simbólica ou social cujo *ethos* conforma-se a um certo cosmopolitismo pós-moderno. Distinguem-se por conseguinte dos *gentrifiers* dos processos mais agressivos de valorização fundiária geralmente de extração na classe média-alta. A par dos *gentrifiers* marginais subsistem as populações imigrantes cuja configuração da sua inserção sugere, para alguns grupos (os chineses, por exemplo) a emergência de um enclave étnico. Esta combinação resulta particularmente apetecível para os planificadores e subsequentes políticas de regeneração daquele território. A mobilização da diversidade, contrariamente aos contextos socio-espaciais onde os processos mais agressivos de nobilitação urbana atuam através da substituição das populações tradicionais por uma classe de maior poder aquisitivo, faz-se presente quer ideologicamente nos discursos que se constroem em torno da originalidade cultural e social do bairro quer na necessidade de provar que a interculturalidade ali emerge espontaneamente. Assim se investe em todo um dispositivo de fabricação da compreensão e aceitação do outro que vai para além das reais dinâmicas sociais.

Com efeito, a «mistura social» nem sempre é o desfecho quer dos processos de nobilitação quer da intervenção urbana no sentido da regeneração de um território; no caso da Mouraria, embora se verifique a gradual incorporação de *gentrifiers* marginais expressando as representações típicas de um cosmopolitismo de classe média globalizada, este não parece manifestar-se nas práticas quotidianas de estabelecimento de redes e interações[73]. Neste sentido, exibe um padrão muito semelhante a outras experiências cujo retorno ao centro produz uma segmentação social e prática que delimita espaços e investimentos grupais em modos de vida e culturas urbanas díspares.

---

do centro histórico de Lisboa?», *Revista Sociologia*, Revista da Faculdade de Letras da Universidade do Porto, Número temático: Imigração, Diversidade e Convivência Cultural (2012), pp. 97-128.

[73] *Ibidem*.

O cosmopolitismo que ali se pretende fomentar, é assim, em larga medida, um cosmopolitismo educado, ou seja, é a classe média e média-alta que participa deste cosmopolitismo e por conseguinte inscreve os seus estilos de vida em outras tantas práticas de consumo que sinaliza justamente este cosmopolitismo. As festas do Intendente, sob o signo da recuperação, mais precisamente do renascimento[74] de um largo da cidade, reuniram durante o mês de julho de 2012 uma mescla de tendências e registos artísticos que vão desde a canção popular até à música erudita com uma representação ao ar livre da *La Bohéme*. O étnico, na aceção que aqui temos utilizado, encontra-se igualmente representado por uma banda multicultural, de «sonoridades universais». Contrariamente ao Todos e ao Mercado de Fusão analisados atrás, a intenção artística destas iniciativas é explícita, sobretudo quando entendida como expressão de uma cultura *high brow*, mesmo que alguns dos seus motivos sejam a canção popular (como no espetáculo conduzido pelo Maestro Jorge Carvalho Alves, com a presença do Maestro Vitorino de Almeida e do coro Sinfónico Lisboa Cantat). A *high brow culture* é perfeitamente funcional na articulação entre «retorno ao centro» e atracão das novas classes cosmopolitas. A requalificação do centro, simbólica, social e semioticamente – é atravessada pela sua re-simbolização enquanto lugar de abertura intrinsecamente cosmopolita. Lugar onde desfilam as mais variadas tendências artísticas e expressivas numa articulação entre a positivização dos espaços intervencionados e a sua elevação cultural. Não por acaso uma das intenções enunciadas no programa de requalificação passa por pedagogicamente dar a conhecer à «população habitualmente considerada inculta formas de expressão incluídas no que habitualmente se considera cultura»[75].

Por outro lado, as tentativas de preservação, ou invenção, de um *ethos* comunitário com ligações afetivas a um bairro, con-

---

[74] «Renasce um largo para a cidade», *Público*, 6/07/2012.

[75] In sítio da CML, citado em Menezes, «'todos' na mouraria? Diversidades ... p. 5.

tradizem as visões mais pessimistas da nobilitação urbana que veem nela um processo irreversível de deslocação das populações tradicionais. No caso da Mouraria, se aceitarmos a divisão proposta por Malheiros entre moradores tradicionais, imigrantes e *gentrifiers* marginais como tipificações de distintos grupos socioculturais que ocupam e dividem o território entre si, temos que a diferenciação social tem sido acompanhada por um processo de produção (ideológico, político, simbólico) de unidade, ou, seguindo as análises das novas culturas urbanas dos *gentrifiers*, também aqui se busca a mirífica autenticidade do laço social e das suas diversas territorializações([76]). A imbricação entre diversidade étnica, passado histórico e centralidade funciona como mais-valia num mercado atrativo para os *gentrifiers* marginais. A sua «marginalidade» decorrerá porventura do facto de o processo ser ainda recente, aventando-se a hipótese de a regeneração urbana criar as condições para a intensificação do processo de nobilitação do bairro, a ser porventura ocupado no futuro pelos *gentrifiers* das classes alta e média-alta. Por enquanto, o que se constitui como linguagem e prática política é o fenómeno mais global de tornar o centro mais atrativo. Diversos processos, tendo no entanto em conta a multiplicidade de contextos e escalas em que estes indicadores podem ser encontrados, replicam uma tendência global das cidades inseridas na nova economia simbólica. Tais como, a tematização. Durante o mandato de João Soares foi pensada uma Chinatown para o espaço da Mouraria aproveitando sinergias entre uma população chinesa imigrante que aí se ia instalando e o potencial comercial tradicional da Praça do Martim Moniz e espaços adjacentes. Mas se esta intenção foi abandonada, em parte porque a própria população chinesa se viria a dispersar e novas popu-

---

([76]) Ver Sharon Zukin, *Naked City: The Death and Life of Authentic Urban Places* (Oxford, Oxford University Press, 2010), e Richard Lloyd, *Neo-Bohemia: Art and Commerce in the Postindustrial City* (New York: Routledge, 2006); Japonica Brown-Saracino, *A Neighborhood That Never Changes: Gentrification, Social Preservation and the Search for Authenticity* (Chicago: University of Chicago Press, 2009).

lações imigrantes do sudoeste asiático ali se fixariam, a tematização foi continuada, extensível agora à demonstração intercultural através da recomposição social e demográfica do bairro. Todavia, embora a estratégia global se assuma como fundamentalmente homóloga entre territórios urbanos geográfica e historicamente diferenciados, ela radica necessariamente numa especificidade matricial, simbólica, imagética e social que importa relevar.

Interculturalidade e autenticidade histórica – imaginários pós-coloniais.

No caso de Lisboa esta matriz organiza-se em torno da celebração de uma interculturalidade decorrente de um pressuposto lastro histórico que encontra as suas raízes num certo luso-tropicalismo pós-colonial (a temática da encruzilhada de mundos).

Se a diversidade é um adereço cuja utilização se faz cada vez mais presente nas políticas culturais das cidades, em Lisboa ela é expressa através de uma narrativa particular. Muito dessa narrativa é atravessada pela recuperação dos tropos do multirracialismo, como exemplificado em afirmações como «Martim Moniz, lugar de 'mistura' por excelência» ou o lema do próprio festival, «Viajar pelo mundo sem sair de Lisboa» que, na sua formulação original, denotando a carga pós-colonial que envolve a iniciativa, lia-se «Viajar *de novo* pelo mundo sem sair de Lisboa». Porque essa carga, especulamos, é percecionada pelos atores envolvidos na sua criação, foi retirado o «de novo», mantendo-se todavia a semântica da viagem, da deslocação, cara às imagens de transculturação e contacto com o outro[77].

Se por um lado, a recuperação do bairro passa em larga medida por uma sua redefinição – se bem que ainda sem qualquer lastro memorial – como espaço intrinsecamente intercultural – «Martim Moniz, lugar de 'mistura' por excelência» –,

---

[77] Marie Louise Pratt, *Imperial eyes. Travel, Writting and Transculturation* (London: Routledge, 1992).

por outro, a construção de uma tal narrativa, e padecendo esta de um excesso de presentificação, é funcional na construção de uma narrativa mais abrangente, simbolizada no *tropo* da «Lisboa encruzilhada de Mundos», onde se investe toda a melancolia, no sentido que Gilroy lhe confere, da grandeza imperial perdida([78]). Com efeito, a «Encruzilhada de Mundos» lisboeta suscita todo um conjunto de memórias forjadas no imaginário imperial de outrora; imaginário esse sempre refractário à violência da relação colonial estabelecida entre colonizador e colonizado e sempre reconfigurado enquanto resultado direto de uma natureza luso-tropical, na qual Portugal seria por definição ancestral e mítica o «verdadeiro» cadinho de culturas.

Veja-se uma sua inscrição particular na colaboração literária do escritor José Eduardo Agualusa com a Câmara Municipal de Lisboa. No roteiro literário da cidade de Lisboa, de título, *Lisboa, cidade de Exílios: o mundo em Lisboa*, escrito por ocasião do festival dos Oceanos em 1999, a temática da diversidade endógena da Mouraria recebe uma primeira caução. Ali se lê que a Mouraria foi o lugar escolhido por D. Afonso Henriques «para fixar os mouros forros». Num capítulo intitulado *Lisboa de todas as cores – United Colors of Lisbon*, o escritor elabora uma identidade para a Mouraria, e por decorrência para o resto de Lisboa, que se afirma enquanto cultural e etnicamente híbrida desde os seus primórdios. E para que não restem dúvidas quanto à sua natureza híbrida, o centro comercial surge como metáfora da grandeza imperial perdida. O centro comercial da Mouraria é reputado de lugar de viagem pelos velhos territórios do império português:

([78]) Para Gilroy, a melancolia é uma representação quase omnipresente nos media e no discurso político. A ideia de melancolia de Gilroy decorre da noção freudiana e sobretudo das suas aplicações por parte de psicólogos na explicação do sentimento alemão do pós-guerra da «perda da fantasia de omnipotência». Gilroy utiliza-a em relação à perda da grandeza imperial britânica. Paul Gilroy, *After Empire: Melancholia or Convivial Culture?* (Oxfordshire: Routledge, 2004).

Lá dentro, numa única tarde, pode-se visitar quase todo o antigo Império Português. A fragrância forte das especiarias enlouquece o ar. Inevitavelmente vem-nos à memória a grande aventura dos Descobrimentos *Portugueses*: foi para renovar o fatigado sabor da culinária europeia que Vasco da Gama se lançou ao mar, em direcção à Índia, inaugurando uma nova rota comercial, e mudando os destinos do mundo[79].

Mais à frente, «África surge perto do coração de Lisboa», mantendo a sua proximidade física e corporal desde os primeiros escravos até aos nossos dias – a percentagem de africanos, salienta o autor, manteve-se sensivelmente nos 13% desde o início do comércio de escravos. Por conseguinte, vocação miscigenadora que dilui os árabes no corpo nacional a que se seguem os africanos, diluídos eles também apesar da sua presença negra no coração da cidade. A Mouraria de Agualusa, em 1999, ainda não denunciava uma gradual substituição de populações migrantes, por isso nem a presença brasileira nem a de oriundos do sudeste asiático é notada. Mas a forma como estas pequenas estórias rescrevem a grande história podemos auscultá-la cotejando com outro roteiro de Lisboa, de meados do século passado, é certo, e de especial recorte romanesco. No Livro III das *Peregrinações em Lisboa*, de 1940, uma das contribuições a notar dentre os estudos Olisiponenses, a forma ostensiva com que este discurso luso-tropical é usado ainda não se faz presente[80]. A Lisboa da mistura só é em termos classistas, i.e., uma geografia urbana que mescla origens populares e aristocráticas numa teia inconsútil de convivências históricas e sociais. Também a Mouraria surge como lugar de contradições, mas não entre tradição e modernidade, mas antes entre a Lisboa aristocrática e popular. Nessa relação, as «impurezas» na história de Lisboa, e em particular da Mouraria, são mantidas; e como

---

[79] José Eduardo Agualusa, *Lisboa: cidade de exílios. O mundo em Lisboa* (Lisboa: CML, Festival dos Oceanos, 1999), pp. 20-21.

[80] Ver *Peregrinações em Lisboa/ Descritas por Norberto de Araújo; acompanhadas por Martins Barata* (Lisboa: Parceria A. M. Pereira, [1938]-1939), Livro III.

tal a Lisboa da sucessão de povos e tendências é relatada de maneira bem mais crua (e realista) e avessa à sanitização luso-tropicalista. Ali se descreve que os árabes foram separados da restante população por razões de pureza racial – eram proibidas as relações consideradas impuras com os sarracenos. As mourarias, aliás, espalhadas pelas principais cidades do vale do Tejo, foram locais de *ghettização* dos mouros (passe embora o anacronismo do termo), expulsos das antigas cidadelas após a reconquista onde permaneceram ou como escravos, posteriormente forros, ou como livres, mas como diz Mattoso, «todos política e socialmente diminuídos», apesar de considerados «naturais do reino»[81]. Facto é que não apenas foram separados, como mais tarde, aquando da expulsão dos judeus no século XV, o seu cemitério foi devassado após o Rei Venturoso, D. Manuel I, ter tomado conta da Mouraria e expropriado o *almocávar* (nome que designava o cemitério árabe de Lisboa), cujas lousas serviriam mais tarde para erigir o Hospital de Todos os Santos entregue à companhia de Jesus. A mesma viria a ocupar a velha mesquita transformada por D. Manuel em 1539 num edifício para as Dominicanas. Ainda sob o signo das impurezas, refere-se o facto de a Severa não apenas ser prostituta como de origem cigana, e dos amores tão ilícitos quanto conturbados entre esta mulher do povo e membros da aristocracia portuguesa. A Mouraria aristocrática é contrastada com a Mouraria dos malandros, das prostitutas, dos meliantes, vadios e fadistas e acrescenta-se que nenhuma das duas já existe que não seja na imaginação dos lisboetas. O interesse deste relato prende-se com o facto de estarmos perante uma narrativa que não se encontra submersa nos tropos do luso-tropicalismo. Nem a narrativa da continuidade genésica, com os seus laivos freirianos, nem a imaginação colonial dos panóticos imperiais através dos quais, a exemplo das exposições, dos roteiros de viagem e das representações estéticas, o «olhar imperial» percebia o mundo, assim como os roteiros turísticos atuais nos prometem a visão do império num dia.

---

[81] José Mattoso, «História de Portugal. A Monarquia Feudal», in José Mattoso (org.) *História de Portugal* (Lisboa: Editorial Estampa, 1993), p. 354.

Desta forma, a memória instantânea de um bairro intercultural é extremamente operativa na recuperação de um imaginário bem mais antigo. Nesta medida, esta formação discursiva em particular, onde se englobam não apenas os discursos de escritores e publicitários, mas também os espetáculos, as performances e os modos diversificados de ocupação do espaço público através de iniciativas culturais, surge como manifestação concreta daquilo que Miguel Vale de Almeida cunhou de luso--tropicalismo genérico [82]. Ou seja, a reapropriação dos *tropos* luso-tropicais numa matriz pós-colonial. Essa matriz está presente em diversas formulações que compõem a imagem de Lisboa veiculada pelo marketing turístico. Desde a imagem de marca da *estratégia de valor* apresentada para 2010 pela Associação de Turismo de Lisboa onde se reproduz a ideia segundo a qual a capital portuguesa «iniciou a globalização ligando a Europa ao Mundo» até às sistemáticas invocações de capital multicultural que integram as diversas campanhas turísticas ou estratégias de desenvolvimento regional [83], fixando-se na frase icónica do Plano Estratégico 2011-2014 da ATL, «Lisboa, uma capital cosmopolita e tolerante marcada pela descoberta de novos mundos e original pela sua hospitalidade e multiculturalidade» [84]. Podemos inclusivamente estender a analogia. É desta forma que a Mouraria é incluída nesta produção imagética enquanto marca de interculturalidade, configuração que se autonomiza do viver social e quotidiano do local Mouraria para granjear um espaço à parte na imaginação turística. Se o exótico do império se encontrava na sua modelação *sui generis* de um espaço pacificado do encontro entre povos e raças, no oscilar entre o estranhamento do distante e a proximidade do

---

[82] Miguel Vale de Almeida, *Um Mar da Cor da Terra* (Oeiras: Celta, 2000), p. 182.

[83] Sofia Santos, «Imagens da cidade .planeada. A diversidade cultural e o pensamento estratégico de Lisboa», *Sociologia Problemas e Práticas*, n.º 57 (2008), pp. 131-51.

[84] *Plano Estratégico 2011-2014 da ATL*, 2010, Deloitte Consultores, p. 326.

familiar, em que o Outro objetivado pelo olhar imperial é por isso mantido a uma distância segura, o exótico lisboeta redescobre-se da mesma maneira na presença do estranhamente distante e familiar. No espaço do encontro da tradição nacional, do património histórico urbano e das expressões culturais vernaculares, com as imagens de diversidade cultural, etnicizadas em virtude desse encontro. Motivos como os passeios pelas ruas da Mouraria oferecidos aos turistas, dando-se a oportunidade de ver um mundo inteiro concentrado nas ruelas de um único bairro, invocam a paixão imperial pelos roteiros e grandes exposições que colocavam perante o olhar etnocentricamente surpreendido do visitante o mundo tal qual ele podia ser abrangido pela visão (ou fantasia dessa visão) panótica imperial.

O turismo urbano procura o exótico, e este exibe tanto mais as suas características quanto a sua forma for deslocada do contexto da sua expressão. Uma loja de comida típica do Bangladesh numa viela de um bairro que conserva ainda traços de arquitetura mourisca é a combinatória pouco usual que se oferece ao turista. A Mouraria atual oferece esse híbrido e por isso passou a figurar nas rotas apetecíveis do turismo internacional. A cidade pós-colonial reconfigura-se assim como lugar de encontro entre as tendências de reestruturação económica urbana resultantes das dinâmicas capitalistas da globalização e a dobra do império sobre si mesmo, ou seja, a capacidade de mapeamento que os impérios exerceram fora das metrópoles no sentido de melhor dominarem os seus territórios volta-se agora para espaços internos à metrópole replicando esse mapeamento social e etnicizado de outrora. Em última análise, não andaremos longe do trabalho de planeamento das cidades coloniais cujas tecnologias de poder exerciam essa ação categorial sobre os povos nativos no sentido de os tornar mais civilizados e modernos o que para Anthony King teria sido uma das funções de transferência da arquitetura metropolitana para as cidades do império que assim a mimetizavam ([85]). Não se trata, conve-

---

([85]) Ver Anthony D.King, *Colonial Urban Development: Culture, Social Power and Environment* (Londres: Routledge e Kegan Paul, 1976).

nhamos, de replicar modalidades imperiais de domínio e subjugação na cidade pós-colonial e pós-imperialista; mas antes, de reorganizar a diferença proveniente de espaços que no passado levaram o seu tempo a serem conhecidos, cartografados e controlados, aplicando a essa diferença deslocalizada novos princípios de cartografia, conhecimento e controlo.

A celebração da etnicidade pode dar-se quando o seu encontro com a estetização capitalista da cultura se encontra garantida. Quando a etnicidade irrompe enquanto racialização e é sintomática das geografias da diferença e da desigualdade no espaço urbano, ela deixa de ser celebrada. É assim que as rotas turísticas tanto se apropriam da Mouraria como significante da diversidade urbana, como esperam surpreender o exótico pós-colonial na Cova da Moura tornado atracão turística segundo o modelo de algumas favelas do Rio de Janeiro[86].

A procura do exótico ajusta-se bem aos «especialistas analíticos» das novas classes médias-altas que procuram a autenticidade naquilo que é representado como singular nas cidades. É neste último sentido que os membros desta classe, a classe criativa na aceção de Florida, buscam não o consumo da cidade, mas a capacidade de a experimentar consoante os próprios desejos e imagens. Sassen fala da experiência da cidade como algo de exótico – a experiência de uma espécie de «cena urbana» ou de uma «cena urbana» ajustada ao turismo composta por um caleidoscópio de espaços e experiências que não se esgotam nas rotas turísticas tradicionais centradas no património e na história[87].

Em suma, aquilo que alguns autores apelidam de uma forma algo celebratória e acrítica de *migrantscape*[88], deve ser pensado

---

[86] Wieviorka admoestava para a simultaneidade entre uma sociologia das diferenças e da desigualdade e hierarquizações sociais; ver, Michel Wieviorka, *A Diferença* (Lisboa: Fenda, 2000), p. 132.

[87] Saskia Sassen, *The Global City*...

[88] Gésero tece uma linha discursiva em torno da diversidade da Mouraria que se aproxima em grande medida de um certo fascínio acrítico e mediado pela estetização da diversidade que podemos auscultar em alguns dos produtores culturais envolvidos no processo de renovação

como constitutivo de um triângulo cujos vértices são compostos pela promoção do espaço – enquadrado na lógica da criação de distritos culturais – que por sua vez decorre da economia simbólica das cidades criativas e se alia, com benefícios evidentes, ao uso estratégico da etnicidade. Deparamos, por conseguinte, com o uso da cultura para efeitos de marketing urbano e criação de imagens aliado ao discurso celebratório da etnicidade nas políticas culturais locais, no que podemos designar por *produções culturais etnicizadas*. Por sua vez, uma preconizada reconfiguração identitária, quer dos espaços quer dos grupos que nele habitam, leva à combinação entre mercadorização das identidades étnicas e o seu uso estratégico para a melhoria da coesão social em territórios específicos, com reflexos na simbolização pública das populações etnicizadas ao serem integradas nos circuitos imagéticos e comerciais da cidade. As estratégias de mobilização da diversidade cultural, com o seu intento de gerar uma oferta singular e competitiva no mercado do turismo internacional acabam por produzir, paradoxalmente, o mesmo resultado harmonizado e replicado em contextos urbanos diferentes. A mercadorização das identidades étnicas significa por conseguinte uma apropriação do espaço que não é inocente. Espaço de alta valorização capitalista cujo aproveitamento pelo

---

da Mouraria. A *migrantscape* de Gésero surge assim como o arquétipo do hibridismo enquanto projecção da autenticidade do lugar, i.e., enquanto heterogeneidade harmónica na substância recriada a partir da essência do lugar, de todos os lugares em simultâneo, onde se conjugassem as formas simbólicas e culturais do mundo num único particular. No «país imaginário» de Gésero, as bandeiras nacionais de todos os países teriam a honra de figurar nas balaustradas das janelas e uma miríade de iguarias concorre para um festival gastronómico de sabores do mundo. Para Gésero, a *migrantscape* torna-se um lugar de «antologias» de «colagens», uma bricolage cultural onde as expressões e as práticas são intercambiáveis estruturalmente e onde, enfim, tudo pode encaixar em tudo. O que Gésero parece negligenciar é que aquilo que as torna indistintas é a capacidade de serem mercadorizadas. Ver Paula Gésero, «O Espaço é o Lugar: O Martim Moniz na Migrantscape de Lisboa», *Sociologia*, Revista da Faculdade de Letras da Universidade do Porto, Número temático: Imigração, Diversidade e Convivência Cultural (2012), pp. 163-184, pp. 176-77.

mercado é, numa leitura ingénua, perspetivado enquanto recuperação da «autenticidade» intercultural do local, mas que constitui na realidade a inscrição do *ethos* consumista enquanto substituto funcional do cosmopolitismo reduzido agora a uma versão adulterada codificada como partilha de mercados. Isso mesmo é observado por Young, Diep e Drabble quando analisam o centro de Manchester, centro cosmopolita por excelência, mas cuja «diferença é planeada, regulada, legitimada, e mercadorizada, como parte do marketing da cidade» ([89]). Só que esta inscreve-se, no caso específico da Mouraria, numa espécie de retro-colonialismo ([90]): uso nostálgico do colonialismo e da sua matriz identitária para produzir autenticidade, que se ofereça ao «*turist gaze*» como exótico local, mas que no fundo não é mais do que uma revelação das mesmas dinâmicas homogeneizadoras do capitalismo cultural. É neste sentido que o «bairro étnico» é fundamentalmente o bairro do étnico passível de ser absorvido por uma lógica de consumo refractada em tantos estilos de vida quanto os públicos que ele atrai. Ora estes novos padrões de consumo, pragmaticamente identitários (na medida em que são eles que inscrevem uma identidade e a diferenciam) ajustam-se particularmente bem ao étnico consumível. Daí que se possa falar de uma *etnicidade permitida* ([91]) ou seja, aquela que vende e que é reconhecida através da sua mercadorização. As populações imigrantes têm figurado oficialmente neste cenário económico de geração de valor, em larga medida em termos de festivalização (tal como no *Carnaval de Notting Hill* ou o *Karneval der Kulturen* de Berlim e outros eventos, entre os quais incluiríamos o *Todos – Caminhada de Culturas*). Como resultado, a pro-

---

([89]) Craig Young, Martina Diep e Stephanie Drabble, «Living with Difference? The 'Cosmopolitan City' and Urban Reimaging in Manchester», UK, *Urban Studies*, Vol. 43, No. 10 (2006), pp. 1687-1714, p.1698.

([90]) Olaf Kaltmeyer, «Urban landscapes of Mall-ticulturality: (Retro-) Coloniality, Consumption and Identity Politics», in Olaf Kaltmeyer (org.) *Selling EthniCity. Urban Cultural Politics in the Americas* (London: Ashgate, 2011), pp. 95-115.

([91]) Loïc Wacquant, *Urban Outcasts: A Comparative Sociology of Advanced Marginality* (Cambridge, UK: Polity Press, 2007).

dução de políticas culturais que tinham por objetivo celebrar e proteger a diversidade etno-cultural através da grelha administrativa da concessão e expansão dos direitos (inclusivamente culturais, como uma modalidade nova na paleta de direitos de cidadania) está agora, em termos gerais, mais vocacionada para enfatizar o seu potencial económico. Assim, a governança da diversidade cultural no espaço urbano implica uma necessária concessão à capacidade de gerar valor e à adequação dessas atividades a um modelo de desenvolvimento urbano que passa em grande medida por tornar o Estado local num facilitador da economia simbólica e da cultura globalizada do consumo decorrente do incremento dos fluxos turísticos, substituindo assim a sua tradicional função de providenciador de serviços.

Este é o modo de regulação típico da cidade pós-moderna, com as suas geografias da diferença e da separação encobertas pelos simulacros dos enclaves turísticos. Lembremos como Judd descreve a noção de enclave turístico: «nódulos locais de circuitos internacionais de capital e cultura (...) mascarados de espaços locais» através dos quais se recriam simulacros das cidades que é suposto serem oferecidos no interior de «bolhas turísticas»[92] . Certo é que a recuperação da Mouraria se enquadra mais nos processos de renovação da *cidade interior* com a reabilitação dos seus traços históricos e monumentais, a preservação de uma arquitetura e geografia urbana tradicional e sedimentada. Estes aspetos distam o suficiente da experiência controlada dos espaços construídos de raiz para albergarem turistas que são identificados como enclaves turísticos. Todavia, em outros aspetos, a fórmula aproxima-se o suficiente da procura de uma cena urbana que recrie o espírito da cidade. A reconstrução dos espaços de socialidade tradicionais como marca de uma autenticidade de bairro, a simulação de um universal particular como representação genérica de um espaço urbano específico e o papel das atividades performativas para dar uma sen-

---

[92] Denis R. Judd, «Visitors and Special Ecology of the City», in Lilly M. Hofman, Susan Fanstein e Denis R. Judd (orgs.) *Cities and Visitors. Regulating people, markets and city space* (Malden: Blackwell Publishing, 2003).

sação de uma participação tão partilhada quanto genérica – não é isso que encontramos a ser construído na Mouraria? Assim, de bairro marginalizado, onde a imposição da ordem dificilmente obtinha resultados, a objeto exótico que devolve a verdadeira essência de Lisboa – a mistura, o híbrido, a viagem infinda da gesta dos velhos portugueses – a produção e planeamento deste território parece cumprir a mesma função.

Conclusão

A lógica da cidade criativa ou cidade-evento sustenta-se significativamente em intervenções urbanas norteadas por iniciativas culturais que remetem para a estetização da intervenção. Existe uma afinidade eletiva entre esta estetização – da intervenção –, e a do étnico, e é nesta intersecção que se define a *diversity advantage*. Em ambas, a cultura é vista como dimensão horizontal, que permite intercâmbios entre «nós» e «eles» ou entre cultura popular e erudita. A cultura é o aplanador por excelência das fronteiras sociais. Pela mesma ordem de ideias é também o veículo mais eficaz para as transações sociais.

As identidades pós-coloniais são matizadas por narrativas pós-imperiais; até porque a cidade pós-colonial é geralmente uma cidade pós-imperial. Muitos dos mitos que sustentaram as ideologias dos impérios sobrevivem, embora adquirindo novas formas, nas narrativas da nacionalidade, que por sua vez operam nos interstícios dos repertórios e práticas institucionais, sem que sejam declaradamente assumidas. Paralelamente, as identidades pós-coloniais dos migrantes não são dissociáveis do seu lugar estrutural, muitas vezes desigual, a partir do qual se construiu a relação entre colonizado e colonizador. Podemos inclusivamente pensar que as políticas culturais do lugar e das identidades se encontram imbuídas da herança das ideologias e práticas imperialistas, como pretende Jacobs[93]. Todavia, se esta pre-

---

[93] Jane M. Jacobs, *Edge of empire. Postcolonialism and the city* (Londres: Routledge, 1996), p. 4.

sença é em parte revelada pelas relações de poder e correspondente criação de visibilidades da alteridade pós-colonial no seio da metrópole, a própria qualidade diaspórica destes movimentos desestabiliza relações e categorizações tão estanques, deixando-se invadir por possibilidades combinatórias produtoras de formas culturais híbridas que deslocam as lógicas de construção de diferença assim como estas foram mantidas no passado. O espaço é um lugar privilegiado para a mobilização destas configurações identitárias; é nele que os seus investimentos se tornam visíveis e passíveis de serem interpretados pelos atores envolvidos. Convém no entanto ter presente que, contrariamente ao que um certo interculturalismo benigno quer fazer crer, este campo de interpretações não é politicamente inocente. E nesse sentido, umas interpretações possuem maior legitimidade do que outras, na medida em que são confinadas por certas configurações de poder. A cidade diversa, com a sua narrativa cosmopolita, o elogio do híbrido, permanece não obstante ligada a arranjos diferenciais de criação da visibilidade do que deve ser essa mesma diversidade. Desde logo, a estetização da diversidade, implicada nas tecnologias de planificação do urbano, corresponde à forma mais imediata e eficaz para a sua mercadorização, tendo em vista segmentos específicos do turismo urbano ou a criação de locais exóticos ajustados à busca de autenticidade e diferença das novas classes médias pós-industriais. Paradoxalmente, embora o discurso seja o da ambiguidade e heterogeneidade identitária e expressiva, as suas manifestações práticas, porque apanhadas no caleidoscópio do consumo e da mercadoria, não deixam por isso de ser menos reificadoras.

Notas biográficas

BERNARDO PINTO DA CRUZ, licenciado em Ciência Política e Relações Internacionais e mestrando em Ciência Política na FCSH-UNL, prepara uma tese sobre o *Gabinete dos Negócios Políticos do Ministério do Ultramar (1959-1974)*. Os seus actuais interesses prendem-se com análises sociológicas de *estados de excepção* coloniais, sociologia do conhecimento burocrático e sociologia histórica das Revoluções. Escreveu, com Diogo Ramada Curto «Terror e saberes coloniais. Notas acerca dos acidentes na Baixa de Cassange», janeiro e fevereiro de 1961, in Miguel Jerónimo (org.), *O Império Colonial em Questão* (Lisboa: Ed 70, 2012), pp. 3-35.

DIOGO RAMADA CURTO, historiador (CesNova, FCSH, UNL), é membro do *steering committee* do Programa de Doutoramento FCT de Estudos sobre a Globalização. Bibliotecário da Casa Cadaval, publicou recentemente *Para que serve a história?* (Lisboa: Tinta da China, 2013) e contribuiu para a obra *Oxford History of Historical Writing* (vol. 3). Desde 2010, co--dirige, com Nuno Domingos e Miguel Jerónimo, a colecção «História e Sociedade» (Edições 70).

EDUARDO ASCENSÃO, é investigador no Centro de Estudos Geográficos da Universidade de Lisboa. Antropólogo urbano com doutoramento em Geografia pelo King's College London (2011), tem trabalhado sobre informalidade urbana, pós--colonialismo e migração em cidades de língua portuguesa, bem como sobre políticas de cidade. Entre as suas publicações conta-se *Following engineers and architects through slums*, galardoado pela European Network for Housing Research com o Bengt Turner Award de 2012, de melhor artigo sobre habitação, e publicado na revista Análise Social em 2013.

ELSA PERALTA, doutorada em Antropologia, é investigadora de pós-doutoramento no ICS-UL. As suas publicações, das quais se destaca *Heritage and Identity: Engagement and Demission in Contemporary Society* (London, Routledge, 2009), incidem sobre as construções sociais da memória e os usos do património. Atualmente investiga a construção da memória do império colonial português em tempos pós-coloniais.

FILIPA LOWNDES VICENTE (Lisboa, 1972), historiadora, é investigadora no Instituto de Ciências Sociais da Universidade de Lisboa. Doutorou-se na Universidade de Londres em 2000 com uma tese que deu origem ao livro *Viagens e Exposições: D. Pedro V na Europa do Século XIX* (Algés: Gótica: 2003) (prémio Victor de Sá 2004). Mais recentemente publicou o livro *A Arte sem História. Mulheres e Cultura Artística (Séculos XVI-XX)* (Lisboa: Athena, 2012) e *Outros Orientalismos. A Índia entre Florença e Bombaim* (1860-1900) (Lisboa: Imprensa de Ciências Sociais, 2010), livro sobre circulação de conhecimento entre a Itália e a Índia que em 2012 foi traduzido para inglês e para italiano. Entre os seus interesses, destacam-se: conhecimento colonial, género e colonialismo, Índia colonial britânica e portuguesa, fotografia colonial e feminismo e ciências sociais.

HARRY G. WEST, é Professor de Antropologia e director do Food Studies Centre na School of Oriental and African Studies, University of London. Os seus trabalhos examinam o modo como o colonialismo e o socialismo revolucionário reconfiguram a «autoridade local» no Moçambique rural e de como, mais recentemente, as reformas pós-socialistas promoveram o regresso da tradição. O seu primeiro livro, *Kupilikula: Governance and the Invisible Realm in Mozambique*

(Chicago: The University of Chicago Press, 2005), ganhou o Royal Anthropological Institute's Amaury Talbot Prize for African Anthropology. Publicou depois *Ethnographic Sorcery* (Chicago: The University of Chicago Press, 2007).

ISABEL CASTRO HENRIQUES, historiadora, professora associada com agregação (aposentada) do Departamento de História da Faculdade de Letras da Universidade de Lisboa. Especialista em História de África, tema que introduziu na FLUL desde 1974-1975. Publicou, entre muitas outras obras, *Percursos da Modernidade em Angola. Dinâmicas Comerciais e Transformações Sociais no século XI* (Lisboa: Instituto de Investigação Científica Tropical, 1997); *Os Pilares da Diferença. Relações Portugal-África (séculos XV-XX)* (Lisboa: Diversos, 2004); *A Herança Africana em Portugal – séculos XV-XX* (Lisboa: Correios de Portugal, 2009),

JOSÉ MAPRIL, obteve o seu doutoramento em Antropologia no ICS-UL, com uma pesquisa sobre transnacionalismo e Islão entre migrantes do Bangladesh em Lisboa. Atualmente é professor auxiliar convidado no Departamento de Antropologia da FCSH-UNL e investigador integrado no CRIA-UNL. É também membro da comissão executiva da linha de investigação Mobilidade, no âmbito do CRIA, e editor de recensões na revista *Etnográfica*. Recentemente (2012) publicou o livro *Islão e Transnacionalismo: uma Etnografia entre Portugal e o Bangladesh* (Lisboa: Imprensa de Ciências Sociais, 2012) e o artigo (no prelo) «The dreams of middle class: consumption, life-course and migration between Bangladesh and Portugal», *Modern Asian Studies*

MANUELA RIBEIRO SANCHES, especialista em Estudos Pós-Coloniais e administradora do Artafrica. Professora auxiliar com agregação da Faculdade de Letras da Universidade de Lisboa. Investigadora no Centro de Estudos Comparatistas da Faculdade de Letras da Universidade de Lisboa. Organizou os volumes *Portugal não é um país pequeno: Contar a Império na pós-colonialidade* (Lisboa: Cotovia 2006); *Deslocalizar a 'Europa'. Antropologia, arte, literatura e história na pós-colonialidade* (Lisboa: Cotovia, 2005); *Malhas que os Impérios Tecem. Textos Anticoloniais, Contextos Pós-Coloniais* (2012); e, com Carlos Branco Mendes e João Ferreira Duarte, *Connecting Peoples. Identidades Disciplinares e Transculturais/ Transcultural and Disciplinary Identities* (Lisboa: Colibri 2004).

MARCOS CARDÃO, é investigador no Centro de Estudos de História Contemporânea (CEHC-IUL). Doutorado em História Moderna e Contemporânea pelo ISCTE-Instituto Universitário de Lisboa. Autor de «Peregrinações exemplares: as embaixadas patrióticas dos clubes metropolitanos ao 'ultramar português'», Augusto Nascimento, Marcelo Bittencourt, Nuno Domingos, Victor Andrade de Melo (orgs.). *Esporte e lazer na África: novos olhares*. (Rio de Janeiro: 7Letras, 2013) e coordenador, com Cláudia Castelo, do livro *Gilberto Freyre: novas leituras, do outro lado do Atlântico* (São Paulo: Edusp) (no prelo).

MIGUEL PAIS VIEIRA, nasceu em 1955, tendo-se licenciado em Arquitetura em 1979, na Escola Superior de Belas Artes do Porto. Em 2004, fez mestrado na Escola de Engenharia da Universidade do Minho e em 2009 doutorou-se em Urbanismo e Representação da Arquitetura na Universidade de Valladolid. Desde 1979 tem trabalho de projeto e acompanhamento de obra, em Portugal, na Alemanha, na República Democrática do Congo, em Moçambique e em Angola. Nos últimos 16 anos, lecionou as matérias de Tecnologias e Sistemas Construtivos em Portugal e em Angola. É autor de diversos textos e artigos e responsável pela edição técnico--científica de *As Idades da Construção* (Lisboa: IEFP, 2010).

NUNO DIAS, é investigador e bolseiro de pós-doutoramento no DINÂMIA'CET-IUL e Professor Auxiliar Convidado da Faculdade de Ciências Sociais e Humanas da Universidade Nova de Lisboa (FCSH-UNL). Tem pesquisado sobre colonialismo, processos de racialização, migrações internacionais e mercado de trabalho e co-organizou, com Bruno Dias *Racismo e Imigração em Portugal* (Lisboa: Edições 70, 2012).

NUNO DOMINGOS, investigador de pós-doutoramento do Instituto de Ciências Sociais da Universidade de Lisboa e investigador associado da School of Oriental and African Studies (SOAS) da Universidade de Londres. Publicou recentemente *Futebol e Colonialismo. Corpo e Cultura Popular em Moçambique* (Lisboa: ICS, 2012). Desde 2010, co-dirige, com Diogo Ramada Curto e Miguel Jerónimo, a colecção «História e Sociedade» (Edições 70).

NUNO OLIVEIRA, é investigador de pós-doutoramento do CIES do ISCTE-IUL e investigador associado da Númena – Centro de investigação em Ciências Sociais e Humanas. Doutorou-se em Sociologia pelo ISCTE e é mestre em Sociologia Histórica pela FCSH-UNL. Tem publicado no campo da sociologia das migrações e urbana. Recentemente publicou «A diversidade como elemento de desenvolvimento/atração nas políticas locais urbanas», in *Revista Sociologia,* número temático: Imigração, Diversidade e Convivência Cultural, Porto: Faculdade de Letras da Universidade do Porto, 2012, pp. 129-162, e «Portugal não é um país pequeno *reloaded* – Terceira Via ou despolitização da diferença?», in Bruno Peixe Dias e Nuno Dias (orgs.), *Imigração e Racismo em Portugal. O Lugar do Outro* (Lisboa: Edições 70 e Le Monde Diplomatique, 2011).

SIMONE FRANGELLA, é investigador de pós-doutoramento no Instituto de Ciências Sociais (ICS) da Universidade de Lisboa. Trabalha com temas relacionados com mobilidades urbanas e transnacionais, corporalidade e gênero. Entre suas publicações destaca-se o livro *Corpos Urbanos Errantes: uma Etnografia da Corporalidade de Moradores de Rua em São Paulo* (São Paulo: Annablume, Fapesp, 2010), e o artigo «Afro-Brazilian Culture in London: Images and Discourses in Transnational Movements» in *Portuguese Studies,* vol. 29, n.º 1, 2013.

Índice Remissivo

"Caniço", 62, 91, 102, 103, 105--107, 109, 424
25 de Abril de 1974, XVII, XXXIV, 386, 402, 546

ACIDI – Alto Comissariado para a Imigração e o Diálogo Intercultural, 444, 522, 564
Administração colonial, XXVII, 32, 68, 179, 181-183, 193, 197, 303, 385, 407, 418, 431, 435,
Agência Geral das Colónias, 94
Aldeamentos, 16, 25, 26, 41, 49, 133, 156-161, 217
Algodão, XXVII, 77, 136,
Alimentação
  Privação alimentar, 87, 148
Alimentação, XXIX, XXXII, 82, 87, 88, 148, 514
Alteridade, 288, 467, 503, 543, 546
Alteridade (construção da alteridade)
  Construção da alteridade, XLVIII, XLIX, 503, 548, 602
Antropologia, XIV, 68, 73, 251, 542, 563
Apropriação, X, XXIX, 30, 48, 55, 124, 143, 230, 276, 297, 303, 317, 321, 374, 470, 482, 561, 568, 595, 598

Arqueologia, 228, 244, 251, 257, 271, 374-377, 543
Arquitetura
  africana, 8
Arquitetura
  europeia, 21
Arquitetura
  informal, XLVI, 415
Arquitetura
  simbólica, XXV
Arquitetura, XII, XXIII, XXVII, 7, 9, 26, 31, 36, 41, 42, 45, 47, 52, 54, 56, 58, 252, 255, 273, 285, 367, 368, 385, 392, 394, 398, 421, 460, 507, 560, 563, 586, 596, 600
Assembleia de Deus, 470
Assimilação
  cultural, 67, 95
Assimilação, 62, 82, 91, 122, 135, 138, 139, 141, 142, 144, 145, 158, 159, 163, 165, 242, 296,
Associação Industrial de Moçambique (AIM), 75, 76, 78, 85
Autoconstrução, XXXIV, XXXV, XLVI, 44, 101, 420, 421
Autoridades gentílicas, 116, 132, 133, 151, 179, 180-184, 190, 197--201, 209, 211

Bairros
 de barracas, 418, 426, 435-437, 446, 448, 453, 454, 461
Bairros
 de Lata, 418, 477, 478
Bairros
 degradados, XLVIII, 412
Banco Mundial, 70, 76,
Boletim do Instituto de Investigação Científica de Moçambique, 72
Brancos
 Casais brancos, 21
Brancos
 Colonos brancos, 21, 48, 122--124, 139, 158, 216, 535
Brancos
 Portugueses brancos, 430, 438, 439, 456
Brancos, 24, 36, 102, 109, 118, 124, 139, 158, 296, 351, 426, 439, 504, 537, 541
Brasileiros, XXXIV, XLVI, XLVII, 39, 285, 368, 463-474, 487-491, 493-500, 502, 572, 573

Cacau, XXVIII, 433
Café, XXVIII, 15, 28, 118, 123, 124, 136, 144, 146-148, 151, 152, 154, 161, 162, 433
Câmara Municipal de Lisboa (CML), 382, 397, 507, 511, 514, 515, 522, 563, 574-576, 579, 580, 584, 592
Campo colonial, 59, 83, 96, 112
Capitalismo, 324, 337, 353, 438, 530, 533, 562, 599
Casa de África, 297
Casa dos Estudantes do Império, XLIII, 288, 291-295, 297, 298, 304-307
Casa Pia de Lisboa, 372, 374
Categorizações, XLV-XLVII, 5, 411, 412, 524, 602
Centro de Estudos Africanos, 297, 300
Centro de Estudos Políticos e Sociais, 69, 70

Chefes
 de família, 80
Chefes
 de posto, 150, 431
Chefes
 de povoação, 169, 170, 172, 174--178, 180, 182, 188, 189, 196, 200, 206, 211, 213, 214
Chefes
 de território, 170
Chefes
 dos «clans», 128
Chefes
 locais, 179
Chefes
 tradicionais, 132, 143
Chefes
 tribais, 131
Chefes, 180, 195, 209
Cidadania, X, XVIII, XIX, XXX, XXXV, XXXVIII, 5, 125, 134, 141, 280, 411, 446, 503, 504, 520, 523, 529, 600
Cidade
 africana, XII, XVI, XVII, XL, XLIX, 3, 10, 64, 100, 428, 441
Cidade
 colonial, X, XII, XIV, XVI, XX, XXI, XXXV, XL, XLI, XLIV, XLVIII, 3, 4, 7, 8, 59, 60, 91, 113, 160, 223, 224, 231, 278, 320, 321, 323, 336, 337, 351, 352, 357, 359, 424, 535, 537, 596
Cidade
 criativa, XLIX, 568, 581, 582, 598, 601
Cidade
 de cimento, 62, 90, 100, 103, 341
Cidade
 interior, 563, 565, 566, 571, 575, 582, 600
Cidade
 pós-colonial, XXXV, XLIX, 223, 418, 425, 458, 460, 557, 596, 597, 600, 601

ÍNDICE REMISSIVO

Cidade
pós-imperial *ver* cidade pós-colonial
Cidade, IX, X, XII, XVI, XVII, XIX-XXIII, XXVII, XXXIII--XXXVII, XXXIX-XLVI, XLVIII, XLIX, 3-5, 7, 8, 11-21, 24, 26, 29, 31, 32, 35, 37-42, 44, 51, 52, 56, 57, 61-63, 65, 66, 68, 72, 73, 77, 78, 80, 83, 84, 89, 97-100, 103, 105, 106, 108-110, 118, 121, 136, 139-142, 146, 161, 163, 199, 208, 224, 227-230, 234-240, 242-244, 247, 249, 251, 254, 260, 269, 271, 273, 278, 281-284, 287, 288, 292, 293, 306, 316, 317, 321, 324, 337, 348, 357, 359, 362, 364, 365, 367, 368, 378-380, 382, 387, 394, 395, 398-401, 407, 411-413, 417-420, 423, 424, 431, 435, 436, 443, 444, 446-448, 453, 462, 464, 466, 468, 469, 476-479, 481, 482, 485, 487, 494, 499-502, 505-508, 511-515, 517, 519-521, 523, 525, 533, 535, 537, 542, 545, 548, 554, 557-563, 565-572, 577, 579-581, 583-585, 589-594, 596-602
Ciência colonial, XLI, 73
Ciências Sociais, XII, XIV, XXXIX, 96, 145, 547,
Classe, XXIII, XXX, XXXIII, XXXIV, XXXVI, XXXVII, XLIII, XLIV, XLVIII, XLIX, 73, 80, 83, 86, 88, 95, 101, 107, 134, 138-140, 162, 163, 210, 321, 324, 340, 342, 343, 345, 368, 411, 436, 483, 484, 486, 504, 511, 520, 525, 527-534, 541-545, 547, 549, 550, 554, 555, 563, 588-590, 597, 602
Código do Trabalho Rural, 83, 84, 122
Colonialismo
português, XVI, XXI, XXVIII, XXIX, XXXIII, XXXVIII, XLI, XLVIII, 83, 167, 185, 320, 381, 402, 403, 407, 425, 431

Colonialismo, X, XII, XVII, XVIII, XXI-XXIII, XXXI, XXXIII, XXXIV, XXXVI, XXXVIII, 3-5, 7, 96, 109, 167, 196, 197, 208, 238, 243, 286, 303, 306, 310, 336, 402, 425, 434, 435, 438, 461, 519, 526, 599
Colonos, XVII, XIX, XX, XXXIII, XLII, 18, 20-24, 28, 48, 100, 102, 119, 122-124, 139, 140, 148, 152--154, 158, 159, 162, 183, 185, 216, 315, 424, 535, 539, 541
Comércio, XVI, XXXVII, 11, 12, 14, 15, 17, 28, 35, 40, 41, 48, 97, 117, 146, 148, 171, 172, 185, 188, 190, 203, 208, 210, 391, 463, 471, 486, 504, 505, 508, 512-516, 520, 551, 552, 573-576, 578, 586, 593
Comissão de Cooperação Técnica em África ao Sul do Sara, 70
Comissões Administrativas dos Bairros Indígenas, 36, 140
Companhia do Niassa, 177-179, 182
Companhia dos Diamantes, 125, 127, 128
Complexo de memória, XLIV, XLV, 361, 362, 365, 367, 405, 406, 454
Compounds, 97, 99, 105
Comunidade epistémicas, 71
Conselho Científico Africano (CSA), 70, 75
Conselho do Império Colonial, 133
Consumo
cultural, XLIII, 321, 337, 344, 363, 390, 393, 569, 583
Consumo
Práticas de consumo, XXIX, XLI, 110, 589
Consumo, XXI, XXIII, XXIX, XXXI, XXXVI, XLIV, XLIX, 35, 58, 60, 76, 80, 86-88, 148, 202, 208, 210, 224, 320, 321, 325, 333, 339, 342, 343, 357, 358,

362, 368, 394, 400, 401, 406, 473, 482, 525, 582, 597, 599, 600, 602
Controlo social, 85, 117, 119, 135, 136, 140, 423
Cosmopolitismo, 223, 241, 321, 333
Cultura, X, XXI, XXII, XXIX, XXXII, XXXVI, XLIV, 57, 82, 150, 210--212, 267, 274, 298, 310, 311, 314, 315, 320, 325, 327, 329, 335, 342, 348, 380, 390, 394, 401, 425, 428, 444, 446, 451, 467, 558, 559, 561, 562, 567-570, 581, 582, 589, 592, 597, 598, 600, 601
Cultura
   africana, 40, 300, 304
Cultura
   de massas, 320, 322, 335, 355, 359
Cultura
   material, XLII, 227, 230, 249--253, 255, 257, 260
Cultura
   popular, IX, XI, XXVII, XXXII, XLIV, 224, 284, 321, 323, 324, 336, 337, 345, 358, 359, 367, 394, 542, 601
Cultura
   portuguesa, 135, 274, 374, 378, 388
Cultura
   Práticas culturais, 314, 323, 364, 368, 469, 566, 569
Cultura
   urbana, 61, 110, 343, 558, 567, 583, 586, 588, 590

Descolonização, XVII, XXII, XXXI, XXXII, XXXIX, 67, 208, 402, 503, 505, 507, 513
Destribalização, 68, 72, 95, 124, 125, 128, 129, 132-137, 155, 157, 159-161, 163
Diário de Lisboa, 331
Direção dos Serviços de Urbanismo e Habitação do Ministério do Ultramar, 102, 104

Direção dos Serviços dos Negócios Indígenas, 85
Discriminação
   ver Segregação
Discursos, XXVIII, XXX, XXXXI, XLIII, 67, 91, 96, 110,124, 144, 145, 147, 223-225, 230-233, 236, 247, 251, 255, 260, 265, 268, 269, 271, 272, 277, 297, 317, 323, 347, 352, 357, 365, 367, 374, 378, 390, 400, 401, 407, 425, 467, 468, 473, 475, 476, 490, 492, 497, 501, 505, 538, 542, 563, 564, 576, 588, 593, 595, 598, 602
Divisão social do trabalho, 109, 526, 548
Dominação simbólica, X, XLVIII, 97, 538

East India Company, 242
Economia
   colonial, XXVIII, 22, 133, 378, 541,
Economia
   monetária, XLI, 86-88, 93, 190, 536, 548
Economia
   simbólica, 562, 567, 570, 571, 581, 582, 588, 590, 598, 600
Economia, X, XXIX, 15, 16, 26, 32, 33, 41, 63, 65, 67, 69, 76-78, 82, 88, 93, 108, 161, 282, 283, 363, 426, 511, 517-519, 521, 525, 526, 530, 533, 536, 537, 539, 547-549, 554, 562, 563, 567-569, 579
Educação, XXVII, XXXIV, 80, 82, 134, 135, 153, 154, 159, 227, 331, 434, 540, 544, 548
Elite
   africana, XXXIII, 159, 284, 537
Elite, XXV, XXVII, 62, 113, 116, 117, 119, 227, 228, 291, 293, 296, 297, 304, 306-308, 314, 316, 394, 482, 536, 542
Emissora Nacional, 345, 347
Escravatura, 402, 407, 433, 534, 537

Estado
  colonial, XXI, XLII, 21, 32, 63, 90, 91, 120, 129, 131-133, 137, 142, 144, 156, 161, 264, 378, 436, 536,
Estado
  português, XXXV, 135, 391, 419, 433, 438,
Estado, XI, XXVI, XLVI, XLVIII, 4, 8, 10, 21, 26, 35, 59, 63, 67, 68, 82, 83, 86, 89, 92, 95, 97, 107, 108, 110, 111, 118, 139, 146, 151, 156, 165, 179, 212, 216, 217, 284, 345, 363, 367, 372, 375, 377, 378, 411, 420, 423, 426-428, 440, 447, 457, 461, 466, 472, 491, 527, 539, 547, 549, 553, 565, 570, 577, 600
Estado Novo, XVIII, XXI, XXIV, XXV, XLIII, XLIV, 231, 233, 277, 282, 283, 285, 291, 303, 319, 324, 378, 381, 389, 396, 540, 543, 573, 577
Estado-nação, 317, 363, 558-561
Etnia, 121, 316, 486
Exército, 120, 121, 138, 176, 177, 199, 216
Exército Africano de Libertação N acional do Zimbabué (ZANLA), 216
Exposição do Mundo Português, XXVI, 283, 361, 362, 370, 378--383, 385-387, 393, 396
Exposições coloniais, XXVII, 251, 284

Fado, 505, 571, 586
Fantasma colonial, 418, 431, 432, 456, 466
Feitiçaria, 180, 181
Flama
  ver Revista
Fotografia, XLII, 45, 251, 253, 257, 259-267, 269, 277, 436, 584
Frente de Libertação de Moçambique (Frelimo), 167, 176, 192, 195-205, 207-212, 214-217, 311

Fundação Calouste Gulbenkian, 444
Fundo Monetário Internacional, 70, 76

Gabinete de Urbanização Colonial, 35, 36, 38, 99, 100
Gabinete dos Negócios Políticos do Ministério do Ultramar, 117, 134
Gentrificação, XXXVI
Gentrifiers, 582, 585, 587, 588, 590,
Geografia(s), IX, XX, XXVI, XXVII, XXXVIII, XLIII, 47, 78, 213, 223, 224, 227, 232, 236, 244, 245, 280, 298, 321, 355, 371, 375, 420, 505, 562, 586, 593, 600
Globalização, 506, 507, 519, 522, 548, 558, 559, 595, 596
Governança, XLIX, 557-563, 365, 566, 568, 570, 583, 600
Guerra colonial, XXII, XXXVII, XL, XLI, XLIV, 67, 320, 346, 351, 352, 356, 357, 405

Hindus, 227, 238, 242, 245, 249, 250, 264, 274, 505, 507, 513, 579
História
  africana, 82, 94, 288, 290, 304, 312
História
  colonial, XXXVIII, 8, 66, 94, 230, 234, 237, 242, 389, 404, 425, 431, 531, 535
História
  de Portugal, XLIV, XLV, 230, 241, 288, 368, 379, 380, 406, 547
História
  do império português, 232, 235, 236, 268, 269, 336, 377, 389, 392, 395, 404
História
  política, XI, XL, XLIX, 5, 419, 448
História, IX, XII, XIV, XXIII, XL, XLII, XLVII-XLIX, 9, 10, 66, 97, 103, 146, 176, 179, 180, 191,

205, 223, 228-233, 236, 238-240, 244-253, 255, 268, 269, 271, 273--275, 277, 278, 280, 282, 284, 288, 290, 298, 312, 315, 340, 358, 363, 366-368, 373, 374, 385, 388, 390-392, 395, 403, 405, 418, 419, 428, 431, 437, 440, 448, 458-462, 464, 465, 467, 468, 480, 485, 487, 500, 506, 524, 525, 528, 534, 535, 576, 577, 593, 597
Homologia estrutural, XLIX, 523, 530, 555

Identidades
    nacionais, XXIV-XXVI, XXVIII, XXX, 288, 361, 362, 373, 374, 376, 377, 379, 381, 385-387, 390, 393, 396, 398, 400, 405--407, 542, 543
Identidades
    negra, 287, 298, 317, 527
Identidades, XXX, XXXI, XXXVI, 9, 227, 298, 307, 310, 324, 329, 343, 364, 365, 376, 400, 475, 497, 527, 539, 555, 558, 565, 579, 592, 598, 599, 601
Igreja
    Católica, 138, 182, 233
Igreja
    Igreja Mundial do Poder de Deus, 470
Igreja
    Igreja Universal do Reino de Deus (IURD), 470
Igreja, 471, 497, 499
Imigração
    brasileira, XXXVI, XLVI, XLVII, 465, 498, 501,
Imigração, XXXIII, XXXIV, XXXVIII, 412, 418, 467, 474, 480, 490, 491, 496, 500-502, 506, 518, 531, 546, 564, 575
Imperialismo, XXXII, XXXVII, XXXVIII, 527
Impostos, XLII, 13, 18, 24, 26, 28, 35, 147, 175, 176, 178, 179, 182, 183, 191, 197, 201, 209, 243

Indígena, XVIII, XXVII, XLV, XLVI, 18, 24, 26, 44, 62, 69, 72, 85, 90, 97, 100, 102, 112-114, 120, 123, 124, 132, 134, 136, 137, 139-142, 144, 145, 147, 148, 152-155, 157, 160, 162, 180, 182, 285, 424, 504
Indigenato, XVIII, XXII, XLI, 5, 60, 61, 64, 83, 85, 91, 95-97, 102, 107, 111, 120, 122, 124, 131, 134, 135, 159, 161, 162, 164, 295
Instituto de Investigação Científica de Moçambique, 72, 75,
Instituto de Medicina Tropical, 385
Instituto do Trabalho Previdência e Ação Social, 86
Instituto Nacional de Habitação (hoje IHRU – Instituto da Habitação e da Reabilitação Urbana), 416, 427, 440
Instituto Nacional de Investigação Industrial (INII), 76
Instituto Superior de Ciências Sociais e Política Ultramarina (ISCSPU), 106, 340, 385
Instituto Superior de Estudos Ultramarinos, 137
Integração social, XVII, XLI, 59, 60, 67, 81, 82, 85, 88, 91, 101, 103, 111, 144
Intergração urbana, XX, XLVII, 82, 95, 111
International African Institute, 70, 72
Ismaelitas, 505, 507, 508, 513

Jazz, 304, 335, 586
Junta Autónoma de Estradas, 438, 440
Juntas de Povoamento, 101, 120, 122, 124
Juventude
    Identidade juvenil, 324, 329, 343
Juventude
    Rebeldia juvenil, 355-358

ÍNDICE REMISSIVO 615

Juventude
  Subculturas juvenis, XLIV, 320, 342
Juventude, XLIV, 191, 194, 287, 316, 321, 324-330, 333, 335, 336, 339, 342, 344-347, 354-356, 444, 446

Legados coloniais, XL, XLV, XLVII, 296, 304, 399, 402, 467, 504-506, 524, 550
Liga Africana, 308
Lusofonia, XXXVIII
Lusófono, XXXV, XXXVII, 297, 312, 316
Luso-tropicalismo
  banal, XLIV, 320, 342, 353, 358
Luso-tropicalismo, XXIX, XXXV, L, 94, 120, 124, 156, 165, 284, 303, 306, 319, 322, 347, 468, 490, 492, 558, 591-595

Macondes, 168, 173-176, 178, 185, 186, 192, 193, 205, 386
Makonde African National Union (União Nacional Africana Maconde), 193
Mão de obra
  africana, XVIII, 59, 66-68, 97, 109, 111
Mão de obra, XL-XLII, 3, 59, 60, 63, 65, 67, 73, 78-84, 93, 96, 100, 101, 111, 112, 116, 117, 128, 145, 148, 150, 152, 156, 162, 163, 178, 182, 183, 190, 197, 209, 402, 424, 433, 434, 438, 530, 533, 534, 536-538, 548, 549, 551
Memórias
  Complexo de memória, XLIV, XLV, 361, 362, 365-367, 371, 405-407
Memórias
  histórica, 173, 231, 232, 235, 364, 365
Memórias
  imperial, XI, 362, 387, 390, 407

Memórias
  oficial, XLIV, 224, 407
Memórias
  pública, XLV, 361, 367, 402
Memórias, XXXV, XLVI, 224, 227, 229, 257, 266, 289, 294, 297, 305, 361, 362, 365-368, 371, 382, 387, 392, 396, 401, 402, 404-407, 417, 418, 420, 421, 446, 449, 451, 452, 454, 524, 566, 572, 580, 592, 595
Mercado
  de trabalho, XXXIV, XXXV, XLVII, 67, 83, 124, 129, 131, 152, 402, 411, 412, 480, 491, 494-496, 498, 500, 504, 505, 518, 521, 523, 532, 539, 547--553
Mercado
  interno, 67, 76, 77, 78, 86, 88, 111
Mercado
  laboral ver Mercado de trabalho
Mercantilização, XLIX, 390
Ministério das Colónias, 35, 101, 102, 104, 113, 114, 117, 119, 134, 144, 291, 375, 376, 384, 385
Ministério do Ultramar
  ver Ministério das Colónias
Missões religiosas, 138, 187, 188, 194, 291
Mobilidade social, XXXVIII, 138, 343, 345, 487, 544, 547, 548, 572
Mocidade Portuguesa, 291, 329
Modernismo, 423
Movimento de Unidade Democrática (MUD), 292, 301
Movimento Nacional Feminino (MNF), XLIV, 320, 345-348, 351, 354, 355-357
Movimento Popular de Libertação de Angola (MPLA), 294, 310, 311
Movimentos musicais, 326, 332, 347, 348, 351, 352, 355
Muçulmanos, 248, 273-376, 513, 522, 572

Multiculturalismo, XXXVII, 289, 413
Musealização, 260, 273, 364, 366, 371, 396, 566, 568, 579
Museu
 Jardim-Museu Agrícola Tropical, 369
Museu
 Museu Arqueológico do Carmo, 375
Museu
 Museu Coleção Berardo, 388
Museu
 Museu colonial, 375, 377, 383, 384, 386, 395
Museu
 Museu de Arqueologia, 369, 388, 397-399
Museu
 Museu de Arte Contemporânea, 384
Museu
 Museu de Arte Popular, 284, 370, 384, 396
Museu
 Museu de Marinha, 368, 373-375, 383, 385, 388, 395, 397
Museu
 Museu do Combatente, 370, 403
Museu
 Museu do Ultramar, 385, 386
Museu
 Museu Etnográfico Português, 375-378, 383, 396, 397
Museu
 Museu Nacional de Etnologia, 386, 396
Museu
 Museu Nacional dos Coches, 369, 370, 398, 399
Museu, IX, XXIV, 108, 232, 251, 362-364, 366, 368, 371, 373-375, 382-384, 391, 395-397, 399, 401, 405, 406

Nacional cançonetismo, 331, 333
Nacionalismo
 banal, XXX, 224, 322, 350, 367
Nacionalismo, XLIII, 281, 287, 308, 314, 353, 357, 531
Negociação, XXX, 3, 165, 224, 365, 390, 398, 401, 487, 493, 494, 496, 498, 549, 551, 570

Ordenamento do território, XVII, XLI, XLII, 24, 100, 119, 130, 131, 158, 379, 535, 577
Organização das Nações Unidas, XXVIII
Organização Internacional do Trabalho, 71
Organização para a Cooperação e Desenvolvimento Económico (OCDE), 70, 76

Partido Africano para a Independência da Guiné e Cabo-Verde PAIGC (PAIGC), 306, 311, 436
Partido Comunista Francês, 311
Partido Comunista Português, 292, 301, 308
Patrimonialização
 ver Musealização
PIDE, 113-115, 117, 118, 121, 123, 132, 155, 156, 159, 165, 197, 302, 305
Plano de Fomento Económico, 64, 76, 331
Plano de urbanização, 22, 39, 40, 100, 101, 105, 386
Plano Especial de Realojamento (PER), 416, 427, 428, 430, 431, 439, 442, 458, 461
Poder
 Centros de poder, X, XXIV, XXVI, 62, 373,
Poder
 Poder colonial, X, XI, XIV, XL, XLV, 5, 13, 19, 59, 60, 108, 110, 111, 224, 231, 234, 239, 385, 387, 536

ÍNDICE REMISSIVO | 617

Poder
Relações de poder, X-XII, XXIII, XXXII, XXXIX, XLII, XLVI, XLVIII, 5, 68, 132, 167, 259, 260, 275, 411, 412, 468, 483, 602
Poder, XIV, XXXIII, XXXVI, XLII, XLV, 5, 63, 70, 82, 91, 96, 103, 112, 119, 145, 157, 164, 167, 168, 171, 174, 177, 197, 200, 201, 208-211, 216, 223, 230, 234, 242, 243, 271, 274, 277, 278, 295, 341-343, 391, 393, 412, 457, 501, 559, 588, 596, 602
Pós-colonial, IX-XI, XXXI, XXXIII, XXXVII, XLII, XLVI, XLIX, 224, 225, 80, 362, 403, 404, 407, 411, 418, 419, 425, 437, 458, 460, 461, 503, 526, 529, 531, 541, 546, 547, 557, 591, 595-597, 601, 602
Pós-imperial
ver Pós-colonial
Precariedade urbana, XXXVIII, 89, 477, 494, 499
Produção cultural, XXVI, 367, 442, 558, 598
Produtividade, XLI, 65, 73, 80, 81, 89, 110, 543
Proletarização, 67, 79, 80, 95, 101, 108, 111, 112
Propaganda
colonial, XXII, L, 223, 303, 321
Propaganda, XXIV, XXVI, XXXIII, XLI, XLIV, 18, 118, 294, 303, 320, 345-347, 349, 355, 367

Racialização, X, XIX, XLVIII, XLIX, 112, 503, 504, 525-527, 550, 597
Racismo, XXXV, XL, 86, 118, 153, 154, 293, 310, 402, 439, 456, 460, 461, 479, 528, 530
Rádio, XLIV, 146, 326, 331, 333, 336, 337
Rádio Clube Português, 333, 345, 347

Rádiotelevisão Portuguesa (RTP), 338, 345, 347, 353
Regedorias, 90, 116, 117, 122, 123, 130-132, 155, 157, 160, 161
Régulo, 175, 176, 179, 180, 183, 184, 197-201
Renamo – Resistência Nacional Moçambicana, 216, 217
Reordenamento
ver Ordenamento do território
Representação, X, XI, XXII, XXIV, XXVII, XXVIII, XXX, XXXIV-XXXVI, XXXIX, XLI, XLII, XLV-XLVII, 59, 60, 64-66, 68, 69, 85, 94, 95, 110, 111, 116, 123, 157, 159, 223, 227, 232, 241, 251, 266, 289, 297, 317, 320, 323, 349, 352, 357, 358, 362, 364, 371, 374, 377, 378, 381, 384, 386, 387, 393, 396, 398, 401, 412, 428, 437, 455, 465, 467, 468, 486, 487, 490-492, 494-498, 501, 502, 544, 546, 552, 580, 588, 589, 594, 600
Reprodução
de mão-de-obra, XL, XLI, 59, 60, 83, 97, 111, 112
Reprodução
social, IX, 525, 533, 542
Resistência Nacional Moçambicana
ver Renamo
Retornados, XXXIII, XXXVIII, 114-116
Revista
Flama, 325, 328, 329, 331, 354
Revista
Menina & Moça, 329, 330
Revista
Mensagem, 304, 305
Revista
Plateia, 334, 341, 348, 349, 351
Revista
Presence Africaine, 300, 310
Revista de Angola, 339, 341, 342
Rock, 321, 323, 325, 326, 332, 333, 338, 345, 347, 356, 358

Ruínas, XLII, XLIII, 224, 225, 229, 232, 234-236, 244, 248-251, 254, 255, 257, 258, 260-273, 276-278, 372

Saberes, XIV, XLVI, 7, 10, 11, 13, 28, 45,
Século (O), 345, 349, 350
Século Ilustrado, 342-344, 358
Segregação, XVIII, XIX, XXXIV, XXXVIII, XL, XLII, XLIX, 3, 59, 100, 101, 105, 124, 293, 295--297, 303, 311, 317, 478, 490--493, 526, 550, 574
Semear a Vida, 470
Situação colonial, XLVI, 67, 295, 310
Sociedade de Geografia de Lisboa, 373, 375
Sociologia, XV, 68, 72, 75, 137, 160, 195, 421, 563
Subcultura urbana
  ver Cultura urbana
Subúrbios
  coloniais, XL, 3, 61, 62, 77, 88, 90, 94, 102, 110, 340, 441
Subúrbios
  de Lisboa, XXXIV, 485, 494

TanganyikaAfricanNationalUnion (TANU), 193, 194
Televisão, XLIV, 331
Trabalho
  Chibalo, 178, 179, 182, 197
Trabalho
  Força de trabalho, 59, 62, 80, 82, 87, 104, 537, 562
Trabalho
  forçado, XLII, 26, 63, 86, 111, 136, 145, 152, 161, 178, 181, 303, 370, 418, 433

Trabalho
  Mercado de trabalho *ver* Mercado
Trabalho
  Relações de trabalho, XXII, 84, 111, 150, 494, 535, 536, 538, 549, 551, 554,
Trabalho
  Divisão do trabalho, X, 80, 86, 110, 412, 518, 526, 540, 548,
Trabalho
  doméstico, XLVIII, XLIX, 505, 530, 533-535, 538-541, 543, 546, 548-553

União das Populações de Angola (UPA), 113, 114, 120, 124, 125
União Democrática Nacional de Moçambique (UDENAMO), 194
União Europeia, XXXIX, 282, 391, 521
Urbanização, X, XI, XVIII, XXII, XLI, 7, 11, 21, 22, 29, 35, 39, 40, 99, 101, 106, 146, 155, 156, 158, 165, 324, 340, 371, 386, 418, 431, 441, 460, 461, 479, 527,

Vanang'olo vene kaja
  ver «chefes de povoação»
Violência
  colonial, XLII, 18, 158, 287, 402, 592
Violência, XVII, XLI, 4, 131, 133, 181, 182, 215, 217, 232, 276, 287, 351, 352, 453

Witwatersrand Native Labor Association, 99

Zona de contacto, XLIII, 290, 297

Índice Geográfico

Abidjan, 72
Acra, 107, 288, 311, 316
Adis-Abeba, 311, 316
África, XII, XVI, XVII, XXI, XXV, XXXV, XXXIX, XLIII, XLV, XLVI, XLVIII, XLIX, 7, 10, 18, 32, 41, 57, 60, 62-64, 71, 72, 75, 100, 165, 181, 188, 280, 281, 285, 286, 288, 290, 293, 298, 303, 307, 308, 310-312, 315-318, 402, 440-442, 446, 457, 478, 516, 530, 593
África do Sul, XXI, 63, 70, 73, 74, 79, 80, 99, 111, 216, 339
Alcabideche, 464
Alemanha, 283, 285, 303, 316, 520
Algarve, 285, 434, 552
Amadora
  Bairro Santa Filomena, 461
Angediva, 235, 244, 254
Angola, XVIII, XXI, XXVIII, XXXVII, XL, XLI, XLV, 8, 10, 11, 15, 18, 21, 32, 42-44, 46, 52, 58, 73, 113, 119, 120, 124, 134, 136, 138, 139, 155, 156, 159-162, 165, 280, 285, 287, 292, 294, 298, 305, 311, 337-340, 349, 351, 352, 353, 355, 415, 430, 431, 434, 516,
Antilhas, 310, 312

Argel, 288, 316
Argélia, 286, 287, 309
Baçaim, 235, 239, 240, 244, 254-256, 261-264, 267, 270-272
Bangladesh, 480, 509, 516, 520-522, 576, 596,
Barkur, 246
Beira, XIX, XXI, 348
Benguela, 15, 16, 21, 22, 35, 39, 52, 56
Berlim, 282
Bissau, 424, 441, 448-453, 457
Bombaim, XLII, 227-230, 235-240, 242, 244, 254, 273, 278
Bombay
  ver Bombaim
Brasil, XVI, XXIX, 288, 298, 301, 312, 326, 327, 329, 330, 381, 395, 463, 467, 468, 472, 480, 488, 490-492, 497-499, 501, 519, 546
Brasília, 424

Cabinda, 55
Cabo Delgado, 201-203, 216, 217
Cabo-Verde, 291, 303, 304, 349, 352, 415, 416, 430, 432-436, 441, 444, 445
Cacém, 464

Cairo, 288, 311, 316
Canal do Suez, 286
Canara, 235, 246, 254
Canchungo, 447, 449
Caraíbas, 308
Carmona (cidade)
　ver Uíge (cidade)
Carregado, 472
Cascais, 464, 472
Catumbela, 15
Chaul, 235, 244, 245, 248, 249, 254-256, 258-262, 264, 270-277
China, 480, 509, 520
Conakry, 304, 311
Congo,
Congo (distrito do), 125, 146, 151
Congo belga
　ver Congo, República Democrática
Congo português, 114, 119, 124, 133, 152
Congo, República Democrática, XXI, 18, 38, 39, 114, 121, 126, 516
Congo-Léopoldville, 125
Costa da Caparica, 464, 472
Cuba, 312
Cuíto, 17, 52

Damão, 233
Dar es Salaam, 195, 204
Diu, 233, 371
Durban, 97

Edimburgo, 228, 278
Espaço Schengen, 521, 549
Espanha, 326, 378, 514, 516, 517, 520, 522
Estados Unidos da América, 282, 286, 308, 312
Estocolmo, 316
EUA
　ver Estados Unidos da América
Europa, XXIII, XXXVII, 195, 228--230, 232, 243, 248, 249, 253, 257, 265, 266, 278, 280-283, 285--290, 308, 310, 312, 317, 318, 327, 328, 363, 419, 492, 517-521, 523, 531, 550, 552, 585, 595

Florença, 229, 236, 239
França, 70, 236, 247, 283, 285, 303, 310, 317, 520
Fundação / Centro de Investigação Champalimaud, 370

Goa, 227-229, 231-235, 241, 242, 245, 254, 255, 278, 371
Goiás, 472
Grécia, 517, 520
Guiné, XVIII, XLV, 113, 287, 303, 304, 311, 349, 352, 436, 381, 430, 437, 441, 442, 447, 448, 451, 457-459, 516

Harlem, 288, 298
Huambo, XIX, 17, 29, 35, 40, 52, 56, 285

Índia, 170, 230-233, 238, 239, 243--253, 255, 257-259, 261, 262, 265-267, 271, 273-275, 277, 286, 291, 576
Índia britânica, 227, 229, 231, 235, 237, 240, 242, 243, 250, 251, 260, 265, 267, 276, 278
Índia portuguesa, XLII, XLIII, 229, 230-237, 240, 242, 244, 247, 248, 258-260, 265, 267-269, 277, 278, 372, 387, 593
Indonésia, 286
Inglaterra, 31, 237, 240, 242, 308, 325
Itália, 228, 326, 443, 516, 517, 520

Joanesburgo, 102

Katanga, 15, 39

Lisboa
　Alameda D. Afonso Henriques, 299, 470, 474, 485, 486, 507
Lisboa
　Alvalade, 486

ÍNDICE GEOGRÁFICO

Lisboa
Anjos, 475, 480, 486, 564, 575
Lisboa
Área Metropolitana de Lisboa, 438, 478, 479, 485, 552
Lisboa
Arroios, XXXVI, XLVI, XLVII, 299, 463-466, 468-471, 473--477, 479-483, 485-488, 493, 494, 497, 499-501, 521
Lisboa
Avenida Almirante Reis, 463, 470, 472, 474, 479, 482-484, 486, 489, 508, 511-513, 521, 564, 572, 579
Lisboa
Avenida Fontes Pereira de Melo, 471, 512
Lisboa
Avenidas Novas, 283, 483, 512
Lisboa
Bairro das Colónias, 288
Lisboa
Baixa, 283, 488, 508, 512
Lisboa
Belém, XLIV, XLV, 361, 362, 367, 369, 370, 372, 373, 376-380, 382, 383, 385-390, 392, 393, 395, 397-399, 401-403, 405--407
Lisboa
Buraca, 444, 456
Lisboa
Cais do Sodré, 504, 586
Lisboa
Calçada da Mouraria, 507
Lisboa
Calçada de Santana, 521
Lisboa
Centro Comercial Martim Moniz, 514, 516
Lisboa
Centro Comercial Mouraria, 514, 515, 592
Lisboa
Centro Cultural de Belém, 368, 388, 389, 393

Lisboa
Cinema Império, 470, 484
Lisboa
Clube Marítimo, 298, 299
Lisboa
Cova da Moura (bairro), 456, 597
Lisboa
Fábrica de Cervejas Portugália, 370, 476
Lisboa
Fonte Luminosa, 283
Lisboa
Hospital de Arroios, 476, 493
Lisboa
Jardim e Praça Afonso de Albuquerque, 368, 369, 372
Lisboa
Jardim Vasco da Gama, 368, 369
Lisboa
Jardim-Museu Agrícola Tropical, 369, 384
Lisboa
Largo de Dona Estefânia, 463
Lisboa
Largo do Intendente Pina Manique, 486, 488, 507, 575, 579, 580, 582, 589
Lisboa
MacDonald's (Belém), 369, 405
Lisboa
Madalena (bairro), 571
Lisboa
Martim Moniz, XLVII, 506, 507, 509, 512-515, 517, 519, 521, 522, 563, 564, 571-573, 575, 577-579, 584, 586, 590, 591
Lisboa
Mosteiro dos Jerónimos, XXXVII, 284, 361, 367-369, 371-376, 379, 380, 383-385, 387-394, 405
Lisboa
Mouraria, XLVIII, XLIX, 480, 505, 507, 508, 511, 512, 517, 520, 521, 557, 563, 565, 570--583, 585-588, 590, 592-597, 599-601

Lisboa
  Padrão dos Descobrimentos, XXXVII, 361, 370, 386, 388, 391-393
Lisboa
  Palácio de Belém, 369, 373, 398
Lisboa
  Pedreira dos Húngaros (bairro), 456
Lisboa
  Pena (bairro), 571
Lisboa
  Penha de França (bairro), 475, 483
Lisboa
  Planetário Gulbenkian, 368
Lisboa
  Ponte Vasco da Gama, 438
Lisboa
  Praça da Figueira, 512, 522, 575, 577
Lisboa
  Praça do Chile, 299, 472, 473, 483, 484, 521
Lisboa
  Praça do Império, 283, 284, 361, 368, 369, 379, 382, 387
Lisboa
  Rossio, 506, 511, 522
Lisboa
  Rua D. Estefânia, 470, 482
Lisboa
  Rua da Junqueira, 285
Lisboa
  Rua da Mouraria, 507
Lisboa
  Rua da Palma, 511
Lisboa
  Rua do Benformoso, 507, 508, 510, 513, 515, 522, 524, 580
Lisboa
  Rua dos Cavaleiros, 507
Lisboa
  Rua Morais Soares, 463, 471-474, 484
Lisboa
  Rua Paiva Couceiro, 474, 486
Lisboa
  Rua Passos Manuel, 493
Lisboa
  São Cristóvão, 571, 573
Lisboa
  São Gonçalo, 573
Lisboa
  São Lourenço, 571
Lisboa
  Segunda Circular, 438
Lisboa
  Taberna do Chico, 299
Lisboa
  Teatro Monumental (Lisboa), 333, 348
Lisboa
  Terreiro do Paço, 380
Lisboa
  Torre de Belém, 284, 361, 367, 368, 370, 382, 384, 388-393, 403, 405
Lisboa
  Torre do Tombo, 373
Lisboa
  Lisboa (como Babilónia), 292, 297, 307
Lobito, 15, 30, 52, 56
Londres, 228, 229, 278, 303, 316, 516
Lourenço Marques, XVI, XVII, XIX, XXI, XL, 3, 59, 60, 62-68, 73, 75, 77, 78, 81, 83, 86, 88, 91, 92, 94-102, 104-106, 108-110, 333, 348, 424, 535
Lourenço Marques
  Alto Maé, 62
Lourenço Marques
  Chamanculo, 90, 101
Lourenço Marques
  Mafalala, 90
Lourenço Marques
  Malhangalene, 90, 104
Lourenço Marques
  Matola, 77, 104
Lourenço Marques
  Munhuana, 90, 99, 101, 104
Lourenço Marques
  Polana, 62, 90

ÍNDICE GEOGRÁFICO

Lourenço Marques
  Ponta Vermelha, 62
Lourenço Marques
  Sommerschield
Lourenço Marques
  Xipamanine, 98, 101
Loures
  Quinta da Serra, XLVI, 415, 416, 418, 421, 426, 427, 429, 430, 432, 433, 436, 438, 441, 444--446, 448, 449, 454-457, 459
Loures
  Quinta da Vitória, 443, 445, 454
Loures, 426
Luanda, XVII, XIX, XXI, 3, 15, 19, 30, 37, 38, 42, 44, 51, 52, 56, 57, 64, 73, 116, 119, 146, 152, 299, 308, 333, 340, 342, 424, 435, 441
Lubango, 16, 35, 52
Lunda, 15, 125, 126, 129-131, 133, 155, 160, 163

Macau, 291, 424
Machava, 77, 104
Malange, 136
Manchester, 286, 288, 599
Maputo
  ver tb. Lourenço Marques
Maputo, 216, 299, 441
Mercado do Chinelo, 513
Minas Gerais, 472, 473, 486
Miraflores, 456
Montijo, 494
Moscovo, 316
Mueda, XLII, 167, 168, 176, 182, 183, 186-188, 190, 192-194, 196, 199, 207, 208, 213, 217

Nairobi, 75
Namibe, 15, 52
Niassa
  Companhia do Niassa, 177-179
Niassa, 201
Nova Iorque, 519

Odivelas, 464, 494
Paquistão, 509, 516
Paraná, 472

Paris, 228, 279, 280, 285, 288, 298, 299, 308-310, 312, 316, 326, 364
Portugal, IX, X, XVIII, XXIV, XXVII, XXIX, XXXIII, XXXIV, XXXVII, XXXIX, XLIV, XLV, XLVII-XLIX, 4, 10, 65, 68, 70, 71, 139, 225, 229-233, 240, 242, 274, 281, 283-285, 288, 289, 303, 306, 316, 317, 320, 321, 323, 325, 329, 333, 334, 338, 343, 347, 348, 352, 357-359, 367-369, 374, 377, 380, 381, 385-387, 391, 393, 395, 402-404, 411, 424, 434, 435, 446, 448, 457, 467-471, 478, 480, 487-491, 500, 501, 503-507, 511, 517, 519-523, 526, 533, 548, 550, 551, 553, 576, 592,
Praia (cidade da), 431, 441, 443
Prior Velho, 416, 418, 426, 427, 429, 430, 454, 455

Rabat, 316
Rio de Janeiro, 597
Rio de Mouro, 464
Rodésia, XXI, 32, 70, 126
Roma, 255310, 316, 519
Rovuma (rio), 186, 188, 193, 204
Rússia, 480

Sacavém, 415, 426, 459
Santiago (Cabo Verde), 415, 431, 434
São Paulo, 327, 472
São Tomé, 176, 181, 183, 415, 418, 430, 432, 433
Senegal, 480, 516
Sumbe, 52

Tailândia, 369
Tanganhica, 176, 186-193, 197, 200
Teixeira Pinto (cidade)
  ver Canchungo
Tejo, rio, 371, 386, 594
Tete, 201
Tunes, 288, 316

Ucrânia, 480

Uíge (cidade), XLI, 35, 115-119, 122, 123, 131, 135, 146, 147, 155-159, 163,
Uíge (distrito), 114, 116, 118, 119, 121, 123, 125, 130, 131, 136, 144-146, 155, 156, 163-165,

Zaire
   ver Congo, República Democrática
Zaire (distrito), 114

Índice Onomástico

Afonso Henriques, Dom, 592
Afonso, José, 334, 335
Afonso, Simonetta Luz, 400
Agualusa, José Eduardo, 593
Aguiar, João, 99, 100
Aguiar, Sertório, 12
Albasini, João, 98
Albuquerque, Mouzinho de, 89
Almeida, António Vitorino de, 589
Almeida, Leopoldo de, 386
Almeida, Miguel Vale de, 503, 558, 595
Alves, Jorge Carvalho, 589
Anderson, Benedict, 353
Andrade, Joaquim Pinto de, 299, 309
Andrade, Mário Pinto de, XLIII, 280, 290, 291, 294, 297-301, 303, 307, 308, 310, 312, 313, 315, 316
Archer, Maria, 285

Balandier, Georges, 72
Bandeira, Manuel, 293
Baptista, Fulgêncio, 286
Barthes, Roland, 356
Bastos, Cristiana, 522, 575
Bebiano, Rui, 324
Bender, Gerald, 160

Benjamin, Walter, 268, 364
Bettencourt, José de Sousa, 57
Billig, Michael, 350
Birmingham, David, 162, 163
Boléo, Oliveira, 108
Bonacich, Edna, 532
Boyer, Christine, 394
Brasão, Inês, 543
Brooks, Richard, 329

Cabral, Amílcar, XLIII, 290, 291, 297, 299-301, 303, 304, 306-308, 311-317
Cabral, Sacadura, 370
Cabral, Vasco, 301, 303
Caetano, Marcelo, 133, 134
Calvário, António, 334
Camões, Luís de, 372, 388
Canavilhas, Gabriela, 397
Carlos II de Inglaterra, 237, 240
Carmona, Artur João Cabral, 125, 131, 162, 163
Carvalho, Adelaide de, 544
Carvalho, Henrique, 12, 17
Castilho, Júlio de, 511
Castro, Augusto de, 380
Castro, Fidel, 286
Castro, Veloso de, 57
Catarina de Bragança (Dona), 237, 240

Césaire, Aimé, 286, 287, 298, 301, 304, 308-312
Chagas, Manuel Pinheiro, 241
Champalimaud, António de Sommer, 370
Clifford, James, 279
Comte, Auguste, 138
Cordeiro, Graça Índias, 523
Cordeiro, Luciano, 373
Costa, António Firmino da, 581
Costa, Pedro, 437
Cotteau, Edmond, 243
Cottinelli Telmo, 379, 386
Cox, Oliver, 530, 531
Craveirinha, José, 101
Crozat, Dominique, 455
Cruz, Viriato da, 316
Cunha, Joaquim Silva, 143, 145

D'Orey, Sampaio, 69, 137
Deslandes, Venâncio, 134
Dias, Jorge, 74, 386, 406
Dias, Nélia, 396
Dias, Nuno, XXXV, XLVIII
Diop, Alioune, 300, 309
Djassi, Abel, 303
Du Bois, W. E. B., 308, 315, 526, 527

Espírito Santo, Alda, XLIII, 290, 299
Espírito Santo, Andreza, 299
Espírito Santo, António, 301

Fanon, Franz, 286, 287, 296, 304, 305, 308, 310-315, 317
Fergusson, James, 252, 255
Fernandes, Rogério, 77
Ferro, António, 381
Flegg, Hilary, 73
Florida, Richard, 568, 597
Fortuna, Carlos, 568
França, José Augusto, 380
Frangella, Simone, XXXVI, XLVII
Freitas Branco, Jorge, 361, 376, 383
Fykes, Kesha, 504

Galbraith, J. K., 77

Garcia da Orta, 239
Gerson da Cunha, José, XLII, XLIII, 227-233, 235-242, 244--267, 269-278
Gibbon, Edward, 247
Gieryn, Thomas, 421
Gilroy, Paul, 592
Goffman, Erving, 95
Gomes, Victor, 338
Gregotti, Vittorio, 394
Guedes, Pancho, 102
Guerra, João Paulo, 331, 332
Guillaume, Marc, 392
Guillén, Nicollás, 301, 309

Halbwachs, Maurice, 366
Harris, Marvin, 74
Harrison, Paul, 452, 453
Heidegger, Martin, 452, 453
Heleno, Manuel, 377
Henrique (Infante D.), 370, 386, 388
Henriques, Isabel Castro, XII, XXXIX, XL
Holston, James, 424
Hughes, Langston, 301

Iglésias, Madalena, 333

Jacobs, Jane M., 601
Jameson, Fredric, 359

King, Anthony, 417, 418, 420, 445, 596
Kusno, Abidin, 418

L'Estoile, Benoît de, 425
Landry, Charles, 581
Lara, Lúcio, 299, 301, 303, 316
Le Corbusier, 39, 577
Leal, João, 395, 396, 542
Lévinas, Emmanuel, 452, 453
Levy, Daniel, 401
Lima, Isabel Pires de, 395
Lima, Manuel dos Santos, 294, 305, 309
Lobato, Alexandre, 66
Locke, Alain, 301

ÍNDICE ONOMÁSTICO

Macedo, Marta, 538
Machado, Francisco Vieira, 291
Malheiros, Jorge, 478, 505, 507-509, 513, 515, 523, 564, 572, 587, 590
Mann, Michael, 4
Manuel, D. (rei), 372, 387, 594
Marques, António H. de Oliveira, 433
Marques, José Carlos Bizarro Mercier, 106
Marx, Karl, 305
Massey, Doreen, XXXVI
Matos, Norton de, 21, 24, 26, 30, 31, 56
Mattoso, José, 594
McCullen, Countee,, 301
Medeiros, Tomás, 299
Mendes, Armindo, 415
Mendes, João, 441, 458
Mendes, Maria Clara, 109
Mendes, Maria Manuela, 574
Menezes, Marluci, 508, 505, 523, 577, 585
Messiant, Christine, 280
Michelet, Jules, 247
Mondlane, Eduardo, 43, 195, 204, 209, 290, 291
Monteiro, Ramiro Ladeiro, 340, 341
Moorman, Marissa Jean, 337
Moreira, Adriano, 70, 101, 104, 122, 139
Morgado, Vasco, 346
Morin, Edgar, 326
Morton, Christopher, 451
Moura, Francisco Pereira de, 77
Myrdal, Gunnar, 77

Nascimento, Eduardo, 353
Neto, Agostinho, XLIII, 290, 299, 301, 303
Nkavandame, Lázaro, 190, 201-204
Nkrumah, Kwame, 308, 315
Nora, Pierre, 405
Nyerere, Julius, 194
Oliveira Martins, 241

Oliveira, Mário de, 104
Oliveira, Simone de, 334
Ortigão, Ramalho, 373

Pacheco, Duarte, 379, 383, 511
Padmore, George,, 308
Paião, Manuel, 331
Paige, Jeffrey, 161
Palmer, Robert, 585
Pinney, Christopher, 262
Pintado, Xavier, 77
Pinto, Cecília Supico, 345

Rabinow, Paul, 423
Rancière, Jacques, 437
Ray, Nicholas, 329
Ribas, Paula, 334
Rita-Ferreira, António, 62, 64-66, 68, 73, 75, 78, 81, 83, 86, 88, 89, 91-93, 104, 107, 111
Rodrigues, António do Nascimento, 144, 146, 151, 153, 156, 162
Rostow, W. W., 65

Said, Edward, 230
Saide, António, 199
Salazar, António de Oliveira, XLIV, 233, 286, 345, 379, 381
Salgado, Manuel, 394
Santos, Marcelino dos, 290, 299, 303, 309, 316,
Sartre, Jean Paul, 301, 309, 314
Scott, James, 570
Scott, Walter, 241
Sears, Fred, 329
Senghor, Leopold, 298, 300, 301, 309, 312
Severa (A), 594
Silva, Cristino da, 385
Simmel, Georg, 558
Soares, Amadeu Castilho, 134-136, 139, 140, 142, 143, 155, 159, 160
Souza, Noémia de, XLIII, 290
Sznaider, Natan, 401

Tenreiro, Francisco José, 290, 297, 299, 300, 306

The Beatles, 325, 326, 344
Thorez, Maurice, 312
Tudella, João Maria, 320
Turner, J. F. C., 440

Valle, Pietro della, 249
Vargas, Getúlio, 381
Vasco da Gama, 369, 372, 387, 388, 593

Vasconcelos, José Leite de, 375-377, 379, 406
Veiga, Estácio da, 375
Veloso, António, 42
Vieira, Nino, 437

Wirth, Louis, 558
Wood, Phil, 581

Zamparoni, Valdemir, 539-541

HISTÓRIA & SOCIEDADE

1. *Morfologia Social*, Maurice Halbwachs

2. *A Distinção. Uma Crítica Social da Faculdade do Juízo*, Pierre Bourdieu

3. *O Estado Novo em Questão*, AAVV, sob a direcção de Victor Pereira e Nuno Domingos

4. *História Global da Ascensão do Ocidente. 1500-1850*, Jack Goldstone

5. *As Origens Sociais da Ditadura e da Democracia. Senhores e Camponeses na Construção do Mundo Moderno*, Barrington Moore, Jr.

6. *O Poder Simbólico*, Pierre Bourdieu

7. *Imperialismo Europeu. 1860-1914*, Andrew Porter

8. *A Grande Transformação*, Karl Polanyi

9. *Comunidades Imaginadas. Reflexões sobre a Origem e a Expansão do Nacionalismo*, Benedict Anderson

10. *O Império Colonial em Questão (Sécs. XIX-XX)*, org. de Miguel Bandeira Jerónimo

11. *A Grande Divergência*, Kenneth Pomeranz

12. *Cidade e Império. Dinâmicas Coloniais e Reconfigurações Pós-Coloniais*, AAVV, sob a direcção de Nuno Domingos e Elsa Peralta